国家出版基金项目

中国历代图书总目

艺术卷 24

李致忠 主编

北京国图书店有限责任公司
北京广臻文化艺术有限公司 编纂

 文物出版社

作者索引

中文

A

"安全问题"编写小组	5108, 5171
《阿波罗之音》编辑室	12405
《爱中华少儿卡通画丛书》创作组	6701
《安徽当代美术家人名作品图录》编委会	1370
阿·阿·古贝尔	026, 052
阿·毕尔文采夫	5939
阿·伐莱拉	5096
阿·费道托夫	12978
阿·费多罗夫–达卫多夫	504
阿·弗·舍瓦洛强	4915
阿·盖达尔	5771, 6163
阿·柯南道尔	6486
阿·罗尔	6847
阿·玛里什柯	12093
阿·密尔吉列瓦	7031
阿·普列西耶夫	12426
阿·契拉柯夫	13256
阿·绍尔	5910
阿·什·卡尔尼克	4920
阿·索洛甫碓夫	10854
阿·特卡乔夫	6874
阿·托尔斯泰	12426
阿·瓦·卢那察尔斯基	10866
阿巴耳金	12680, 12707
阿巴斯	13260
阿巴依	12427
阿白	5502
阿宝	6675
阿本	11169
阿别兹高兹	10980
阿炳	12250
阿波	6652, 6654, 6658
阿波利摩夫	12670
阿勃特	12362
阿卜杜尔·阿尔卡利马特	7021
阿不都米吉提	3802
阿不都秀库尔·穆罕默德伊明	10907
阿不来提	12344
阿不里克木	11967
阿不力克木	12310
阿布	2804, 2812, 6628
阿布都克里木·乃赛尔丁	6765
阿布都秀库尔·克里木	2813
阿部保夫	12478
阿草	4923, 6349
阿岑	4897
阿春	3622
阿慈	11890, 12414
阿达	1227, 5898, 5970
阿达利	10831
阿丹	6354, 6358
阿道夫·莱希膝贝格	6869
阿道夫·鲁特哈特	11216, 12495, 12510, 12524, 12525
阿道夫·门采尔	1135
阿道夫·希尔德勃兰特	083

阿德里	11166	阿枫	4971
阿堤	4920	阿凤	899
阿丁	12138	阿弗古斯托夫斯卡娅	12443
阿鼎	5846, 6090, 6214, 6230	阿复	10150
阿东	3481	阿富捷因柯	13261
阿都沁夫	13281	阿盖伊	12516
阿恩海姆	036, 042, 138, 146, 210	阿鸽	3056, 3949
阿尔·盖伯特	10167	阿格拉宁科	13259
阿尔巴托夫	172, 363	阿格斯顿	149
阿尔巴拓夫	245	阿格旺	10246
阿尔班	11168	阿根	9391, 9707, 10047
阿尔贝·迪布	6939	阿庚	5734, 6913, 6915, 12911
阿尔贝·费罗	8675	阿古斯丁·迪亚斯	12370
阿尔贝·文伯	7034	阿谷秀夫	7143
阿尔伯特·H. 科林斯	6856	阿冠	6179
阿尔勃脱·凡桂	13258	阿桂	3517, 3520, 3521
阿尔弗雷德·艾森斯塔德	8726	阿海	6675, 10569
阿尔弗雷德·霍恩	12521	阿合奇县"革命委员会"《克孜勒苏报》记者	
阿尔弗雷德·科托	12505		5240
阿尔弗雷德·穰尼俄	8672	阿黑	6130
阿尔弗雷德·威尔纳	517	阿恒	3493, 6528, 6531, 6536, 6719
阿尔弗雷德·西斯莱	6846, 6847, 6848	阿红	7353, 11502
阿尔拉卓夫	13252	阿虹	6293, 6371
阿尔马·塔德马	6866	阿洪	6964, 6965
阿尔曼多·莫拉莱斯	6809	阿华	6402, 6438, 7375, 8850, 9311, 11507
阿尔木呷	5050	阿吉	6201
阿尔佩尔斯	12819	阿加恩	187
阿尔奇	082	阿加莎·克里斯	6096
阿尔切莫夫斯基	12414	阿嘉	1227
阿尔什凡格	10854	阿甲	5115, 5137, 12700, 12816, 12821, 12863
阿尔托	12695	阿坚	6293, 12084
阿尔瓦·多恩	8739	阿江	1233, 3444, 3455
阿二	3290	阿杰	2216
阿法纳西耶娃	6569, 7057	阿杰尔	13072
阿凡	9404, 9864	阿金	9494, 9769, 11813

作者索引

阿金森·格里姆肖	6817	阿列克赛·拉普捷夫	1144
阿柯	4205	阿列克赛耶夫	11238
阿珂	5056	阿列克山德洛夫	13256
阿克敦	1695	阿列克谢夫	13258
阿克伦	12148, 12171, 12172, 12173, 12542	阿列克谢耶夫	13261
阿客	1199, 1249	阿列依尼柯夫	13306
阿库连科	12401	阿林	4904
阿宽	3490, 6304	阿林·谢弗	1201
阿奎利斯·爱克斯	3497	阿刘	5580
阿拉波夫	10856, 12190	阿隆	10582, 10618
阿拉米莱夫	4914	阿鲁秋年	12425
阿拉姆	365	阿鲁舍岷	12621
阿拉斯脱尔·康贝尔	10189	阿略	12589
阿拉坦巴根	11311	阿仑	13261
阿拉腾奥勒	11481, 11676	阿仑什达姆	13258
阿兰·鲍斯克特	528	阿伦	9905, 9906
阿老	1846, 3936, 6519, 6520	阿伦·A. 阿莫尔	13213
阿乐	11125	阿伦斯基	11075, 11076
阿雷	5773, 5794	阿洛瓦·里格尔	10204
阿雷莫夫	12425	阿洛依斯·鲁姆普	372
阿蕾	5791, 5933, 5968, 6018	阿麦	6466
阿里洪	13049	阿麦撰	6465
阿里什凡格	10854	阿满	12239
阿里斯蒂德·马约尔	8678	阿曼	2784, 2839, 3787
阿里斯泰戈	13187	阿曼卓斯	13268, 13269
阿里亚比耶夫	12370	阿嫚	3458
阿里泽	12402	阿芒	6269
阿利	11488	阿毛	6686
阿利卡	6828, 6875	阿蒙	7460
阿利森·盖洛普	596	阿米戴·舍其奥	13250
阿连斯基	11075, 11076	阿密	6422
阿莲	5979, 6268, 7105, 7106	阿民	1246
阿良	6424	阿敏	7343, 7388, 7410, 8248, 8428
阿亮	11743	阿明	3490, 6540, 12238, 12557
阿列克塞耶夫	11180	阿木尔巴图	270, 10679, 10689

阿牧	5552	阿土	12211, 12238, 12557
阿纳森	177, 187	阿兔狗卡通工作室	6527
阿南	5423, 5814	阿推	3472
阿妮·古迪尔	10987	阿万提	2245, 2319
阿诺	6711	阿旺	11819
阿诺德	10885, 12456	阿旺格桑	10335
阿诺德·勋柏格	11090	阿旺晋美	614
阿诺尔德	12515, 12516	阿旺克村	12623
阿沛	6123	阿旺曲扎	3930
阿皮尼	6846	阿韦	6319
阿浦	4914	阿维	8657, 10665, 12978
阿普尔鲍姆	11184	阿伟	6491, 10152, 11508
阿普列相	10794	阿吾嘎日洛	6625
阿其烈·伯尼托·奥利瓦	050, 053	阿西	3458
阿强	6979, 6981, 7007, 7008, 7010, 7012	阿西顿	032
阿乔	4907	阿希－季浩	7021
阿沁	2720, 2721, 3547	阿曦	6223
阿青	11518, 11756	阿夏	10150
阿裘	5435, 5680, 6098, 6657	阿祥	5965
阿荣	9031	阿晓	5404
阿如	5933	阿星	9485
阿瑟.L.格普蒂尔	1144	阿秀	4919, 5423
阿瑟·格诺斯曼	10148	阿璇	10319
阿瑟·海雷	5579	阿雅	8832
阿瑟·柯南道尔	6537	阿岩	4971
阿瑟·休斯	6888	阿砚	6636, 6637, 6640
阿山	2885, 6729	阿彦	12409
阿申	6034	阿杨	123
阿声	9246	阿尧	1913, 1918
阿硕漫画工作室	6732, 6733	阿忆	13297
阿斯里尔	12540	阿英	475, 573, 1219, 1220, 2988, 3406, 3661,
阿斯力汉·巴根	8860, 10568		5646, 6019, 12811
阿素	5797, 6146, 6165, 6669, 6670	阿瑛	10608
阿涛	2996, 3036, 3052	阿勇	6168
阿彤	6235	阿尤夫	5240

作者索引

阿元	5244, 6650	埃弗里	6875
阿源	6521	埃格里	12708
阿媛	3465	埃贡·萨斯曼斯豪斯	11190
阿云	2532	埃贡·席勒	6793
阿扎罗夫	12360	埃卡特·萨克曼	6801
阿张	6243, 6632	埃科莱	12474
阿章	2361, 4330, 4923, 5578, 5684	埃克尔	12395
阿哲遮麦	7656	埃克斯坦	12518
阿征	6947	埃勒卡尔	521
阿芝	5827	埃勒特	11227
阿志	6747	埃里克森	192
阿舟	11721	埃里契·道夫兰	12528
阿周	10718	埃里希·凯斯特纳	5819
阿宗	6237	埃里希·克斯特纳	5944
阿祖	3490	埃里希·施密特	7014
埃·奥·卜劳恩	6940, 7013, 7016, 7030	埃伦· G·艾伦	10744
埃·克斯特纳	5944	埃伦茨维希	034
埃·拉斯别	5676	埃蒙茨	11260, 12527
埃·拉斯伯	6555	埃米尔·弗衣	6891
埃·索蒂略斯	5969	埃米尔·郎比内	6848
埃德·胡克斯	13222	埃米尔·沃尔衣	6860
埃德加·赖斯·巴勒斯	6282, 6301, 6309	埃奈斯库	12546
埃德加·赖斯·巴斯勒	6307	埃内斯特·弗里茨·施密德	12476, 12477
埃德曼	031	埃普什泰	13260
埃迪特·汉巴尔科	12519	埃娃·玛丽亚·恩德尔斯	6869
埃尔柴克	13258	埃文	12823
埃尔杰	6934, 6938, 6940	埃乌贝利·里科姆特	6863
埃尔曼	12472	埃兹	6798
埃尔南代斯	6919	埃子	6190
埃尔热	6010, 6934, 6935, 6936, 6937, 6938, 6948,	蒿水	5138
	7016, 7018, 7019, 7020, 7021, 7022, 7023,	艾宝	4498
	7024, 7025, 7026	艾碧珈	11224
埃尔热画室	6936	艾别尔麦尔	13253
埃尔卓堪尼	13253	艾伯哈特	12367
埃弗雷特	625, 626	艾博特	8729

中国历代图书总目·艺术卷

艾布·斯潘·奥尔森	7036	艾伦·卡布罗	083
艾德	2912	艾伦·科普兰	12547
艾迪斯	192	艾伦·罗卡奇	8787, 8788, 8790, 8799, 8801
艾迪特·汉巴尔科	12528	艾伦·温诺	029
艾丁	4895, 12162	艾麦旦耶	10981
艾尔德	11243	艾每	4938, 5057, 5100, 5367, 5493, 5504
艾尔德曼	13251	艾梅尔	5838
艾方平	12772	艾妙	6127
艾非	4947, 4985	艾民有	2759, 2762, 2770, 5282, 5452, 5815, 6392
艾弗·盖斯特	12658	艾明	5121, 5455, 5922, 10441
艾辅人	4956	艾明之	5102, 5656, 13230, 13233, 13234
艾国炎	12983	艾鸣	5512, 5513, 6290, 6295, 10689
艾哈迈德·萨里姆	5939	艾姆斯	13064
艾红华	053, 8710	艾南	11084
艾红怀	5183	艾年	6173
艾鸿镇	8618	艾鹏	5048
艾华	5764, 5840, 6560	艾平	7444, 8868
艾桦	9358	艾奇军	5836
艾军	4916	艾琪军	5663, 5681, 5742, 5774
艾克利	120	艾启蒙	1647, 6839
艾克斯坦	12487	艾强	10364
艾兰	418	艾青	437, 10662, 11949
艾岚	11487	艾青春	350
艾勒	10806	艾庆芸	2555, 7362, 7590
艾黎·福尔	188	艾人	6084
艾蓠	6936	艾荣	11710
艾里克·勒梅	7019	艾瑞卡·兰姆	6835
艾立国	5452	艾萨克·阿西莫夫	6593
艾立克·里查德	8762	艾森伯格	11188, 12504
艾利克森	8731	艾生	3053, 10705, 10707
艾利森·特拉普莫尔	8727	艾世	11301
艾莉	6215	艾书	3710, 5071, 5142
艾琳	5571	艾思林	12686
艾琳·索森	10982	艾思奇	12901
艾伦	10725, 13194	艾斯勒	12368, 12371, 12393, 12394

作者索引

艾斯林	12780	爱德华·H.贝茨	1196
艾图瓦尔夫	11787	爱德华·德巴－蓬桑	6846, 6848
艾瓦佐夫斯基	6886	爱德华·德加	1134
艾文	4907, 6351, 6424, 6554	爱德华·格里格	12533
艾文忠	10619	爱德华·汉斯立克	10844, 10845
艾芜	3439	爱德华·卢西·史密斯	181
艾晓临	3458	爱德华·蒙克	6810, 6827
艾晓明	025	爱德华·希姆士	9884
艾效	3527	爱德华多·纳兰霍	6809
艾欣	2827	爱尔·培拉蒂斯克－华因斯蒂	4931
艾新伟	4004	爱尔曼	10814
艾馨	5656, 5829, 5863, 5898, 5907, 5942, 6177,	爱凯尔奚克	8680
	6178, 6185, 6196, 6234, 6281, 6308, 6607,	爱兰	10253
	6608	爱利斯·克斯特涅	5742
艾秀琪	10718, 10721	爱玲	4632
艾轩	2768, 2779, 2780, 2792, 2804, 2817, 3924,	爱伦·坡	7051
	3983, 4076, 5522, 6823	爱罗先珂	4919
艾煊	13013	爱米而顿	12674
艾炎	2985, 2986, 2987, 6352	爱米丽·勃朗特	7053
艾彦	079	爱民	9496, 9915
艾扬	5132, 5566	爱明	5145
艾逊	11761	爱朴	6237
艾叶	6363	爱琴	7032
艾毅	9710	爱森斯坦	13026, 13033, 13089
艾英	4988	爱石斋主人	1465
艾瑛	4947, 4952, 4964, 4965, 5036, 5095, 5096	爱斯勒尔	12401
艾永生	5341	爱新觉罗·浩	6258
艾雨	10806, 10807	爱新觉罗·溥儒	2223
艾悦	10880	爱新觉罗·溥佐	1995
艾中信	324, 328, 329, 511, 516, 1069, 1077, 1379,	爱新觉罗氏永瑆	8023, 8027
	2723, 2731, 2853	爱新觉罗永瑆	7658
艾钟华	6430	爱新觉罗载洵	8512
艾子悦	5250, 5494	爱新罗觉·永瑆	8089
爱伯	571	爱依晒门塔	13254
爱德华	1120, 13223	爱因汉姆	13034, 13052

爱英	11513, 11740	安东尼·霍普	6314, 7056
爱玉	8828	安东尼·塔皮埃斯	6811
安·塔比亚斯	034	安东尼奥·洛佩斯·加西亚	6809
安·威克斯	528	安东尼奥·洛萨皮奥	8792
安·乌廉斯	12659	安东尼奥·穆尼奥斯·滕利亚达	636
安安 4131, 8823, 9642, 9643, 9870, 10033, 10058,		安东尼奥·平托·里贝罗	12580
10632		安东尼奥·塞纳	8708
安邦	9468	安东尼奥尼	13210
安宝慧	11058	安东诺夫	13254, 13264
安倍北夫	6979	安东诺娃	6777
安倍季尚	12558	安东省文工团	11559
安斌	2146	安都	2191
安波 4895, 10790, 11074, 11700, 11702, 11761,		安敦礼	4915, 4952
11830, 11954, 12099, 12103, 12411, 13229		安多·强巴	2806
安昌奎	10613	安多民	8586
安诚信	5654	安娥 11361, 11624, 11831, 11944, 12093, 13231	
安次县民兵美术创作组	3759	安福安	12330
安达博文	1114	安福存	7502
安德拉斯·米哈伊	10855	安福县文化馆	5267
安德列·图多尔	10856	安倪之	11934
安德列斯·施因虑特	11203	安格尔 016, 1120, 6784, 6857, 6860, 6864, 6884,	
安德列耶夫	12249	6885, 6886, 6887, 6889, 6892, 6894, 6905	
安德列也夫	12331	安古斯·麦城卡	5729
安德烈格	13275	安国钧	8356
安德烈亚·培卓得	374	安国民	12607
安德烈亚斯·法宁格	8687	安国敏	11949
安德鲁	13056	安国政	8912
安德让	13226	安海	9631, 9646
安德森	7034	安海姆	018
安德生	11031	安禾	2505, 2507, 2518
安德斯·佐恩	6849, 10437	安和	3943, 4015, 4121
安德孙	12353	安鹤旭	4256
安迪	126, 1251	安宏	6353
安东尼·布赖恩	10137	安宏忠	7351
安东尼·德沃夏克	12533	安洪民	6334, 6653

作者索引

安鸿	6436		5297
安怀	2981	安徽省幻灯厂美术组	5140
安怀起	5442, 5501	安徽省黄梅剧团	12124
安徽博物馆筹备处	386	安徽省黄梅戏剧团	12112, 12115, 13246
安徽大学"革命委员会"	11790	安徽省黄梅戏剧团音乐组	11836
安徽大学艺术学院	12697	安徽省黄梅戏学校	12926
安徽电影制片厂	13290	安徽省黄梅戏学校黄梅戏研究室	12925
安徽画报社	9038	安徽省徽剧团	12928
安徽科学技术出版社	10123	安徽省交通厅	2252
安徽老年大学	865	安徽省教育局中小学教材编写组	11223
安徽美术出版社	1581, 6605, 6606, 6615, 8216,	安徽省军区政治部	1368, 2307
	8352, 8645, 9131, 10284	安徽省老年大学	7670
安徽群众文化社	12148	安徽省庐剧团	11839, 11840, 12113, 12921
安徽人民出版社	3735,	安徽省旅游局	10469
	5480, 11616, 11628, 11647, 11648, 11649,	安徽省毛泽东思想宣传馆	2740, 2743
	11650, 11652, 11665, 11783, 11784,	安徽省民政厅	1368, 2307
	11840, 11841, 11919, 12011, 12128, 12608	安徽省农业厅土壤肥料处	4935
安徽人民出版社编辑部	12148	安徽省群众艺术馆	5162, 10902, 11435, 11463,
安徽人民广播电台	12112		11610, 11770, 11771, 11773, 11778,
安徽人民广播电台文艺部	11399		11799, 11831, 12585, 12605
安徽人民广播电台文艺组	11399, 11472	安徽省人民政府	8935
安徽省"革命委员会"文化局创作研究室	11670	安徽省师范学校《美术》编写组	475
安徽省"革命委员会"文化局创作组	11670	安徽省书法家协会	8162, 8325
安徽省"胡业桃连环画创作组"	5157	安徽省双拥办公室	2307
安徽省博物馆	400, 1392, 1514, 10641	安徽省宿县人民政府	8897
安徽省博物馆筹备处	1721, 10226	安徽省文化局版画组	3020
安徽省陈鹤琴教育思想研究会	12045	安徽省文化局创作组	280
安徽省创作研究室	3021	安徽省文化局花鼓灯研究班	12611
安徽省倒七戏剧团	12102	安徽省文化局业余工团	11783
安徽省第二届戏曲会演安庆地区代表团	13246	安徽省文化局音乐工作组	11770
安徽省歌剧团	11418	安徽省文化厅	11804, 12993
安徽省工农大学"革命委员会"政工组	11656	安徽省文化厅电影志办公室	13197
安徽省关心下一代工作委员会	12045	安徽省文化厅电影志编写办公室	13197
安徽省合肥市人民委员会	8918	安徽省文化艺术创作研究室	11463
安徽省淮北煤矿基本建设局71工程处创作组		安徽省文联	2992, 6746

安徽省文学艺术研究所　　582, 10907, 12129,　　安可君　5533, 5910, 5925, 5948, 5962, 5972, 5995

　　12767, 12928　　　　　　　　　　　安克仁　　　　　　　　　　396

安徽省文艺创作研究室　11463, 11670, 11687,　　安葵　　　　　　　　12727

　　11694　　　　　　　　　　　　　　安坤　　　　　　　　10734

安徽省小学语文教学研究会　　　　13160　　安乐然　　12641, 12642, 12643, 12663

安徽省新闻图片社　　　　　　　9339　　安乐山樵　　　　　　　12735

安徽省艺术学　　　　　　　　10993　　安力·给怒　　　　　　　2834

安徽省艺术研究所　　　　　　12949　　安立华　　　　　　　　428

安徽省音乐工作组　　　　　　12102　　安利　　　　　　　　6093

安徽省杂技协会　　　　　　　12993　　安良发　　　　965, 971, 976, 979

安徽省中老年舞蹈委员会　　　12602　　安亮山　　　　　11061, 11066

安徽省种子公司　　　　　　　5447　　安林　　　　　　2298, 4998

安徽师范大学艺术系音乐理论教研室　11794　　安陆县"革命委员会"　　　　5171

安徽文艺出版社　　11705, 11717, 12130　　安陆县人民武装部　　　　　5171

安徽歙县博物馆　　　　　　　1674　　安陆县委宣传部　　　　　3783

安徽萧县书画院　　　　　　　2170　　安禄兴　　10993, 11149, 11153, 11161, 12143

安徽艺术学校　　　　　　　12697　　安罗玖诺娃　　　　　　12653

安吉　　　　　　　　　　13165　　安茂让　　3313, 3376, 3861, 3964, 4046, 4055,

安吉吴昌硕纪念馆　　　　　　217　　　　4121, 4225, 4230, 4240, 4249, 4275, 4310,

安纪芳　　　　　　　　617, 1111　　　　4453, 4573, 4646, 4762

安家碧　　　　　　　11201, 11203　　安民　　　　　　　5297, 6500

安家正　　　　　　　　　6434　　安敏　　　　　　　　8912

安杰　　3134, 3358, 4078, 4323, 4336, 4346, 4349,　　安明阳　　　　　2737, 2770, 2985

　　4459, 4476, 4486, 4491, 4515, 4519, 4521,　　安明远　　　　　　2434, 4562

　　4531, 4541, 4550, 4557, 4561, 4595, 4599,　　安木　　　　　　　　8564

　　4606, 4646, 4718, 4742, 4753, 4754, 4758,　　安纳玛利亚·克洛塞　　　　12528

　　4759, 4761, 4762, 4766, 4767, 4769, 4771,　　安娜·莫斯钦卡　　　　　　598

　　4774, 4783, 4786, 4794, 4807, 4810, 4811,　　安娜·舒厄尔　　　　　　5776

　　4816, 5870　　　　　　　　　　　安娜·斯威尔　　　　　　7053

安今生　　　　　　　　10375　　安妮　　　　　　　　7577

安景黎　　　　　　　　　6491　　安妮·古提瓦　　　　　　10927

安靖　　　　　362, 1385, 2851, 3531　　安妮·米尔曼 8787, 8788, 8790, 8799, 8801, 10150

安康　　　　　　　　　7077　　安念念　　　　　　　　6784

安康书画精品选征编委会　　　　2262　　安宁　　158, 2149, 2382, 4765, 5727, 5728

安可均　　　　　　　5469, 5473　　安平　　　　　　　　9973

作者索引

安其 6034, 6112, 6134, 6161 5994, 6249, 6260, 6281, 6287, 6294, 6404,

安歧 758, 759, 778, 7204, 7236 6436, 7138, 7139, 7140, 7141

安琪 5734, 10685 安维新 1210

安旗 7309 安伟邦 5502, 7042

安清翅 11013 安委琴 557

安庆纺织厂"革委会"政治处 5267 安文龙 6045, 6085, 6089, 6106, 6116, 6168

安庆黄梅戏剧院 12926 安文新 5695

安庆市文化局创作研究室 12925 安吾 6670, 6947

安庆市艺术专科学校 12609 安西 11864, 12120

安庆专区剧目组 12112 安希健 5817

安丘县人民委员会文化科 13015 安溪《铁观音杯》征歌大奖赛组委会 11809

安全问题"编写小组 5171 安溪县"革命委员会"宣教组 5164

安然 6300, 8089, 8091, 10751 安宪 10628

安塞 5265, 5353, 5382, 5467, 6088, 6218 安新鲜 10713

安塞·亚当斯 8731 安旭 102, 196, 255, 8612, 10358

安塞尔姆·斯普林 8733 安学贵 1835, 1854, 1862, 1920, 1956, 2364,

安塞县文化文物馆 1373, 2319, 10712 3637, 3684, 3784, 3809, 4072, 4124,

安山 5803, 6701 4130, 4413, 4486, 4939, 5367, 6048

安尚秀 10189 安亚 6896

安绍石 12187, 12188 安岩 13136

安世华 5206 安耀华 3285, 3304, 3323, 3327, 3342, 3354

安世明 347 安仪 5517, 6353

安寿颐 10853, 11074 安义县文化馆 5216

安顺 6685 安永魁 7926

安思远 7738 安永荣 3823, 3901

安松 13294 安有信 1262

安塔洛娃 12682 安毓英 10385

安泰 4756, 4759 安原良 7018

安涛 6471 安远县《戏曲志》编纂办公室 12931

安特列夫 13010 安岳文物保管所 400

安藤博 8801 安云 601, 4398

安藤由典 10994 安云鹏 2144

安田二郎 7047 安斋千鹤子 493

安廷山 8190, 8571 安肇 9462

安徒生 4891, 4898, 5456, 5496, 5537, 5607, 5675, 安征 5407

安正康	10689	奥班恩	022
安正中	2216, 2814, 3030, 3051, 10700	奥伯斯特	10723
安志强	9287, 11874, 12878	奥勃莱恩	13220
安志学	3154	奥勃罗索夫	6875
安治国	13119	奥布拉兹卓夫	12722, 13005
安智盛	11288, 11289	奥村敏正	10191
安忠	9926	奥迪尔	5940
安忠民	5113, 5345	奥顿	197
安祖	13056	奥厄	11183, 11187, 12462
鞍山日报社美术组	5171	奥尔德里奇	025
鞍山市民族民间器乐曲集成编辑部	12346	奥尔夫	11052
鞍山市群众艺术馆	11784, 11797	奥尔洛瓦	10855
鞍山市文工团音乐组	11405, 11574	奥古斯丁·库塞尼	5107
鞍山市文化局	11403	奥古斯特·雷诺阿	6847
鞍山市戏曲志编辑部	12774	奥古斯特·施密特－林德内	12520
鞍山市宣传组	5197	奥津斯基	12394
岸岸	10585	奥克塞尔	10855
岸边成雄	10918, 10967	奥库聂娃	12651
昂纳	183	奥里热内斯·莱萨	5357
昂秋青	13163	奥里瓦	13262
柳忠福	4766	奥利多尔	13215
敖德观	10426	奥利弗	1106
敖德斯尔	4961, 5098	奥利瓦	591
敖恩洪	9150, 9303, 9305	奥列佛	1109, 1121
敖杰清	6763	奥列格·叶列梅耶夫	6870
敖芳	5236	奥列姆	11032, 11069
敖学棋	12107	奥林匹克出版社	2694, 9501, 9506, 9773, 10093,
敖幼祥	3445, 3446, 3455, 3456, 3457		10094, 13160
敖云	6946	奥蒙	13065
奥·基罗加	5782	奥秘画报社	6575
奥·克罗伊	8728	奥姆斯特德	7049
奥·马尔扎克	5788	奥耐尔	7034
奥·普雷斯勒	6043	奥涅格	12549, 12551
奥·叶烈米耶夫	6837	奥平	586
奥·叶烈米耶夫主	6908, 6926	奥上锦堂	8583

作者索引

奥斯本	181	《版画世界》编辑部	6921, 6922
奥斯卡·雅各布生	7015	《保利藏金》编辑委员会	431
奥斯曼	12412	《暴雨狂澜之下》编委会	8901
奥斯特	13187	《北国冰雪情》编辑委员会	9259
奥斯特罗夫斯基	11043	《北京》画册编委会	8945, 8946
奥斯特洛夫斯基	4915, 5526, 5757, 11042	《北京昌平少儿优秀艺术作品集》编委会	335
奥斯特洛乌霍夫	6871	《北京画院》编委会	1317
奥塔卡·希涅莱克	10860, 10861	《北京晚报》"家"专刊	10573
奥特利特·普霍斯勒	5756	《贝思室内设计》杂志	10602
奥特利特·普雷斯	5756	《本溪戏曲志》编辑部	12769
奥特利特·普雷斯勒	5756, 6244	《避暑山庄七十二景》编委会	2461
奥特西	7053	《标准楷行书训练教程》编委会	7353
奥提克·冈什尔	060	《表演艺术论》编辑组	12817
奥田光雄	10780	《不爱天堂爱昌吉》编委会	11818
奥托·蒂默	12532	《部队歌曲选集》编辑委员会	11569
奥托·冯·伊默尔	12524	八大山人 708, 975, 1585, 1653, 1668, 1672, 1675,
奥托·索格洛	6976	1690, 2603
奥西波夫	13253	八大山人纪念馆	800
奥谢耶娃	13260	八代修次	368
奥伊斯特拉赫	11180	八尾武郎	10745
奥依斯特拉赫	12466	八一八二部队	3206
澳门海事博物馆	2837, 8960	八一电影制片厂	5337, 13099, 13230, 13234,
澳门市政局文化暨康体部	337		13235, 13246
澳门市政厅及香港市政局	8659	八一电影制片厂《平原作战》摄制组	13097
		八住利雄	13249
B		巴·伊·施列巴尔	13256
"百歌颂中华"活动组委会	11513	巴巴拉·浦拉姆	10742
"北京人民艺术剧院建院三十周年纪念册"编辑		巴巴涅里	13275
组	12908	巴巴瓦	13252, 13258
《八一南昌起义》画册编辑组	9325	巴伯尔	10924
《白银书画作品选》编委会	2245	巴博	463
《百首爱国主义歌曲》编委会	11518	巴笙	10038
《百问百答丛书》编写组	8783	巴蒂斯特·格瑞兹	6890
《百象图摘》编辑部	119	巴尔	815
《班卡伏击战》创作组	5245	巴尔	182, 510, 13209

巴尔巴	12688	巴拉诺夫斯基	13275
巴尔蒂斯	6828, 6867, 6876	巴拉萨·伊凡	10723
巴尔丢斯	6816	巴拉兹	13072
巴尔费诺夫	13216	巴朗	488
巴尔芬切夫	13263, 13264, 13299	巴蕾	13010
巴尔诺	13188	巴里	7138
巴尔且	601	巴里尔	12660
巴尔斯卡娅	13216	巴力	207
巴尔托	13254	巴莉	4218, 4265, 4366, 4516
巴尔扎克 5621, 5645, 5682, 5811, 5920, 5958,		巴凌	5899, 5933
6068, 6075, 6495, 6516, 6522		巴姆堡	12363
巴甫洛夫	12681	巴宁	188
巴格勒	5504	巴诺玛利科夫	12426
巴根汝	8261	巴切里斯	12683, 13090
巴光明	2892	巴琴斯卡雅	10902
巴豪太郎	7128	巴丘西科夫	12414
巴赫 12427, 12453, 12454, 12462, 12463, 12464,		巴若夫	5939
12465, 12467, 12468, 12472, 12487,		巴塞	8757
12488, 12489, 12491, 12492, 12496,		巴沙尼娜	12652
12497, 12508, 12515, 12519, 12520,		巴山	6184, 11128
12524, 12530, 12531, 12536, 12545,		巴淑	10738
12546, 12550		巴蜀民间文化艺术开发部	3465
巴赫贾·奥斯曼	7033, 7034	巴蜀书社	7667, 13128
巴赫玛茨卡雅	12516	巴斯蒂昂－勒帕热	2776, 2777
巴荒	8959	巴斯蒂恩	11224
巴江	5331	巴斯金	101
巴节良	13259	巴苏尔玛诺夫	12541
巴金 5475, 5788, 6110, 6560, 6843, 6894, 6895,		巴索夫	13299
10127		巴特	8725
巴金原	4872	巴特沃斯	5815, 6261
巴卡杜洛夫	11111	巴特希尔	1075
巴克	7136	巴图朝鲁	9143
巴克利·希克斯	1085	巴图克	104
巴拉卡特	13253	巴托克 11237, 11238, 12411, 12427, 12492,	
巴拉蒙诺娃	13089	12534, 12540	

作者索引

巴维尔·费立波维奇·尼林	5897	白纯熙	1237, 4239, 5689, 6019
巴慰祖	8497	白村	6304
巴牙斯古朗	5189	白德号	6754
巴雅尔	5129, 5330, 5631, 12206	白德美纪念出版社	12441
巴雅斯古郎	5123, 5124	白德松	1150, 2052, 2278, 5133, 5365, 5367, 5972
巴耶	590	白登朗吉	11484
巴依尔	11311	白获	2955, 4976
巴义尔	6946	白淙	4858
巴赞	183, 13053, 13208	白砥	7376, 7821, 8325
巴镇纬	8761	白丁	923, 5621, 6325, 6689
芭芭拉·马图索	13183	白东轩	5418
芭芬	6649	白敦仁	5919
拔舟	13302	白鹅西画研究所	1422
白·巴干	6477	白帆	10850, 13252, 13253
白·达瓦	11311	白风	6196
白皑	5925	白峰	1876, 3694
白艾	5750	白蜂	4103
白安丹	13191	白凤鸣	12962
白冰	1155, 5382, 6549, 6726, 10328, 13051	白凤岩	11143, 12316
白秉恒	10606	白奉霖	12976
白秉权	11131, 11776	白鸽	153, 558, 559, 561, 562, 610, 611, 1114, 1133
白波	5512, 5730	白庚和	3463
白采	8555	白庚延	2173, 2478, 3961, 5746, 5930
白岑	6044, 6068	白宫舞场	12661
白长江	6116, 7646, 10309	白光	6171, 8302
白沉	12114, 13229	白光诚	634, 635, 5576, 5761, 5784, 5838, 5928,
白诚仁	12139, 12205, 12632		6387, 7117
白城地区《抓舌头》创作组	5190	白国文	978, 2290
白崇	1194	白海	2446
白崇礼	7064	白汉玉	3526
白崇禄	3970, 5398	白浩	12275
白崇易	1851, 3018, 3942	白恒欣	8407
白川	4059	白珩	4934
白春国	8437	白红	11129
白春堂	1412, 2192, 2202, 5213	白虹	5488, 5531, 5601, 5846, 5929, 11992, 13066

白鸿　　　　　　　　7389　　白良　　　　　　　　　　　5654

白桦　5461, 5470, 5482, 5506, 5567, 5589, 5796,　　白亮　8811, 8940, 9065, 9066, 9071, 9074, 9079,

　　　9257, 9900, 13238　　　　　　9088, 9138, 9250, 9994, 9996

白欢龙　　　　　　　6449　　白林华　　　　　　　　　　4002

白家荟　　　　　　　6016　　白凌　　　　　　　　　　　6482

白嘉荟　5574, 5827, 5916, 5974, 6217, 6220, 6257　　白龙德　　　　　　　　　11960

白建国　　　　　　　　419　　白鲁　　　　　　　　　　12403

白建民　　2077, 2178, 2675, 4356　　白绿摄影学社编辑部　　　8866, 8867

白健宁　　　　　　 11205　　白露　　5752, 5778, 5787, 5873, 6438, 6928

白江兴　　　　 7564, 7616　　白罗　　　　　　　　7079, 7080

白蕉　　7406, 7434, 8325, 8342　　白马寺汉魏故城文化保管所　　　　447

白杰　　　　　12228, 12591　　白蛮　　　　　　　　　　　8949

白洁　　　　　12266, 12996　　白曼　　　　　　　　4953, 4994

白金　　　　　　　　8223　　白媒　　　　　　　　　　12388

白金男　　　　　　 10780　　白明　　　　　　　　6372, 10777

白金尧　　　　　　　2539　　白明洲　　　　　　　1809, 1810

白景山　　7747, 7749, 8373, 8374　　白铭　1746, 1761, 1766, 1878, 1895, 1904, 1907,

白敬周　　　　 5445, 5526　　　　　1942, 1987, 2508, 2545, 2608, 2612, 2651,

白靖夫　　2115, 4146, 5257　　　　　3558, 3640, 3700, 3780, 4007, 4067,

白九　　　　　　　　6313　　　　　4139, 4180, 4221, 4369, 4514, 4527, 4534,

白居易　1999, 5487, 6428, 8114, 8272　　　　　4545, 4586, 4640

白巨元　　　　　　　5222　　白铭州　　　　　　　　　　3324

白炬熔　　　　　　　5922　　白铭洲　149, 1870, 2349, 2421, 2761, 3883, 3918

白俊华　　　　　　　5612　　白墨　　　　　　　　　　　5431

白开基　　　　　　　5754　　白木　1234, 5551, 5583, 5632, 5935, 6149, 7034,

白开元　　　　　　　7534　　　　　7037, 7386, 7930

白克　　　　 11200, 11209　　白鸟　　　　　　　　　　11769

白克费　　　　　　 13257　　白宁　　　　　　　　　　　 145

白克强　　 5223, 5235, 5263　　白欧　　　　　　　　　　10604

白兰　　　　　　　　6449　　白朴　　　　　　　　　　　6391

白岚　　　　　　　　5123　　白且直　　　　　　　　　13110

白浪　　　　　623, 624, 2230　　白青　　　　　　　　　　　6686

白磊　　　　　　980, 2518　　白庆余　　　　　　　　　12775

白连　　　　　　　　6846　　白秋吟　　　　　1766, 3111, 4949

白莲　　　　　　　 13129　　白渠　　　　　　　　2216, 10253

作者索引

白群岭	3510		4121, 4527
白仁海	2759, 3891, 3982	白危	1202
白刃	4912	白炜明	8945
白汝强	5077	白文	11968
白蕊辑	12361	白文宏	5965, 6083
白蕊仙	11932	白文进	6584
白蕊先	12485	白文明	1833, 3981, 10179
白三	6068	白夏夏	1194
白三立	12244	白先勇	5928, 13148
白色军分区政治部	5168	白显林	8966
白山	5125, 6115	白显文	3241
白山杉	8865	白湘文	629
白杉	5515, 5952, 6206	白翔	9588
白闪	5288	白小锭	5908, 5954, 6381, 6443, 6465, 6649, 6740
白善诚	3466	白晓梅	6549
白尚佛	5676	白辛	5082
白石	10594	白绪号	3832, 6750, 6751, 6752, 6753, 6754
白石真	11994	白续智	318, 7515
白士	4878	白学光	11819
白寿章	1913	白学义	8909
白书杰	8286	白雪	6710, 7142, 10116, 10598, 12382
白淑芬	8596	白雪尘	3653
白淑兰	4725, 6149	白雪梅	8779
白双	4878	白雪石	689, 1323, 1429, 1431, 1797, 1839, 1845,
白水	2115, 2124, 6199, 10405, 12589, 12638		1860, 1862, 1888, 1905, 2194, 2205, 2296,
白斯古郎	9791		2423, 2425, 2443, 2458, 2595, 2602, 2627,
白嗣宏	13005		2635, 2654, 2685, 3947, 10432
白松	7073, 7074	白雪松	11211
白素兰	1006, 1111, 1399, 3943, 5829	白雪仙	12951
白素蓝	4178	白雪易	7335, 7344
白素芸	994	白岩	4926, 6061
白天学	6751	白岩峰	6137
白天佑	7650, 10311, 10321, 12852, 12993	白衍	12138
白铁	9998, 11174	白雁	7991, 8081
白统绪	1188, 2944, 3803, 3847, 3927, 4087,	白雁如	13275

白燕 5308, 5484, 10994, 11481, 12043, 12412, 12505, 12508, 12509, 12514, 12517, 12518, 12654

白燕生 11253

白燕艺术学社 343

白阳 4991

白杨 8996, 13092, 13217, 13221, 13222

白洋 3897

白野夫 2262, 2693

白颐 9449

白义贤 181

白逸如 1821, 1862, 1880, 1963, 3552, 3593, 3656, 3685, 3704, 3720, 3739, 3745, 3748, 3828, 3950, 4118, 4165, 4167, 4235, 4511, 4921

白音那 3787, 5226, 10261, 10295

白音那搜 10275

白银录 1969, 3769, 4093, 4159, 4233, 4412

白英宾 3234

白莹莹 6096

白影 5764

白友文 4473

白瑜生 5789, 9089, 9119, 9125, 9126, 9299

白宇 1242, 1786, 4908, 4934, 4935, 4992, 5000, 5105, 5117, 5497, 5502, 5543, 5679, 5711, 5721, 5800, 5882, 6430, 6539, 12457

白雨 5749, 6045, 6376, 6377, 6560

白雨果 9355

白玉 313, 3760, 3778, 5258, 5572

白玉蟾 7944

白玉林 10361

白玉琼 12276

白岳 5812, 5976

白云 2536, 6453, 6566, 9612, 9618, 10307

白云飞 4955

白云工作室 10775

白云浩 3462

白云林选 8302

白云生 12108, 12707, 12813, 12815, 12816

白云亭 5127

白芸 156

白筠 5377

白允叔 8286

白藻 5632

白正衡 8755

白智 9335, 9819

白忠懋 6372

白子杰 2173, 8774

白字 4929

白佐民 301, 8618

百代公司 11822

百广人 10308

百合 6039, 6051, 6076, 6094

百花齐放图集创作组 10667

百花文艺出版社 9036, 11477, 12021, 12028, 12096

百花洲文艺出版社 8227, 11725

百花主人 379, 380

百桦 2807

百庆科技图书出版社编辑部 11051

百如 6428, 6429, 6430, 6484

百色地区"革委会" 5175

百色地区"革委会"政工组 5168

百石 6155

百双虎 3866

百顺 4337

百研斋主人 1052

百砚室 1473, 1572, 8054

百友 4957, 5125

百忠懋 6345

作者索引

佰惠	6159	柏言	3429
柏彬	12779	柏一林	7516, 7517
柏才兴	5858	柏英	6034
柏翠	2572, 2607, 4119, 4204, 4403, 4579, 10295	柏雨	9730
柏冬友	114	柏雨果	9371, 9382, 9385, 9424, 9562, 9570, 9583,
柏顿绍	11037, 11075		9586, 9592, 9595, 9596, 9598, 9599, 9603,
柏方景	2777, 3247		9616, 9623, 9628, 9643, 9672, 9692, 9720,
柏芳景	1198, 3215, 3222, 3304, 4961, 5470, 5748,		9723, 9735, 10067
	6410	柏园	090
柏格曼	13149	拜厄	11215, 11216, 11217, 11224
柏格森	12701	拜尔	10722, 10723, 11234, 11235
柏光林	1279	拜尔扎	11267
柏鸿鹊	4996, 5044	拜耳	11213
柏华	3350, 4106	拜石轩	1707
柏乐受	10239	班金鹏	9747
柏立	5056, 6002, 6032, 6095, 6481	班苓	6351
柏辽兹	11084, 11267, 12452, 12542, 12544,	班玲	6430
	12549, 12552	班岑	6463
柏林	10387, 12160, 12161	班诺维茨	11244
柏柳	5606	班苑	6527
柏年	6431, 9601	班卫东	13078
柏青	6419	班兆天	4997, 6559
柏瑞	12136	般刺密帝	8107, 8115
柏生	5632	坂田英昭	10707
柏石山	5403, 5404, 5519, 5775, 5787, 5856, 5966,	板齐	4994, 5003, 5005
	6017, 6026, 6090, 6099, 6106, 6111, 6130,	板桥	4949, 4957, 4960
	6135, 6534	板垣鹰穗	169, 357, 358, 569
柏斯克	6945	版画世界编辑部	6921, 6922, 6923
柏涛	9541	版画世界编辑组	6920, 6921
柏吞绍	11037	版画展览会河北省观摩团	5138
柏文华	10149, 10150	半标子	12750
柏西·布克	10804	半村	10388
柏西·该丘斯	11087	半丁	3639
柏希曼	10134	半闲居士	6524
柏叙	7139, 7142	邦达尔丘克	13084

邦德内拉	13064	包敏真	10834
邦迦尔德	8718	包铭新	8763, 8784, 10364, 10620
邦达	6103	包起成	5891
邦南	13139	包勤立	6958, 6959
邦塞尔斯	7140	包泉深	4959
邦源	6257	包泉万	919
浜本昌宏	10762	包日全	10270, 10740
蚌埠市文联	11417	包容	10883
蚌埠市政协文史资料研究委员会	12619	包慎伯	7229
蚌德亮	3811	包胜利	9531, 9661
包·璞日来	5206	包世臣	7205, 7216, 7227, 7228, 7229, 7230, 7231,
包备五	7155, 7334		7233, 7240, 8036, 8046, 8049, 8051, 8056,
包乘民	8354		8067
包步洲	8302	包世学	3718, 3735
包朝赞	13114	包廷俊	4900
包恩珠	11997, 12626	包头市"革命委员会"文教局"孟丽君"连环画	
包尔东	13225	创作组	5188
包尔尼	12812	包头市文学艺术工作联合会	13293
包福明	5928	包万德	6554
包钢	5273, 10019	包薇	6686
包哥廷	13031	包纬国	7280
包格曼	1121	包卫东	5817
包郭金	13253	包文灿	8800
包恒智	12251	包文该	7827, 7840, 7888
包宏	8904	包文君	11065
包建新	7516	包文俊	5223, 5288, 5298
包锦华	9646	包希和	7617
包俊宜	8183	包相洁	11741
包凯	8457	包小枫	2892
包乐	9848, 10027	包学诚	13275
包乐峰	11498	包以璐	11096
包蕾	5443, 5444, 5526, 5933, 5969, 5970, 13294	包抑	5452
包里先柯	13276	包应钊	3573, 3593, 3705, 3821, 3891
包立民	690, 3497	包永庄	7346
包林书	8261	包于飞	8746, 8860, 9483, 9485, 9723, 10113,

作者索引

10603		宝山县连环画创作学习班	5227
包玉林分	12064	宝生	3968, 6413
包玉堂	5063	宝声	9725
包裕成	5252	宝胜	10122
包振民	8269	宝石林	5504
包志峰	3921	宝树	4805
包志林	12770	宝松	2398
宝彬	4230	宝铁	4849
宝才	6087	宝通	10741
宝丰	7235	宝万	9312
宝纲	12028	宝文堂	12272
宝光阁主人	1057	宝文堂编辑部	8347, 8348
宝贵	4213	宝熙	8535
宝华	5887	宝向新	11978
宝华庵	1562	宝心传	8017
宝鸡地区学习王恒德	5153	宝音朝克图	9786, 9899
宝鸡市"革命委员会"文教局	5216	宝音陶克陶	5214
宝鸡市连环画创作学习班	5289	宝应县文化馆	11778
宝鸡市连环画学习班	5298	宝应县文化艺术学校	344
宝鸡市秦腔剧团	12125	宝永武	12670
宝鸡市秦腔剧团《龙江颂》移植演出组	11862	宝蕴楼	1271, 1535, 1646, 7958
宝鸡市人民政府外事办公室	10495	宝镇	779
宝鸡市外事旅游局	10508	宝忠化	3545
宝鸡市文化馆王鸿续	5305	宝钟	6965, 6966, 6967, 6968, 6969, 6970
宝鸡市中心医院	5216	宝珠	5676, 5944
宝鉴楼	1646	保·罗克里斯顿	12503
宝金	2054, 2393, 4779	保·特拉昌	4895
宝克孝	10262, 10318, 10323	保彬	151, 2191, 2881, 3156, 3680,
宝力格	6554		3700, 3748, 3751, 4052, 4261, 4286,
宝琳	1600		5425, 5503, 5568, 10209, 10257, 10259,
宝录	5502		10281, 10330, 10410, 10739, 10746
宝路德	6327	保定地区《雁翎队》连环画创作组	5185
宝山	10693	保定地区新安县《雁翎队》创作组	5241
宝山区民族民间器乐曲集成编辑组	12348	保厄	12494
宝山县横沙"公社"业余写作组	5227	保尔·布尔西埃	12579

保尔·高更	6814	葆明	6262
保尔·库珀伯格	7033	葆青	5545, 6526, 6527
保尔鲁申科	4964	葆全	10980
保尔斯基	13260	葆荃	090
保坤	5089	报晓鸡	5024
保琨	10286	抱石	1922
保罗	13166	抱瓮斋	7806
保罗·贝克	10927	鲍勃·吉本斯	8797
保罗·倍凯尔	10922	鲍勃·凯恩	6243
保罗·费雷拉·德·卡斯特罗	10986	鲍勃·康西丹	6346
保罗·高庚	6847	鲍勃·史密斯	7033
保罗·戈尔登	7019	鲍昌	5793
保罗·荷加斯	6895	鲍场	7515
保罗·亨利·朗格	10924	鲍潮鸣	5871
保罗·克利	135, 372	鲍得威尔	13059
保罗·洛森菲尔德	13085	鲍狄埃 8146, 12371, 12393, 12395, 12396, 12398,
保罗·乔伊斯	8704	12399
保罗·史密斯	593	鲍狄尔	12393
保罗·斯特里西克	1084	鲍尔	6950
保罗·泰勒	199	鲍凤林	482, 2082, 2380, 4572, 4651
保罗·托特里埃	12472	鲍夫华	1382
保罗·韦斯	464	鲍甫生	8305
保罗·翁家诺	7031	鲍复兴	8578
保罗·享德米特	10992	鲍海涛	7321
保罗·兴德米特	11071, 11085, 11088, 11089	鲍厚星	12797
保罗·易宝	10767	鲍厚泽	7629
保罗霍夫斯基	13275	鲍加	2725, 2730, 2752, 2806, 3649, 9871, 10109
保启英	4966	鲍家虎	10713
保山地区行署文化局《云岭歌声》编辑部	11489	鲍家瑞	1465
保山地区民委	11808	鲍江逊	8336
保山地区文化局	11808	鲍锦鸿	11228, 11229
保田正	11236, 12508, 12509	鲍昆	8901
保志宏	6981	鲍乐	9811
鹑巢直树	7005, 7009	鲍里斯	4909
葆劼	6402	鲍里斯·阿萨菲耶夫	11062

作者索引

鲍里斯·瓦西里耶夫	6016	鲍宗元	6309
鲍罗丁	12414	暴春霆	8122
鲍明	8726	暴风	5824
鲍明珊	11213, 11214, 11218, 12185, 12504	暴侠	11964
鲍姆	7021	暴揆群	8476
鲍培忠	3018, 3147	悲秋	2296
鲍日娜·聂姆佐娃	6651	北安铁路运输段机务工代会	3184
鲍少游	685, 794	北辰	6165
鲍诗度	198, 377, 2584, 3925	北大荒版画三十年文献编辑委员会	1210
鲍士杰	2207	北大荒画报社	2999
鲍叔良	2922, 10666	北大荒摄影家协会	8971
鲍树桂	12681	北大中文系"革命春秋"创作组	5216, 5239
鲍树民	8632	北方版画社	2983
鲍斯特列姆	12460, 12461	北方妇女儿童出版社	9385
鲍太祥	5584	北方昆曲剧院	12079, 12899
鲍廷博	1463	北方昆曲剧院创作研究室	11836
鲍威尔	8757	北方四省区职业教育教材编审组	10994, 11054,
鲍文雄	1249		11122, 11239
鲍贤伦	7813, 8264	北方四省职业教育教材编审组	11054
鲍筱安	1676	北方文艺出版社	11449, 11450, 11451, 11488,
鲍孝裕	11015		11496, 11617, 11622, 11632, 11640
鲍学谦	13320	北方杂志社	8123
鲍雅吉耶夫	12773	北海港务局业余文艺创作组	5267
鲍莺	2416	北海公园管理处	627, 7716, 9069
鲍莹	1605, 1607	北海市"革命委员会"	5171
鲍友恪	7691	北海市人民武装部	5171
鲍玉珍	5683	北河	10142
鲍元恺	11192, 11967, 12177	北郊区文化馆	5211, 5235
鲍载禄	8661, 9149, 10232	北京八达岭长城特区	8912
鲍照	8175	北京八达岭特区办事处	10516
鲍震培	12974, 12976	北京八一电影制片厂	13099
鲍正裹	6722	北京芭蕾舞蹈学校	12096
鲍芝芳	5447, 5646, 5808, 5966	北京芭蕾舞学校资料室	12639
鲍忠泽	5388	北京部队后勤部政治部	5164
鲍子周	12273	北京部队炮兵政治部	3260

北京部队文艺代表队　　　　11437　　北京电影学院成荫作品研究小组　　13209

北京部队政治部　　　　1289, 5137　　北京电影学院摄影技术教研组　　13264

北京部队政治部宣传队　　　11677　　北京电影制版厂　　　　　　　　8837

北京部队装甲兵政治部　　5157, 5170　　北京电影制片厂　　　　　4755, 5366,

北京插花艺术研究会《中国插花》编委会 10598　　　9027, 13089, 13090, 13091, 13092, 13093,

北京朝阳区群众美术创作组　　3262　　　13094, 13095, 13099, 13103, 13124,

北京朝阳区三里屯第三小学　　8899　　　13129, 13133, 13138, 13155, 13156,

北京出版社　1377, 1865, 2034, 2634, 4197, 4218,　　　13213, 13235, 13236, 13243, 13247

　　8059, 8877, 9038, 9043, 9064, 9146, 9150,　　北京电影制片厂行政处　　　　13274

　　9303, 9797, 10229, 11633, 11634, 11646,　　北京电影制片厂荒山泪摄制组　　13240

　　11922, 11972, 11973, 12648, 12714,　　北京电影制片厂梅兰芳摄制组　　13228, 13230,

　　12815, 12879, 12882, 12902　　　　　　　13231, 13235

北京打磨厂学古堂　　　12151, 12152　　北京电影制片厂新闻处　　　　13290

北京大观园管理委员会　　9245, 9871　　北京电影制片厂艺术研究室　　13210

北京大观园经营服务公司　　10517　　北京东城区教育局中学教研室　　11484

北京大天元信息公司　　　　8266　　北京东方明珠文化发展有限责任公司　　9138

北京大兴县业余文艺宣传队　　12600　　北京儿童摄影学校　　　　8899, 8908

北京大学　　　　　　　　　9321　　北京儿童玩具协会　　10687, 10689, 10705

北京大学东方语文系　　　　　361　　北京纺织科学研究所 10250, 10254, 10258, 10260

北京大学考古学系　　　　　　427　　北京辅仁大学校友会　　　　　2281

北京大学美学教研室　　　　　062　　北京歌声社　　　　　　　　11604

北京大学学生音乐创作组　　11946　　北京工农兵芭蕾舞剧团　　　　9150

北京大学中文系文学专业　　12874　　北京工农兵画院　　　　　1806, 1810

北京地铁摩托车服务部　　　9395　　北京工农兵陶瓷厂　　　　　　3185

北京第八女子中学舞蹈团少年组　12626　　北京工艺美术出版社　　8734, 10179, 10235

北京第二十六中学宣传组　　2934　　北京工艺美术服务部　　　　10666

北京电视台　　　5527, 5560, 5597,　　北京工艺美术工厂　　　　　　871

　　5612, 5685, 5702, 5725, 5729, 5730, 8244,　　北京工艺美术研究所　　　　10230

　　10595, 13295, 13296　　　　　　　　北京公园管理处　　　　　　　　627

北京电视台长春电影制片厂　5527, 5560, 5597　　北京公园协会　　　　　　　　9302

北京电视台青少部　　　6725, 6742　　北京古籍出版社　　　　　7706, 7727

北京电影画报编辑部　　　　13051　　北京古琴研究会　　11334, 11335, 11336, 12310,

北京电影录编纂委员会　　　13197　　　　12313, 12314

北京电影学院　　13201, 13206, 13217, 13266,　　北京故宫博物院　　　　　　　1550

　　13276, 13279, 13293, 13300, 13308　　北京广播学院电视系学术委员会　13063, 13123

作者索引

北京广播学院广播电视文学系　　13164　　北京口琴会　12210, 12501, 12503, 12504, 12505

北京广播学院广播电视文学研究所　13164　　北京历史博物馆　386, 387, 1539, 6618, 10640

北京国际水墨画展"88"组织委员会　6840　　北京旅游出版社　　9816

北京国际艺苑　　2161　　北京鲁迅博物馆　200, 3006, 6924, 8123, 8134,

北京国际艺苑公司　　1383　　　　8135, 9000, 9001, 10404

北京国际艺苑美术基金会　　2901, 2905, 6880　　北京鲁迅博物馆陈列部　　1302

北京国剧学会　　12897　　北京美好景象图片有限公司　　9779

北京汉唐文化发展有限公司　　10975　　北京美术公司创作组　　3202

北京河北会馆　　8058　　北京美术摄影出版社　4562, 6525, 6789, 6886,

北京黑星正片公司　　9920　　　　6887, 6888, 8931, 8944, 9072, 9101, 9104,

北京画院　258, 871, 1340, 1365, 1806, 1815, 1913,　　　　9111, 9245, 9297, 9327, 9328

　　1914, 1929, 2350　　北京蒙妮坦美发美容学校　　12835

北京画院《中国画》编辑部　　785, 786, 787　　北京明苑宾馆　　9299

北京幻灯制片厂　　2351, 4938, 4991　　北京慕田峪长城旅游区办事处　　10519

北京吉他学会　　11207　　北京酿酒总场业余美术组　　3180

北京佳贝图片交流中心　　9508　　北京酿酒总厂业余美术创作组　　3179

北京佳贝图片社　　2701　　北京齐白石艺术研究会　　2307

北京教师进修学院　12014, 12015, 12016, 12017　　北京企业管理咨询部　　10380

北京教师进修学院音乐教研室　　12010　　北京千目图片有限公司　　10097

北京今日华夏文化艺术传播中心　　2484　　北京青年文化咨询交流中心　　11488

北京金帆艺术团　　11524, 12048　　北京全景视拓图片有限公司　　9520, 10010

北京京剧史研究会　　12879　　北京全景图片公司　　9768, 9984, 10124

北京京剧团　11842, 11845, 11846, 11848, 11850,　　北京群众艺术馆　014, 1356, 10668, 11078, 11414,

　　11853, 11855, 12080, 12081, 12082, 12083　　　　11415, 11578, 11582, 11592, 11771,

北京京剧团《杜鹃山》剧组　　9211　　　　11776, 11829, 11839, 12005, 12006,

北京京剧一团　　9150, 12081　　　　12595, 12596, 12598, 12605, 12607,

北京精信文化发展有限责任公司　　8914　　　　12630, 12633, 12638, 12654, 12962

北京聚英文化交流有限公司　　6731　　北京群众艺术馆筹备处　11406, 11577, 11578,

北京军区空军后勤部业余创作组　　12140　　　　12595

北京军区空军政治部创作组　　11884　　北京人民出版社　　1359

北京军区政治部文化部　　1282, 12385　　北京人民出版社连环画脚本学习班　5263, 5264

北京科学教育电影制片厂　　13295　　北京人民出版社美术组　　3226

北京科学普及创作协会　3319, 3320, 3321, 3323,　　北京人民广播电台　　11925

　　3324　　北京人民广播电台第二、三台　　11564, 11889

北京客家海外联谊会　　8860　　北京人民广播电台文艺部　　11871

北京人民美术出版社 1302, 2607, 2794, 3269, 5164, 6795, 6856, 8151, 9343

北京人民体育出版社 10441

北京人民艺术剧院 11566, 11764, 12401, 12828

北京人民艺术剧院《绝对信号》剧组 12909

北京人民艺术剧院《艺术研究资料》编辑组 12908

北京人民艺术剧院大事记编辑组 12912, 12913

北京人民艺术剧院舞台艺术资料编辑组 12828

北京仁通文化发展有限公司 9774

北京日报群工部 10565

北京日报社 9302

北京荣宝斋 2241

北京森森园文化传播有限公司 6744

北京少年宫 12034

北京少年之家 12627

北京摄影事业发展基金会 9120

北京师大平民学校 12353

北京师范大学图画制图系 6895

北京师范学院革命文艺系 3198

北京师范学院文艺系 11224

北京十月文艺出版社 11704

北京市百花美术用品公司 10187

北京市百花美术用品公司《实用美术技法》丛书编辑部 618, 10186, 10187

北京市朝阳区"革命委员会" 5186

北京市朝阳区"革委会" 5218

北京市朝阳区《艳阳天》连环画业余创作组 5218

北京市朝阳区三里屯第三小学 8908

北京市储运公司马连道仓库 3402

北京市大方家幼儿园 12632

北京市大兴县红星"公社"业余编创组 5327

北京市第五幼儿园 12632

北京市第一轻工业研究所 10725

北京市电影发行放映公司 11910

北京市电影公司 11911, 13191

北京市东城区文艺组 3854, 3864

北京市东城区业余美术创作组 5212, 5239

北京市对外文化交流协会 8949, 9301, 12885

北京市房山区旅游公司 10516, 10520

北京市纺织科学研究所 10349

北京市妇女联合会 3472

北京市妇女联合会宣传部 11704

北京市歌曲征集小组 11695

北京市工人歌咏大会筹备小组 11679

北京市工艺美术研究所 1870, 2862, 8616, 8660, 10226, 10229, 10245

北京市鼓楼中学美术组 5165

北京市海淀区对外文化交流协会 2280

北京市海淀区教师进修学校 10874

北京市河北梆子剧团 12124

北京市婚姻家庭研究会 3472

北京市建筑艺术雕塑工厂 8632

北京市交通安全委员会 3081

北京市教委 337

北京市教委艺术教育委员会 056, 11524, 11989, 12048

北京市教育局 12047, 12446

北京市教育局幼儿教育研究室 5425

北京市教育局中小学教材编审处 7855, 7857, 7858, 12014, 12015, 12016, 12017

北京市教育委员会德育处 11525

北京市节约粮食展览会 8874

北京市劳动人民文化宫 10849, 11434, 11694, 12597, 12598, 12599

北京市林业局 8894

北京市美术公司《实用美术技法》编辑部 10181, 10182, 10184

北京市美术公司创作组 2748, 3202

北京市美术家协会 1367

作者索引

北京市木偶剧团 9211

北京市农机局 1814

北京市七十六中 3184

北京市轻工业局挑补绣化研究所 10349

北京市人民广播电台经济台 11564

北京市人民美术工作室绘 3068

北京市人民政府 346

北京市人民政府天安门地区管理委员会 312

北京市人民政府文化处音乐工作组 11401

北京市人像摄影研究会 8739

北京市少年儿童歌曲创作组 12035

北京市少年宫 11444, 12019, 12025, 12029, 12031

北京市少年宫儿童歌曲创作组 12031, 12036

北京市摄影家协会 8694

北京市书法家协会 349

北京市顺义县"革命委员会" 5203

北京市顺义县"革命委员会"联合编绘组 5176, 5203, 5230

北京市顺义县"革命委员会"联合创作组 5255, 5316

北京市顺义县业余美术组创作组 3240

北京市特种工艺工业公司 8665, 10232, 10350

北京市特种工艺工业公司年鉴画册组 8661

北京市特种工艺工业公司研究室 10250

北京市委高等学校工作委员会 13248

北京市卫生教育所 5065

北京市文化处音乐工作组 11406

北京市文化发展基金会 2292

北京市文化局 258, 13191

北京市文化局《工农兵文艺演唱》编辑组 11455, 11909, 11910, 11911

北京市文化局《工农兵演唱》编辑组 11964

北京市文联 11445, 11601, 11778, 11781

北京市文联创作委员会 11077, 11419, 12985

北京市文联美术工作组 1356

北京市文联美术组 1741, 6746

北京市文史研究馆 2540, 8335

北京市文物工作队 8890

北京市文物公司 2230

北京市文物局 7760, 7876

北京市文物商店 7991, 8079

北京市文物事业管理局 12789

北京市文学艺术工作者联合会 11609, 12006

北京市文学艺术工作者联合会编辑出版部 2987

北京市文学艺术界联合会 452, 11757

北京市文学艺术联合会 12011

北京市文艺学会 8278

北京市西城区文化馆 11441

北京市戏曲编导委员会 11832, 12841, 12842, 12865, 12868, 12869

北京市戏曲学校 11837, 12868

北京市戏曲研究所 12844, 12866, 12879

北京市新华书店 9136

北京市新华书店东城崇文区店 9134

北京市宣武区少年美术馆 7394, 7616

北京市宣武区少年书法学会 8386

北京市学生联合会 11409, 11414, 11419, 11447, 11448

北京市艺术研究所 050, 12885, 12886, 12892, 12897

北京市饮食服务总公司 8739

北京市园林局 9301, 9302, 9313

北京市政协文史资料委员会 12890

北京市政协文史资料研究委员会 12883

北京市职业技术教育教材编审委员会 705, 7294

北京市中国书店 7754, 7801

北京市中苏友好协会 4883, 12558

北京市中苏友好协会宣传部 10132

北京市总工会 11447, 11452

北京市总工会宣传部 11627

中国历代图书总目·艺术卷

北京手扶拖拉机厂	3232	北京艺术学院音乐系钢琴教研组	11222
北京书法研究会	8148	北京艺术研究所	12890
北京书法艺术年鉴编辑委员会	7374, 7389	北京易龙图文创意绘	10561
北京书法艺术学校	7604	北京硬笔书法协会	7604
北京私立艺光国画传习所	1474	北京硬笔书法学会 7434, 7443, 7455, 7562, 7590,
北京特种工艺工业公司研究室	937, 10251	7604
北京天文馆摄	9993	北京邮电学院无线电系401班	11278
北京铁路分局文协	1317	北京御苑书画院	10560
北京通县人民政府	8892	北京园林学会	10565
北京图书馆	2018, 6517, 7793, 8564	北京院校同学	2738, 2739
北京图书馆东方语文	6918	北京职业技术教育教材编审委员会组	10607
北京图书馆东方语文编目组	6779	北京中法汉学研究所	2981, 3530
北京图书馆社会科学参考组	13111	北京中国画研究会	2264
北京图书馆文献信息服务中心 097, 690, 10732,		北京中国画院花鸟组	935, 936, 987, 2488, 2490
12690, 12691		北京中国书法研究社	7250, 7748, 7854, 7855,
北京图书节组委会	2209	7856, 7968
北京维尼纶厂业余宣传队	12599, 12600	北京中国艺术协会	10367
北京文物整理委员会	10242, 10243	北京中小学教学参考资料编辑委员会	10791,
北京舞蹈学校	12658	12189
北京舞蹈学校芭蕾教研组	12658	北京珠江经贸发展有限责任公司	2277
北京舞蹈学校研究室	12563	北平大学艺术学院	342
北京舞蹈学院	12536	北平古物陈列所	1271
北京舞蹈学院编委会	12151	北平故宫博物院	1502, 1503, 1504, 1505, 1506,
北京舞蹈学院附属中等舞蹈学校	12584		1523, 1532, 1534, 1535, 1572, 1573, 6839,
北京舞蹈学院钢琴教研室	12150		7957, 7958
北京舞蹈学院民乐队	12150	北平故宫博物院古物馆	1502, 1535, 1646, 7776,
北京舞蹈学院中国民间舞系	12624		7957
北京戏曲研究社编	12862	北平光社	8866
北京欣资鉴文化艺术公司图文创意部	10334,	北平国剧学会	12839, 13010
10399		北平京报馆	12747
北京新华印刷厂	092, 7632	北平市教育会	11365
北京新世纪文化艺术有限公司	2547	北平市社会局	12354
北京延光室	1534	北平市中小学唱歌比赛会	11367
北京艺术师范学院美术系	2854, 2926	北平舞联	12145
北京艺术师范学院美术系学生	4940	北平延寿堂	1501

作者索引

北平研究院字体研究会	8342	贝拉·巴托克	10903
北条司 6932, 6959, 6960, 6961, 6962, 6963, 6973,		贝拉斯克斯	6857
6974, 6975, 6976		贝雷特	586
北尾重政	6926	贝里奥	12474
北屋	184	贝利·佩顿盖尔	7032
北屋出版编辑部日文翻译组	148	贝洛	7138, 7140, 7143
北兴	6312	贝洛乌索夫等	1116
北星	5741, 6014	贝默达	6222, 6802
北艺问宫格书法艺术学校	7603	贝纳·丹维尔	591
北鹰	5698	贝纳·顿斯坦	577
北影	4974	贝省三	7693
贝·加尔巴乔夫	13264	贝成民	1328
贝·施塔克	10210	贝斯特	030
贝比主埃	12454	贝特曼	6940
贝蒂·爱德华兹	1114	贝威扬	7329
贝多芬	12443, 12450, 12465, 12466, 12468,	贝希尔	12368, 12371
	12476, 12487, 12488, 12489, 12490,	贝瑛仁	3361
	12492, 12496, 12499, 12503, 12515,	贝墉	7829
	12521, 12531, 12533, 12539, 12540,	贝雨	9662, 9682
	12541, 12543, 12544, 12546, 12547,	贝韦珺	2275
	12549, 12550, 12551, 12552	贝仲圭	13087
贝多罗·欧萨卡·欧拉伊斯	372	蓓蓓	6470
贝多文	12487	蓓蓓·伊特金	12823
贝尔	040, 095, 11215	蓓蒂·L.施莱姆	475
贝尔查	11076, 12540	蓓述	4616
贝尔格	12395	奔放	4984, 11301
贝尔曼	11170	奔射	3230, 3238, 3286
贝尔南特	10855	贲道立	5538
贝戈切夫	7142	贲庆余	812, 1099, 1751, 3801, 4917, 5076, 5327
贝格儒	12440	贲远	7031
贝庚	3987, 8815, 9219, 9222	本·卡特尔	12461
贝加骥	6014	本常	6094
贝家骥	3373, 5598, 5928	本池滋夫	6942
贝京	028	本多信男	10136
贝克	10868, 12708	本钢史志办公室	8894

本吉	5526	比尼恩	099
本间正夫	6980	比亚兹莱	6776, 7058, 7059
本刊记者	9279	彼·柴科夫斯基	12426
本刊通讯员	9278, 9279	彼埃尔·莫尼埃	8730
本立	11374	彼岸	5738
本妙居士	1494	彼得	13253
本墨	2297	彼得·邦尼西	10777
本森	12725	彼得·多默	10203
本生	5463, 5782	彼得·鲁宾诺	8626
本书编选组	8100	彼得·索里摩斯	12529
本溪话剧团	5024	彼得·威尔逊	8797
本溪市民族民间舞蹈集成编辑部	12622	彼得罗夫	12682
本溪市人委文化局	11774	彼得洛夫	5831
本溪水洞风景区管理处	10508	彼得森	8701
本乡新	8670	彼得松	6991
本雅明	13189	彼利	13223
本庄敬	7137	彼萨列夫斯基	13033
笨笃	2288	彼特·恩格尔梅尔	13198
比安基	5974	彼耶罗·弗朗西斯科	6868
比安科尼	7091, 7092	笔花馆主人	1600
比得斯特鲁普	7035	笔恩	6174
比多韦兹基	11176	俾托维斯基	11177
比恩	10149	毕安琪	4886
比尔·狄盖特	12395, 12396, 12397, 12398	毕必成	5436
比尔·华特森	7013	毕碧	11565
比尔·克里夫	1085	毕秉森	11741, 12663, 12667
比尔·梅柏林	7018	毕长安	11172
比尔·皮特兹	10774	毕德利	5677
比尔德	191	毕尔格	7121
比尔斯雷	7059	毕尔文采夫	13252
比捷	13004	毕方	5358
比里·别洛采尔科夫斯基	4906	毕凤洲	8931, 8936
比林顿	12820, 12821	毕佛	13062
比林斯基	13250	毕辅宸	8027
比洛	12498, 12499	毕耕	6040

作者索引

毕恒三	13240	毕闻今	1177
毕弘述	8458, 8462	毕晓笛	12430
毕宏述	8365	毕颐生	4915
毕华珍	11015, 11018	毕永钦	12592
毕挥	5589	毕永祥	3674
毕既明	8458	毕愚溪	4984
毕加索 6785, 6786, 6787, 6789, 6793, 6893, 6903,		毕彰	710, 981, 2548
6904, 10741		毕子融	099, 1390, 1398
毕建勋	862, 6065	闪克	5965, 5989, 6222, 6261, 6274, 6364, 6381,
毕节地区苗学会	11819		6411, 6450, 6459
毕节县《险峰激浪》创作组	5264	闪立群	6261, 6364, 6411, 6459
毕锦豪	6251, 6252	碧波	6323, 7129, 7130, 7131, 9501
毕晋吉	936	碧江	5726
毕卡索	6784	碧螺山人	842
毕开文	1384, 2093, 4511, 4772	碧青	5769, 5772, 5947, 5959, 5992, 6215
毕克官	099, 410, 417, 1224, 1244, 2320, 3412,	碧青文	6409
3413, 3419, 3421, 3422, 10650		碧笙	6074
毕雷	5159, 5195	碧梧山庄	7788
毕利格	11496	碧野	4885
毕泷	1467	壁山"人民公社"	3069
毕梅雪	798	边宝华	2296, 3768, 3769
毕民望	8560	边宝驹	12370
毕铭	6243, 6252, 6253, 6268	边保法	5259
毕默	5347	边秉贵	3240, 6863
毕娜	6366	边策	10303
毕群生	5430, 5524, 5595	边长贵	8817
毕沙罗	6788, 6850, 6851, 6867, 6875	边成	7235
毕山	6035	边东子	13159
毕圣凤	4920, 4925	边多	10913
毕盛镇	038, 129	边发吉	12999
毕世臣	6300	边风豪	5252
毕树棣	3443, 5754, 6352, 6687	边广兰	269
毕庶勤	11083, 11119, 11586, 11695, 12430	边国立	13168
毕庶先	2279	边继石	6443
毕宛婴	1245	边建如	7668

中国历代图书总目·艺术卷

边疆文艺	6598	卜萌	11256
边疆文艺编辑部	1285	卜南	5779, 5861
边景昭	1577, 2607	卜善艺	11256, 11285, 12525, 12532
边静	6387	卜文瑜	1572, 1573
边军	1824	卜文玛	938
边鲁	2628	卜武志	9128
边平山	2279, 2287	卜雾	11494
边区群众剧社	11550, 11553	卜孝萱	851, 1684
边师颐	10830	卜修耀	3432
边世良	8720	卜永誉	764, 765, 1459, 7657
边寿民	781, 1608, 1614, 1615, 1635, 1638, 1681,	卜瑜	1617
	2611, 2627	卜雨	6358
边文进	1578, 1586, 2308, 6822	卜毓	5698
边颖	9606, 9974, 9975, 10047	卜之琳	12714
边友臣	11725	卜志斌	9892
边有伦	10766	卜志文	3270
边重新	12855	卜志武	2452, 2655, 4694, 8821, 8848, 8940, 8953,
边子正	6008		9078, 9079, 9080, 9081, 9083, 9086, 9088,
编辑部	1212, 6910, 7158, 7299		9090, 9094, 9097, 9098, 9099, 9103, 9107,
编辑室	7064, 13206, 13294		9111, 9112, 9115, 9117, 9126, 9256, 9260,
编辑组	8064		9299, 9314, 9444, 9462, 9477, 9493, 9505,
卜巴奎	6864		9574, 9667, 9817, 9824, 9826, 9838, 9855,
卜宝第	11306		9887, 9889, 9893, 9894, 9895, 9906, 9918,
卜宝强	6442, 10699, 10708		9925, 9928, 9967, 9969, 10001, 10072
卜炳南	5669	卜智洪	13167
卜崇道	038	卜宗舜	10201
卜方赞	5199	彪蒙书室	8039
卜福川	6153	表队	11436
卜福顺	5201, 5214, 5233, 5251, 5300, 5301, 5324,	别尔达金	13263
	5353, 5482, 5483, 5551, 5587, 5657, 5697,	别尔昆凯尔	13252
	5758, 5784, 5803, 5987, 5988, 6029, 6111,	别峰先生	8500
	6152, 6168, 6403, 6490, 6499, 6521	别府千鹤子	7140
卜国强	1291	别行	6454
卜家华	1819, 3463, 6352	别加克	13299
卜留京	1069	别雷	12367, 12411

作者索引

别利亚耶夫	6386, 6388, 6390	冰霜	6195
别列夫	7142	冰遥	6672
别林	13217	冰泳	7312
别留金	1094	冰之	6595, 6729
别洛勃里斯基	8668	冰子	5652, 6199, 6644
别赛勒	10214	兵煊	10665
别索洛娃	366	邴俊先	8983
别特尔	7034, 7035	秉坤	3113
宾宏	6648	秉龙	5820
宾奇克	13249	秉亚	11968
彬彬	4316	炳德	7071
彬斌	4362, 4403	炳桂	5681
斌贝	7014	炳伦	4718
斌昆	6456	炳南	5693
斌元	10511	炳章	5932
滨海农村社	4873	波爱斯	11168, 12454
滨海县美术创作组	5196, 5207	波波夫	12686, 13260, 13263, 13264
滨海县文化馆	3201	波波娃	10792, 11078, 11267
滨海宣工队	11549	波布克	13048, 13051
滨县文化馆	5225	波德高列茨卡亚	13258
冰波	6451, 6452, 6486, 6524, 6533, 6691, 6701,	波德郭劳捷茨基	13277
	6713, 6714	波德维尔	13059
冰驰	7525	波多野乾一	12857
冰川	5919	波恩	12454
冰帆	5965	波恩斯汀	8745
冰夫	6643, 11953	波尔沙科夫	13088, 13306
冰河	7612, 11448, 11529, 11755, 11782, 11820,	波加柯娃	12652, 12653, 12654, 12655
	11930, 11949, 11954, 12391	波加特柯娃	12363, 12652, 12653, 12654, 12656,
冰宏	7545		12661
冰火	6008	波兰斯基	13140
冰晶	5843	波浪	11765, 11766, 11997
冰麟	6044, 6091, 6117, 6135, 6150	波勒·布谢	543
冰凌	9387, 9595	波里布尼	589
冰青	8325	波里施楚克	473
冰若	8889	波里士拉夫斯基	12808

波里雅科娃	12449	伯和	11943
波里亚科娃	10854, 11219	伯华	4875
波利亚科娃	11140	伯惠	6141
波连诺夫	6877, 6878	伯基特·福斯特·迈尔斯	6892
波良斯基	13223	伯杰	130
波列夫依	4911	伯克	8728
波列诺夫	6870	伯克霍夫	375
波鲁亚诺夫	11220	伯勒斯	7066
波罗梅斯基	12393	伯里	5996
波宁	5814	伯里曼	554, 625
波诺马里科夫	11106	伯楠	12211, 12504, 12505
波帕尔	12464	伯奇	13059
波普	10754	伯虔	8596
波人	6215	伯寿	12591
波瑞斯·瓦莱约	6863	伯闻	8484
波涛	5430, 5571, 6026	伯祥	6424
波特柯娃	12653	伯杨	4674, 9666
波西尔	274, 275	伯英	2630
波西涡	12659	泊信	4947
波希顿诺夫	6878	勃·雅鲁斯托夫斯基	11267
波心	4943, 4963	勃布伦	9640
波耶杰夫	12361, 12363	勃夫斯基	13260
波义斯	10133	勃克	11074, 11075
波玉温	5383, 5534	勃拉根斯基	13250
波祖安	4923	勃拉姆斯	12198, 12370, 12466, 12467, 12498,
播谷	11677		12501, 12507, 12540, 12549, 12550, 12551
播花居士	12750	勃拉特倍莱	160, 161
伯春	12307	勃拉翁	13257
伯恩·霍加思	1140	勃兰德尔	12531
伯恩鲍姆	8745, 8746	勃朗群	6920
伯恩哈德·哈曼	12475	勃朗特	3492, 6490, 7007
伯恩斯坦	8760, 10859, 10869, 10871	勃劳温	13259
伯奋	13205, 13305, 13306	勃雷内赫	13258
伯夫	11169	勃鲁盖尔	6851
伯格曼	13211	勃路诺·本德热里尼	12488

作者索引

勃伦森	13001	薄兰谷	10814, 11675
勃罗淑夫斯基	13260	薄森海	11152
勃玉明	10255	薄松年	822, 1227, 3053, 4774, 4867, 10694
博·桑布	6217	卜镝	1384
博爱县文化体育广播事业局	12772	卜方明	5981
博巴·仓巴旺苏	8903	卜福昌	8931
博采图书工作室	3485, 3488	卜迦丘	6266
博德韦	13065	卜敬恒	2458
博厄斯	183	卜劳恩	6930, 6932, 6943, 6946, 6948, 7004, 7013,
博尔杰绘	6903		7019, 7026
博尔韦尔	13063	卜木	9301
博夫	2344	卜庆润	5191, 5221, 5224
博格留勃夫	6874	卜硕	3518, 3519, 3525, 3528
博格耐尔	9597	卜涛	9307
博鸿	4958	卜维勒	526, 609, 1385, 6920, 6923, 10512, 10732,
博杰	6181		10738, 10741
博乐市委宣传部	8859	卜希杨	8373
博蒙夫人	5806	卜希旸	7381
博纳	13313	卜希移	8083
博纳尔	6818, 6846, 6848	卜锡文	12267
博其木勒	6367	卜贤杰	6550
博柔笛	12456	卜孝怀	1984, 2346, 3622, 4882, 4979, 5020, 5035,
博文堂	1467		5036, 5037, 5038, 5040, 5042, 5043, 5049,
博雅艺术公司	1929		6414
博亚艺术精品有限公司	10555	卜炎庆	7407
博益编辑委员会	528	卜一秋	5697
博综	5636, 6315, 6340, 6405	卜逸	6113
渤帆	5268	卜愚	3488
渤海军区政治部耀南剧团	11549	卜禹	4476
渤海军政文工团	10900	卜源	11525, 11529, 11533, 12410
渤海人民文工团	10662, 10900	卜允台	10731
薄贯休	129, 618, 1123, 1447, 6902, 10186, 10187,	卜再庭	11310
	10752	卜召林	13059
薄惠明	5283	补庵	12857
薄久夫	8775	不群	2296

不死了	3436	布里吉	13263
不圆	6413	布里翁	507, 508
布丹采娃	13260	布利特	588
布得门	13263	布良采夫	13252
布德尔	8607, 8670	布列克	1089
布德尼克	9096	布林霍尔	11054
布丁	531	布留楚金	13253
布尔古德	6359	布留姆别尔格	13263
布尔梅斯杰尔	12670	布卢姆	13220
布尔姆	12455	布鲁赫	12547, 12553
布格罗	6859, 6860, 6863, 6864, 6866, 6867, 6891	布鲁克	129, 12692
布格缪勒	12488, 12496, 12501, 12525, 12531,	布鲁克纳	12548
	12536	布鲁墨	067
布谷	4931, 6313	布鲁诺·恩斯特	526, 6802
布和	5845, 6730	布鲁诺·卢切斯	8626
布和巴雅尔	3560	布罗夫	065
布凯里尼	12463	布罗凯特	12715
布克	10804	布罗伊夫	6908
布拉德利·艾尔夫曼	12669	布洛赫	13255
布拉克	6796	布洛克	041, 078, 144
布拉乌总	13253	布尼莫维奇	8717
布莱顿	6580	布舍尔	214
布莱恩	7014	布什	6950
布莱恩·彼得森	8708, 8781	布施知子	10395, 10747, 10764
布莱尔	1227	布士沃斯	12799
布莱克	1076, 1090, 8700	布歇	6859, 6860, 6861, 6864
布莱泰歇尔	6976	布颜图	663
布莱希特	12693	步根海	10873
布兰特	1076	步行建	9569, 9572, 9592
布朗	7136, 13191	步迈	4896
布朗克	12395	步铁力	9485, 9779, 9782, 10089
布朗斯坦	11185	步万方	3533, 3944, 3957, 3959,
布劳考普夫	10926		3961, 4018, 4055, 4056, 4064, 4379, 4410,
布雷乔夫	7135		10429, 10737
布里顿	11269	步燕萍	1158, 1159, 6353

作者索引

布翰	6574	彩泓	8437
部队美术组	3196	彩虹	2705, 9511, 9516, 9517, 9777, 9781, 9926,
部队文艺丛书编委会	11560		9928, 10171
部队文艺社	11554	彩麟	11148
部分省市职业高中幼儿教育专业课程结构总体		彩色包装设计编委会	10726
改革实验教材编写委员会	482, 10831,	彩色照相加工配方集翻译小组	8720
11256, 12636		彩图画库编绘组	6480, 6483, 6484, 6486, 6487,
部克谟勒	12488		6490, 6497, 6499
部秀池	9138	彩云	4998, 9242
		菜如雷	12926
C		菜志忠	3493
《彩图世界童话名著》编写组	6539	蔡巴扎西	8913
《参考消息》编辑部	6940	蔡邦宁	6101
《长江歌声》编辑部	11705	蔡本坤	1764, 2590, 10263
《长乐》画册编委会	8967	蔡滨鸿	5413
《常州社会发展》编委会	8962	蔡琫	12294
《常州书画作品集》编委会	2321	蔡兵	3018, 5223
《潮剧志》编辑委员会	12951	蔡彩时	7088, 7091, 7115
《陈云同志关于评弹的谈话和通信》编写组		蔡沧洲	5757, 6116, 10681
	12975	蔡长海	3508
《承德戏曲全志》编辑部	12769	蔡长河	10831, 10928
《程长庚研究文丛》编辑委员会	12891	蔡常维	6239
《初拓宝贤堂帖》编辑委员会	7741	蔡超	2216, 3837, 4002, 4412, 4566, 5313, 5454,
《川剧艺术研究》编辑组	12925		5463, 5484, 5589, 5628, 5788, 5951, 6014
《春天的旋律》编辑组	12038	蔡朝东	11490, 11755
《辞海》编辑委员会	017	蔡辰男	1476, 1477, 1900, 1935
《重庆老年书画选》编委会	2318	蔡忱毅	2923, 4915, 7627
才方	5081	蔡成	6002, 6003
才惠民	6289	蔡虫	3518
才孝文	6037, 6192, 9013	蔡崇明	7266
材音博彦	5253, 5376, 5433	蔡崇武	6008, 6058, 6123
采苹人	12304	蔡楚生	5106, 5432, 13081
采特林	13256	蔡传隆	2016, 2094, 2437, 2439, 2594, 2666, 4246,
彩芳	1267		4305, 4394, 4416, 4485, 4486, 4559, 4565,
彩宁娜	6046		4599, 4624, 4630, 4640, 4641, 4657, 4678,

4723, 4779, 4789, 4799, 4808, 9513

蔡涤州　　　　432

蔡道东　　　　1318, 2899

蔡德崇　　　　5239

蔡德丰　　　　12222

蔡德林　　　　5547, 5701

蔡迪安　　　　3266, 5300

蔡迪支　　　　1300, 1414

蔡定国　　　　5862, 11187, 12937

蔡东壁　　　　9142

蔡东照　　　　1225

蔡锷　　　　　8109, 8117

蔡尔康　　　　1270

蔡蕃　　　　　8901

蔡方　　　　　3881

蔡方云　　　　5751

蔡芳　　　　　8099

蔡芳本　　　　8327

蔡芳珠　　　　9337

蔡枫　　　　　5991

蔡福华　　　　10819, 11238, 11239, 11241, 11253

蔡福礼　　　　3123, 3750

蔡福熙　　　　618

蔡千音　　　　4938

蔡皋　　　　　6297, 6304, 6386, 6537

蔡根　　　　　8635

蔡耕　　　　　1673

蔡公衡　　　　684, 941

蔡公时　　　　8117

蔡国栋　　3247, 4131, 5197, 5250, 5343, 5616, 5966

蔡国荣　　　　13117, 13181

蔡国声　　　　8231, 8468

蔡国胜　　　　8990

蔡何方　　　　11034

蔡鹤汀　　623, 935, 1435, 1747, 1768, 1957, 2192,

2320, 2717, 3541, 3565, 3567, 3631

蔡鹤影　　　　4966, 8303

蔡鹤洲　　623, 935, 1436, 1884, 1957, 2320, 3541, 3567, 3632

蔡衡　　　　　5992

蔡红　　　　　6478

蔡宏　　　　　6438

蔡宏波　　　　4310, 5303

蔡宏明　　　　067

蔡宏坡　　3661, 3811, 3928, 3984, 4103, 4131, 4229, 4363, 5040, 5832

蔡宏生　　　　10295

蔡虹　　　　　12407

蔡洪波　　　　6807

蔡洪声　　　　13107

蔡鸿茹　　　　263

蔡华林　　　　8313

蔡惠芳　　　　4039

蔡惠泉　　　　12334

蔡慧苹　　　　7602

蔡际平　　　　4445

蔡济　　　　　5295

蔡继东　　　　11287

蔡佳琦　　　　10678

蔡家骏　　　　5496, 5971

蔡家珍　　　　12981

蔡嘉　　　　　1723, 12398

蔡见新　　　　8722

蔡建光　　　　11681

蔡建华　　　　7745

蔡江白　　　　3943

蔡江宇　　　　6019

蔡子人　　　　352

蔡洁　　　　　10684

蔡洁明　　　　4155, 4292, 4367

作者索引

蔡捷夫	1394	蔡良玉	10865, 10877, 10889, 10985, 10987
蔡金和	9817	蔡亮	1103, 1105, 1116, 1395, 1409, 2716, 2726,
蔡金章	3911		2727, 2730, 2745, 2768, 2773, 2779, 2781,
蔡京	7984		2790, 2839, 2894, 3307, 3634, 3997, 5041
蔡经华	10848	蔡林	8705, 8745, 8747, 8748, 8754, 8756, 8762,
蔡景楷	5790		8767, 8768, 8769, 8772, 8777, 8779, 8780,
蔡敬民	11302, 12269, 12271		8786, 8790, 8792, 8798, 8799, 8802
蔡炯	5328	蔡林海	13183
蔡觉民	10838	蔡林兴	6425, 6470
蔡军	7442, 7487, 10777	蔡流海	8902
蔡均	10242	蔡茂清	3015
蔡君	5282	蔡茂友	7357, 7362, 7363, 7816
蔡俊抄	10919, 12133	蔡美玲	12821
蔡俊传	5480, 5564	蔡美铃	12820
蔡俊军	6306	蔡萌萌	2909, 4683
蔡俊清	2657, 2658, 9451, 9726, 10068, 10577,	蔡孟珍	12090
	10578, 10592, 10597, 10600, 10624, 10739	蔡梦	10897
蔡俊三	8976	蔡妙平	2216
蔡俊兴	10300	蔡民生	3770
蔡潜源	8520	蔡名衡	7208
蔡康非	3245, 3463, 3510, 5522, 6630, 7067	蔡明	13236
蔡可群	565	蔡明村	6270, 6310, 6329, 6536
蔡克祥	10369	蔡明发	8710
蔡克翔	11677	蔡明康	2208
蔡克振	2818	蔡明亮	13161
蔡焜	1340	蔡明信	10653
蔡来兴	8857	蔡明旭	6105
蔡岚	6604	蔡明远	7870
蔡澜	13135	蔡漠	10723
蔡力武	719, 2321, 2341, 2555, 10658	蔡慕芳	10757
蔡立国	6509	蔡慕晖	008, 176, 12903
蔡丽华	12568	蔡乃德	8804
蔡丽玲	10596	蔡南生	1137, 1172
蔡丽贞	10581	蔡宁	829
蔡连海	7563	蔡女良	5838

蔡培	3089, 3093, 3630, 3672, 4100, 4128, 4229,	蔡伸	5852
	4461, 4850, 5031	蔡燊安	118
蔡培龙	6357	蔡圣俭	2282
蔡佩君	054	蔡胜强	10733
蔡佩伦	10564	蔡世成	12896
蔡萍萍	8948	蔡世明	917, 3874, 4100, 4227, 5424, 5998
蔡其娇	9316	蔡寿臻	12999
蔡其铮	5767, 5770, 5819	蔡淑湘	5616
蔡其中	3794, 3947, 5874, 10269	蔡树航	12349
蔡奇洁	13004	蔡斯	6829, 10982
蔡琦珍	2046, 2062, 2100, 4500, 4765	蔡松男	7802, 8203, 8369
蔡绮	191	蔡松琦	027, 10871, 11095, 11101, 11261
蔡千音	4906, 4950, 4964, 4965, 5003, 5027, 5030,	蔡素	5906, 5984
	5034, 5040, 5081, 5115, 10676	蔡素兰	1102
蔡琴鹤	10362	蔡素琴	10602
蔡青	6034	蔡谈	8473
蔡清河	5310	蔡体良	12688, 12821
蔡庆发	7745	蔡体荣	5886, 6435
蔡庆芽	3846	蔡体星	9014, 9659, 9660, 9663, 9666
蔡秋来	215	蔡侗	12804
蔡群	4566	蔡天定	2799, 10271
蔡人燕	4895, 4936, 4939, 4974, 4981, 5035	蔡天涛	1984, 2612, 3956, 10454
蔡仁	2729	蔡天心	4902
蔡任尹	13172, 13298	蔡天雄	2041
蔡荣	5882	蔡廷玉	6338
蔡荣福	7667	蔡宛柳	11877, 11878
蔡汝霖	11180	蔡旺林	2532
蔡汝南	8111	蔡薇	4478, 4692
蔡汝震	1131, 1186, 3775, 4103	蔡维才	5296, 5315, 5426, 5516, 5817, 5853
蔡瑞平	5942	蔡伟	1213
蔡瑞乡	6983, 6987	蔡伟业	5038
蔡若虹	117, 216, 535, 1655, 4875, 4876, 4877,	蔡伟中	5287
	6597	蔡文强	7446
蔡上国	2717	蔡文雄	2815
蔡尚群	3253	蔡文怡	063

作者索引

蔡纹惠	6869	蔡一鸣	2676, 4919, 4975, 4989, 5275, 5511, 5523,
蔡锡康	8519		5603, 5836
蔡锡林	3601, 4899, 5211	蔡漪澜	5506
蔡锡龄	12261	蔡仪	009, 010, 195
蔡贤盛	13168	蔡怡君	6559
蔡湘蘅	10587	蔡宜芳	1349
蔡襄	7904, 7947, 7950, 7956, 7958, 7960, 7961,	蔡进春	8857
	7976, 7978, 7981, 7988, 7997, 8000, 8002,	蔡以旋	8525
	8003, 8009	蔡义鸿	8722, 9794, 9876
蔡骧	13156	蔡义江	6582
蔡祥麟	8315, 8319, 8327, 8334	蔡义选	10646
蔡小丽	2225	蔡易安	405, 10327, 10329, 10619
蔡晓斌	7571, 7584, 7606	蔡逸萍	10840
蔡晓春	11748	蔡莺	11257
蔡效文	8816	蔡邕	7220, 7754, 7763, 11320, 11321, 11327,
蔡心	5261		12259
蔡兴林	12931	蔡永胜	8273
蔡星耀	5224	蔡勇	2230
蔡雄	4901, 5041, 7627, 10243	蔡尤本	5548, 13229
蔡修齐	8630	蔡余文	11313, 12648
蔡秀女	13146, 13192, 13263	蔡於良	1351, 1352, 8338
蔡旭	1804, 1811	蔡渝歌	5508
蔡学苏	8520	蔡羽	1571
蔡循生	3273, 3298, 3338, 4012, 5399, 5524	蔡玉琦	8701, 10244
蔡雅新	10708	蔡玉卿	8038, 8056
蔡延年	5639, 5927, 6024, 6046, 6079, 6357, 6364	蔡玉水	1133, 1145, 1418
蔡炎	13131	蔡玉英	5955
蔡衍	2645	蔡育贤	1001
蔡衍荣	6197, 6198, 12965	蔡育之	144
蔡珏	12053	蔡元定	11007, 11012, 11014, 11018
蔡晏良	5748	蔡元放	6404, 6441
蔡仰颜	5675, 5991, 6284	蔡元培	001, 089, 214
蔡养生	8617	蔡原江	039
蔡耀生	8748	蔡源莉	12976
蔡业崇	3861, 3994, 5300	蔡悦林	10661

蔡云程　　　　　　　　　1403　　　骆陀　　　　　　　　　　　5797

蔡云龙　　　　　　3409, 6629　　　仓山雪州　　　　　　　　　8187

蔡载福　　　　　　　　　7659　　　仓小宝　3884, 5877, 10194, 10295, 10297, 10302,

蔡照波　　　　　　　　　8578　　　　　　10310

蔡振华　3100, 3109, 3298, 3329, 10249, 10406　　仓小平　　　　　　　　　6301

蔡振辉　　　　　　1749, 3927　　　仓小义　　　　　3712, 3736, 5610

蔡之湘　　　　　　　　　5958　　　仓孝义　　　　　　　　　5094

蔡志坚　　　　2231, 3905, 4006　　仓兴　　　　　6436, 6437, 6501

蔡志明　　　　　　5954, 6010　　　仓阳卿　5437, 5438, 5441, 5618, 5642, 6017, 6020,

蔡志忠　461, 1231, 3422, 3424, 3426, 3427,　　　6164

　　　3428, 3429, 3430, 3432, 3434, 3435,　　苍海　　　　　　　　　　5358

　　　3436, 3437, 3438, 3439, 3441, 3443,　　苍石　　　7627, 7628, 8990, 9060, 9081

　　　3447, 3449, 3450, 3451, 3453, 3454,　　苍舒　7314, 7368, 7894, 7896, 7897, 7906, 7908,

　　　3455, 3457, 3458, 3471, 3472, 3475,　　　　　7910, 7999, 8390

　　　3481, 3486, 3487, 3488, 3489, 3493,　　苍松　　　　　　　11202, 11729

　　　3494, 3496, 3497, 3498, 3499, 3500,　　苍松书画作品选集编委会　　　　2231

　　　3502, 3503, 3505, 3510, 3511, 3523,　　苍彦　　　　10275, 10296, 10330

　　　6243, 6249, 6256, 6257, 6258, 6262, 6285,　　苍彦紫嵩　　　　　　　10681

　　　6316, 6395, 6396, 6412, 6429　　　　　苍阳　　　　　　　　　　6556

蔡中青　　　　　　　　　4434　　　沧海　　　　　　　　　　3765

蔡中文　　　　　　　　11222　　　沧源佤族自治县"革委会"政工组　　5193

蔡中运　　　　　　5590, 5780　　　沧州地区《老河迷》连环画创作组　　5204

蔡仲德　10841, 10846, 10968, 10973, 10974　　沧州戏曲志编辑部　　　　12777

蔡仲娟　　10593, 10598, 10602, 10603　　藏得拉　　　　　　　　13234

蔡竹煌　　　　　　　　11268　　　藏尔康　　　　　　　　　5076

蔡竹虚　　　　　　8187, 8192　　　藏恒望　　　　　　　　　4676

蔡拙哉　　　　　　　　11012　　　藏斯　　　　　　　　　　6950

蔡卓宁　　　　　　　　　6721　　　藏原惟人　　　　　　　　 013

蔡卓之　　　　2112, 2113, 2400　　操作锐　　　　　　　　　5647

蔡子渟　　　　　　　　　9291　　　曹安和　11333, 12058, 12061, 12067, 12075,

蔡子民　　　　　　　　12450　　　　　　12156, 12245, 12248, 12308, 12309,

蔡字征　　　　　　5963, 5964　　　　　　12312, 12326, 12327, 12336, 12341, 12345

蔡宗伟　　　　　　　　　8327　　　曹柏昆　7321, 8193, 8225, 8234, 8283, 8397, 9123,

蔡祖谦　　　　　　　　　8930　　　　　　9126

蔡作意　　　　　　　　　 150　　　曹宝麟　7169, 7418, 7442, 7561, 7729, 7730, 7731,

作者索引

8438		曹大庆	2684
曹宝麟等	7458	曹大土	2883, 2899
曹宝明	5627	曹黛	3494
曹保明	5730	曹丹	1155, 6547
曹葆华	009, 080, 12401, 12416, 12796, 12800,	曹德维	11313
	12803	曹德兆	3910
曹葆铭	4929	曹东扶	12139
曹豹文	5970	曹洞颐	211, 219
曹本冶	10911, 10918, 10919	曹度	1060
曹本治	12979	曹端摸	12242, 12350
曹秉玺	5299	曹恩尧	7621
曹炳范	11273	曹法舜	8937, 9063, 9306
曹伯华	5928	曹方	10398
曹伯铭	8316	曹芳伯	5607
曹昌光	3473, 3474, 6495	曹芳燕	10369
曹昌武	2788	曹奋	5611
曹长春	9007, 10015	曹凤琴	10846
曹长远	7295, 7511, 7555, 7587	曹甫良	12101
曹晨	1234	曹辅鉴	1184, 1767, 2841, 2940, 3087, 3105, 3123,
曹成金	4371		3136, 3154, 3282, 3630
曹成渊	12578	曹干	6485
曹成章	849, 11531, 11755, 11820, 11887, 11930,	曹刚强	5272
	12050, 12106	曹工化	10590
曹炽康	6943, 7019	曹冠群	11214
曹崇恩	8623	曹光	3080, 4949, 5010, 5060, 5116
曹宠	8753	曹光栩	4935
曹惆生	229	曹广福	2262, 3943
曹垂灿	1633	曹桂江	9059, 9072, 9074, 9346, 10013
曹春生	489, 1116, 2794, 8634, 8671, 8672	曹国鉴	965
曹淳亮	8910	曹国麟	12878
曹赐麟	11250	曹国荣	11142
曹达立	2804	曹海东	7370
曹大沧	8269, 12311	曹海水	5123
曹大澄	305	曹涵仪	9219
曹大民	7622	曹翰全	12632

曹行倬	11512	曹节	8583
曹宏慈	5643	曹杰	5199, 5200
曹虹	10871	曹今奇	990
曹洪	10854, 11076, 11139, 11178, 11179, 12540,	曹金刚	8283
	13003	曹金明	6146
曹洪才	9006, 9536, 9637, 9639	曹金铸	5614, 6030
曹鸿昌	12117	曹谨乾	2644, 2652, 2664, 4530
曹后灵	8261	曹晋	6723
曹厚德	9956	曹晋锋	2276, 2326, 2818
曹华	3237	曹京柱	5879
曹化一	8582	曹敬恭	5286, 10375, 10727
曹辉	6093, 6211	曹靖	6384
曹辉禄	3553, 3563, 3616, 3669, 7635	曹靖华	4899
曹惠林	3897	曹聚仁	584, 3515, 4869, 12722
曹慧莉	11715	曹军	7191, 7458, 7515
曹积三	5396, 5397, 5401, 5418, 5428, 5512, 5574,	曹俊礼	1855
	5623, 5636, 5769, 5780, 6020	曹俊强	3453
曹吉祥	181	曹俊山	11091, 11968
曹济民	2321	曹俊生	11090
曹济权	5039	曹俊彦	1520
曹继铎	5614, 5851	曹俊义	2263
曹继善	1007, 1009, 1010	曹开祥	3494
曹家俊	8709	曹克黄	1904
曹家正	13057	曹克家	389, 987, 1000, 1436, 2034, 4027
曹建	7583	曹克良	10346
曹建国	11303	曹克英	11830, 12111
曹建华	2245	曹来	11059
曹建顺	2001	曹莱	10840
曹建新	412	曹雷	11165
曹剑	057, 1189	曹蕾	8966, 9137, 9139, 9302
曹剑峰	1212, 1369, 3093	曹李	5690
曹剑锋	2989	曹理	10819, 10824, 10828, 10833, 11053
曹剑新	1314	曹力	2215, 2818, 2881, 2909, 3726, 6421, 10563
曹健	8779	曹力铁	6596
曹键	3502	曹立	5586, 5697

作者索引

曹立庵	7251	曹培亨	8033, 8035
曹立侃	3211, 3223	曹培林	13184
曹立伟	3859, 5864, 6157	曹佩如	11438, 11600
曹丽华	4904, 6289, 6295, 6305	曹鹏翊	1590
曹丽娜	6467	曹平	12625
曹丽泉	4951, 4954, 4965, 4986, 4990, 5023, 5038,	曹齐	8466, 8475
	5064	曹其敏	12703
曹丽珍	3865, 6234	曹奇	9553, 9964
曹利群	10888, 10927	曹奇峡	7644, 7645
曹利祥	322, 4757, 5956, 6230	曹锜	12301
曹林	10297	曹启文	5926
曹琳	7062, 12952, 12954	曹起	11957
曹玲	12173	曹起志	5693
曹留夫	5561, 5583, 5738, 6127, 6147, 6236, 6248,	曹强	6654
	6281, 6328, 6545, 6658, 6687	曹勤	4547
曹懋唐	13183	曹庆婕	7086, 10600, 12894
曹梅铃	7031	曹琼雪	5851
曹梅卿	12115, 12129, 12130, 12131	曹全堂	6764
曹美韵	11787	曹仁容	2485
曹秒	2604	曹荣明	6641
曹珉	6442, 10699, 10719	曹蓉	6220
曹敏	2081	曹溶	1051, 8016, 12298
曹明	5784	曹茹	6214
曹明华	2054, 2525	曹汝森	11132, 11134
曹明镜	9310	曹瑞纯	8594
曹明求	2536	曹瑞林	3241
曹明冉	859, 2177, 2518	曹三长	630, 1001, 2536, 5846
曹明绪	5845	曹尚铜	11325, 12297, 12303
曹明渊	6693	曹绍	1007, 1009, 1010
曹鸣喜	1412	曹声	12609
曹铭	11515, 11743, 11748	曹圣臣	1031, 1048
曹铭助	4965	曹士晃	7705, 7706, 7707
曹慕园	8389	曹氏求	1469
曹诺	559	曹世慧	3265
曹欧叶	9794	曹世琦	4953, 4992

曹世钦 498
曹世玺 9794, 10102
曹世雄 11181
曹寿铭 949
曹淑芹 4199
曹淑琴 2386, 4055, 4261, 4301, 4502, 4561, 4806, 4845, 5447
曹淑勤 2128, 2129, 2146, 4132, 4391, 4446, 4470, 4494, 4591, 4634, 4666, 4718, 5688
曹树钧 12851, 13071
曹树美 4539
曹思 6294
曹思勇 5889, 5938, 6129, 6165
曹四才 11951
曹素功 1047
曹素琴 4010
曹素勤 4264
曹太文 1186, 2895
曹天雷 12339, 12340
曹天舒 2279, 3796, 3826, 3845, 3985, 4010, 5336, 5569, 5632, 10454
曹恬 4759
曹汀 11411, 11940
曹庭栋 753, 11322, 11323, 11326
曹同煜 4916, 4941, 4972
曹婉娴 12979
曹威业 5752, 6046
曹维初 625
曹维理 3939
曹伟 7105, 11185, 11191
曹纬初 624, 937, 938, 7254
曹卫国 10357
曹畏 10887
曹文 3987, 8737, 12479
曹文斌 3865
曹文汉 1214, 3059, 5655
曹文敏 13146
曹雯 3761, 3910
曹汶 1834, 3941
曹西林 5537
曹霞云 5428
曹先仁 9675
曹贤邦 11495
曹威熙 778
曹县四平调剧团编导组 12122
曹县政协文史资料委员会 12853
曹祥 12831
曹向东 9858
曹小冬 6036
曹小卉 5808, 6654
曹小鸥 10705
曹小强 5465, 5705, 5751
曹小容 12791
曹晓波 5926, 6010
曹晓凌 1412
曹辛之 9021, 10371
曹辛之美术 1891
曹欣渊 5786, 5803, 5815, 5835, 5933, 6015, 6019, 6064, 6203, 6247, 6316, 6332, 6489, 6642
曹新林 2796, 2820, 3226, 3231, 3240, 3268, 3273, 3317, 3319, 3336, 3345, 3814, 6039, 10445
曹新民 6718
曹新元 8578
曹兴福 8244
曹兴国 6412
曹兴军 1160, 2920
曹修德 3017
曹秀文 3941
曹学佺 732, 736
曹雪 134

作者索引

曹雪芹 5457, 5653, 5739, 5820, 5925, 6218, 6385, 6405, 6447, 6488, 6524, 6582, 11926, 12136

曹雪松 13304

曹亚琪 11936

曹延路 1754, 1760, 2246, 3539, 3715, 4961

曹砚农 5295

曹燕芳 4900

曹扬 10620

曹耀存 11870, 12116, 12129, 12130, 12131

曹烨 1118, 4689

曹一觥 8481

曹怡 6667

曹义俊 10258

曹忆勇 5958, 6053

曹意强 139, 543, 544, 711

曹印生 3308

曹英 6211, 6280, 6291, 6335, 6396

曹英义 2216, 2887, 4019, 5700

曹颖平 2604, 2605

曹永 4246, 4390, 6007, 6188

曹永安 12313, 12317

曹永慈 13079, 13133

曹永芳 5211

曹永久 12826

曹永声 12362, 12365, 12366, 12401, 12442

曹泳敏 7501, 7502

曹勇 6053, 6438

曹用平 2536, 2642

曹有成 3074, 3078, 3091, 3094, 3098, 3109, 3117, 3122, 3129, 3303, 4887

曹佑安 8558

曹余章 6498

曹愉生 817

曹玉璞 6870

曹玉朴 3806

曹玉泉 8933

曹育民 6869

曹禺 5402, 5459, 5475, 5506, 5507, 5596, 5691, 5710, 5747, 5821, 13006

曹元根 3768

曹元明 5838

曹悦波 8942

曹越兰 8754

曹筠 5952

曹允迪 10813

曹福建 8785

曹增潮 5014, 5491, 6192

曹增渝 5796

曹昭 378, 379

曹莘基 7414

曹者祉 421, 431, 10192, 10659

曹振 2201

曹振峰 1315, 1408

曹振鸿 5586

曹振威 9378, 9379, 9392

曹振勋 13009

曹振英 7647

曹振云 5097, 8802, 9361, 9546, 9677, 10033, 10045

曹震云 3757, 5062, 5063, 5088, 5089, 5110, 5115, 5117, 5121, 5122, 5123, 5125, 5126, 5131, 5135, 5346, 5402, 5409, 5416, 5420, 5515, 5517, 5520, 5556, 5558, 5581, 5659, 5670, 5672, 5695, 5704, 5708, 5745, 5770, 5775, 5804, 5867, 5873, 5933, 5980, 6077, 6173, 8822, 8996, 9004, 9148, 9220, 9235, 9367, 9554, 9577, 9938, 9939, 9940, 9945, 13123

曹正 11333

曹正鸿 6633

中国历代图书总目·艺术卷

曹正文	6229	草芳	9987
曹正志	1148	草菁	11711
曹之格	7790, 7791, 7944	草蜢	8947
曹之明	1933	草木芬	6358
曹之友	1972	草坪山人	672
曹知白	6818, 6821	草日	3477, 3484, 3487
曹知博	1414	草妍	6456
曹知非	9319, 9427, 10063	草野唯雄	5890
曹直	7904	草右	11562
曹植	7846, 7954, 7959, 7960, 7961, 7965, 8040, 8052	草园	5343
		岑安	9576, 9577, 9649, 9854
曹志佳	8064, 8175	岑范	13232, 13241
曹志宏	5083	岑歌	6035
曹志林	118	岑家梧	171, 177, 181, 245
曹志龙	5267, 6078	岑久发	487, 4449
曹志培	8694	岑龙	5333, 5476
曹治国	189	岑美君	11163
曹治准	5293, 5362, 5418, 5598, 5800, 5848, 5960, 6063, 6124, 6151, 6464	岑荣光	993
		岑桑	13032
曹治泉	5417	岑圣权	5540, 5740, 6016, 6022, 6084, 6172, 6195,
曹智伟	13080		6200, 6214, 6279, 6302, 6348, 6498, 6724,
曹中厚	7741		7003
曹子纯	6334, 6349, 7043	岑圣雄	6016, 6022, 6172
曹子铎	2041, 3366, 3805, 4099, 4178, 4499, 4532, 5544, 6241	岑卫	9375
		岑学恭	913, 1724, 1931, 2263, 3841
曹子锋	4515	岑勋	7828, 7834, 7842, 7850, 7854
曹子平	12202, 12203, 12206, 12230	岑勖	8041
曹子西	8893, 8951	岑寻	3613, 3628
曹自强	3902	岑毅鸣	3076, 12590, 12607, 13032
曹卒之	8566	岑永生	9346, 9383, 9409, 9542, 9546, 9573, 9574,
曹祖元	13204		9575, 9617, 9619, 9626, 9830, 9831
曹作锐	1236, 4891, 4941, 4990, 5041, 5063, 5076, 5095, 5098, 5203, 5524, 5580, 5622, 5658, 5717, 5741	岑元熹	8325
		岑云端	12619
		岑蕴清	6257
草草	10305	岑之京	5550, 5661

作者索引

浮毅鸣	4905	柴建国	7168, 8310, 8313
茶谷正洋	10739, 10744, 10756	柴京海	10706
茶嘴	2471	柴京津	10692, 10706
查·契斯纳特	5401	柴景韩	4895
查尔斯·莫瓦利	1084	柴珏	11333
查国钧	6809	柴柯夫	8615
查加伍	5434, 5609, 5781, 5811	柴柯夫斯基	12489
查侃	5792	柴科夫斯基	10850, 10862, 10985, 12415, 12425,
查理·利德	1172		12426, 12466, 12490, 12499, 12538,
查理一约瑟夫·纳图瓦尔	6890		12540, 12544, 12549, 13004
查理斯·罗素	6810	柴可夫斯基	12414, 12451, 12453, 12490, 12503,
查烈	5702		12539, 12542, 12547, 12550, 13003
查木土金	502	柴立场	6456
查世铭	3023, 3256, 4003	柴立倩	6493
查斯顿	125	柴立青	6445, 6536, 6544
查托洛夫	473	柴立扬	5704, 6092
查瓦茨卡娅	494	柴立杨	5989
查祥康	5572, 5685	柴茂荣	5326, 5330, 6077, 6078
查加伍	6054	柴美华	6534
楂客	1497, 7660	柴门ふみ	6997
察布查尔锡伯自治县《锡伯族民间图案集》编纂		柴门文	6979, 6980
委员会	10311	柴姆·苏丁	6868
察哈尔人民出版社	11569	柴木	4975
察哈尔省文联筹委会	11555	柴培湘	11168
察哈尔省文学艺术界联合会	11392	柴清华	7398
察哈尔文联收	10662	柴庆松	4941, 4987
察哈尔文学艺术界联合会	11392	柴庆翔	160, 161, 1167
察森敖拉	6051	柴瑞英	12646
柴本善	5841, 9576, 9589, 9817	柴山林	5372, 5544, 5661, 5793, 5951, 6080, 6227
柴本尧	10867, 11619, 11625	柴树勋	056
柴常佩	10198	柴田武	6957
柴夫	3074, 3139, 3534, 3635, 3974	柴廷芳	8956
柴海利	561, 1112, 1118, 1172, 3134, 3137	柴廷枢	5506, 6098
柴汉义	9559	柴庭枢	5773
柴惠俭	2439	柴小刚	187, 369

柴效锋　　13212, 13213　　长城电影制片公司　　13231
柴亚耕　　12986, 12987　　长春　　4017, 7535, 11729
柴野直一　　6990　　长春, 南宁电影制片厂　　13091
柴宇放　　6005　　长春第一汽车制造厂　　11664
柴玉　　2391　　长春第一汽车制造厂工人美术创作组　　3213
柴玉红　　7648　　长春电影制片厂　　3709, 3750, 5234,
柴育筑　　3465　　　　5260, 5274, 5290, 5295, 5452, 5516, 6100,
柴泽俊　　10650　　　　8995, 13089, 13090, 13091, 13093, 13097,
柴祖舜　　697, 993, 1098, 1106, 1418, 1901, 1951,　　　　13108, 13130, 13230, 13247
　　1974, 2567, 2583, 2687, 2699, 2700　　长春电影制片厂《电影世界》画报社　　9634
忏绮生　　1271　　长春电影制片厂《奇袭白虎团》电影连环画组
昌家立　　6502　　　　5198
昌敬人　　5301　　长春电影制片厂《沙家浜》电影连环画组　　5174
昌黎县文化馆　　11418, 11597, 11598　　长春电影制片厂第六创作组　　13244
昌黎县文联　　11424　　长春电影制片厂电影理论教研室　　13277
昌黎县作家协会　　11424　　长春电影制片厂电影连环画组　　5204, 5219
昌莲玉　　4082　　长春电影制片厂宣传处　　13141
昌明　　8325　　长春电影制片厂译　　5702
昌南　　5108　　长春市电机厂政工组　　3183
昌平　　6319　　长春市郊区　　5179
昌蒲　　6068, 6076　　长春市宽城区宣传站　　5179
昌菡　　6468　　长春市南关区宣传站　　5187
昌荣　　6283, 6349　　长春市评剧团　　12125
昌潍人民出版社　　11605　　长春市群众艺术馆　　11587, 11609, 12011, 12013,
昌言　　5531, 11207, 11988, 12390　　　　12598
长安画院　　2705　　长春市文学艺术工作者联合会　　11797
长安美术出版社　　3157, 3405, 3530, 3532, 9321　　长春市文学艺术联合会　　4955
长安书店　　11630　　长春市艺术研究所　　12559
长安书店编辑部　　4904　　长春市制药厂"革委会"　　5187
长白浩歌子　　5635　　长春中央电影局东北电影制片厂　　13257
长白浩子　　5580　　长恩　　4633, 4652, 6761
长柏　　4398　　长甫　　6306
长城　　8817, 9395, 9411, 9595, 10037, 10051,　　长富　　4139, 4255, 10107, 10233
　　12250, 12278　　长庚　　5713
长城出版社　　8416, 8940　　长工　　6027, 6028

作者索引

长弓	2512, 4196, 6280, 6301, 9121, 9682, 9702, 9704	长沙市"儿童歌曲"编委会	12000
		长沙市儿童歌曲编辑委员会	12000
长谷川矩祥	156	长沙市儿童歌曲编委会	12000, 12017
长谷川町子	6958, 6963, 6990	长沙市工农兵文艺工作室《雷锋》连环画创作组	
长谷良子	10391, 10751		5199
长关	5872	长沙市轻纺工业研究所	10231
长贵	6129, 6190, 6200	长沙市文联	4949, 4955, 5011
长航局上海分局政宣组	5284	长沙市戏曲改进委员会	12100, 12108
长河	5540, 6079	长沙市小学唱歌教材编委会	11999, 12000
长恒	10262	长沙市小学教唱材料编委会	11999
长虹	3095, 4998, 5656, 5801, 5896, 6236, 6293,	长沙市小学音乐教材编委会	11999, 12001
	6311, 6495, 6608	长沙市音乐工作者协会筹委会	11391
长虹月刊社	8867	长沙市中学音乐教研会选	11473
长辉	6806	长山	6088
长健	8858	长生	10535
长江	6162, 9479, 12666	长寿县川剧团志编纂小组	12933
长江歌声编辑部	11413, 11597	长天	9059
长江航运公司江东船厂宣教科	5252	长文	5313, 9946
长江航运管理局	1898, 2426	长溪	12969
长江沪剧团	4910	长兴	12044
长江文艺编辑部	11408, 11939	长扬	6519, 6544, 6582
长江文艺出版社	3530, 11469, 11480, 11498,	长杨	6508
	11714, 11970, 11971, 11977, 12238, 12381	长缨	5246
长捷	8847	长瀛	5530, 5566, 5888, 5941
长金	5946, 6152	长影	4985
长空	9394, 10048	长泽和俊	7015, 7016
长濑宝	6602	长柱	5257
长乐	6085, 9557, 11749	苌喜之	9339
长乐县郑和史迹陈列馆	8197	常葆光	5824
长亮	3221	常葆妲	11526, 11723
长林	9311	常璧选	11477
长宁区工人业余美术创作组	3227	常宾	5225
长青	6234, 6536	常斌	5227
长沙花鼓戏剧团	12919	常炳辉	1767, 1924, 4222
长沙青年会第二期歌咏班	11385	常春	2708, 3126, 6744,

中国历代图书总目·艺术卷

8760, 8766, 8842, 9044, 9088, 9089, 9093, 9102, 9123, 9124, 9301, 9322, 9383, 9519, 9539, 9765, 9777, 9792, 9825, 9861, 9881, 10013, 10026, 10064, 10079, 10080, 13104

常春藤	12432	常磊	5792, 5946, 5966
常春月	2279	常丽	7084
常大年	12833, 12834	常林	5795, 6158
常发	5119	常林林	5485, 5505
常法宽	7352	常留柱	11677
常富	2359	常明	5437, 5705, 12445
常罡	10883, 10885, 10897, 11277, 12533, 12554	常涅	9015
常庚	9898, 9981	常宁生	103, 195, 198, 1084, 6805
常庚西	5653	常平	4801
常光希	5886, 5944	常平安	7489
常桂林	1211	常前程	1162
常国武	5855, 7160	常青	2833, 2846, 6824, 9881
常河	8822, 9245	常青儒	5258
常红	5393, 5602	常人	5652, 5660, 5683
常虹	5283, 6801	常任侠	172, 176, 193, 246, 259, 295,
常桦	10304, 11262		361, 364, 365, 572, 573, 575, 1524, 8621,
常惠	4890, 4962, 5021		12577, 12578
常佳蓉	3863	常荣	11474
常杰	1249	常如愿	7079
常津生	9303	常锐伦	478, 557, 3936, 5134
常津文	5296	常瑞	6425, 6514, 6668
常进	1346, 2454, 2909	常沙娜	325, 330, 1340
常景新	6399	常山	8691
常静之	11148, 11155, 12849, 12855	常生	5732
常觉圆	2877, 3269, 3274, 3698	常胜利	6353, 6364, 6457, 6555, 6556, 7136
常君	10286	常世	2088
常俊高	11125	常书鸿	1340, 1740, 2640, 3976, 3993
常俊生	7638	常打	7389
常开	6655	常淑贤	11124
常开愚	2013	常熟博物馆	2681
常乐安	7119, 7120	常熟市文联	802
		常顺海	7546, 7548
		常思	4686
		常思源	5306
		常斯	6180, 6198, 6199, 6204, 6205

作者索引

常苏民	11925, 12100	常正源	3016
常素琴	9938	常志明	2887, 10289
常素霞	435	常治国	12205
常涛	6863	常州市博物馆	2704
常铁钧	5950, 6293	常州市工农兵美术创作学习班	3203
常铁锡	6330	常州市教育局教研室	5501
常维孝	10902, 10903	常州市书法协会	8302
常文海	11283, 12431	常州市文化馆	11146
常铣	1590	常州市戏曲研究所	12821
常香玉	12942	常州市烟草专卖局	10760
常兴	5658	常州市音乐工作者协会	11780
常星	6139	常州园林绿化管理局	8622
常修	4829	常子襄	8054, 8055
常彦廷	5295	常自为	1189
常燕燕	4402	常宗豪	2296
常一诺	2097	常祖荫	4979, 5095
常英英	6402	畅广元	1517
常勇	7340	畅维臻	4123, 4169
常又明	146	畅新	5368
常幼明	7086	畅元发	11878
常瑜傅	1168	唱鹤翔	13234
常玉	1406	唱鹤龄	13240
常玉昌 3179, 3232, 3241, 3988, 4025, 4074, 4243,		超北	11279
4248, 5607, 5671		超鲁	3576, 3606, 3724
常玉玺	8192	超然制作群	10255
常玉芝	5115	超忆	5566
常育青	3721	超正	11279
常元宁	11489	晁补之	7688
常跃中	114	晁春莲	10764
常云波	5345	晁岱超	5457
常在心	10376	晁德仁 3222, 3298, 3307, 3329, 3332, 3350, 3351,	
常赞春	8055	3357, 3358, 3362, 3365, 3367, 3368,	
常真	6643	3370, 3382, 4166	
常振国	6461, 9028, 9141, 9145	晁德仕	3352
常征	3691, 3702, 8946	晁贯之	1016, 1017

晁海　　2296
晁加鼎　　6239
晁楣　1216, 2995, 2996, 2998, 2999, 3001, 3005, 3007, 3008, 3009, 3014, 3027, 3030, 3038, 3064
晁氏　　1016
晁锡弟　5445, 5562, 5693, 5710, 5881, 6265
晁锡第　　5407
晁秀峰　　5589
晁扬弟　　6018
巢伟民　7167, 7168, 7545, 7940, 8261
巢伟明　　8096
巢勋　　656, 708
巢扬　　6437, 6541
巢阳　　3492
巢叶　　6541
巢志珏 11231, 11249, 12216, 12524, 12528, 12532
朝比奈冬来　　6979
朝比奈洁　　7012
朝仓直已　138, 10210, 10211, 10727
朝风　　3134
朝戈　　2814, 2833, 2909
朝红　　9960
朝花美术出版社　473, 502, 1656, 2852, 2925, 6798, 6916, 8347, 8627, 9500, 9772, 9970, 10122, 10170, 10370
朝花社　　6771, 6912, 7058
朝华出版社　1909, 2026, 2037, 2039, 2259, 2357, 7063
朝晶　　6485
朝克　　12177
朝鲁　　9137
朝伦巴干那　　5226
朝史　　201
朝腾　　558
朝鲜国立交响乐团　　11697
朝阳　　5115, 5125, 6544, 9912
朝阳地区朝农教育"革命组"画工农业余美术创作组　　3266
朝阳区业余文艺创作学习班　　12592
潮洪　　5650
潮流　　4879
潮汐　　13296
潮阳　　6472
潮阳县"革委会"报道组　　5201
潮阳县"革委会"政工组　　5154
潮阳县《湖边的变迁》创作组　　5201
潮涌　　10774
潮州市文化馆　　10666
车大敬　　5643
车尔尼　12453, 12490, 12492, 12493, 12495, 12496, 12497, 12505, 12510, 12515, 12519, 12521, 12525, 12526, 12531, 12532, 12537
车尔尼舍夫斯基　　061
车尔尼雪夫斯基　　061
车夫　　9146
车刚　　8962, 8971
车冠光　　11522, 11525
车光照　　8971
车建全　　1201, 6418
车金明　　11819
车进　　5592
车来通　1992, 2078, 2145, 2203, 2506, 2512, 2517, 4506, 4530, 4548, 4591, 4627, 4640, 4839, 4865
车立军　　8599
车鹏飞　594, 712, 715, 2029, 2045, 2478, 4446
车其　　10759
车适　　5634

作者索引

车天德 491, 1986, 2425, 2427, 2428, 2431, 2626, 4118, 4844, 8254

车田正美 7089, 7090, 7092, 7093, 7094, 7095, 7105, 7106, 7107, 7108, 7122

车万育 11019

车文龙 9138

车雯 5082, 5382

车永仁 2329, 3841, 4392, 4851, 8303

车忠扬 4845

车忠阳 2094, 2121, 2134, 2160, 2187, 2449, 2451, 2810, 2811, 4698, 4813

车忠义 3273

车子候 4612

彻尔尼 11228

彻尼 12488

彻子 6568, 6569, 6668, 10686

撤尼 12488

辰辰 7003

辰成 9707

辰耳 5036, 5088, 5579

辰华 7004

辰木 2161

辰生 2388

辰时 4275

辰雨 10075

沉沉 6307

沉浮 2545, 6327, 11980

沉钟社 11366

沉舟 7621, 12406

陈阿文 5904

陈艾妮 13129

陈艾雄 5863, 6030

陈爱康 3761, 3914

陈爱文 7636

陈安 10674

陈安国 4444

陈安利 431

陈安民 3946, 5433, 5519, 5588, 5724, 5796, 5897, 6036, 6048, 6209, 6295, 6314, 6339, 6359, 6411, 6418, 6438, 6507, 6537, 6560, 6571, 6608, 6723

陈安群 3510, 6359, 6411, 6418

陈安业 11837

陈安禹 3979, 4896, 4898, 9016

陈白尘 4979, 6077, 12776, 13233

陈白荷 2536

陈白华 11225

陈白柳 8261, 8313

陈白柳选 8313, 8324

陈白一 1438, 1962, 2018, 2320, 3101, 3106, 3115, 3276, 3576, 3586, 3608, 3621, 3627, 3655, 3736, 3772, 3905, 3966, 4112, 5035, 5077, 5114, 5400, 5526, 5564, 5671, 5946, 10414, 12597

陈百里 2647

陈百梅 1473

陈百齐 7481

陈百学 7627

陈柏光 145

陈柏坚 1485, 3045

陈柏荣 5976

陈柏生 13320

陈半丁 628, 1428, 1723, 1725, 1740, 1744, 1750, 1752, 1754, 1764, 2034, 2196, 2487, 2488

陈邦彦 8085

陈邦镇 12305

陈宝波 4051

陈宝琛 1705, 8112, 8118, 8534, 8545

陈宝鸿 10285

陈宝华 1843

陈宝全	7428	陈冰习	4908
陈宝生	4055, 4086, 8711, 8712, 8813, 8882, 8888,	陈冰心	2274, 2472, 4911
	8913, 8914, 8924, 8926, 8928, 8931, 8933,	陈兵	698, 953, 9071, 9075, 9598
	8979, 9002, 9005, 9061, 9063, 9275, 9286,	陈秉忙	2034
	9287, 9528, 13100	陈秉德	1818, 3807, 5335
陈宝书	4922	陈秉福	11981
陈宝万	2101, 2135, 2150, 2156, 2371, 2379, 2386,	陈秉均	5199
	2396, 2397, 2576, 2582, 4041, 4102, 4157,	陈秉钧	3911, 3928, 4053, 4054, 4178, 4266, 5190,
	4176, 4197, 4233, 4311, 4321, 4322, 4409,		5287, 5348
	4422, 4423, 4424, 4432, 4452, 4473, 4487,	陈秉生	7722
	4491, 4496, 4497, 4506, 4535, 4545, 4573,	陈秉玺	4424
	4583, 4588, 4650, 4651, 4663, 4729, 4736,	陈秉义	10978, 11506
	4737, 4739, 4758, 4785	陈秉毅	4790
陈宝贤	12071, 12074, 12076	陈炳彪	1340
陈宝玉	10680	陈炳昶	426
陈宝元	5514	陈炳洪	599
陈保平	5604	陈炳煌	3393
陈葆棣	2532	陈炳佳	2231
陈葆真	795	陈炳熙	633
陈抱成	12854	陈炳照	1298
陈抱一	501, 621, 1068, 2712	陈波	6026
陈北	5896	陈波儿	13089
陈北晨	5783	陈播	8325, 13190
陈本	1406, 11006	陈伯白	11806
陈本玮	11929	陈伯吹	5808, 11370, 13299
陈苾	8504	陈伯华	4062, 11139, 12937
陈碧娟	10973, 12605	陈伯坚	3045, 10131
陈碧棠	3478	陈伯良	8582
陈璧耀	7585	陈伯龄	8014, 8019, 8410, 8495
陈彬	3806, 4504, 6407, 12132	陈伯伦	10015
陈彬和	251	陈伯平	6119
陈彬藩	240, 241, 7242	陈伯顺	8661
陈斌	2279, 2909, 5208, 5263, 5362, 12991	陈伯希	1899, 2200, 5118
陈缤	6609, 6634, 6648, 6662	陈伯禹	11338
陈冰机	11351	陈泊萍	535

作者索引

陈勃	6061, 6136, 8682, 8683, 8684, 8706, 8777,	陈焯	1462, 7718
	8976, 9130, 9305	陈朝春	4864, 4865
陈博州	8577	陈朝龙	6249
陈布吊	9107	陈朝祥	5703
陈布谷	3806	陈彻	5024, 5029, 5045, 5046, 5048, 5056, 5065,
陈布明	5829		5068, 5069, 5073, 5074, 5075, 5080, 5086,
陈财源	10564		5088, 5095, 5098, 5109, 5116, 5128, 5132,
陈残云	5433		5581
陈灿波	5240	陈澈	5001, 5008, 5012, 5014, 5015, 5019, 5034,
陈灿星	8662		5040, 5048, 5377, 5560
陈沧泉	9568	陈琛	6208
陈策贤	5352, 5775, 5818, 5943, 5965, 5970	陈忱	6087, 6122, 6145, 6539, 6653
陈婵	5685	陈宸	11264
陈昌驰	6142	陈晨	3726, 4572, 4590, 4618, 4747
陈昌国	6036, 6239	陈成达	11242
陈昌禾	6718	陈成斗	5556, 5661, 5861, 5925
陈昌明	4285, 4969	陈诚	4769, 9021, 9420, 9638, 9665, 9747
陈昌齐	7207	陈承基	2521
陈昌其	3269	陈承齐	3301, 3319, 3346
陈昌谦	8706	陈承其	3325, 3342
陈昌蔚	10647	陈澄莱	4906
陈昌源	3720	陈澄和	13009
陈昌柱	1162, 5291, 5340, 5372, 5882	陈澄泉	8019, 8020
陈长芬	8977, 9551, 9834, 9835, 9850	陈澄雄	11226
陈长贵	5099, 5264, 5405, 5605, 5693, 5779, 5979,	陈池春	9142, 9861
	6095, 6190	陈池瑜	040, 113, 133
陈长华	1958, 2035, 6798	陈赤	3154, 10591
陈长慧	5761	陈翅	12608
陈长吉	1455, 1459, 1461	陈冲	12644
陈长明	5057, 5596	陈崇平	2413, 2894
陈长声	10021	陈出新	4880
陈长松	974	陈初电	2951, 3228, 3313, 4100
陈长友	589	陈初良	2413, 2473, 3831, 3882, 4059, 5496,
陈超	5436		10445
陈超南	042, 3043, 10395	陈初生	7570, 8221

陈除　　11677, 12203
陈楚波　　2830
陈川　11297, 11487, 11489, 11491, 11522, 11719, 11720, 11722, 11743, 11750, 11814, 11988, 12034, 12047, 12218, 12335, 12530
陈传才　　024
陈传和　　5892, 9671
陈传霖　　8867, 9321
陈传容　　11753
陈传若　　2231
陈传文　　144
陈传席　　580, 584, 585, 594, 697, 803, 807, 819, 905, 917, 918, 919, 920, 1527, 1550, 1551, 1588, 1589, 1695, 10653, 10656
陈传兴　　043
陈传知　　9728
陈传祖　　9586
陈春舫　　10582, 10617
陈春福　　3463
陈春怀　　186
陈春梅　　8325
陈春荣　　5400
陈春生　　9350
陈春盛　　8274
陈春思　　10485
陈春田　　6216
陈春轩　　4664, 4710, 4716, 5002, 5059, 5097, 5098, 5131, 5409, 5569, 5897, 5985, 6097, 6109, 6133, 8662, 8805, 8811, 8814, 8820, 8821, 8822, 8824, 8826, 8828, 8829, 8832, 8834, 8838, 8839, 8842, 8852, 8856, 8857, 8932, 9006, 9007, 9010, 9014, 9016, 9018, 9020, 9023, 9024, 9050, 9053, 9054, 9057, 9072, 9095, 9106, 9107, 9110, 9111, 9113, 9149, 9214, 9220, 9222, 9223, 9226, 9227, 9228, 9232, 9234, 9237, 9239, 9240, 9244, 9245, 9246, 9247, 9296, 9310, 9312, 9313, 9343, 9363, 9366, 9372, 9380, 9381, 9393, 9407, 9409, 9422, 9432, 9439, 9440, 9454, 9461, 9465, 9468, 9476, 9480, 9482, 9483, 9484, 9486, 9487, 9488, 9497, 9498, 9563, 9565, 9566, 9576, 9579, 9581, 9604, 9608, 9622, 9634, 9636, 9649, 9690, 9694, 9699, 9704, 9707, 9720, 9734, 9739, 9753, 9754, 9758, 9762, 9764, 9765, 9789, 9801, 9804, 9809, 9837, 9845, 9859, 9886, 9891, 9895, 9911, 9912, 9919, 9945, 9946, 9949, 9950, 9951, 9952, 9955, 9959, 9969, 9980, 10001, 10014, 10019, 10043, 10054, 10056, 10065, 10073, 10078, 10089, 10090, 10092, 10098, 10112, 10114, 10118, 10120, 10121, 10353, 10622, 10623, 10637, 10638
陈春勇　　2279
陈纯烈　　13237
陈淳　　1560, 1561, 1567, 1579, 8040, 8083, 8089, 8095, 8104
陈次秋　　12595
陈次雄　　8959
陈从容　2071, 2153, 4529, 4606, 4721, 4864, 4865
陈从周　　8648
陈村　　3491
陈存　　7527
陈存千　　272, 581
陈存书　　7536
陈达　　3541, 3561, 3608, 3652, 3673, 3932, 3978, 4883
陈达林　　3079, 7636, 10220
陈达青　　1098, 2781
陈达瑜　　8774, 9452, 10143

作者索引

陈大	12075	陈道复	1582, 8061, 8064, 8093, 8096
陈大悲	12674, 12704, 12807	陈道坦	8631
陈大斌	12293	陈道学	2473
陈大福	8221	陈道义	7591
陈大海	5550	陈道远	634, 10569
陈大华	5924	陈得骅	10681
陈大濩	11837, 12074, 12076, 12078	陈德彬	5512, 5524, 5610, 5965, 6198
陈大可	12249	陈德东	11517, 11736, 11744
陈大陵	11139	陈德峰	8939
陈大琦	11835, 12102, 12115	陈德富	427
陈大维	12656, 12683	陈德宏	2500, 2521, 2551, 2672, 3551
陈大文	8721	陈德华	866, 2452, 4578, 4649, 4852, 6510
陈大兴	5946	陈德惠	5344
陈大业	2532	陈德年	11346, 11350, 12340
陈大荧	11558	陈德奎	3627, 3703, 10448
陈大羽	1873, 1881, 1914, 1962, 2173, 2487, 2559,	陈德礼	257
	2560, 2596, 2600, 2601, 2637, 2648, 3922,	陈德龙	9993, 10014, 10624
	3976, 4915, 8286, 10014	陈德铭	8865, 8967, 8970
陈大元	6413, 6414, 6439, 6458, 6740	陈德溥	12702
陈大远	800, 2173	陈德骞	2691
陈大章	863, 2231, 3937	陈德全	5968
陈大中	7336, 7375, 8479, 8588	陈德松	8818, 9347
陈代星	7387	陈德通	10033, 10055
陈岱宗	5495, 9308, 9309, 9311, 10038, 10040	陈德西	5519
陈埭镇回族事务委员会	2139	陈德曦	3251, 3638
陈丹布	11095	陈德宜	637, 1118, 1237, 6615, 10376, 10742
陈丹闽	2031	陈德义	11368, 11776
陈丹青	565, 2889, 2916, 3308, 5223, 5225	陈德英	12593
陈丹清	3930	陈德志	4020
陈丹旭	3530, 4885, 4909, 4911, 4960, 4963, 5029,	陈德忠	5320
	5548	陈德周	3205, 3243, 3281
陈丹芝	2551	陈登顾	11043
陈澹然	12742	陈登和	11735
陈党生	7289, 7359	陈登科	5452, 5485, 5546, 7419, 13233, 13243
陈道	6167	陈登颐	10857, 10860, 10981, 11038, 11043,

	11044, 11075, 11076, 11111, 11270,	陈端恒	5746
	12652, 12656	陈敦	3347, 3383, 5369
陈迪琪	2082	陈敦品	3692
陈迪中	10881	陈墩	3892
陈淙	5915, 5972	陈多	12897
陈镝	5587	陈多莫奇	5771
陈砥平	8867	陈鄂	13305
陈淀国	5238	陈萼	1414
陈殿栋	5086, 6205	陈恩浦	8117
陈蝶衣	13181	陈恩琦	10390
陈丁	318, 7075	陈尔臣	8550
陈丁生	5677	陈尔康	1426, 3396
陈鼎钧	12243	陈尔泰	6401
陈鼎新	8410	陈尔锡	8109, 8111, 8118
陈定兴	5815	陈尔忠	3639, 4266
陈定秀	13303	陈发仁	11133
陈东	10925, 11563, 11568	陈发源	2256
陈东成	8261	陈方	12730
陈东华	1527, 1549, 1684, 2215	陈方既	7165, 7317, 7323, 7329
陈东林	2453, 8841, 8846, 8852, 8853, 8864, 9062,	陈方明	035
	9073, 9084, 9085, 9088, 9126, 9132, 9327,	陈方远	3314
	9451, 9719, 9822, 9826, 9856, 9872, 9883,	陈芳	13162
	9885, 9892, 9894, 9983	陈芳妹	402, 416, 427, 796
陈东山	10215	陈昉	9234
陈东学	3216, 4421, 4607, 6136	陈昉	9084
陈东昱	7770	陈舫枝	2783
陈冬林	9898	陈放	5621, 10762, 10763, 10764, 10779
陈冬至	5503, 5646, 5785, 5834, 5932, 6080	陈飞	11204
陈侗	108	陈飞宝	13181, 13184, 13191
陈洞庭	1765, 1819, 1828, 2591	陈飞虎	1188, 1314, 1343
陈都	5703, 5725, 5748, 6001, 6105, 6240	陈飞鹏	5900
陈笃忱	13014, 13035, 13174, 13175, 13220	陈非	5701, 5708, 5765
陈杜宇	1254, 2102, 4033, 6183, 8637	陈奋武	8210
陈杜之	5021, 5068	陈风新	544
陈端甫	203	陈枫根	5721

作者索引

陈封坏	10241	陈岗	13229
陈封雄	1715	陈皋	10407
陈峰	9589, 9833	陈高	9456
陈逢衡	12300	陈高华	576, 579
陈凤祥	11082, 12012, 12194, 12331	陈戈	12984, 13230, 13241, 13245
陈凤新	606	陈歌	6543, 6718
陈凤友	9637, 9641, 9669, 9728	陈歌辛	12360
陈凤玉	1314, 3574, 5126	陈根	8622
陈凤远	1158, 1159	陈根龙	9370
陈伏庐	1570, 1571, 1644, 1645	陈根明	11174, 12161
陈福	8313	陈根远	427, 7738
陈福北	8871	陈更生	6600, 9293
陈福华	4831	陈耕	12951, 12956
陈福康	12068	陈耕才拍	6221
陈福利	11989, 11990	陈梗桥	2373, 7157, 7279, 7289, 7458, 10626
陈福美	11263	陈工一	5505, 13243
陈福黔	5734	陈公白	10305
陈福勤	614	陈公瑶	8122
陈福善	1098, 1386	陈公哲	7243, 7244, 7245, 7406, 8121, 8122
陈福耀	5264, 5367	陈恭	8020
陈辅	2927, 2997, 3093, 3581, 3619, 4059	陈恭甫	1497
陈辅国	261, 960	陈恭敏	12693
陈萱斋	7663	陈恭则	12315
陈复澄	7302, 7726, 7766, 8244	陈贡琳	5249
陈复君	11141	陈谷长	990, 5438, 5481, 6136, 6229, 6340, 6387,
陈复礼	4726, 8692, 8888, 8907, 8937, 8976, 8978,		6402
	9041, 9147, 9800, 10021, 10023	陈谷平	2044, 2103, 3137, 3538, 3551, 3570,
陈复荣	5703		3584, 3586, 3610, 3634, 3657, 3685,
陈傅良	7688, 7689		3729, 4012, 4034, 10411
陈富年	11834, 11835, 11869, 12878	陈栝	1570
陈馥初	1412, 5370	陈关龙	5242, 5292
陈淦	5541, 5763, 6073, 6243	陈官煊	2426, 12035
陈刚	5983, 6281, 6282, 8625	陈冠军	11944
陈钢	11224, 11954, 11965, 12167, 12171, 12172,	陈冠君	6422
	12173, 12174, 12175, 12179, 12180	陈冠群	8460

陈冠英	6010, 8584, 8585	陈国福	12928, 12933, 12940, 12949
陈冠真	3079, 3614, 3660	陈国富	9512, 9925, 10124, 13056, 13116
陈贯时	1980, 2002, 2109, 2136, 2624, 2631, 2643,	陈国光	10721
	2649, 2658, 3540, 4448, 4606, 4669, 4833	陈国贵	5109
陈光	12793	陈国恒	12118
陈光海	4567	陈国衡	6389
陈光华	5342, 5413, 5531, 5703, 5750, 5765, 5816,	陈国华	11986
	5868, 5880, 5882, 6026, 6142, 6144, 6539	陈国欢	2279
陈光辉	307	陈国金	12132
陈光建	7889	陈国凯	5886
陈光健	1849, 1917, 2052, 2411, 3220, 3556, 3640,	陈国康	7308, 7483
	3666, 3773, 3806, 3930, 4174, 4956	陈国礼	8845, 12956, 12957
陈光键	3547	陈国力	2759, 10423
陈光明	5701, 5810, 5893, 6272, 6640	陈国良	6186, 6394
陈光镒	4899, 4946, 4966, 4974, 4987, 5000, 5004,	陈国梁	5891, 6085, 6175, 6241, 10227
	5051, 5052, 5055, 5071, 5126, 5286, 5354,	陈国宁	215
	5363, 5388, 5410, 5461, 5520, 5556, 5696,	陈国强	591, 5258, 5434, 5553, 5606, 5878, 6004,
	5809, 5905		6094
陈光忠	7618, 7619, 8704, 13239	陈国庆	1188, 1197
陈光宗	5457	陈国权	10866, 10892, 10893, 11095, 11680, 12026
陈广	2473	陈国苏	2575, 2669, 4600, 4612, 4749
陈广德	11395	陈国涛	3870
陈广华	3298	陈国庭	9349, 9368, 9371, 9545, 9616, 9625
陈广生	5318	陈国威	3931, 6200, 6206, 6238, 7070
陈癸尊	8946	陈国维	7381
陈贵	11492	陈国祥	7563, 7920
陈贵培	5835	陈国雄	081
陈贵先	5305	陈国修	10826, 10827, 10878, 11165
陈桂芳	3487	陈国英	3372, 3373, 3523, 3524, 5443, 5679,
陈桂珍	5420, 5868		5742, 5745, 5768, 5798, 5885, 5930, 6113
陈桂芝	2959, 10569	陈国章	4909
陈国诚	6040, 10484	陈国铮	12924
陈国栋	6094	陈国志	12959
陈国铎	13049	陈果	12647
陈国飞	6439	陈果夫	11382, 11993, 13022

作者索引

陈海	1351, 2814, 2897, 5951, 9458	陈和昭	12557
陈海波	596	陈鹤琴	1251, 4872, 5397, 5417, 11991, 12487
陈海国	5806	陈恒安	8194
陈海蓝	1317	陈恒新	12410
陈海霖	9081	陈衡	1985, 1993, 3550, 3553, 3591, 3593, 3606,
陈海萍	2279		3664, 3667, 3682, 3716, 3725, 3742,
陈海生	5025		4084, 4129, 4166, 4197, 4220, 4302, 4340,
陈海婷	7422, 7439		4402, 4431, 4459, 4494, 4527, 4531
陈海英	3507, 3515	陈衡恪	781, 864, 1701, 8457, 8534, 8543
陈海鱼	125, 10212, 10321, 10383, 10385, 10392	陈弘耀	6417
陈韩星	5653, 5782, 12951	陈红	1131, 3295, 3903, 3935, 4264, 8752
陈汉第	8529, 8537	陈红民	6453, 6454
陈汉民	2637, 4433, 4498, 6766, 10399	陈宏	12885
陈汉平	13188	陈宏年	10400
陈汉孝	12669	陈宏仁	2446, 3379, 3734, 3783, 4104, 4117,
陈汉元	13144, 13162		4195, 4347, 4588, 5026, 9227, 9352, 9545,
陈汉中	3245, 3761, 3821, 3961, 5200, 5653		9949
陈瀚	7570	陈宏伟	12665
陈行	289	陈宏新	2769, 3831, 3887
陈行健	8849, 8853, 9030	陈宏兴	5696
陈航	919, 7381, 13079	陈虹	2218, 7641
陈沆	8038, 8058	陈洪	10858, 10903, 10922, 10984, 11054, 11066,
陈豪	1641, 1643		11069, 11072, 11079, 11099, 11183,
陈昊苏	13055, 13314		11267, 11415, 12338, 12444, 12551,
陈浩	6321, 8287, 8586		12626, 12961
陈浩星	338	陈洪典	8431
陈浩雄	10205	陈洪冈	5908, 6001, 6008, 6236
陈何智华	1475	陈洪亮	4319, 6063
陈和莲	3940, 3941, 4155, 4314, 4345, 5298, 5344,	陈洪绶	884, 1558, 1561, 1568, 1571, 1574, 1576,
	5358, 5410, 5495, 5582, 5692, 5828, 6139		1579, 1583, 1584, 1587, 1588, 1589, 2695,
陈和美	10577		2971, 2972, 2974, 2975, 2979, 3027, 3040,
陈和年	7164, 8266		3059, 6821
陈和西	6054, 6256, 6537, 6882	陈洪庶	4020, 4030, 4609, 8823, 9012, 9420, 9721
陈和祥	7662, 8342, 8343, 8352	陈洪新	6048
陈和毅	8705, 8724	陈鸿	4916

陈鸿达	3921	陈辉东	1265
陈鸿发	7367	陈辉光	2143, 2231, 4528, 4549, 4592, 4642, 4673
陈鸿翔	2085, 2105, 4051	陈辉扬	13133
陈鸿寿	1643, 8036, 8037, 8047, 8506, 8510, 8525	陈惠芬	8705
陈鸿文	7581	陈惠冠	4909, 4924, 4929, 4942, 4957, 4963, 4980,
陈鸿知	10885		5032, 5034, 5036, 5061, 5070, 5082, 5092,
陈厚庵	11367, 11822, 11931		5125, 5175, 5490, 5549, 5563, 5679, 5690,
陈浒	6661, 6673		5692, 5703, 5748, 5768, 5819, 5896, 6302,
陈华	7626, 10408, 12113		6370, 6391, 6562, 6588
陈华昌	809	陈惠乐	10602
陈华瞳	5596	陈惠龄	3573
陈华杰	4110, 11523	陈惠明	3109, 3111, 3214, 3658, 3734, 5008, 5009,
陈华康	8578		5067, 5733, 5755, 5770, 6362, 6419, 10737
陈华民	1158, 1195, 2039, 2059,	陈惠宁	9720
	2067, 2077, 2094, 2105, 2121, 2122, 2125,	陈惠玉	109
	2126, 2151, 2160, 2164, 2390, 2393, 3951,	陈惠钊	3807
	3976, 4143, 4185, 4279, 4295, 4331, 4357,	陈惠珍	3580
	4396, 4424, 4457, 4502, 4536, 4553, 4574,	陈惠铸	9081
	4597, 4601, 4611, 4668, 4685, 4737, 4743,	陈慧津	128
	4787, 4796, 4804, 4809, 4814, 4830, 4832,	陈慧静	7064
	4856, 4857	陈慧君	6207, 6435
陈华文	2044	陈慧坤	6781
陈华新	1152, 1153, 1156, 1157, 1161, 2372	陈慧玲	6387
陈华逸	12177	陈慧琪	9238
陈华中	023	陈慧些	11219, 11241
陈华忠	13193	陈慧荪	3263, 3796, 3833, 5572, 5599, 5690, 6059,
陈华卓	11810		6346, 6365
陈怀皑	13232, 13265	陈慧霞	459, 1519, 1520, 1521
陈怀德	8714, 8715, 8716, 10127, 10130	陈慧英	8721
陈怀菊	12191	陈积厚	159
陈怀修	5020, 5082	陈积奖	5275, 5529, 6365
陈焕阳	7446	陈积彰	5964
陈荒煤	8193, 13143, 13292, 13313, 13314	陈及辛	8799
陈挥	2813	陈吉蓉	5607
陈辉	917, 1158, 2279, 2555, 10221, 10223, 10301	陈计中	6154

作者索引

陈纪仁	3224, 5282, 5370, 5645, 6382, 6522, 6567	陈佳南	11108
陈纪萱	9910	陈佳艺	9546
陈纪周	8647	陈家波	6460
陈迹	8721, 8936	陈家才	8777
陈迹摄	8941	陈家海	11991
陈济康	3455	陈家骅	2076, 2089, 2090, 2451, 3861, 3988, 4092,
陈济略	12315		4306, 4312, 4420, 4685, 4707, 4712, 4786,
陈继德	8532		4800, 4841, 4856, 4865, 4866, 5314
陈继法	016	陈家琨	1372
陈继权	551	陈家礼	2370, 4393, 4496, 4559, 4660, 4662
陈继荣	3926, 5260, 5340, 5637, 5746, 5872, 6031,	陈家泠	2470, 2473, 10557
	6032	陈家明	9099
陈继儒	378, 466, 470, 745, 773, 841, 844, 845,	陈家齐	12271
	1454, 1561, 7176, 7177, 7989, 8001, 8014,	陈家奇	6195, 6196, 6521
	8039	陈家瑞	10374, 10402
陈继武	2153, 2162, 2445, 2801, 2808, 2811, 3344,	陈家寿	6469
	3377, 3381, 3918, 3928, 3950, 4223,	陈家友	10840
	4241, 4264, 4303, 4322, 4375, 4433, 4449,	陈葭生	8727
	4463, 4555, 4656, 4716, 4778, 4811	陈嘉和	12996
陈继贤	7253	陈嘉泉	6096
陈继英	2149, 2453	陈嘉棠	10590
陈继章	13227	陈嘉墉	4901
陈继周	372	陈嘉子	8211
陈寄影	12661	陈坚	1148, 1151, 2767, 3276, 3336, 3357,
陈冀朝	5634		3362, 3381, 3382, 3383, 4773, 6528,
陈骥	12657		8820, 8822, 8824, 8826, 8827, 8828, 8829,
陈骥德	1591		8832, 8841, 8850, 9012, 9238, 9239, 9242,
陈加谷	3099, 4960, 4984, 4991, 5013, 5057		9244, 9460, 10657, 13115, 13122, 13125
陈加林	2321, 6237	陈坚刚	12644, 12645
陈加伟	6220	陈坚樵	8245
陈加逊	3078, 3627, 3966	陈俭	4970, 5003, 5010, 5046, 5127, 5454, 6482
陈佳芬	083	陈俭贞	3777, 3821
陈佳骅	4856	陈简园	1641
陈佳佳	11235	陈见伶	8771
陈佳麟	2662	陈建	5481, 6113, 6220

陈建朝 5408
陈建成 1372
陈建德 12107
陈建贡 8264, 8305
陈建国 3818, 3874, 4771, 9484, 9493, 10121, 10884
陈建行 9092, 9101, 9125, 9872
陈建豪 5966
陈建华 058, 2317, 2830, 10831, 10926, 11175, 11535
陈建江 10598
陈建军 6105, 7640, 10313, 10318, 10384, 10388, 10614, 10746, 10753, 10761
陈建康 9995
陈建民 3377, 8218
陈建明 7086
陈建设 10326
陈建腾 9221, 9531, 9535, 9537, 9543, 9562, 9565, 9566, 9620, 9942, 9943, 9961, 9967
陈建中 432, 1388, 6643, 6644
陈剑晨 11214, 11230, 12193, 12224, 12235, 12486, 12487, 12493, 12503, 12507, 12512
陈剑锋 7492
陈剑科 5662
陈剑一 11264, 12509
陈剑英 5088, 5605, 6187, 6695, 7060
陈健 4956, 5012, 5446, 5707, 5800, 5990, 6166, 6183, 9442, 10067, 10071, 12669, 13228, 13232, 13246
陈健行 9091, 9096, 9101, 9109, 9129, 9449, 9457, 9898, 9900
陈健华 12210
陈健麟 9255, 9459, 9716
陈健民 4799
陈健腾 9370, 9608, 9610, 9611, 9618, 9619, 9635, 9636, 9668, 9967, 9986, 10048
陈健中 500
陈江 425, 430, 431, 433, 2075, 2181, 4792, 5679, 5848
陈江凉 4944, 4959
陈焦桐 7319
陈杰 6152, 8771
陈杰夫 4909
陈杰雄 352, 1197
陈洁 6219
陈洁伟 6133
陈捷 8936, 9796, 9821, 12100, 12107
陈介璞 4522, 4644, 7637
陈介棋 8023, 8489, 8515, 8542, 8544
陈介锡 1459
陈玠 7239
陈今长 6131
陈今言 1383
陈金标 12599
陈金城 5539
陈金锟 4917
陈金实 5941
陈金万 4651
陈金溪 1544
陈金媛 9127
陈金章 1449, 1768, 1931, 2458
陈津迪 7470
陈锦 403, 8954, 9106, 9114, 9116, 9120, 9125, 9131, 9300, 9434, 9453, 9720, 9765, 9843, 9907, 9908, 9909, 9973
陈锦波 393
陈锦春 7563
陈锦芳 1394, 6808, 6810
陈锦富 5808
陈锦清 12602, 12901

作者索引

陈锦泉	10628	陈居中	1533
陈进	7382, 7936, 7937	陈菊	5905
陈进海	10202, 10213, 10655, 10657	陈菊菊	3221, 3276, 3861
陈进兴	10591	陈菊明	9087
陈劲松	10767	陈菊生	9099
陈晋楚	12790	陈菊仙	1173, 1232, 2069, 3099, 3549, 3580,
陈晋藩	8529		3590, 3600, 3607, 3608, 3612, 3616,
陈晋经	9403		3650, 3662, 3731, 3736, 3743, 3943,
陈晋荣	5654		3973, 4037, 4064, 4091, 4095, 4104, 4132,
陈晋容	5759, 5793, 6085		4138, 4156, 4178, 4181, 4187, 4191, 4212,
陈京灿	5246, 5339		4230, 4278, 4295, 4312, 4316, 4317, 4321,
陈经伟	8643		4336, 4389, 4390, 4393, 4413, 4420, 4432,
陈菁	4856, 6582		4436, 4452, 4521, 4578, 4600, 4601, 4602,
陈晶	420		4620, 4648, 4704, 4718, 4829, 4887
陈景宝	1762	陈寒	1699
陈景华	5837	陈巨洪	2601, 2610
陈景林	10366	陈巨来	8556, 8558, 8586
陈景容	555, 577, 1070, 1074, 1103, 6628, 6782,	陈巨锁	3920, 4056, 4058, 4060, 4074, 7727, 8161
	6897, 6898	陈涓	13249, 13251, 13254, 13255, 13257, 13258
陈景舒	2045, 2685, 7272, 8194, 8368, 8369	陈娟	5898, 6187
陈景涌	1902	陈娟娟	10277, 10301, 10318, 10341
陈竞	10691, 10692	陈娟美	9213, 9216, 9938
陈敬伯	7846, 7959	陈军	073, 616, 2297, 2658, 2674,
陈敬翔	3660		2675, 2692, 4422, 4544, 4724, 5291, 5297,
陈靖	11211		5353, 5747, 5761, 5850, 5911, 5916, 5968,
陈静	550, 4001, 4005, 4118, 4230, 4260, 4267,		5989, 6003, 6076, 6088, 6150, 6154, 6157,
	4278, 4321, 4346, 4367, 5302, 5696, 6482		6189, 6289, 6297, 6371, 6395, 6951, 6953,
陈静芳	11876		10069, 12996
陈镜泉	7287	陈均德	2787
陈炯辉	8645	陈君	2321, 10221
陈九如	153, 162, 613, 1141, 2950, 3374, 3896,	陈君平	12933, 12934
	6079, 6363	陈钧	3151, 11159
陈旧	12590	陈钧德	2815
陈旧村	2720	陈俊杰	5424
陈居茂	1306, 3813, 5234, 5516	陈俊年	5644

中国历代图书总目·艺术卷

陈俊仪	6283, 6291, 6292, 6294, 6295, 6302, 6307, 6308, 6344, 7086	陈克寅	9065, 9066, 9260, 9300, 9816, 9869, 9877
		陈克永	2478
陈俊英	11346, 12244, 12277, 12342	陈克正	11117, 11466, 11535, 11682, 11953,
陈骏驹	12955		11957, 11978
陈卡	6222	陈克忠	5235
陈开浩	11169	陈肯	8203, 8302
陈开民	1799, 3730	陈蔻棣	6469
陈开棋	11237	陈宽仁	8602
陈开亭	9509	陈匡民	3207
陈开勋	10298	陈况悦	1403, 3583
陈凯	2505, 2651, 3826, 5859, 6525, 6559	陈奎及	11097
陈恺令	2002	陈逵	1591, 1592, 1595, 1596, 1602, 1603
陈恺元	4919	陈葵姑	10699, 10719
陈侃	10290	陈葵光	5409, 5518
陈康	7246, 7247	陈坤国	6781, 6782
陈康德	409	陈昆满	5891
陈珂	6117	陈焜旺	2002
陈柯	10034	陈来	10805
陈轲	9524, 9545	陈濑云	2717
陈可	3440	陈兰	10297
陈可雄	5240	陈兰甫	287
陈可璋	2980	陈岚	9319
陈克	564, 3354	陈岚平	5926
陈克华	13149	陈蓝谷	11183
陈克健	1774, 3581, 3616, 3628, 3707, 5078, 5129	陈澜	1195
		陈懒云	1764, 1767, 1770
陈克立	8975, 8977	陈朗	6774, 6918, 7058, 7144
陈克玲	2014, 4611	陈朗秋	11261
陈克伦	425, 427	陈烺	780
陈克明	8021	陈老莲	1558, 1561, 1582, 1583, 3041, 8068, 8102
陈克平	2827, 9596	陈乐昌	10888
陈克勤	12775	陈乐生	5743
陈克恕	8469, 8470, 8485, 8498	陈雷	5597, 5898, 8527, 11984, 12693, 12956
陈克吾	5957, 5987, 6189, 6321	陈雷生	9809, 9965
陈克秀	11833	陈磊	825, 2297, 3520, 6212, 6218, 6719, 12132

作者索引

陈犁霜	2850		8432
陈鹏	936, 1540, 1726, 1738, 6745, 10665	陈栎	5065
陈黎	11494	陈莉	10229, 11744
陈黎青	3432	陈曦华	10135
陈礼荣	5376, 6154	陈连富	8677
陈礼义	8151	陈连荣	4488
陈鲤庭	13199, 13202, 13214	陈连武	9370
陈澧	8055, 8453, 8454, 11009, 11015, 12296	陈连信	9529, 9593, 9948, 9949
陈力	3059, 5360, 9450	陈连勇	414
陈力萍	1447, 4931, 6182, 6946, 12004	陈连枝	5312
陈历甫	7405	陈联光	6462
陈立	3087, 3105, 10220, 10360, 10889, 11524, 12407	陈炼	8445, 8453, 8489, 8696
		陈链	8499
陈立诚	10138	陈良	5330, 5843, 11107, 11495, 11785, 11805, 11978
陈立德	563, 5657, 5833, 7328		
陈立夫	13169, 13170	陈良才	4693
陈立君	7295	陈良鹤	278
陈立平	1147, 1152	陈良杰	6069
陈立人	1804, 3371, 3381, 6269, 8262	陈良俊	11745
陈立仁	3370	陈良敏	318
陈立新	11726	陈良振	2687
陈立勋	1162, 2959	陈良珠	406
陈立言	1799, 2546, 3627, 3705	陈梁	10217
陈立英	349	陈樑	10769
陈立中	12079	陈亮	6929
陈丽	5452, 6150, 12409	陈列	5494, 5768, 6238
陈丽财	8986	陈烈	3980, 4030, 4397, 4623, 6167, 8095
陈丽贵	13145	陈烈彬	3537, 3539
陈丽华	421	陈林	977, 1086, 4989
陈丽娟	12628	陈林锋	10588
陈丽君	3317, 3321, 3322, 3324	陈林千	2088, 2456, 4666, 4777
陈丽莉	4055	陈林祥	3725, 3957, 5026
陈丽英	6403	陈琳	5797, 8780, 8798
陈丽珍	13248	陈琳琳	10988
陈利华	7333, 7770, 7814, 7909, 7999, 8354, 8430,	陈麟祥	2716, 4919

中国历代图书总目·艺术卷

陈玲	7078, 7079, 11745	陈曼鹤	11384, 11385, 11762, 12357, 12358, 12425
陈聆群	10820, 10827	陈曼倩	4986
陈龄	1055, 1056	陈曼琼	4982, 5037
陈岭	5314	陈曼蓉	6220
陈令长	5717, 5843	陈曼若	8313
陈浏	384, 385, 8533, 8648	陈棘淦	8504
陈流	11710	陈茂锦	12316
陈柳青	6366, 6389	陈茂兹	5690, 6090
陈龙	3938, 4090, 4175, 4250, 4748, 5211, 6109,	陈懋龄	11030
	6226, 10420	陈玫琪	10829
陈龙昌	9860	陈枚	8665, 12107
陈龙生	5805, 6021	陈梅	13059, 13207, 13208, 13220
陈隆德	1369	陈梅庵	2216
陈陇	13088	陈梅鼎	5199, 5212, 5217, 5230, 5232, 5272, 5279,
陈旅	8480		5282, 5376, 5402, 5485, 5505, 5659, 5888,
陈鲁夏	10715		6242
陈履鄂	5811	陈梅玲	4499
陈履平	4882, 4988, 5077	陈梅龙	5674
陈履生	215, 264, 265, 585, 708, 709, 719, 816,	陈美娜	6653, 7037
	1079, 1550, 1551, 1588, 1589, 1685, 1688,	陈美琦	10838, 10876, 10890
	1690, 1691, 1692, 1693, 1694, 1695, 2245,	陈美祥	8382
	2296, 2480	陈美轩	9229
陈录	1580, 10460	陈美艳	5364
陈绿寿	5891	陈美冶	1168, 1170, 6866
陈路	5861	陈美怡	10763
陈略	2063, 2154, 2165, 2373, 2374, 4079, 4188,	陈美英	10585, 12916
	4285, 4458, 4459, 4518, 4526, 5735, 8280	陈美月	12404
陈伦	5707	陈美珠	11224
陈纶	12639, 12658	陈孟康	8244
陈洛才	9327, 9395, 9397, 9606, 9841, 9847, 9974	陈孟昕	1346, 2181, 2411, 6421, 6422
陈洛加	116, 187, 188	陈梦璧	11005
陈麦	181	陈梦雷	253, 466
陈麦青	8098	陈觅	6205, 6266
陈满之	339	陈蜜	11531
陈曼	7084, 7085	陈绵	11141, 11219

作者索引

陈绵译	12369	陈明山	12116
陈勉	7317	陈明心	5233
陈苗海	6452, 6669, 6670	陈明兴	048
陈民	10688	陈明星	9122, 12771
陈民魂	13235	陈明远	392, 1839, 1844
陈民牛	5743, 6516	陈明钊	9143
陈民新	4609, 13123	陈明兆	7159
陈泯	6935, 6937	陈鸣	5868
陈敏	1701, 1718, 4955, 4977, 6087,	陈茗	5637, 5693, 5759, 5779
	6500, 7482, 7502, 7506, 7516, 7529, 8771,	陈茗屋	8477, 8576
	11078, 11183	陈铭	3868, 5480, 6185, 7403, 9705, 13303
陈敏强	3376	陈铭道	10987
陈敏逸	5372	陈铭志	10993, 11085, 11086, 11090, 11946,
陈名贤	12959		11954, 12057, 12168, 12174, 12195,
陈明	1945, 2003, 2043, 2050,		12198, 12206, 12212
	2061, 2091, 2105, 2114, 2120, 2122, 2134,	陈铭宗	154
	2151, 2168, 2385, 2388, 3240, 3255, 3286,	陈模	5685, 5686, 5962
	3484, 3491, 3982, 4048, 4128, 4273,	陈沫	5257, 5298, 5303, 5352, 5444, 6023
	4323, 4350, 4367, 4410, 4423, 4442, 4443,	陈墨	2171, 12555, 13157, 13160, 13213, 13301
	4449, 4480, 4485, 4496, 4498, 4506, 4520,	陈默	9476, 10887, 11708, 12479, 12480, 12481,
	4557, 4565, 4580, 4583, 4593, 4597, 4626,		12556, 13092, 13241
	4648, 4649, 4664, 4690, 4691, 4714, 4732,	陈谋	875, 878, 1887, 1905, 2611, 2612, 2613, 3717
	4735, 4749, 4779, 4791, 4800, 4802, 4820,	陈谋荃	8816, 9059, 9066, 9076, 9599, 9833
	5244, 5563, 5779, 6398, 7461, 9976	陈目耕	8470
陈明达	297, 3834, 4752, 8613	陈牧夫	12304
陈明大	4112, 5400, 5946, 6325, 10823	陈慕榕	317, 8655
陈明高	6524	陈穆	10039
陈明华	463	陈乃东	091
陈明杰	10411	陈乃广	6437
陈明娟	6466, 6663	陈乃良	5940
陈明钧	6228, 6384, 6475	陈乃亮	2064, 2098, 2158, 4379, 4694, 4721, 4731,
陈明兰	7590		4744
陈明律	10865, 10893, 12380	陈乃敏	141, 157
陈明谋	3553, 10407, 10410, 10411	陈乃乾	8109
陈明辩	5609	陈乃贤	5313

中国历代图书总目·艺术卷

陈乃祥	5496	陈佩薰	6702
陈耐轩	7046	陈佩玉	3332
陈南	13168	陈姵好	11163
陈南藻	5109, 5142, 5457	陈朋	4263, 6765
陈能方	11544	陈彭	12102
陈尼古	12661	陈彭年	12102, 12117
陈年	1917, 2487, 2625, 2653, 5564	陈彭寿	11366
陈年芳	12045	陈鹏	2321, 3466, 6483, 11877
陈年喜	5853	陈鹏举	118
陈念云	4912, 4933, 4943, 4954, 5001, 5050	陈鹏同	1856, 2297, 3798, 5280, 10423
陈念祖	8400	陈鹏先	10308
陈宁	1088, 5503, 5559, 5670, 5673, 5749, 5809,	陈品琼	8713
	5878, 5949, 6063, 6164, 6224, 6227, 6239,	陈品鑫	5120, 5133
	6264	陈品秀	527
陈宁尔	1853, 2764, 3921, 3997	陈平	101, 186, 370, 374, 702, 2298,
陈凝丹	2054		2454, 2466, 2468, 2884, 4701, 4812, 5547,
陈农村	5170, 6167		6325, 6904, 6906, 8274, 8589, 9467, 9742,
陈磐	3070, 3088, 3092		10002, 10531, 11281, 11626, 11957, 12916
陈培栋	5526	陈平夫	4958, 4965, 4980, 4982, 4989, 5010, 5014,
陈培光	675, 974, 1800, 3743		5025, 5033, 5037, 5045, 5051, 5052, 5056,
陈培辉	347		5062, 5450, 5491, 5505, 5523, 5559, 5578,
陈培亮	10280		6176, 6181, 6186, 6189, 6192, 6209
陈培荣	554, 2939, 2940, 2945, 3321, 4107, 4172,	陈萍	6522
	4248, 4307, 10261	陈萍佳	12153
陈培檀	11718	陈仆	6158
陈培信	11101	陈普	1257, 1260, 6358, 10180
陈培勋	11787, 11948, 12195, 12231, 12232, 12238	陈七	8872
陈培湛	13079	陈其	2735, 2764, 3128, 3139, 3276
陈培仲	020, 12895	陈其芬	11832
陈沛彬	8187, 8212	陈其凤	425
陈佩芬	405	陈其浩	8511
陈佩玗	1698	陈其华	3548
陈佩秋	944, 1430, 1747, 1858, 1865, 1868, 1872,	陈其莎	4849
	2231, 2478, 2493, 2498, 2616, 2644, 2717,	陈其通	11882, 11944
	3557, 3631, 3986, 4223	陈其铮	3743

作者索引

陈其智	3904	陈青白	3399，3402
陈奇	10369	陈青勤	8257
陈奇峰	1318，6931，8582	陈青洋	2318
陈奇禄	8647	陈青野	1958
陈琪	2540，10833，12372	陈清	4968
陈琪林	336	陈清才	8500
陈琪情	10581	陈清港	5653，5916
陈琦	1154，1216，3014，3053，3542，4459，4566，4636，4959，10410，11709	陈清狂	5275，8617
		陈清侨	11101
陈旗	4908	陈清泉	10952
陈旗海	10198	陈清香	446，455
陈企孟	12746	陈清之	4888，5395，6756
陈启成	11104	陈擎光	396，798
陈启东	3793，12389	陈庆	6282，6867
陈启华	3831	陈庆峰	11245，12216
陈启明	6597	陈庆年	025
陈启炎	6235	陈庆祥	5292，5345
陈启智	7372，7522，7567，8325	陈庆心	3025，3233，3261，3834，3843，3892，3936，5208，5298，5432，5661，6022
陈绮玲	218		
陈弃疾	11978，11999，12201	陈庆彦	12267
陈器	7160，7163，7513，7515，7561	陈庆元	5056
陈谦	8312	陈琼花	049，110，956，995
陈谦斌	11183	陈秋	5342
陈倩	1598，6114	陈秋草	1862，1944，2494，2670，3654，8665
陈锵仪	8093，8094	陈秋峰	12687
陈强	2929，3537，3548，3551，3576，3599，3625，3648，3693，3697，3701，3713，3866，4311，4855，7500，9514，11201，11206	陈秋瑾	523
		陈秋明	8238
		陈秋平	10692
		陈秋日	10709
陈翘	12593，12610	陈秋田	2216
陈巧巧	1317	陈秋颖	5385
陈钦权	2757	陈秋影	5963，6304，6409，6486
陈勤群	5540	陈秋月	10391
陈青	3834，3905，4061，4067，4418，5314，5338，7076	陈球安	2864
		陈全波	12928

陈全福	8830	陈榕星	6086
陈全胜	2406, 3981, 4207, 5264, 5284, 5436, 5455,	陈如鹏	3913
	5477, 5596, 6011, 6075, 6606	陈如清	5721
陈全友	3488	陈如学	3322
陈泉	8757	陈如义	1114, 2893
陈群	12601	陈儒修	13064, 13066, 13157, 13190, 13302
陈然	11958	陈汝衡	12756, 12962, 12963, 12970
陈绕光	3998, 4087	陈汝炬	9402, 9649
陈人力	2427, 3977	陈汝勤	2886, 3561, 3766
陈人玉	5508	陈汝陶	11873
陈仁川	5756, 5890, 5942, 6163	陈汝元	7197, 7198
陈仁东	9875	陈锐	7627
陈仁火	3477	陈瑞兰	12722
陈仁鉴	5385, 5591	陈瑞林	211, 521, 585, 815, 1081, 1087, 2804,
陈仁涛	1474, 1524		10685
陈纫秋	12357	陈瑞琴	4912
陈日钧	8636	陈瑞卿	2309
陈日朋	5402, 5446	陈瑞山	3728
陈日升	11338	陈瑞统	12979
陈日雄	10258	陈瑞献	6806
陈荣	9724	陈润民	426
陈荣宝	3523	陈若晖	3287, 5829, 7061
陈荣昌	8113	陈若辉	5706
陈荣富	457	陈若菊	3548, 3637
陈荣豪	364	陈若兰	10420
陈荣环	10397	陈若莲	12048
陈荣钧	6764	陈三百	3735, 5675
陈荣清	3915	陈三策	644, 7220
陈荣杓	5661	陈三立	8113
陈荣胜	2525	陈森年	8501
陈荣盛	12046	陈汕波	5286
陈容光	12988, 12989, 12990, 12991, 12992,	陈善	13141
	12995, 12996, 13007	陈善禄	3099
陈蝶	2698	陈善伟	8128
陈蓉辉	10831	陈善元	8274

作者索引

陈上岷	7262, 7670	陈绍业	3497
陈尚敦	3213	陈申	8693, 8892, 8917
陈尚坤	9846	陈莘	6574
陈尚云	3891	陈慎骆	5945
陈韶	11735	陈慎恪	4411, 4979, 5321
陈少波	10251	陈慎之	7409, 8150, 8156, 8387
陈少伯	3314	陈生	4038, 6716, 9509, 9513
陈少布	6275	陈生铮	4906
陈少纯	11700	陈声远	7428, 7448
陈少芳	3852, 3956, 4008, 10361	陈绳正	8677
陈少丰	8609	陈省	2733, 2737, 2738
陈少华	2117, 2651, 2664, 2671, 4952, 8586	陈圣来	5287
陈少娟	5719	陈圣谋	1090, 10208, 10210, 10726
陈少鹿	1706	陈胜	2217
陈少梅	1433, 1728, 1756, 1885, 1931, 2001, 2141,	陈胜利	12028
	2406, 2470, 2536, 2622, 2629, 2643, 8555	陈胜民	3789, 5757
陈少平	2964	陈剩勇	6357
陈少湘	8284	陈师曾	570, 808, 1444, 1698, 1703, 1709, 1713,
陈少云	5077		1715, 1723, 1744, 1747, 1749, 1751, 8587
陈邵	8835	陈诗	11014
陈绍斌	7392	陈施	10578
陈绍波	8832	陈十梅	2955, 3239
陈绍棣	5479, 5507, 5522, 6086	陈石	5894, 8654, 8655, 9233, 9368, 9373, 9969
陈绍华	3960	陈石庵	6011
陈绍锦	2796	陈石濑	388, 2633
陈绍礼	9998	陈石连	2804
陈绍龙	6645	陈石林	8722
陈绍勉	3083, 3130, 3159, 3247, 3291	陈石卿芬	10924, 12504
陈绍南	322	陈时玉	11284
陈绍鹏	096	陈实	5750, 5882
陈绍卿	8278	陈始	6532
陈绍泉	3722, 3782, 3850, 5261, 5894	陈士斌	10382
陈绍文	4090, 8688, 8692, 8721	陈士达	5126
陈绍武	12883	陈士桂	957
陈绍宪	3135, 3232, 3542	陈士宏	1239

中国历代图书总目·艺术卷

陈士杰	9427	陈寿潘	2478
陈士奎	2512	陈寿祜	8727
陈士濂	5852	陈寿建	9220, 9221
陈士平	6298	陈寿楠	11893, 12787
陈士修	2707, 2708, 5480	陈寿朋	13215
陈士英	12113	陈寿鹏	10715
陈世宾	11102	陈寿荣	2246, 7666, 8473, 8571
陈世琮	2756	陈寿远	10565
陈世和	352	陈受谦	12632
陈世鸿	8788, 11384	陈绶祥	075, 821, 829, 848, 2290, 10291, 10695
陈世怀	103, 210	陈瘦竹	12692, 12699
陈世骥	11323	陈书	1621, 1632
陈世民	2321	陈书帛	2155, 4719, 4774, 8836, 8853, 8959, 9096,
陈世宁	3359		9106, 9114, 9119, 9121, 9125, 9126, 9130,
陈世强	178		9131, 9132, 9134, 9139, 9251, 9256, 9300,
陈世秋	10508		9315, 9859, 9896, 9900, 9901, 9909, 9912,
陈世孝	10577		9997, 9999, 10109
陈世雄	8102, 12706, 12785	陈书汉	7032
陈世秀	11286	陈书良	805
陈世旭	8910	陈书泉	8741
陈世瑶	8592	陈书文	3857
陈世真	3709	陈书斋	11957
陈世中	948, 953, 955, 974, 1305, 1919, 1932,	陈叔常	8576
	2499, 2638, 2648, 4601, 4624, 4731	陈叔亮	472, 1386, 4879, 8147, 8149, 8203, 8816,
陈仕元	5641, 12723, 12726		10661, 10662
陈守常	4393	陈叔铭	2424, 4158
陈守福	9405, 9618	陈叔通	1472, 1657
陈守凯	3229	陈叔匡	2106
陈守枚	13207	陈淑娥	556
陈守仁	12854	陈淑芬	9303
陈守亚	10616	陈淑和	8513
陈守义	1146, 1418, 2840, 3214, 3217, 3261, 3793,	陈淑华	1371, 8774, 8796, 8799, 8802, 13008
	3899, 4003, 4318, 5209, 5790, 6601, 6875,	陈淑娟	6411
	6905, 9854	陈淑亮	8153
陈寿伯	8530	陈淑敏	10820

作者索引

陈淑平	12628	陈四海	10915
陈淑霞	1248	陈四益	3451, 3495, 3498, 3505, 3526
陈舒	1641	陈嗣林	7437
陈蜀阳	7009, 7140, 7141	陈松	6449
陈曙光	4925, 6318	陈松长	7770
陈述	5055, 5073, 5383, 5673	陈松蛟	2051, 2444, 2671
陈述刘	11280, 11991, 12237	陈松奎	5892
陈树彬	5603, 5760	陈松林	1948, 2047, 2203, 3679, 3876, 3877,
陈树斌 3519, 5176, 5513, 5709, 5849, 6197, 6198,			4641, 4657, 5666
6399		陈松凌	2666, 4793
陈树德	450	陈松陵	4817
陈树根	5796, 5873, 5904	陈松岐 2377, 2444, 2673, 2675, 4079, 4137, 4367,	
陈树璟	5370		4433, 4640, 4667, 4793
陈树民	7579	陈松茂	1176, 1195, 3356, 4128, 4186, 4287, 4373
陈树人 1375, 1703, 1704, 1706, 1707, 1708, 1711,		陈松民	11802, 12132
1716		陈松南	3482
陈树人纪念馆	1713, 2034	陈松平	3396
陈树文	8204	陈松筠	9378, 13114
陈树熙	10828, 10881	陈颂声	7428
陈树中	1328	陈苏	10575
陈树忠	11624	陈苏平	1158, 6127, 6315
陈双全	9146	陈凤之	8056
陈双喜	5835, 5953	陈素	11488
陈水心	1096	陈素春	3623
陈水远 5211, 5237, 5307, 5325, 5363, 5413, 5469,		陈素琴	10395, 10401
5498, 5550, 5602, 5623, 5759, 5764, 5869,		陈素香	8845
5962, 6092, 6169, 6440, 6456		陈素宜	10890
陈顺安	6227	陈莎莎	5930
陈烁	13186, 13317	陈太一	8128
陈硕	6560, 7029	陈泰宏	2321
陈硕英	211	陈谈	2338
陈思	1676, 2437, 6679, 7174, 7175, 7224, 8128	陈汤奏	8515
陈思捷	6765	陈涛	6059, 6671
陈思善	13203	陈涛理	6409
陈思禹	8992, 9366, 9820, 9969	陈韬	2332

中国历代图书总目·艺术卷

陈旬玉	6855, 6861	陈廷祐	7292, 7295, 7370, 7399
陈桃女	10718	陈亭	5676
陈陶然	6651, 6654, 6657, 6658, 6664	陈庭诗	1365
陈陶玉	6784	陈庭鑫	9385
陈萄玉	1074	陈婷	12997
陈腾光	3218, 3288	陈挺通	3303, 5661, 5763, 6092, 6200, 6321, 6328,
陈体江	5479, 5804		7070
陈天	9311	陈同纲	10307
陈天国	12323	陈同乐	433, 2245
陈天俊	7568, 7596, 7609, 7612	陈同仁	12285
陈天乐	7464	陈同艺	13114, 13179, 13183
陈天年	1193, 3943	陈统渭	8960
陈天强	6528	陈万里	386, 8658, 8975, 8993, 10196, 10197,
陈天然	1386, 1403, 1790, 1793, 2192, 2202, 2421,		10640
	2595, 2993, 3002, 3004, 7158, 8166, 8190,	陈万龃	10962
	8193, 8201	陈万青	5772
陈天升	5304, 5504	陈万清	6036
陈天啸	2034, 8287	陈万祥	5749
陈天银	8478	陈万桢	11978
陈天铀	2463, 4003	陈望	2116, 3036, 3047, 3053, 4882, 8641
陈田鹤	11370, 11380, 11381, 11383, 11496,	陈望道	003, 004
	11728, 11787, 11879, 12094	陈望衡	065, 066, 087
陈田颂	3656, 3739, 5071	陈望秋	3616, 5491, 10464
陈铁凡	7973	陈威	3242
陈铁军	6374	陈为良	13058
陈铁桥	1265	陈为明	4899, 5030, 5062, 5066
陈铁生	8326, 12353	陈为琪	12943
陈铁英	4933, 4988, 5003, 5081, 5106, 5359, 5750,	陈维	4265
	5768, 5970, 6070	陈维邦	3297
陈汀声	13277	陈维博	12019
陈廷川	8740	陈维东	6728
陈廷杰	8120	陈维辉	5856
陈廷熙	3749	陈维霖	1519
陈廷一	5496, 5865, 5976, 6061, 6317, 6463	陈维棋	8653, 8654
陈廷友	2474	陈维贤	3325

作者索引

陈维新	11593	陈文丰	1102
陈维鑫	3507, 3512, 3513	陈文馥	12040
陈维信	1760, 3697, 4049	陈文光	3866, 5408, 5582, 5923, 6277
陈维援	9872	陈文贵	1185, 10244
陈维忠	8948	陈文辉	4888, 5861, 12812
陈伟	4861, 7742, 9623	陈文骥	2881, 5468, 6392
陈伟波	6208	陈文甲	10924, 11096
陈伟东	1153, 1188, 5287, 5610, 5622, 5698, 5817	陈文江	7503
陈伟龙	9237	陈文杰	2372, 5501, 5730, 5845, 5886, 6348, 7071
陈伟民	1985, 1993, 3227, 3268, 3279	陈文良	7726
陈伟明	1936, 1942, 1943, 2005, 2062, 2073, 2074,	陈文练	12643
	2120, 2428, 4301, 4578	陈文明	7928, 8011
陈伟南	3043	陈文茜	8931
陈伟农	1339	陈文泉	13065, 13209
陈伟生	161, 162, 553, 559, 561	陈文生	3859
陈伟添	8262	陈文述	775, 842
陈纬	13141	陈文涛	11744
陈玮	5629	陈文卫	9975
陈玮君	5506, 5645	陈文襄	8723, 8740, 8748, 8755, 8759, 8761, 8762,
陈炜	157		8763, 8764, 8770, 8776, 8784, 8795, 8800
陈炜恒	3057	陈文新	11342
陈炜萍	5591	陈文雄	5905
陈卫斌	6594	陈闻	7076
陈卫东	635, 5908, 6146, 6209	陈吴	7518
陈卫国	2481	陈五一	13020
陈卫和	8609	陈武	6298, 6300, 12828
陈卫红	6401	陈武生	8936
陈卫平	099, 106, 454, 10054, 13153, 13182	陈武星	3057
陈卫业	12618	陈西川	2916
陈卫中	8736, 9846, 9849, 9874, 9957	陈西禾	12681, 13049
陈卫忠	9490	陈西林	3471, 6519, 6638
陈渭	2116	陈西汀	12085
陈渭泉	1244	陈西中	370
陈文	5641, 5694, 7367	陈希彭	7147
陈文昂	12834	陈希平	13231

陈希仲	5087, 8156	陈宪铸	6929
陈希祖	8049	陈相华	9609
陈昔蔚	12588, 12589, 12604, 12605, 12606, 12647	陈相明	4970
陈犀禾	13053	陈香君	192, 542
陈锡良	6426	陈香泉	7255, 8016
陈锡铭	8623	陈湘华	2653, 9223, 9350, 9376, 9379, 9380, 9528,
陈锡陌	9938, 9939		9542, 9554, 9625, 9627, 9647, 9678, 9948,
陈锡山	3379		9965, 9970, 10039
陈锡祥	4548	陈湘年	5872, 5988, 6001, 7069
陈锡岩	3258, 3344, 3379, 6225	陈襄龙	262, 4865, 5763, 5898, 6121, 6167, 6237,
陈锡镇	8326		6307, 7316, 7916, 8002, 8003, 8214, 8243,
陈熙芳	9466, 9836		8832, 8843
陈曦	5246, 5251, 5488, 5732, 8221, 9952	陈襄禄	6284
陈曦光	4989, 5006, 5071, 5239, 5516, 6432	陈祥淑	4989
陈曦震	7738	陈祥耀	8422
陈喜年	5693	陈翔	190, 321, 597
陈喜文	6322	陈翔云	3883
陈禧元	9034	陈向	554
陈遐龄	9977	陈向迅	2480, 2884
陈夏生	433	陈向阳	5236, 5827, 6187
陈夏雨	8630	陈项东	10586
陈夏珍	10365, 10366	陈萧丁	8663
陈先锋	8899	陈小兵	4845, 10986
陈先行	8098	陈小鹤	10678
陈先红	10399	陈小京	6521
陈先祥	12725, 12817, 12818, 12821	陈小军	6373, 6400
陈贤才	8732	陈小力	5464
陈贤德	7298, 7316, 7418, 7442	陈小立	9144
陈贤浩	134, 10321	陈小林	6237
陈贤仲	3492	陈小明	6668
陈咸益	8627	陈小培	5420, 6582
陈显传	12653	陈小平	9741, 10081, 12669
陈显荣	5430, 5594, 5701, 5996	陈小奇	6290, 8302, 11488
陈显泗	6476, 6477	陈小强	2757
陈铣	11569	陈小清	138, 155, 607

作者索引

陈小田	11140, 11150	陈心朋	5340, 5456
陈小香	12940	陈辛一	3210, 8644
陈小雅	6992, 7003	陈昕	8795
陈小玉	12942	陈欣	6147
陈晓	13123	陈新	3066, 5771, 8699, 9117, 10309, 10393
陈晓聪	1372	陈新光	12650
陈晓东	2067, 2077, 2094, 2105, 2121, 2164, 2393, 4804, 4856, 5550, 8693	陈新良	530, 7543, 7615, 8301, 8326
		陈新锜	8697
陈晓光	11485	陈新生	2887, 10585, 10754
陈晓同	151, 7059	陈新文	6571
陈晓兰	5897	陈歆耕	5366
陈晓林	10569	陈馨文	541
陈晓敏	1960	陈鑫	4812
陈晓明	2246, 7529	陈信昌	11708
陈晓南	1206, 1728	陈信根	8596
陈晓琪	10895	陈信宗	11191
陈晓曦	2727	陈兴保	13127
陈晓彦	8231, 8232	陈兴国	2959
陈晓逸	7041	陈兴华	2848, 2851, 4876, 5197, 6598
陈晓云	13199	陈兴明	5517
陈晓钟	8693, 8744, 8760, 8776	陈兴荣	12406
陈筱春	8515	陈兴旺	12389, 12390
陈筱凤	7364	陈星	113, 3441, 3483, 3508, 8600, 10878, 10973
陈筱卿	7127	陈星辰	9343
陈孝生	10276, 10612	陈星平	1127, 2918
陈孝祥	1414	陈星群	6161
陈孝信	828	陈星珏	11305, 12273
陈孝英	068, 7351, 12703, 12704, 12914, 13301	陈幸一	3009
陈孝忠	1244	陈雄	5315, 5660, 8915
陈效东	7073	陈雄立	988, 989, 2035, 2173, 2241
陈效一	2575, 2576	陈修诚	5792, 5933
陈啸空	11369, 11370, 11932, 11992, 11994, 11995, 12007, 12091	陈修范	523, 539, 1952, 2509, 2621, 4079, 4119, 4375, 10269
陈燮阳	12170	陈修林	8663
陈心懋	717, 5304, 5866	陈修明	1369

陈修寿 5288
陈勋华 11820
陈秀裁 1107, 2763, 2939, 5251
陈训明 494, 801
陈秀华 10227, 10686, 12078
陈训勇 4562
陈秀兰 10588
陈异如 3906, 4293, 5839, 6298, 6304, 6369, 6385,
陈秀龙 4031 6496
陈秀卿 7325
陈雅 5770
陈秀庆 8910, 9139
陈雅丹 5812, 10216
陈秀全 9040, 9325, 9338, 9339, 9793, 9991
陈雅君 6484, 6489
陈秀珊 3784, 4185
陈雅玲 1372
陈旭 1303, 1595, 1603, 8671
陈雅先 10834
陈旭峰 3511, 6534
陈亚丁 11164
陈叙一 13256
陈亚非 675, 2351, 3847, 5353, 5575, 6033, 6369
陈绪初 3080, 3100, 3578, 3628, 3676, 3734,
陈亚江 8956, 8958, 9057, 9422, 9810, 9821, 9842,
4570, 4711, 4970, 5037, 5309, 5422, 5789 9845, 9849, 9859, 9864, 9871, 9884, 9902,
陈续武 4669 10060
陈学减 3894
陈亚军 6158
陈学才 8121
陈烟帆 4880, 4881, 4920, 4921, 4966, 4993, 5078,
陈学辞 5338 5549
陈学东 4460, 11203, 12510
陈烟桥 012, 124, 245, 276, 1204,
陈学栋 10043 1217, 1758, 2418, 2715, 2978, 3043, 3401,
陈学华 2134 3531, 4879, 8639
陈学辑 3535
陈延 607, 1076, 1180, 1409, 2759, 3215, 3293,
陈学文 564, 1090, 1091, 2263 3315, 3330, 3340, 3359, 3810, 3874,
陈学璇 13019 5212, 5222, 5397, 5573, 5794, 6129, 6287
陈学娅 121, 11196, 11197, 11198, 11199, 11200
陈延龄 1280
陈学章 9241, 9437, 9734, 9773, 9920, 9924
陈言 6686, 10722
陈学璋 2061, 2121, 2130, 2132, 2677, 4226, 4270,
陈言放 11132
4306, 4354, 4432, 4502, 4552, 4624, 4641,
陈言伏 6246
4655, 4664, 4676, 4782, 4810, 4834, 9464
陈岩来 6250, 6251
陈学中 1810
陈炎 10245
陈学忠 10464
陈炎锋 203, 585
陈雪鸿 7049
陈研 1403, 3825, 5548
陈雪鸥 11991, 11992, 12900
陈衍 12123, 12759
陈雪敏 2830
陈衍宁 1382, 1830, 1831, 2740,
陈雪薇 4019, 4272, 4503 2756, 2760, 2765, 2769, 2771, 2772, 3207,

作者索引

	3209, 3254, 3277, 3282, 3286, 3293, 3834,	陈一兵	417
	3843, 3896, 5237, 5512, 5513	陈一波	7470
陈衍儒	921	陈一德	3904
陈校文	626	陈一凡	5265
陈彦丹	3945	陈一放	084
陈彦衡	11834, 11835, 12273, 12748, 12856	陈一峰	2892
陈彦君	7645, 8596, 10300	陈一豪	3941
陈艳	10830	陈一剑	12216
陈艳霞	10976	陈一军	2408
陈雁序	5555	陈一楷	3840
陈燕	6400	陈一磊	6248
陈燕伯	1643	陈一鸣	11243, 11245, 11256
陈燕慈	5493	陈一年	3309, 8907, 9359, 9573
陈膺	12161	陈一萍	11519, 11704, 11705, 12380, 12387,
陈扬坤	3355, 9367, 9369, 9371, 9544, 9552, 9559,		12412, 12445
	9570, 9634, 9680, 9987	陈一如	4903, 4904
陈扬睿	5283	陈一文	3875, 5073, 5366, 5589, 6000
陈阳	2092, 2398, 6991, 11500	陈一心	4888
陈杨坤	9546	陈一昭	6653
陈旸	6432, 6447, 6455, 6472, 6474, 6707, 6711,	陈一致	3779
	10995, 10996, 11322	陈伊克	12413
陈仰煌	4033, 4380, 5268	陈沂	13024
陈尧	9741	陈怡	2916, 3942
陈尧光	13111	陈怡宁	6768
陈尧廷	8562	陈宜	12095
陈耀光	10587	陈宜明	2916, 4004, 5542, 5546, 5822
陈耀华	5016, 5108, 5356, 6001	陈宜男	11247, 11258
陈耀星	12281	陈宜汪	10709
陈耀中	6609, 6634, 6635, 6636, 6639, 6643	陈贻恩	5374, 5392, 5415, 5966
陈也	3434	陈贻芳	074
陈也知	5930	陈贻福	3676, 5037, 5049, 5215, 5435, 5648, 5666,
陈冶茹	8846		5697, 5712, 5721
陈野	118	陈贻亮	12732
陈业恒	600, 7628, 7629	陈贻鑫	11535
陈晔	1939	陈颐	10145

陈乙	3471	陈银辉	1072, 6897, 6898, 6899
陈以和	8508	陈寅隆	459
陈以雄	3833, 3885, 4070, 4749, 5303, 6233	陈尹生	244
陈以忠	3745, 3765,	陈引驰	073
	3785, 3797, 3813, 3851, 3895, 3975,	陈应华	2297
	4036, 4094, 4155, 5083, 5471, 5653, 5667,	陈应林	5677
	5689, 5830, 5855, 5873, 5921, 5932, 6058,	陈应麟	3155, 4988, 5010
	6211, 6234, 6251, 6374, 10219	陈应钦	10660
陈义经	8393	陈应时	2217, 11488
陈义敏	12977	陈英	1148, 2035, 2036, 2041, 2043, 2053, 2056,
陈义仁	3525		2057, 2060, 2064, 2067, 2076, 2091, 2114,
陈艺军	6331		2120, 2122, 2134, 2151, 2168, 2342, 2385,
陈忆苏	13020		2628, 4128, 4273, 4323, 4350, 4367, 4378,
陈亦祥	12974		4381, 4410, 4417, 4418, 4421, 4423, 4441,
陈亦迈	10303		4443, 4445, 4446, 4449, 4455, 4458, 4465,
陈易	008		4480, 4485, 4488, 4496, 4506, 4508, 4520,
陈绎曾	7180, 7197		4524, 4536, 4557, 4580, 4583, 4593, 4596,
陈奕	10359, 10399		4635, 4645, 4648, 4649, 4664, 4691, 4694,
陈奕纯	7323		4700, 4732, 4749, 4779, 4782, 4791, 4800,
陈奕恺	10236		4820, 4823, 4829, 4859, 4862, 5294, 5979,
陈奕禧	7190, 7219, 8015, 8016, 8019		7087
陈益	8015	陈英戴	10344, 10345
陈益群	8965	陈英德	096, 368, 516, 6831
陈逸	7127	陈英杰	5421
陈逸飞	2746, 2751, 2763, 2765, 2801, 2802, 2844,	陈英明	2478
	3302, 3321, 5429	陈英琪	6869
陈逸民	10707	陈英群	1318, 7315, 7412, 7420, 7428, 7434, 7448,
陈赐	6471		7493, 8350
陈镱康	5369, 5384, 5603	陈英勇	6091
陈毅	8141, 11968	陈膺政	11290
陈毅明	7425, 7426, 7438, 7445, 7473	陈盈国	9372
陈翼浦	5727	陈莹	8764
陈因	2721, 2851	陈莹	266
陈音	12447	陈颖彬	1139
陈吟	5674, 6352	陈影梅	137, 572, 574, 617

作者索引

陈映华	2883	陈咏华	11704
陈邑	1328	陈咏良	8911
陈邑麟	8715	陈咏明	6514
陈墉	7235	陈勇	6424, 11100, 11528
陈颙人	7434	陈勇成	10269, 10271, 10319
陈水	10987	陈涌	8856
陈永发	8646	陈用令	6010
陈永丰	10860	陈用仪	374, 10986, 12580, 12791, 13196
陈永福	9144	陈幽	2090, 4807
陈永革	7391, 8274	陈友兰	13023
陈永根	5224	陈友良	610
陈永国	12709	陈友林	8432
陈永坚	4205, 4237	陈友仁	577, 4822
陈永杰	4109	陈友任	1073, 1077
陈永均	9567	陈友松	13023
陈永钧	5460, 5679, 9531, 9584, 9625, 9643	陈有发	5517
陈永康	3960	陈有光	10269
陈永乐	2413	陈有吉	1809, 3731, 3801, 3843, 3844, 3876,
陈永莉	11535		4084, 4654, 4773, 5732, 6054, 6126, 6207
陈永林	6338	陈有琦	7356
陈永明	10830	陈有群	6491, 6499
陈永锵	634, 994, 1844, 1907, 2001, 2189, 2227,	陈有天	5242, 5484, 5583, 5822
	2339, 2586, 3923, 5590, 10435	陈橱	8450
陈永锡	9349	陈又新	4905, 11179, 11180, 12164, 12165, 12166,
陈永先	5589		12167, 12168
陈永源	429, 829	陈幼慈	12295
陈永远	5170, 5350	陈幼韩	12814, 12819, 12823
陈永镇	1452, 3763, 3829, 5066, 5134, 5169, 5216,	陈幼实	8934
	5429, 5510, 5511, 5608, 6437, 6514, 6756,	陈于书	10774
	10421, 10429	陈玙	6154, 6155
陈永镇工作室	6741	陈余	2897
陈永正	7164, 7165, 7383, 7537	陈余生	1398
陈永智	2092, 2388, 2398, 3586, 3606, 3645,	陈与义	7677, 7678, 7679
	4264, 4307, 4420, 5023, 5123, 5523, 6513	陈予之	13118
陈雨夫	8773	陈屿	5448

中国历代图书总目·艺术卷

陈宇	6491, 8782, 8799	陈玉中	5702, 12279
陈羽	6060	陈聿东	454
陈羽鑫	9081	陈聿强	161, 1125, 1212, 3053
陈雨光	2238, 2315	陈郁萊	10337
陈雨静	4986	陈郁秀	10975, 10977, 11225
陈雨前	10657, 10658	陈郁志	4063
陈语	2293	陈育佳	1136, 1183, 1200
陈玉	5631	陈育新	13199
陈玉峰	1823, 3419, 5832	陈钰铭	2887
陈玉刚	5767	陈钰鹏	197, 6797, 12992, 13184
陈玉华	9220, 9225, 9356, 9364, 9368, 9372, 9942, 10018, 10023, 10622, 10623	陈遇春	12156
		陈御麟	11062, 11315
陈玉兰	1145	陈寓中	5297, 5612, 5641, 5747, 6073
陈玉立	11927	陈裕明	5941
陈玉莲	4824, 4828, 4830	陈裕仁	11502
陈玉麟	6857	陈裕荣	7630
陈玉玲	8828, 8994, 9105	陈毓和	3553, 3606, 3671, 3737, 4952, 5123
陈玉龙	1343, 7164	陈毓敏	6984, 6986
陈玉梅	4748	陈毓琪	6277
陈玉铭	3236	陈毓琼	3352, 6208
陈玉圃	1973, 2007, 2035, 2174, 2482	陈豫钟	782, 846, 8511, 8524, 8526, 8551
陈玉其	3245, 3907	陈渊	627, 5698, 5844, 5947, 6138, 9069, 9294
陈玉琪	5235	陈渊节	5504
陈玉秋	7338	陈元	10670
陈玉通	13081	陈元冲	2575
陈玉先	2872, 5420, 5655, 5723, 5883, 5971, 6053, 6242, 6361, 6389, 6551, 6607, 6615, 10194, 10266, 10273, 10283, 10290, 10291, 10293, 10294, 10295, 10296, 10299, 10306	陈元高	8212
		陈元鹤	6849
		陈元鉴	084
		陈元杰	12147
		陈元靖	10613
陈玉香	11062	陈元宁	4361, 4380, 4691, 5556, 5609,
陈玉庠	8120		5666, 5717, 5724, 5803, 6257, 8817, 9241,
陈玉秀	12579		13125, 13152
陈玉英	5900, 5901, 6103	陈元璞	6768
陈玉珍	028, 101, 406, 2133, 2324, 2948, 4439	陈元浦	12589, 12593

作者索引

陈元瑞	7656	陈云君	2174, 7157, 7282, 7286, 7288, 7928
陈元山	5316, 5572, 5613, 5636, 5678, 5862, 5972,	陈云权	10770
	5998, 6064, 6242, 6338, 6367, 6370, 6424,	陈云生	5864
	6438, 6642, 6648, 6681	陈云书	4387, 6147
陈元武	3017, 5312	陈云晓	8257
陈元学	8823	陈云兴	11302
陈元勋	2231	陈云哲	7960
陈原	11374, 11375, 11376, 11377, 11379, 11381,	陈耘	5570, 5742
	12355, 12356, 12425	陈允豪	4900, 8939
陈原荣	1089	陈允鹤	232, 233, 268, 6778, 6782, 6789, 6844,
陈缘督	4899, 5026, 5027, 5037, 5038, 5042, 5044,		6848, 6854, 6906, 8668, 8669, 8673, 10736
	5049, 5465, 6575	陈允康	5987
陈源	11150	陈允升	1600, 1601, 1602
陈远	8326, 10881, 10897	陈允庄	12123
陈远宗	8722	陈运平	6583
陈曰霁	1463	陈运权	2546
陈月英	6707	陈运星	6102, 6516, 6527, 6531, 6706
陈月舟	2321	陈运义	3721, 3749
陈玥	7378	陈运祐	7298, 11123, 12654
陈岳峰	8930	陈运彰	1721
陈岳山	8272	陈橘仪	12606
陈岳生	143	陈韵波	3381, 3863, 4257, 4448, 5948, 6208
陈悦	2845, 9484, 9521, 9766, 10011, 10124	陈韵兰	11381
陈悦平	3536	陈韵琴	10771
陈跃春	10597	陈再殿	5915, 6010, 6217, 6287, 6328, 6332
陈粤琪	6731, 6732, 6733, 6742	陈再乾	969, 983, 4305
陈云	10569	陈则周	10323
陈云波	5602, 6204	陈泽	7819
陈云岗	8608, 8652	陈泽斌	6184
陈云高	5298, 5506, 5528	陈泽山	6101
陈云华	4960, 4968, 4975, 4991, 4992, 5015, 5027,	陈泽枢	5321, 5358
	5045, 5054, 5065, 5073, 5077, 5103, 5108,	陈泽新	5679, 6040, 6230, 6313, 6425, 6493, 6498,
	5119, 5120, 5121, 5130, 5131, 5134, 5205,		6571
	5224, 5354, 5506, 5518, 5578, 5615, 5839,	陈泽远	3847, 5261
	5908, 6155, 6172	陈曾安	12987

中国历代图书总目·艺术卷

陈曾寿	8015	陈贞馥	1901, 1986, 2624, 3986, 10459
陈增柏	8946	陈贞明	5860
陈增福	1263	陈真	11941, 12990
陈增戈	9691, 9704	陈真魂	538
陈增慧	10202	陈真明	5537, 5937
陈增良	1068	陈真章	8727
陈增胜	631, 991, 1968, 2142, 2504, 2525, 2565,	陈桢伟	5555
	2570, 2574, 2576, 2653, 4083, 4417, 4601,	陈臻	5791
	4639, 10575	陈阵	5133, 10708
陈增哲	5238, 6134, 6178	陈振铎	11298, 11305, 11306, 12273, 12320
陈瞻宏	10034	陈振戈	401, 8813, 8825, 8829,
陈展	7449		8846, 9013, 9014, 9016, 9123, 9253, 9342,
陈展伟	11504		9343, 9347, 9348, 9361, 9362, 9370, 9377,
陈占森	8594, 10209		9378, 9382, 9384, 9386, 9389, 9395, 9396,
陈占元	518		9397, 9398, 9405, 9407, 9411, 9417, 9418,
陈湛	10660		9420, 9422, 9426, 9427, 9433, 9434, 9438,
陈张健	10588		9444, 9455, 9528, 9531, 9538, 9541, 9542,
陈章程	2596		9543, 9545, 9546, 9552, 9556, 9557, 9563,
陈章积	1832		9566, 9572, 9575, 9576, 9582, 9584, 9588,
陈章文	11500		9590, 9596, 9597, 9599, 9601, 9607, 9608,
陈章永	2820		9609, 9610, 9611, 9612, 9614, 9616, 9619,
陈彰五	8513		9624, 9625, 9628, 9637, 9643, 9647, 9650,
陈璋	10608		9652, 9659, 9663, 9666, 9669, 9670, 9672,
陈兆初	8718, 13277		9674, 9678, 9681, 9682, 9697, 9701, 9702,
陈兆复	192, 259, 685, 3830		9710, 9711, 9814, 9844, 9859, 9873, 9944,
陈兆国	7162, 7164		9950, 9955, 9964, 9970, 9976, 9980, 9987,
陈兆良	7315		10030, 10039, 10048, 10058, 10073, 10110
陈兆龙	13252	陈振桂	6442, 7620
陈兆延	5784	陈振国	2222, 2404, 5721, 8326
陈沼	2370, 2389	陈振辉	131, 270
陈肇芬	6991	陈振昆	11100
陈肇汉	8212	陈振濂	698, 818, 7163, 7167, 7283, 7290, 7301,
陈肇式	12929		7311, 7318, 7319, 7330, 7339, 7340, 7344,
陈哲	9954		7349, 7360, 7375, 7381, 7987, 8207, 8301,
陈哲文	11375		8477, 8594, 8595, 8599

作者索引

陈振良	13224, 13225
陈振龙	12996
陈振鹏	5121
陈振群	8151
陈振生	4429
陈振祥	8818
陈振新	3335, 3341, 3347, 4131, 4138, 4176, 4207, 4415, 4418, 4477, 4484, 4539, 4572, 4645, 9011, 9015, 9085, 9103, 9254, 9327, 9419, 9431, 9668, 9854, 9877, 9979, 9998
陈振兴	13313
陈振慧	11883, 12094
陈振宁	8474
陈振裕	420, 435
陈振远	1696
陈震	4873
陈震邦	153
陈震平	10751
陈震生	7393, 10040
陈震祥	9599
陈镇光	11534
陈镇怀	5268, 5393, 5771, 6168
陈镇江	5506
陈镇新	2362, 4374, 4383
陈争流	10576
陈争鸣	8960
陈征	967, 4408
陈峥	1125
陈峥译	1212
陈铮	2721, 4151
陈正	4892, 12095
陈正斌	6187, 6294
陈正杰	5480
陈正敏	5776
陈正明	2100, 2115, 2177, 4021, 4264, 4346, 4378, 4528, 4593, 4684, 4784, 4812
陈正清	2279
陈正庆	13113
陈正升	350
陈正义	8314
陈正元	3012
陈正之	12791, 12979
陈正治	1864, 1906, 1981, 2507, 2514, 2518, 2560, 4092, 4140, 4185, 4192, 4332, 4430, 4438, 4609, 4690, 4746
陈政	1947, 4776, 8244, 8347
陈政斌	6038
陈政民	3625
陈政明	1931, 2055, 2246, 2350, 2591, 3675, 3716, 3730, 3901
陈政趾	3625, 3675, 3730, 6002
陈之初	3559, 3603, 4060, 7628
陈之川	3220, 3939, 3945, 4092, 5470, 5781, 10137, 10223, 10568
陈之奋	2488
陈之佛	159, 539, 570, 572, 574, 622, 1433, 1475, 1722, 1731, 1759, 1760, 1765, 1899, 2197, 2488, 2490, 2497, 2499, 2512, 2607, 2615, 2624, 2639, 2641, 2694, 2695, 2924, 3644, 4191, 4562, 6743, 10019, 10204, 10205, 10237, 10238, 10240, 10241, 10432, 10435, 10438, 10724
陈之夫	5836
陈之华	5446
陈之平	5383, 9304
陈之泉	8287
陈之涛	8827, 8828, 8832, 8984, 9109, 9326, 9940, 9941, 10019
陈之望	7524, 8420
陈芝仪	12627

陈枝英	11475	陈治海	12447
陈知新	5962	陈治黄 8825, 8826, 8849, 8850, 9111, 9413, 9418,
陈直	8536		9663, 9671, 9673, 9700, 9711, 9726, 9729
陈直考	8534	陈致倍	4682
陈芷庄	8055	陈致平	12319
陈至立	8861	陈致信 2077, 2092, 2100, 2378, 2662, 4373, 4379,
陈志	9113, 11193, 11194, 11207, 12183, 12479		4439, 4483, 4505, 4554, 4577, 4629, 4644,
陈志安	416		4665
陈志昂	13057	陈智娟	3888
陈志达	8653	陈滞冬	106, 519, 714, 717, 1528, 7303, 7673,
陈志尔	7667, 11500, 11505, 11516		7674, 7727, 7771, 7772, 8337
陈志华	070, 119, 171, 2718, 10782	陈中华	3286, 3383
陈志精	2279	陈中梅	053
陈志军	4768, 4769	陈中民	3290
陈志均	10736	陈忠	6558, 6559, 6651, 6655, 6656, 6657, 6658,
陈志廉	5208		6662, 6663, 6664
陈志亮	10801	陈忠宝	8891
陈志琳	3842	陈忠诚	9728
陈志伦	12100	陈忠良	4955
陈志民	1409	陈忠林	6002
陈志敏	10301	陈忠琳	5500
陈志明	1150, 1156, 1159, 7025, 10185, 10682	陈忠南	10200
陈志农	2896	陈忠琪	6040
陈志平	9755, 11280	陈忠舜	5243, 5664
陈志谦 4018, 4033, 4119, 4136, 4216, 4306, 4336,		陈忠义	978, 1809, 1818, 2052, 2083, 2589, 2591
	5267, 5809	陈忠志 1848, 1850, 1856, 1897, 2357, 2593, 3574
陈志强	6436, 13238	陈钟林	6336
陈志清	12976	陈钟吾	507, 575, 10924
陈志庆	5791, 6102, 6123	陈钟咏	8140, 8218
陈志伟	12527, 12528	陈仲常	1317
陈志元	1339	陈仲琛	10600
陈志远	633, 6019	陈仲纲	4872
陈志忠	6663	陈仲光	8710, 10608
陈治	4562	陈仲坚	5029
陈治策	12799, 12806, 12809, 13011	陈仲明	8244

作者索引

陈仲瑛	11874, 12134	陈子千	6480
陈仲子	10784	陈子卿	13003
陈重武	629, 1166	陈子升	12305
陈重印	3820, 4172	陈子文	1313, 8067
陈朱	7466	陈子虚	11826
陈沫龙	722, 831, 922, 2246	陈子毅	1742, 1879, 1886, 1887, 1957, 4366,
陈珠龙	1915, 2025, 2106, 4304, 4427, 4499, 4548,		10433, 10464, 10466
	4563, 4602	陈子云	3111, 3118, 3121, 4488, 4992, 6746
陈竹	12794	陈子钊	5828
陈竹朋	8139, 8149, 8205	陈子庄	519, 714, 1433, 1898, 1914, 2001, 2018,
陈竹音	12121		2028, 2263, 2454, 10431
陈柱	12792	陈紫	4874, 6615, 11883, 11886
陈柱国	13230	陈自明	10894, 10985
陈祝芬	11280	陈自强	5694
陈筑培	5629	陈自昭	2174
陈撰	780, 1459, 1464, 1617	陈宗凤	11434, 13233
陈庄	13314	陈宗国	8400
陈卓	1671, 2641	陈宗汉	5380, 6023
陈卓莹	11077, 11138	陈宗晖	11032
陈卓献	12811	陈宗健	9376, 9393
陈卓志	8803	陈宗立	218
陈子波	2536	陈宗林	5664, 5790
陈子达	2091, 2446, 2448, 2450, 2452, 2801, 2803,	陈宗铭	12005
	2833, 2838, 2950, 4445, 4544, 4627, 4692,	陈宗盘	5508
	4730	陈宗琪	6042, 6055
陈子奋	1438, 1744, 2055, 2116, 2488, 2490, 2494,	陈宗瑞	1958
	8560	陈宗枢	12725
陈子光	10750	陈宗舜	3149, 5504, 5808, 5921, 10742
陈子和	1707	陈宗耀	6718
陈子介	8465	陈宗跃	3841
陈子敬	12307	陈足智	5293
陈子康	6812	陈祖朝	3503
陈子琳	10186	陈祖范	7313, 7340, 7772
陈子明	506	陈祖根	6069
陈子平	12830	陈祖煌	3197, 3278

中国历代图书总目·艺术卷

陈祖壤	5456	晨曲	5609
陈祖杰	5992, 6071, 6072, 6143, 6152	晨昇	6262, 6263
陈祖民	9927	晨晗	4907
陈祖馨	11284	晨曦	6339, 6374, 6379, 6686, 6728, 10338, 12484,
陈祖言	5269, 5272		13319
陈祖章	8665	晨星	4345, 5224, 11706
陈醉	099, 102, 178, 200, 450, 451, 452, 455	晨雪	6425
陈醉云	13021	晨瑜	6689
陈尊三	1107, 2928	晨原	5636, 5753, 13114
陈墫	1460	晨招	4966
陈左夫	8571	晨钟	4948, 5573, 6119
陈左黄	8557	湛北新	2761, 2771, 2780, 2795, 2807, 2820, 2874
陈佐辉	5137	湛国璋	11187, 11238
陈作仁	5266	湛宁生	7605
陈作元	11137, 11828	湛容	5922, 5968
陈柞初	7256, 7317	湛硕人	8621
陈炸初	7263	湛孝安	5395, 5439, 5506, 5531, 5582, 5593, 5643,
宸宸	11513		5706, 5715, 5739, 5783, 5846, 5877, 5937,
晨恩	6306		6060, 6151
晨风	201, 5820	湛学	3773
晨枫	11096	湛学诗	2062, 2166, 3202, 3295, 3327, 3791, 4041,
晨烽	13236		4137, 4309, 4424, 4649, 4704, 4751, 10434
晨戈	6295, 6300	湛亚	10854
晨歌	6198	湛亚选	10854, 11105, 11140, 11167
晨耕	11436, 11481, 11626, 11956, 11961, 11964,	成安	6407
	11965, 12154, 12222, 12333	成邦	3858
晨光	5647, 5898, 5985, 6414, 6634, 11217	成葆德	274, 8212, 8341
晨光出版公司	4884, 6771, 6773	成朝霞	1251
晨晖	6109, 11731	成大林	8863, 9060, 9797
晨亮	3453	成迪	7483
晨明	6645	成都部队政治部文化部	5377
晨鸣	2063	成都部队政治部宣传部	1282, 11605
晨朋	365, 373, 376, 6854, 6857, 6879, 8670	成都杜甫草堂	1740
晨鹏	9584, 9586, 9588, 9601, 9602	成都杜甫草堂博物馆	1489
晨平	6645	成都军官会文艺处	012

作者索引

成都军管会文工第一队音乐队	12244	成谷	6297
成都军区政治部宣传部	9252	成冠伦	5897, 6148, 6179
成都日报编辑部	496	成桂声	11140
成都市川剧团	12919	成国光	6767
成都市川剧团艺术室	11142	成国权	1762
成都市川剧艺术研究所	12931	成国椎	10404
成都市川剧院	13015	成海	11208
成都市川剧志编辑部	12770	成海华	12324
成都市地方志编纂委员会	12956	成汉飚	8245
成都市歌舞剧团	12611	成弘夫	2466, 2474
成都市劳动人民文化宫	11668	成洪	6494, 6654, 6657
成都市老年书画协会	2292	成化敏	6378
成都市民教馆	3396	成嘉文	10307
成都市青少年宫	1364	成金	6309
成都市群众文化组	11859	成金生	6653
成都市群众艺术馆	1364, 3411, 11649, 11907,	成君	6422
	11908	成空	6313
成都市群众艺术馆"无产阶级革命派"	11651	成乐韶	8135
成都市书法学会	7274	成立	5369, 5506, 5684, 5741, 5833, 5929, 5953,
成都市天成房屋综合开发公司	2278		5979, 5997, 6039, 6113, 6141
成都市文化局	2292, 11161	成励志	3259, 3389, 3990, 4720, 4848, 4850, 4854,
成都市文化局创作研究室	11151		4862, 4867, 10471
成都市文联美术工作者协会	123	成砺志	1248, 1277, 1914, 1918, 1945, 2064, 2065,
成都市作常艺苑	7388		2068, 2069, 2086, 2104, 2110, 2114, 2123,
成都四新文化艺术公司	6543		2162, 2163, 2189, 2451, 3279, 3288, 3289,
成都铁路分局《铁道卫兵》连环画创作组	5213		3334, 3350, 3365, 3375, 3943, 4028,
成都武侯祠博物馆	1489		4047, 4081, 4093, 4108, 4112, 4128, 4131,
成都艺术专科学校研究室	10663, 11765		4132, 4134, 4143, 4159, 4160, 4161, 4162,
成都音乐馆	10953		4163, 4168, 4174, 4177, 4180, 4186, 4187,
成都重庆育才社大校史研究会	11535		4193, 4194, 4196, 4197, 4198, 4203, 4204,
成教	12036		4207, 4208, 4215, 4216, 4218, 4221, 4226,
成多禄	8108		4228, 4230, 4235, 4247, 4254, 4256, 4257,
成方	6432		4262, 4266, 4267, 4277, 4278, 4289, 4292,
成功	6653		4294, 4315, 4316, 4317, 4323, 4331, 4333,
成功大学中文学系	12699		4335, 4340, 4348, 4351, 4364, 4383, 4388,

4390, 4392, 4400, 4407, 4409, 4413, 4422, 4425, 4437, 4453, 4455, 4460, 4470, 4478, 4488, 4490, 4491, 4498, 4505, 4507, 4521, 4528, 4533, 4539, 4541, 4552, 4554, 4557, 4570, 4594, 4597, 4599, 4606, 4622, 4628, 4632, 4634, 4635, 4652, 4653, 4659, 4676, 4695, 4719, 4720, 4751, 4780, 4781, 4790, 4802, 4827, 4830, 4841, 4844, 4856, 9800, 10443, 10461

成林	5727
成龙哲	7008
成皿	4993, 5951, 6244
成敏	101
成莫愁	5387, 5942
成宁	6121
成裘改	5856
成平	2371, 6350
成善仁	411, 10653
成琪	5775
成亲王	7775
成人	13070
成荣	5154, 5709
成三问	8135
成山	5424
成珊	5505, 5690
成绍宗	10921
成实	9578, 9607
成梢	12122
成田一正	6982
成同社	150
成伟	6396
成卫东	8914
成文出版社编译部	6847
成文正	6627
成武四平调剧团编导组	12121

成县文化馆	5225
成湘	5444, 5579, 5701
成肖玉	2046
成晓平	6218
成晓伟	4848, 4850, 4862
成星	5505, 5520
成一	6181
成一心	7414, 7421, 8383
成荫	13208, 13235
成寅	6765
成勇	427
成蛹工作室	6728
成渝	9454, 9726, 9741, 10002
成玉	5588, 5855
成泽文	3218
成章	10604
成志谷	13143
成志伟	8307, 8792
成中文	3372
丞丞	6695
丞孙	6448
呈瑞	9550
呈祥	4244
呈玉	8759, 8768
呈忠	5149
诚琳	5736
诚民	9492
诚然	5419, 5491
诚实	9970
诚心	6647
诚芷	6141
承斌	9906
承德	6218
承德地区文艺创作组	5159
承德市文化局	279

作者索引

承德市文物园林管理局	10508		3989, 9451, 10146
承德市文物林局	8968	程大年	8494
承光大	8951	程大宪	1552, 8482
承杰	12989	程大约	1024, 1025, 1053, 1061, 1062
承力	5011, 5053, 5109	程代熙	018, 021
承琳	6668, 6670	程道逸	151
承森	10360	程得寿	8508
承名世	597, 815, 1680, 2302	程德謨	12986, 12993, 12997
承谟	6945	程德源	5476, 5537, 5833, 6128
承南	9863	程栋	8491
承培元	7231	程栋才	1370, 8304
承台	6229	程多多	5386, 5695, 6166, 8993
承文浩	8203	程恩	4376
承应	12897	程方	488
承载	815	程方平	7333, 7347, 7769, 7812, 7814, 7907, 8372,
承载译	839		8373, 8396, 8397, 8420, 8432, 8435, 10313
城光	5599, 6143	程芳	7457, 7459, 7469
城市改革杂志社	8402, 8403, 8404	程菲	2834
城市建设部	10174	程风	11744
城一夫	151	程复德	11532
乘舟	11871, 12116, 12129, 12130, 12131, 12132	程更新	8786
程白珊	11238	程工	10989
程宝泓	1842, 2352, 3884, 4372, 5493, 5559	程谷青	1157, 5317
程保民	13238	程冠伦	5728
程糙	6326, 6472	程光锐	11614, 11620, 11624, 11953
程步高	13181	程国喜	5762
程朝瑞	8494	程国英	2761, 3217, 3223, 3358, 3369,
程朝翔	12704		3370, 3371, 3373, 3382, 3816, 3898,
程椿	8507		4032, 4647, 4926, 5299, 5409, 5461, 5501,
程从龙	8497, 8533		5751, 6094, 6103, 6679
程从林	6823, 6824	程海清	2411
程大锦	10589	程浩飞	5018
程大遂	1163	程鹤麟	6332, 6347
程大利	132, 327, 332, 531, 1305, 1325, 1587,	程衡	5664
	2192, 2360, 2470, 2651, 2664, 2921, 3264,	程宏仁	3767

中国历代图书总目·艺术卷

程宏业	3809	程恺	11624, 11956, 11968
程虹	10313	程康	8044
程洪	6056	程可达	7300
程洪全	6030	程可糅	3462, 3493
程鸿绪	8502	程朗天	7592, 7738, 7770, 7818, 7819, 7820, 7920,
程华	4981		7921, 7922, 7923, 7924, 7925, 7926, 8003,
程辉	2478		8004, 8006, 8007, 8008, 8096, 8098, 8099,
程惠钊	3766, 3837, 3948, 4124, 4167, 4200,		8100, 8101, 8102, 8307, 8364
	4296, 5490, 6660, 6683	程乐坤	6171
程及	2781, 2782, 6910	程犁	2751, 2759, 2761, 2774, 2841, 3243, 3250,
程季华	13178, 13179, 13192		3254, 3258, 3261, 3273, 3312, 3339, 3802,
程济民	6761		3899
程济之	2982	程力	6219
程家焕	2217	程力立	9377
程甲锐	3622, 3663	程立	4985, 5015, 5931
程建民	11820	程立夫	10184
程建新	1145	程莉影	2533
程剑鸣	6375	程连欧	4206, 4721
程鉴	5228	程良	2545, 5873
程杰	5674	程烈清	11870, 11873, 12129, 12130, 12131
程玠若	7630	程林	5995
程金科	9701	程林亭	5897
程金元	11675	程懋声	3453
程锦川	5242, 5284, 5427	程孟辉	025, 191
程进科	092	程梦臻	967
程京京	9568, 9952, 9967	程勉	3019
程敬平	4992	程民选	10769
程久顺	3842	程敏	6494
程就父	11219, 12191	程敏生	3218, 3789, 3836, 6753, 6755
程巨原	3670	程明	7048
程军	6003, 7327, 8287	程明超	8116
程君房	1025	程明玠	046
程君谋	11832, 11837, 12073, 12077	程明德	12232
程俊杰	3373	程明贵	9822, 9965
程峻	5928	程明华	2122, 2166, 2396, 4776

作者索引

程明泰	2174, 2217	程十发	1486, 1730, 1739, 1762, 1776,
程明秀	11496		1787, 1856, 1865, 1866, 1869, 1871, 1878,
程铭	8514		1882, 1883, 1885, 1898, 1903, 2084, 2194,
程默	472		2263, 2279, 2297, 2309, 2345, 2346, 2494,
程穆衡	7690		2561, 2562, 2602, 2646, 2648, 3040, 3093,
程娜	12511, 12517		3533, 3573, 3577, 4883, 4896, 4910,
程乃珊	5740		4919, 4952, 5020, 5030, 5053, 5057, 5114,
程南云	7992, 8064		5386, 5459, 5565, 5695, 6020, 6575, 6578,
程坭	7500, 7507		8198, 10433, 10447, 10490
程平	9551	程十髪	10405
程平林	8803	程时晶	6251
程璞	8450	程实	1921, 1951, 10466
程齐	8482	程士桂	661, 756, 770, 1461
程圻	6744	程世本	7250, 8134
程其昌	12048	程世扰	10572
程其勉	637, 5072	程世余	5601
程恰远	10650	程式如	5131, 12915
程勤	10116	程守贵	2547
程曲流	5554, 5887	程守利	8702
程全归	9435, 9436, 9437, 9438, 9439, 9440, 9441,	程淑安	11129
	9442, 9443, 9458, 9712, 9980, 10072	程曙鹏	12899
程热	6218	程树安	13063, 13162, 13163
程仞一	4976	程树人	4027
程荣	7180, 7183, 9451	程树仁	13303
程荣章	9410, 9412, 9449, 9452, 9453, 9457, 9719,	程思	5323
	9723, 10075	程思进	1093
程茹辛	12603, 12648, 12918, 12919	程思景	5132
程锐	13157	程思新	6331, 6446, 6478, 6524, 6542, 6572
程嫄	5784	程思远	2674
程尚俊	609, 3712, 3754	程松卿	1631
程尚仁	10207, 10254	程遂	1614, 1674, 8504
程少利	2158, 6449	程太	11487, 11710, 11926
程少岩	8779	程天良	5553
程绍康	1327	程铁男	4107
程胜达	2665	程铁生	7637, 7643, 8599

程铁英	5174	程雄	11323, 11324, 12293, 12298, 12314
程听彝	1621	程修	4915, 4941, 4999, 5006
程庭鹭	467, 780, 1058, 1631	程秀梅	12111
程途	11770	程秀山	11413
程巍	10883	程旭光	2246, 5433
程惟湘	6641, 6657	程序工作室策划	13165
程维嘉	12812, 12833	程亚君	2018
程玮	5863	程亚男	8631
程渭山	10708	程延林	5871
程文栋	9144	程延庆	11784
程文荣	7702	程言萱	9140
程文周	8991	程砚秋 11136, 11866, 11870, 12071, 12865, 12866	
程雯	10203	程焱	8666
程午加	12310, 12321	程扬	8287
程午嘉	12309, 12320	程瑶笙	1570
程伍衍	12994	程瑶田	1050, 1061, 7206, 7207, 7240, 11008,
程锡汉	3797		11009, 11291, 11327
程锡铭	8274	程也迦	11710
程锡瀛	1686	程业浩	5609
程羲	12990	程一虹	10132
程曦	681, 794, 8932	程一中	11278
程喜发	11770	程颐	4904, 10573
程翔	5450	程义	1048
程翔章	7370	程义存	627
程小青	6287, 6288	程逸汝	5316, 6022, 6147
程小武	8833	程音章	12162, 12235
程晓明	11263	程寅伯	11827
程晓平	10314	程应铨	8668
程晓青	6650	程英	6449
程晓中	418, 428	程永凤	5288
程欣甫	3830	程佑新	6549
程欣荣	7457	程与天	8194, 8558, 8570, 8587
程新坤	3901, 10427	程予诚	13062
程新平	6516, 6540, 7142	程玉	8217
程兴怀	8815, 9365	程玉国	3011

作者索引

程钰林	633, 1151	程忠	9945, 13107
程元	8422	程仲立	1698
程原津	8959, 8970	程重庆	8328, 8335, 8337
程远	2830, 8443, 8449, 8453	程卓如	11072
程远达	10586	程子	6130, 6175
程远东	9347	程子君	5959
程远昭	11548	程子然	8881
程云	8093, 10913, 11394, 11566, 11936, 11937, 12100	程梓贤	5745
程云鹤	8245	程自良	155, 2727
程云衢	8484	程宗恒	7289
程云鹰	12617	程宗舜	10997
程允昌	12054	程宗元	1951, 2642, 2647, 3959, 4017, 4019, 4206, 4339, 4418, 4420, 10471
程允基	11319, 12301, 12302	程祖庆辑	1270
程允培	11319	程作舟	12302
程允贤	326, 331, 8634, 8635, 8637, 8670	澄海县业余美术组	5301
程运	6446, 6447, 6478	橙子	11721
程璋	1726	池北偶	3522
程兆星	3064	池长庆	722
程哲	384	池长尧	3268, 3281, 3314, 3781, 3959, 4048, 5500, 5604, 5849, 9119
程真	6137		
程振华	8120	池澄	8939
程振钧	13306	池东浩	3720
程征	415, 528, 1097, 8651	池坊专永	10742
程正揆	1641	池继林	7452, 7458, 7465, 7474, 7485, 7507, 7537
程之	12073, 12077	池家卫	5103
程之记	11837	池民海	8596
程芝华	8453, 8504, 8508	池沙鸿	6313
程至的	495	池上辽一	7050, 7051
程志达	6433	池士潭	8841, 9118, 9490, 9921, 9922, 10092, 10638
程治宁	8262		
程中元	3913	池田初枝	10364
程中原	5855	池田大作	168, 10152
程中岳	4915, 5528, 5536, 5631, 5786, 5794, 5888, 5930, 6242	池田多惠子	7004
		池田圭一	6990

中国历代图书总目·艺术卷

池土谭	2255	迟连城	2910, 5757
池卫	9490	迟乃义	2155
池文学	8989	迟森	5592, 5704
池仙照	8987	迟叔昌	4906, 5445
池小宁	9556, 9565, 9660, 10036	迟松年	5684
池一平	3985, 3987, 4758, 8807, 8809, 8810,	迟伟凡	3496
	8811, 8812, 8814, 8815, 8817, 8822, 8824,	迟文江	9292
	8826, 8827, 8828, 8830, 8832, 8834, 8840,	迟翁	4880
	8994, 9004, 9006, 9007, 9010, 9014, 9064,	迟犀	5752, 5770, 5790, 5949, 5964
	9074, 9076, 9077, 9218, 9219, 9222, 9225,	迟先薇	3586
	9226, 9230, 9232, 9234, 9236, 9238, 9239,	持田留奈	10890
	9242, 9244, 9309, 9352, 9363, 9527, 9534,	持田明彦	10739
	9558, 9601, 9606, 9799, 9806, 9861, 9941,	赤峰市红山区文化局	12345
	9942, 9943, 9944, 9945, 9951, 9953, 9961,	赤流	4924, 4959
	10032, 10038, 13115, 13117, 13118, 13122	赤心	8682
池泽康郎	070	赤塚不二夫	6946, 6947
池振亚	4957, 4958, 5045, 5556, 5558, 5559, 5578,	冲春夫	12450
	6186, 6192	羌人	1105
池振周	016, 497	崇安县"革命委员会"宣教组	5181
池正坤	5391	崇恩	8492
驰古	8813, 9006, 9950	崇吉	5519
驰轮	3222	崇美	9503, 9770
驰平	6191	崇明县"革命委员会"政宣组	5153
驰原	6652, 6654, 6657, 6658	崇明县"革委会"政宣组	5155
迟长胜	7490	崇明县农业展览馆美术组	3227
迟澄	9106	崇明县文化馆	5168
迟痴	3447	崇娜	5987, 6006
迟德顺	11522, 12432	崇仁	5505
迟海波	1133, 10366	崇仁县采茶剧团	12122
迟罕	10737	崇善	7762
迟杭	9506	崇文	6432, 6552
迟恨非	1201	崇文区少年宫	8274
迟进军	13268	崇文区手帕胡同小学文艺宣传队	12631
迟轲	074, 094, 116, 130, 175, 180, 184, 203, 508,	崇幸	5846
	516, 1389, 5235, 6925	崇信县人民政府	218

作者索引

崇义	10752, 10753	储望华 11967, 11968, 12196, 12200, 12205, 12207	
崇艺	9491, 9493, 9494, 9495, 9767, 9768, 9769,	储晓梅	11876
	9914, 9915, 10007, 10121	储玉	8915
崇昭王妃钟氏	11318, 12293	储云	307, 8274
仇标	10723	楚尔卡尼	13251
仇德树	3911	楚舫	4313
仇学宝	6020	楚风	6430, 6536
绸珂	3372	楚戈	095, 805
筹印沈师作品委员会	11935	楚汉	3188
丑辉瑛	11792	楚红华	10248
出原修子	10362	楚华	6179
初葆	5737	楚健	6510
初建华	2332	楚江	10759, 11710, 11713
初景利	144	楚军	4735
初澜	10799, 10859	楚拉基	11164
初立	7324	楚励勤	12607
初露	6002, 6059	楚伦巴根	5631
初田创	6982	楚民	7248
初曦	596	楚启恩	3600, 10410
初小青	8893, 8898, 10064, 10105	楚瑞中学	11384
初辛	5441	楚石	7671
初阳	9974	楚图南	8302
初咏	9045, 9046, 9332	楚西金	13014
初玉衡	5021	楚辛	4970
初玉英	1372	楚雄彝族自治州"革委会"政工组	5217
初云	7422	楚雄彝族自治州群众艺术馆	11702
滁县地区行署文化局	10972, 12762	楚雄彝族自治州文化局	453, 12783, 12944
雏鹰	2716	楚雄州文化局	12770
雏鹰工作室	6717	楚学信	8377
储福金	5977	楚雨	8789
储菊人	657	楚云飞	6515
储军	11237, 11238	楚卒	5754, 5759
储克亭	3947	褚柏思	446
储师竹	12354	褚保延	11888, 11889, 12355
储皖峰	12897	褚伯承	5450, 5688, 5843, 5991

褚福章 5670, 5675, 5710, 5725, 5806, 6037, 6168

褚灏 10815

褚建华 11203, 11208, 11209, 11287, 11290

褚劲风 3505

褚良才 6440, 6441

褚鲁平 1879, 3943, 4137

褚民谊 12067, 12751, 13169

褚明灿 5170, 5306, 5307, 5350

褚书智 5577

褚朔维 073

褚遂良 7719, 7722, 7831, 7832, 7833, 7834, 7835, 7836, 7837, 7840, 7841, 7844, 7845, 7847, 7849, 7850, 7851, 7853, 7854, 7855, 7857, 7859, 7864, 7868, 7874, 7875, 7878, 7879, 7881, 7882, 7886, 7892, 7894, 7898, 7902, 7906, 7911, 7914, 7917, 7920, 7924, 7926, 7927, 7930, 7932, 7933, 7936, 7937, 7938, 7940, 7999, 8060, 10343

褚文 5933

褚一圳 12643

褚毅 403

褚志祥 6671

褚中毅 12643

处华 6193

川北文联筹委会 11561

川村忠道 6982

川岛 7064

川地由加利 7106

川江 6074

川江画册编辑组 8894

川井丰秋 10745

川口纪子 10759

川口开治 7025

川口章吾 11212

川枚 6289

川沙县《赤脚医生》连环画创作组 5148

川沙县《春苗》创作组 5247

川沙县"革委会"政宣组 9274

川沙县龚路"公社"文艺创作组 5298

川上子 10972

川石 6355, 6686

川添利基 13021

川图 9859, 9865, 9872, 10630

川西成都中苏友好协会 13298

川新 9356

川雄 6069, 6136

传胑 1011

传开 11241

传奇文学名 6560

传山 8050, 8055

传统艺术中心筹备处 12793

传统与现代文教基金会 1370

传艺 9373

郸蜀斯 4033

创庆 6222

创世纪工作室 11740

创意制 6548

创作评论研究室 12774

创作学习班 3271

春柏 6187

春播 9966, 10030

春成 9710

春诚 9667, 9977, 9979

春城 5346, 5659, 6086, 6139, 9241, 9242, 9598, 9709

春风 5912, 7442

春风文艺出版社 443, 444, 10443, 10444, 11442, 11448, 11603, 11610, 11618, 11628, 11629, 11634, 11635, 11702, 11913, 11946, 12126, 12377

作者索引

春峰	5889, 6298, 6372, 13296	春玉	8828, 9437
春夫	5825, 5965	春元	809
春光	3099, 4684, 9997, 9998, 10108	春越	9079
春寒	11503, 11736, 12385	春子	13054
春禾	5663	椿芳	12402
春和	4770	纯洁	5410
春恒	7366	纯静	6711
春华	6610, 6899, 8821, 8823, 9312, 9422, 9675,	纯青	12215
	10255, 10257	纯石	9366, 9368, 9369, 9372, 9375, 9386, 9553,
春江	4780, 4795, 4814, 4830		9562, 9579, 9621, 9627, 9628, 9636, 9650,
春杰	9582		9809, 9813, 9817, 9842, 9975
春雷	3146, 5273	茨冈诺夫	12443
春蕾	6095, 6099, 6116, 6145, 6146, 6149, 6156,	慈爱民	7445
	6157, 6179, 6183, 6186, 6188, 6199, 6206,	慈利县人委会文教科	6618
	6695	慈溪市文化局	8321
春玲	11727	慈溪县征文办公室	1810
春陆	6009	慈旭	3540, 3701, 3739, 10674
春敏	5912	慈旭编	988
春名氏	10759	赐荃堂	1482
春铭	6584	聪聪	3785, 3822, 3922, 3951, 5221, 5396, 5407,
春青	6346		5829, 8806
春秋出版社	6303, 7037, 7038, 7039	聪聪作	5407
春日嘉藤治	11164	聪翔	4806
春山	7642, 7645, 7646, 10311	聪英	6656, 6660, 6664
春生	4673, 4678, 4698, 5556, 5704	聪仔工作室	6699, 6700
春堂	5234	从光	6636
春桐	10753	从为之	2529
春溪	4771, 4774, 6213	从维熙	5458
春晓	6281, 6282, 6287, 6297, 6411, 6907, 6929	从永泉	9541
春轩	9447, 9543, 9597, 9683, 9728, 10023	从早	5491, 5576, 5577, 5949
春雪	12674	从众	5242
春阳	11044	从碧山房	7789
春怡	4228	从琛	13234
春毅	9971	丛丛	6465
春雨	8857	丛迪生	5204

丛惠珠	10318, 10322	崔炳良	3282, 3681, 3694, 3874
丛嘉业	3776, 3833	崔炳植	578, 847
丛力	9022	崔昌奎	11624, 11958
丛林	3470, 6455, 8078	崔长春	7479, 7583
丛林春	12781, 12831	崔长武	11877, 12890, 12892
丛琳	10663	崔诚	197
丛培德	5258	崔承顺	7385
丛培英	3454	崔承毅	10590
丛培智	5519	崔椿藩	5331
丛如日	3042	崔纯	10040
丛绍康	10617	崔存思	5507
丛深	5098, 5108, 5124, 5139	崔存忠	5614, 5702, 5824, 5861, 6062
丛树敏	9832	崔道怡	5110
丛硕文	13242, 13246	崔德鹏	5771
丛思	8738	崔德志	5532, 5628
丛颂	5171	崔东均	12411
丛文	2213	崔栋良	616, 633, 1184, 10209, 10219, 10224,
丛文俊	7389, 7730, 7731		10260, 10290, 10361, 10400, 10564, 10567
丛雪	6346	崔尔平	7159, 7260, 7337, 7348, 7393
丛燕	6517	崔凤锡	12624
丛义滋	1110	崔凤远	10873, 11731
丛艺	11747	崔谷平	882, 2247, 5349, 5421
丛英奇	5533	崔光远	6031
丛煜滋	10842	崔光宙	10826, 10872, 10878, 10880, 10882, 10892
丛兆恒	12899	崔光祖	11522
丛震	12389	崔广林	12120, 12127, 12271
丛志远	2616, 3243, 3854, 4223	崔国安	866
丛竹	5594	崔国强	6824, 7352, 7460, 7466, 7517, 7576
丛壮	10358	崔海	5984, 6233
凑智	4950	崔寒柏	8314
爨道庆	7784, 7787	崔寒君	10392, 10760
崔爱民	6062	崔汉平	8834, 9104, 9878, 10111, 10624, 10633
崔白	1541, 1542, 1546	崔汉文	6025, 6026
崔宝堂	7315, 8275	崔浩	9896
崔兵	6765, 10289, 10297	崔合美	6054

作者索引

崔恒勤	6035	崔君芝	11341
崔洪斌	11736	崔俊恒	5392, 6614
崔洪昌	5504, 5837	崔俊涛	10873
崔洪瑞	5276	崔峻豪	8462
崔洪勋	13078	崔开宏	8604, 8607, 8670
崔鸿林	8314	崔开西	2796, 3912
崔焕聚	10575	崔开玺	1080, 2722, 2820, 2840, 3229, 3285, 3292
崔晖	3803	崔凯	5376, 5563, 5752, 5972
崔辉	1392	崔可夫	601
崔基天	4981	崔克昌	12770
崔基旭	979, 5321, 8566	崔乐堂	5228
崔济民	7367	崔澧	8179
崔佳山	2093	崔立信	7447, 7457
崔家骏	5318	崔丽霞	10390
崔家澍	8521	崔莉	1267, 1268
崔陈	1604	崔莉绘	1136
崔建国	4376	崔连魁	8583
崔建设	5504, 5837	崔恋	6059
崔建社 5293, 5743, 5791, 5808, 5897, 5966, 6122,		崔良德	1521
6247, 6275, 6502		崔琳	8966, 10888
崔建伟	8985	崔令钦	10955, 10956, 10959
崔健维	10764	崔露沙	12372
崔锦	263, 5311, 6101, 7725	崔马	13231
崔锦泰	12131	崔梅	6209
崔进	2325	崔美君	5773, 5784
崔敬义	8389	崔明华	3152, 3153
崔静渊	11958	崔铭先	5272
崔巨雄	5301	崔牧	5093
崔君刚	9456	崔楠	6247
崔君沛 2232, 5356, 5362, 5404, 5410, 5456, 5494,		崔念强	6879, 6881
5531, 5627, 5629, 5652, 5669, 5726, 5779,		崔培华	3882, 3931
5786, 5824, 5910, 5930, 5953, 5961, 5983,		崔培鲁	2521, 2651
6002, 6012, 6013, 6039, 6073, 6101, 6207,		崔培年	5295
6395, 6604		崔沛君	5979
崔君衍	13053, 13058, 13060, 13066	崔坪	5348, 5395

中国历代图书总目·艺术卷

崔齐	140, 616, 10224, 10392, 10400	崔唯	155, 157, 10224, 10608, 10742, 10746
崔启刚	9438	崔维	6059, 6688
崔启珊	11500	崔维海	7306
崔前光	5264, 5382, 5828, 5852	崔维燕	7137, 7138, 7139, 7140, 7141, 7142, 7143
崔青青	10609	崔巍	13231
崔庆国	974, 2522, 2528	崔伟	5304
崔琼	6233	崔炜	3950
崔秋阳	10317, 10327	崔文	5221
崔日臣	8965	崔文改	5221
崔荣浩	10622	崔文祥	5294
崔如峰	11170, 12456	崔文治	12244
崔如琢	2018, 2192, 3983, 5333	崔五零	2356, 3986, 4082, 4305
崔茹	6517	崔熙芳	12645
崔汝先	5000	崔显昌	8901
崔三顺	6141, 6142	崔宪基	2827
崔森林	1955, 2036, 2072, 2095, 2137, 2578, 3341,	崔祥	5938, 5943, 5990, 6001, 6031, 6032
	3699, 3837, 3961, 4025, 4042, 4111,	崔翔	3824, 3837
	4252, 4376, 5191, 5728, 6509, 10448	崔小冬	2838
崔少恩	6549	崔小萍	12822
崔绍纲	3851, 3920	崔小云	6528
崔晟	5615	崔晓尔	2458, 5664
崔世光	11978, 12207, 12209	崔晓冬	5500
崔世莹	5891, 6480, 12572, 12665	崔晓峰	6701
崔守信	12959	崔晓光	11712
崔书杰	8861	崔晓平	4911
崔淑英	12664, 12665	崔晓云	1965
崔述	10344	崔欣	6155, 10518
崔树杨	12592	崔旋	11809
崔顺才	616, 8837,	崔璇	5021
	9113, 9116, 9120, 9462, 9820, 9821, 9893,	崔学国	1487, 7736
	10001, 10027, 10077, 10114, 10115	崔学路	7462, 7466, 7482, 7582, 8286
崔四光	12206	崔亚斌	5240, 5298, 5452, 5840
崔松石	860, 2247	崔亚南	12687
崔松亭	3595	崔延芳	404
崔桐	8057	崔延子	10202

作者索引

崔言俊	6065	崔振国	1332, 1788, 1805, 1925, 3077, 3100, 4963
崔岩	163, 2902, 8981	崔振华	5412
崔岩巍	6092	崔振环	3634
崔岩峥	6092	崔振宽	2478, 3973
崔炎	4902	崔振玉	5629
崔雁荡	5134	崔志安	8588
崔燕	10837	崔志强	7764, 7879
崔尧章	3919	崔志远	7340
崔益军	8982, 9036	崔陟	7364, 7390
崔毅	1310, 10209, 10322	崔智	12634, 12643
崔薏萍	8728, 10133	崔忠顺	1558
崔莹	7013	崔仲明	8455
崔应阶	12304	崔注中	3279, 4010, 4229, 6109, 10058
崔英文	8519	崔子崇	8203, 8433
崔永昌	11954	崔子恩	084, 13148
崔永洪	8732, 8761	崔子范	606, 611, 813, 814, 1323, 1434, 1858,
崔永平	12979		1958, 2496, 2516, 2528, 2529, 2552
崔永泉	473, 13264, 13300	崔子忠	1558
崔永山	149	崔自默	7403, 8589
崔勇	4743	萃娃	3537, 4990, 4992, 5072, 5111, 5739, 6252
崔有明	5590	梓芬阁	7847, 7848, 7960
崔禹哲	11962	翠岚	5777, 5846, 5914, 6292, 6294
崔玉生	6391	翠雪	5534, 5641, 6227, 6275
崔玉田	10345	翠薄	6290
崔玉香	10588	邮山荷汀	672
崔玉英	12268	邮田香谷	672
崔玉珠	12592	村夫	10633
崔豫章	2719, 2928, 2947	村里	7441, 12801
崔园	9731	村上春树	10152
崔芸琳	11330	村田秀雄	6998
崔占德	3881	村晓	5476, 5533, 5549
崔占芬	8208	村形顺子	6997
崔哲	13129	村沚	6029, 6033, 6045, 6071, 6073, 6108, 6172,
崔阵	12448		6253
崔振成	8908	村中志津枝	1239

中国历代图书总目·艺术卷

存谦	10305, 10326	重庆市群众艺术馆筹备处	11402
存善	562, 924	重庆市人民广播电台文艺组	11407
存忠	5929	重庆市人民政府文化局	12137
寸彬	1139	重庆市少年宫儿童文学组	3412
寸杉等	1139	重庆市文工团歌舞团	11777
重庆	4473, 9124	重庆市文化局	348, 12626
重庆长江轮船公司旅行服务社	9847	重庆市文化局电影处	13186
重庆出版社 2152, 6605, 6610, 6757, 8573, 9910, 10089		重庆市文化局艺术处	12729
		重庆市文化事业管理局音乐工作组	11407
重庆钢铁公司钢花业余文工团编舞	12599	重庆市戏曲工作委员会 5045, 11837, 12920,	
重庆红岩革命纪念馆	2327	12922, 12923, 12925	
重庆建设厂《第一课》连环画创作组	5196	重庆市艺术研究所 11160, 12707, 12729, 12955	
重庆建筑工程学院学生歌舞团	12598	重庆市艺术研究院	12726
重庆空压厂	5196	重庆市音乐工作组	11402
重庆群众艺术馆 11442, 11593, 11594, 11595,		重庆市银行业学谊励进会	12905
11599, 11602, 11612, 11773, 11778,		重庆市总工会	8660
12329, 12589, 12596, 12597, 12608, 12610		重庆书法家协会	8242, 8313
重庆人民出版社	11417, 11600, 11603	重庆天辰艺术有限公司	6730, 6731, 6742
重庆人民广播电台	11393	重庆铁路分局	5213
重庆市博物馆	387, 8566	重庆戏剧家协会《重庆剧讯》	12769
重庆市川剧研究所	12934, 12944, 12945	重庆戏曲工作委员会	12925
重庆市川剧艺术研究所	12931, 12938	重庆戏曲志编辑部	12945
重庆市川剧院研究室	12926	重庆戏曲志编辑委员会	12780
重庆市第一轻工业局	2935	重庆音乐家协会	11469
重庆市妇女联合会	3076, 3083	重天	5015
重庆市工会联合会宣传部	1355		
重庆市话剧团	5435	D	
重庆市纪念毛主席《在延安文艺座谈会上的讲		"当代青年喜爱的歌"评选活动办公室	11482
话》发表三十周年办公室	11455	"电影放映"编辑部	13299
重庆市江巴各界五月抗敌宣传大会	276	"独行狼"音乐沙龙	11742
重庆市劳动人民文化宫	1362	"多来咪"编辑部	11724
重庆市梁平县民间美术博物馆	1372	《大学生歌曲》编写组	11514
重庆市旅游事业管理局	8971	《大寨精神赞》组雕创作组	8659
重庆市曲艺团	12139	《大寨战歌》连环画创作组	5194
重庆市群众艺术馆	3408, 11402, 11414	《大寨之春》创作组	1846

作者索引

《大众电影》编辑部	8811	达拉滨	10381
《大众摄影》	8912, 8916	达莱子	6684, 6685, 6695
《大足石刻艺术题词选》编委会	8232	达楞古日布	8967
《当代电影》杂志社	6092	达理	13280
《当代美术家》编辑部	465	达历	9016, 9419
《当代外国艺术》编辑部	165	达隆	9753
《当代艺术家画库》编辑部	1308	达芒洛杰	8767
《当代中学生》编辑部	7525, 7538	达明	6535
《邓白画集》编委会	2217	达明成	3242
《砥柱中流》编委会	8954	达木林	13241
《电视艺术辞典》编辑委员会	13057	达尼埃尔·鲁瓦约	13318
《电视艺术与美学》丛书编委会	13140	达尼列维奇	10856, 11268
《电视周报》社	12662	达尼洛娃	13260
《电影歌曲选》编辑部	12421	达平	5558
《电影评介》编辑部	10160	达琴	12385
《电影文化》编辑室	13048	达人	6258, 6329, 6341
《电影艺术》编辑部	13085	达仁	10581
《电影艺术译丛》编辑部	13031	达仁亲	11958
《东方美术》编辑部	167	达日玛	12149
《东方艺术市场》编辑部	347	达仨	9444, 10068
《读者文摘》编辑部	10472	达少	6321
《多来咪》编辑部	10821, 11492, 11724, 12044	达石	6650
《朵云》编辑部	701	达瓦	12045
达·芬奇	1152, 6854, 6887, 6896, 6904	达维德	6867, 12453, 12545
达·朋太	12449	达维多夫	11181
达·桑宝	12447	达维森	12461
达成	11726	达维斯	13252
达尔发	6172	达维松	12465
达菲	6631	达维特·莫罗奈	12536
达夫	529, 8766, 8768	达维陀维奇	12361
达格·舍尔德鲁普－艾贝	10905	达维迩	11091
达湖	4662	达伟	6940
达加	5357, 5430, 5673, 5896	达文西	515
达佳	6287	达县地区工业局工人业余美术创作组	5317
达可	6428, 6429, 6430, 7122	达县地区文教局《战洪凯歌》连环画创作组	5220

中国历代图书总目·艺术卷

达县钢铁厂政工组	5191	大公报编辑部	9037
达县民众教育馆群力救亡戏剧社	12904	大公报西安分馆	11374
达县专区农村文工团	11642	大光	5233, 5260, 9886, 13164, 13319
达县专区文艺创作办公室	11435	大国舒光	12483
达向群	9134	大海	8831, 8999, 9248, 9249, 9330, 9740, 10685
达像	13166	大行	11114
达兴	6174	大和屋竺	5946
达旭	13227	大华艺术社	12641
达杨	6202	大怀	11952, 12311
达伊耶	12658	大会秘书处	11337
达宇	6682	大会诗歌委办	12436
达志	9926, 10011, 10125	大家唱编辑部	12358, 12359
笪建华	9369, 9374, 9584, 9887, 10104	大家跳编辑部	12594, 12595
笪田	2842	大健	13152
笪重光	469, 892, 893, 894, 7210, 7232, 7233	大舰	10141
答朝仰	058	大将书局编辑部	10747
大坂竹志	7138, 7139, 7142	大久保奈稚子	10746, 10748, 10751
大彬	5054	大军	8094
大博	6029, 6103	大凯	202
大成	5909, 6016, 6184	大康	7261, 7795, 7870, 8155, 8156, 8360, 8562
大城县"革命委员会"创作组	5216	大可	6095, 6324, 7070
大川	5274, 5753, 6093, 6300, 6301, 6319, 6337	大兰	9344
大川七濑	6999, 7000, 7048, 7116	大礼	4654
大春	6638, 7067, 7068	大理白族自治州人民政府	8964
大村百合子	7042	大理白族自治州文化馆	9796
大村西崖	240, 241, 251, 781	大理白族自治州文化局	12141, 12622
大岛矢须一	7006	大理白族自治州文化局民族文化研究室	11806
大地	10587	大理市文联	12140
大地文化社	2674, 2676, 13148	大理市下关文化馆	12351
大东书局编译所	1162	大理州城乡建设环境保护局	8646
大多和显	206	大理州美协	3048
大风堂	1644	大理州文化局戏剧创作室	12925
大港油田精神文明建设编撰委员会	8314	大理州文化局艺术科	12925
大高行雄	7033	大理州文联	3048
大公	6364	大连电瓷厂	3246

作者索引

大连电视台电视剧部	13150		5151
大连对外文化交流协会	8954	大桥	6162
大连港务局工人业余美术创作组	3269, 3271	大桥敏成	11192
大连港务局业余创作组	5331	大勤	6244, 6263, 13125
大连港业余创作组	5299	大青	6210
大连高压阀门厂	3247	大庆	9594
大连机车厂工人美术组	3290, 3295	大庆采油一部	10252
大连冷冻机械厂业余美术创作组	3017	大庆"革命委员会"	8923, 8924, 8926
大连美术家协会	1373	大庆工人美术创作学习班	3190
大连摩擦片厂工人美术创作组	5328	大庆工人美术学习班	5219
大连市人民政府新闻办公室	8970	大庆工人业余创作组	5327
大连市戏曲志编纂委员会	12778	大庆工人业余美术编辑组	8659
大连印染厂	3237	大庆工人业余美术创作学习班	3181, 5160, 5190
大林	6240, 6298, 9954	大庆毛泽东思想文化宣传站	9267
大灵	9661, 9682	大庆师范学校	13066
大柳	7384	大庆石油化工总厂工会	11703
大鲁	3670, 4917, 4921, 4937, 4939, 4946, 4956,	大庆文化馆	2350
	4988, 5010, 5032, 5046, 5049, 5058, 5061,	大庆文化局	11687
	5065, 5076, 5082, 5092, 5108, 5111, 5114,	大庆文化艺术馆	2859, 2860, 3023, 6600
	5119, 5134, 5205, 5369, 5491, 5499, 5684,	大庆油田《闯将》连环画创作组	5275
	5712, 5733, 5795, 5864, 5869, 5884, 5988,	大庆油田《大庆工人赞》组画创作组	3021
	6064, 6173, 6221, 6304, 6316, 6352, 6380,	大庆油田工人美术创作学习班	5212
	6441, 6523, 6533	大庆油田工人写作组	5212
大陆杂志社	794	大庆油田工人业余创作组	3023
大麦	5501, 5512, 6297	大庆展览馆	8925
大梅山民	934	大庆政治部	8926, 9280
大苗	5050, 5459, 6243, 6464, 6519, 6546	大庆政治部宣传处	8884, 9280
大民	6049	大曲	5774
大拇指出版社编辑部	8731	大然文化	1242
大妞儿	3453	大仁	5993
大朋	5990	大任	4942
大鹏	9963	大赛艺术委员会	12048
大平	6195, 9696	大赛组委会办公室	11517
大平雅美	158	大森	5225
大埔县"革委会"政工组《三打铜锣》创作组		大山正	157

中国历代图书总目·艺术卷

大上海大戏院	13290	大野元三	1255
大声	5652	大野正男	7012
大石容子	7007	大叶	10091
大台北出版社	10580	大一设计协会	10726
大潭	6322	大一艺术设计学院	288
大田	6201	大邑县安仁"人民公社"	8659
大田登	156	大尹	248
大庭三郎	12827	大雨	10754
大町阳一郎	10895	大沢一仁	11192
大通书局编辑部	8343, 8356	大泽武雄	172
大同	7386, 7394, 7396	大寨宣传队	11672
大同电影企业公司	11888	大芷文化事业公司	872
大同市群众艺术馆	11473, 11474	大芷文化书业公司	7268
大卫	6675, 6779, 6804, 7035	大智浩	125, 148, 151
大卫·鲍威尔	13195, 13196	大中	5694, 5881
大卫·戴	8791	大中国影片公司编辑部	13288, 13289, 13298
大卫·里维斯	1141	大中华百合影片公司编辑部	13087, 13287, 13288
大卫·刘易斯	636, 1084, 1190	大中华电影企业股份有限公司宣传部	13286
大卫·路易斯	1077	大中华影片公司编辑部	13287
大卫·罗	6930, 6956	大仲马	5474, 5475, 5651, 5682, 5778, 6429, 6490,
大卫·圣明戈尔	1197, 1201		7054, 7055
大卫·乌·萨缪尔森	13267	大众呼声出版社	11555, 11556
大兴安岭地区纪念毛主席《在延安文艺座谈会		大众滑稽剧团	13232
上的讲话》发表三十周年活动办公室		大众美术出版社编辑委员会	6930, 6931
	11455	大众美术社美术室	3068
大兴安岭地区文化局	8928	大众软件杂志社	134
大兴安岭地区文化局创评办公室	5320	大众书局	7671
大兴居士	11824, 12057	大众书局编辑部	6412, 6941, 7906, 8360, 8460
大熊弘文	1155	大桩	11713, 12383, 12384, 12385, 12407
大雅	7806, 7823	代安常	8931
大雁	5293	代百生	11259
大冶钢厂耐火材料车间	5328	代大权	638, 1153, 2917
大冶钢厂业余美术组	5228	代红	10896
大野淳一	7007	代俊贤	5716
大野桂	11246	代拉	13257

作者索引

代霖	11642	戴旦	12848
代明	6025	戴德馨	2067, 2078, 2160, 2184, 2514, 4503, 4615,
代木	10587		4616, 4639, 4669, 4672, 4698, 4706, 4708,
代卫	5332, 5458		4837, 4854
代享来	10257	戴德源	12770, 12939, 12956
代玙	518	戴定澄	11100
代学	5801, 5986, 6048, 6105, 6108, 6495, 6538	戴定九	10747
代英	5302	戴都都	1328
代雨雄	4039, 4188, 4320	戴端华	4939
岱康	10734	戴敦邦	712, 875, 881, 1239, 1429, 1446, 1873,
岱山	6463, 10495		1902, 1985, 2039, 2310, 2311, 2322, 2353,
带顺清	9546		2356, 2360, 2368, 2370, 2379, 2389, 2408,
戴安	631		2410, 2411, 2868, 3430, 4191, 4923, 5022,
戴安常	5293, 5844, 8936		5027, 5031, 5049, 5080, 5087, 5212, 5237,
戴安琳	10808		5308, 5381, 5383, 5437, 5438, 5497, 5515,
戴巴棣	3452		5522, 5545, 5552, 5619, 5638, 5699, 5710,
戴宝龙	2069, 2452		5733, 5752, 5822, 5877, 5898, 5925, 5976,
戴保华	2757		6030, 6090, 6182, 6215, 6279, 6368, 6385,
戴本孝	1618, 1651		6395, 6589, 6600, 6603, 6606, 6610, 9962,
戴斌	10326		10465, 10530
戴冰	6631	戴恩华	7443
戴兵	8985	戴恩嵩	5241
戴伯乐	552, 1158, 10219	戴蕃豫	437, 458
戴不凡	12713	戴福林	6075
戴璨之	13269	戴复东	9996
戴苍奇	4952, 10243, 10247, 10262	戴固	6866
戴长庚	11014	戴光华	5282, 5339, 5343
戴畅	2232	戴光炬	5445
戴朝模	3807	戴光晰	13091, 13206, 13211
戴成友	6039, 6107, 6144	戴国顺	499
戴成有	5634, 5883, 6207	戴海平	12121
戴春帆	8580	戴行钺	104, 108, 130
戴春起	5584, 5591	戴恒扬	2765, 2777, 3238, 3278, 5929
戴醇士	1607	戴红杰	2410, 2868, 6112, 6531, 6540, 6610
戴大昌	11327	戴红倩	5607, 5699, 5976, 6112, 6530, 6531

戴红俏	6530	戴克明	11132
戴红儒	6182	戴立德	1214, 10701
戴宏安	4854	戴莉蓉	11128
戴宏海	1340, 1868, 1903, 4052, 4076, 4141, 4242,	戴林	2056, 4272, 8475
	4435, 4713, 5019, 5070, 5194, 5270, 5319,	戴临风	13282
	5485, 5502, 5635, 5865, 6021, 6137, 6327	戴隆华	7588
戴宏森	12971	戴蒙	5264, 13304
戴宏威	11611, 11788, 11882, 11949, 11954,	戴萌	6547
	11958, 12543	戴孟清	3920, 4042
戴茳	7654	戴勉	474
戴洪海	4969	戴民	6559
戴洪威	12009, 12012	戴敏飞	9396
戴鸿涛	7615	戴明德	877, 879, 1832, 2279, 2592, 3380, 3902
戴华	9108	戴明贤	5450, 8184
戴焕梅	5789	戴慕仁	5240
戴辉	12019	戴乃迪	3442
戴辉云	4312	戴南海	107
戴慧文	101	戴培仁	5350, 5390, 5631
戴纪明	9371, 9987	戴培荣	9097
戴加妙	7366	戴沛霖	5255
戴家乐	5715	戴佩	5815
戴家麟	5525	戴彭茴	13088
戴家妙	7403, 8004, 8295	戴鹏海	10876
戴家样艺术有限公司	6530, 6531, 6540, 6542	戴平	12693, 12702, 12703
戴嘉枋	10972, 12892	戴普忠	5326
戴嘉瑞	12298	戴谱生	11600
戴建夫	6718	戴琪	6729
戴锦华	13061, 13071, 13156	戴启明	5913
戴进	1585, 6823	戴启棠	5245
戴进明	1579	戴启伟	8501
戴京	8366, 8432	戴前	8385
戴静	6346	戴倩	6589
戴军	5314	戴巧玲	12636, 12672
戴俊贤	5450, 5697, 6374	戴晴	10814
戴开武	1409	戴庆禄	1812

作者索引

戴仁 1865, 3677, 3987, 4078, 5021, 5048, 5059, 5074, 5078, 5209, 5319, 5326, 5515, 5851, 5906, 6042, 6748

戴荣华 2042, 10656

戴瑞源 10711

戴润翰 3200

戴山青 7498, 7506, 7811, 8337, 8547, 8549, 8572, 8575, 8579

戴胜德 5892, 6087

戴士和 088, 557, 2350, 2815, 2821, 6610

戴世隆 1995, 4471

戴世明 4445

戴淑娟 12884, 12886

戴树屏 11093, 11097, 12215

戴顺智 619, 2247, 2408

戴松耕 2085, 2156, 3736, 3768, 3780, 4090, 4107, 4144, 4212, 4224, 4314, 4403, 4421, 4446, 4469, 4506, 4602, 4603, 4701, 4702, 10440

戴素华 7259

戴天河 10272

戴天霞 2392

戴铁郎 3074, 4914, 5880, 6524, 6654, 6666, 6672, 12632

戴铁英 4995

戴铜牛 7607

戴托沙 275

戴望 1609

戴惟祥 4639, 4724

戴维·布里泽 7020

戴维·杜威 1193

戴维·维拉 13226

戴维静 6423

戴维斯 6943, 6956, 6957, 7020, 7027, 7028, 7048, 12551

戴维祥 2097, 2232, 4405

戴伟清 8742

戴伟若 5104

戴卫 1373, 2403, 6605

戴蔚安 8844

戴文 7500, 7504

戴文灿 8508

戴文石 5949, 6315

戴文忠 320

戴问社 6454, 6463

戴希斌 2470

戴熙 748, 749, 778, 1559, 1590, 1591, 1607, 1609, 1611, 1617, 1618, 1629, 1632, 1633, 1634, 1638, 1640, 1641, 1642, 1647, 8046, 8047

戴贤 9034

戴享来 2136

戴小京 7284

戴小权 5709

戴晓莉 10721

戴晓权 5350, 5394, 5494, 5497, 5709, 6029

戴心高 8853

戴新民 8930

戴新墨 5531

戴鑫 5258

戴星 11814, 12392

戴许 3388, 4838, 8829, 8858

戴煦 1683, 11018

戴学庐 5587, 5821

戴学正 2454

戴雪华 7509, 7515

戴亚雄 1369

戴延兴 6326

戴言 5120

戴衍彬 2636, 4330, 4332, 4366, 4375, 4398, 4504, 4508, 4553, 4682, 4743

戴尧天　　7260, 7301, 12223　　戴岳　　　089, 214, 274, 275
戴一峰　　　　8287　　戴岳轩　　　2579, 4660, 4695
戴一鸣　2085, 4090, 4107, 4144, 4212, 4224, 4421,　　戴云贵　　　　10272
　　　4469, 4506, 4602, 4603, 4701, 4702, 10440　　戴云华　　　　12458
戴以恒　　　　661　　戴云辉　　4012, 4028, 4107, 4147, 4183
戴逸青　　　　11067　　戴耘　　　　029
戴逸如　3427, 3437, 3450, 3452, 3474, 3483,　　戴泽　　2713, 2775, 2789, 3834, 6859
　　　3485, 3487, 3490, 3491, 3492, 3524,　　戴赠生　　　　12195
　　　6196, 6533, 6669, 6958, 10868　　戴振宇　　　　6710
戴英　5220, 5468, 5822, 5841, 5847, 5945, 6034,　　戴征贤　　　　12789
　　　6074, 6132, 6166, 6340　　戴正洪　　　　3463
戴英文　　　　6529　　戴政生　　　　1450
戴永　　　　8774　　戴趾仁　　　　12086
戴永芳　　　　7592　　戴志宏　　　　12706
戴永凤　　　　3835　　戴中　　　　12604
戴咏絮　　　　12381　　戴中芳　　　　11120
戴勇书　　　　8745　　戴中孚　　　5069, 13199
戴友生　6441, 6451, 6464, 6484, 6487, 6507, 6513,　　戴宗济　　7502, 7503, 8220, 8242, 8245
　　　6543, 6552, 6583　　黛安娜·克莱恩　　　　372
戴有强　　　　3794　　黛娅　　　　6107
戴于吾　　11617, 11671, 11680, 11693, 11948,　　丹巴饶旦　　　　614
　　　11991, 12042　　丹边亲铺　　　　8770
戴瑜忠　　　　9118　　丹波　　　　5669
戴雨樵　　　3940, 4359　　丹赤　　　　5631
戴玉　　　　4393　　丹丹　　4802, 6243, 7034, 7036
戴玉茹3779, 3868, 4257, 4492, 4563, 4621, 4749,　　丹东　　　　6323
　　　4793, 5797　　丹东市文化馆　　　5218, 11454
戴玉升　　　　12108　　丹东市戏曲志编辑部　　　　12781
戴玉祥　　　　7502　　丹东市印刷厂设计室　　　　3764
戴昱　　　1146, 1418　　丹佚　　　　6100
戴元俊　　　　2624　　丹辉　　　　11955
戴元来　　　　1926　　丹江　　　5509, 5616
戴源　　　　12297　　丹净　　　　5240
戴媛　　　　8326　　丹迥·冉纳班杂　　　8853, 8854
戴月　　2362, 4183, 4662, 4748　　丹克拉原　　　　12477

作者索引

丹朗	5705, 9409	单方谊	10823
丹陵	4972	单绘生	5625
丹缅·格兰特	183	单纪兰	5500
丹纳	011, 012	单青	11545
丹纳·巴尔涅	12818	单体乾	7264, 7415
丹妮	9031	单文	11886
丹尼艾尔·阿里洪	13049	单锡和	5428
丹尼尔·查德	637	单晓天	7413
丹尼尔斯	10805	单孝天	7407
丹尼司·柯伐克司	13258	单学力	11736
丹娘	6321, 6335	单学鹏	5494
丹旗	10003	儋县文化馆	11806
丹青	4769, 5245, 9895, 10013, 10015, 10019,	但杜宇	2922
	10063, 10073, 10075, 10078, 10633, 10635	但汉章	13106
丹青艺从编委会	10272	但乐平	12266
丹情	4948	但昭义	11240, 11263, 12207
丹森	10565	淡泊居士	8262
丹汀	8187, 8189, 8190	当代电影编辑部	13144
丹亭	7324, 8399	当代工笔画学会	2174
丹文	6125, 6324, 8239	当代书画家墨迹选编委会	2263
丹霞仙客	7231	当代书画收藏馆筹委会	7736
丹心	5020	当代外国艺术编辑部	164, 165
丹焱	6183	当代戏剧编辑部	12688
丹叶	5753, 6087, 6102, 6231	当代硬笔书法协会	7462
丹鹰	6334	当代中国丛书编辑部	10196, 12579
丹玉	5950	当代中国山水画·油画风景展执行委员会	551
丹增	8942	当代著名中国画画家专列编委会	2278, 2471,
丹增朗杰	9898		2537
丹紫	10593	党伯明	049
担当	1659, 1690	党诚	3920
单柏钦	5433	党风杂志社	1370
单超	5989	党庚西	4893
单澄平	5610, 5894	党耕成	3851
单德聪	5926, 5927	党洁	7140
单德和	5978	党金维	5359

党荣华	10702	德阿尔门德拉斯	12994
党晟	180	德安	8860, 9129, 9130, 9140, 9469, 9472, 9746
党思科依总	13256	德巴－蓬桑	6846, 6848
党昕光	12118	德保	11009, 11010
党永庵	5030, 5453, 11493, 11975	德彪西	12490, 12494, 12502, 12503, 12532,
党禺	7340		12546, 12547, 12548, 12552
砀山县文化馆美术创作组	3924	德彬	4357
刀国华	4056, 4212, 9874	德伯希夫	11958
刀山	5820	德成	6041
刀学荣	4211	德崇	11613, 12093
导越迹	5438, 5478, 5614, 5797	德慈禅	8303
岛冈让	11086	德尔沃	6805, 6876
岛莺	5923	德芳	4811, 6124
岛子	550	德宏州民族歌舞团	11809
悼念江鸳同志筹备组	11711	德华	6422
道格拉斯	10146	德化县对外文化交流协会	10656
道格拉斯·戈梅里	13194	德加	6784, 6785, 6787, 6793, 6804, 6900, 6905
道济	682, 749, 775, 781, 895, 896, 897, 1598,	德剑	6326
	1601, 1607, 1615, 1617, 1623, 1624, 1635,	德江	6028
	1641, 1644, 1652, 1653	德江县民族事务委员会	12936
道勒斯·科培尔门]	11234	德进	7221
道陵	6352	德俊	4267
道司达里	13251	德科	8681
道斯	11229	德克	8749
道志郎	11284	德拉克罗瓦	125, 508, 6799, 6845, 6846, 6855,
稻田浩司	6993, 6994, 6995, 6996		6887
稻叶志郎	11153	德拉克洛瓦	6855, 6905
稻垣行一郎	10748	德拉瑟	7137
得伏夏克	12539	德累冈	13262
得龙	6196	德里克·多伊芬格	8743
得人	5105, 6202	德力	4798, 4835
得西卡·维多斯	13259	德米切尔柯	13257
得雨	11097	德米特里耶娃	362
德·库宁	6876	德米特利耶娃	360
德·罗加尔·列维茨基	11269, 11271	德密特列夫斯基	11106

作者索引

德明	11502, 11504, 11738, 12409	登徒	13193
德姆尼兹	11170	邓安克	2394, 6180
德纳	7055	邓安庆	10885
德尼斯·于斯曼	036	邓白	104, 326, 330, 787, 788, 789, 835, 2217, 2600,
德钦	4422, 5088		4926, 10287, 10642, 10651, 10658, 10659
德钦县民歌搜集整理小组	11797	邓佰仁	10734
德邱	6244	邓邦	7637
德全	2390	邓邦源	6153, 6501, 6577, 6579, 6584, 6594
德瑞克·希利	147	邓帮源	6262
德桑蒂	7031	邓保南	8948
德骚	12371	邓斌	7517
德山晖纯	8596	邓波	5493, 5685
德士凯维奇	11218	邓伯洵	8016
德舜	12130, 12131	邓昌国	10805, 10837, 10874
德斯佩泽尔	579	邓昌裕	3269
德索	067	邓长夫	1890
德炜设计空间	10398, 10400	邓长举	7284
德文	4836	邓超尘	5502, 5609
德沃夏克	12365, 12467, 12540, 12541, 12552	邓超华	3958, 5858, 5914, 5928, 6177, 6178, 6185,
德沃扎克	12427, 12465, 12468, 12544, 12547		6196, 6230, 6309, 6321, 6446, 6585, 6592,
德馨	10886, 10896		6639
德雅	6096	邓超荣	11492, 11967
德仪	1461	邓朝	3702
德渊	10820	邓朝贵	3543, 3577, 5338
德元	2121, 2125, 4798	邓朝兴	8929, 9257, 9349, 9803, 9823
德运	2121	邓成连	10376
德璋	9129, 9131	邓崇龙	2815, 2823, 6204, 6275
德振	394, 9254, 9340, 9385, 9418, 9793, 10106	邓传密	8508
德智	7059	邓传信	11782
德州"地革委"文化局《大刀记》创作组	5307	邓椿	831, 832, 833
德州"地革委"文化局《大刀记》连环画创作组		邓从仪	2392
	5307	邓大鹰	5523, 5736, 6281, 6412
灯灯	5511	邓代昆	7395, 7399, 7403, 7749, 7825, 7943, 8082,
登封县人民政府	8698		8104, 8431
登峰	9487, 9489, 9491, 9492, 9507, 9765, 10089	邓德胜	5899, 5930, 5933, 6000

邓东升 11485, 11486
邓端和 2636, 3556, 3612
邓敦伟 2367, 2389, 2408, 4086, 4168, 4174, 4303, 4398, 4481, 4529, 4550, 4604, 4632, 4636, 4642, 4725, 4783, 4792, 4800
邓恩 12582
邓尔敏 11940, 11943, 12189, 12190, 12197
邓尔威 9386, 10754
邓尔雅 8157, 8566
邓二龙 3123, 3976, 5039, 5069, 5087, 5102, 5106, 5272, 5526, 5566, 5733
邓法奇 8238
邓福党 10496
邓福觉 3022, 5592
邓福全 8730, 8739, 8743
邓福星 071, 077, 130, 178, 260, 342, 498, 1078, 3968, 4004, 4059, 4281, 5433, 6842, 10696
邓福秀 10410
邓阜炯 2264
邓刚臣 8901
邓高健 2411
邓光华 10919, 12934, 12947
邓广庆 10303
邓桂姗 2525
邓国基 2570
邓国源 372, 373, 6870
邓国治 7260, 8574
邓海南 7422
邓豪达 2259
邓红兵 3975
邓红梅 10887
邓洪秀 9617, 9846
邓华 5191
邓辉楚 1980, 2461, 2474, 5276, 5356, 5374, 5464, 5559, 5914, 6187
邓卉 7582
邓会光 4222, 5233, 5275, 5409, 5572, 5851, 6053, 6057, 6142
邓惠伯 2175, 6797
邓吉梅 2120
邓季芳 11243
邓家贵 4929
邓家驹 3898, 4021
邓家林 10395
邓家琪 12937, 12947
邓嘉德 975, 2342, 2404, 6552, 6553, 6812, 6813, 6814, 6815, 6816, 6817, 6818, 6819, 6820, 6821, 6822, 6823, 6824, 6825, 10236, 10560, 10767, 10768
邓见宽 710
邓健吾 6778
邓箭今 1345
邓藉田 7328, 7455, 7587
邓金楠 6238
邓劲梅 13071
邓晶瑜 3674
邓景滨 5261
邓景渊 2478
邓静如 5412
邓静远 6737
邓九明 11132, 11984
邓军 1256
邓君瑜 8757
邓钧照 6017
邓开圮 3352, 3871, 3903
邓珂 5965
邓柯 5008, 5019, 5037, 5051, 5074, 5107, 5343, 5443, 5463, 5475, 5503, 5548, 5556, 5569, 5683, 5718, 5954, 5991, 6095, 6134, 6150, 6177, 6203, 6219, 6261, 6271, 6398, 6468,

作者索引

6514, 6534, 6655

邓科 5862

邓肯 10751, 12568

邓坤华 9537

邓锟 11195

邓磊 5934

邓力众 9920

邓历耕 8895, 10134, 10136

邓立衍 5256, 5409, 5523, 5736, 5881, 6239, 6281, 6396, 6412

邓莉文 6396

邓连生 6744

邓林 2035, 2213

邓漯然 9826

邓铃 4748

邓凌鹰 7578

邓领祥 5921

邓履萍 2001, 4339, 4343, 4365, 4467, 4621

邓禄新 10271

邓禄鑫 10731

邓路平 8947

邓枚 5984

邓美云 8354

邓勉之 9304

邓明 1717, 8710, 8865, 8897, 10137

邓明阁 8165, 8262

邓鸣 4806

邓乃荣 2736, 2776, 3268, 3278, 3304, 3325, 3334, 4010

邓南光 8947

邓尼·奥耐尔 6243

邓鹏 025

邓平 2726, 4189, 4197, 4614, 4618, 4907, 5593, 6025, 6026

邓平祥 532, 539, 550, 2834

邓普 5118

邓琦 038, 7317

邓启耀 453

邓强 6550

邓乔彬 704

邓巧荣 6210

邓勤 13085

邓卿丽 4934

邓庆铭 3072, 3073, 3087, 3112, 3153, 4144, 4502, 6747

邓庆燊 1486

邓秋枚 1495, 1496, 1497, 1498, 1559, 1560, 1563, 1565, 1607, 1608, 1609, 1610, 1611, 1612, 1613, 1614, 1616, 1625, 1626, 1628, 1629, 1700, 7659, 7711, 7833, 7837, 8034, 8039

邓群 12190

邓荣斌 2322

邓荣辉 3463, 3505

邓荣先 10743

邓汝锐 5841, 5948

邓汝媃 2964

邓瑞芳 5225, 5276

邓三智 3542, 3804, 5243

邓散木 2323, 7249, 7251, 7252, 7260, 7266, 7410, 7434, 8184, 8188, 8197, 8212, 8232, 8246, 8342, 8343, 8380, 8381, 8474, 8560, 8565, 8566, 8567, 8587

邓散木艺术陈列馆 2323, 8212

邓少峰 3567, 8155, 8156

邓绍义 2734, 2758, 2840

邓生才 8221, 8303

邓师韩 7690

邓诗贤 5332

邓石如 7220, 7305, 7672, 8020, 8033, 8036, 8037, 8041, 8045, 8047, 8049, 8057, 8060, 8064,

8067, 8071, 8073, 8075, 8076, 8078, 8080, 8082, 8084, 8089, 8093, 8099, 8103, 8104, 8362, 8366, 8533

邓实 214, 220, 221, 222, 223, 224, 225, 226, 235, 236, 237, 238, 264, 674, 1559, 1560, 1614, 7661, 8030, 8031, 8034

邓士伏 2901, 6005

邓世伏 4055

邓守智 3135, 3142

邓淑民 632, 1328

邓淑萃 398, 411, 418, 434, 8605

邓澍 1302, 2766, 3977

邓水萍 110

邓速 4880, 4881

邓遂夫 5241

邓泰和 4001, 5236, 5245, 5252, 5289, 5335, 5494, 5520, 5572, 5607, 5621, 5670, 5724

邓涛 10775

邓韬 5819

邓廷良 8907

邓彤 1327

邓拓 8013, 8149, 8175, 8184, 8194

邓完白 8067, 8362

邓伟 8700

邓伟民 11133, 11526

邓伟雄 2334

邓文 7632, 7963

邓文方 5267

邓文华 3053

邓文宪 10998

邓文欣 1332, 1857, 1923, 1935, 1937, 1940, 1944, 1976, 2096, 2106, 2154, 2247, 2430, 2495, 3606, 4081, 4094, 4157, 4169, 4318, 4365, 4486, 4623, 4649, 4703

邓文新 3116

邓文渊 11162

邓文原 7961, 7979

邓雯 6493

邓锡良 957

邓锡禄 8475

邓先荷 1418

邓先恺 11624

邓显尧 5421, 5685, 5754, 6071

邓献彬 5421

邓小鹏 10371, 10372

邓小秋 6483

邓小岩 13163

邓晓红 11132

邓晓雄 6349

邓新 11609

邓兴军 10928

邓秀 2948, 3794, 3805, 3860, 3943, 5190, 10440

邓旭 6098

邓学东 3856, 3945, 6084

邓延涛 3707

邓琰 8485, 8528

邓耀华 1851

邓耀荣 6734, 6737

邓耀泽 9142

邓一 8935

邓依铭 8751

邓以蛰 003, 116, 530, 730, 846, 885, 8060

邓毅 9061

邓茵 4070

邓英 7380, 7931, 8009

邓颖 6684, 6686, 6694

邓映易 11051, 12099, 12366, 12369, 12374, 12402, 12431, 12494, 12541, 12542, 12549

邓永隆 5955

邓永明 12681

作者索引

邓友梅	5712, 6010	邓祖纯	11097, 12592
邓坎	10264, 10347	邓祖武	6718
邓余鸿	12440	堤あおい	10145
邓玉和	10620	堤芳郎	13006
邓玉祥	3389, 10382	狄葆贤	1522
邓元锟	1466, 1599, 7832	狄德罗	064, 518
邓元平	6350	狄丁	12484
邓沅	5700	狄盖特 12371, 12393, 12395, 12396, 12398, 12399
邓远坡	2300	狄更斯 5758, 5759, 5948, 6577, 7051, 7055, 7056
邓云	6101	狄煌	10687
邓运佳	5359, 12935, 12938, 12949	狄金泉	1827
邓泽纯	4087, 4331	狄克	3433
邓肇成	1412	狄克·布朗	7016, 7017
邓振球	5695	狄克布朗	7024
邓振珠	5897	狄妮斯·鲍慧尔	13173
邓正良	216	狄平子	1497, 7808
邓正敏	10579	狄齐华	9938, 9986
邓正明	9314	狄森	8861
邓志成	11780	狄生	8740
邓志发	3844	狄斯尼	7033, 7066
邓志刚	5799, 5827, 5832, 6105, 6214, 6262	狄亚作	7031
邓志球	5236	狄亿	12981
邓志政	3832	狄玉明	197
邓治德	3577	狄源沧 8681, 8682, 8690, 8694, 8705, 8706, 8708,
邓致彰	3082	8724, 8786, 10151, 10152, 10153
邓中夏	11950	迪安·扬	6949
邓忠祥	5564	迪迪尔·布尔森	10777
邓烛非	13193, 13267, 13272	迪克·艾尔斯	7033
邓灌	219	迪里济叶夫	12224
邓子芳	1351, 5269, 5644	迪伦马特	5920
邓子刚	5832	迪祺	5923
邓子敬 1391, 1838, 3018, 3813, 5269, 5774, 5948,	迪庆藏族自治州	8972
6217		迪尚	10731
邓子平	6217	迪斯尼	7074
邓宗禹	4897, 13255, 13256	迪亚斯	12371

迪亚兹·德·拉·贝纳	6846	作委员会	12050
获帆	11949	第三届中国艺术节组委会宣传处	349, 3383
笛福	3510, 5485, 6562, 6732, 7054	第三野战军代表团	11418
笛青生	10786	第三战区政治部	11363
邸杰	2998	第十一届亚运会《亚运之声》群众歌曲征集演唱	
邸力争	13143	大奖赛组织委员会	11722
邸立丰	2813	第十一届亚洲运动会组织委员会宣传部	8900
邸萌	6742	第四届飞天奖评委会	13313
邸世勋	4947	第四届文艺会演评论情况大会办公室	12714
邸维忠	6061	第五届当代中国花鸟画邀请展筹委会	2518
地方国营银川糖厂	4997	第五届全国民运会组委会大型活动部	9259
地景企业股份有限公司编辑部	10782	第五届中国金鸡百花电影节组委会	13318
地矿部吉林测绘院	3386	第五届中国艺术节组委会画册编辑部	350
地球出版社编辑部	093	第五路军政治部	11546
地图出版社美工组	10258	第一届工人业余美术创作展览会办公室	1282,
第 11 届亚运会委会新闻部	8897		1283
第埃尔·萨菲斯	10768	第一届全国话剧观摩演出会	12906
第二届全国美术展览会	1282	第一届全国音乐周办公室	11353
第二届中国大学生电脑大赛组委会	6768	第一届全国音乐周广东代表团	11353
第二炮兵政治部文化部	8278	第一汽车制造厂工人美术创作组	1806
第二战区文化抗敌协会戏剧部	12904	第一汽车制造厂轿车分厂	9992
第九届全国美术作品展览·水彩画、粉画作品集		第一冶金建设公司政治部	1291
编委会	338	第一冶金建筑公司工人美术创作组	3192
第九届全国美术作品展览·油画作品集编委会		蒂鲍尔	11198
	338	蒂尔	11170, 12456
第九战区司令长官司令部政治部	4868	蒂尔·斯凯尔	609
第六届"上海之春"办公室	11450, 12021	蒂芬妮	1245
第六届全国美展陕西展区办公室	292	蒂霍米罗夫	362
第七届中国金鸡百花电影节执委会学术研讨部		蒂克	11557
	13197	蒂里埃·若斯	13192
第七届中国水彩画大展组委会(四川美术学院)		蒂莫西·科里根	13161
	2958	蒂姆·拜沃特	13160
第三届沈阳音乐周办公室组织	10801	颠道人	1604
第三届亚洲冬季运动会组织委员会	8299	点点	6665
第三届中国少年儿童歌曲卡拉 OK 电视大赛创		点方	6313

作者索引

点石斋	1270, 1496, 1601, 1610	刁锡荫	10580, 10582
电视连续剧《封神榜》书画编委会	6354	刁筱华	597
电视连续剧《红楼梦》剧组	5925	刁水泉	7498
电视月刊编辑部	6066, 6067	刁在蕴	12645
电影画刊编辑部	13051	刁泽新	6135, 6136
电影节画册编委会	13318	迭文	4753, 9016
电影局《电影通讯》编辑室	13207, 13219	朕葛	11920
电影局放映管理处	13276	丁安	10113
电影年鉴编纂委员会	13168	丁白	8094
电影事业管理局	11890	丁百林	4212, 4850
电影双周刊出版社小组	13120	丁柏奇	6244, 6250, 6253, 6260, 6262
电影艺术编辑部	13218	丁邦元	5907
电影艺术编辑社	13028	丁宝栋	2247
电影艺术编译出版社	13215	丁宝联	9092
电影艺术编译社 12677, 12681, 12707, 12813,		丁宝书	676, 1447
13003, 13032, 13072, 13081, 13200,		丁宝珍	717, 2120
13215, 13263, 13291		丁宝中	2093, 4747
电影艺术译丛	13031	丁宝忠	4658
电影艺术译丛编辑部	13030, 13031	丁彬芳	2529
电影艺术译丛编剧部	13031	丁斌曾	3604, 4936, 4958, 4979, 4981, 4998, 5017,
电子游戏与电脑游戏工作室	1249		5046, 5126, 5128, 5139, 5227, 5238, 5364,
甸儿	6060, 6074, 6109		5365, 5573, 5835, 6506
淀川长治	13167	丁丙	8511
殿春生	12740	丁秉鐩	12882, 12889
殿纯	12995	丁炳昌	5739
殿生	6202	丁波	12772, 12814
刁蓓华	11107	丁伯奎	6793
刁成易	10263	丁伯骝	12711
刁呈健	2217	丁浡	556
刁承俊	100	丁博平	4126, 4160, 4221
刁光胤	1523	丁昌祥	5427, 5604
刁健	10618	丁朝安	2264
刁峻岩	8500	丁朝北	5498
刁绍华	11227	丁成弱	3620
刁铁民	12042	丁成杰	978

中国历代图书总目·艺术卷

丁成坤	2474	丁二	6483, 6485
丁成主	2341	丁发杰	349
丁诚	8405	丁帆	12603
丁诚之	11255	丁方	2815
丁崇喜	3846	丁方明	5430
丁川	5957, 6366	丁昉	1820, 3831, 4019, 4259
丁纯	6226	丁凤玲	9378
丁纯一	5275, 5511, 5601, 5942, 6182	丁凤岭	9875
丁聪	1410, 2986, 3393,	丁枫	6533, 11839
	3403, 3414, 3419, 3421, 3423, 3428,	丁峰	10595
	3449, 3451, 3460, 3470, 3477, 3479,	丁锋	5726, 9371, 9537, 9549, 9560, 9574, 9575,
	3491, 3495, 3498, 3505, 3507, 3511,		9796, 9987, 10043
	3512, 3517, 3519, 3520, 3521, 3522,	丁逢辰	11239
	6273, 6343, 6344, 6397, 6597, 6601, 6604,	丁凤云	7376
	7022, 12883	丁佛言	8161, 8275
丁聪漫	3526	丁辅之	8542
丁旦	5088, 5107	丁傅	6501
丁道护	7844	丁千贞	7615, 7616, 11714, 11718, 11725, 11928,
丁道希	13076		12412
丁得邻	6205	丁刚	030
丁德辉	4457	丁举	655, 670, 869, 870, 876
丁德邻	3084, 3087, 3239, 4007, 4110, 4145, 4175,	丁巩	2358, 3639, 4082, 5529, 5538, 5571, 5573,
	4353, 4720, 5509, 5533, 5567, 5647, 5838,		5662, 5664, 5669, 5767, 5828
	5967, 5968, 6014, 6445	丁观加	827
丁德邻合	3100	丁观鹏	462, 1668, 1697
丁德源	2103, 4599	丁光變	2923
丁殿民	5603	丁广茂	7605
丁丁	7041	丁国栋	12862
丁仃	2175, 5002, 5024, 5489	丁国立	12324
丁定	3384, 8736,	丁国联	5256, 5260, 5278, 5289, 5324, 5410, 5439,
	8814, 8857, 9026, 9350, 9382, 9419, 9459,		5490, 5496, 5543, 5568, 5576, 5604, 5616,
	9465, 9536, 9543, 9597, 9621, 9742, 9870,		5732, 5755, 5767, 5769, 5774, 5878, 6004,
	10023, 10063, 10064, 10065, 10075, 10078		6048, 6063, 6093, 6094, 6178, 6194, 6310,
丁冬	5560		6359
丁尔楷	4182	丁国平	6341

作者索引

丁国舜 12311, 12324, 12345

丁国兴 979, 1143, 1144, 1145, 1150, 1152, 2907, 2958, 9372, 9708, 10644, 10768

丁海宴 13066, 13297

丁汉 5936

丁汉平 557

丁航 8837

丁浩 2713, 2895, 2924, 3083, 3130, 4306, 9997

丁和 9678

丁鹤庐 1473, 1571, 1647, 1649, 8046, 8053, 8424

丁红章3299, 3784, 3947, 4135, 5432, 5463, 5816, 5881

丁宏 6554, 6556, 6557, 6558, 6562, 6567

丁宏为 546, 547

丁泓 6466, 6684

丁虹 8757

丁洪辉 2122, 2151, 4639, 4650, 4679, 4790, 4810

丁鸿慈 5723

丁鸿章 4222, 4303

丁厚祥 1120

丁华 4186, 11202

丁煌 10215

丁卉 6637

丁惠康 386

丁吉甫 8538, 8558, 8567

丁济棠 1372

丁加生 3222, 3290

丁加胜 5870

丁家奇 3900

丁家寿 10700

丁嘉琳 8023

丁東诺 12208, 12211

丁建东 1923, 2498, 2570, 2630, 4256, 4276, 4329, 4352, 4359, 4449, 4471, 4484, 4542, 10473

丁建民 5622, 8757

丁建平 6029

丁建生 3919

丁建顺 6024

丁建元 6389

丁剑阁 2217

丁健 3902, 7004, 7043

丁健东 4326

丁健生 3212, 3230

丁鉴整 2716

丁蕉 2530, 2532

丁娇 13033, 13256

丁洁 5609, 9690, 10607

丁洁因 2253, 8660

丁金界 10280

丁景峰 5285

丁景清 12587

丁敬 8042, 8053, 8452, 8485, 8492, 8510, 8519, 8525, 8528, 8533, 8546, 8551

丁敬身 8485

丁军 5887

丁俊杰 3697, 3709

丁俊明 9276

丁俊人 9492

丁俊庭 11889

丁峻 3132, 8955, 9058, 9150

丁凯 5432, 5484

丁康 7226

丁康保 8117

丁康西 7231

丁可 5065, 6163, 9796

丁可钧 8523

丁坤 7002

丁堤浩 7417

丁浪 13118

丁乐春 8263

中国历代图书总目·艺术卷

丁乐玉	8647	丁梦周	7342
丁雷国	10187	丁敏	12106
丁犁	5562, 5564, 5967	丁明	9974
丁黎	6039, 6100, 6161, 6174	丁明健	11091, 11282
丁里	338	丁明堂	11488, 11515
丁力	11948	丁明夷	451
丁力转	11207	丁鸣	10833, 11077, 11392, 11467
丁立介	12438	丁铭通	8891
丁立君	4740	丁南	5595
丁立平	5484, 5615, 5623, 5645, 5711, 5921, 5966	丁楠	5459, 5460, 5523, 5542, 5586, 5608, 5792,
丁立松	1310, 3019, 3051		5872, 6194
丁立镇	2323, 2512	丁楠羽	1560
丁俐丽	5605	丁宁	046, 057, 191, 593, 6168, 6228, 9035
丁良贵	2300	丁宁原	351, 1107, 2280, 2298, 2442, 2877,
丁良欣	12667		3618, 3719, 3752, 4097, 5228, 5300,
丁亮盛	5385		5553, 5873, 6176, 6362, 10412, 10413
丁铃	7084, 7091	丁宁源	2629, 5594
丁陵生	6582	丁佩	10343, 10344
丁隆炎	5827	丁鹏	5634
丁陇	680	丁品	3928, 6204
丁姩辰	4680	丁珏	10328
丁楼辰	1935, 2002, 2089, 4079, 4569, 4571	丁奇	9968
丁楼展	2511	丁启喆	1640, 1705
丁鲁	5094	丁谦	7468, 7497, 7510, 7521, 7542, 7583, 7584
丁鲁俊	6306	丁庆林	10832
丁履	066	丁庆平	3387, 3388, 3389
丁履瑞	6029, 6039, 6189, 10678	丁然	9514
丁罗男	12909	丁仁	8515, 8524, 8533, 8546
丁莘	1398	丁日强	8895
丁芒	4923	丁日新	8484
丁茂隆	4973, 5026	丁荣魁	3167, 5288, 5378, 5459, 5659, 5893, 6096
丁茂鲁	4640	丁榕	4931
丁蒙	8275	丁如明	11298
丁孟	417, 5052	丁如树	5260, 5436
丁孟芳	2818	丁汝芹	12793

作者索引

丁锐 2884

丁瑞亮 9527

丁沙铃 10202

丁山 5350, 5726

丁珊 8787, 8924

丁善葆 4966, 5019, 5026, 5070

丁善长 870, 1618, 1644, 8519

丁善德 11073, 11076, 11077, 11094, 11769, 11773, 11785, 11787, 11940, 11941, 11942, 11943, 11947, 11948, 11974, 12145, 12146, 12164, 12174, 12186, 12188, 12189, 12192, 12196, 12197, 12198, 12199, 12212, 12218, 12224, 12227, 12228, 12328

丁尚南 6370, 6647, 6656, 6659

丁尚庚 8560

丁尚痾 8559

丁少 6036

丁少凡 9631

丁少良 10866

丁绍 6546

丁绍光 1279, 2681, 2685, 2865

丁绍祎 6415, 6520

丁深 5511

丁慎忠 395

丁生俊 7465

丁诗建 7655, 7656

丁时弼 6352

丁士 9107

丁士青 1752

丁世弼 3097, 3552, 4963, 4976, 5041, 5045, 5064, 5069, 5085, 5088, 5096, 5102, 5127, 5219, 5270, 5389, 5443, 5454, 5456, 5461, 5535, 5575, 5581, 5627, 5639, 5647, 5687, 5702, 5783, 5818, 5863, 5865, 5866, 5948, 5966,

5993, 6010, 6049, 6107, 6280, 6369, 6375, 6404, 6429, 6448, 6582

丁世昌 2540, 5263

丁世谦 2408, 3893, 4110, 4175, 5293, 5361, 5418, 5516, 5575, 5625, 5711, 5784, 5868, 6056

丁式平 12125

丁是娥 12931

丁书良 7506, 7535

丁叔言 1644, 1705

丁树云 12994

丁顺茹 3455

丁思俭 11821

丁寺钟 2958

丁松江 10295

丁苏 6456

丁素 4935

丁涛 112, 476, 1084, 1332, 5341, 10184

丁天缺 528

丁同成 1407, 10395

丁托莱托 6868

丁万赖天 13214

丁卫 8856

丁卫国 9034, 10152

丁文波 7504

丁文光 8602

丁文隽 7241, 7245, 7263, 7274

丁文林 546

丁文文 8877

丁雯 5379

丁午 3491, 4963, 5085, 5512, 6275, 6416, 6417, 6760

丁西 5059

丁希农 8457

丁希贤 9955

丁熙 3066

中国历代图书总目·艺术卷

丁羲元	802, 2282	丁一林	1127, 2821
丁喜才	12139	丁一三	5632
丁宪武	5970	丁潇	2474, 6601
丁小遂	13182	丁仪新	3240, 3244, 3772, 3916, 3956, 4062,
丁晓峰	5611, 5777, 5811, 5991, 6114, 6124, 6136,		4123, 4217, 4280, 4287
	6335, 6468	丁义祥	10901
丁晓红	3380	丁义元	804
丁晓玲	6674	丁艺	7331
丁晓愉	2398	丁邑	13231
丁晓玉	6970, 6971, 6972, 7082, 7083, 7086	丁毅	4973, 11564, 11879, 11880, 11957, 12092,
丁筱芳	2372, 6064		12093
丁孝虎	8122	丁英俊	4824, 9747
丁心	11569	丁永安	12042, 12047
丁辛	11599	丁永淮	5315, 5384
丁听	13209	丁永康	7444, 7458, 7463, 7466, 7476, 7477, 7483,
丁新民	118		7490, 7499, 7502, 7505, 7510, 7511, 7514,
丁新媛	5463, 5682, 5869, 6006, 6360, 6400		7516, 7517, 7520, 7528, 7534, 7536, 7538,
丁修询	12899		7546, 7562, 7564, 7570, 7611, 8255
丁秀文	4045	丁永盛	12278
丁雪峰	925, 7387	丁永韦	5112, 5123
丁雪岩	10721	丁永源	10366
丁雪郁	2191	丁友	9554
丁雅贤	11817	丁有国	8092
丁亚平	051, 13197	丁宇光	4768, 8223, 8821, 8825, 8829, 8839, 8846,
丁亚棋	5517		9018, 9027, 9226, 9242, 9243, 9244, 9288,
丁言仪	11350		9430, 9659, 10069, 10072
丁言昭	550, 12979	丁宇真	6425
丁衍庸	2002	丁羽	12731
丁燕苇	11524	丁玉岐	3767
丁扬	5432	丁玉清	5681
丁扬忠	12693	丁元	5472, 5477
丁耀琳	8681	丁悦民	808
丁一	6033, 6470, 6971, 6972, 8697, 9379, 11707,	丁云鹏	3060
	12091	丁云青	10446
丁一岚	8194	丁云升	6530

作者索引

丁芸轩	8048	定东	6063, 6224, 6227
丁泫	384	定海四〇〇七部队俱乐部	5196
丁溪	8518, 12982	定南县文建会文艺训练组	12837
丁允朋	8755, 10373, 10612, 10731, 10739	定南县戏曲志编辑小组	12769
丁允衍	8892, 9817	定楠	5697
丁载珍	12645	定山居士	1720
丁泽卿	8309, 8352	定陶县业余文艺创作组	5265
丁泽馨	12557	定仙	11952
丁故	879, 916, 1847, 5290	定宪	5691
丁兆清	12035	定兴	5190, 5214, 5227, 5278, 5315, 5319, 5357,
丁兆庆	9575		5365, 5472, 5568, 5681, 5715, 5748, 5765,
丁振	10237		6053, 6085
丁振来	8315	定兆甲	320
丁振清	3981, 4063, 6116	定正煜	11203
丁振武	10704	定知	12667
丁峥	5289, 5354, 5356, 5407, 5427	丢勒	6777
丁铮	9378	东北电影制片厂	13233
丁正	7389, 7391	东北儿童社	11994, 11995
丁正华	3638, 5027, 5046	东北妇女编委会	4886
丁正泉	5448	东北歌声社	10849
丁正献	2947	东北行政委员会文教委员会文化局选	11397
丁之才	8694	东北画报社 1709, 2983, 2984, 3399, 3400, 3401,	
丁芷诺	11187, 11189, 12165, 12166, 12171,	6930	
	12174, 12180, 12236, 12554	东北机器制造厂美术小组	5136
丁芷诺注	12476	东北经济报	9633
丁中一	1113, 1137, 2630, 2887, 3796, 3926	东北军区政治部	11555
丁忠效	8932	东北军区政治部宣传部	11560
丁钟华	6486	东北鲁迅文艺学院	10843, 12676, 12679
丁仲安	9745	东北鲁迅文艺学院抗美援朝"鲁迅号"飞机捐献	
丁众	9092	委员会	11879
丁壮	3799	东北鲁迅文艺学院抗美援朝文工团第一团	
丁遵新	8690, 8706, 8768, 8795		11392
项国联	5655	东北鲁迅文艺学院戏剧部	12680
鼎华	4948	东北鲁迅文艺学院音乐部	11938
鼎商周刊社	1472	东北美术专科学校工艺美术系	10243

东北美术专科学校图案系教研室	10243	东方出版社编辑部	3511
东北美专图书馆	278, 6776	东方德	447
东北民主青年联盟总部	11553, 12401	东方歌舞团	12672
东北区第一届戏剧音乐舞蹈观摩演出大会工作		东方广播电台《东方风云榜》	11747
委员会	13013	东方弘文	3455
东北人民出版社	10129, 11397, 11572	东方画书文化研究所	3427, 3429
东北人民艺术剧院	11999, 12137, 12680, 12837	东方画书研究所	6364
东北师范大学美术系	466	东方景象图片公司	9522, 9923, 9924
东北书店	11554	东方景象图片有限公司	9779
东北文化教育工作队	11996	东方美术交流学会	2033
东北文教工作队	11554	东方晴轩	541
东北文联	11566	东方书画编辑部	489
东北文联编辑部	11395	东方书画家协会	7603, 8300
东北文联文工团	11551	东方涛	5245
东北文联音乐委员会	11389	东方图片公司	2847, 9503, 9504, 9509, 9512,
东北文协文工团	11137, 11551		9515, 9782, 9918, 9925, 10171
东北文艺出版社	11397	东方图书公司	8302, 9501
东北文艺工作团	11137, 11391, 11937, 12679,	东方图书科学研究所	6323
	12800, 12901	东方闻樱	13126
东北戏曲研究院	13236	东方艺术院	2323
东北戏曲研究院研究室	10244	东方音乐学会	10910, 10911
东北医学图书出版社	4882	东方印象	2703, 2707, 2710, 2711, 2847
东北音乐工作团	11387, 11551	东方印象图片公司	2703, 9927
东北音乐专科学校	11411, 12138	东方玉	7618
东北音乐专科学校共同课教学研究室民间音乐		东方杂志社	002
组	12320	东风农场	5275
东北中苏友好协会	10129	东皋居士	934
东长	8817, 9071	东阁居士	8117
东成	11504, 11728	东古	12369
东城区美术学习班	5216	东莞市文化局	2236, 2323, 11509
东郸	9094, 10579	东莞县石龙工人业余美术组	5335
东大学生会	11549, 11550	东莞县文化馆《兄弟队》创组	5185
东贩编辑部	7145	东海	1349, 9241
东方	2703, 3382, 9517, 9783, 9926, 9929, 10011,	东湖书画院艺术委员会	1368
	10888, 11210	东华	6671

作者索引

东建	5734	东西方文化艺术研究院	1086
东进生	13225	东霞	5967
东京	9910	东乡青儿	6910
东柯	5565	东乡县文化馆	12349
东来	9239	东轩主人	12982
东磊	5927	东夷民	1715
东力木	5342	东营市文化局	12957
东迈	495	东永仁	4448
东明	5989, 10339	东育	5111, 5128
东明县文化馆	5283	东源	6078
东南大学艺术学系	052, 077	东月	5379
东南大学艺术研究所	272	东岳	4833
东南光	7994	东泽	2199, 2264
东南书法研究社	8288	冬彬	6043
东平	6169, 6174	冬冬	6470, 6723
东琦	5845	冬风	8986
东前正美	7003	冬光	6631
东青	9518, 9519	冬虎	4181
东茸	5717	冬君	5669
东荣	6086	冬梅	6710, 12644, 12645
东山	6121, 10755	冬木	5505
东山钓史	12054	冬青	5208, 5248, 5308, 9819, 9832, 9871, 9954
东山魁夷	121, 829, 6783, 6796	冬人	5472
东申	6229	冬日	136
东升	6232, 11953	冬山	9309, 9835, 9836, 10027, 10030, 10044,
东晟	6416		10061
东石	5335	冬深	3078, 3688
东斯坦	11057	冬苏	2878
东台县《虎口夺粮》创作组	5201	冬天晴	7744
东台县文工团	12600	冬韦	4975
东台县文化馆	5238	冬炎	2317
东台县文化馆创作组	5231	冬杨	6547
东天	9534, 10598	冬雨	12041
东土	5003	董安庆	6437, 6444
东娃	12094	董安山	5907, 6459

中国历代图书总目·艺术卷

董百信	3332		6521
董百振	8276	董弗危	11364
董邦达	1609, 1618, 1631, 1633	董茯原	12001
董本伟	3991	董福成	8253
董必武	1808, 8143, 8287	董福章	5061, 5457, 5473, 5747
董冰	5127	董刚锐	11227, 11228
董秉琮	7399	董戈翔	5135, 8166, 8171, 8241
董秉弟	8651, 8652, 8654	董广生	12119, 12121, 12149
董炳新	6394	董广田	5528
董伯信	10274, 10613	董国才	5620
董长江	12665	董国靖	9398
董辰清	3968, 4240, 4426, 4465	董国强	7447
董辰生	2363, 2403, 2406, 3087, 3143, 4439, 5320,	董国耀	144
	6616	董国柱	7899
董成传	5342	董海	5363, 5364
董成柯	8232	董汉铭	10319
董承合	10242	董宏献	6738
董赤	10184	董洪德	12264, 12276, 12333
董炽强	6009	董洪国	11714
董纯才	5781	董洪勇	10586
董派	10993	董洪元	3141, 4252, 4908, 4910, 4929, 5005, 5050,
董达荣	3025, 5446, 5630		5098, 5102, 5106, 5122, 5142, 5182, 5183,
董大	4793, 4818		5189, 5214, 5215, 5219, 5388, 5420, 5728
董大昆	5256, 5287	董鸿飚	988
董丹	6293	董华	12591
董当年	5575, 8315	董华生	7437
董道圣	5131	董晖	8429
董得	4133	董会群	3820
董德君	12459	董惠宁	453, 7728, 7770, 7817, 7914, 7915, 8362,
董德文	11189		8549
董德兴	5248	董吉泉	1310, 1886, 1907, 1926, 1946, 2474, 2501,
董恩博	8971		3811, 4034
董发亮	8854	董季群	5548
董锋	13166	董继宁	1684
董凤章	5252, 5311, 5424, 5936, 6172, 6291, 6304,	董继馨	5101, 5105, 5119

作者索引

董冀平	615	董乐义	9828
董家耕	8283	董蕾	10721
董家祥	1860, 3801, 3837, 10457	董立言	12636
董建	5633	董丽	4786, 10604
董建国	5465, 5509	董良	10589
董建民	3869, 5328, 5845	董霖肯	4883
董建平	7942	董录盛	3208, 3251, 3259, 5170, 6123
董剑秋	8513	董每戡	12712, 12753, 12754, 12908
董健	5667, 5799, 6075, 6256, 12776	董民	5933
董洁	5899	董敏	7744
董解元	12131	董乃德	5310, 5447, 5896, 6040, 6154, 6436, 6477,
董介人	8773, 8780		6478
董金	5341, 5358, 5613	董培红	2707, 2711
董金池	12179	董平实	860
董锦汉	12288	董萍	5769
董九儒	11341	董其昌	385, 645, 646, 658, 662, 664, 666,
董聚贤	4887, 5028		667, 668, 674, 768, 776, 1444, 1559, 1561,
董均伦	5927		1562, 1563, 1568, 1569, 1572, 1579, 1583,
董俊	2055, 2061, 2064, 2077, 2140, 2145, 2161,		1584, 1585, 1587, 1589, 2629, 6821, 7194,
	2378, 2449, 4547, 4568, 4570, 4583, 4595,		7204, 7230, 7673, 7709, 8014, 8015, 8016,
	4620, 4626, 4671, 4728, 4736, 4750, 4785,		8019, 8021, 8024, 8037, 8049, 8056, 8064,
	4789, 4810, 4818, 6265		8065, 8073, 8075, 8077, 8080, 8082, 8086,
董俊启	2474		8089, 8093, 8095, 8096, 8099, 8100, 8101,
董俊茹	2166, 4584, 5844		8104, 8417
董侃	6350, 6351, 6355, 6359, 6360, 6369, 6374,	董其中	3010, 3036
	6378, 6379	董荣	666, 674
董康	1063	董青	4970, 8879, 8930, 8934, 9059, 9148, 9339
董科军	6438	董青冬	1227, 5451, 5848, 5886, 6139
董可京	6216	董清明	8947
董可玉	2379, 2656	董清旺	4923
董克	11170, 11171, 11175, 12456	董庆	9958, 10094
董克诚	1088	董庆东	6030
董克俊	699, 3020, 3038, 3042, 3820	董庆科	5740
董孔甫	5361	董全德	5878, 6066
董乐山	191	董泉声	4903

董群	10373	董威	8514
董任坚	10788	董巍	5845
董荣贵	3124	董为焜	10016
董蓉	12391	董为民	5617, 5651, 6159
董榕森	11067	董维松	10907, 12115, 12132
董瑞成	8916, 9104, 9117, 9134, 9135, 9139, 9256,	董维贤	4976, 12815, 12876
	9257, 9259, 9260, 9904, 10076, 10113	董维舟	3768
董瑞岳	3242	董伟	7551, 12774
董瑞芝	2264	董伟建	12626
董善明	2576, 3788, 3915, 4124, 4577, 5365, 5744,	董卫星	1147, 6431
	5850	董文	2026, 7160, 7281, 7361, 7565, 7668, 7739,
董圣玲	7332		8221
董时	7812	董文斗	3267
董史	7205, 7206, 7223	董文建	11126
董士标	8496	董文润	11147
董世发	5283	董文武	7726
董世丰	8320	董文章	4433, 4667
董世军	3950	董文政	1310
董世平	11812	董五顺	5229
董寿平	712, 1324, 1429, 1732, 1868, 1904, 2510,	董武清	6499
	2611	董希文	1380, 1382, 2714, 2715, 2724, 2725, 2727,
董寿烹	8199		2846, 2853, 2856, 2909, 2925
董淑嫒	1904, 4123, 10458	董希源	2119, 2698
董舒	3717	董锡玖	10976, 12577, 12580, 12586
董树岩	5068, 5934, 6052, 6207	董显红	10377
董率真	3717	董显仁	634, 1115, 10212, 10260, 10266, 10269,
董说	6432		10274, 10325, 10563
董硕	1836, 1871, 3868, 4073	董显仕	10277
董斯柯伊	13251	董小明	1717, 3435, 5357, 5920, 6388, 6389, 6483
董天庆	7295, 8413, 8414, 10832, 11479	董晓华	5950
董天野	1092, 2849, 2850, 3548, 3571, 3574,	董晓明	6160
	4889, 5030, 6587, 11829	董晓畔	593, 977
董廷瑞	3862	董孝全	8228
董万仑	427	董欣宾	694, 696, 2015, 2323
董王瑞娴	11993	董欣武	8275

作者索引

董新民	5557	董耀根	5187, 5273, 5294, 5511, 5897, 6054
董馨	10994, 13164	董耀星	10275
董兴泰	3827	董义方	1723
董熊	8532	董懿娜	6587
董秀森	12347	董寅生	6301
董秀玉	10826	董应周	5713
董须坚	3911	董英	5938
董旭	1130	董英君	10705
董学军	10141	董英双	7546
董学理	5310	董迎新	2068
董学文	030, 034, 035, 037	董永鑫	2229
董学渝	11164	董永跃	9501, 10096
董雪华	11304	董永越	2148, 8833, 9925
董雅	158, 564, 1189, 1191	董永镇	6575
董亚	7308	董咏芹	6119
董亚凡	8947	董迪	727, 728, 743, 7679, 7680, 7685
董延梅	5111	董友知	7285, 7325, 7330
董岩	10721	董瑜	5277
董岩青	2440, 2443, 4239, 4611,	董雨萍	541, 10677
	4689, 8746, 8776, 8811, 8814, 8815, 8819,	董玉京	7391
	8823, 8848, 8851, 9004, 9067, 9068, 9074,	董玉龙	810, 1685, 1717, 2182, 2455, 2478
	9077, 9084, 9090, 9100, 9118, 9125, 9228,	董玉书	8108, 8109, 8110
	9229, 9230, 9301, 9310, 9399, 9411, 9448,	董玉祥	294, 297
	9551, 9793, 9809, 9826, 9830, 9939, 9940,	董玉英	11512
	9956, 10013, 10014, 10017, 10101, 10247,	董郁芬	10282, 10286, 10296, 10311
	13109, 13111	董郁奎	6357
董岩清	8938, 9830	董欲晓	636
董彦明	1302	董源	819, 1522, 11394, 11568, 12102, 12428
董艳朝	5975	董云章	8696, 8710, 8712, 8736, 8747, 8760, 8761,
董雁	7366, 7371, 7384, 7385, 7405, 7578, 7584,		8781, 8782, 8786, 8788
	7615, 7649, 7652, 7795, 7802, 7924, 7933,	董兆惠	2904, 3783, 3792, 3977, 4042, 4097,
	8361, 8375, 8403, 8478, 8480		4115, 5505, 5938, 6156, 6288, 10552
董阳玫	8184	董兆伦	2903
董阳声	5274, 5363, 5435	董兆禄	1743
董旸	10364	董哲煌	10613

中国历代图书总目·艺术卷

董振凡	3013	窦宝铁	2155, 2582, 4776, 4865
董振江	5040	窦大毛	6225
董振平	1210, 3056, 6926	窦峰	13129
董振青	5349	窦风至	2916
董振清	4280	窦贵生	4106, 4117, 4235
董振堂	2264	窦海军	8709
董振业	5479, 5677	窦洪振	5409
董振中	1951, 1956, 2045, 2112, 2121, 2125, 2126,	窦泉	7220, 7223
	2499, 2564, 2570, 2575, 3365, 4137, 4201,	窦家瑜	7655
	4282, 4327, 4360, 4447, 4576, 4842	窦建勋	6225
董争	6394	窦金兰	602, 6926, 6927, 8468
董正谊	6751, 10422	窦金祥	602
董之一	2693, 3472, 6424	窦立勋	11184
董指中	3900	窦蒙	7223
董志斌	6048, 6140	窦明立	1373
董志军	3826	窦培高	5886
董志中	2155	窦谦作	9068
董帜强	2119, 2483	窦潜	6558
董致祥	7285	窦申清	2549
董中立	2732	窦实	8977, 8979, 9066, 9804
董仲恂	5612	窦世杰	5871
董洲	1133, 8575	窦世魁	2323, 3890, 4036, 5226, 5325, 5433, 5508,
董子畏	3604, 4878, 4942, 4975, 4981, 5016, 5017,		5515, 5570, 5656, 5810, 5848, 5861, 5947,
	5019, 5046, 5058, 5072, 5128, 5360, 5364,		5993, 6004, 6161
	5365, 5411, 5918, 5990, 6506	窦世伟	5848, 5993, 6161
董佐	12011	窦孝鹏	5299, 6556, 6559, 6564, 6571, 6572, 6575,
动画故事精	6733		6585, 6586, 6588, 6593
侗佬	6208	窦振文	7284
栋方志功	6925	窦镇	1626
栋青	6401	窦仲化	1890, 5779
洞庭萧士	11872	窦宗淦	4879
兜率宫侍者	12750	都安瑶族自治县"革委会"文化馆	12582
陡剑岷	3550	都彬如	10345
豆豆	6956	都彬如合	10345
豆锡炎	12305	都冰如	2247, 3071, 3084, 3533, 3536, 3537,

作者索引

3548, 3553, 3558, 3585, 3626

都德	5448, 5526
都家麟	2592
都穆	736, 737, 743, 744, 7209
都仁	9711
都水如	1742
都四德	11012
都业刚	1329
都一兵	10199, 10677
读花人	1602
读谱出版社	11193
读者文摘编辑部	6614
笃才	5322
笃初	6543
笃夫	6679
笃宏	6500
杜埃	5928
杜爱军	6210
杜安·汉森	8673
杜安·普雷布尔	082
杜安娜	12572
杜安普雷布尔	082
杜碧玲	155
杜宾斯基	7062
杜秉庄	1067
杜炳申	961, 1989, 2503, 2510, 4032, 4636
杜波	10830
杜波夫斯基	11077, 11078
杜伯华	8682
杜昌焘	10153
杜长荣	3857
杜朝中	4258, 4382, 4402, 4760
杜朝忠	4266
杜晨	7044
杜成	6319

杜成锁	3843
杜成义	2264
杜承舜	3011
杜澄夫	12688, 12907, 12908
杜崇才	8786
杜崇刚	1086
杜崇岭	10414
杜初	6335
杜楚南	12198
杜传芬	3738
杜春甫	4898
杜春雷	5296, 5603, 5964, 6065, 6196
杜春生	5335, 6509, 6580, 6583
杜春阳	11831
杜春艺	5392
杜椿	1591
杜次文	12268
杜从庵	8507, 8508
杜达金	11066
杜大恺	2300, 2408, 5481, 6053, 6057, 6495
杜大鹏	5279
杜大勇	4050
杜德华	502
杜德胜	4367, 4390, 5308
杜德锡	6291
杜定友	10716
杜定宇	029, 147, 148, 1072, 12694, 12804, 12945
杜尔伯特报	6598
杜凤宝	5452, 5705, 6076, 6614, 8172, 10570
杜凤海	2264, 10316
杜夫海纳	039
杜甫	7963, 8019, 8044, 8053, 8161
杜甫草堂	1730
杜甫草堂之物保管处杜甫纪念馆	7718
杜甫仁科	13033

中国历代图书总目·艺术卷

杜富山	6410	杜建文	5825, 6462
杜皋翰	5931	杜健	2734
杜高杰	2657	杜键	1326, 2738, 2833, 5026
杜格·库珀伯格	7033	杜江	8424
杜光	10807, 10816, 11052, 11063, 11064, 11208	杜堇	1559, 1575, 1580, 1582, 1586
杜桂叶	6755	杜进商	8456
杜桂英	10183, 10184, 10683	杜劲甫	425
杜国灯	10725	杜京	6336
杜国烔	13240, 13243	杜娟	3520, 6695, 10607
杜海	637	杜浚	1551
杜海滨	1146	杜骏侯	10275
杜海涛	1310, 2883, 3940, 10263	杜潜	8014
杜昊	6400	杜卡斯	031
杜和	8985	杜康龙	4036, 4105, 4163, 5332, 6090
杜和亮	4708	杜可风	13271, 13273
杜鹤鸣	11095	杜克礼	3298, 3774, 3786, 3866, 3921
杜恒范	5109, 5142, 5180, 5281, 5408, 5574, 5810	杜魁兴	5713
杜蘅	6258	杜拉	6777, 6780, 8668
杜红早	9058	杜来	6096
杜宏本	8288	杜利	11762
杜宏棋	136	杜莉	108, 7604
杜鸿	3006	杜连仁	3732, 5502, 5535, 5750
杜鸿年	1843, 2996, 3009, 3013, 3036, 3064	杜良	5653
杜华	2518	杜良林	322
杜煌庄	9966	杜麟	10799
杜惠化	7270	杜灵	5893
杜惠玲	7065	杜伦马特	6056
杜基顺	7920, 8399	杜罗夫	12977
杜继平	12672	杜马舍夫	12013
杜俭	6450	杜曼华	823, 857, 958, 1344, 2498, 2550, 2625,
杜建成	2027		2641, 4022, 4084, 4305
杜建春	5395	杜米埃	6778
杜建国	2884, 2885, 3385, 5325, 5511, 5603, 5738,	杜敏荣	5649
	5853, 6021, 6343, 6409, 6515	杜明岑	3818
杜建民	6087	杜鸣心	11535, 11675, 11695, 11786, 11882,

作者索引

11883, 11949, 11958, 11968, 12098, 12149, 12180, 12198, 12204, 12230, 12402

杜牧　7843, 7871, 7932, 8179

杜牧野　3091

杜那耶夫斯基　12401, 12402

杜南　4899, 5223

杜南发　544

杜南志　12959

杜培根　10613

杜培俊　5793

杜沛然　313

杜鹏程　5628, 5869

杜平　6514, 6717

杜萍　12080

杜琦　3074, 3101, 3105, 3586

杜启锋　3237

杜奉还　10992

杜勤来　5309, 5511

杜清源　12691

杜庆国　7382

杜庆元　884, 5400, 5640, 6065

杜庆云　10882

杜秋娘　8179

杜秋漾　1316, 2053, 2081, 2144, 2152, 2155, 2161, 2177, 7668

杜让　1473

杜人　12662

杜荣芳　12613

杜荣坤　13070

杜荣尧　1418, 5065

杜瑞联　1465

杜润　12365, 12370, 12372, 12463, 12542, 12543

杜润年　3350, 5761

杜若　10992

杜若人　5309

杜若洲　125, 126

杜山　12811

杜审初　13199, 13202, 13277

杜生华　13239, 13242, 13243, 13245

杜石　2482

杜矢甲　11946

杜世斌　2248

杜世伯　8486

杜世禄　2699

杜世英　3358, 3359, 3362, 6172

杜书瀛　018, 12706, 12757

杜淑英　13187

杜率先　8134

杜双银　5229, 5881

杜松　11207

杜松仁　2958

杜颂琴　8246

杜索芳　12601

杜台安　558, 10620

杜谈　13235

杜棠　10378

杜天鉴　8019

杜天清　2280

杜天文　11429, 11946

杜廷檊　2563, 4036

杜庭修　12354

杜维诺阿　12521

杜维诺伊　12512

杜维轩　5312, 5416, 5501, 5527, 5839, 5989, 6098

杜炜　3772, 5221, 6207, 10361, 10364

杜文澜　8026

杜文同　047

杜锡瑞　7162, 7460, 8288

杜锡五　7242

杜显清　1816, 2019, 2324, 3098, 3630, 5092, 5350,

中国历代图书总目·艺术卷

5903

杜向阳 1266

杜小军 10764, 10766

杜小雷 5918

杜晓亮 6046

杜晓十 11058

杜晓庄 7432

杜新玲 6853

杜新苗 2455, 4809, 4819

杜兴顺 141, 4009, 4086, 4389, 4492

杜修贤 8913, 9713, 9736

杜秀林 5070, 5073, 5733

杜宣 5136, 5450, 13234

杜学知 246, 799

杜学忠 5481

杜异 920, 4637, 4724

杜亚雄 10908, 10913, 10914, 10915, 10917, 11029, 11807

杜衍 7958

杜衍纯 7512, 8759

杜砚儒 11033

杜业可 8738

杜一 5255, 5365

杜义芳 038

杜义盛 608, 1115

杜逸华 12663

杜银蛟 11170, 12457

杜银林 5245

杜印 5079

杜应机 3053

杜应强 2200, 2438, 3019, 3032, 3840, 5182, 5303, 5578, 5867, 5915, 6010, 6214

杜英珊 1945

杜颖 7090

杜拥平 10380

杜永菊 591

杜咏樵 2780, 2932, 8643

杜泳樵 2834, 6824

杜用庭 1685

杜游 6518

杜友良 13003

杜友衣 5726, 5798, 5986

杜友益 12365

杜宇 598, 5965, 11778, 11886

杜宇舟 4661

杜玉林 9344, 9795, 10017

杜玉民 9040

杜玉曦 1971, 3707, 3732, 3744, 4027, 4132, 4338, 5922

杜玉臻 10704

杜玉舟 5246

杜昱 7848

杜浴曦 3780

杜裕民 8726, 8755, 9218, 9385

杜煜庄 5796, 9549, 9550, 9551, 9552, 9553, 9564

杜毓林 12325

杜源 6493

杜云 7298, 11123, 12654

杜云萍 6570

杜云之 13179, 13183

杜运佳 11878

杜在媛 10582

杜泽泉 8963, 9063, 9137, 10060

杜章智 032

杜哲森 723

杜者 9848

杜振宁 13019

杜震君 5672

杜之逵 1171, 1318, 1776

杜之韦 10579

作者索引

杜之训	6018		5060, 5066, 5073, 5097, 5100, 5109, 5127,
杜志廉	6752		5392
杜志明	12039	端陶斋	7664
杜志兴	4254	端玉章	1699
杜中信	7735	段安节	10928, 10929, 10930, 10931, 10932, 10939
杜忠浩	7273	段葆祥	335
杜重划	3734	段蓓华	3769, 5416
杜沫	2787	段炳云	12037, 12445
杜卓选	3814	段彩华	12885
杜滋	5613	段超	9549, 9824, 9947, 9987, 10028
杜滋龄	316, 692, 874, 1117, 1133, 1306, 1381,	段超等	9949
	1396, 2035, 2179, 2200, 2300, 2387, 2663,	段成桂	7159, 7417, 8287
	2872, 3151, 3192, 3267, 3735, 5010, 5062,	段成式	5792, 6621, 6622, 12261
	5068, 5107, 5110, 5361, 5416, 5440, 5481,	段承滨	5936
	5516, 5526, 5570, 5596, 5817, 5853, 5992,	段承泽	4873
	6000, 6135, 6810, 6867, 6868, 6904, 7725	段纯麟	12830
杜滋令	4975	段存信	5416
杜子规	6594	段尔泰	8704
杜子熊	692, 1065, 1066, 1067, 7432	段冬冬	2045
杜紫枫	12708	段凤岐	8791
杜宗甫	1774	段改芳	10366, 10673, 10678, 10694
渡边达生	10147	段千青	2975
渡边寒鸥	7667	段贯之	2232
渡边护	10848	段桂华	5701
渡边茂夫	10847	段海康	8637
渡边雅子	7007	段海云	5496, 5684, 5922, 6150, 6165, 6358, 6541,
渡部英司	3413		6681, 6688, 6693
渡口市电力指挥部	5332	段虹	6642
端方	761, 7748, 7756, 7758	段吉庆	10673
端木	5019	段吉勇	8993
端木斌庚	1993	段吉璋	4066, 4471
端木斌庭	2010	段纪夫	3436, 3494, 5609, 6223, 6287, 6388, 6642,
端木蕻良	1965, 11935		6950
端木沁	6709	段继文	10056
端木勇	4956, 4974, 4976, 4994, 4996, 5033, 5051,	段兼善	1818, 1819

中国历代图书总目·艺术卷

段建华	10341	段润恒	6397
段建伟	1350	段伟君	4898, 4904, 4925, 5032, 5406, 5927
段剑秋	5322, 5372, 5838, 5918, 5925, 5964, 6017	段文斌	5646, 5706, 6130, 6220, 6386
段金录	9126	段文华	9400, 9627
段晋中	11060, 11061, 11314	段文杰	296, 6624, 6625, 6626
段景礼	1216	段文魁	7606
段俊	5120	段文燕	6493
段俊如	4927, 6086, 6123, 8350	段锡	274, 535, 2892, 3300, 3318, 3886, 3969,
段浚川	916		4039, 5505
段克义	7633	段霞中	9020
段昆乐	9400	段相林	7420, 7427, 7495
段兰香	5226, 5386	段小丽	1254
段离	6761	段小琴	3893
段理实	4974	段小燕	5896
段连城	8897	段晓平	6467
段连海	11139	段晓燕	4217
段炼	030, 375	段晓英	372
段茂南	043	段孝萱	5539
段民廉	1123	段忻然	996, 1329
段明	6633, 6634, 6635, 6636, 12948	段新年	2042, 2577, 4706
段平泰	11091, 11096, 11939, 12157	段绪	8021
段七丁	547, 919, 2300	段秀苍	3894, 3986, 5583, 5759, 5960
段启城	12284	段学明	8306, 8331
段千湖	1750, 1769, 3657	段雪峰	8233
段瑞明	7586	段亚东	866
段瑞夏	5248, 5276	段延斌	8933
段若玉	12600	段延锡	5333
段少军	6310	段义芳	1199
段绍伯	13238	段英利	3820
段生才	7423, 7560, 8204	段永源	775
段世俊	10214	段玉德	7441
段拭	573	段玉鹏	8215
段树人	12932	段渊古	465
段双林	12590	段云	8185, 8233
段万翰	6410	段云勤	5515

作者索引

段芸惠	5193	敦千	5008, 5021, 5073
段泽兴	122	敦谦	5081, 5635, 6016
段展样	5807, 5866	敦以	8711
段振牛	9644	敦竹堂	9364
段振中	9556, 9639, 9647, 9664	盾生	11092
段震中	5541, 5959, 9375, 9376, 9382, 9550, 9561,	顿立夫	8561
	9562, 9578, 9593, 9600, 9659, 9660, 9664,	顿斯柯伊	13252
	9703, 9719, 9829, 9972	顿特	12461, 12463, 12470, 12471, 12475
段正渠	2821, 2899, 6370	顿铁生	5311
段志安	8626	顿愚	6408
段志华	2248, 7305, 7391, 8433	遁园	7789
段忠甫	11037	多比罗诚	6990
段忠谦	3225, 3226, 5246, 5401	多比亚斯	12360, 12425
段忠勇	2464	多宾	13082
段仔	12301	多布林	144
对外贸易部	10231	多蒂	6973
对外文化联络局	361,	多尔加	10302
	362, 6777, 6844, 6895, 6916, 6928, 10723,	多尔马托夫斯基	12425
	10980, 12489, 12559, 12671	多尔玛托夫斯基	12415
对外文化联络委员会	363, 6779, 6780, 6781,	多尔诺瓦夫人	5966
	6918, 6919, 6932, 10132, 10724	多尔然斯基	10793, 11268
对宁	5701, 5702, 6566	多丽丝	11227
敦邦	5234	多丽丝·韩芙莉	12570
敦帮	5356	多林斯基	13034
敦抱湘	3898	多木	6632
敦德	5500	多涛	10833
敦行	11081	多哇·更桑协热布	8940
敦煌文物研究所	390, 391, 3548, 3560, 6617,	多喜川贤一	6977
	6618, 6620, 6621, 8602, 10244	多雅堂	8566
敦煌文物研究所编辑委员会	387, 6618, 6619	朵朵	9314
敦煌文物研究所编辑委员会	387	朵拉	6293
敦煌文艺出版社	3406, 11724	朵云编辑部	809
敦煌研究院	294, 299, 407, 6443, 6623, 6625, 7735	町田甲一	367
敦煌研究院文献研究所	6626		
教篁	6039		

E

条目	编号
《俄汉对照读物》编辑组	5321
《鄂伦春新歌》连环画三结合创作组	5277
《儿童大世界》编辑部	6353
《儿童歌曲集》编辑小组	12023
《儿童科学画库》编委会	5466, 5477
《儿童水墨画训练》编绘组	863
《儿童音乐》编辑部	12647
俄累姆	11070
俄罗斯苏维埃联邦社会主义共和国教育部	10792
峨眉电影制片厂厂史办公室	13282
峨眉山佛教协会	8949
峨影三十年编辑委员会	13281
额博	9127
鄂·苏日台	270
鄂华	5118
鄂俊大	1856, 2352, 2662, 3903, 9631
鄂克朗	11082
鄂嫩哈拉·苏日台	257
鄂苏日台	10707
鄂乡	7280
鄂野	6034
鄂毅	8839, 8854, 9024, 9062, 9064, 9068, 9076, 9090, 9095, 9114, 9119, 9122, 9126, 9129, 9131, 9134, 9224, 9250, 9256, 9257, 9258, 9259, 9299, 9302, 9352, 9357, 9363, 9384, 9488, 9498, 9529, 9765, 9798, 9799, 9800, 9809, 9823, 9824, 9828, 9841, 9846, 9866, 9881, 9883, 9890, 9896, 9909, 9912, 9913, 9945, 10000, 10026, 10039, 10096, 10103, 10113, 10115, 10123, 10146
鄂玉章	8766, 8768
鄂豫边区革命史编辑部	2017
鄂允文	5705
恩·佛·格拉契夫	13257
恩·弗·克马尔斯基	4919
恩·依·任金	13256
恩春	2091
恩道	6270, 6369
恩刚	563
恩格斯	021
恩国	4414
恩奈尔德·赫鲁辛古	7036
恩斯特	6804, 12371
恩斯特·格罗塞	194
恩斯特·韦伯	8703
恩特普里斯	7145
恩元	8520
恩源	5646
儿童读物出版社	12001, 12002, 12003
儿童时代社	4889
儿童音乐编辑部	10805, 12007, 12011, 12013, 12032
儿玉资本	10756
而冬强	8961
児島昭雄	8727, 8734
尔德里卡	1239
尔东	6357, 8795, 10501, 11871
尔夫	7559, 7560
耳·科干	4918
二二五童子军书报用品社	11376
二刚	2218
二胡专家委员会	12286, 12287, 12288
二火	5812, 6458
二口	6177, 6184
二龙	5654, 5812, 6105, 6458
二年级	11444
二炮政治部	8906

作者索引

二乾书屋主人	715	法朗兹	10562
二十三年河南现代诗画展览会筹备委员会	1281	法式善	7658
二文堂	8321	法舜注	9307
二月河	6571	法斯宾达	13062
佴荣本	12702, 12704	法斯宾德	13062
		法务部	3385
F		法依柯	13002
《放大本北魏墓志》编辑部	7786, 7816	帆波	5761
《放大本北魏墓志》编辑组	7816, 7817	番顺县文化馆	11602
《奋起的广西》编辑委员会	8698	凡·高	528, 6783, 6850, 6851, 6883, 6893, 6905
《讽刺与幽默》编辑部	3417	凡安	6189
《奉贤县民间舞蹈集成》编写组	12619	凡兵	5754, 5789, 5899
《福建》画册编委会	8965	凡达林	6867
《福建工艺美术》编委会	10234	凡代克	6859
《福建画报》社	10462	凡尔纳	5549, 5748, 5787, 5794, 6485, 6486
《福建教育》编辑部	341	凡夫	5047
《福建教育》编辑室	5827	凡恒	3340
《福建省戏剧年鉴》编辑部	12936	凡立	9787
《阜新市戏曲志》编辑部	12782	凡枚	5771
《富春江画报》	6786	凡明	6307
《富春江画报》编辑部	476, 3421	凡平	1084
发表三十周年办公室	11661	凡璞	2678, 9478
发海	9731	凡奇	10234
发强	7020	凡人	10604
法布里	8605	凡儒	6189
法复尔斯基	6914	凡小人	3473
法规室	3387	凡禹	12999
法国阿尔贝·肯恩博物馆	10154	凡章	10289
法国总领事馆	6920	凡真	5046, 5073
法焦洛	187	矾苓	5668
法捷耶夫	5473	樊宝旋	10067
法拉	13035	樊保珍	2921
法兰西斯·舒尔茨	8785, 8788, 8790, 8791	樊波	718
法朗克	12545	樊步义	12127, 12642
法朗士·麦绑莱勒	6920	樊昌哲	2540

樊城绪	10600	樊榕	8108
樊传继	10565	樊少云	1745, 1783, 12315
樊郸夫	244, 7628	樊绍曾	4751
樊德康	3085, 3625, 3654	樊莘译	12365
樊东杰	1121	樊石虎	4912
樊凡	915, 916, 921	樊松波	5311
樊樊山	1619	樊殷夫	5005
樊放撰	12595	樊韬	9735
樊光平	6051, 6056, 6187, 6219, 6224	樊文江	032, 3320, 10255, 10259
樊海忠	6415	樊小明	370
樊恒	4257, 4287, 4301, 4366, 4477, 4546	樊晓峰	8339
樊怀章	4038, 4166, 4211, 4224, 4246, 4255, 4279,	樊兴书	2300
	4285, 4288, 4293, 4335, 4338, 4346, 4391,	樊学达	3317
	4396, 4409, 4440, 4545, 4552, 4565, 4584,	樊仰山	12918
	4594, 4622, 4631, 4642, 4662, 5214, 5330	樊一波	2232
樊慧瑾	6407	樊义廷	5322
樊家伦	4937	樊拥军	10150
樊家信	5253	樊瑀收	10393
樊建峰	7674	樊玉民	5312, 5330, 5457, 5550, 5670, 5775, 5788,
樊建勤	12211, 12504, 12505, 12513		5944, 6018, 10286
樊娇健	8974	樊悦	5490
樊锦诗	6627	樊运琪	1937, 1948, 1968, 2006, 2049, 4150, 4247,
樊敬奎	6535		4452, 4568, 5489
樊克强	9471	樊增祥	8021, 8044
樊立三	12175	樊正义	5803
樊林	5545	樊志育	10393
樊淼	9241, 9399	樊中岳	7485, 8361, 8373, 8421, 8422, 8433
樊明生	9308	樊祖荫	11673, 11964, 12008, 12017, 12282
樊明体	2931, 2940	繁花	8668
樊楠	2659, 4917	繁星	3443
樊培绪	5434, 5790	繁一	5497, 5592, 5890
樊圻	1678, 1679	范爱权	13125
樊其光	13008	范爱全	5379, 5394, 5492, 5596, 5713, 5811, 5828,
樊清平	8318		5836, 5850, 5944, 5985, 6077, 8818, 9059,
樊庆荣	5490		9943

作者索引

范保文	1100, 1852, 2454, 2878, 3142	范奉臣	7390, 8275
范秉勋	9303	范夫	6429, 6501
范沧桑	1182	范夫得	2532, 2546
范昌德	218	范福生	5019
范长寿	7467, 7611, 7616	范光林	8662
范长章	3846	范光森	5974
范成保	1149, 1189, 10331	范贵全	5725
范成大	927, 8281, 10195	范国华	13182
范成章	6112	范国忠	12271
范成璋	5628	范哈哈	13232
范承都	12294	范海波	4799
范承宜	7231	范汉成	6394, 6592
范崇岷	5488, 5984, 10504	范和钧	10643, 10648
范垂宇	3800, 3839, 4023, 4584, 5820	范华	707
范存礼	1124, 1181	范玑	645
范达明	8766	范吉屏	3922, 3926
范当世	8051	范季华	5042, 5074, 5078, 5137
范德安	8396	范继祥	3805
范德金	12635	范继信	4838
范德斯丁	7088	范继淹	091
范德元	8897, 8901, 9095, 9285, 9375, 9940, 10019	范佳毅	10146
范迪安	098, 1080, 2415, 3303	范建	6980
范迪声	4759, 8820, 8823, 9238, 9242	范建平	6189, 8688
范东岐	5349	范节庵	2200
范恩荣	9500	范杰	5549, 5765, 5921
范恩树	1940, 1960, 2070, 2078, 2119, 2126, 2129,	范金鳌	6628
	2162, 2163, 2360, 4349, 4459, 4482, 4521,	范金鳌临	4860
	4522, 4532, 4561, 4593, 4596, 4597, 4663,	范京生	6457
	4714, 4764, 4784, 4816, 4824	范景伍	13083, 13134
范法根	5891	范景中	035, 051, 139, 173, 181, 316, 368, 480,
范泛	3504		487, 711, 1073, 8605, 10195
范凤岭	3865, 5255	范敬宜	9293
范凤玲	2385	范军	6570
范凤岭	3980, 4150, 4164, 4329, 5356	范钧宏	5487, 11864, 12079, 12115
范凤妹	417	范开成	7390

中国历代图书总目·艺术卷

范凯琍	10601	范朴	522
范凯熹	210, 481, 488, 10190	范岐山	8814, 9545, 9569, 9955
范康明	6218	范奇玉	9340
范宽	1534, 1535, 1545, 1546, 1548, 1551, 6813	范钦濂	11529
范磊	7647	范韧庵	7291, 7808, 8351, 8372, 8383, 8406, 8424,
范蕾	1084		8427, 8430
范黎霖	6529	范汝超	3603
范里	3073, 3565	范汝寅	8290
范力今	10302	范瑞华	459, 591
范立辉	6560	范瑞娟	4105
范立民	3426	范瑞生	2961
范立新	521	范润生	5339
范立芝	12410	范若由	5522, 5661, 5741, 5758, 5778, 5881, 6064,
范联辉	3075		6076, 6080, 6174, 6195, 6229, 6230, 6358,
范良智	5829		6536, 6642, 6648
范列	7442	范上娥	12315
范林根	3535, 3538, 3616, 3622, 3653, 3669,	范少华	6223, 6306
	3693, 3707, 3708, 3710	范绅人	12077
范林鹏	2649, 2670	范生福	4939, 4992, 4993, 4995, 5034, 5044, 5048,
范林庆	7465, 7475, 7526, 7576, 7590, 7594, 7597		5059, 5108, 5125, 5232, 5387, 5438, 5536,
范灵	3552, 4976, 4983, 4987		5717, 5720, 5835, 6126, 6292
范缪	12984	范石甫	2200
范鲁斌	10369, 10381	范石人	11837, 12072, 12073, 12074, 12075,
范萝	542		12076, 12078, 12079, 12088, 12089,
范马迪	5815, 5966, 6330, 6608, 6672		12275, 12283
范美丽	6557	范世平	5743, 5823, 5916, 6188
范孟嘉	8483	范寿康	060, 12902, 12903
范梦	185, 188, 203, 368, 1109, 1138, 1215	范树恩	1979
范明华	8863	范树宁	4157
范明泰	7171, 7675	范树人	2062, 4232, 4259, 4386, 4419
范乃孝	12597	范树仁	2125, 4473
范乃仲	5046, 5114	范思树	4753
范能华	10582, 10617	范思田	5269, 5720
范璞	3080, 3126	范汜	3463, 6465
范璞唐德泉	3127	范素琴	7032

作者索引

范泰宏	4035, 9387, 10053, 10055, 10061	范友联	5811, 5972
范天祥	12051, 12434, 12435	范有信	1876, 3209, 4074
范铁铮	12893	范余增	5435, 5817
范伟军	10401, 10561	范渝	3808, 4056, 4212
范文明	7220, 8418	范瑜	3223, 9874
范文南	2803, 2808, 2810, 4700, 4813, 4832	范宁	2793, 2796
范文硕	12073, 12074, 12085, 12087, 12088	范禹	11434, 12405
范沃格特	6576	范玉山	6465
范希衡	6522	范玉星	11512
范希胜	450, 9960	范元和	3023
范祥善	005	范元绩	12213, 12215
范祥雍	7199	范远鹏	3108, 4959
范萧伯	6938	范岳	367
范新国	980	范云安	1325
范新亮	2295	范云兴	6037, 6038, 9061, 10146
范新林	2371	范芸	5635, 5653
范新生 5376, 5649, 5826, 5832, 5843, 6032, 6105,		范芸安	2264, 2529
6189		范允临	1563
范兴荣	4916	范曾	498, 793,
范兴儒	6626		1431, 1445, 1915, 1959, 1983, 2000, 2036,
范亚林	3368, 3370, 3371, 3372, 3373		2053, 2119, 2165, 2248, 2267, 2324, 2404,
范延生	5510, 5955		2635, 2668, 2702, 2703, 2706, 3158, 3768,
范彦龙	4816, 4832		3769, 4025, 6601, 8207, 8209, 8213, 8216,
范扬	340, 883, 922, 998, 2248, 2324, 2383, 5816		8275, 8417, 10440
范阳	5260	范兆龄	12668
范一辛 3006, 3127, 3139, 3206, 5106, 5138, 5438,		范振堆	6576, 6584, 6587
5861		范振家	3339, 3538, 3540, 3547, 3600, 3616,
范怡光	6060		3620, 3621, 3675, 3694, 3710, 3743,
范毅舜	8980		3781, 4035, 4038, 4081, 4091, 4099, 4104,
范寅	8023		4317, 4412, 4538
范应龙	9240	范振涯	6441
范迎植	4990	范正红	8577
范盈庄	11530	范正宏	12659
范永信	5839, 6000	范正隆	5433, 6023
范勇	12053	范芝	5962

中国历代图书总目·艺术卷

范志刚	10589	方昌县文教局创作组	5133
范志辉	12557	方长江	188
范志康	4999	方潮	12122
范志泉 4927, 4949, 4993, 4995, 5041, 5065, 5082,		方辰	5699, 6307
5383, 5477		方晨	6022, 6071
范智霞	12490	方成	1220, 1225, 1236, 1239, 1247,
范钟离	13066		3403, 3404, 3413, 3414, 3416, 3420,
范钟鸣	518		3421, 3447, 3471, 3476, 3479, 3496,
范仲实	9373		3506, 3508, 3512, 3517, 3522, 6305,
范仲淹	4581, 7950, 7976		6939, 6940, 6948, 6977
范子厚	5126	方成甫	11827
范紫东	5822	方成培	6388, 6595
范自泉	4969	方楚乔	919
范字书	7295	方楚雄	709, 1310, 1341,
范纂	1057		1916, 1924, 2175, 2697, 2699, 2877, 3827,
范佐寅	5367		3888, 3901, 4110, 5326, 5593, 10426
梵谷图书出版公司编辑部	856	方传鑫	7749, 8203, 8313
方霭吉	9239	方大才	10260, 10269, 10290, 10297, 10306,
方艾	4951		10314, 10325, 10331
方爱建	8261, 8269, 8281	方大川	6464
方白	5615, 6017	方大伟	10249, 10253, 10265, 10324, 10339
方百里 12495, 12510, 12511, 12515, 12518, 12537		方丹	11944
方保罗	13195	方德	4953
方本幼	2267	方德民	5615, 5655
方边	4935	方定昊	12013
方宾	2893, 10299	方东	3379, 4691
方滨生	8146, 8185	方东源	2363
方冰	12018	方洞	2171
方冰山	2785, 2786, 3800	方敦传 2038, 2103, 2108, 2126, 2138, 2581, 4213,	
方冰水	4338		4275, 4286, 4358, 4360, 4365, 4542, 4570,
方炳潮	10205		4602, 4658, 4667, 4806, 4825, 10579
方炳海	8625	方锌	5566
方炳南	1607, 1675	方鄂	13097
方伯荣	6769	方鄂秦	2300, 2495
方策	12010	方锷	13100

作者索引

方方	5804, 6194, 6229, 6379, 6549, 6644	方和锡	10573, 10616
方芳	5719, 5962, 6645, 12095	方赫	11432
方仿	5599	方鹤春	12958
方防	5359, 5508, 5645, 6123, 6522	方红	4888, 4988
方放	8578, 8623	方红林	10097, 10639
方飞	7770	方洪琦	7016, 7018
方斐娜	5577	方洪友	5373, 12733
方逢吉	8482	方华	6382
方风	10343	方华贤	6382
方凤富	970	方欢	6097
方福仁	6418	方环山	1607
方辅	7207	方惶	13228, 13230, 13238
方傅鑫	8204	方晖	8814, 9951
方皋	6540	方辉	8809, 9227, 9306, 9356, 9807, 9947, 9950
方戈	9236	方讦	6042
方工	627, 634, 1932, 1943, 2605, 2608, 2617,	方吉莲	5469
	2619, 2630, 2645, 2648, 2652, 4137, 4207,	方纪龙	964
	4216, 4219, 4221, 4264, 4288, 4310, 4385,	方际青	7630, 10207, 10241
	4402, 9969	方济众	905, 1435, 1767, 1857, 1899, 1916, 1959,
方关通	3513, 5295, 6567, 6568, 6590, 6592, 6708,		2027, 2248, 2280, 2427, 2431, 2721, 2722
	6713	方既	11392
方关贤	6365	方霁	6006, 6088
方光灿	5821, 5917	方家骥	12900
方光诚	12954	方家连	12095
方国川	5803	方建平	9147, 9321, 9570
方国锦	8653	方健华	5774
方国良	9910	方健群	2120
方国庆	12226	方杰	3525, 7027, 7029, 7030, 7031, 12702
方国伟	13266	方介堪	8562, 8576
方国文	6002	方今	4246, 4390, 13150
方国桢	4724	方金	13137, 13145, 13146
方海	5705	方金河	6071, 6074
方海如	8809, 8811	方金秋	7163
方海雄	3630	方锦龄	5414
方行	11767	方瑾	181

中国历代图书总目·艺术卷

方劲	8720	方路	6247, 6269
方菁 2855, 3093, 3608, 3650, 3653, 3718, 3749,		方论榕	12618
4900, 6540		方茂明	5598
方旌	11715	方梅坨	8513
方静宇	6185, 7558	方蒙	11996
方镜亮	9098	方梦雄	3990
方洞	3615	方密之	1567
方久平	2186	方邈	6352
方掬芬	12798	方妙英	11497, 11986
方君璧	1376	方敏	10329
方君默	1317, 6457	方明	7488, 12906
方君逸	12679, 12680, 12799, 12810	方明清	9678, 10593
方钧强	8675, 9913, 9916, 9922	方鸣	7508
方骏	921, 1305, 2058, 5317, 6614	方铭才	3434
方潜颐	1465	方铭健	12182
方凯军	9437	方木	3458
方克城	7591	方慕萱	2267
方克林	1805, 1814	方楠	2248, 5197, 5231, 5255, 6944
方堃	5997	方捻	13226
方来法师	6766	方宁	10661
方兰	5887	方哦	4967
方兰坻	1604	方澎	6439
方乐	4328	方翩	6478
方乐华	5741, 6109	方平	2248, 2280, 2334, 5135, 5787, 5999, 12639
方磊	5951, 6104, 6262, 7375, 7610, 7704	方其林	6441
方犁	3729, 3750, 6328	方洽	10339
方李莉	10189	方强	5446, 5680, 5858, 5922
方立民	12895	方桥	5903
方立平	12034	方钦树	3719
方亮	5976	方琴父	11823, 11824
方林	5684, 6387, 6496, 6523	方勤	10659
方隆昌 3298, 3325, 3333, 3867, 5244, 5326, 5339,		方清廉	4980
5462, 5697, 5785, 5790, 5859, 5965, 6090,		方清人	6172
6269		方晴	6380, 6397
方铝	1394, 1405, 1407, 1409	方庆云	8275

作者索引

方去疾	8359, 8539, 8541, 8556, 8562, 8564, 8568	方唐	3479, 6250
方权	3751	方涛	6150
方全林	205, 211, 351, 1343, 2282	方汀	5377
方群	6919	方为	6155
方人定	1770, 1933	方为民	12203
方韧	11959	方维	11518
方荣翔	11867, 12878, 12879, 12895	方维元	9555, 9950, 10045
方荣欣	5590, 6058	方伟	6674, 8896
方瑞生	1015, 1016, 1061	方位津	5496
方润南	5642, 6267, 6273, 6283, 6631	方文	5407, 5501, 5575, 5757, 5783, 5863, 5882,
方山	1147		5920, 5997, 12441
方善学	2038	方文河	3792, 3828, 3879
方少华	5917	方闻	810
方少青	2248	方问溪	12858
方绍壅唱腔	12125	方悟	6151
方绍楚	9901, 9973	方仙增	1369
方绍武	7284, 7332, 7442, 7451, 7576, 8078, 8144,	方贤	12181
	8219, 8381	方贤道	2393, 5341
方师铎	5341	方湘侠	3694, 3834, 4040, 4077, 4246, 4287, 4507,
方石	7443, 7576		5281, 5797, 10366
方石苏	7959	方祥勇	7371, 8438
方士淦	8017	方向	870, 2248
方士杰	5329	方小石	1877, 1959, 2036, 2058, 3103
方士庶	668, 1607	方孝孺	8053
方士涂	7207	方心平	1369
方世聪	2753, 2790, 3264, 3831, 5192	方欣	6247, 6669
方书	6121	方新	7649, 12588, 12626
方书久	320, 2568, 2569, 4467, 4499, 4578	方馨	7500, 7524, 7549
方书娟	6407	方馨书	7532
方书乐	314	方兴	5474, 5830, 12042
方曙	6283	方兴德	10364
方曙东	11713	方兴惠	12570
方墅	5105	方学	9973, 10289
方肃	8901	方学辉	10133, 10141
方素	11392	方学良	6710

方学晓　　　　　　6364, 6383　　方玉强　　　　　　　　　　5623

方薰　　　　　　659, 660, 1604　　方玉润　　　　　　　　　　8022

方岩　　　　　5829, 8535, 8536　　方玉珍　　　　　　　　　　4740

方彦　　　　　　　　　　5128　　方元　　　5828, 5881, 9004, 10594, 13124

方彦富　　　　　　　　　5515　　方园　　　　　　9393, 10609, 11507

方扬　　　　　　　　　　4930　　方圆　　　　　　　　6507, 8290

方仰之　　　　　　　　　8511　　方缘　　　　　　　　　　6527

方尧明　　　　　　7379, 7908　　方源生　　　　　　　　　　8813

方瑶民　4919, 4938, 4956, 4983, 4995, 5013, 5050,　　方远　　　　　　　　　　11713

　　　5055, 5108, 5116, 5130, 5140, 5328, 5487,　　方云泽　　　　　　　　　　6344

　　　5535, 5643, 5684, 5711, 5724, 5834, 5951,　　方允其　　　　　　　　　　8439

　　　6104　　　　　　　　　　　方蕴华　　　　　　　9367, 9577

方以智　　　　　　1567, 8453　　方增威　　　　　　　　　　2540

方艺　　9346, 9347, 9348, 9357, 9362, 9535, 9537,　　方增先　　870, 871, 1157, 1440, 1812, 1824, 1841,

　　　9550, 9553, 9555　　　　　　　　　1881, 2002, 2019, 2267, 2301, 2350, 2353,

方轶群　　　4905, 5033, 5719, 5906, 6516　　　　　　2404, 2492, 2499, 2500, 3687, 3741, 6600

方毅　　　　　　　　　　9597　　方增选　　　　　　　　　　5664

方英　　　　　　　　　　 123　　方展谋　　　　　　　2324, 12640

方荧　　　　　　　　　 13243　　方章　　　　　　　　　　10637

方永晋　　　　　　　　　7026　　方召麐　　　　2002, 2051, 2200, 2280

方永生　　　　　　　　　4643　　方针　　　　　　　　　　13226

方永熙　　　　2674, 8273, 9309,　　方振　　　　　　3253, 3280, 3998

　　　9314, 9317, 9387, 9461, 9480, 9672, 9889,　　方振兴　　　　　　　　　10179

　　　9890, 10052, 10053, 10054, 10078, 10106,　　方振益　　　　　　　　　　5656

　　　10118, 10577, 10578, 10582, 10623,　　方震　　　　　　　　　　5358

　　　10625, 10631, 10637　　　　　方震国　　　　　　　　　　5622

方勇　　　　　　　　　　6313　　方峥　　　　　　　　　　11866

方勇敏　　　　　　　　　5508　　方正　　　2394, 4885, 5536, 7076, 11739

方用光　　　　　　　　　8482　　方正春　　　　　　　　　10654

方牧敏　　　　　　　　　2248　　方之　　　　　　　　　　5576

方于鲁　　　　1023, 1025, 1026　　方之光　　　11714, 11731, 11735, 12404

方瑜　　　　　　　　　　5642　　方之南　　　　　　1921, 3646, 5097

方宇　　　　　　　　　　6366　　方芝孙　　　　　　　　　　8523

方玉　　　　　　　　　 10605　　方芷筠　　　　　　　　　　8967

方玉芙　　　　　　　　　6759　　方志　　6247, 6291, 6295, 6296, 6303, 6304, 6315,

作者索引

6329		房虎卿	1989
方志恩	8327	房坚	3663
方志俊	9525	房介福	2641
方志钦	5533	房介复	2651
方致巧	6339	房俊涛	2355
方中德	1048	房俊喜	6766
方中烈	10617	房龙	182, 7066
方仲	3521	房培明	6558
方仲根	12792	房屏	11761
方仲华	2200	房润兰	1767, 1768, 3651
方仲卿	7629	房山县美术学习班	3761
方舟	1704, 8262, 10220, 10327, 10328, 10329,	房绍青	3584
	10333, 10338, 10339, 11489, 12409	房胜林	7591
方竹	5753, 11483	房世武	4154
方竹松	11642	房树民	4986
方子丹	8423	房思钊	11491, 11499
方自健	11487	房天泽	2046, 2510
方宗珪	8618, 8623, 8652, 8654, 8655	房翔	9486
芳草	6118, 9550, 9825, 9827	房向晖	7595
芳芳	6956, 7021	房新泉	857, 2058, 2248, 2300
芳泓	863, 1136, 7648	房亚田	4946
芳青	6525, 6528	房燕生	3361, 3362
芳信	12679	房英魁	1997, 2650, 3703, 4026, 4094, 4117, 4228,
芳艳芬	1279		4314, 4399, 4451, 4532, 4620, 6494, 6523
芳艺	9580	房颖	8801
芳玉	6525, 6528	房永明	6324
芳子	10686	房勇	9887
房爱武	1195	房玉宾	1985, 2024, 2028, 2437, 2442
房纯如	5674	房子	6110
房德文	11966	纺织工业部教育司组	705
房方	7360	纺织局工人业余美术创作组	3884
房凤敏	12626	放放	6223
房国晨	7518	放平	11949, 11962, 12415
房弘毅	7435, 7443, 7451, 7458, 7465, 7505, 7531,	放仁	6338
	7541, 7576, 7906, 7997	飞飞	6680, 12391

中国历代图书总目·艺术卷

飞龙	10289	斐雅尔	12472
飞生	13212	斐也	12594, 12603, 12653
飞雪	11738	费秉勋	826, 12581, 12586
飞雁	5199, 5223, 5265, 5394, 5589, 5637, 5872, 5874	费长富	2675, 3333, 3339, 3352, 3355, 4077, 4158, 4647, 5640
飞舟	5345	费成康	5370, 5467, 5674
非马	633	费承铠	12037, 12213
非矛	858	费丹旭	1601, 1610, 1633, 1635, 1637, 1639, 1653
非青	6625	费道罗夫	13173
菲奥里洛	12466	费迪南·瓦尔德米勒	6890
菲顿	5762	费迪南德·皮特里	619
菲尔德	451	费多洛夫	13025
菲尔德兹·萨米埃尔·莱库	6887	费尔南多·博特罗	6809
菲尔定	13227	费尔森	7057
菲菲	10584, 10686	费范九	1270
菲里勃夫	13261	费庚吉	1051
菲里莫夫	13256	费古洛夫斯基	13253
菲力浦·杰米森	1170	费行方	12490
菲利保夫	13253	费华	8803, 9304
菲利浦·霍索恩	12526	费慧茂	1472
菲利浦·科特勒	211	费加	3910
菲利普·K·狄克	5735	费嘉	5613, 5624, 5712, 5736, 6013
菲利普·迪克	6583	费静波	13187, 13190, 13194, 13314
菲利普·古得雷	7057, 7058	费俊库	13237
菲钦	6896	费凯玲	395
菲恩	8747	费克	11471, 12092
肥东县"革命委员会"政工组	5146	费兰宁	1260
肥遁庐	8054	费礼文	13229, 13241
肥遯阁	1639	费龙翔	3796, 4978, 5006, 5013, 5052, 5079, 5093,
肥遯庐	1568, 1572, 1647, 1648		5136, 5299, 5382, 5391, 5627, 5679, 5727,
斐利兰德	101		6153
斐露丝	10192	费罗内	6946
斐仕	6485	费敏璋	5248, 5557
斐文璐	3974, 4821	费明修	6289, 6295, 6305
斐问春	5839	费穆	12906

作者索引

费宁格	8762	费瀛	7196
费诺格诺夫	012	费约翰	050
费佩德	12437	费丈麓	8823
费平	10573	费正	1819, 2356, 2595, 2749, 2753, 2769,
费庆富	8954		2778, 2780, 2821, 2841, 3202, 3293, 3361,
费善庆	1494, 1495		3364, 3815, 3881, 3908, 3927, 3932,
费声福	3070, 4934, 4982, 5028, 5046, 5067, 5069,		3938, 3939, 3971, 8674, 10424
	5073, 5085, 5101, 5119, 5137, 5309, 5412,	费枝	5130
	5543, 5566, 5675, 5751, 5758, 5809, 5882,	费中浩	628
	5896, 5899, 6067, 6303, 6353, 6362, 6371	费著	1026, 1528, 1529, 10199, 10344
费师洪	8523	芬克	6801
费氏	1622	芬克斯坦	196
费陀洛娃	13250	芬奇	474, 6774, 6854
费维国	6661	坟台"人民公社"剪纸创作组	3537
费文麓	4208, 4241, 4397,	坟台"人民公社"剪纸创作组	10669, 10670
	5631, 5636, 5640, 5676, 5687, 5715, 5717,	汾飞	5309
	5728, 5737, 5743, 5751, 5766, 5846, 5866,	奋水	5289, 5490, 5552, 6277, 6279
	5955, 6248, 8809, 8810, 8811, 8812, 8814,	丰陈宝	001, 102, 3518, 3519
	8815, 8845, 8846, 8849, 8852, 9005, 9028,	丰城县毛泽东思想宣传站	3174
	9122, 9228, 9229, 9230, 9231, 9232, 9233,	丰耳	1082
	9234, 9237, 9254, 9408, 9461, 9551, 9590,	丰坊	777, 7187, 7198, 8095
	9696, 9842, 9948, 9950, 9951, 9953, 9957,	丰丰	11716
	10055, 12829, 13106, 13110, 13116	丰华	5800, 6117, 6135, 7459
费晓楼	1609, 1618, 1628, 1633, 1659, 1680, 1681,	丰华瞻	096
	2019	丰建	6156
费歇尔	12473	丰力	6016
费欣	6896	丰明高	8787
费新碑	458, 4687	丰效渔	3321
费新我	682, 1095, 1200, 1427, 1729, 1742, 2850,	丰一吟	137, 194, 477, 478, 1220, 3518, 3519,
	2923, 2927, 4872, 4887, 7259, 8139, 8144,		8127, 8195, 11939
	8161, 8164, 8175, 8186, 8327, 8425, 10241	丰艺兵	5287
费怡	2513	丰兆民	3858, 3916
费以复	1103, 2713, 2731, 2733	丰中铁	1276, 3022, 3026
费义	1116	丰子恺	002, 004, 008,
费义复	1116		010, 083, 084, 089, 090, 096, 102, 137,

169, 170, 173, 194, 206, 207, 307, 471, 472, 478, 485, 500, 502, 513, 569, 600, 1218, 1358, 1437, 1841, 2429, 2488, 3390, 3391, 3392, 3393, 3394, 3395, 3396, 3397, 3398, 3399, 3400, 3401, 3403, 3404, 3407, 3408, 3409, 3410, 3411, 3414, 3415, 3416, 3420, 3427, 3441, 3450, 3479, 3518, 3519, 4871, 6603, 6931, 7024, 8195, 11364, 11430, 11543, 12459, 12485, 12487, 13000

风村　5041

风帆　5521

风岗　6947

风格　12998

风华　10077

风雷　3348

风雷激　3162

风鸣　6717

风雨楼　1271, 1566, 1567

风筝　9569

枫波　11796, 11802, 12141

枫帆　6178

枫华　9140

枫狂　10080

枫坤　5355, 5356, 5779, 5812, 5935, 5997, 6140

枫林　5547

枫牧　5789

枫杉　9548

枫叶　5821, 6060, 9466, 9467

枫叶红　6564

封保棋　8502

封楚方　1171

封大受　8486

封德屏　10676

封桂荣　12847

封开县文化局《民兵的儿子》连环画创作组 5321

封敏　13064, 13155, 13188

封秋昌　5195, 5227, 5265, 5563, 5777, 5967, 6062

封顺　12833

封思孝　1170, 2949, 2959

封为　6487

封小明　7714, 8939

封兴昌　2569, 2579, 2582, 4271

封一函　584, 12391

封永清　9823

封云清　395, 8811, 9006

峰山　6190, 6200

峰艺　12101

烽明　4900

锋刃　3873

鄂中铁　1203, 2999, 3002, 3009, 3014, 3028, 3059

冯·O.沃格特　464

冯爱国　2250, 2582, 2675

冯白鲁　13241, 13244

冯白霞　4926, 4927

冯班　7265, 8016, 8021, 8047

冯宝诚　3083, 3099, 3599, 5017, 5106, 5116

冯宝佳　7298, 7367, 7368, 7371, 7373, 7376, 7377, 7421, 7449, 7470, 7517, 7520, 7524, 7531, 7533, 7551, 7559, 7562, 7568, 7572, 7574, 7600, 7605

冯宝秋　6062

冯葆光　8508

冯报新　6672

冯碧华　12572, 12623, 12654

冯斌　6372, 6630, 6631, 10401

冯炳文　1149

冯波　1110, 1123

冯昌年　5944

冯长江　2175, 3980, 5382

作者索引

冯超然	1708, 1719
冯陈善奇	422
冯成明	6175, 6188, 6189, 6199
冯诚	11999
冯承辉	8443, 8444, 8448, 8453, 8455, 8488, 8504
冯承素	7822, 7825, 7838, 7840, 7850, 7851, 7859, 7862, 7894
冯楚花	1593
冯春	4345, 4445, 4446, 7062
冯春明	10580
冯春圃	8503
冯春扬	4978, 4981, 4996, 5070, 5131
冯聪英	6513, 6514
冯村	5015, 5541
冯大彪	8233, 8246, 8291
冯大海	10279
冯大中	1341, 1431, 1441, 2233, 2688, 2702, 10033
冯丹	12520, 12530
冯导	3925
冯德钢	12221
冯德明	10367
冯德新	2148, 4794, 4855, 4858, 4859
冯德英	5123
冯登府	1053
冯登源	5762
冯登紫	8580
冯殿忠	7507, 7599
冯东亭	2751
冯东振	4278, 4368, 4460, 4468, 4538, 4600, 4623
冯对生	3949
冯法祀	1383, 1414, 2799
冯斐	8812, 8818, 9347, 9544, 9804
冯斐选	6623
冯峰	12663
冯锋	5377, 5474, 5549, 5587, 5654, 5696, 5892, 6104, 6125, 6126, 6132, 13293
冯复加	5552, 5628, 5640
冯庚梓	5813
冯冠军	6031
冯贯一	244
冯光钰	11532, 11754, 12965
冯光远	13147, 13202
冯贵才	5954, 6084, 6295, 6329
冯贵林	2200
冯国定	8649
冯国林	4512, 4569
冯国琳	2114, 2358, 2395, 3599, 3618, 3639, 3640, 3676, 3724, 3771, 4026, 4045, 4069, 4082, 4205, 4230, 4347, 4381, 4447, 4607, 4690, 4918, 4952, 4995, 5114
冯国勤	863, 1148
冯国伟	2894, 5344, 5351, 5593
冯国寅	13184
冯国语	2091, 7445, 7452
冯国增	5017
冯国柱	3599, 3754, 4274
冯海林	12348
冯海荣	5627
冯汉	1287, 7242
冯汉纪	10141
冯汉平	12096
冯和光	12653
冯和平	5461
冯贺军	8611
冯鹤亭	2070, 2089, 3206
冯宏来	12886, 12888, 12894
冯厚蛙	6752
冯华	811
冯怀荣	2745, 2821, 5405, 5595

中国历代图书总目·艺术卷

冯辉	1518		3963, 4051, 4113, 4135, 4175, 4247, 4264,
冯慧明	6456		4309, 4387, 4476, 4518, 4550, 4560, 4569,
冯活泉	12437		4585, 4678, 4696, 4701, 4713, 4750, 9779,
冯吉令	4903, 4963		10304
冯纪新	10383	冯介安	8594
冯际罡	13084	冯界桥	8592
冯济泉	8315	冯金伯	758, 845
冯继红	10617	冯金昌	3902
冯继先	12405	冯金玲	5598
冯骥才	262, 263, 1346, 1348, 2120, 2212, 3509,	冯金茂	10360, 10363
	5249, 5310, 5517, 5684, 6158, 6195, 6196,	冯金堂	4929
	8304, 8308	冯津	846
冯家广	3375	冯尽善	7223
冯家骥	1154	冯进	9254, 9485, 9782, 9910, 10005, 10089
冯稼	10663	冯晋彪	8242
冯戡斋	11931	冯京第	1032
冯建福	1370	冯景昶	7265
冯建华	10620, 10621	冯景泉	6238
冯建基	7654	冯静丽	5954
冯建逵	2883	冯静之	9350, 9373, 9531, 9552, 9562, 9579, 9966,
冯建亲	3251		10019, 10042
冯建吴	905, 1934, 2197, 2324, 2632	冯九禄	6760
冯建辛	5326, 5729	冯开	8039
冯建新	8710	冯凯	13318
冯健乐	11525	冯康侯	8582
冯健男	5511, 5726, 5997, 6124, 6366, 6552, 6588	冯科	5040
冯健亲	153, 558, 1108, 1123, 1418, 3079, 3086,	冯雷	1245
	3112, 3120, 3128, 3142, 3145, 3150, 3210,	冯黎明	101
	3311, 3338, 3339	冯力	3780, 3801, 4014, 4076, 4130, 8971, 9910,
冯健辛	3791, 3826		10005, 10088
冯椒生	2770, 3310, 5542, 5999, 6240, 6326, 6413,	冯立	579
	6457	冯立三	5677
冯节	5618	冯丽	6630
冯杰	587,	冯莉	1178
	633, 1960, 2037, 2390, 3385, 3900, 3931,	冯联承	2884, 7517, 8239, 8347, 8581

作者索引

冯苓植	6338	冯庆国	1942, 4171, 4225, 4371, 4638, 6115
冯零	12348	冯庆矩	4410
冯刘成	8646	冯庆炬	4276
冯柳溪	12560	冯庆钜	4420, 10027
冯隆梅	2107, 2394, 4676, 4793, 4803, 4814, 4827	冯秋萍	10346
冯罗铮	111, 10217	冯趣园	1472
冯洛	5017	冯铨	7728
冯梅	10321, 10331	冯如玠	8533
冯梦龙	3450, 4912, 5129, 5458, 5543, 5581, 5690,	冯如兰	2506
	5763, 5792, 5799, 5808, 5816, 5846, 5963,	冯汝觉	12184
	6093, 6099, 6327, 6345, 6347, 6387, 6404,	冯锐	7643
	6429, 6433, 6434, 6441, 6485, 6501, 6502,	冯若梅	4920, 4986, 5010, 5043, 5080, 5108, 5444,
	6533, 6534		5551, 5598
冯敏	6476	冯三羊	6741
冯明	2887, 5926, 7098	冯少佳	11508, 12042
冯明洋	11730	冯少先	12311, 12312
冯明义	12908	冯绍宗	13017
冯鸣	5794, 6047, 6060, 6075, 6186, 6216	冯申	043, 065
冯墨农	4917, 4963, 4985, 5057, 5074, 5417, 5423,	冯声	10033
	5436	冯石甫	2249
冯墨石	2249	冯土埃	8517, 8520
冯乃恩	421	冯世全	11514
冯能保	043, 480	冯守国	10390
冯念康	6684, 6686	冯守棠	697, 2583
冯培山	3085	冯书根	7540, 8268
冯鹏生	1065, 1217	冯淑明	10554
冯平	6336	冯淑荣	2440, 2441
冯凭	319, 1307, 1510, 1934, 2175, 2493, 2495,	冯淑蓉	4600
	2864, 6720	冯淑生	5460
冯萍	3675, 3682, 3808, 3942	冯淑英	4764
冯其庸	2282, 8562, 8960	冯淑真	4764
冯琪	12104	冯树丹	12781
冯倩	2679	冯恕	1061
冯青	12669	冯双白	12580
冯倾城	2334	冯松	12782

中国历代图书总目·艺术卷

冯颂媛	1271	冯向杰	1118, 1173, 2324, 2870, 2880, 2889, 2940,
冯速	6083		3278, 4084, 7322
冯遂川	2525	冯小翠	4928
冯涛	7435, 7448	冯晓	102, 531, 5648, 6545
冯天瑜	6428	冯晓飞	12134
冯铁铸	088	冯笑	6091, 6277
冯廷仪	5953	冯啸	6309
冯同军	5916, 5936, 6018, 6021	冯新广	5315, 5722
冯薇	6245, 6246, 6262	冯信群	1162
冯伟	5322, 6356, 6551	冯秀昌	12605
冯伟烈	9821, 9949, 10028	冯秀梅	5286
冯炜烈	162, 565, 9141, 9303, 9317, 9318, 9320,	冯旭文	13136
	9821, 9872, 10050	冯绪民	1129, 1133
冯卫民	7069, 7070	冯学敏	8960, 8980, 9424, 9559
冯文	9962	冯雪峰	13200
冯文彬	5970	冯衍斗	7319
冯文魁	8482	冯艳萍	1077
冯文声	5880	冯雁	4275
冯雯	5287	冯燕	6877
冯武	7212, 7213, 7214, 7263	冯一夫	5397, 13242
冯锡宽	8583	冯一鸣	877, 948, 2566, 3074, 3138, 3143, 3616,
冯锡鎏	5266		3656, 3691, 10464
冯锡阊	8497	冯一平	9081, 9451, 9714
冯习中	6637	冯一妹	2102, 4800
冯习忠	3715	冯贻玺	10334, 10381
冯霞	3191, 3193, 5419	冯忆南	3281, 3339, 3357, 3361, 3873, 3965,
冯仙湄	836, 846		6036, 6137, 6473
冯先铭	416, 430	冯亦吾	7163, 7192, 7238, 7258, 7263, 7287, 7331,
冯娴	11417, 12118, 12119, 12132		8255
冯显通	3103, 3104, 3118, 3126, 3127, 3688, 3731	冯益信	2454
冯宪章	005	冯毅	1487, 2146, 2444, 2451, 2476, 4801, 4816,
冯香生	6777, 6917, 6919		4851, 8226
冯湘一	363, 1069	冯毅夫	13237
冯骥才	6008	冯翼	6293, 6297, 6333, 6336
冯祥伦	2249	冯懿有	10395

作者索引

冯印	8503	冯越	5296
冯英杰	1994, 2324, 2438, 2681, 3771, 4179, 4290,	冯云鹏	8456
	4368, 4537, 4546, 4600	冯云鹇	8456
冯永杰	5330, 5499, 5938, 6345	冯运榆	881, 1310
冯勇	2476, 4816	冯韵文	13318
冯由礼	6808	冯增春	4905, 5102
冯友仁	9141	冯增木	1066, 2233
冯有康	3840, 3920, 6638	冯展	201, 10140
冯瑜	8040	冯兆年	8520
冯宁	7140	冯兆平	3056
冯玉才	11939	冯哲强	6466
冯玉衡	1603	冯真	3135, 6570, 6938
冯玉璋	5521, 5611	冯振国	2965, 3813, 5297, 5397
冯玉琪	2785, 2787	冯振凯	250, 7352, 7671
冯玉麒	2732	冯正健	3879
冯玉如	5904, 5989	冯正梁	3270, 5379, 5507, 5536, 5641, 5885, 5966,
冯玉太	5293, 5657, 6490		5979, 6096, 6112, 6141, 6156, 6261
冯玉堂	12990, 12991	冯正曦	7718
冯玉薇	4084, 6286	冯之丹	10131
冯玉祥	2921, 8648, 11483, 12438	冯芷	3112, 3121, 3142, 3145, 3150, 3156, 3157
冯玉祥题	2847, 2848	冯志	4890, 5761
冯玉照	9108	冯志超	4900
冯育坤	5500	冯志臣	5549
冯育楠	6044, 6050, 6058, 6080, 6128, 6139, 6156	冯志福	8248, 8394
冯煜泰	5932	冯志刚	13206
冯豫	8865	冯志明	6723
冯元君	4152	冯志奇	6281, 6307, 6323, 6330
冯元魁	5349	冯志忠	5201, 5348
冯沅君	12752, 12754	冯志舟	9316
冯源	6177, 6178, 6185, 6195, 6196, 6297, 6301,	冯治华	4387
	6428, 6450, 6464, 6507	冯中衡	2958
冯远	823, 882, 1693, 2175, 2368, 2914, 3925,	冯中一	6362
	5233, 5259, 5296, 5310, 5344, 5353, 5442,	冯忠莲	692, 697
	6020, 6117, 6311, 6338, 6401, 6434, 6435,	冯淳	1717, 12425
	6593	冯琢玙	384

冯子存	12169, 12264, 12270	佴起鸣	6404
冯子存传	12263	佛·巴姆	5486
冯子润	5248, 5390, 5668, 5842, 5991	佛尔法特	12462
冯子样	3113, 3628	佛莱德里克·莱顿勋爵	6889
冯自远	4901	佛莱克纳	504
冯字锦	4196, 4206, 4288, 4289, 4296, 4581, 4703	佛朗苏瓦·马蒂	575, 578
冯宗陈	8571	佛理采	006
冯作海	5329	佛洛伊德	6815
冯作民	176, 576, 592, 597	佛山大学石湾陶瓷艺术研究课题组	8663
逢小威	9710	佛山地区"革委会"政工组文艺办公室《谷场风	
逢真	4912, 5012	波》创作组	5199
逢之	6059	佛山地区"革委会"政工组文艺办公室《海英》	
凤宝	8595	创作组	5175
凤池	4912	佛山画院艺术委员会	1370
凤村	4980, 5020, 5055, 5535	佛山市"革命委员会"政工组文艺办公室	279
凤家骐	13070	佛山市毛泽东思想宣传站	3187
凤金	5961	佛西	11560
凤君	6041	佛子岭水库工程政治部	11578
凤立	7554	夫耕	2078
凤林	3765	夫龙	586, 7648
凤玲	7499	夫龙工作室	1134
凤琴	5565	夫拓	8761
凤庆县民委	12271, 12349	夫婴	6454, 6464, 6710, 6729
凤山	5841, 5919, 6018	夫直	5908
凤威	13299	弗·波波娃	4918
凤炜	1328	弗·杜仑马特	5462, 5545
凤阳县文化局	11806	弗·加维安尼	12503
凤玉	5137	弗·威·约·封·谢林	052
凤子	12722	弗拉戈纳尔	6811
奉黄	9379, 10040	弗拉哥纳尔	6885
奉节县《三峡哨兵》创作组	5234	弗拉基米尔斯基	13252
奉岚	6168	弗拉维奥·孔蒂	181
奉新县"革命委员会"政治部	1803	弗拉耶尔曼	4917
佴贵德	4060, 4372, 4509	弗莱格尔	12394
佴丽	11479	弗莱明	183

作者索引

弗莱什	12465, 12466, 12467, 12546	弗米尔	6858
弗懒伊	527	弗密	8074
弗兰契娜	197	弗尼斯	6929, 7020, 7021, 7025
弗兰切斯卡·卡斯特里亚	1085	伏琛	3448
弗兰西斯卡	12465	伏尔夫	13258
弗兰西斯卡蒂	12466, 12467, 12545, 12546	伏见冲敬	7667
弗兰兹·马克	6810	伏景春	8513
弗朗茨·沃尔法特	12478	伏尼契	5490
弗朗甘	7036	伏文彦	2267, 2650
弗朗卡斯泰尔	582	扶今	5788
弗朗康墨	12461	扶余县文化馆集体创	10673
弗朗索瓦·布歇	6860	浮沉	4300
弗朗索瓦·马丹·卡弗尔	6891	浮士德	1217
弗朗索瓦·米勒	6847	符·符·巴符洛夫	026, 052
弗朗西斯·斯帕尔丁	374	符·符尔契克	13257
弗朗西斯科·德·苏巴朗	6868	符·苏介叶夫	7031
弗朗西斯科·卡斯特利亚编	6881	符·莎茨卡娅	12442
弗朗西斯科·祖尼加	8675	符冰	5786, 6204, 6210, 6267, 6284, 7523, 7525,
弗朗肖姆	12461		7528, 7532, 7534
弗雷德里·洛德·莱顿	6887, 6889	符丙钦	5261
弗雷德里克·詹姆逊	12709	符超军	3379
弗雷里赫	13047	符公望	11553, 11938
弗雷兹	13260	符光耿	3561, 3588, 3595, 3819, 4018, 4025,
弗里德古德	579		4100, 4222
弗里德利希·杜仑马特	5463, 5590	符国平	1351
弗里德利希·杜伦马特	5595	符海珍	5951
弗里奇	13252	符号	8913
弗里特金	12442	符洪	8405
弗理曼	358	符骥良	8463, 8591
弗理契	006	符久长	4627
弗烈齐阿诺娃	12694	符拉齐米尔·弗理契	006
弗林	1099	符罗飞	2848, 2932
弗鲁贝尔	6901	符茂炎	5412
弗伦德	8695, 8697	符宁	9732, 9736
弗洛伊德	6828, 6877	符启文	3845

符泉生 6807
符实 7917, 7918, 7919
符仕柱 3070, 3107, 3110, 3116, 3124, 3144, 3664, 3684, 4239, 6747
符翁 8518
符显积 11725
符显然 7476, 7495, 7530
符象贤 1993
符易本 1450
符曾 754
符镇国 5133
福安县文化馆 497, 11690
福宝琳 12972
福岛宏之 7140, 7142
福岛宏志 7139
福尔倍 122
福国 2610
福建画报社 8890, 8985
福建教育出版社 11714
福建美术出版社 1117, 2681, 2682, 2683, 2684, 2685, 2686, 2687, 2689, 2690, 2691, 2692, 2845, 2957, 6893, 7981, 8661, 9489, 9490, 9491, 9492, 9493, 9494, 9495, 9496, 9497, 9499, 9500, 9501, 9502, 9504, 9506, 9507, 9767, 9768, 9769, 9771, 9772, 9773, 9774, 9913, 9914, 9915, 9916, 9918, 9919, 9920, 9921, 10006, 10007, 10008, 10091, 10093, 10121, 10169, 10170, 10270, 10557, 10558, 10637, 10638, 10639
福建美术教育研究会 322
福建南安郑成功碑林筹建委员会 8259
福建前线空军部队政治部 3136
福建青 5376
福建人民出版社 440, 2783, 3756, 4051, 4108, 4341, 5480, 5510, 6748, 7259, 7652, 8650, 8660, 8930, 10415, 10643, 11593, 11614, 11626, 11635, 11636, 11640, 11650, 11651, 11788, 11908, 12020, 12122, 12610, 12639
福建人民出版社美编室 10665
福建人民出版社美术编辑室 10665
福建人民出版社文艺编辑室 11769
福建人民广播电台文艺部 11472, 11614, 11615, 11697, 11916, 11970
福建日报社 2247
福建省"革命委员会"文化局 11862, 11863, 12125
福建省"革命委员会"文化局革命歌曲征集小组 11792
福建省"革命委员会"政治部文化组革命歌曲征集小组 11662
福建省出版对外贸易公司 8569
福建省出版总社 2173
福建省地震局 3459
福建省地震局科技监测设计处 10266
福建省对外经济贸易委员会 2230
福建省福安县文化馆 11456
福建省"革命委员会"文化局 12124
福建省计划生育领导小组办公室 3276, 9279, 9281
福建省教育出版社 10494
福建省教育厅 1303
福建省晋江专区戏剧剧协会莆田县分会 12117
福建省抗敌后援会 11374
福建省考古博物馆学会 8652
福建省梨园戏实验剧团 12933, 12934
福建省梨园戏实验剧团合 12931
福建省立音乐专科学校编译室 11934
福建省龙岩地区地方志编纂委员会组织 12955
福建省龙岩地区文化局 12955

作者索引

福建省龙岩县文化局	11797	福建省戏曲研究所	12692, 12758, 12843, 12935
福建省旅游局	10509	福建省新闻图片	9281
福建省美术家协会水彩画会	2480	福建省新闻图片社	10428
福建省美术教育研究会	322, 2313, 2317, 2910,	福建省艺术研究所	346, 10687, 12935, 12936
	2911, 2912, 2913, 2915, 2917, 2918, 2920,	福建省音乐工作者	11576
	2921, 6767, 6768, 6769, 6770, 8324	福建省音乐工作组	11576
福建省闽南实验剧团编剧组	13229	福建省音乐家协会	11532
福建省闽涛书画研究会	2285	福建省藻类养殖总场	4923
福建省莆田县人民政府	2255	福建省漳州市统一祖国书法篆刻展览筹委会	
福建省轻工业厅手工业局	10229		8179
福建省泉州地方戏曲研究社	12934	福建省政协书画室	2397
福建省群众艺术馆	11599, 11607, 11770, 11771,	福建省智识青年志愿从军征集委员会宣传科	
	12057, 12113, 12117, 12328, 12341,		11381
	12343, 12402	福建省中等师范学校美术中心教研	1147
福建省人大常委书画室	2021	福建省中等师范学校美术中心教研组	493, 1189
福建省商标事务所	10380	福建省中师美术中心教研组	1371
福建省邵武市人民政府	8957	福建师范大学美术系	133
福建省手工业管理局	8629	福建师范大学音乐系艺术实践教研室	12798
福建省书法家协会	8327	福建师范学院外语系	11448
福建省统计信息咨询服务中心	10495	福开森	1477
福建省统计学会	10495	福克斯·爱德华	7066
福建省团委会	11581	福兰克·J·罗斯	186
福建省卫生厅卫生宣传教育所	3099	福明	5322
福建省卫生厅卫生宣教所	3113	福赛斯	5751
福建省文化局	10665, 11796, 11799	福生	11720
福建省文化局革命歌曲征集小组	11792	福顺	2127, 2139, 4780, 4798, 4814
福建省文化局音乐工作室	11466, 11468, 11686,	福斯卡	579
	11792, 11793	福特	13185
福建省文化局音乐工作组	11403, 12105	福图纳托夫	12470
福建省文化厅少儿工作室	12635	福信	9340
福建省文联	11400, 11569	福义	8849
福建省文学艺术工作者联合会	11769	福音书房	12441
福建省文学艺术界联合会	3402, 11393, 11532	福州部队业余文艺演出队	11435
福建省武夷山管理局	8946	福州雕刻厂《长征组雕》创作组	8649
福建省戏剧家协会	12935, 12936	福州雕刻工艺品总厂	8636

福州红湖电影院	3196	付春荣	4891
福州画院	2201	付德全	12625
福州军区政治部文工团	12589, 12648	付东	9532
福州闽剧院	12923	付翰清	2107
福州十邑旅港同乡会	2115	付建忠	12389
福州市地震办公室	10266	付进	6651, 6654, 6658, 6663
福州市会场组	3247, 5242	付晶	12235
福州市文学艺术界联合会	1354	付久常	4448
福州市学校系统下乡上山创作	11626	付昆	5833
福州市影剧系统"革委会"幻灯组	5197	付丽茹	9999
福州市政协	8247	付莲英	6114
福州寿山石研究会	8655	付林	11508, 11925, 11968
福州运输总站	5133	付凌云	3621, 5607
抚今	6005, 6041	付鲁沛	4117, 4166, 4175, 4228, 4243, 4260, 4263,
抚顺龙凤矿宣传组	5170		4268, 4415, 4428, 4467, 4475, 4495, 4499,
抚顺石油一厂工人业余美术创作组	5320		4500, 4504, 4526, 4544, 4576
抚顺石油一厂工人业余文艺创作组	5277, 5320	付鲁佩	1932
抚顺市建二公司	3187	付佩玙	13250
抚顺市雷锋纪念馆	3196	付朋志	6038
抚顺市群众艺术馆	3303, 11443, 11605	付鹏志	6017
抚顺市文化局	11454	付平平	9593
抚顺市戏曲志编辑部	12778	付启荣	1835, 1843
抚顺市宣传画学习班	3249	付启中	3219, 3355, 5747
抚州市毛泽东思想宣传站	3202	付维勒	9571
抚州专区"革委会"宣传组	5148	付文星	3355, 3364
甫仑	6275	付显瑜	6374
甫元	5605	付湘橘	6562
釜丹	4621, 4649	付小燕	10584
辅仁大学织品服装学系	10277, 10278	付新生	4733
辅仁大学织品服装学系编委会	10278	付秀英	1114
付百忍	4083, 4197	付义	563
付宝印	7590, 7594, 7597, 7599	付义民	6320, 6321, 6337
付炳崇	11707	付玉林	4341, 4351
付波	2122	付元钰	10686
付伯星	5580, 5581, 5611, 5764, 5906	付志勇	135

作者索引

阜城县文艺创作组	5208	傅笔抗	2934, 3909
阜新蒙古族自治县蒙古语文办公室	12142	傅必亮	9293
阜新市毛泽东思想宣传站	3014	傅冰云	5233
阜新市人民委员会文化科	11779	傅炳奎	2593
阜新市书法家协会	8246	傅波	7492, 7496
阜阳地区"革命委员会"政工组	5164	傅伯星	4960, 5574, 5584, 5588, 5673, 5680, 5727,
阜阳地区文化局	10675		5732, 5757, 5768, 5864, 5876, 5882, 5925,
阜阳县文化馆美术组	3764		5973, 6004, 6013, 6015, 6031, 6047, 6050
阜阳专区文学艺术工作者联合会	10671	傅伯言	8327
阜阳专区文学艺术工作者联合会美术组	3537,	傅博	10616
10669, 10670		傅长虹	5553
赴疆	3135	傅长顺	2350, 5277
复旦大学分校中文系《大学书法》编写组	7267	傅超群	4954
复旦大学新闻系	8721, 8722	傅超武	5093, 13243
复旦大学新闻系新闻摄影教研组	8732	傅潮波	4147, 4188
复旦大学中文系资料室	256	傅成兰	12772
复旦附中摄影学会	8917	傅传令	3811
复旦影片公司	13288	傅春方	5523
复盛	2370, 4632	傅春华事迹宣传组	3202, 5173, 5198
复县宣传馆学习班	3233, 3247	傅春江	6530, 6544
复县宣传画学习班	3233, 3239, 3240, 3242, 3248	傅春荣	4902
傅爱国	108	傅聪	10520
傅保中	13184	傅大伟	6377, 7136
傅抱石	090, 243, 474, 496, 570, 571, 574, 597,	傅大伟英	6377
	622, 679, 864, 865, 918, 921, 1202, 1203,	傅大卣	8542
	1277, 1278, 1319, 1322, 1430, 1439, 1507,	傅丹	5783, 6020
	1727, 1729, 1731, 1735, 1738, 1739, 1745,	傅德全	12646, 12663
	1750, 1752, 1753, 1765, 1767, 1771, 1772,	傅德雍	7626, 10367, 12983
	1788, 1789, 1790, 1791, 1792, 1793, 1794,	傅东岱	11977
	1796, 1797, 1798, 1803, 1805, 1855, 1888,	傅东光	8087
	1897, 1900, 1934, 1986, 2009, 2032, 2037,	傅东华	6336
	2176, 2194, 2201, 2325, 2357, 2417, 2418,	傅东黎	1144, 1158, 1195, 2907
	2620, 2622, 2686, 2857, 2873, 4308, 6747,	傅东星	3791
	6776, 6839, 10205, 10206	傅锋	5127, 13244
傅抱石纪念馆	2325	傅锋原	4877

中国历代图书总目·艺术卷

傅二石	1925, 2454, 6824	傅嘉珲	10200
傅福强	9971	傅嘉仪	391, 8151, 8172, 8343, 8559, 8565, 8582, 8593
傅甘霖	12756		
傅庚辰	11522, 11923, 11973, 12136, 12165, 12205, 12229	傅建诚	12845
		傅建民	5544
傅耕野	2325	傅建中	6018
傅公钺	8894	傅杰	5393, 5535, 5917, 5943, 5953, 6007
傅光明	2283, 8280	傅金福	8829, 8968
傅国华	7275, 10351	傅金铨	770
傅国基	3583, 3647	傅金声	10558
傅国庆	3958	傅金雨	3221, 3276, 3861
傅国忠	7012	傅谨	457, 12705
傅汉清	6055	傅晶	11522, 11672, 11675, 12159, 12205
傅和鸣	12990, 12991, 12996, 12997	傅敬恭	5504
傅鹤鸣	8680, 8714, 8715, 8716, 8717, 10130	傅靖生	5479
傅恒	8026	傅举有	420
傅弘	6041	傅军	5800
傅红旗	9449	傅俊山	1131
傅红展	8087, 8092	傅骏	5595, 5859, 12945, 12959
傅宏壁	8619	傅凯	10701
傅泓	1088	傅拉瑟	8704
傅洪生	4953, 4965, 4990, 4992, 4996, 5009, 5011, 5013, 5014, 5022, 5033, 5049, 5055, 5071, 5095, 5096, 5118, 5123, 5124, 5210	傅乐星	3848
		傅雷	011, 012, 515, 516, 572, 1375, 8603, 8609
		傅立邦	3895
傅洪声	4986, 5049	傅立新	13148
傅鸿	4988	傅丽霞	10393
傅鸿展	8086	傅良才	8240
傅华	10597	傅琳	1844, 5951, 6080
傅华强	12318	傅曙安	1706
傅焕	934	傅玲	6023, 6048, 6174
傅混蒙	8457	傅凌云	4939, 4955, 4963, 5032, 5113
傅慧雄	6189, 6293, 6344	傅鲁沛	2357, 2609, 4097, 4368, 4419, 4425, 4500,
傅慧仪	13164		4562, 4576, 4581, 4625, 10449, 13103
傅继英	3521, 3522	傅录用	8240
傅家宝	2249, 8147	傅懋绩	9261

作者索引

傅梅影	2112, 2176, 2532	傅申	7156, 7361
傅敏	012, 516, 8603	傅生	6202
傅明鉴	12317	傅胜发	4898
傅乃琳	1116, 2713, 2798	傅胜癸	13238
傅念屏	1186	傅胜利	3869
傅宁	5353	傅诗基画面复	10228
傅庞如	7159, 8574	傅石霜	2537
傅佩珩 13251, 13254, 13255, 13256, 13260, 13261		傅士荣	8962
傅佩泽	1855, 2363, 3946	傅世芳	864
傅朋志	4999	傅杖	8454, 8519
傅其伦	8276	傅书中	2546
傅启源	622, 623	傅曙光	8905
傅启中 3231, 3269, 3277, 3285, 3312, 3533, 3586,		傅漱石	902
3990		傅肃雍	13033
傅起凤	12989, 12993, 12996, 12998, 12999	傅腾龙	12989, 12990, 12992, 12993, 12994,
傅起武	13234		12997, 12998, 12999, 13007, 13008
傅强	1403, 8774	傅腾霄	096
傅青主	8077	傅天仇	296, 8602, 8605, 8616, 8631
傅庆信	9122	傅天奇 6743, 10240, 10242, 12984, 12985, 12986,	
傅磬	11529		12987
傅全香	4105, 12940	傅天正	12985, 12986, 12987, 13003
傅泉	11747	傅廷敏	12628
傅仁杰	12780	傅廷煦	1254, 8598, 10292
傅蓉	11730	傅彤	5251
傅儒	1987, 4716	傅伟君	6226
傅汝吉	462	傅文刚	2411
傅瑞亭	8315	傅文金	5493, 5548
傅若云	3070	傅文鲁	5673
傅森	3840	傅文卿	8514
傅山	1645, 1657, 2634, 8015, 8021, 8033, 8037,	傅文燕	6856
	8041, 8053, 8054, 8055, 8058, 8066, 8067,	傅文瑜	8750
	8069, 8075, 8077, 8078, 8082, 8084, 8089,	傅文章	7555
	8090, 8093, 8099, 8163	傅希林	1395
傅尚逵	031	傅惜华	3030
傅尚媛	1188	傅溪鹏	5456, 5847

傅熹年	293, 417	傅增湘	8129
傅显菁	6047	傅璋	2569
傅显渝	6327	傅昭勋	9815, 9991
傅祥玲	12139	傅真忻	5763
傅小石	2037, 2050, 2233, 2396	傅振伦	386, 10640
傅小钟	1066	傅振欣	10031
傅晓航	12697	傅正明	12704
傅晓男	7615	傅正义	13270, 13272
傅晓申	5347	傅植桂	1108, 2733, 3279, 3927
傅欣	8905	傅志良	6644
傅新民	8646	傅志强	038, 126
傅新生	10143	傅志旺	4922, 4924, 4959, 4965, 4975, 5023, 5038, 5059
傅雪漪	12053, 12062, 12847		
傅亚	13238	傅治森	3243
傅炎兴	6529	傅中枢	12666
傅彦长	003	傅忠谟	406
傅彦雯	6084	傅周海	2873
傅姨风	7300, 7368	傅子润	6181
傅扬	387, 5969, 10664	傅自立	4942, 4989
傅杨	9660	傅佐维	5370
傅尧笙	2218, 3836	傅作仁	3013, 3655, 10688
傅耀华	8233	富察铸卿	2176
傅耀馨	5830	富春	13124
傅叶	6502	富春江画报	6052, 6053, 6088, 10453, 10466
傅以达	12777	富春江画报社	7035
傅以新	2249, 6022, 7300, 7367	富尔曼诺夫	6548
傅义民	3846	富丰玉	10280
傅益璇	4043	富刚	5273, 5328
傅涌泉	5064	富国强	4586
傅玉兰	2817, 10583, 10597, 10606	富华	1673, 1674, 1684, 10485
傅玉泉	5540	富家珍	2179
傅郁辰	13142	富樫义博	7129, 7130, 7131
傅元宏	10618, 10619	富晋书社	7662
傅责	6455	富澜	13004, 13031, 13047, 13158, 13208, 13273
傅泽淳	12597, 12611, 12922	富勒	030

作者索引

富敏	13134, 13212	《工人日报》美术组	5141
富鹏志	3586, 3600, 5058	《共产主义战士杨水才》连环画创作组	5160,
富宁	3791, 3826	5174	
富饶	4656	《光明日报》编辑部	10982
富田芳明	12642	《光明日报》文艺部	12819
富文	8945	《广播爱好者》编辑部	11267
富县文化馆	10677	《广东当代美术家作品选》编委会	1369
富县文化文物局	10676	《广东美术研究》编辑部	1078
富县县委宣传部	10676	《广告摄影》丛刊编辑部	8742
富永惣一	368	《广告文艺》编辑部	8736, 10736
富章	7061	《广汉书画集》编辑委员会	2281
富贞	10601	《广阔天地炼红心》创作组	5160
富中奇	2325	《广西画报》记者	9985
馥轸	5629	《广西文化志》第一编辑室	216, 217
		《广州美术研究》编辑部	806, 1077, 1078, 1213,
G		3050, 8609	
"歌曲"编辑部	11430, 11438, 11783	《规范毛笔字帖》编写组	7354
"革委会"	5154, 11856	《贵阳晚报》社	3487
"革命委员会"	8965	《贵州戏曲大观》编辑部	12952
《甘肃》画册编辑组	8931, 8933	《郭沫若书法集》编委会	8328
《钢笔书法五体字典》编写组	7421	《国际电影》编辑部	13033
《钢铁尖兵陆焕光》创作组	5173	《国际摄影》编辑部	10134
《高保真音响》编辑部	10894	《国际银幕》编辑部	13219
《歌剧艺术研究》编辑部	12902	《国立音乐院校友录》筹备组	346
《歌迷》编辑部	10817, 10818, 11496	嘎茨卡	12540
《歌迷》编辑组	10817, 11498	嘎嘎	3445, 3446
《歌迷》丛书编辑组	10818, 11505	尕藏	453
《歌曲》编辑部	11081, 11446, 11619, 11700,	尕藏才旦	5312
	11701, 11702, 12375, 12384	该其开	12492
《歌曲》编辑部编	11471	该丘斯 11035, 11036, 11069, 11070, 11071, 11091	
《革命战争摄影作品选集》编辑小组	10102	改琦	1599, 1615, 1618, 1629, 1631, 1637, 1643,
《工农兵歌曲》《"红小兵"歌曲》编辑小组 11453,		1653, 1667, 1676, 1678, 1687, 1690	
11675, 11687, 11695		盖达尔 5499, 5514, 5657, 5708, 5917, 5986, 6110	
《工农兵歌曲》编辑小组	11453, 11454, 11663,	盖尔·斯佩克曼	1197
11671, 11675, 11690, 11692, 11694		盖尔茨	7142

盖尔曼　　　　12490, 13254
盖叫天　　　　4893, 12820, 12864
盖拉西莫夫　　　　359
盖利　　　　6855
盖茂森　　　　1332, 1861, 4207, 5762
盖明生　　　　3332, 3358, 8969
盖姆比茨卡娅　　　　10981
盖瑞·斯梅恩斯　　　　1144
盖瑞忠　　　　101, 10199
盖山林　　　　10715
盖特雷　　　　7066
盖文·米勒　　　　13266
盖晓兰　　　　6764
盖耶尔　　　　12681
盖伊·利普斯科姆　　　　1197
盖莹　　　　4779, 4801, 4808, 4835
盖志浩　　　　10715
干部书画协会　　　　1371
干成业　　　　6275
干树海　　　　1375, 1487
干贞　　　　11712
甘柏林　　　　12279
甘长林　　　　3766
甘长霖　　　　2751, 3830, 4003, 5371
甘成光　　　　6073, 6449
甘多　　　　6559
甘夫　　　　3404
甘国亮　　　　9027, 13219
甘家伟　　　　3795, 3857, 3961, 4123, 5766
甘家玮　　　　4308
甘犁　　　　4993
甘礼乐　5026, 5028, 5048, 5102, 5109, 5116, 5422, 5438, 5440, 5441, 5442, 5506, 5507, 5518, 5522, 5595, 5629, 5658, 5669, 5772, 5778, 5779, 5851, 5908, 5924, 5926, 5927, 5930, 5995, 6020, 6064, 6288, 6297, 6338, 6351, 6358, 6416, 6430, 6577
甘林　　　　10227
甘露　　　　3100
甘珉　　　　8315
甘乃光　　　　8680
甘南县"革命委员会"文化教育办公室三结合小组　　　　5288
甘粕石介　　　　009
甘庆玲　　　　1130
甘泉涌　　　　5087
甘人　　　　5109
甘尚时　　　　11311, 12284, 12350
甘绍成　　　　457
甘声云　　　　9311
甘士　　　　10245
甘树恒　　　　9598
甘肃钢铁"公社"《于振芳》连环画创作组　5188
甘肃画报社　10472, 10512, 10517, 10520, 10522, 10529, 10665
甘肃民族出版社　　　　8804, 10556
甘肃人民出版社　　　　445, 1358, 2004, 2678, 3411, 4601, 5167, 5299, 8160, 8659, 9479, 10516, 11457, 11459, 11460, 11468, 11469, 11474, 11611, 11636, 11638, 11652, 11685, 11686, 11687, 11689, 11790, 11858, 11964, 12418, 12707, 12965
甘肃人民出版社编辑　　　　8930
甘肃人民出版社工人美术创作学习班3186, 3190
甘肃人民广播电台　　　　11454
甘肃人民美术出版社　　2693, 3377, 9918, 10122, 10164
甘肃日报社　　　　3016
甘肃日报收藏书画集编辑委员会　　　　2233
甘肃少年儿童出版社　6443, 9464, 10512, 10741

作者索引

甘肃省博物馆	393, 394, 7760	甘涛	11301, 12337
甘肃省博物馆供	8645	甘文	5288
甘肃省代表团陇剧队	11861	甘武炎	339, 3861, 3903, 3983, 4029, 4185, 4255,
甘肃省儿童少年工作协调委员会	12037		4420, 4660, 5408, 5865, 6123
甘肃省歌舞团《丝路花雨》创作组	9221	甘新	9339, 9340, 9344
甘肃省歌舞团《丝路花雨》组	9221	甘学军	2480
甘肃省工农兵革命歌曲创作学习班	11454	甘勋优	2130
甘肃省工艺美术公司	8666	甘亚子	13287, 13288, 13303
甘肃省工艺美术学会	8666	甘旸	8471, 8480, 8481
甘肃省公安厅	3087	甘尚村	2073, 4754, 4758
甘肃省教育厅	11646	甘迎祥	6232
甘肃省美术家协会	336	甘永康	12323
甘肃省美术作品展览办公室	1294	甘雨辰	959, 1006, 2492
甘肃省民歌集成办公室	11802	甘振钊	6442, 6466, 6467, 6511, 7098
甘肃省民族音乐集成编辑办公室	11802	甘正伦	606, 1128, 6057, 6164
甘肃省农村应用技术广播学校	8738	甘中流	7376
甘肃省群众文艺工作室	11454	甘珠尔扎布	4935, 11311, 12608
甘肃省群众艺术馆	8616, 10669, 10697, 11778,	甘孜	1365
	12603, 12609, 12638	甘孜藏族自治州文学艺术界联合会	11813
甘肃省人民政府文化事业管理局	12700	甘作雨	2181, 5770
甘肃省少年儿童文化艺术委员会	12037	赣夫	8684
甘肃省书画研究院	1370	赣建平	5153
甘肃省文化局音乐工作组	11406, 11412, 12003	赣南采茶剧团	12112, 12114
甘肃省文化艺术研究所	12853	赣县戏曲志编纂办公室	12760
甘肃省文联	2995, 10665, 11611	赣榆县人民政府	3375
甘肃省文联筹委会	10663	赣州地区文化局	12778
甘肃省文史研究馆	7362, 8581	赣州地区戏曲志编辑部	12778
甘肃省文物工作队	394	冈布里奇	028, 180, 186
甘肃省文艺工作者联合会	11406	冈察尔	13261
甘肃省戏剧家协会	12793	冈君	6580
甘肃省戏曲剧院	12921	冈姆别尔格–维尔日宾斯卡娅	579
甘肃省戏曲剧院艺术室音乐组	11836	冈崎甫雄	7049
甘肃省戏曲艺术研究会	12116	冈崎宏三	5431
甘肃省总工会	3246	冈山地区《红岭一支枪》连环画创作组	5175
甘肃新闻图片社	10518	冈松庆久	6517

中国历代图书总目·艺术卷

冈特	178, 196	高波	13258, 13271
冈特·里希特	8733	高伯海	9442
冈田鲟	7103	高伯龙	2411
冈田康彦	12996	高伯英	1702
冈田玉山	3039, 6923	高博	13093
冈野玲子	7005	高布瑞克	173
冈元风	6744	高步云 12070, 12101, 12106, 12108, 12111, 12245
刚刚	2872, 6980, 10259	高才林	7255, 8420
刚鉴	12984	高茶禅	8580
刚普日布	5376	高长德	7636, 7639, 7642, 9774, 12952
钢·单力克	11808	高长山	7166
钢强	9739	高超	6029, 6160, 6263
钢琴	12360	高朝英	8299
钢琴专家委员会	12213	高潮	2731, 2779, 3646, 3720, 10258, 10262
岗岗	13294	高琛	9225, 12114
岗阳波	5524	高陈	5331
皋古华	2283	高晨钟	5401, 5610, 5613
皋古平	7648	高成刚	7727, 8551
皋汶	5787	高成志	5336
高阿根	7637	高程卓	7948
高阿申	429	高澄	4344
高安县"革委会"政治部	5183	高池基	1164
高安详	4183	高崇华	6575
高百坚	11340	高传和	8303
高柏年	1170, 1172	高春林	11514, 12585
高宝平	7345	高春喜	4434
高宝庆	8246	高春贤	5087
高宝山	5923	高椿生	12580
高宝生 5170, 5174, 5180, 5187, 5216, 5287, 5367,		高茨基	13260
5385, 5665, 5986, 6183, 6209, 6212, 6318,		高存才	5046
6329, 6385, 6579		高达	9136, 9303, 13263
高宝玉	7483, 7539	高大春	3493
高碚生	7327	高大莉	10276
高彬	5389	高大伦	413
高秉	664	高岱	12382

作者索引

高澹游	1562		5291, 6428, 6436, 6445, 10077, 13297,
高岛北海	622		13298
高德康	10611, 10612, 10613	高峰政	487
高德荣	1190, 10760	高峰致	7637
高德欣	6160	高凤成	3470
高德星	2540	高凤翰	1014, 1051, 1052, 1445, 1599, 1638, 1669,
高登第	211		1685, 1689, 1693, 2632, 8037, 8101, 8498
高等艺术院校《艺术概论》编著组	019	高凤鸣	3806, 7611
高迪	2698, 2699	高凤台	668
高帝	1395	高凤章	8906, 8907
高殿才	2958	高夫	6938
高殿春	5869	高夫集	3844
高殿祥	12774	高福	9557
高鼎铸	217, 11157, 11875	高福海	2249
高尔方	614, 1151, 1196, 2961, 6766	高福田	13229
高尔风	8964, 9143	高赴亮	11311
高尔嘉	3044	高岗	2977
高冬	1134, 1180, 2802, 2961	高戈	11377
高鄂	6488	高戈平	12889
高而颐	308, 1841, 2657, 2951, 2962, 3820, 3857,	高歌	3366, 4265, 4387, 12800
	3872, 4416, 4578, 7462, 9096, 10423	高革	9279
高尔多夫斯基	13299	高格庐	8048
高尔基	5102, 5106, 5321, 5408, 5595, 5598, 5612,	高根荣	4739
	5678, 13255	高更	6786, 6795, 6827, 6851, 6863, 6864
高尔泰	078, 6764	高耿文	9791
高二非	3702	高观如	437
高二适	7703, 8175, 8185, 8289, 8290	高冠华	959, 2067, 2249, 2301
高帆	6431, 8889	高冠威	9227, 9538
高方正	5873, 13126	高光	1033, 6123
高放	2325	高光地	10916
高飞	6467	高光明	3251, 3347, 3348, 3353, 5420, 8836, 8840,
高风	5426, 5798, 5853, 6112		10122
高风翰	1646	高光逖	2722
高枫	3153, 3756, 6102, 6103, 11673	高广聪	638, 1185
高峰	088, 1521, 2325, 3440, 3463, 3516, 5251,	高广志	8701, 12975

高贵林	10601	高洪宝	6013
高贵崙	10564	高洪成	5994
高贵山	1992, 4473, 4661	高洪海	3528
高贵生	5844	高洪润	6629, 7075, 10300
高桂珍	2001	高洪生	3809, 4988, 5676
高国芳	3217, 3239, 3259, 3278, 3286, 3320, 6136	高洪勋	5815
高国君	11717	高鸿源	3971
高国强	3802, 3946, 3961, 4067, 4071, 4084,	高厚满	6551
	4128, 4175, 4184, 4211, 4255, 4307, 4394,	高厚水	11294, 12102
	4428, 4451, 4613, 4643, 4670, 8809, 8812,	高华	10551
	8813, 8819, 9004, 9012, 9228, 9379, 9538,	高华敏	9998
	9540, 9569, 9578, 9608, 9617, 9623, 9641,	高化民	5531
	9956, 10057, 13123	高煌	4895, 5838, 5967, 6014
高国文	6463	高辉阳	794
高国宪	5436	高卉民	1278
高国柱	10265	高会民	4068
高海	2599, 3812, 5408, 5484, 6363, 10423, 10536	高惠君	6354, 11491, 11492, 12040
高海军	7063	高惠民	3969, 4019, 4176, 4407, 4544, 4580
高海珊	11105, 11111	高惠敏	7378, 7411, 7470, 7495, 8234
高海宴	4683, 4711	高惠茹	2147
高涵	5805	高惠宗	11288
高寒梅	8689, 8731	高积厚	8453, 8486, 8499
高汉玉	403	高吉杰	5651
高撼	5750, 6060, 6238	高纪明	9289
高行健	12692	高纪宪	8896
高和	417	高季方	1820, 2932, 3194, 3578, 3728, 3729,
高鹤立	12452, 12479		4057, 4151, 4229, 4446, 5063
高恒光	10353	高季芳	3085, 3111
高衡	13234	高季笙	2176
高红润	7066	高济立	5044
高红生	3703, 5778	高济民	5352, 5399, 5551, 5625, 5892, 6068, 6158,
高宏	9541, 9844		6163
高虹	1275, 2725, 2728, 2731, 2735, 2754, 2755,	高继承	206, 7485, 7509, 7542
	2757, 2764, 2765, 2767, 2771, 2772, 2782,	高继铭	8392
	2840, 3275, 3276, 3818, 11955	高佳明	9501

作者索引

高家驹	5348	高晶	5340, 10222
高家明	5339	高晶继	5470
高家瑞	3065	高井研一郎	7010, 7011, 7012
高嘉	12360, 12363	高景波	2018,
高嘉莲	6983, 6987, 6988		2054, 2061, 2084, 2116, 2139, 2449, 3863,
高嘉麟	12081		3919, 4151, 4208, 4280, 4343, 4364, 4473,
高简	1618, 1640		4520, 4578, 4647, 4650, 4658, 4666, 4700,
高见	7452		4746
高建	5913, 5970	高景池	12127
高建国	13135	高景林	7342
高建民	8233	高敬安	2288
高建平	073, 495, 10319	高静	4814, 4816
高剑父	548, 1720, 1883, 2126, 2560, 2561, 2599	高镜德	2925
高鉴	12694, 12706, 12838	高镜明	2068
高阶秀尔	518, 595	高九龄	6039, 6051, 6057, 6092, 6094
高阶秀二	368	高居翰	533, 580, 581, 590, 920
高杰	3269, 3310, 11205, 11207	高军	10743
高洁	9010	高军峰	12183
高捷	6296	高军锋	11205
高介云	12093, 12766	高军红	7383
高玠瑜	2760, 2936, 3102, 3136	高军虎	8303
高金康	10403	高均海	8987
高金利	481	高俊峰	4656
高金龙	3065	高俊锋	1972
高金禄	10157	高俊茂	147
高金铭	7079, 7099	高俊儒	5302
高金平	13277	高俊源	4862, 4864
高金荣	12586	高峻	11504
高金香	12267, 12270, 12334	高峻莹	5501
高金洲	3266	高浚源	8269
高锦德	2734, 5058	高凯	6175
高进	4002, 4044, 4335	高堃	8047, 8057
高进兰山	6926	高佩	5497
高近霞	6381	高亢	10663
高晋	1696	高空	6028, 6093

中国历代图书总目·艺术卷

高宽守	2533	高龙生	3504
高魁云	6060	高龙拓	8569
高兰	4885	高鲁冀	5495, 5840
高兰虹	1854	高履端	12412
高兰清	8887	高履泰	564, 8677
高兰书	7533	高履中	5346
高兰祥	13281	高峦	4926, 5039
高岚	4882, 7453, 7481	高鸾	4943, 4971, 4977, 5009, 5011
高浪	11564	高仑	1720
高雷	6611	高伦	12766
高雷歇夫	13258	高罗金斯基	10853
高櫆	7536	高罗佩	704
高蕾	6446, 6474	高洛互诺夫	13258
高礼双	9836, 9996	高络园	8552, 8565, 8577
高礼先	9798	高马得	883, 1769, 2364, 2370, 2401, 2886, 3561,
高力	5334, 13150		3766, 6743
高力强	6052, 6066, 6089, 6116	高莽	6601, 7061, 7063
高力泽	5137, 12095, 12120	高茂振	4568, 4610
高立成	8954	高玫	161
高立根	12891	高梅仪	5039, 5051, 5243, 5520, 5570, 6347, 6474,
高丽达	11132		6558, 6587
高丽雅	5494, 5503, 5514, 5585, 5682	高梅义	5264
高励节	548	高美庆	855, 1407, 1479, 1583, 1585, 1683, 2222,
高连科	10948, 12152		8666
高连升	3825	高孟焕	4879
高濂	380, 1023, 6400	高密县文化馆	5204
高炼	5537	高民	6415
高梁	5664, 11391	高民利	3794, 3859
高粮	8905, 8979, 9289	高民生	872, 1830, 3864, 4139, 4335, 4380, 5356,
高亮	11504, 11519		5525
高列什卡诺夫	12360	高敏	153, 3511, 5432, 10180
高临安	5614	高敏颖	2639, 2654, 4832
高凌翰	6785	高名潞	259, 543, 689
高岭	7455	高明	9729, 10010, 10736, 12266, 13008
高龙	8574	高明道	11170, 12457

作者索引

高明杰	12589	高迁新	5395
高明义	8739, 9116, 9139, 9258, 9804, 9896,	高倩	12613
	9908, 9909, 9912, 9913, 9914, 9915, 9921,	高强	7652, 9348, 9359, 9367, 9372, 9375, 9477,
	9959, 10004, 10027, 10087, 10088, 10090,		9560, 9574, 9577, 9831, 9841, 9865
	10091, 10092, 10119, 10120	高乔	10571
高明远	2680, 8575	高桥てるまさ	7005, 7009
高明主	9917	高桥吉广	7115, 7116
高鸣	636, 11801	高桥留美子	6991, 6992, 6998, 6999, 7004, 7114,
高铭盘	10248, 10725		7115, 7122, 7123, 7124, 7125, 7126
高木森	371, 589, 597, 831, 1526	高桥留美子绘	7122
高木重朗	12993	高桥宣治	10278, 10646
高楠	030, 272	高桥宣治改	10652
高楠顺次郎	450	高桥阳一	7133, 7134, 7135
高年生	12370	高桥由美	155
高宁英	10819	高桥正行	6979
高攀龙	8025, 8029, 8031, 8037, 8050, 8057	高琴	8763, 8905, 8971, 8991, 9034, 10754
高培新	8276	高青贵	2704
高沛	11303	高清县"革委会"宣传组	5196
高沛明	2540	高清县人民武装部	5196
高佩雄	2068	高清县文化馆	5262
高鹏	5924, 6039	高晴	4330, 4418, 4494, 4559, 4748
高平	4683, 9625, 9697	高庆春	8327
高平县美术创作组	3781	高庆龄	8519
高平仲	6317	高庆年	127, 5493, 5691
高萍	6414, 6689, 10399	高秋文	10012
高齐寰	3592, 4912, 5062	高秋影	5819
高其佩	1649, 1653, 1656, 1663, 1666	高泉	2736, 2765, 2766, 2772, 2773, 2777, 2811,
高其增	3017		3153, 3155, 3208, 3212, 3279, 3285, 3292,
高奇	6438		3307, 3317, 3324, 3365, 5959, 6392
高奇峰	1706, 1710, 1878, 1882, 2562, 2647	高群	1920, 6055, 10885, 10895
高琦华	12831	高然	12429
高旗	9372	高仁敏	1247
高启明	12457	高仁岐	5548, 5769
高启云	2249	高荣	4811, 4818
高千惠	112	高荣生	1263

高蓉　　　　　　　　　　10819　　高师《设计与工艺》教材编写组　　10191
高如今　　　　　　　　　6335　　高师《外国美术史及作品鉴赏》教材编写组　191
高如星　　　　　　　　　11899　　高师《艺术概论》教材编写组　　　　034
高茹　　　　　　　　　　12943　　高师《中国美术史及作品鉴赏》教材编写组　270
高汝法　　3108, 3114, 3584, 3599,　　高师版画教材编写组　　　　　　　1215
　　　3610, 3654, 3656, 3674, 3851, 3880,　　高师谦　　　　　　　　　　　　8486
　　　4078, 4103, 4253　　　　　　　　　高师水彩教材编写组　　　　　　　1186
高锐　　　　　　　　4966, 5736　　高师素描教材编写组　　　　　　　1157
高瑞科　　　　　　　　　13160　　高师中国画教材编写组　　　　　　　722
高润川　　　　　　　　　5274　　高石汉　　　　　　　9959, 9975, 10508
高山　　2813, 3119, 3125, 3692, 3756, 5070, 5097,　　高石农　　　　　　　　　　　　8475
　　　5099, 5122, 5132, 5359, 6474, 8467, 8942,　　高实珩　　　　　　　　　　　　590
　　　9870, 12138, 12411　　　　　　　　高士衡　　　　　　　　　　　　11661
高山岚　　　　　　　　　10208　　高士濂　　　　　　　　　　　　1098
高山崧　　　　　　　　　3824　　高士良　　　　　1900, 3728, 3999, 4000
高杉　　　　　　　　　　6103　　高士平　　　　　　7133, 7134, 7135
高尚　　　　　　　　　　7593　　高士萍　　　　　　9235, 9954, 9972
高尚德　　　　　　633, 989, 993　　高士其　　　　　　　　4920, 4982
高尚仁　　　　　7274, 7319, 7349　　高士奇　　　　1456, 1457, 1461, 1472
高少飞　　3281, 3285, 3286, 3355, 3957, 3972,　　高士彦　10860, 10862, 10881, 10985, 11144, 12686
　　　5349, 5392　　　　　　　　　　高士尊　　　　　　　　968, 969, 970
高深　　　　　　　　　　9389　　高世成　　　　　　　　　　　　5147
高升　　　　　　　　　　11287　　高式清　　　　　　　　　　　　7208
高胜康　　　　　　　　　9067　　高式熊　　2069, 2504, 4631, 8184, 8363, 8568
高胜奎　9482, 9490, 9491, 9493, 9745, 9759, 9765,　　高适　　4942, 4950, 4954, 4967, 4989, 5005, 5042,
　　　9766, 10008　　　　　　　　　　　5049, 5063, 5064, 5065, 5071, 5072, 5073,
高盛奎　　　　　　163, 2699, 4647,　　　5096, 5098, 5108, 5113, 5345, 5348, 5386,
　　　8845, 8848, 8850, 8851, 8864, 8865, 9027,　　　5403, 5432, 5437, 5480, 5491, 5503, 5507,
　　　9029, 9315, 9317, 9448, 9476, 9478, 9500,　　　5567, 5630, 5652, 5668, 5669, 5702, 5718,
　　　9502, 9504, 9505, 9507, 9522, 9740, 9771,　　　5802, 5804, 5861, 5881, 5891, 5980, 6050,
　　　9772, 9773, 9774, 9777, 9910, 9919, 9925,　　　6259
　　　9984, 10007, 10008, 10088, 10092, 10093,　　高隼　　　　　　　　732, 1018, 1023
　　　10094, 10121, 10154, 10639　　　　高守本　　　　　　　　11508, 11968
高盛磊　　　　　　　　　10095　　高守贤　　　　　　　　12619, 12636
高盛平　　　　　　　　　4818　　高守信　　　　　11795, 11804, 11962

作者索引

高寿龄	5576		6141, 6180
高寿田	11067	高铁铮	10775
高授予	1763, 1783	高廷伦	5654
高书义	8393	高廷智	4159, 4240, 4496, 5892, 5968, 11153,
高叔眉	065		13226
高树田	5359	高挺	7422
高庶积	5073	高同宝	3622, 5598, 5670, 6076, 6202, 6607
高庶绩	4430	高屯子	8972, 9143, 9520, 9521, 9925, 9927, 9928
高水发	2249	高娃	12622
高水然	5197	高万国	4506
高顺康	1989, 3981, 5521, 5775	高万佳	3304, 5500, 5710, 5800, 6015
高斯	8131, 8282, 8339	高威海	6287
高似孙	1022, 1023, 7182, 12241	高为杰	11095, 11787, 12207
高松	623, 927, 935, 987, 1551, 1552, 7202, 7220	高维聪	11236
高松庐	693, 2516	高维进	13232, 13236
高松寿	6602, 6614	高维祥	8713
高嵩	3389	高维新	1964, 2362, 3915, 5241
高凤胜	13058	高伟	11984, 11991
高太	12588	高伟川	536, 538
高天	7021	高尾纯	6990
高天恩	3051	高玮	7469, 7493
高天红	1246	高炜宾	5930
高天华	5451, 5465	高文	1488, 4769, 5791, 6044, 6075, 6078, 6080,
高天康	10803, 11247, 11282		6134, 6145, 6160, 6364, 6370, 6396, 6680,
高天民	374, 375		7727, 8551
高天明	5778, 5843	高文安	10601
高天青	4908	高文峰	4297, 4417
高天祥	977, 2037, 3974, 5248	高文彦	7581
高天雄	3863	高文艺	11524
高天一	12776	高文治	10398
高田明美	7091	高汶漪	2904
高畑常信	8465	高屋良树	7117
高铁林	3779, 4440, 4481, 5023, 5037, 5063, 5069,	高希舜	1900
	5256, 5373, 5412, 5589, 5593, 5664, 5687,	高喜柱	3832
	5746, 5776, 5820, 5923, 6040, 6057, 6110,	高峡	8151, 8157, 8160, 8161, 8187, 8189, 8219,

8849

高先贵 3703, 5401, 5592, 5593, 5662, 5677, 5929, 6177, 6187

高先佑 8417

高闲 7860

高相国 2461

高祥杰 10272

高祥生 1110, 1118

高翔 1485, 6026, 6101, 6290

高向明 8786

高向平 6121

高向阳 5409, 5935

高小健 8365

高小康 072, 111

高小明 5209, 10034

高小岩 8204, 8263

高晓虹 13184, 13272

高晓靓 9440, 9443

高晓莉 3025

高孝慈 2020, 2071, 2075, 2157, 3646, 4120, 4262, 4355, 4582, 4681, 4778, 4782, 4813

高燮初 7672, 8637, 8663

高昕丹 548

高欣 5933, 6478

高新民 8783

高鑫 4890, 13058, 13069, 13080, 13083, 13086, 13144, 13165

高信 3048

高信峰 8315

高兴 135, 10834

高兴奎 5567

高兴烈 8864

高兴奇 6484, 6554

高型 13229

高幸石 7049

高雄县立文化中心 349

高秀峰 8762

高秀兰 8629

高秀茹 4865

高绪洪 3020

高学冠 5525

高学海 2064, 2368, 3987, 4024, 4108, 4198, 4249, 4332, 4464, 4491, 4536, 4609, 4708, 4811, 4818

高学敏 1221, 10669, 10679

高学余 10136

高雪凤 2600

高亚光 5026

高亚明 6261

高亚雄 3129, 9091, 9410, 9891

高延 5702, 5936, 5989

高妍玫 1131

高岩松 2540

高盐 5084

高颜功 6185

高棪 12568

高彦德 5585

高燕 3320, 3800, 3864, 4960, 4971, 5029, 5046, 5060, 5098, 5143, 5297, 5447, 5491, 5773, 5845, 6056, 6084, 6231, 6249, 6299, 6319, 6369, 6580, 6605, 7062, 7063, 7144, 10426

高燕功 6323

高燕生 12158

高扬 7488, 7490, 7505, 8754, 8781, 12264, 12312, 12600

高阳 574, 4987, 5564

高洋 13210

高耀华 12283

高野夫 3405

高野侯 899, 1566, 1569, 1571, 1616, 1624, 1632,

作者索引

	1633, 1634, 1635, 1636, 1637, 1638, 1640,	高友林	3239
	1641, 1642, 1643, 1644, 1645, 1647, 1649,	高幼佩	5048, 5055, 5070, 5097, 5532, 5541
	1704, 7663, 7718, 7758, 8046	高恩钻	7843
高晔	2144, 2670	高宇	12803
高烨	12117	高玉彩	2132
高一峰	1986	高玉华	2079
高一呼	2107, 2811, 2839, 2934, 3205	高玉璞	12890
高仪华	5262, 5286	高玉琴	7609
高义大	5387	高玉清	11517
高义龙	12079, 12795, 12934, 12944, 12951, 12957	高玉新	5541, 5565
高亦兰	10782	高玉星	2301
高益明	12627	高玉珍	369, 1406, 1414, 1691, 2286, 6926, 10655,
高逸	6419		10659, 10757
高逸鸿	1960	高遇昕	5793
高毅清	195, 593	高裕德	5616
高吟	5708	高元钧	12963, 12969
高吟春	5652, 5660, 5802, 5861	高原	4022, 6805, 7317, 8578, 9328, 9713, 9880,
高银禄	313		9993
高英	6084, 7247, 7248, 7288	高援	4956, 5063, 5091, 5098, 5123, 5313, 5542,
高英熙	9092, 9348, 9356, 9357, 9390,		5886, 6182, 6183
	9409, 9410, 9555, 9571, 9598, 9883, 9949,	高源	5100, 9829, 9843, 10046
	10022, 10027, 10036, 10490	高远	5502, 5533, 5923
高缨	5340, 5371, 5577, 5826	高远同	13179
高迎进	372, 620, 6869, 6870, 8675, 8676	高月鉴	3843
高颖	6329, 7021, 10873	高岳	3441
高颖如	3093	高岳峰	11245
高映华	11966	高云	2400, 3275, 3855, 3907, 3995, 5541, 5663,
高邑	8488, 8517		5709, 5794, 5910, 5918, 5930, 5962, 5975,
高邑之	8069		6058, 6080, 6165, 6272, 6288, 6316, 6318,
高永	3508, 6718, 6722, 6725		6326, 6332, 6334, 6339, 6341, 6348, 6405,
高永安	7598		6949, 10267, 12573
高永刚	2657, 8844, 9410	高云陛	7244, 8122
高永康	5716	高云慧	5541, 6573
高永田	7315	高云览	5936
高友德	12571	高云雷	13162

高云鹏　　4874　　　　　　4399, 4422, 4439, 4481, 4487, 4512, 4522,

高云升　　2004, 2096, 2384, 4673, 4746, 4825　　4541, 4566, 4579, 4587, 4612, 4626, 4658,

高云翔　　9366　　　　　　4665, 4675, 4696, 4699, 10592

高云邑　　3591　　高志武　　6136, 6142, 6143

高运甲　　2340　　高志孝　　4359, 10090

高赞民　　3499　　高志英　　6014

高则诚　　6390　　高志岳　3876, 5517, 5585, 5602, 5692, 5765, 5806,

高增修　　3087, 3092, 3104　　5845, 5870, 5926, 5970, 6045, 6101, 6158,

高增柱　　6568　　　　　　6284, 6315, 6319

高寨　　　8239　　高治国　　8247

高占全　　11507, 11524　　高治平　　11177

高占祥　　048, 315, 350, 8263, 8303, 8312, 8989,　　高致　　　5742

　　　　　9317, 9319, 9320　　高中　　　9871

高昭庆　　4962　　高中立　　11109, 11115

高兆　　　1033, 1034, 1047, 8614　　高中炎　　3765

高照　　　7023　　高中羽　　10372, 10377, 10389

高哲民　　3083, 3084, 3089, 3095, 5118, 5139　　高中造　　4364, 6439

高哲睿　　11340　　高仲成　　609

高喆民　2916, 3073, 3075, 3084, 3086, 3092, 3093,　　高仲明　　13236, 13237

　　　　　3097, 3102, 3109, 3115, 3124, 3142　　高仲欣　　5987

高振恒　　2907　　高州县文联　　3028

高振美　　483, 1144, 1418　　高准　　　594

高振普　　2344　　高兹基　　1098

高振远　　2201　　高子华　　6417

高振宗　　13239, 13240　　高梓　　　10798, 12645

高镇都　　8899　　高自成　　12315

高正　　　5593　　高宗　　　7709, 7989

高正潮　　4760　　高宗弘历　　1592, 7775, 8020, 8533

高正臣　　7868, 8121　　高宗英　　555, 556, 1112, 1122, 1134, 1135, 1154,

高知见　　7666　　　　　　4959, 6902

高植谦　　710　　高宗赵构　　1530, 7169, 7170, 7180, 7223

高志宏　　10393, 10774　　高作人　　5201

高志虹　　5774　　高宝生　　5333

高志华　1332, 1972, 2041, 2096, 2147, 2163, 2165,　　高鹜　　　6582

　　　　　2944, 3271, 4057, 4195, 4202, 4252, 4352,　　高盛奎　　9777

作者索引

呆红星	5470, 5668, 5948	戈红	6963
呆晟	11263	戈洪	10750
呆向真	5066, 5141, 5627	戈基	5206, 5256, 5287, 5743
呆睿	5465, 5563, 5606	戈拉巴里	6872
部大珉	12640	戈里哈尔	13261
部涤非	848	戈里柯娃	12655
部海金	615	戈理	5184
部继善	4393	戈林·麦凯波	13214
部建国	5932, 6264	戈令	5853
部斑	11001	戈柳	5635
部明堂	12773	戈鲁别夫	11113
部庆生	13225	戈履征	8509
部宗彦	5414	戈罗捷茨基	12415, 12416
部宗远	274, 3438, 6156	戈洛文斯基	11141
戈·湿陀希文	013	戈眉山	12091
戈阿干	12586	戈明	5640
戈宝权	12370, 12428, 12450	戈牧	5539
戈葆尔	3687	戈尼克	7135
戈壁舟	11949	戈壤	2325, 6758, 6763
戈兵	4285, 5561, 5607, 5710, 5749, 5756, 5757,	戈人	6270
	5862, 5869, 5870, 5872, 5909, 5965, 6123,	戈沙	3036, 3056, 6925
	6135, 6302	戈汕	380
戈达	12416	戈申	5407
戈达尔	13061	戈胜非	11481, 11482
戈丹	11951	戈十	6474
戈德	115	戈守智	7221, 7223
戈德华	6857	戈特弗利德·威廉·弗勒克尔	6855
戈德沃特	198	戈万明	1836, 6114, 6130
戈登克雷	12825	戈韦	1819, 3114, 3674
戈尔巴托夫	8693	戈文	6058, 11721
戈尔恰柯夫	12801	戈希尼	7034
戈尔陀夫斯基	13200, 13263, 13274, 13276, 13300	戈湘岚	3650
戈非	3801	戈辛铎	4946, 13246
戈峰	11740	戈雅	6853, 6865, 6877, 6889, 6905
戈戈	12808	戈阳	12606

戈弋	7291	格策	10818
戈艺文	5032	格诚	5109
戈翼	4900	格尔·登贝	10192
戈瑛	10592	格尔迈尔	12524
戈永良	13227	格尔曼	11244
戈元	8001	格非	368
戈跃	1859, 2768, 2777, 2778, 3980	格哈德·格鲁伊特鲁伊	596
戈兆鸿	12449, 12585	格哈杜斯	581
垲珏	12151	格拉波兹	12370
哥尔多尼	5681	格拉斯基娜雅	13260
哥尔哈尔	518	格拉西莫夫 013, 360, 13033, 13200, 13208, 13259	
哥利	13318	格拉西莫夫，A.M.	624
哥雅	6784	格拉希莫夫	13255
哥耶	6914	格拉祖诺夫	1134
歌德	12369, 12370, 12428	格兰	631, 6801
歌风	6384	格兰尼克	13254
歌曲编辑部	11424, 11446, 11472, 11482, 11606,	格朗别尔格	13251
	11970, 12018, 12020	格雷·柏韦勒	8737
歌曲创作社	11558	格雷厄姆·戴维斯	10756
歌曲研究社	11384, 11994, 12356, 12401	格雷戈尔	13180
歌娃	3079	格雷格·艾伯特	637, 1088, 1158, 1197
歌耶	12406	格雷格·克罗兹	1082
歌与剧社	11385	格雷姆·特纳	13067
革霖	11718	格黎郭里耶夫	13291
革展览会	8869	格里采	6880
格·古里叶夫	12802	格里高利耶夫	13101
格·尼·古里也夫	12801	格里戈尔也夫	13025
格·尼·古里叶夫	12682, 12803	格里戈良	11178, 12179
格·尼·吉里叶夫	12683	格里格	12491, 12494, 12500, 12501, 12503,
格·斯别瓦克	13255		12522, 12543
格·叶·列别捷夫	573	格里尼娃	13255
格阿里奇	13257	格里尼瓦	13257
格奥尔格	12515	格里泽	12654
格奥尔基·米克罗斯	12519	格利戈罗也夫	13254
格布哈特	13261	格利哥尔也夫	13025

作者索引

格利瓦	4933	葛翠林	5478, 5727, 10536
格列布聂尔	13259	葛翠琳	5246, 5893, 6308, 6571, 6572
格列布涅尔	13254	葛存宪	6330
格列戈里	13003	葛德	13267, 13271
格列柯	6856	葛德夫	2930, 3214, 10296
格林	5530, 6197, 6252, 6266, 6280, 6296, 6445,	葛德玮	6355
	7045, 7138, 7139, 7143	葛德月	10842, 11235, 11240
格林贝尔克	11140	葛方	4978
格林伯格	045	葛峰	11529, 12390
格林卡	12364, 12414, 12415, 12416, 12426,	葛锋	12408
	12539, 12542, 12544, 12545	葛孚敬	8255
格林文化事业股份有限公司	7065	葛工	11672
格鲁伯	10133	葛光锐	11950
格鲁塞	193, 259, 364	葛桂林	978, 979
格罗津斯卡娅	11110	葛桂云	5734, 5986
格罗莫夫	13299	葛国伟	9026, 9448
格罗塞	176	葛瀚聪	11298
格罗斯曼	13260	葛航	211
格洛夫尼亚	8681, 13263	葛鸿桢	2176, 7156, 7390, 7730
格洛托夫斯基	12688	葛华	12642
格涅维舍夫	13275	葛纪谦	11523
格桑	12372	葛加林	9796, 9799
格桑本	454	葛家友	5223
格桑益西	2028, 4606, 4700	葛佥	10898, 12516, 12519, 12523, 12524, 12531,
格什文	12546, 12549		12532
葛·阿·波鲁谢	13255	葛见尧	11001
葛·察迦烈里	13254	葛建光	6628
葛冰	6455, 6540, 6567, 6707, 6709	葛建伟	4298
葛冰华	8589	葛剑雄	9136
葛勃里洛维奇	13251	葛介屏	8233
葛昌楹	8538, 8545, 8552	葛金康	5873
葛长志	3274	葛金娘	1466, 7661
葛承雍	265, 7162	葛俊生	967, 2639, 3707
葛春学	1405, 5877, 6938, 10259, 10262, 10263,	葛拉米安	11183
	10265, 10279, 10283, 10295, 10328, 10333	葛拉切夫	13072

中国历代图书总目·艺术卷

葛兰	6372	葛荣环 2114, 3763, 3851, 4021, 4071, 4134, 4153,	
葛雷总	13236	4176, 4241, 4294, 4311, 4322, 4358, 4383,	
葛礼道	12333, 12639	4442, 4544, 4579, 5233	
葛力群	8867, 8901, 9988	葛如顶	10380
葛立英	5340, 5448, 5456, 8815, 8817,	葛塞尔	8603
	9003, 9093, 9110, 9221, 9224, 9225, 9226,	葛赛尔	8603, 8609
	9227, 9350, 9357, 9365, 9366, 9527, 9548,	葛世民	8943
	9807, 9818, 9825, 9826, 9876, 9953, 9994,	葛饰北斋	6926
	10020, 10104, 10110, 10650	葛书光	3774
葛林	13064	葛书征	8552
葛林·马克拉斯	12882	葛顺中	12195, 12213, 12611
葛龙	1570	葛嗣澎	1466
葛路	108, 687, 693, 809	葛婉章	461, 1515
葛洛	1718	葛万明	5506
葛茂桐	1928, 2568, 3969, 10432, 10448	葛维墨	1096, 2118, 2713, 2804, 3109, 3119
葛茂柱	1004, 1928, 2560, 2568, 3969, 10432,	葛伟	3843, 4304, 4349, 4368
	10448	葛蔚英	12508, 12518, 12525, 12533
葛梦莲	1597	葛文	3616, 4952
葛闽丰	3514, 6517, 6529, 6592	葛文衡	10256
葛敏	12092	葛文良	6017
葛明晗	5593	葛文山	3551, 3575, 3590, 3612, 3680, 3768,
葛明艺	5367		3771, 4133, 4901
葛铭	11002	葛锡麟	4961, 5007, 5028, 5033
葛慕森	7736, 7768, 7902	葛献南	2545, 2553
葛乃利	6718	葛晓明	12240
葛乃庆	5131	葛新德	8688, 8695, 8770, 9294
葛培诺	12394	葛鑫	13228
葛鹏	4070, 4090	葛星丽	12437
葛鹏仁	2769, 2834, 4033	葛修翰	5387, 5421, 5499, 5642, 5741, 6032, 6601
葛骞	1515, 8859, 10141	葛修瀚	5754, 5775, 6008, 12994
葛嫱月	6385	葛许光	8545
葛青	1935, 4503, 4556, 4657, 4726	葛玄	11642
葛庆亚	4440, 5124, 8816, 9236, 13119	葛雅茜	7065
葛仁	4146	葛岩	12640
葛仁好	3505	葛炎	12224, 12233

作者索引

葛品	2466	耕耘	11723, 11750
葛彦	10754	庚·赫尔脱格仑	622, 623
葛一虹	358, 6915, 12711, 12751, 12752, 12777	耿安辉	2478
葛艺琳	12095	耿宝昌	415, 416
葛裕琪	6488	耿本清	6363
葛原	2983	耿炳伦 3737, 3861, 4049, 4170, 4255, 4471, 4734	
葛兆光	3519	耿昌	7289, 7290, 8386, 8387
葛振刚	6149, 6185	耿长春	12579
葛振纲	3885, 5641, 6322	耿长征	4237
葛志仁	5267, 5294, 5339, 5492, 5732, 6018	耿成义	1244
葛治国	5293	耿大鹏	8981
葛子和	6142	耿大权	10839
个道人	12099	耿迪群	12639
个旧市"革命委员会"政工组	5160, 5204	耿光	6390, 6740
个旧市粮食局"革命委员会"	5204	耿汉	3015, 3683, 3746
根贝尔	12454	耿洪选	2544
根本进	6956	耿华英	3893
根登泰	4911	耿济之	001, 002
根据《阳光灿烂》小说大庆油田钻井指挥部 5275		耿建	3256, 3932
根据电影文学剧本	6180	耿杰民	1266
根据法国著名的古典童话	6181	耿军	6632
根仙	6149	耿可贵	5704
根毅	5606, 5665, 5816, 5823, 5933, 6323	耿克非	5913, 5970
艮凯	5813	耿立本	10398
更生	9372, 9553, 9557, 9572	耿明	4389
庚地	3507	耿默	6431, 10711
庚东海	6193	耿秋	7630
庚斯勃罗	6886	耿荣兴	8913
庚斯博罗	6790	耿昇	10976
庚西	5688, 5965, 6146	耿涛	9885
庚寅	5445	耿天丽	5939
庚子	2503	耿万桢	8356
耕夫	2580	耿蔚萍	12210
耕心	12986	耿新洋	5824
耕野	6277, 9262	耿兴阳	5592

耿兴余	8863, 8982, 9524, 9988, 10051	弓枚	10879
耿旭江	6554	弓铭	9855, 9863
耿延秋	12635	弓矢	5772
耿燕峰	3507, 3512, 3513	弓彤轩	8195, 8237
耿引	12727	弓一	6244
耿英	4069	公安局	3081
耿英文	4381	公安县人民武装部政工科	5314
耿瑛	12118	公达	2153
耿莹	2619, 5919	公道	4936
耿永森	10211	公辅	5764
耿予方	5917	公交公司汽车一厂创作组	4957
耿玉昆	1326, 5288	公林	2127, 2171
耿玉琴	10836	公浦	5096, 13230
耿郁文	2709, 4672	公输鲁	3453
耿跃民	3812, 3912	公孙春	6981
耿志远	6039	公宜	4936
工农兵《文艺宣传资料》编写组	12964	公羊赤	4879
工农兵芭蕾舞剧团	9150, 12648	公益	9885
工农兵电影厂	5180	公元人	7027, 7029
工农兵革命歌声编辑部	11645	功民	4796
工农兵美术通讯员	5160	功勋	4807
工农的画编委会	9261	宫白羽	5708
工农的书编委会	9261, 11560, 11564	宫葆城	8829
工农文艺	12011	宫本英世	10882, 10895
工人《报头资料》编绘组	10247	宫博物院	1709
工人出版社	7269, 9146, 11702	宫布利希	173
工人日报	5136	宫春虎	1122
工人日报美术摄影部	3416	宫大中	258
工人日报社美术组	1282	宫芳辰	10881
工人音乐报	11733	宫结实	7026, 7027, 7028, 7030
工业美术新潮编辑部	10179	宫井和子	10752
工艺美术论丛编辑部	10177, 10178	宫立龙	1180, 1192, 2818, 3855
工艺总局	10196	宫林	2119, 2387
工铸	1881, 1884, 4447, 10473	宫六朝	620, 1128, 1138, 1153, 1159, 1180, 1184,
弓超	5477, 8218		1186, 1192, 2911

作者索引

宫崎清 10365
宫琦 3068
宫钦科 4970, 12119
宫时 2119
宫树清 12483
宫同泉 5537
宫伟廖 8044
宫尾 7143
宫尾抽 7139
宫尾岳 7139
宫下明野 7047, 7108
宫晓瑾 8192
宫辛 12143
宫兴福 1939, 2079, 2508, 2517, 4193, 4292, 4336, 4342, 4355, 4486, 4578, 4638, 4708, 4786, 10454
宫衍兴 407, 7747, 7754, 7756, 7767, 7768, 7769
宫玉果 8106
宫昭塑 5844, 6490
宫正 9318, 9347, 9352, 9353, 9541, 9797, 9821, 9827, 9861, 10135
宫智贤 2808
宫宗 414, 9494
龚半千 903, 1650
龚伯洪 6514
龚产兴 798, 1715
龚成 5312
龚赤禹 7895, 7991, 8081
龚达文 5995
龚德林 3845
龚德龙 2552
龚德顺 10563
龚鼎孳 1597
龚定平 3311, 3327, 3358, 4166, 4233, 4268, 4300, 4409, 4429, 4432, 4491, 4500, 5257

龚东明 5387, 5651, 5857, 5905, 5917, 5988, 6275
龚发达 6431
龚富临 10368
龚富忠 13077
龚光裕 5672
龚和德 12729, 12829, 12850
龚恒华 12036
龚华 3493
龚惠良 12999
龚继光 951
龚继先 947, 951, 989, 1483, 1942, 2023, 2519, 2522, 4749, 10688, 10691
龚家宝 5684
龚问明 8822
龚建华 7931, 8009
龚建培 10366
龚建新 1986, 2356, 2408, 2865, 2899, 3585, 4920, 5041, 5043, 5327
龚建星 049
龚洁 9244, 9979
龚金福 6073, 6283, 6595
龚金元 422
龚景充 1956, 1961, 2002, 2061, 2063, 2076, 2088, 2098, 2132, 2144, 2162, 2358, 2362, 2364, 2383, 2444, 2521, 2609, 2740, 3377, 3379, 3728, 3965, 3972, 4013, 4026, 4055, 4056, 4109, 4116, 4141, 4142, 4156, 4215, 4227, 4236, 4253, 4259, 4287, 4295, 4300, 4330, 4342, 4399, 4402, 4408, 4416, 4434, 4435, 4455, 4475, 4486, 4487, 4493, 4525, 4530, 4583, 4598, 4599, 4613, 4615, 4624, 4630, 4655, 4663, 4711, 4722, 4728, 4749, 4778, 4789, 4797, 4803, 4819, 4828, 9058
龚静 3514

中国历代图书总目·艺术卷

龚炯	12796		1588, 1615, 1618, 1619, 1649, 1650, 1658,
龚隽	7438		1667, 1668, 1674, 1681, 1690, 1693, 1694,
龚克	6142, 11190		1696, 8066
龚贵	12435	龚湘海	13191
龚铃凤	6422	龚晓婷	12220
龚令	5689, 6101	龚啸岚	12730
龚茂春	11806	龚秀敏	546
龚美红	7817	龚琇	7960
龚美华	7487	龚学渊	2026, 4065, 4188, 4549, 4569, 4632
龚森侯	4284	龚延明	6357, 6489
龚民	7452	龚耀年	11091, 11099, 11100, 11274, 11288,
龚明	5259		12036, 12221
龚妮丽	055, 11190	龚一	11342
龚宁	10312	龚一平	10760
龚启昌	1250	龚义江	12864
龚晴皋	8105	龚艺岚	3090, 3100, 3583, 3662, 5069, 10405,
龚仁贵	10602		10407
龚荣光	11954	龚逸菁	13176, 13217
龚汝枢	6309, 6366, 6379, 6404, 6419, 6429	龚永志	3493
龚若飞	5809	龚御	1594
龚三明	5265	龚云	6341
龚绅	5583	龚云鹏	1348
龚声	1090	龚韵禄	6679
龚世生	1247	龚韵珊	472
龚曙光	049, 6451	龚展	8464
龚宿	9919	龚占海	12120
龚田夫	6864, 8673, 9422, 9957	龚镇雄	10994, 10995, 11229
龚铁	141, 5304, 10574	龚知敏	5778, 6003
龚铁梅	1769	龚志明	6628
龚万山	5707	龚智煌	3113, 3190, 3194, 3198, 3200, 3342, 10276
龚望	8198, 8304, 8369	龚智敏	6018
龚威健	8964, 9135	龚自珍	8052, 8058
龚文	106, 6287	巩平	3275, 10699, 10715
龚文桢	1829, 2069, 2525, 4475	巩书田	4978
龚贤	470, 708, 891, 892, 898, 899, 1439, 1441,	巩县文化局	12772

作者索引

巩志伟	12245	贡振宝	2797, 3087, 3744, 3752, 3965, 4028
共工	10234	沟渊浩五郎	11192, 11195, 12478
共鸣杂志社	2676	苟文东	1832
共青团北京市委少年儿童部	12019	苟孟章	5266, 5309, 5365, 5965
共青团北京市委宣传部	11449, 11613, 11668	苟雁	1242
共青团北京市委员会	11419, 11448	苟韦	3740
共青团北京市委中学部	11493	苟正翔	2474
共青团长沙市委员会	11707	姑娘庙民众文化工作室	457
共青团广东省委学校部	11723	辜朗晖	5821
共青团广东省委员会宣传部	11430	辜朗辉	5958, 6123
共青团广州市委宣传部	11617	辜学耕	4371
共青团广州市委员会宣传部	4974	古·叔龙	4891
共青团吉林省委	3380	古·杨森	10857
共青团江苏省委少工委	6321	古阿拉尼	12443
共青团江苏省委宣传部	11676	古巴	3402, 6930
共青团江西省委员会宣传组	5221	古巴尔科夫	12401
共青团辽宁省委	3288, 11676	古巴列夫	6285
共青团辽宁省委宣传部	12601	古碧玲	12651
共青团上海市委宣传部	11721	古草	12116, 12130
共青团沈阳市委宣传部	12007	古邺	2666
共青团十一大宣传处	11701	古代建筑修整所	10244
共青团延边朝鲜族自治州委员会	11484	古德	166
共青团云南省委员会	11803	古德尔	13283
共青团浙江省委宣传部	11726	古德曼	073
共青团郑州市委宣传部	11680	古迪吉	7257
共青团中央少年儿童部	11614	古笛	12611
共青团中央文体部	11700	古栋	10171
共青团中央宣传部	9264, 11481, 11492, 11517,	古尔布兰生	6931
	11616, 11696, 11703, 11724, 12030, 12385	古尔布朗松	6980
共青团中央学校部	8159	古尔迪	8597
贡卜扎西	6156	古尔利特	11238
贡布里希028, 035, 040, 173, 181, 480, 487, 10180		古尔辛·南达	5706
贡维珺	8263	古非	6949
贡小秋	1182	古风	6176, 6178, 6181, 6183, 6186, 6188, 6190,
贡岩	499		6193, 6198, 6202, 6211, 6375, 6376, 7606

中国历代图书总目·艺术卷

古峰	12815	古诺	12450, 12542, 13318
古干	1841, 1844, 1847, 1851, 2321, 2870, 3883,	古奇	6277, 6389
	3950, 5571, 6135, 6403, 6486, 6497, 6574,	古曲	5745, 12331, 12332, 12337
	7279, 7303, 7321, 7441, 8337, 10434	古泉	13185
古鸿炎	11162	古塞	10662
古华	4956, 5245	古山	8796
古继堂	13314	古土托	13259
古家康	3899	古树安	7312
古建芬	11973	古帅	12116
古剑	13143	古斯塔夫·克里姆特	6814
古鉴阁	8043	古特曼	166
古锦其	2900	古田	5871, 6130
古进	8860	古亭书屋	10296, 10312
古经南	12600	古图索	6829
古景	10097, 10123	古土	6640, 6651
古钜荣	3807, 3850	古文化研究组	10332, 10333, 10340, 10341
古军	6312, 6431	古吴轩出版社	1484, 1487, 1488, 2207, 2268,
古拉德·米勒森	13224		8571, 9929
古里平	3458, 7078	古物同欣社	7756, 7787, 7955
古里耶夫	12803	古溪	9287
古里叶夫	12682, 12801	古弦人	7246
古力	6038, 6140	古晓风	8120
古丽比亚	464	古欣	10720
古丽比娅	190	古学湟	13087
古丽加米拉·卡德尔	12324	古学中	2077
古列尔莫·伊齐	8761	古叶	6147
古琳晖	6471	古寅	5831, 5848, 5858, 5875, 6043
古蔺县美术创作组	3202	古英	6279
古隆	12462	古瑛芝	543
古蒙仁	8889	古与	5422, 5569, 5931
古明源	10729	古玉	6230, 6243, 6388
古木	5971	古韭浚	1146
古泥	8468, 8589	古元	1315, 1713, 1778, 2850, 2929, 2930, 2931,
古泥等	8130		2939, 2944, 2950, 2983, 2985, 2987, 2990,
古牛山樵	671		2993, 2994, 2995, 3000, 3003, 3006, 3008,

作者索引

3012, 3020, 3025, 3026, 3194, 3931, 8640, 8642, 8888

古原宏伸 852

古源 5630

古月 2752, 3094, 3268, 3730, 3854, 3869, 3916, 4128, 5099, 5393, 5549, 5553, 5560, 6036, 6077, 6125, 6253, 6275, 6283, 6288, 6405, 6518, 6573, 9133

古悦 6729, 6730, 6733, 6737, 6740

古舟 6447

古棕 2835

谷爱平 5781

谷爱萍 3823, 3894, 3935, 3984

谷安 5441

谷苞 10966

谷宝玉 2127, 2250

谷冰 6435

谷昌照 8682

谷长 858, 5173, 5240, 5439

谷成志 11103

谷达 5922, 6117

谷大保 5334

谷芬 13232, 13235, 13244

谷枫 11642

谷枫秋 4882, 4883

谷峰 8743

谷夫 7651, 10756

谷纲 3256

谷钢 607, 3353

谷广 11748

谷浩 8629, 8657

谷辉之 7322

谷建芬 11476, 11708, 11929

谷建祥 432

谷剑尘 12795, 12808, 12832, 12837, 13012, 13289

谷静 4733, 4736, 6122, 6379, 8995, 9086, 9088, 9137, 9142, 9488, 9923, 10125

谷俊杰 13147

谷口次郎 7031

谷口广树 10773

谷礼文 10484

谷丽应 6377, 6378

谷量 1165

谷林 3828

谷麟 1137, 1394, 3586, 3683, 3727

谷玲玲 13284

谷岭 11573

谷流 054, 056

谷梅 4917

谷岐 2218

谷奇 032

谷茜 2326

谷樵 6359

谷青 3813, 5196

谷清 8531

谷山俊夫 10774

谷守利 13227

谷守山 1922, 1926

谷水 5041, 5795

谷斯范 4887, 4905, 5130

谷斯涌 6234

谷天 8325, 13013

谷天宁 6285, 6328, 6406, 6649, 6663

谷威 8699, 8733, 8735, 8749, 8768, 8778, 8786, 8798

谷巍 9646

谷惟 5770

谷维恒 2672, 8853, 9089, 9103, 9117, 9119, 9135, 9140, 9257, 9258, 9329, 9503, 9848, 9857, 9858, 9860, 9873, 9896, 9899, 9907, 9912,

9995

谷苇 098, 6512

谷文达 6057

谷溪 1715, 7164, 7374, 7389, 7390, 8369, 8474

谷向阳 8313

谷小波 2914

谷小因 4921

谷欣伍 149, 150

谷欣莹 6649, 6663

谷秀 11534, 11535

谷学文 2123, 2134, 4812

谷学中 2076, 2115, 2140, 4824, 6761

谷学忠 1862, 1949, 1966, 2123, 3872, 4101, 4112, 4154, 4372, 4560, 4614, 4795

谷雪忠 4239

谷雁来 7847, 7849

谷冶 12594

谷音 345, 10795, 12627

谷英 5416, 5991

谷勇 11290

谷有芝 7591, 8247

谷羽 5694

谷雨 5248, 5762, 6003, 6385

谷岳 6062

谷照恩 3984, 4944, 4997, 4999, 5012, 5036, 5293, 5334, 5426, 5495, 5635, 5667, 5810, 5960, 6040, 6122, 6216, 6219, 6232, 6235, 6237, 6379

谷震 4885

谷志壮 12922

谷中良 5302, 5576, 5891, 6255

谷中秀 413

谷祝平 10057

谷子 2467

谷祖永 5590, 5767, 5859, 6276

故宫博物馆 1477, 1545, 7863

故宫博物院 199, 247, 387, 390, 404, 408, 421, 432, 830, 853, 1317, 1474, 1486, 1502, 1507, 1516, 1517, 1518, 1525, 1527, 1534, 1535, 1536, 1537, 1538, 1540, 1541, 1544, 1547, 1571, 1575, 1580, 1584, 1585, 1646, 1653, 1654, 1656, 1657, 1658, 1666, 1667, 1673, 1706, 2711, 3045, 7153, 7712, 7713, 7725, 7763, 7790, 7794, 7854, 7855, 7857, 7858, 7862, 7863, 7950, 7958, 7960, 7961, 7962, 7963, 7964, 7969, 7973, 8061, 8413, 8426, 8458, 8540, 8550, 8656, 8808, 8930, 8994, 9055, 9062, 9796, 10231, 11009

故宫博物院《历代碑帖墨迹选》编辑组 7741, 7763, 7771, 7780, 7799, 7802, 7821, 7822, 7874, 7927, 7931, 7932, 7933, 7936, 7982, 8010, 8011, 8103, 8426

故宫博物院《明清扇面书画集》编辑组 1581

故宫博物院编辑委员会 1933, 7736, 7924, 7973, 7982, 7994, 8061, 10232

故宫博物院藏画编辑委员会 1508

故宫博物院藏画集编辑委员会 1509, 1510

故宫博物院陈列设计组 426, 10259, 10646

故宫博物院历代艺术馆 408

故宫博物院收藏中国历代名画集编辑委员会 1540

故宫博物院修复厂裱画组 1065

故宫博物院研究室玺印组 405, 8542

故宫博院 7857

故事画报工作室 6709

顾藹吉 8368

顾爱彬 8775

顾宝新 5539, 6017

顾犇 10928

作者索引

顾璧 5458, 5684, 5732

顾炳 754, 1447, 1457, 1472, 1494, 2970, 3057, 8017

顾炳騄 3032

顾炳泉 12139, 12251, 12310, 12333

顾炳鑫 1221, 1430, 1801, 2363, 2376, 2408, 2626, 3003, 3668, 4912, 4985, 5028, 5036, 5131, 5295, 5352, 5382, 5472, 5618, 6147, 6160, 6598

顾炳星 056

顾伯平 8975

顾陈埠 11014

顾成 5421

顾成灝 3645, 3704, 3861

顾丞峰 119, 529

顾承之 1455

顾城 5514, 7549

顾川生 9560

顾春芳 12731

顾春敖 2687

顾春雨 12284

顾淳庆 8051

顾从德 8481

顾从义 7678, 7681, 7682

顾从义 7678

顾翠岚 8459

顾达昌 11876

顾大昌 1455, 1456, 1460

顾大我 7261

顾岱毓 10786

顾棣 404, 5535, 5691, 5735, 8211, 8810, 8896, 9073, 9219, 9222, 9229, 9231, 9291, 9296, 9341, 9342, 9356, 9362, 9375, 9394, 9525, 9526, 9533, 9551, 9590, 9591, 9593, 9615, 9795, 9796, 9798, 9809, 9812,

9819, 9826, 9837, 9848, 9941, 9951, 9952, 9993, 10013, 10020, 10029, 10034, 10035, 10038, 10046, 10050, 10052, 10157, 10675

顾定青 11878

顾东升 3306, 8799, 8972, 9043, 9075, 9098, 9351, 9530, 9794, 9836, 9946, 10032

顾尔镡 5371, 5373

顾方松 10263

顾峰 104, 7718, 12933, 13006

顾凤宾 11341

顾复 1458, 7708

顾果 8016, 8021, 8022, 8027

顾工 5320, 5514, 6230, 11959, 12022

顾公雄 1650

顾公毅 8122

顾冠群 2250, 8175

顾冠仁 12263, 12267, 12311, 12312, 12330, 12331

顾光 3273, 5303, 5312, 5499, 5866

顾国建 2815, 2845, 3048

顾国志 2006, 2111, 2164, 4689, 4849, 4862

顾国治 1966, 1976, 1979, 2060, 2067, 2084, 2095, 2131, 2135, 2172, 2515, 2518, 2570, 2577, 4256, 4318, 4344, 4376, 4468, 4478, 4487, 4494, 4501, 4503, 4514, 4515, 4519, 4553, 4615, 4636, 4638, 4639, 4669, 4674, 4689, 4691, 4721, 4722, 4723, 4743, 4760, 4782, 4785, 4787, 4797, 4805, 4843, 4851, 8859

顾海良 6448

顾汉昌 541, 5348, 5783, 6673

顾行 4880

顾浩 8505, 8506, 8507, 8509, 8514

顾鹤冲 2069

顾鹤庆 1640

顾恒如 10501

顾横波夫人 1607

中国历代图书总目·艺术卷

顾藟	1032, 1042	顾麟士	1456, 1619, 1645, 1704
顾红	4821	顾麟文	850
顾闳中	1525	顾泠	194
顾洪兴	7501, 7502	顾龙	2124
顾鸿	7810, 7899, 7900, 7904, 7993, 7996, 8082,	顾伦	4933
	8084, 8085	顾洛	1610, 1619
顾华明	3387, 6471	顾茂昌	2751
顾惠敏	8466	顾梅	3902
顾寄徐	4014	顾美华	8863
顾家城	6701	顾美琴	11811
顾家麟	7410, 7431	顾孟平	10245
顾嘉琛	113	顾孟容	10343
顾嘉琳	12213, 12536	顾敏芳	7165, 7400
顾建华	035, 108, 272	顾明	4779, 4805
顾建平	7289, 7321, 7334	顾鸣盛	12983, 13001
顾锦梗	7631	顾默予	4953, 4974, 5030, 5035, 5072, 5076
顾菁	4849	顾穆	12626
顾景舟	10651	顾乃琛	4944
顾久太	9987	顾乃深	4895, 5049, 5085, 5130, 5225, 5255, 5539,
顾均正	12091		5936
顾俊	249	顾遹晴	12651, 12652, 12653, 12654, 12655
顾恺之	1467, 1474	顾南原	8368, 8371
顾柯海	5358	顾念青	2579, 4611, 4704
顾克全	10325	顾宁	6645
顾肯夫	13287	顾凝远	674
顾坤伯	907, 1900, 2069	顾盼	2846, 2847, 3281, 3300, 3312, 3356, 3379,
顾乐夫	5475, 6089		3769, 4039, 4157, 5406, 5416, 5431, 5461,
顾乐真	5379, 6516, 11091, 12724		5588, 5651, 6114, 6151, 6580, 10418
顾黎明	1131, 2830	顾培幼	11492
顾丽霞	189	顾芃	5717
顾莉莉	6594, 6595	顾平旦	7288
顾连理	10858, 10867, 10982, 10990, 11074,	顾朴	3269, 3482, 5464, 5561
	11076, 11180, 11188, 11226, 12511	顾朴光	10203, 10711, 12941, 12946
顾莲塘	559, 1099, 1234, 4025	顾齐	6414
顾林	10756	顾其华	12514, 12515

作者索引

顾琦生	5317	顾氏	1620
顾启桓	4929	顾氏过云楼	1627
顾启欧	5028, 5059	顾世鸿	10386, 10762
顾起元	1060	顾守业	5730
顾潜馨	2176	顾绥康	448
顾强先	817	顾术林	11268
顾琴芳	4936, 4988	顾树春	9857
顾青	11125	顾树屏	4957
顾青蛟	718, 989, 993, 996, 997, 999, 1001, 1002,	顾顺元	3908
	1003, 1984, 2130, 2651, 2693, 2706, 2709,	顾思源	5790
	4479, 4572, 4620, 4650, 4731, 4852	顾随	8213
顾青珊	7631	顾体仁	11001, 11003
顾庆棋	10238	顾天高	5057, 5378
顾求林	11268	顾天庆	11488
顾曲主人	12273	顾天一	4646
顾全兴	2026, 2649, 2666, 2671, 4332, 4360, 4692	顾廷康	4070, 10446
顾全元	3387	顾廷龙	8291
顾泉发	11224, 11234, 12520	顾廷纶	1635, 8056
顾泉雄	9546, 9965, 13295	顾望	435
顾群	12895, 12923	顾微时	12068, 12069
顾荣木	8551	顾纬	8793
顾荣元	2458	顾卫国	10393
顾榕	6042	顾温厚	5913
顾森	034, 271, 272, 672, 2331, 8608, 8612, 10688,	顾文	6409, 6411
	10691	顾文彬	1456
顾珊	6309	顾文华	7644
顾上飞	2800	顾文荃	9490
顾升	7834, 7840	顾文荣	9842
顾生夫	4994	顾文芍	12086
顾生岳	823, 878, 880, 1110, 1160, 1294, 1857,	顾汶光	2217
	2360, 2365, 2864, 2867, 2876, 2889, 2905,	顾武祥	12279
	3573, 3670, 3752, 3768, 4894	顾希源	1605
顾时光	8796	顾锡东	5126, 8807, 8824, 8829, 8994, 9234, 9244,
顾时隆	1210		12094
顾士友	5502	顾锡宁	6127

顾宪成	8058	顾宜林	5723
顾宪文	5681	顾以庄	12582, 12634
顾湘	8454, 8471, 8472, 8473, 8505, 8506, 8507,	顾祖江	12288
	8509, 8514, 8524	顾逸	7708
顾象贤	13140	顾逸农	1562
顾小龙	4779, 4780, 4802, 4805	顾逸之	7325
顾小青	6419	顾翌	11581, 11587, 11943
顾小英	11062	顾翼	2233
顾晓菁	4760, 4782, 4851, 4862	顾音海	7379, 10319
顾晓康	6029	顾殷	1629
顾晓鸣	6575, 6576, 6591	顾印伯	8044, 8045
顾晓鸥	10376	顾印愚	8050, 8115
顾晓青	2111, 2152	顾英杰	597
顾晓清	2060	顾迎庆	2145
顾晓玉	11216	顾永年	10033
顾笑言	5603, 5957	顾永湘	11307, 11335, 11868, 12079, 12080,
顾新	8321		12085, 12086, 12087
顾新亚	8075, 8076, 8107	顾永芝	034, 038
顾馨	12523	顾用中	195
顾兴	10012	顾羽	12641
顾修	1455, 8016, 8020	顾玉甫	5792
顾秀芳	7914	顾域树	7142
顾旭光	11132	顾毓琇	8299, 8311
顾雪珍	11124, 11750	顾元	3808
顾雅炯	6808	顾元庆	1018, 1021, 1023, 1026
顾延庚	4191	顾元翔	5978, 6554
顾延培	5313, 5333, 5488, 7298, 7362, 7482	顾云	271
顾艳华	6186	顾云兴	8754, 8764, 8767, 8772, 8778, 8787, 8789,
顾扬	9329		9034
顾耀君	7238	顾沄	1629, 1630, 1642
顾耀明	11090	顾曾平	5212, 5261, 5322, 5543, 6558
顾也文	12587, 12598, 12602, 12603, 12642,	顾增平	5658
	12653, 12656, 12657, 12661, 12666	顾章雄	4415, 4446
顾一樵	11826	顾兆琳	11499
顾一珍	4418	顾肇仓	12978

作者索引

顾振军	2115	关宝艳	035, 036
顾振君	2065, 2067, 2127, 4212, 4294, 4353, 4453,	关伯基	10868, 10874, 10891
	4509, 4659, 4738, 4780, 4794, 4799, 4821,	关长	12110
	4829, 4835, 4846, 10307	关长荣	12119
顾振乐	2218, 10652	关长振	7652
顾振明	12262	关大全	3377
顾振遐	11156, 11830	关大我	047
顾震岩	724, 972, 976, 2522, 2700	关德富	12723, 12927, 12970
顾铮	8709	关德权	12135
顾正华	7654	关登瀛	5087
顾志成	167	关鼎	10916
顾志新	4846, 7804, 7821, 8243, 8826	关东邮	6171
顾钟锦	6425	关东村	6184
顾仲安	7411, 7412, 7420, 7424, 7428, 7433, 7442,	关东海	10614
	7444, 7450, 7454, 7465, 7467, 7470, 7475,	关东社会教育工作团	11549, 12145
	7483, 7485, 7487, 7491, 7517, 7521, 7545,	关耳	5094
	7549, 7562, 7565, 7566, 7575, 7576, 7584,	关锋	7248
	7587, 7589, 7590, 7596, 7598, 7602, 7604,	关凤鸣	4973, 4998
	7617, 8389, 8397	关夫生	2986, 8640
顾仲安书	7264	关广志	1386, 1740
顾仲书	7728	关海	7512
顾仲晏	7548, 7578, 7594, 7612, 7622	关汉卿	4892, 6308, 6382, 6387, 13233
顾仲彝	12676, 12707, 12837, 13024, 13025	关和璋	856, 894, 1777, 3579
顾竹君	3145	关鹤春	12076
顾祝军	3354	关鹤岩	11626, 11949
顾祝君	2733, 2736, 2827, 3076, 3097, 4142, 4917	关恒齐	3364
顾子巨	8508	关洪福	1871
顾子仁	11759, 12354, 12434, 12435	关槐秀	12569, 12601
顾紫微	6264	关家驹	203, 1484
顾宗贤	3071	关嘉禄	12789
顾祖钊	079	关建骅	8836
顾作华	10745	关建中	9914
关百益	8648	关剑清	10705
关宝	6518	关健	1186, 6439
关宝琮	426, 435, 5283, 6114	关鉴	3794, 3876, 5559, 5569, 5634, 6011, 6012,

6089

关键 5515, 5731, 6011, 11979

关江重三郎 10729

关洁 4748, 6089

关晶人 7424

关景宇 4951, 5015, 5197, 5246, 5282, 5296, 5309, 5438, 5459, 5511, 5527, 5669, 5673, 5738, 5773, 5886, 9003, 9211, 9227, 9228, 9229, 9545, 9947, 9963

关静 7041

关九思 1563

关俊哲 12978

关口高广 6396

关阔 1410

关礼窑 12071

关礼窑记 12071

关鑫 13198

关力 10182

关立勋 271

关联昌 2935

关良 1438, 1747, 1859, 1886, 2192, 2414, 2784

关麟英 5294, 5698, 5737, 6135

关吕修 4318

关履权 5303, 5309

关璐 615

关满生 2123, 2124, 2716, 2801, 3241, 3254, 3300, 3776, 3833, 4009, 4169, 4216, 4284, 4659, 4678, 4723

关曼青 2218

关敏聊 12626

关明 1399, 5716

关陌 3443

关乃平 594, 5400

关乃忠 11628, 11954, 12372, 12543

关匿忠 11954

关妮 6363, 7048

关宁宇 8941

关朋 12924

关品修 1907, 4189

关平 9746, 9813, 9841, 9862, 9899, 9994

关琦铭 3175

关启明 5603, 6147

关强 6162

关青山 1975

关庆留 3712, 4998, 5080, 5114, 5115, 5125, 5165, 5205, 5211, 5221, 5232, 5242, 5270, 5283, 5299, 5331, 5460, 5501, 5519, 5527, 5568, 5725, 5783, 5812, 5839, 6140, 6492, 6561, 6571, 6575

关庆武 13153

关去平加 4849

关权昌 2326

关山月 964, 1320, 1321, 1399, 1440, 1722, 1728, 1740, 1767, 1771, 1772, 1773, 1774, 1781, 1789, 1817, 1823, 1826, 1827, 1830, 1836, 1837, 1839, 1840, 1844, 1850, 1865, 1869, 1879, 1965, 2177, 2197, 2326, 2418, 2419, 2509, 2561, 2589, 2590, 2592, 2596, 2598, 2599, 2669, 2686, 2709, 2888, 3848, 3938, 3940, 10423, 10426, 10554

关尚卿 612, 619, 2027, 10194

关绍忠 3826

关胜多 13263

关胜武 5259, 5294, 5366, 5589, 5657, 5822, 6018, 6046

关守信 5218, 5972, 6119, 6175, 6185, 6312

关守忠 5650

关淑筠 10816

关松房 1761, 1776, 1779, 1780, 1783, 1784

作者索引

关嵩茂	3074	关振邦	7555
关素辑	11821	关振旋	3795, 5363, 5398, 5869
关涛	492, 1252	关重尧	8195
关天培	1244	关筑声	12604
关天荣	12371	关卓然	12710, 12744
关全	1523	观江山	5300
关巍	3359, 3371, 5407, 6264	观樾斋	8038
关维兴	336, 1188, 1190, 1191, 2945	官布	2202, 2592, 2723, 2734, 2737, 3621, 3651,
关伟	5794, 5795		3676, 3958, 5083
关伟民	6124	官大伟	5026
关伟文	6275	官龙耀	2912
关卫	170	官其格	5246
关文斌	6350	官天一	8770, 9250, 9539
关夕芝	5377	官一	8856
关铣	5259	冠钧	11966, 12027
关小蕾	1213, 1214, 1263, 2965, 6768	冠连文	2581
关晓荣	8954	冠英(天津)动画有限公司	6725, 6742
关秀云	3834, 3951	冠则	6115, 6180
关雪庵	12862	倌承军	6412
关雁	3873	管安	5043
关邑	1212	管白宇	5733, 5734
关益全	11738	管斌	7348
关尉沛	1003	管道升	1494
关应良	2471	管鹤奎	3222
关英贤	11169	管桦	1898, 5091, 5184, 5194, 5216,
关迎时	9538, 9552, 9562, 9587, 9603		5560, 11396, 11408, 11514, 11553, 11581,
关永伟	5639, 5683, 5706, 5744, 5767, 5807, 5838,		11938, 11941, 12001
	5842, 5850, 5852, 5858	管慧勇	6478
关友声	1717, 2928	管际安	12898, 12899
关瑜璞	2946	管建华	10821, 10914
关玉良	1325, 1414, 2301, 6159, 6202	管谨义	11133
关愈	3277, 4038, 4062	管乐	5929
关则驹	2805, 2844, 3210, 3378, 3766, 5193	管林	11117, 11119, 11121, 11134
关增铸	2038, 8566	管念慈	1596
关真全	1870, 1906, 2482, 4145	管齐骏	5246, 5608, 5734, 5778, 6257

管琴 6544
管庆慧 7349
管荃 5543, 5799
管绍熙 8738
管石鑫 12123
管新生 6217
管兴万 5022, 6594
管倬生 10380
管宜孔 8985
管毅中 3099
管荫深 12607, 12608, 12610
管用和 3870
管又坪 8526
管玉琳 12594
管兆平 5301
管震湖 10834, 10989, 11273, 12568
管正美 5597, 5665, 5756, 5809, 5830, 5850
管中琪 157
贯休 8650
贯中 13194
灌云县文化馆 5225, 5289
光迪 6323
光复书局编辑部 212, 213, 376, 6802, 6803
光华 5378
光辉 8708, 8781, 8912
光军 4965, 5062, 12348
光立 6374
光亮 5883, 6299
光明 3987, 9758
光明日报编辑部音乐组 10798
光冉 426
光荣 9710, 10112
光山社 6617
光绍天 1881, 2745, 2757, 3022, 3204
光涛 3209

光未然 11619, 11879, 11933, 11935, 11944, 11950, 11957, 11961
光相白 2583
光相磐 2566, 2605
光兴 5015
光亚 1254
光宇 1996, 6202
光元鲲 1772, 1906, 2560, 2561, 2563, 2566, 2583, 3651, 4271
光远 4838, 4839, 8827, 8832, 9410, 9455, 9457, 9472, 9478, 9494, 9520, 9725, 9741, 9742, 9906, 10120
光泽 9403
光珍 11734
光之鲲 1923
广邦杰 11945
广播出版社 5719, 11918, 11919
广播电影电视部党史资料征集工作领导小组 13152
广播电影电视部电影局《电影通讯》编辑部 13124
广播电影电视部电影局《电影通讯》编辑室 13224, 13294
广播电影电视部电影局党史资料征集工作领导小组 13190
广播电影电视部电影事业管理局 13068, 13310
广播电影电视艺术辞典编辑委员会 13063
广布道尔基 5087, 13241, 13242
广东、广州人民广播电台 11399
广东、广州人民广播电台文艺组 11393
广东博物馆 1475
广东潮剧团 12113
广东潮剧院 12949
广东潮剧院研究室 12924
广东潮剧院音乐编写组 12127

作者索引

广东潮州画院 2247
广东丹晨设计公司 6699, 6700
广东丹晨设计制作有限公司 5695, 6696, 6697, 6698, 6699, 6700
广东电视台 5682, 5683, 9109
广东佛山地区"革委会"《海英》创作组 5227
广东汉剧院研究室 12928
广东画报社 8804, 8918, 8921
广东画院 1300, 1367, 1374, 1933
广东画院集刊编委会 1363, 1364
广东话剧研究会 12910
广东话剧研究会《鸣镝篇》编委会 12911
广东科技出版社 2683, 2684, 2688, 2692
广东岭南美术出版社 5682
广东旅游出版社 8935, 10519
广东漫画学会 3524
广东美术出版研究学会 1343
广东美术馆 323, 335, 1343, 1413, 2313, 2326, 2329, 2339, 2831, 2965, 3063, 8663
广东民间工艺馆 10682
广东民间音乐团 12342
广东民族歌舞团 12610
广东名画家选集编辑委员会 1358
广东人民出版社 438, 445, 1834, 1869, 1870, 2687, 2782, 3714, 3815, 3889, 5150, 5154, 5155, 5160, 5166, 5202, 5206, 5230, 5234, 5249, 5278, 5371, 6201, 6600, 8665, 8926, 8927, 9278, 9280, 9334, 9335, 10250, 10412, 10414, 10425, 11462, 11579, 11630, 11634, 11667, 11668, 11682, 11705, 11790, 11838, 11963, 11964, 12107, 12112, 12154, 12902
广东人民出版社编辑 1274
广东人民出版社编辑部 9055, 11668, 11670, 11671, 11839

广东人民广播电台 11393
广东人民广播电台文艺部 11866
广东人民广播电台文艺组 11401
广东人民艺术学院绘画系 5154, 5186
广东人民艺术学院绘画系工农兵学员3234, 3242
广东人民艺术学院文艺理论教研组 247
广东人民艺术学院音乐声乐教研组 11116
广东人民艺术学院音乐系管弦教研组 12171
广东人民艺术学院音乐系基础课教研组 11047
广东人民政府 8918
广东韶关地区文化局《飞鹰崖》创作组 5250
广东设计年鉴编辑部 10228
广东省 12341, 12360
广东省《农讲所颂歌》创作组 11685
广东省博物馆 410, 1479, 8096
广东省潮阳县"革委会"政工组 5186
广东省大埔县文化局广东汉乐研究组 12345
广东省地图出版社 8194
广东省电影发行放映协会 13186
广东省电影发行放映学会合 13186
广东省电影公司 13186
广东省电影幻灯服务站 5159
广东省电子琴教育考级定级委员会 12240
广东省电子琴教育考试定级委员会 11289
广东省儿童福利会 12035
广东省佛山市"革命委员会"政工组文艺办公室 086
广东省佛山市石湾美术陶瓷厂 8659
广东省佛山市文化馆 11082
广东省歌舞团 12600
广东省歌舞团创作组 11682
广东省工艺美术包装装潢公司 10350
广东省工艺美术工业公司 10233
广东省工艺美术学会 10234
广东省广告摄影研究会 8742

广东省广州市音乐工作组　　11401　　广东省卫生防疫站　　　　3301
广东省吉他研究会　　　　12184　　广东省文化馆　　　11448, 11646
广东省计划委员会科技处　3250, 3265　　广东省文化基金会　　　12831
广东省纪念孙中山先生诞辰一百二十周年筹备　　广东省文化厅电影处　　　13186
　　处　　　　　　　　　2005　　广东省文史馆　　　　　　8328
广东省教育厅　　　　　　11731　　广东省文史研究馆　　1490, 8268
广东省教育厅教材编审室　11512, 12041, 12046,　　广东省文艺创作室　11464, 11663, 11664, 11668,
　　12388, 12446　　　　　　　　　11670, 11671, 11673, 11681, 12025,
广东省教育厅职业技术教材编写组　　152　　　　12027, 12344
广东省立战时艺术学院出版委员会　　11934　　广东省戏剧研究室　11151, 12842, 12843, 12925,
广东省旅游局　　　　　　9815　　　　12928
广东省绿化委员会　　　　1368　　广东省戏曲改革委员会潮汕专区分会　　12110
广东省煤炭工业局　　　　9284　　广东省戏曲改革委员会汕头专区分会　　11830
广东省美术工作室　　1355, 10663　　广东省戏曲研究会汕头专区分会　　12127
广东省美术馆　　　　　　270　　广东省宣传处　　　　　11379
广东省美术家协会漫画艺委会　　3524　　广东省学生联合会　　　11723
广东省美术家协会水彩画艺术委员会　　2964　　广东省艺术研究所　　12843, 12925
广东省美术摄影展览办公室　3025, 3409, 3410　　广东省粤剧团　　　　　12123
广东省美术摄影展览办公室合　　9278　　广东省中国文物鉴藏家协会　　417
广东省民间音乐研　　　　12348　　广东文艺批评家协会　　　13086
广东省民间音乐研究室　11806, 12345, 12346　　广东文艺社　　　　　　4899
广东省农业学大寨展览馆　　8927　　广东舞台美术学会　　　12831
广东省轻工业厅枫溪陶瓷研究所　　10196　　广东新会县文艺创作组　　5217
广东省曲艺工作者协会　11618, 11838　　广东艺术学院音乐声乐教研组　　11116
广东省群众艺术馆　1356, 6746, 10670, 11587,　　广东音乐曲艺团　　11618, 11838
　　11618, 12590, 12647　　　　广东肇庆地区师范学校中文科组　　12874
广东省人民艺术学院音乐系管弦教研组　11182,　　广东中华基督教会大会　　12434
　　12171　　　　广东中华民族文化促进会853, 7165, 8627, 10692
广东省人民政府文教厅文艺处　　11392　　广东中华民族文化促进会文化委员会　　8622,
广东省韶关地区群众艺术馆　　11805　　　　10361
广东省韶关工代会　　　　3409　　广铎　　　　　　　　　2928
广东省摄影家协会　　　　8899　　广冈球志　　　　　　　6990
广东省书法家协会　8254, 8265, 8284, 8328, 8333　　广海　　　　　　　　　6143
广东省书法协会　　　　　7383　　广汉　　　　　　　　　6583
广东省司法厅宣传处　　　6210　　广华　　　　6253, 6349, 11747

作者索引

广建	6868, 9394	广西区纪委《党纪》杂志编辑部	6291
广教社	10011	广西群众曲艺研究会	12727
广军	6068	广西群众戏剧研究会	12727
广俊	5601	广西人民出版社	3024,
广凯	3403	6757, 10243, 11145, 11456, 11464, 11467,	
广阔	6158, 6191	11468, 11657, 11680, 11687, 11691,	
广力	858, 6109	11693, 11702, 11794, 11798, 11800,	
广明	5864	11801, 11802, 11803, 11804, 11860,	
广庆	6556, 6557, 6563	11885, 11914, 11915, 11964, 11965,	
广全	5739	11972, 12025, 12030, 12034, 12344, 13082	
广廷勃	3213, 3250, 3271, 4011, 4100	广西人民出版社美术创作学习班	2761, 3933
广廷渤	2755, 2756, 2758, 3771, 3891, 3909,	广西人民出版社宣传画学习班	3284
	3957	广西少数民族社会调查组	6621
广文	6005	广西省桂西僮族自治州歌舞团	11770
广文画廊	1900	广西省立艺术馆美术部	244, 2848, 2979
广西儿童音乐学会	12040, 12050	广西省立艺术馆研究部	245
广西革命美术工作者	3159	广西省群众艺术馆	1739, 10902
广西工艺美术研究所	3568	广西省文化局音工室	11578
广西桂林图书馆	12759	广西省文化局音乐工作室	11581
广西国际民歌节执行委员会办公室	11812	广西省文联筹委会	11763
广西国际民歌节组委会文艺部	11812	广西省戏曲改革委员会	12109
广西画报	3294	广西师范大学艺术系	314
广西画册编辑小组	8927	广西僮族自治区林业厅	3128, 3132
广西教育科学研究所	12046	广西僮族自治区气象局	3105
广西军区司令部	8881, 9271	广西僮族自治区群众艺术馆	2417, 11434, 11783
广西军区政治部	11493	广西僮族自治区人民出版社	438, 439, 10244,
广西老年书画研究会	2281		11612
广西柳州市《刘三姐》剧本创作组	11881	广西僮族自治区文化局	11432, 12118
广西旅游局	8929, 9962, 10496	广西文史研究馆	2255
广西美术出版社	529, 820, 1187, 1194, 6382,	广西文艺工作团桂剧队	11858
	6614, 8229, 10227, 10228, 10637, 10688	广西戏剧研究室	11804
广西美术摄影展览办公室	1359, 8921	广西冶金井巷公司三工区工人业余美术组	5317
广西民族出版社	12634	广西艺术创作中心	11717
广西农垦局《壮乡晨歌》编委会	8702	广西艺术学院《广西各族民歌选》编选组	11794
广西钦州地区北海市美术创作组	6599	广西艺术学院美术系	1901

广西艺术学院声乐系教研组　　11785　　广西壮族自治区文化厅　　12935
广西艺术学院音乐系　　12118　　广西壮族自治区武鸣县文化馆　　5142
广西艺术研究室　　12759　　广西壮族自治区戏剧研究室　　12118, 12714,
广西艺术研究所　　345, 11151, 12724, 12941　　12757, 12924, 12931
广西植物研究所　　2495　　广西壮族自治区征文办公室　　11667
广西壮族自治区"革命委员会"政治工作组　　广野　　5655, 6180
　　12871　　广益　　4943
广西壮族自治区《刘三姐》会演大会　　11881,　　广鹰文　　5220
　　11886　　广玉　　1050, 1051, 8523
广西壮族自治区《主课》创作组　　5336　　广元　　7264
广西壮族自治区第二图书馆　　13094　　广泽荣　　5422
广西壮族自治区电影发行放映公司　　13191　　广之　　6193
广西壮族自治区分会　　11624　　广州白云山管理处　　9794
广西壮族自治区歌舞团　　11778　　广州博物馆　　426
广西壮族自治区歌舞团《拉木歌》创作小组　　广州部队　　2742, 3183, 3186, 3210
　　12611　　广州部队"钢八连组画"创作组　　3012, 8644
广西壮族自治区"革委会"文化局美术创作组　　广州部队钢八连创作小组　　3012
　　2934　　广州部队歌舞团　　11693
广西壮族自治区工艺美术研究所　　2862, 10350　　广州部队生产建设兵团政治部《金色的道路》创
广西壮族自治区红歌运动指导委员会　　11642　　作组　　5203
广西壮族自治区教育委员会思想政治教育处　　广州部队生产设建兵团政治部《魏师傅带班》创
　　11516　　作组　　5215
广西壮族自治区教育委员会组织　　12048　　广州部队文艺编辑组　　11582, 11603
广西壮族自治区精神文明建设委员会办公室　　广州部队宣传队歌舞剧队　　11963
　　11743　　广州部队政治部　　1284
广西壮族自治区美术作品展览办公室　　1362　　广州部队政治部文化部　　11451, 11639, 11645,
广西壮族自治区民族事务委员会　　8893　　11650, 11651
广西壮族自治区群众艺术馆　　10905, 11142,　　广州部队政治部宣传部　　11670
　　11783, 12606　　广州插花艺术研究会　　10585, 10588, 10604,
广西壮族自治区人民出版社　　11621, 11638,　　10606, 10609
　　11640, 11641　　广州电视台　　11393
广西壮族自治区文化局　　11590, 11795, 11796,　　广州雕塑工厂　　8629
　　11806, 12611　　广州东方书画艺术公司东方画廊　　1368
广西壮族自治区文化局创作组　　11667, 11678　　广州钢铁厂"革委会"政工组　　5173
广西壮族自治区文化局革命歌曲征集小组　11668　　广州归国华侨中等补习学校　　11403

作者索引

广州国际大酒店	2051	广州日报编委会	1403, 8991
广州华美音乐服务社	11194	广州少儿美术教育促进会	323
广州画院理论研究室	1368	广州师范学院艺术与艺术教育编委会	053
广州画院研究部	109	广州市爱国卫生运动委员会	3301
广州画院艺术委员会	1368	广州市对外文化交流协会	3386
广州军区后勤部政治部	11493	广州市妇女联合会	6446
广州乐团	11789	广州市工艺美术研究所	10347, 10348
广州鲁迅纪念馆《鲁迅在广州》连环画创作组		广州市工艺美术职业高级中学	354
	5288	广州市郊区"革委会"政工组宣传站《塘边脚印》	
广州鲁迅纪念馆等单位《鲁迅传》编创组	5321,	创作组	5213
5355		广州市教育局幼儿歌曲编选组	12027
广州美术服务公司美工室	2747	广州市立美术学校出版处	343
广州美术工作室	3236, 3244, 3828	广州市荔湾区文化局	8479
广州美术馆	1582, 1716, 2287, 2303, 8276	广州市旅游局	8969
广州美术学院	1383, 2877, 2900, 3549, 6621,	广州市美术服务公司美工创作组	3219
10656		广州市美术服务公司美工室创作组	3237
广州美术学院"革命委员会"	5150, 5155	广州市美术工作室	3234, 3239, 3243, 3249, 3254,
广州美术学院"革委会"	5151		3877, 3878
广州美术学院版画系	1216	广州市美术馆	1378
广州美术学院附属中等美术学校	2910	广州市农林水电系统业余创作组	5285
广州美术学院附中	317, 4951, 4968	广州市群众文化馆	11646
广州美术学院工艺美术系	2863	广州市群众艺术馆	12030
广州美术学院国画系人物科二年级	5073	广州市人民政府	8958, 8960
广州美术学院岭南画派研究室	852	广州市人民政府办公厅	8956
广州美术学院美术史论研究室	480	广州市人民政府外事办公室	8958
广州美术学院美术研究所	2893, 10142	广州市人民政府新闻办公室	8958
广州美术学院四十周年校庆筹委会	530	广州市人民政府驻北京办事处	2277
广州美术学院天堂空气漫画组	3501	广州市社会公益事业发展中心	8910
广州美术专科学校	4881	广州市市立美术学校	1354
广州群众文化馆	12024	广州市书法家协会	8222
广州群众艺术馆	6620, 11430, 11562, 11582,	广州市委宣传部美术组	2839, 3206
11604, 11946, 12588, 12596		广州市文化传播事务所	10327
广州人民广播电台	11390	广州市文化局	8638, 12851
广州人民广播电台文艺组	11400	广州市文化局戏曲工作室	12322
广州人民美术社	10663	广州市文联	11351

中国历代图书总目·艺术卷

广州市文联美协	3402		12615
广州市文联舞协	12587	贵阳市十大文艺集成志书领导小组办公室民族	
广州市文史研究馆	109	民间器乐曲集成编辑部	12347
广州市文学艺术界联合会	341, 8308, 12594	贵阳市文化局	2015
广州市文艺创作研究所音乐创作研究室	11718	贵阳市文联	1364
广州市戏曲改革委员会广东音乐研究组	12341	贵阳市音乐家协会	11808
广州市戏曲工作室	11146	贵阳市云岩区少年宫	11988
广州市新华书店北京路书店	10509	贵阳专科班英语科	11470
广州市政协文史资料研究委员会	12942	贵英	2687
广州市中苏友好协会	12360	贵州出版社	10170
广州书画专修学院	2917	贵州大学艺术系	11784
广州艺术博物院	2303	贵州大学艺术系油画专业二年级学生	3102, 3107
广州音乐学院	11977	贵州大学艺术油画专业一年级学生	3103
广州音乐学院钢琴系	11226	贵州大学中文系	5473
广州音乐学院学报编辑部	11226	贵州关岭县福农小学	12262
广州音专学报	11184	贵州军区政治部	11407, 11603
广州杂技团	9935	贵州科技出版社	7647
广宗	11391	贵州科学院	8931, 9066
广宗杜之堂	7239	贵州美术出版社	2015, 8937
归秀文	5676	贵州民间文艺家协会	10687
归庄	8058	贵州民院民族研究所	12936
龟仓雄策	10774	贵州民族出版社	6771, 11441
龟井文夫	13254	贵州民族文化宫	3042
龟山	6240	贵州民族学院图书馆	12943
龟田升	12387	贵州民族音乐研究会	10909, 12042
贵彬	11952	贵州青年社	4881
贵体侃	1266, 2962	贵州人民出版社	278, 465, 485, 3407,
贵阳师范学院贵阳专科班英语科	11470		8919, 10247, 10674, 11417, 11438, 11443,
贵阳师范学院外语系	11470		11475, 11595, 11597, 11600, 11601,
贵阳市对外文化交流协会	8903		11605, 11606, 11611, 11629, 11635,
贵阳市工艺美术研究所	10350		11646, 11647, 11653, 11683, 11688,
贵阳市美术公司	4920		11690, 11694, 11794, 11796, 11798,
贵阳市美协	1364		11903, 11909, 11922, 11923, 11924,
贵阳市人民政府新闻办公室	9142		11946, 12008, 12010, 12011, 12012,
贵阳市十大文艺集成志书领导小组办公室			12014, 12018, 12027, 12404, 12588, 13099

作者索引

贵州人民出版社美术编辑部	8701	贵州省文化局艺术研究室	10670
贵州人民广播电台	11988, 12352, 12420	贵州省文化局音乐工作组	11398, 11768
贵州日报社	8720	贵州省文化厅	12939
贵州省"革命委员会"政治部	279	贵州省文化厅艺术处	216
贵州省毕节地区民族事务委员会	12621	贵州省文联	11774, 11812
贵州省毕节地区民族宗教事务局	10236, 11820	贵州省文物管理委员会	8932
贵州省毕节地区青年联合会	12621	贵州省艺术研究室	216, 10682, 12934
贵州省毕节地区彝文翻译组	10236	贵州省艺术研究室遵义县文艺集成志书领导小组	12783
贵州省第二轻工业局工艺美术研究室	10350	贵州省音乐工作组	11398, 12100
贵州省第三次艺术会演大会	12638, 13015	贵州省音乐家协会	11519, 11749, 11812
贵州省歌舞团	11415, 11774, 12262, 12342	贵州省玉屏侗族自治县筹备委员会	8933
贵州省花灯剧团	11835, 11836	贵州省展览馆邻前方连环画创作小组	5211
贵州省军区政治部	3190	贵州铜仁地区文艺工作团集体创	12592
贵州省科学技术委员会	2070	贵州新闻图片社	9523, 9789, 9986
贵州省林业厅宣传处	5677	贵州迎春矿政治部	5473
贵州省盲人聋哑人协会	8937	桂宝根	10370
贵州省民委文教处	12042	桂承平	2004
贵州省民族事务委员会文教处	10909, 12143	桂第子	7708
贵州省农业厅	4943	桂夫	6385
贵州省群众艺术馆	601, 10243, 10246, 10348,	桂馥	1465, 6948, 7238, 8444, 8445, 8446, 8447,
	10668, 10908, 11415, 11441, 11455,		8453, 8454
	11600, 11601, 11602, 11605, 11607,	桂根宝	6630, 10252, 10726
	11617, 11618, 11632, 11749, 11767,	桂冠学术编辑室	10840
	11768, 11771, 11783, 11800, 11835,	桂静文	12971
	11836, 12002, 12010, 12011, 12014,	桂良	10941
	12030, 12108, 12126, 12270, 12628, 12629	桂林	9595
贵州省人民政府文化事业管理局音乐工作组		桂林旅游公司	9350
	11398, 12104	桂林市"革命委员会"政治部	11790
贵州省少数民族群众业余艺术观摩演出会		桂林市第一轻化工业局	10255
	13015	桂林市工艺美术中心	10509
贵州省思南县文化局	12934	桂林市芦笛公园	9067
贵州省文管会办公室	10907	桂林市旅游局	9833
贵州省文化出版厅文物处	10907	桂林市七星美术工艺厂	8132
贵州省文化局	11473, 13015	桂林市人民对外友好协会	8950
贵州省文化局美术工作室研究组	10243		

桂林市摄影家协会	8963, 9497, 9917	郭艾	5235, 5291, 5430, 5562, 5678, 6196
桂林市书法篆刻研究组	8132	郭爱娣	3885
桂林市文管会	7714	郭爱好	1328
桂林市文化局	8918	郭爱华	11057, 11064
桂林市文化研究中心	8861, 11158	郭安	10380
桂林市文物管理委员会	7713	郭安祥	2092, 2159, 3893, 3940, 3974, 4021,
桂林市音协	11476		4069, 4151, 4164, 4231, 4254, 4336, 4372,
桂林市印刷厂设计室	3245		4445, 4666
桂林市政协文史资料委员会	12794	郭柏	11329
桂林市专业	5183	郭邦	5970
桂林市专业、业余美术创作学习班集体	2589	郭宝	4978, 5054
桂林影星出版社	11889	郭宝林	4143
桂林专区人民出版社	11779	郭宝祥	5034, 5061, 5065, 5093, 5400, 5484
桂林专业、业余美术工作者	1810	郭葆昌	11332
桂麟	12294, 12296, 12297, 12298, 12300	郭抱湘	1934, 4064, 4128, 4243, 4400, 4487, 4501,
桂梅	12946		5191, 5221
桂卿	2077, 2110, 4796, 4802	郭北平	2821, 6824
桂润年	3308, 4458, 5653, 6322, 6378	郭昇	7961
桂森林	1259	郭玢	3540
桂涛声	11644	郭玢草	3096
桂文瑄	8486	郭斌	8003
桂习礼	11347, 12322	郭冰	6095, 6190
桂晓华	6630	郭冰光	8475, 8476
桂燕	10839	郭兵	5634, 5866, 5983, 8821
桂扬清	12785	郭丙均	8652
桂英	2134	郭秉宽	13237
桂裕芳	12695	郭秉詹	8020
桂正和	7102, 7103, 7106, 7118	郭秉箴	12939
桂知非	4967	郭炳安	2888, 3784, 3797
滚石杂志	10885, 11159	郭博	9136
郭阿根	8815, 8829, 8848, 8994, 9010, 9076, 9234,	郭不	6761, 6763
	9236, 9238, 9239, 9241, 9309, 9357, 9391,	郭昌晖	8704
	9396, 9400, 9403, 9405, 9408, 9426, 9427,	郭昌琳	12628
	9558, 9601, 9641, 9642, 9643, 9871, 9957,	郭昌伟	1526, 8290
	9977, 10032, 10038, 13115, 13117	郭长柏	3451

作者索引

郭长福	3299, 3305, 6106	郭大公 9396, 9420, 9431, 9634, 9647, 9854, 10054
郭长富	2675	郭大梁	8759
郭长林 2374, 2624, 3905, 3996, 4008, 4018, 4066,		郭大桥	3811
4073, 4088, 4097, 4119, 4124, 4136, 4214,		郭大维	2020
4227, 4266, 4326, 4332, 4380, 4383, 4537,		郭大宁	5722, 5856
4604, 4902, 4936, 5240, 10712		郭道义	9277, 9326, 10102
郭长贤	1091, 7651	郭道尊	2639
郭长信	4473	郭德彪	2962
郭长扬	10845	郭德纯	3953
郭常信 2764, 3275, 3311, 3888, 3973, 4032, 4057,		郭德存	5350, 5470, 5483
4063, 4130, 4238, 4324, 4385		郭德福	5422, 5470, 5483, 5749, 5987, 6054
郭翅虹	5890	郭德明	6241
郭朝杰	11392	郭德宁	3831, 4586
郭淇	8409, 8410, 8412	郭德森	1935, 2347, 5075
郭诚	5841	郭德祥	3747
郭诚意	706, 3718	郭德训	4949, 4978, 5006, 5046, 5077, 5483
郭承波	141	郭殿奎	3295
郭城驿	5265	郭殿魁	3275
郭澄清	5118, 5340	郭东健	6039, 6127
郭池	3304	郭东泰	1166
郭崇华	6448, 6459, 6462, 6467, 6473	郭笃先	5668
郭崇宇	6166, 6183, 6220	郭端	1455
郭楚望	12246, 12327	郭端镇	12981
郭川	6705	郭敦	2219, 5078, 5229, 5251, 5367, 5423, 5806
郭传宝	9506, 9567	郭恩惠	7137
郭传璋	1431	郭恩嘉	1059
郭春东	11122, 11240, 12043	郭二民	13187
郭春华	3903	郭凡	11682
郭春台	5617, 6195	郭方明	8955
郭慈 5594, 5648, 5707, 5742, 5891, 5974, 6085,		郭方颐	977, 1991, 3959, 4035
6105, 6175, 6241, 7069		郭菲	8056
郭存善 7378, 7643, 7645, 7646, 7648, 7650, 7653,		郭丰润	11101
10303, 10305, 10308, 10309, 10324		郭凤惠	2281, 8176
郭存孝	5419	郭凤祥	2263, 4808, 4847
郭大成	5773, 5774	郭峰	11711

郭烽明	4905, 4908, 5630	郭虹	369
郭锋	8194	郭洪印	3829
郭逢晨	1191, 1198	郭鸿嘉	4938
郭凤玲	7609	郭鸿俊	4213
郭凤岐	8312, 13056	郭鸿峻	5724
郭凤祥	2805, 4775	郭鸿勋	2012, 3564, 4262
郭凤忠	8766	郭鸿印	4552, 5617, 6211
郭福平	5325, 5963	郭鸿玉	12267
郭付贵	6211	郭华	4790, 4920, 5288, 5327, 5345, 6056, 6421, 13196
郭富贵	1962, 1988, 2361, 6063, 6202		
郭富团	12109, 12167	郭化	5135
郭庚才	5556, 5657, 5837, 6013	郭化若	8195, 8247
郭公达	1309, 1886, 1902, 1916, 1922, 2004, 2453, 2482, 3724	郭怀仁	2861, 5627, 5797, 6023, 6127, 6151, 6190, 6202
郭功森	8666	郭恒	2818
郭光圻	5102	郭焕材	2821
郭广妹	7340	郭辉	5109, 11985
郭广业	1938, 2128, 2627, 2665, 5178, 5191	郭徽	11127
郭海	6502	郭慧芳	4363
郭海珊	1076	郭蕙英	11236
郭海云	12797	郭吉臣	11702
郭汉城	12716, 12726, 12727, 12756, 12757	郭吉成	11481
郭翰	8649	郭纪金	5338
郭浩	6383	郭纪生	537
郭皓	7369	郭继成	9251, 10081
郭和平	6890	郭继德	12726, 12782, 12793, 13006
郭恒	7623, 7624, 8359	郭继生	185, 250, 252, 264, 797, 815
郭衡宝	5622, 5856	郭佳明	2073, 2135, 4749, 4750
郭红兵	5693, 5883, 6173	郭佳胜	311
郭红雁	5348, 5394, 5519	郭家申	087
郭宏	863	郭嘉	720, 811, 1316, 6580, 6587
郭宏良	6541	郭鉴龄	7205
郭宏伟	10606	郭建邦	8651
郭宏武	3825	郭建国	1879, 1963, 2566, 2567, 4001, 4104, 4461, 10401, 10765
郭宏雄	7469, 7562, 7563, 7564, 7572		

作者索引

郭建民	5829, 6549	郭力	073, 3288
郭建宁	11510, 12406	郭力听	8709
郭建守	5372	郭立剑	7397
郭建新	5911	郭立人	7252
郭建英	3393, 12816	郭立志	7664, 8056
郭健	1089, 7502, 12691	郭丽洁	10340
郭杰	11555, 11938	郭丽敏	12446
郭今泉	091	郭利杰	995
郭金标	2097, 2141, 2153, 4847, 4858, 4864, 4866	郭莉萍	11240
郭金成	7502, 7550	郭连训	1183
郭金铭	7360, 7369, 8392	郭连增	7340
郭金洲	3054, 6761, 10677, 10680, 10686, 10698	郭廉夫	151, 1414, 10184, 10333
郭晶霞	4180, 4309, 5769	郭廉俊	6501, 8402
郭精锐	12895	郭亮	12802, 12812, 12815
郭净	10681, 10690, 10709	郭林	2872
郭鞠娟	12628	郭麟	8521
郭钧	1386, 8398	郭凌	3779, 5803
郭钧西	8328	郭凌生	12599
郭俊峰	4904, 8386	郭鲁川	11528
郭俊祥	7314	郭律	9259, 9850
郭俊秀	8953	郭禄	350
郭俊竹	5622	郭马凤	10659
郭开鹤	131	郭蔓锄	12610
郭凯	5235	郭茂来	140, 10687
郭克	1846	郭茂荣	12199
郭克郎	11082	郭玫宗	821
郭克毅	9059	郭萌黎	11054
郭来存	2366	郭檬	3328
郭来舜	13269	郭孟浩	1399
郭兰祥	1705	郭敏	1532
郭兰枝	1702	郭敏清	11350
郭岚	12591	郭明达	12570, 12578, 12640, 12658, 12667
郭黎	365	郭明福	1168, 1178, 1180
郭礼成	3023, 5257	郭明华	2232
郭礼云	7429	郭明俊	8992

中国历代图书总目·艺术卷

郭明伦	6277	郭青	9412, 12638
郭明仁	6055, 6220	郭清界	11191, 11194, 11201, 12181
郭明珍	3858	郭庆川	5272
郭明志	5756	郭庆潘	8027
郭鸣	12239	郭庆雪	8304
郭鸣峻	4039	郭庆元	3854, 4178, 4310, 4377, 4446
郭铭彝	12948	郭全仁	12771
郭沫若	010, 169, 1286,	郭全璋	5710
	1743, 1755, 1808, 2992, 3070, 4267, 4907,	郭全中	2400
	4975, 5082, 5383, 5402, 5452, 5453, 5535,	郭全忠	2287, 2398, 2414, 3843, 3962
	5593, 5768, 5796, 5809, 5820, 5837, 6386,	郭泉	9453
	7058, 7253, 8135, 8137, 8138, 8139, 8142,	郭群	413, 417, 428, 430, 432, 433, 435, 1490,
	8143, 8146, 8148, 8157, 8167, 8213, 8289,		4455, 7744, 9089, 9805, 10659
	8291, 10667, 10669, 11033, 11394, 11415,	郭仁仪	3082, 5062, 8805, 8880, 9044, 9321
	11440, 11985, 12021, 12091	郭仁义	3073, 5117, 9149
郭沫若纪念馆	8301	郭任远	12211, 12213
郭陌	4423	郭劭	1921
郭慕熙	1449, 2411	郭日熙	10374
郭乃安	10838	郭日新	11171
郭乃悼	10977	郭荣	3138, 5236, 5411, 5649, 5734, 5801, 6126
郭宁	5272, 5302	郭荣安	5534
郭农声	7308, 7369, 7382	郭荣晃	8172
郭平	10927	郭容光	846, 1270
郭平英	2281, 8150, 8289	郭榕生	7610
郭普津	3726, 4349, 4480, 5736	郭汝恩	883, 1832, 2342
郭溥澜	12824, 12908	郭润林	5564
郭齐文	7289	郭润文	1345, 2834, 3370, 6188, 6882, 8679
郭奇格	12412	郭润之	3371
郭启宏	5590	郭若虚	470, 567, 639, 728, 794, 833, 834, 835
郭启明	7557	郭森	4930, 5016, 5519, 5801
郭启翼	8497	郭山泽	6616
郭强	8315	郭珊贵	5303
郭钦	12614	郭善平	2020, 4008
郭勤	1089	郭尚先	7205, 8027
郭勤初	4886	郭少斌	11201

作者索引

郭少仙	12104, 12110	郭汀石	11624, 11626, 11958, 11959
郭少先	12104	郭廷	7468
郭绍纲	094, 488, 1073, 1101, 2787, 2796, 2818,	郭廷龙	2202
	2871, 2874, 2887, 3984, 3985	郭廷翁	1459
郭绍虞	8247	郭廷执	8038
郭绍忠	9334	郭同江	495, 2177, 4899, 5079, 5106, 5185, 5345,
郭申堂	8521		5651
郭生	10230	郭彤	7473
郭石夫	2540, 2687	郭桐凤	1932, 1965, 3967
郭士	2532, 2813	郭桐秋	7367
郭士星	353, 7743, 12064	郭万章	8748
郭士哲	5134, 5143	郭威	1522, 1535, 1886, 6242
郭世清	3559, 3602, 3616, 3682	郭韦立	12825
郭仕仪	9989	郭为美	8617
郭守祥	3018, 3020, 3806, 3853	郭维奇	8970
郭书仁	967, 972, 978, 1310, 2097, 2184, 2201,	郭维颂	2990
	2517, 4731, 4795	郭维新	6824
郭书伟	5299	郭维州	4995
郭书义	13227	郭伟	2050, 6266, 7553, 8106, 8132, 8170
郭淑惠	10382	郭伟成	13128, 13160
郭淑兰	352, 12708	郭伟绩	8490, 8500, 8501
郭淑玉	1951, 2631, 4087, 4442, 4453, 4559	郭伟新	1267, 6293, 6768
郭淑珍	12370	郭炜	10757
郭述祖	5676, 5994, 5996, 6190	郭卫华	1159, 2068, 2087, 2107, 2146, 4775, 4815,
郭树雅	5116		10079
郭庶英	8149, 8150	郭味蕖	573, 954, 1206, 1323, 1428, 1864, 1867,
郭思	567, 644, 733, 6142		1869, 1961, 2020, 2038, 2219, 2301, 2546,
郭思聪	7410		4126, 10454
郭思九	12891, 12942, 12944, 12953	郭文华	5358, 6056
郭颂	11801, 11959	郭文林	12040, 12046
郭穗元	707	郭文涛	1862, 3217, 3303, 3306, 3309, 3312, 3335,
郭太风	6567		3360, 3361, 3990, 4085, 5203, 5234,
郭涛	6407		5299, 5383, 5384, 5588, 5754, 5844, 5894,
郭天民	201, 321, 1411, 2333, 2415, 2484, 2698,		5924, 5938, 6198, 6267, 10250
	2831, 3308, 3318, 4072, 7166	郭文霞	6081

中国历代图书总目·艺术卷

郭文育	6787	郭信玲	13212
郭文埙	364, 371, 537, 542, 590, 6785	郭信民	7467
郭文证	5306, 5313	郭兴华	2177
郭伍关	12181	郭兴贤	3902, 4228, 9398
郭西河	938, 960, 1332, 2233, 2600, 3946, 4638	郭幸凤	6383
郭西民	5370	郭修林	6057
郭希汾	7711	郭修琳	2890
郭希铨	3970	郭杰	1162
郭希仪	9113	郭秀庚	2385, 2387, 2388, 2391, 3721,
郭溪能	624		3761, 3773, 3779, 3780, 3800, 3803,
郭熙	673, 732, 733, 1539, 1545, 1547, 1549, 6813		4731, 5383, 5489, 5537, 5567, 5752, 5819,
郭宪	10708		6436, 6494
郭宪伟	5409, 5461, 5501	郭秀廉	5472
郭香察	7754, 7763	郭秀庚	2383
郭向星	13192	郭虚中	572
郭小川	11635	郭墟	5861
郭小虎	3486	郭选昌	8632
郭小玲	10426	郭学东	12975
郭小凌	6478	郭学功	6768
郭小梅	12798	郭学慧	12632
郭小平	036, 042, 043, 210	郭学是	632
郭小苹	12220	郭学膰	7537
郭小亭	5658	郭雪波	5344, 5366
郭晓	5345	郭雪湖	2937
郭晓波	6731	郭雪君	11340
郭晓川	272, 593	郭亚非	6653
郭晓东	8255	郭延民	9980
郭晓梅	9302	郭延年	8304
郭晓明	10624	郭炎生	12079
郭晓牧	3486	郭彦虎	5338
郭孝敏	3545	郭扬	5667
郭效熙	2653, 2654	郭瑶	12217, 12532
郭新	9136, 9916	郭一	11963, 12592
郭新民	5330	郭一平	3247
郭信	4937, 4974	郭一清	8814, 8815, 9900

作者索引

郭怡综	958, 961, 975, 1854, 2509, 2525, 2546,	郭毓琇	11753
	2603, 10456	郭豫斌	10151
郭怡芳泓	7644, 10305, 10326	郭元梁	599
郭艺南	11305	郭元平	1241
郭逸	7692	郭月恩	11437
郭毅	2516	郭月明	4087
郭因	494, 577, 684, 687	郭云鹏	4990
郭银土	2202, 2233	郭允芩	2281, 8176
郭英德	12692, 12697, 12787	郭运辉	5127
郭英忠	5360	郭运娟	1394
郭瑛	8522	郭载阳	2651
郭瑛瑛	6256, 6257	郭占奎	6079, 6644
郭镛	11059, 11104	郭占魁	5848, 5981, 6024, 6358, 6653
郭鹰	12315	郭占英	9286
郭颖	11750	郭钊	4994
郭永安	3156	郭昭澄	13061
郭永明	11796	郭昭华	1772
郭永文	1004	郭召明	5451, 5929, 6294, 6435, 6460, 6669, 6670
郭永琰	809, 7378, 7379, 7387, 7394, 7396, 7403,	郭兆龙	3194
	7404, 8252, 8389, 8391, 8406, 8408	郭兆胜	10841, 10915
郭永元	856	郭兆甄	11695
郭勇	2471, 5411	郭兆甄	11966, 11978
郭有守	13022, 13170	郭肇庆	4992
郭幼容	11240, 11249, 12216, 12519, 12530	郭蕉英	8167
郭佑民	8808, 9236, 9955	郭珍弟	13271
郭予群	10272	郭桢	6057
郭玉	4253, 4376, 4447, 4547, 4695	郭振华	075, 1250, 2031, 6598, 6604, 6605, 8632,
郭玉德	11132		10739
郭玉和	3023	郭振山	613, 1185, 1198
郭玉梅	10592, 10596	郭镇之	13195
郭玉祥	2962	郭正善	1088
郭玉珍	12823	郭正谊	12998
郭裕文	10370	郭植嘉	6035
郭裕之	8521	郭志高	5310, 8105
郭誉城	10110	郭志光	995, 996, 2128, 2298

中国历代图书总目·艺术卷

郭志国	9036, 10074, 10090	郭祖荣	10884, 12156
郭志浩	10877	郭佐民	8942
郭志鸿	12200	国安	7032
郭志华	6432	国宝田	9260
郭志辉	12575	国城	2368, 8212, 8232, 9592
郭志明	3811, 3837, 3918	国道 216 线工程指挥部	8859
郭志全	8751, 8764, 8785	国防部新闻局	11291
郭治	5511, 6021, 6022	国防大学政治部	2326
郭治国 8820, 9406, 9424, 9457, 9478, 9646, 9658,		国防科工委	8956
9666, 9707		国分义行	7007
郭智勤	4136	国丰书局	8751
郭中呈	5713	国风	6376, 8394
郭忠	13186	国风出版社	1403
郭忠呈	5967, 6594	国风社	11760
郭忠民	11201	国风音乐社	12244, 12449
郭忠萍	10911	国光	10014
郭忠恕	1529, 1534, 8055	国光口琴厂	12187
郭钟永	960, 7333	国光口琴会	12187
郭钟瑜	2716, 3070, 3076, 3077, 3082, 3114	国幅	5962, 6360
郭仲	4754	国海	6271
郭仲文	2132, 4665	国华	5262, 10807
郭重光 3747, 3760, 3818, 3869, 3915, 3958,		国辉	6345
4113		国际报告文学研究会影视创作实验中心	13050
郭竹堂	10643	国际剧协中国中心	13018
郭子徽	12592, 12636	国际联盟世界文化合作院	207
郭子良	2325	国际书法展览筹委会	8167
郭子善	9588	国际文化交流赛克勒杯中国书法竞赛组委会	
郭子绪	4007, 4271, 7732, 8185, 8213		8327
郭子宣 5570, 5576, 5599, 5669, 5690, 5705, 5714,		国际艺苑美术基金会	2829
5715, 5743, 5848, 5886, 5887, 5947, 5957,		国际友谊博物馆	203, 10774, 10778
5967, 5982, 5993, 6126, 8580		国家地震局	3498
郭自清	6068	国家地质矿产部文化基金会	1514
郭宗敏	9843, 10031	国家防汛抗旱总指挥部办公室	8908
郭宗纾	247	国家工商行政管理局广告监督管理司	10392
郭宗仪	8027	国家工商行政管理局商标局	10397

作者索引

国家基本建设委员会建筑科学研究院8884, 9297
国家建委五局"革委会"政工组　5187
国家教委基础教育司　6419, 6433, 11929, 12041
国家教委艺术教育委员会　111
国家教育委员会　487, 10815
国家教育委员会教育司　10824
国家教育委员会师范教育司　482, 488
国家教育委员会师范教育司组　465, 489
国家教育委员会艺术教育委员会　10883
国家民族事务委员会三司　3411
国家文物局　420
国家文物局团委　8285
国家烟草专卖局专卖管理司　10397
国康　9455
国乐改进社　10784
国磊　6053
国立北京大学造形美术杂志社　122
国立北京工业大学　10204
国立北京师范大学　11211
国立北平大学艺术学院　239, 12795
国立北平故宫博物院　1473, 1571, 7847, 7957, 7958, 7959, 7960, 7961, 7969
国立北平故宫博物院古物馆　7663
国立北平图书馆　12057
国立北平图书馆中文编目组　12747
国立北平艺术专科学校　242
国立编译馆　12574
国立杭州艺术专科学校　241, 342, 343
国立剧专在粤校友　13019
国立礼乐馆　11069, 11382, 11383
国立美术陈列馆　275
国立美术出版社　6928
国立清华大学音乐室　11935
国立社会教育学院人间曲社　11761
国立西康技艺专科学校　343
国立戏剧学校　12675, 12748, 12809, 12839, 13010, 13011
国立戏剧学校巡回公演剧团　13009
国立戏剧专科学校　10784, 13010, 13012
国立艺术院　240, 241
国立艺术专科学校　343
国立艺术专科学校抗敌宣传工作团　243
国立艺专抗敌宣传委员会　2976
国立音乐专科学校　10949, 10950
国立音乐专科学校图书出版委员会　10951
国联大戏院　13172
国良　6467
国琳　2207, 2397
国民经济建设运动委员会江苏省分会　13010
国民政府军事委员会政治部　11546
国明　11175, 11275, 11277
国明勋　7523
国强　6568, 7121, 8766
国清　9106
国庆美　2244
国庆晚会指挥部　12602
国诠　7874, 7932
国荃　5467
国人　9254, 9857, 9887, 9997
国荣　4824
国瑞　5921
国声　12101
国胜迁　13270, 13318
国泰电影公司　11887
国泰美术馆　1711
国薇　6550
国伟　7032
国务院办公厅老干部处　2000
国务院文化组革命歌曲征集小组　11455, 11666, 11667, 11677

国务院文化组美术作品征集小组 281, 344, 1289, 1290, 1291, 1830, 5256, 5287, 6752, 6754

国务院文化组文艺创作领导小组 11861, 12155

国英 7004

国营五四一厂技校美术教研室 10256

国珍 6948, 10884

国振鸿 4308

国振声 5210, 5794

国治 4455, 4483

果多 10370

果戈里 5688, 5965

果果 6304

果鲁布 13253

果洛画册编辑室 8948

果毛吉 6515

果青 5809, 12630, 13060, 13135, 13140, 13153

果然 5783

果田 7117

果子融 1104

过大江 7269, 8106

戛纳国际广告节组委会 10773

伽特纳 11074

H

"慧光杯"全国少年儿童美术·书法·摄影大赛组委会 316

《HOW》编委会 8780

《翰墨林影印历代丛帖》编辑组 7304, 7752, 7757, 7763, 7768, 7808, 7809, 7899, 7900, 7901, 7904, 7905, 7991, 7993, 7994, 7995, 7996, 7997, 8080, 8082, 8083, 8084, 8086

《翰墨林影印历代丛帖》编写组 7811, 7991

《河北文艺》编辑部 12874

《河南省戏曲志》编辑委员会 12792

《河殇宣扬了什么》编辑组 13131

《贺绿汀全集》编委会 10834, 11361, 11525

《红河书画》编辑委员会 1372

《红领巾喜爱的歌》评选活动办公室 12036

《红旗渠》连环画创作组 5200

《红色娘子军》连环画创作组 5161, 5162, 5174

《红石口》连环画创作组 5312

《红太阳照亮林县河山》画册创作组 8881

《红线女艺术丛书》编委会 12954

《"红小兵"报》社 10249

《"红小兵"歌曲》编辑小组 12026

《红心铁手换天地》连环画创作小组 5162

《湖南》画册编辑办公室 9058

《湖州市电影志》编纂委员会 13195

《画家》编辑部 1300, 1301

《画刊》编辑部 511

《画刊编辑部》 511

《画廊》编辑部 507, 508, 509, 510, 1071, 1072

《淮北大寨花》连环画创作组 5313

《欢庆香港回归》编委会 9292

《欢腾的西藏》画集编辑委员会 8937

《黄河之声》编辑部 10807

《黄继光》连环画创作组 5147, 5158, 5190

《黄色滩上血泪仇》连环画创作组 5162

《黄自遗作集》编辑小组 11525

《魂系黑土地》编委会 9123

哈达塔耶娃 13258

哈代 5497, 6484, 7053

哈德尔·阿不列孜 11813

哈定 622, 1095, 1170, 1389, 2722, 2947

哈尔滨车辆工厂 2748

哈尔滨出版社 8960

哈尔滨大学戏剧音乐系 11554

哈尔滨国际文化传播中心 9136

哈尔滨理工大学工业技术学院 115

哈尔滨日报社 9136

作者索引

哈尔滨师范大学中文系电影电视教研室	13074	哈里·萨莫若	10928
哈尔滨师范大学中文系古籍整理研究室	10966	哈里森	197
哈尔滨师范学院艺术系	3264, 5173	哈里托诺夫	12367
哈尔滨市道外区文化馆	3215	哈立德·迦底尔	364
哈尔滨市房屋开发建筑公司	10267	哈利托诺夫	12362
哈尔滨市工艺美术研究所	10252	哈林	6829
哈尔滨市郊区三结合美术创作小组	2748	哈罗德·威特克	1239
哈尔滨市教育局	12014	哈洛德·罗森堡	543
哈尔滨市科学技术普及协会	4912	哈曼	3522
哈尔滨市群众艺术馆	11430, 11594, 11634	哈门斯·范·雷因·伦勃朗	1154
哈尔滨市书法协会	8459	哈姆	1231
哈尔滨市文联创委会音乐组	11998	哈姆原	1235
哈尔滨市文学艺术工作者联合会	278, 343,	哈衣	11217
	11402, 11403	哈佩	13201
哈尔滨市文学艺术界联合会	10977	哈泼德	128
哈尔滨市音协筹委会	11430	哈恰都梁	11141
哈尔滨铁路局政治部	5190	哈恰图良	12411, 12470, 12490
哈尔滨中苏友好协会	12359	哈琼文	2729, 2738, 3071, 3078, 3091,
哈尔拉莫夫	6882		3095, 3097, 3106, 3109, 3114, 3118, 3123,
哈尔斯	2729, 6858		3130, 3132, 3133, 3137, 3139, 3140, 3145,
哈尔斯曼	10145		3146, 3147, 3149, 3150, 3211, 3226, 3249,
哈尔特曼	12394		3253, 3287, 3292, 3295, 3307, 3314, 3319,
哈菲兹	10982		3323, 3325, 3326, 3329, 3330, 3331, 3332,
哈费曼	12463		3334, 3337, 3338, 3341, 3345, 3346, 3347,
哈芬布	8518		3351, 3355, 3360, 3364, 3366, 3367,
哈佛管理丛书编纂委员会	10368		3368, 3369, 3377, 3608, 3633, 3733,
哈夫曼	10378		4061, 4149, 4169, 4194, 4205, 4277, 4328
哈根	12821	哈淑洁	5632, 6049
哈公	13050	哈思阳	4134, 4569
哈哈	7019	哈思庄	3257, 3263
哈华	12603	哈斯巴根	5407, 5529, 5625, 5716
哈九增	038	哈斯木·玉素甫	6768
哈宽贵	4940	哈特菲尔德	10132
哈拉普	012	哈特诺尔	12769
哈拉赛	12360, 12425	哈孜·艾买提	2799, 2821, 3157

中国历代图书总目·艺术卷

哈孜艾买提	2727	海风	10015
孩子剧团	12750	海风出版社	12066
孩子剧团史料编辑委员会	12916	海峰	10171
孩子剧团团史资料征集编辑委员会	12774	海夫纳	12800
海北藏族自治州人民政府	9097	海歌	5579, 5791, 6451
海滨	3885, 5553	海花	5792
海滨县业余美术创作组	5170	海华	9399, 9956, 9973
海波	1315, 6191, 8757	海纪柯	8689
海潮	2845, 10114, 10124, 10639	海金斯	5935
海潮出版社	2883	海军老干部活动中心	2230
海潮摄影艺术出版	9501	海军美术工作者	1288, 2740, 2741, 2742, 2743,
海潮摄影艺术出版社	9499, 9500, 9501, 9918,		2744, 2745, 5157, 5168
	10006, 10095, 10122, 10154, 10171	海军美术工作者集体	1287
海晨	12138	海军南海舰队政治部	5238
海城	5173	海军业余文艺演出队	11389
海城市文学艺术界联合会	12621	海军政治部电视艺术中心	13319
海城县群众业余美术学习班	5253	海军政治部文工团话剧团	3757, 5110
海城县文化馆文艺创作组	5253	海军政治部文化部	1294, 11465, 11702
海代泉	6193	海君	6106
海岛	6384	海康县《雷州十贤》创作组	6087
海德	13076	海康县乌石渔业大队"革委会"	5208
海德格尔	036	海拉尔市对外文化交流协会	8855
海德光	9366, 9376, 9382, 9596	海兰	5412
海登	12539	海岚	11732
海淀区宣传站	3179	海澜	4335, 4426
海淀区羊坊店街道中心小学	3193	海犁	1096
海东	4165, 4259, 4374, 4474	海力	5310, 5527, 5537, 5584, 5624, 5743, 5798
海杜克	12365	海亮	6562
海顿	12456, 12513, 12516, 12527	海林	1366, 2027, 6576
海恩兹·格士林	8683	海凌	9573
海尔尼莎	11789	海陵	9306
海发	8838, 9751, 10637	海伦·凯勒	7055
海菲兹	12470	海伦县《雁鸣湖畔》三结合创作组	5331
海费兹	12509	海曼	12410
海芬	7077	海门县文化馆	5249, 5309

作者索引

海敏	8356	海瑟·噶尔美	457
海明	11713	海山	6724
海明川	1274	海上名家画廊	2256
海明威	5941	海上山英居士	673
海沫	6207, 6568	海生	1147
海默	5120, 13232	海声	5836
海南出版社	9499, 9507, 11739, 12391	海曙	11557
海南地区"革委会"	5188	海水	5875, 6294
海南港澳资产管理公司	1325	海舜华	5935
海南歌舞团	12593	海涛	5717, 10151, 11975
海南国际新闻出版中心	2693, 9772, 10092, 10554	海特	13167
海南行政区"革委会"政工组文艺苏公室《槟榔		海天	4510, 4643, 9610, 9613
山下》创作组	5193	海铁城	5147
海南军区宣传黄明道同志先进事迹办公室	5188	海汀	5419
海南旅游局	10525	海婷	7454
海南摄影美术出版社	10294, 11745	海童	545, 547, 595, 1083
海南省教育厅教研室	8408	海外中国书画研究协会	6841
海南省民族宗教事务厅	6582	海文	5110, 6253, 6674, 6675
海南省民族宗教事务委员会	10701	海峡两岸歌仔戏学术研讨会编辑委员会	12954
海南省人民政府新闻办公室	2301	海峡两岸梨园戏学术研讨会编辑委员会	12958
海南省书法家协会	8295	海峡文艺出版社	11495
海南省文化广播体育厅	12729	海峡之声广播电台	12136
海南省文学艺术界联合会	12729	海霞	5713
海涅	12366, 12367, 12368, 12370, 12374	海笑	5385, 5398, 5469
海鸥	6205, 11287	海啸	6512, 11464, 11883, 11886, 12093
海鹏	11880, 12092	海瑄	13164
海平	6387, 11740, 11741, 12372	海暄	6553
海青	2074, 4716, 5812	海延林	10043
海清	5731	海燕	6130, 6354, 7016, 7142
海人	10558	海燕电影制片厂	5112, 13090
海日罕	6532	海阳县"革委会"政治部文化组	5192
海日汗	826	海洋	5288, 5559, 6279, 10151
海儒	4695	海野弘	10213
海瑞	8035, 8100	海伊梅·卡洛斯	5717
海若	6338	海伊斯	12402

海艺	10226, 10494	韩长兴	5553, 5739, 13048
海忆	6314	韩成	13253
海因茨·瓦尔特	11261	韩成武	5763
海樱	6436	韩承德	7445
海鹰	4267, 6148	韩承霖	2777, 3044, 3137, 5196
海虞顾	8505	韩程伟	8764
海云	3835, 6462	韩澄	7662
海泽尔·哈里森	1178	韩崇	658
海舟	2811	韩传明	3819
海珠区文联	318	韩春萌	13166
邯郸出版社	10734, 10735	韩春牧	10873
邯郸地区《杨路的》连环画创作组	5186	韩丛耀	8708, 8771, 8775, 8777, 8784, 8789, 8792,
邯郸市工人俱乐部	1289		8797
邯郸市文化馆	1289	韩萃瀛	10614
含语	4101, 9009, 9241, 9242, 9608	韩大海	12669
含贞	4994, 5036	韩大化	2440, 2620, 4371, 10470
涵江区文化局	10554	韩大星	8589
韩安庆	5123, 5124, 5960, 6496	韩道亨	8061
韩昂	836, 837, 841	韩德安	7634
韩邦奇	10998, 11010, 11019	韩德常	12019, 12021
韩宝	12921	韩德尔	12363, 12477
韩宝琳	3652	韩德福	13239
韩宝强	10818, 10826	韩德溥	8121
韩北屏	4908	韩德森	11108
韩碧池	1517, 2219, 2233, 2267, 2818, 2827, 2836,	韩德雅	3300, 3978, 4207, 5321, 5332, 5397, 5561,
	2963, 6769, 8291, 8306, 8593		5577, 5642, 5682, 5826, 6180, 6244, 6333
韩斌	9426, 9500, 10614	韩德英	12774, 12933, 12957, 12961
韩冰	6101, 6315	韩德洲	9087, 9092, 9300, 9795, 9991, 10086,
韩兵	1143		10497
韩博	10138	韩德珠	5801
韩博龙	581	韩登安	8557, 8580
韩不言	1935	韩冬	11246, 11261
韩昌力	6182	韩冬英	6198
韩昌熙	12032, 12364, 12371, 12372, 12543	韩恩甫	2879
韩长明	1102, 7350	韩恩浚	7349

作者索引

韩恩荣	5376, 5485	韩鹤松	3463, 3505, 10582, 10585
韩放	10396	韩亨林	7437, 7463
韩非木	7244	韩恒明	7526, 7584
韩峰	2409, 2410	韩恒威	10708
韩凤华	7605	韩虹	7399
韩凤林	8106	韩洪	4722, 8813, 8817, 8818, 9374, 9628, 9641,
韩凤英	10613		9832
韩佛之	8544	韩鸿鹰	10886
韩夫	7291	韩环村	1472
韩级答	11330	韩焕峰	8225, 8567
韩福桂	8730, 8734	韩混	1524, 1525, 1526
韩辅天	2552	韩惠兰	9135, 9137
韩光	6657, 7033	韩慧	3492, 7141, 7143, 10776, 10779
韩光第	8118	韩慧民	5299
韩光煦	3763	韩季华	5931
韩广源	5476, 5614	韩季恩	6270
韩桂兰	1115	韩继贞	9719
韩国海	5926, 6242, 6276	韩家鳌	7275
韩国鑛	11297	韩家悦	3761, 5415, 6076
韩国横	10813	韩嘉祥	7800, 8290
韩国貌	10828	韩嘉羊	7283, 7340, 7538, 7800
韩国钧	8116	韩建邺	10863, 10892
韩国权	541	韩建良	7601
韩国善	4934	韩建强	5730
韩国棹	1858, 5773	韩建生	6520, 6527, 6528, 6535
韩国臻	6235	韩剑明	12509
韩果	2986	韩剑锐	5546
韩韩	430	韩剑云	12345
韩和栋	10726	韩健勇	6458
韩和平	3083, 3604, 4915, 4936, 4942, 4981, 5017,	韩杰	6322
	5028, 5046, 5060, 5086, 5090, 5091, 5115,	韩婕	10568
	5128, 5137, 5248, 5263, 5364, 5365, 5392,	韩界平	720, 2250
	5393, 5472, 5492, 5618, 5622, 5653, 5670,	韩金宝	3332, 3801, 5206
	5834, 5899, 5908, 6040, 6146, 6489, 6506,	韩金保	5538
	6602	韩金春	7447

中国历代图书总目·艺术卷

韩锦堂	2420, 3819	韩林德	076, 910
韩劲草	026	韩林申	11226, 11227
韩京承	5445	韩霖	8482
韩经世	8580	韩璐	724, 972, 978
韩景春	2151	韩璐西	11130, 11132
韩景奇	4704, 4831	韩曼琳	11253
韩景琦	1951, 2364, 2753, 3860, 3898, 3997, 4159, 4237, 4659	韩茂堂	618, 1313
		韩梅	10818
韩景阳	7409	韩美林	989, 1349, 1382, 1383,
韩静波	5297		1385, 1389, 1951, 2607, 2679, 3541, 4061,
韩静霆	2250, 11693		10232, 10251, 10254, 10258, 10261
韩菊香	10707	韩美琳	600, 1250
韩俊容	1242, 1243	韩密	5098
韩柯	2718, 2719, 3010	韩民秀	12170
韩克礼	3710	韩敏	966, 1920, 1947, 2017, 3072, 3273,
韩宽晨	9803, 9992		3538, 3562, 3563, 3581, 3647, 3649,
韩兰定	12372		3675, 3690, 3692, 3699, 3728, 3736,
韩浪	2250, 2482		5001, 5012, 5048, 5050, 5058, 5061, 5097,
韩乐春	11238, 11240		5434, 5854
韩乐基	5323	韩明智	6158
韩乐群	11598, 11943, 11944, 11945, 11947, 11980, 12017	韩宁	4655, 6137, 6544
		韩宁安	10180
韩乐业	2924, 4904, 4952	韩怒	4981
韩黎坤	2202, 2875, 2916, 5556, 5646, 5833, 5885, 5889	韩盼山	5603, 7431
		韩培光	6184
韩里	11181, 11185, 12163, 12169	韩培生	2153, 3879, 4114, 4252, 4295, 4380,
韩力	5926, 6045		10576, 10579
韩立	6636	韩佩贞	11161
韩丽	10297	韩澎	3946
韩丽红	10827	韩平	5687
韩丽华	8676	韩栖洲	12729
韩丽娟	5631, 6085, 6086, 6492	韩其楼	10643
韩荔	6446	韩起和音乐	12604
韩莲芬	10352	韩洽	8452
韩良忆	13149	韩强	4838

作者索引

韩巧云	12667	韩顺任	7375
韩卿	7939	韩硕	1851, 1853, 2411, 5337, 5410, 5421, 5502,
韩秋生	5346, 5613, 5630		5525, 5538, 5612, 5689, 5733, 5788, 5810,
韩秋岩	1901		5882, 6033, 6100, 6405
韩群保	12111	韩松池	4974
韩仁元	4144, 4240	韩莎莎	5232
韩荣吉	4599	韩泰华	1464
韩荣志	9255	韩天衡	307, 2302, 2519, 2537, 7148, 7270, 8458,
韩瑞屈·沃夫林	180		8459, 8460, 8477, 8542, 8546, 8556, 8561,
韩塞	12812		8567, 8582, 8586
韩三当	8806	韩天眷	3651
韩尚义	1203, 13075, 13223, 13224	韩天雍	8315, 8599
韩尚云	13245	韩铁城	088, 6768
韩少功	5522, 5869	韩廷佐	4965, 5038, 5127
韩少华	11617	韩王荣	3514, 6447
韩少云	11878	韩巍	11722
韩绍途	12656, 12657	韩韦	13209
韩绍光	861	韩为民	5836, 12915
韩绍玉	8185, 8304	韩维平	10781
韩绍愈	3795	韩伟	402, 406, 431, 4916, 4917, 11887, 11967,
韩慎先	1284		12792
韩世华	13065	韩伟改	10666, 10669
韩世源	8771, 8801	韩玮	219, 721, 884, 957, 985, 1136, 1450, 2540,
韩守智	8807		2911, 2962, 11132
韩书力	458, 2037, 5266, 5310, 5349, 5484, 5745,	韩文红	2406, 2904
	5825, 6141, 6824, 10703	韩文华	3930
韩书彧	3151, 3706, 4916	韩文来	2302, 2511, 7442
韩淑德	11337	韩文武	6448
韩淑玲	12039, 12601, 12636	韩文学	7471, 8389
韩舒柳	205	韩文忠	8315
韩恕	4887, 4888	韩辁	6814
韩双东	2350, 5287, 5501, 5537, 5546, 5555, 5569,	韩伍	2128, 3072, 3123, 3475, 3551, 4903, 4918,
	5579, 5618, 5625, 5635, 5748, 5781, 5783,		4934, 4963, 4964, 5012, 5030, 5050, 5131,
	5831, 6076, 6172		5141, 5220, 5337, 5403, 5420, 5452, 5459,
韩顺平	10397		5661, 5704, 5844, 5852, 5946, 5998, 6010,

中国历代图书总目·艺术卷

6022, 6055, 6078, 6223, 6256, 6257, 6266, 6377 6544, 6548, 6645, 6657, 6689

韩言松	1888, 2080
韩武	6404	韩燕芳	10780
韩希孟	10349	韩燕平	10818
韩喜增	2011, 2369, 3192, 3296,	韩养民	12581
	3376, 3768, 3846, 3980, 4067, 4115,	韩野	4119, 4343, 4403, 4579, 4623
	4127, 4152, 4232, 4296, 4526, 4528, 4608,	韩一夫	10988
	4627, 4699, 4741, 5196, 5287, 5324, 5418,	韩一民	7745
	10470	韩颐	5339, 5979
韩相云	13251	韩音	11515, 11928
韩相运	13257	韩应寅	10981
韩祥	1809	韩英民	5084, 12113
韩向东	6439	韩盈	10494
韩小	7044, 7074	韩永	140
韩晓	3533	韩永安	4901, 4948
韩晓波	10886	韩永昌	5705, 6502, 11783
韩晓芳	10191, 10396	韩永利	1972, 4464, 4505
韩晓风	12828	韩泳	11234, 11239, 11281
韩晓曼	1235, 10568	韩勇	1181, 2710, 5528, 5540, 5770
韩晓蒙	10777	韩悠韩	11879
韩笑	2137, 2160, 4817, 11962	韩幼文	5378, 5586, 5621, 5884, 5903
韩辛	2777, 5546	韩宇宏	12727
韩新维	1255, 6433, 6720, 6721	韩羽	522, 3479, 3480
韩兴业	3231, 3767, 3990, 4912, 5401, 6052	韩雨蒙	10777
韩修竹	10565	韩玉成	11726
韩秀凤	13212	韩玉房	5747
韩秀岚	5580	韩玉芬	13060
韩旭	5644, 5725, 5801, 5994, 5996	韩玉华	4347, 5619, 6142
韩绪	10394, 10758	韩玉洁	12559
韩絮	12101	韩玉林	4587
韩喧	5588	韩玉龙	3915
韩学金	5506, 5855	韩玉梅	5838, 6056
韩学章	8985	韩玉涛	219, 7311
韩勋国	11127, 11134	韩玉中	5569
韩亚洲	3477, 5680, 5743, 5823, 5916, 5940, 6323,	韩愈	7836, 8090, 8203

作者索引

韩渊	11893		4546, 4705, 4868
韩远华	8963	韩左军	8178
韩跃进	2250	韩作源	3949
韩樾	1799, 1801, 3754	寒草	4951
韩允浩	12052	寒丁	6643
韩则愈	12242	寒夫	12644, 12663
韩择木	7891	寒光	5667, 5720, 6122, 6160, 6167, 6219
韩钊	413	寒海	6436
韩肇祥	10580	寒华	11269
韩振	12106	寒梅	6352, 6713
韩振刚	6412	寒觥篁	1701
韩振华	12120, 12121	寒桥子	6498
韩震华	12107	寒秋	8755
韩征南	5257	寒卢	12960
韩之武	1115, 5330, 5349, 5782	寒石选	8436
韩之泳	2467	寒仕	2091, 2147
韩芝润	10184	寒啸	10718
韩植墨	5722, 6202	寒辛	11417
韩志丹	10613	寒星	11432
韩志录	1198	寒雅	9746
韩志雅	8827, 8828, 8829, 8830, 8831, 8846, 8847,	寒哲	121
	9027, 9124, 9438, 9439, 9470, 9489, 9500,	寒之	601
	9713, 9735, 9755, 9870, 9876, 9881	寒卓	5042
韩治中	323	汉·密勒	10156
韩忠	9040	汉白	6248
韩钟	6103	汉保	11106
韩钟恩	10825	汉川县文化馆美术组	5262
韩壮	4182, 4290, 4470	汉德森	191
韩拙	886, 888, 889, 890, 897, 898	汉弗莱斯	11052, 13210
韩卓	11344	汉沽区文化站	11693
韩子善	8687, 8693, 8704, 8709, 8776, 8797	汉光文化编辑部	8968
韩紫仙	8892	汉光文化事业公司编辑委员会	9306
韩紫汕	8891, 8892	汉口市美术展览会筹备委员会	343
韩宗琦	1209, 6941	汉口市政府教育局第三科民众教材股	12745,
韩祖音	4037, 4072, 4109, 4148, 4360, 4418, 4428,	12858	

中国历代图书总目·艺术卷

汉口特别市政府教育局	13169	行公	5953
汉林	9705	行先	4927, 4941, 4995, 5132
汉弥尔顿	10135	行效	11985
汉米尔顿	12678	行止	6358
汉民	6500	杭法基	3804, 5370, 6757
汉姆森	6207	杭海	8115
汉如	3820	杭间	551, 10188
汉森	10802	杭景秋	5417, 5428, 5638
汉生	5854, 7811	杭克良	5381, 5903
汉斯–乔治·史威特纳	12524	杭岚	9983
汉斯·贝尔廷	195	杭隆	6306
汉斯·昆	10882	杭鸣时	608, 1223, 2928, 2939, 2948, 3125, 3156,
汉斯·麦耶尔	10869		3665, 3718, 3740, 3958, 4089, 4091,
汉斯·西特	12471		4188, 4206, 4310, 4312, 4366, 4479, 4506
汉斯立克	10844	杭平	9495, 9755
汉特洛斯	13216	杭迫柏树	7811
汉欣文化事业有限公司出版部	147	杭青石	1965, 1976, 2202, 2432, 2666
汉阳县"革委会"政工组	5183	杭邵	8844, 9725, 10115
汉阳县农民连环画创作学习班	5305	杭生	5336
汉耀	6033	杭涛	5316
汉莹	4888	杭途	7482
汉章帝	7710	杭鸣时	2930
汉中	6034	杭县丁鹤庐	1645
汉中地区"革命委员会"文教局	8139	杭雅英	2145
菡原	5754, 6105	杭泽	10668
翰·海巨格	8774	杭正煌	5774
翰波	13216	杭志忠	4716, 4822, 8749, 8815, 8834, 8836, 9019,
翰黎坤	3053		9022, 9110, 9122, 9238, 9245, 9246, 9290,
翰墨慰忠魂编委会	8276		9455, 9659, 9690, 9709, 9712, 9746, 9765,
翰墨园主人	1604		9767, 9912, 10094
翰香馆	7657	杭稚英	2054, 2102, 2104, 2162, 2843, 2949, 3607,
翰园	1700		4053
翰左	4909, 4960, 5104, 5105, 5110	杭州大学影视戏曲研究所	13149
瀚波	5864	杭州大学中文系	5059
瀚海	7392, 7395, 7400	杭州第二旅游公司	10578

作者索引

杭州儿童礼拜事务所	12437	好友广播电台	11889
杭州饭店	10470	好友艺术社	275
杭州缝纫机厂	3197	好玉林地区"革委会"	5169
杭州钢铁厂工会业余美术小组	3230	郝爱嘉	10595
杭州钢铁厂业余美术创作组	3199, 3214	郝邦义	2552
杭州胜利丝织厂图案设计组	10351	郝宝林	3750
杭州师范学校推广教育处	10173	郝宝生	9888
杭州市插花艺术专业委员会	10603	郝伯义	3020, 3037
杭州市电影发行放映公司	13194	郝长栋	4106, 4116, 4214, 4406
杭州市电影志编纂委员会	13194	郝长河	10677
杭州市江干区毛泽东思想宣传队	3181	郝超	5223
杭州市教育局	11111	郝迟	7408, 8343
杭州市科普美术创作协会	1369	郝存祥	3807, 5223, 5499
杭州市毛泽东思想宣传站	3175, 3178	郝存柱	9137
杭州市美术工作团	3185, 3201, 6599	郝大铮	13056
杭州市轻工业局	3197	郝德平	5838
杭州市卫生防疫站	10252	郝德泉	12079
杭州市征文办公室	3769	郝恩光	5266
杭州书画社	8556	郝舫	10877, 10988
杭州艺术专科学校	241	郝孚逸	069
杭州逸仙书画社	8566	郝关中	11813
杭州杂团	9218	郝光	13230, 13244
航空委员会政治部	11361	郝贵生	3923
航玲	4393	郝国庆	10137
航鹰	5663, 5807	郝惠芬	3728, 3836
航远	9792, 9960, 9992	郝慧芬	3194
豪夫	7138	郝极红	3866
豪华特·钱德勒·克利斯提	6888	郝加勇	1144
豪杰	9734	郝嘉贤	5609, 5880
豪塞尔	042	郝建国	6515, 9030, 9325
豪斯	173, 180	郝建辉	4151, 4294
豪泽尔	027	郝金林	8932
好司务长孙乐义事迹展览办公室	5115	郝进贤	3592, 3631, 3986, 10433
好特拉	5234, 5235	郝晋国	6213, 6234
好小子	3435, 3477	郝景娈	8164, 8175

中国历代图书总目·艺术卷

郝俊兰	11159	郝祥	3352
郝力文	5973	郝向炫	466
郝丽萍	9247	郝晓梅	6414, 6684, 6686, 6688, 6693
郝利群	050	郝新	6406, 6411
郝良彬	859, 2096, 2546, 2552, 2577, 4515, 4601,	郝新明	1345, 1346
	4714, 4724, 8291	郝兴中	2688
郝林云	12387	郝学军	5357
郝琳水	5859, 5887, 5964, 5974, 6005, 6017	郝艳霞	6525
郝路义	12438	郝一匡	13071, 13196, 13319
郝曼	12460	郝一星	10816
郝明义	11477, 11974, 12379	郝英瑞	6185
郝宁	12291	郝永铨	9311, 9524
郝培君	3823	郝幼权	5065, 5477, 5584, 5631, 8308
郝丕喜	11234, 11240, 12217, 12221	郝玉明	10289, 10390, 10397
郝丕瑜	3840, 3926	郝玉岐	11303, 12271
郝丕玉	3729	郝玉生	13237, 13239, 13297
郝朴宁	8777	郝裕衡	8506
郝强	6545	郝誉翔	12958
郝锐	7383	郝远征	8846, 8850, 10121
郝善懿	7409	郝云	5717
郝尚勤	105	郝云秀	12634
郝石林	2250	郝振易	11866
郝士达	12092	郝镇安	12128
郝世檀	7602	郝之辉	2633, 3972, 4017, 4023, 4050, 4114, 4171,
郝仕杰	9716		4280, 4344
郝寿臣	12867, 12868	郝治中	10576
郝寿臣艺术整理委员会	12882	郝宗耀	12986
郝双良	1973	昊晟	10334
郝思军	3514, 6474	吴寿石	6052
郝苏平	5947	昊翔	5842
郝伟光	13277	吴应炬	12629
郝伟民	5285	浩波夫	12594
郝文建	1190, 1197	浩风一	8505
郝文勉	7397, 7406	浩力	10425
郝悟非	12918	浩名	563

作者索引

浩明	1145	合肥市文化局文化志编纂委员会	13183
浩南	9392, 9396	合肥市文学工作者协会	8162
浩奇	12670	合肥市文艺创作组	3176
浩然	4924, 4940, 5083, 5087, 5099, 5111, 5119,	合江地区文艺工作团	3178
	5171, 5197, 5201, 5202, 5218, 5241, 5263,	合江鲁艺创作组	11557
	5264, 5282, 5317, 6600, 7366, 8230	合一	10754
浩然原	4929	合作	5366
浩人	9390, 9398, 9625, 9849	何岸	3280, 5649, 5705, 5765, 5793, 5987, 6051,
浩森	9954		6052
浩胜	10335	何百明	2267
浩之	9840	何宝民	5244, 5290, 5300, 5303
嗥嗥子	7239	何宝泉	11339
灏文	6178, 6201	何宝森	8620, 10288, 10566
禾成	7320, 7815	何宝珠	8744, 8750
禾斗	6007	何保华	8292
禾菱	5291, 6991, 6992	何保全	5243, 5264, 5372, 5413, 5487, 5572, 5732,
禾明远	5274		5751, 5836, 6008, 6030, 6062, 6357
禾木	6114, 10149	何毕来	6006
禾生	6252	何悫	8407, 8408
禾松	11510	何标端	5222, 5583
禾田	5268	何宾	7568
禾心	6551	何彬	11307, 11893, 12090, 12275
禾尤	5850	何斌	6707
禾雨	11769, 11840, 12034, 12035, 12125, 12129,	何斌襄	11323
	12446, 12448, 12630	何滨	5950, 6264
禾雨记	12107	何冰	549, 3323
禾子	5009, 6033, 6044, 6155, 6402, 10739	何冰皓	8912
合川县戏剧协会	11153	何兵	6476, 6546, 6576, 6577, 6579, 6584, 6588,
合肥画册编辑组	8932		6591, 6593
合肥矿山机器厂	3176, 3177	何炳福	9308, 10036
合肥市电影发行放映公司电影志编写组	13183	何炳富	2616, 8737, 8780, 9412, 9816, 9979,
合肥市京剧团创作组	5025		10034, 10048, 10052
合肥市庐剧团	12124	何炳章	5767
合肥市美术创作组	3171	何波	610, 1111, 2234, 3341, 3972, 4088, 4130,
合肥市少年宫	2212		4136, 4197, 4201, 4334, 4344

中国历代图书总目·艺术卷

何伯昌	7421, 7422	何涤	8401
何伯雄	13165	何典荣	2588
何伯源	8521	何定志	11620
何庸	8351	何东	12177
何苍劲	12697	何东海	9306, 10024
何岑成	8693	何东向	8788
何昌林	630, 5394, 5463, 5523, 5548, 5695, 6110,	何冬保	12919
	6161	何动	5641
何长生	9238	何多俊	4220, 4243, 4250, 4381, 4516, 4659, 4660
何长印	3905	何多苓	2896
何超	2433	何发	5828
何婥	752, 755, 8016, 8047	何凡	12943
何成	5627, 6109, 7510	何方	6902
何承纪	1324	何方华	605, 963, 997, 998
何承伟	5866	何方画	963
何迟	12828, 13240	何芳桂	10276
何炽佳	2327	何芳华	1735
何楚熊	711	何仿	11508, 11665, 11959
何传馨	398, 822, 1487, 7994	何飞	6137
何传瑶	1029, 1030	何斐	5888
何传真	8787	何丰诺	7324
何春晓	3886	何凤臣	8080, 8081
何椿年	5836, 6083	何凤鸣	5545
何纯良	025	何福城	10687
何慈洪	12440	何福清	8943
何丛	2057	何福琼	11083
何翠媚	432	何傅馨	1517
何大成	643	何工	1120
何大均	10750	何恭上	096, 250, 508, 537, 543, 576, 592,
何大桥	6824		597, 804, 808, 819, 851, 1277, 1385, 1477,
何大卫	10726, 10728		1513, 1550, 1586, 1665, 1958, 2016, 2022,
何大战	5330		2035, 2513, 2515, 2516, 2549, 6808, 6811,
何德光	4012		6830, 6878, 8672, 12659
何德身	2636	何谷	133
何德柱	12604	何冠霖	6825

作者索引

何冠奇	5955	何厚礎	6609, 6632, 6633, 7069
何冠群	3253	何华	5640, 5641, 6183, 6636, 10260, 12572
何冠智	2267	何华景	8945
何光	9139	何化	13003
何光表	12957	何化均	10904, 11297
何光年	8247	何怀硕	020, 086, 094, 096, 103, 104, 532, 6862,
何光暐	9292		6863
何广军	1194	何欢	9741, 9743, 10002
何贵清	6515, 6519	何煌友	9394
何贵生	153, 6318	何辉	2900, 4378
何国华	3106, 3548, 3563, 3641, 3701, 4922,	何惠洁	6219
	4930, 5007, 5055, 5087, 5091, 5106, 5230,	何惠明	4930
	5284, 5510, 5630, 5939, 6105, 6233, 10406	何慧娴	8890
何国瑞	034	何积惠	8711
何国中	3075	何纪光	11361, 12392
何国忠	4941, 4945, 4953, 5022, 5063, 5105	何纪南	2748
何海	2387	何纪平	6132, 7033
何海霞	1428, 1444, 1774, 1962, 2002, 2021, 2197,	何继隆	12669
	2202, 2464, 2621, 2653, 2711, 2717, 2722,	何继中	5477
	3633, 4539	何寄梅	4914, 13031
何涵宇	2546	何寄澎	8459
何汉民	455	何加林	827
何汉秋	699, 1256, 6298, 6299, 6399, 6565	何佳	1920, 1947, 2505
何汉荣	699, 6375	何佳媛	3487
何昊善	10385	何家全	11310
何浩天	122, 575	何家英	1341, 1346, 2401, 2690
何浩中	4419, 4937, 4959	何坚	6560
何和力	6284	何坚宁	2807, 2827
何和一	7630	何建成	1345
何恒雄	8620	何建恩	10281
何红玉	11158, 12142, 12794	何剑聪	3439, 6288, 6296, 6304
何宏	5268	何剑湖	8444, 8451, 8474, 8500
何宏业	5992	何剑云	5917
何鸿文	11239	何健安	12620, 12623
何鸿志	10197	何健民	10386

中国历代图书总目·艺术卷

何鉴德	9240	何况	3710
何江	2387, 6162	何昆泉	125
何杰	9698	何昆山	10726
何洁	7650, 10219, 10569	何昆玉	8513, 8514, 8543
何金泉	203	何兰	3904
何金声	10913	何阔	8873, 8874, 8876
何津津	4945	何乐天	9035
何锦雄	8722	何乐之	790, 791, 2991, 3019
何锦云	10690	何磊	3566
何瑾	1147	何棱	5886, 5890, 5893, 5905, 5924, 5931, 5934,
何进	3423, 4929, 4978, 5280, 5415, 5522, 5585,		5944, 5966, 5982, 5986, 5990, 5997, 6016
	5653, 5758, 5779, 5880, 5910, 6109, 6148,	何力	6651, 6654,
	7092, 10248		6658, 6663, 6934, 6935, 6936, 6937, 6938,
何经泰	8845, 8949		10021, 13032, 13033, 13072, 13200
何景明	2593	何力夫	8868
何静玫	1349	何力强	6550
何镜涵	2302	何历	9457, 9727
何镜铭	7522	何立	056, 6239
何军	5543	何立强	6549
何均衡	3471, 6798	何立山	11371
何均正	2327	何立伟	3462, 3464, 3492
何君	5741, 5812, 6202, 6203	何丽	883, 1970, 2041, 2379, 4488, 5803, 5907,
何君华	3521		6467, 12727
何钧	12128	何丽画	4575
何俊	4880, 4881	何丽文	6514
何开新	12933	何联文	5473
何可	4972	何良	9078, 9839
何可人	5672, 6160	何良俊	675, 7239, 12148, 12639
何克栩	7519	何良懋	8967
何克敌	2652, 3114, 3117, 3121, 9377	何凌风	7615
何克武	8895	何凌云	5654, 8809
何孔德	1282, 2734, 2746, 2764, 2771, 2772, 2781,	何留根	8070, 10485
	2782, 2787, 2790, 2796, 2797, 2805, 2808,	何柳堂	12308
	2809, 2810, 2840, 2869, 3275, 3276	何鲁	8328
何苦	6585	何论	5830, 6151

作者索引

何洛	020	何沛行	8633, 8955, 9097, 9100, 9104, 9110, 9299,
何满子	3522		9383, 9575, 9579, 9603, 9811, 9871, 9878,
何满宗	7420, 7452, 7463, 7474, 7484		9898, 9953, 9979, 9999, 10000, 10112
何曼庵	2165	何漂民	11378
何慢	12864	何平	6214, 10836, 10891, 10896, 10897, 12174
何孟	5774, 5904, 6043, 6137	何平静	7645
何梦瑶	10944, 10950	何坪	5430
何绵山	6042	何朴清	12953
何妙婉	8622	何其昌	032, 033
何妙演	8622	何其芳	11762
何民琦	5636	何其敏	464
何敏杰	2302	何奇	5771
何敏士	12590, 12607, 12608, 12638	何启超	3344, 4366, 4370, 4374, 4570, 4584
何明	6718	何启明	8258
何明翰	10444	何启祖	4893
何明齐	10238	何乾三	10804, 10845, 10846
何明耀	4103, 6097, 6108	何倩	10690
何明斋	137, 10173, 10174, 10237, 10345, 10640,	何强	6086
	10716	何青	2573, 4176, 4483, 5447
何鸣	675, 711, 966, 974	何庆文	1892
何鸣芳	6761	何庆先	849
何鸣雁	11949	何琼	6044
何铭	4987, 4998, 5033, 5066, 5096, 5111	何琼崖	6283
何乃灵	8404	何全成	12095
何乃奇	5291	何群茂	11491, 11492, 11522
何南	4047, 4067, 4149, 4244, 4323, 4324, 4488	何群英	6514
何南昌	6051	何人	6326
何南燕	2004	何人可	10744
何能	2596, 3321, 3954, 5337, 5407, 5721, 6009	何仁	5643
何泥	4972, 5108, 5377, 5551, 5573, 5629, 5775,	何荣	12554
	5804, 5889, 5958, 6071, 6118, 6144, 6203,	何荣卿	3794, 4231, 4286, 4351, 4396, 4574, 4713
	6248, 6343, 6403, 6419, 6483, 6487, 6492	何容	5319
何泥文	6539	何蓉	5949
何宁	5303, 5394, 5476, 5547, 5627	何溶	1310, 4025, 5296, 5301, 5319, 6563, 6598,
何培新	5515, 5631, 5939, 5972, 6224, 6274, 6472		6902

何如 2895
何如玉 2431
何锐 4975, 5700, 12053
何瑞 12930
何瑞棉 11204
何瑞勤 12877
何睿晃 8384, 8391, 8618
何润林 4047
何润民 5375, 5453, 5527, 5659, 5833, 5841, 6168, 6219, 6251
何若非 12801
何沙 140, 7652
何山 257, 3788, 4015, 4135, 5473, 5937, 10736, 12281
何尚澄 11546
何少林 11966
何少英 11261, 12219, 12521, 12528, 12529
何绍基 1591, 7242, 7282, 7660, 7731, 7786, 7835, 7842, 8023, 8024, 8038, 8048, 8049, 8051, 8052, 8056, 8059, 8062, 8063, 8064, 8066, 8067, 8068, 8069, 8073, 8075, 8076, 8077, 8083, 8096, 8100, 8105, 8370, 8374, 8375, 8376, 8396
何绍甲 8233
何绍教 2790, 3767, 4612, 5209, 5355, 6149
何绍申 11092
何慎吾 1090
何声奇 11173
何声钦 3832, 3973
何施福 4198
何时希 8075, 11837, 12071, 12073, 12075, 12086, 12090, 12890
何士宾 12345
何士德 11889
何士光 5602
何世光 9381, 9862
何世维 12997
何世雄 11301
何世尧 8821, 8825, 8845, 8848, 9010, 9044, 9045, 9061, 9062, 9063, 9065, 9066, 9068, 9081, 9084, 9086, 9087, 9089, 9090, 9093, 9095, 9100, 9108, 9129, 9143, 9323, 9324, 9332, 9348, 9352, 9799, 9801, 9802, 9803, 9804, 9807, 9808, 9812, 9816, 9822, 9825, 9827, 9843, 9858, 9861, 9867, 9870, 9875, 9877, 9998, 10017, 10022, 10061
何仕荣 12629
何适 6363
何守法 11146
何首巫 2235, 2318, 2327
何书置 7282
何叔水 2041, 3772, 3784, 3821, 3954
何蜀 6056
何达平 6032
何树柏 12108
何水法 973, 1956, 2525, 2597, 2633, 2651, 2652, 2665, 3959, 4475, 4623, 4632
何朔 5910
何思广 2885, 2919
何斯 5803
何溯 1775, 5028
何燊 6495
何遂 1717
何太和 7231
何桃君 5404, 6326
何天明 12031, 12037, 12381, 12382, 12385
何天奇 12329, 12331
何天祥 2290, 9138
何铁凡 2896, 6537
何铁华 9037

作者索引

何铁山	8374	何贤芳	8832
何婷	10317, 10697	何显文	4529
何挺进	7071	何香翠	6024, 6340, 6683
何通	8443	何香凝	1719, 1721, 1727, 1778, 1808, 1855, 1870,
何菰	1041, 1059		1917, 1923, 1992, 2491, 2492, 2496, 2571
何薇	12239	何香凝美术馆	119
何韦	3471, 6229, 6945, 7007	何翔	5915, 5968, 6004
何为	5220, 5585, 5939, 5987, 6116,	何向东	7608
	6176, 11141, 11151, 11152, 11154, 11155,	何向群	11060
	11160, 11347, 11350, 12069	何小兵	8620
何惟明	2115, 5964	何小芳	2682, 9485, 9489, 9499, 9501, 9515,
何维纲	408		10005, 10093, 10120, 10125
何维朴	1698, 8041, 8108	何小明	8231
何维球	5869	何晓兵	10831
何维正	495	何晓峰	1923, 1942, 4018, 4149, 10515
何伟	7277, 7589	何晓铮	10680
何伟琪	9252	何孝充	13240
何伟权	2314	何孝欣	12598
何纬仁	2880, 3789, 5606, 5874, 5965, 6014, 6193,	何孝永	10594, 10603
	6212, 6268, 6276, 6303, 6324	何听	5462, 5631, 5732, 5806, 5875, 10581
何卫平	3814	何听旭	7333
何畏	5129, 6332	何新	027, 2202, 13153
何文	10731	何新波	6448, 6449, 6525, 6564
何文邦	856	何新民	5308
何文蒿	9437, 9460, 9611, 9729	何新宇	10731
何文莉	3329	何信泉	9071, 9368, 9374
何文琦	6234	何星	6297
何文卿	7446, 7518	何修正	5332
何文义	5659, 5973, 6046	何秀峰	11259
何伍全	5725	何秀煌	8947
何西来	026	何秀玲	6549
何希	6214	何旭和	5315
何希才	11163	何旭正	4574
何曦	1395	何选润	5255
何侠	6427	何学军	6701

中国历代图书总目·艺术卷

何雪峰	9435, 9515, 9779, 10008, 10143	何颖怡	7014
何雪艳	055	何永才	12618
何训田	12260	何永超	11443
何延虹	5599	何永法	4264
何延韶	590	何永健	10266
何延哲	4653	何永魁	6013, 6031
何延喆	921, 2014, 2109, 2208, 2448, 2452, 4693	何永坤	2055, 2069, 2129, 2389, 3054, 3826, 3827,
何艳荣	3091, 3544, 4971, 5136, 5463, 5534		3904, 4308, 4313, 4363, 4366, 4397, 4514,
何姿	7871		4626, 4681, 4794, 4804, 4832, 10224
何雁	6481, 6482	何永明	3300, 3904, 3969, 4044, 4344, 4370, 4380,
何燕明	305, 10296, 10665, 10738		4445, 4512, 4593, 4693, 4711, 4795, 4823,
何扬	1399		5502
何仰羲	8316	何永平	10284
何耀昌	8952	何永伟	3443
何耀先	3113	何永祥	036
何耀宗	10368, 10377	何永偕	4903
何冶	12780, 12945	何友	031
何业琦	2054, 2116, 2163, 2192, 2226, 2582, 3193,	何幼明	3276, 4180
	4785, 4839	何幼慕	7606
何伊	3497	何与年	12308
何伊华	3820, 4383, 5447, 5782	何屿	8512
何以	11097	何宇宏	3483, 3487, 3488
何艺	11974	何宇立	941
何异旭	12068	何玉门	4893, 4898, 4925, 4982, 5036, 5445, 6633
何逸梅	1988, 2557, 2563, 3071, 3115,	何玉仁	6269
	3134, 3533, 3535, 3560, 3578, 3597,	何元	123, 1092, 11365
	3602, 3603, 3619, 3620, 3649, 4007,	何元飞	3921
	4008, 4068, 4077, 4089, 4129, 4147, 4376,	何元明	4230
	4411, 4466, 10465	何元廷	3877
何逸荣	4917	何沅	8519
何应辉	7730, 8286	何远达	9858
何英	6112	何远明	2009, 4146, 4312, 4437
何英琼	6185	何远鸣	2251
何瑛	8513	何远志	11148, 12969
何盈懿	2222	何月	6555

作者索引

何月桂	1973	何振京	11942, 11943, 11956, 12009, 12012,
何跃华	10338, 10360, 10401, 10766, 10768		12022, 12041
何越生	1087	何振志	029, 067, 522, 2721, 6910
何懋	135	何震	8440, 8441, 8482
何云	860, 6000	何震东	11195
何云泉	2437, 2461, 2877	何镇海	6260, 6384
何云山	863	何镇强	10770
何芸	11301, 11809	何崎	7355, 7722, 8329
何允龙	5470, 5518, 5549, 5664, 5760, 5948, 6193	何正慈	4975
何耀若	847	何正璞	8628
何韵兰	1407, 2327, 3266, 3704, 5456	何正元	3820, 5447
何在世	3580, 3844, 5320	何政广	188, 541, 602, 1401, 1402, 2946, 6811,
何泽	8682		6812, 6825, 6826, 6827, 6829, 6830, 6831,
何泽富	5363		6832, 6833, 6835, 6836, 6837, 6870, 6871,
何泽洪	8984		6876, 6877, 6878, 6880, 6912, 10643
何泽沛	4944	何之安	12803
何增窠	5712	何芷	5256
何占豪	11962, 12158, 12165, 12166, 12167,	何志本	627, 10291
	12173, 12179, 12180, 12227, 12228	何志滨	2058, 2175
何占永	11150	何志范	8936
何章	4374	何志浩	12576
何兆华	10278	何志明	713
何兆明	2343, 2519	何志强	4950, 5089, 5090
何兆摄	8832	何志生	1181, 2941
何兆欣	4502, 4666, 4713, 4768, 4770, 5633, 5717,	何志文	3434
	5785, 5996, 8823, 8825, 8832, 8847, 8849,	何志雄	10573
	8852, 9238, 9241, 9244, 9437, 9441, 9468,	何志勇	10769
	9488, 9618, 9621, 9706, 9727, 9754, 9842,	何志云	8898
	9881, 9893, 9955	何治赵	4939, 4981, 5088
何兆新	9246, 9722	何中台	1821
何兆兴	9028	何忠	7643
何肇衢	211, 520, 6802	何忠华	12974
何哲生	1077, 2793, 3998, 6134	何忠社	5279
何振淦	13048, 13085, 13175, 13177, 13223,	何钟台	3075
	13249, 13307, 13316	何钟文	5291

何钟辛　　　　　　5140, 13239
何仲达　　　　　　4965, 5052
何仲勉　　　　　　　　　5794
何仲涛　　　　　　　　 12048
何众　　2080, 2084, 2090, 2444, 2514, 4818
何重礼　　　　　　　632, 1329
何重印　　　　　　　　　6525
何竹　　　　　4217, 4246, 4320
何苗　　　　　　　　　　9721
何卓　　　　　　12386, 12391
何卓宇　　　　　　　　 10619
何子　　　　6285, 7083, 8852
何子堪　　　　　　　　　 859
何子贞　　　8059, 8073, 8083
何宗成　　　　　　　　　1448
何祖明　　5281, 5712, 5733, 5786
何佐　　　　　　　　　　4492
何作　　　　　　4236, 8805
和爱融　　　　　　　　 12437
和宝堂　　　　　　　　 12727
和段琪　　　　　　　　　8969
和发源　　　　　　　　 12612
和进海　　　　　　9092, 9853
和兰石　　　　　　7632, 7635
和礼　　　　　　　　　　2349
和明　　　　　　　　　　9302
和平　　　　　　　　　　6378
和平口琴会　　　12193, 12194
和素　　　　　　12259, 12293
和田创　　　　　　　　　6980
和县文化局　　　　　　 11691
和宪廉　　　　　　　　　7632
和孝廉　　　　　　　　　7632
和逊　　　　　　　　　　5229
和云彩　　　　　　　　 12612

和云山　　　　　　　　　1175
和政城关区业余剧团　　 12589
和作　　　　　　　　　　9847
河北电视台　　　　　　　5907
河北工农兵画刊记者　　5199, 5224
河北伦明　　　　　　517, 582
河北美术出版社　　928, 968, 1447, 1680, 1987,
　　2191, 2312, 2359, 2426, 2430, 2539, 2540,
　　2541, 2542, 2543, 2544, 2545, 2585, 6873,
　　6892, 8097, 8098, 8145, 8939, 9479, 9481,
　　9756, 10086, 10168, 10169, 10314, 10324,
　　10553, 10732
河北邱县 "青蛙" 漫画组　　　　3431
河北群众艺术馆　　11115, 11353, 11416, 11424,
　　11438, 11588, 11600, 11633, 11776
河北群众艺术馆舞蹈室　　　　 12581
河北群众艺术馆音乐室　　　　 11629
河北人民出版社　　　　　　　　 465,
　　601, 3259, 3261, 3306, 3409, 5158, 5202,
　　9796, 11566, 11629, 11632, 11651, 11662,
　　11675, 11696, 12035, 12136, 12826
河北人民出版社创作组　3179, 3181, 3186, 3187,
　　3189
河北人民出版社美术　　　　　　8151
河北人民广播电台　　　　　　 11565
河北人民广播电台文艺部　　11710, 11840
河北人民美术出版社　　4910, 4916, 4928, 5008,
　　5129, 5133, 5142, 6598
河北日报社　　　　　　　　　　3152
河北省 "革命委员会" 文化局　　 11668
河北省 "一定要根治海河" 组画创作组　　1809
河北省爱国主义教育普及读物编委会　　 11747
河北省版画研究会　　　　　　　3037
河北省昌黎县电影管理站　　　 13279
河北省昌黎县文工团　　　　　 12598

作者索引

河北省承德地区连环画创作组	5282	河北省人民政府文化事业管理局美术工作室	
河北省第二轻工业局工艺美术公司	10249		10242
河北省电影发行放映公司保定专区公司	13302	河北省人民政府文化事业管理局音乐工作组	
河北省电影公司	13295		10901, 11572
河北省歌舞剧院	11047	河北省人民政府文教厅文化处	11390, 13302
河北省根治海河指挥部	9270	河北省石家庄地区舞蹈集成编辑小组	12614
河北省观摩团	5138	河北省石家庄专员公署办公室	3147
河北省海河影展办公室	9053	河北省束鹿县业余美术创作组	5240
河北省河北梆子"跃进"剧团	11860	河北省唐山市京剧团	12080
河北省河北梆子一团	11863	河北省陶瓷工业公司唐山研究所	10642
河北省河北梆子音乐唱腔研究室	11696, 11863,	河北省文化局	8874, 11647, 11800
11864		河北省文化局民歌编选小组	11796
河北省话剧团	5008	河北省文化局选	6620
河北省话剧院	3753	河北省文化局艺术处	12928
河北省纪念毛主席"一定要根治海河"题词十周		河北省文化局音乐工作组	11572, 11573, 11768
年画册编辑组	1289	河北省文化厅	12929, 12930
河北省纪念毛主席"一定要根治海河"题词十周		河北省文化厅艺术处	11148
年影集编辑组	8881, 8923, 8994	河北省文联	11390
河北省纪念毛主席"一定要根治海河"题词十周		河北省文联美术部	617
年影展办公室	9273	河北省文联音乐工作者协会	11565
河北省教育厅	015, 617, 4869	河北省文物管理委员会	6618
河北省教育委员会普教处	11508	河北省文学艺术界联合会	11562
河北省晋县本书编辑部	11486	河北省戏曲学校	12117
河北省立第一师范学校	11030	河北省戏曲研究室	11148, 11864, 12848
河北省旅游局	10471	河北省邢台地区"革命委员会"文化局	280
河北省美术工作者协会筹委会	10240	河北省艺术研究所	12940, 12999
河北省美术家协会	319, 6806	河北省杂技艺术家协会	12999
河北省民族事务委员会	12929, 12930	河北省正定县文物保管所	7668
河北省农林厅农业宣传处	10610	河北省中苏友好协会	4907
河北省青年"跃进"剧团	11865	河北师范学院	11731
河北省群众歌咏运动指导委员会	11639	河北文艺社	11566
河北省群众艺术馆	10860, 11582, 11599, 11605,	河北武强画店	3597
	11633, 11662, 11672, 11685, 11698,	河北新闻图片社	9273
	11699, 11701, 11724, 12585, 12596	河北艺术师范学院	3165
河北省人民广播电台文艺组	11572	河北艺术师范学院《地道战》连环画创作组	5148

中国历代图书总目·艺术卷

河北艺术学校	11873, 12134	河南省工艺美术工业公司	10351
河北易县文化馆	5315	河南省公安展览会美工组	4923
河北音协	11841	河南省焦作市文化馆工宣队	11856
河辰	4811	河南省教委招生工作办公室	489
河池地区行署文化局	11798	河南省教育厅推广普通话办公室	4920, 4922,
河川	9736, 9859, 9987, 10140, 10639		4928, 4984, 4988
河村博	10781	河南省教育委员会普教处	11522
河汉	10139	河南省教育学会音乐教育专业委员会	10838
河口瑶族自治县文艺宣传队	12600	河南省京剧团	11839
河南《豫苑》编辑部	11924	河南省京剧团乐队	11839
河南大学科研处	215	河南省军区业余美术创作组	2746, 2750, 3766
河南代表团	12124	河南省军区政治部	8927
河南教育出版社	7417	河南省开封地区文物管理委员会	7976
河南蹦蹦院艺术室	11867	河南省洛阳市旅游公司	10518
河南军区政治部	11563	河南省美术摄影艺术展览办公室	6755
河南美术出版社	1317, 2517	河南省美术摄影展览办公室	8148
河南孟县文化馆	7801	河南省民间歌舞团舞蹈队	12610
河南曲艺志系列丛书编审委员会	12974	河南省民政厅	3751, 4980
河南群众艺术馆	12629	河南省农林厅林业局	8871
河南人民出版社	278, 344, 474, 1274, 1360, 1746,	河南省平顶山市"革命委员会"文化局	11456
	2779, 2851, 3406, 3532, 3557, 5366,	河南省平顶山市革命歌曲征集办公室	11685
	8923, 10669, 11390, 11419, 11580, 11583,	河南省杞县文化局	12773
	11584, 11613, 11623, 11668, 11671,	河南省群众文艺工作室	11047, 11676, 11689,
	11682, 11685, 11867, 11921, 11922,		11690
	12012, 12399, 12814, 13016	河南省群众艺术馆	10668, 10717, 11044, 11595,
河南人民广播电台	11399, 11462		11596, 11601, 11605, 11607, 11701,
河南人民广播电台文艺组	11398, 11399		11774, 11775, 11782, 12105, 12562,
河南日报社	9278		12589, 12606, 12607, 12638
河南日报社副刊组	5138	河南省群众艺术馆"群众艺术"编辑部	11592
河南日报社美术组	5138	河南省人民广播电台	11574
河南省博物馆	388, 7867, 10641	河南省人民政府文化事业管理局	12146
河南省电影公司	13280	河南省首届幼儿歌曲征集活动组委会	12043
河南省范县文化局	12770	河南省书法家协会	7161, 8178, 8334
河南省"革委"文化局地方戏曲唱腔改革办公室		河南省卫生防疫站	3073, 3081
	6755, 11863	河南省文化	11828

作者索引

河南省文化局	11434, 11448	河南豫剧院	12100, 12108
河南省文化局地方戏曲唱腔改革办公室	11859	河南豫剧院艺术室	11831, 11839, 12921
河南省文化局革命歌曲征集办公室	11668	河南豫剧院艺术室音乐组	11833, 11835, 12111
河南省文化局文物工作队	387, 8649	河清	034, 192
河南省文化局文物工作队第一、二队	8649	河曲县文化局	11833
河南省文化局音乐工作组	11398, 11399	河山	11042
河南省文化事业管理局	11574	河西	6369
河南省文化厅	345, 349, 1407, 1415	河延哲	4617
河南省文联	11434, 11435, 11448, 11622, 11623,	河原	2152, 2163
	11633	河原英介	148
河南省文联编辑部	12100	河远	5798
河南省文物研究所	404	河竹登志夫	12687, 12831
河南省文艺工作室	11689	河总益己	7066
河南省淅川县文化局	12774	荷加斯	554, 626, 6859
河南省戏剧家协会	12949	荷马	6336, 6909, 7051, 7056
河南省戏剧研究所	11870, 11871	菏泽地区连环画创作组	5210
河南省戏剧研究所舞台艺术研究室	12132	菏泽县"革命委员会"	5210
河南省戏曲工作室	11149, 11869, 12969	菏泽专区戏曲编导室	12121, 12122
河南省戏曲学校教学研究室	12813	菏泽专区戏曲编导室音乐组音乐	12121, 12122
河南省戏曲学校音乐教学组	11310	鹘平	8555
河南省戏曲学校音乐教研组	11145	贺爱群	12267
河南省戏曲志编辑委员会	12792	贺安成	3074, 3120, 3293, 3332, 5460, 5542, 5799
河南省戏曲志编委会	12793	贺安诚	3120, 3351, 5050
河南省现代书画院	2474	贺宝贤	5276
河南省业余歌曲创作比赛评奖委员会	11784	贺保银	3311, 4675, 5924
河南省豫剧院第一剧组	12123	贺秉玮	6515
河南省招生办公室	10830	贺伯英	1899, 1942, 1947, 2012, 2028, 2502, 2506,
河南省郑州市豫剧团	12125		2872, 10458
河南省职业技术教育教学研究室	7381	贺常端	13053, 13128
河南省治淮总指挥部政治处	8875	贺成	883, 2071, 2406, 3224, 3228, 3242,
河南省中国画院	2280		3866, 3911, 3970, 5402, 5461, 5811,
河南省中师教材编辑委员会	1236		6206, 6454, 6601
河南省中师音乐中心教研组	11485	贺承	3775
河南省周口专区项城县剧目组	12123	贺传武	8316
河南艺专美术科	4980	贺传水	5198, 5326, 5578, 5644, 5794, 6285, 6286

中国历代图书总目·艺术卷

贺大田	6187		11415, 11525, 11554, 11559, 11561,
贺德超	9353		11596, 11644, 11699, 11766, 11784,
贺定龙	3863		11941, 11944, 11946, 11960, 11961,
贺尔	161		12057, 12152, 12189, 12193, 12222,
贺方	3206		12229, 12310
贺飞	12107, 12120, 12929	贺曼清	5464
贺飞白	1527, 1549, 2237, 3732, 3756, 4106, 4164,	贺懋华	10392
	5741, 6400, 8247, 8576	贺懋中	11188
贺凤龙	8916	贺孟斧	12675, 12752, 12824
贺福	3097	贺敏忠	5794, 6412
贺国光	6661	贺鸣声	552
贺国林	6585	贺培铨	9092
贺惠群	3322, 5617, 5651, 6059, 6159, 6507, 6520	贺培真	11941
贺惠贤	4959, 5006, 5044, 5655	贺平	2894, 5344, 6089
贺技武	058	贺坪	5900
贺继宏	8863	贺其辉	11283, 11286, 11290
贺加斯	6868, 6895	贺启龙	9091
贺嘉	11693	贺起	1107, 6910
贺建国	1179, 1183, 1198	贺起龙	6223, 6454, 6646, 7076
贺建文	5958	贺青	10284, 10285
贺捷	11728	贺庆晓	11238
贺今	4611	贺秋帆	10895
贺金安	2999	贺秋云	8943, 9864
贺晋年	2077	贺荣敏	813
贺荆	6289, 6338	贺书昌	5412, 5493, 5708, 5745, 5988, 5989, 6108
贺敬之	8292, 11879, 11880, 11881, 11882, 11894,	贺曙江	5397
	11957, 11963, 12091	贺松寿	5479, 5819
贺孔才	8455, 8531	贺天健	901, 902, 907, 1285, 1438, 1439, 1720,
贺堃	1399, 2219		1725, 1738, 1739, 1743, 1744, 1777, 1784,
贺浪萍	2318		1785, 1786, 1788, 1789, 1791, 1794, 1917,
贺莉萍	6401, 6410		2194, 2417, 2705, 2927, 10439
贺良凡	5363	贺天依	6946
贺龙与战斗剧社编写组	12772	贺万里	059
贺隆	10933	贺万鹏	8894
贺绿汀	10802, 10834, 11068, 11361, 11394,	贺文略	7994

作者索引

贺文耀	5309	贺志尹	1284
贺文跃	5391, 6444	贺中	3866, 3994, 4185, 5369, 5643, 5906
贺武	11986, 11987	贺中祥	8277
贺西安	8703	贺忠信	5656, 5741, 5794, 5821, 5843, 6108
贺锡德	10876, 11194, 12383	贺卓	7086
贺熙煦	505	贺卓君	5313, 5318, 5327, 5486
贺兴中	8330	贺子鉴	1152, 1154
贺星寒	3470	贺宗循	10244, 10246, 10264, 10265
贺修桂	8727, 8763	赫·皮德斯特鲁普	7014
贺旭	3878, 4293, 6098, 6211, 6245, 6365, 6531	赫拔特·里德	017
贺旭尧	6208	赫保真	1936, 3597
贺宣	12013	赫伯特	037
贺宣华	3964, 4149, 4803, 5322, 5426, 5630	赫伯特·贝克	13008
贺萱华	5958	赫伯特·毕波尔曼	13177
贺野	1310	赫伯特·里德	057, 577
贺宜	4885, 4886, 4887, 4925, 5257, 5426, 5717, 5796	赫崇政	7335
		赫大龄	7357, 7358, 7362
贺艺	11160	赫德本	5923
贺艺民	10671	赫蒂则·马芳华	2219
贺永清	9307	赫尔弗特	10980
贺友宜	5513	赫尔曼	12469, 12470
贺友直	1224, 1226, 3089, 3273,	赫尔曼·沃克	6163
	3482, 3491, 3609, 3748, 3783, 3907,	赫尔契伯格	12513, 12514
	4900, 4905, 4918, 4940, 4986, 4988, 5016,	赫尔特伦	627
	5028, 5048, 5068, 5070, 5094, 5095, 5112,	赫尔脱格仑	623
	5126, 5130, 5245, 5261, 5360, 5384, 5416,	赫菲尔	10924
	5437, 5439, 5448, 5491, 5525, 5617, 5646,	赫风	4931
	5733, 6055, 6104, 6194, 6249, 6291, 6302,	赫风	11777
	6360, 6455, 6512, 6524, 6567, 6568	赫福录	4410, 4477
贺玉龙	5359, 5820	赫福路	2378, 4310, 4613, 4665, 4675, 4745
贺远征	2481	赫佳音	10501, 11752
贺云	10683	赫拉帕科夫斯基	1096
贺震阳	10048	赫拉普钦科	088
贺知章	7838, 7879	赫拉西	12500
贺志伊	1909, 1936, 2590, 2615	赫勒韦尔	12511

赫里美利	11181	黑龙江北鸽艺术品拍卖有限责任公司	2410
赫理洪	13082	黑龙江大兴安岭地区文化局	8928
赫利美利	11178, 11182	黑龙江国营农场管理总局政治部	10251
赫连尼科夫	13002	黑龙江国营农场知识青年	3026
赫鲁茨基	6871	黑龙江国营农场总局	3026
赫罗斯脱夫斯基	6918	黑龙江画报社	10138
赫马拉	13254	黑龙江美术出版社	3013, 5143
赫荣铭	5431	黑龙江农垦电视艺术中心	13297
赫士德	10919	黑龙江人民出版社	280, 1360, 2420,
赫威刚	5305		3776, 5148, 5184, 5195, 5256, 9527, 9528,
赫沃斯坚科	11041		9529, 10442, 11116, 11455, 11640, 11641,
赫沃斯钦科	11041		11653, 11654, 11656, 11690, 11790,
赫谢尔·B.奇普	176		11851, 11853, 12025, 12398
赫炎	1069	黑龙江人民出版社《闯将》连环画创作组	5275
赫振勇	11060, 12409	黑龙江人民出版社接管委员会	11641
赫重运	8785	黑龙江人民广播电台	11429
赫踪	11169	黑龙江人民文艺工作团	12832
鹤壁市文化馆	11425	黑龙江摄影艺术展览办公室	8926
鹤岗市文化局文联	11467	黑龙江生产建设兵团	3021
鹤龄	6168, 11889	黑龙江生产建设兵团第四师政治部	5177
鹤生	5818	黑龙江生产建设兵团某部	3197, 3198
鹤仙	5787, 5812, 5905, 6015, 6053	黑龙江生产建设兵团政治部	279, 8922, 8924,
鹤仙改	6123		10249
鹤芽	5032	黑龙江生产建设部队政治部	3020, 8923
黑白	4917	黑龙江省"革命委员会"文化局	11663
黑白龙	1962	黑龙江省"建设家乡振兴龙江"主题文艺系列活	
黑白影社	9321	动组委会办公室	11521
黑冰	9771	黑龙江省《青少年书法报》社	8197
黑伯龙	2302	黑龙江省博物馆	394
黑尔	181	黑龙江省大兴安岭地区行政公署	8931
黑河地区"三结合"编创组	5258	黑龙江省大兴安岭地区群众艺术馆	11800
黑河地区文化局三结合编创组	5252	黑龙江省歌舞团	12600, 12604
黑建国	10712	黑龙江省哈尔滨市广播电台	11407
黑龙江	5913	黑龙江省鹤岗市文化局	12774
黑龙江北安铁路机务段	3195, 3197	黑龙江省虎林县"革命委员会"政治部	5204

作者索引

黑龙江省教育科学研究所	11524	亨达	506
黑龙江省教育学院	10201	亨德尔	12552
黑龙江省旅游局	9350, 9963	亨德米特	11071
黑龙江省农业展览馆	3175	亨尔	9698
黑龙江省群众艺术馆	10904, 11412, 11438,	亨利	185
	11625, 11672, 11784, 11796, 12638	亨利·厄恩斯特·开塞	12461
黑龙江省书法作品选集编委会	8325	亨利·霍伦斯坦	8752
黑龙江省委员会宣传部	11587	亨利·卡特	12752
黑龙江省文化局	1360, 11672, 11684, 11802	亨利·拉普	6096
黑龙江省文化局"征集优秀革命歌曲"组	11667	亨利·马蒂斯	1154
黑龙江省文化局戏曲编审工作室	12109	亨利·梅尔西戊	13307
黑龙江省文化艺术"跃进"展览会	11600	亨利·普莱桑茨	11119
黑龙江省文学艺术界联合会	11399, 11768, 12104	亨利·斯科夫·托尔格	10834
黑龙江省戏剧音乐工作室	10904, 11681, 11682,	亨利·易卜生	5941
	11694	亨利·约翰斯顿	6863
黑龙江省艺术馆	10668	亨利·詹姆斯	7052
黑龙江省艺术研究所	251, 10966, 12760, 12910	亨利·遮勒	6929
黑龙江省音乐工作者协会筹备会	11571	亨特	520, 12771
黑龙江省展览馆	3187	恒东	6002, 6203
黑龙江省中苏友好协会宣传部	10132	恒光	5687
黑龙江新闻图片社	8684	恒考	8965
黑马	8740	恒声	5716
黑梅	5977, 6055	恒思	12654
黑塞尔·哈里逊	1178	恒扬	5707
黑石	6704	恒中权	11600
黑田鹏信	002	横山诚一	8792
黑星	10093	横山光辉	6981
黑星图片社	9910	横山了平	1072, 1173
黑星正片公司	2680	横山梦草	10727
黑星正片公司供	10089	横山正	10729
黑丫	6507	横香室	1624, 1643, 1646
黑泽隆朝	11048, 11068	衡东县诗联书画协会	2327
黑子	6477	衡东县政协办公室	2327
亨．阿杰尔	13073	衡水地区文艺创作组	5224
亨茨·博斯	12459	衡阳地区"革命委员会"政工组	5209

衡阳市工人文化宫	11648	红强	9517
衡阳市文化馆	3240	红山鹰	5155
衡阳铁路车站装卸工	12902	红生	5052, 5084, 5386, 5533, 5887, 6029, 6157
蘅果	5262, 5305	红太阳卡通创作室	6483
弘才	7463	红铁	5178, 5196, 5204, 5640
弘力	598, 2076, 2133, 4692, 4815	红铁鹰	5220
弘历	8094, 8100, 10951	红线女	12958
弘念	7488	红线女艺术中心	12960
弘仁	471, 1690	红小将	6384
弘涛	8263	红星	5530, 5566, 5888, 5941
弘昕	1601, 1627	红星中朝友好"人民公社"文化站	12025
弘一	054, 8126, 8128, 8130, 8131, 8132	红岩少年报社	3367, 3369
弘一法师	3390, 3391, 8129, 11932	红叶	5043, 11754, 12409
弘征	8583	红叶动画公司	6557
红兵	5442	红叶广告公司	6487
红枫	5626, 5671	红影	11713, 11723
红光	11709	红宇	3959, 5160, 5703
红河哈尼族彝族自治州民委	12621	红雨	5434
红河哈尼族彝族自治州民政局	11819	红云	11519, 11727
红河哈尼族彝族自治州文化局	12621	宏程	5569
红河哈尼族彝族自治州文化局艺术创作研究室		宏达	7009
	11520	宏大	6664, 6665
红河州"革委会"政工组宣传组	5180	宏峰	10755
红河州民族事务委员会	9088	宏力	6367
红河州文化局	9088	宏民	2074, 2113, 2151, 2169, 2580, 4802, 4830,
红洁	6515, 6516		4852, 4858
红浪	4941	宏泰	9899
红丽	10274	宏伟	3461, 3462
红林	9766	宏扬	12411
红领巾杂志编辑部	5779	宏义	6404, 6412, 6413, 6448
红曼	10989	宏意	3458
红民	8776	宏宇	12389
红蘑菇漫画屋	3469	泓飞	370
红旗大队领导小组办公室	5153	泓昊	10316
红旗造船厂船体车间文艺创作组	5286	泓泓	7646

作者索引

泓鸿	5744	洪梗	474
泓兰	3513	洪光地	10281
虹儿	11512	洪光辉	12668
虹光	5575	洪广文	10260, 10273, 10742
虹虹	10071, 11512	洪贵芝	9303
虹军	9512	洪海	9356
虹口区编写组	5204	洪浩	5583
虹口区海门街道创作组连环画	5291	洪浩然	3081, 4954, 5003, 5020, 5061, 5110, 5500
虹桥	8753	洪和生	3856
虹瑞	11751	洪虹	11710, 11712, 11713, 11714
虹颂东	5167	洪厚甜	8304
虹迅	9625, 10048	洪湖	5594
虹云	7931	洪淮南	3081, 4954, 5003, 5020, 5061, 5110
洪白云	2044, 5246, 5639	洪惠冠	335, 1319
洪必慈	11967, 12173	洪建	5012
洪彬	8420	洪剑	4991, 4992, 5045
洪斌	9316	洪健	2672, 6408, 6677, 6678
洪兵	5630	洪金	5151
洪波	3114, 3496, 5885, 9307, 11165, 11380,	洪金玉	8966
	11934, 12768	洪进丁	127
洪卜仁	8915	洪精卫	6325
洪藏	4875	洪景伯	1011
洪潮	2322	洪敬辉	046
洪臣	11727	洪敬业	5964
洪达	4941	洪军	9437
洪大璜	8172	洪钧	5062, 5709, 8026
洪德诚	5671	洪钧陶	8364, 8365, 8371, 8372, 8414, 8417
洪德麟	1238	洪俊	2557
洪尔铎	13131	洪可尧	1487
洪方竹	7626, 10238, 10367	洪克	8719
洪飞	6636	洪雷	5289, 6170
洪峰	6510	洪礼和	8972
洪锋	5040	洪力合	8973
洪福远	10358	洪立曜	456, 872, 873
洪复旦	1161	洪丽云	12942

中国历代图书总目·艺术卷

洪利鑫	1719	洪睿珍	10886
洪良	5428	洪若	5272
洪亮	1639, 10989	洪山	7441, 11281
洪林	13292	洪尚之	6766
洪麟风	6812, 6825, 6830	洪深	12675, 12694, 12712, 12799, 12807, 12809,
洪凌	1239, 2821, 2833		12810, 13022, 13170, 13214, 13228
洪流	4980, 6180, 12608, 13246	洪生	5232
洪迈	7687	洪声	5357
洪麦恩	5643	洪昇	6401
洪梅	1254	洪圣茂	11350
洪米贞	320	洪石	1235, 3047
洪民	10061	洪士釜	10980, 11229, 12507
洪民生	6349, 7297, 8223, 8231, 11159, 11162,	洪世川	2673, 2675, 4486, 4562, 4592, 4629, 4640,
	11513, 13129, 13134, 13269, 13270		4797, 4826
洪明道	3900	洪世清	1205, 2941, 3144, 3875, 3954, 3955
洪明良	11526	洪适	1011
洪潘	11374	洪寿仁	5300, 5653, 5752, 5782
洪佩奇	3966, 6055, 6948, 6949, 6950, 6958, 6963,	洪书生	12642
	6976, 6980, 6990, 6991, 7006, 7008, 7009,	洪树林	5444
	7021, 7044, 7046, 7047, 7048	洪水平	6391, 6609, 6631, 6633, 6644
洪丕漠	120, 519, 540, 581, 806, 7159, 7162, 7172,	洪水清	4002
	7179, 7265, 7276, 7277, 7285, 7286, 7323,	洪顺隆	7275
	7324, 7335, 7345, 7669, 7725, 8328	洪斯文	5032, 5126, 5466, 5478, 5498, 5562, 5760,
洪丕森	4004		5846, 6266, 6362
洪丕柱	10877	洪笋	9585
洪普松	3916	洪涛	1841, 3148, 5203, 5600, 5792, 6479, 6480,
洪强	4894		6483, 6491, 6492, 6499, 6508, 6513, 6514,
洪桥	689		9219, 10600, 10620, 12403
洪泉	12484	洪湉	12139, 12344
洪荣	318	洪婷婷	6767
洪如丁	11498	洪彤	6662
洪汝奎	8020	洪万成	4948
洪瑞	793, 7334	洪万隆	10829
洪瑞麟	2863	洪维勋	2455
洪瑞生	5254, 5267	洪伟	11877

作者索引

洪伟辟	4057, 5250	洪英	205
洪卫东	8914	洪瀛	8911
洪渭中	3155, 3224, 3225, 5242	洪友	5731
洪文岭	8303	洪源	11090, 11436, 11613, 11621, 11627, 11672,
洪文明	7351		11949, 12585
洪文庆	825, 8955	洪月明	2717, 4962
洪武平	5183	洪云	1694, 4318, 5436
洪锡生	2306	洪再辛	139, 699
洪新富	10694	洪再新	909
洪新华	6220	洪泽县"革命委员会"政工组	5241
洪兴	9789	洪曾玲	4917, 5424
洪兴宇	142	洪瞻墉	8021
洪秀鑫	10378	洪钊	4971, 4973, 4974, 4976, 4991, 5013, 5022,
洪秀明	8623		5060, 5071, 5077, 5111, 5130, 5131
洪汛涛	5051, 5459, 5492, 5541, 5923, 5951	洪兆惠	12727
洪岩	9591, 9595, 9643	洪兆森	6090
洪炎秋	782, 10979	洪震春	2822
洪彦夫	10597	洪正士	8780, 8790
洪雁	5831	洪植煌	1971, 4775
洪洋	4953	洪志圣	2203, 2327
洪耀华	3886	洪志文	9994
洪业	782, 7159	洪致文	635
洪一心	6258	洪智	6438
洪仪	6280	洪忠煌	12698
洪以钧	3889	洪钟奇	6554
洪义男	6219	洪竹林	5633
洪毅	1719, 2827, 6160, 8809, 9226	洪宗礼	7576
洪毅然	083	洪祖仁	8987
洪荫培	4090	鸿斌	6056
洪音	11482, 11501, 11508, 11514, 11706, 11707,	鸿恩	8766
	11708, 11709, 11710, 11713, 11714,	鸿飞	2533
	11718, 11723, 11725, 11728, 11729,	鸿海	3221, 5504
	11733, 11742, 11743, 11747, 11752,	鸿鸿	12729, 13203
	12405, 12431	鸿基	6099, 6184
洪应明	3437	鸿渐	6408

中国历代图书总目·艺术卷

鸿林	5929	侯东航	10690
鸿明	11940	侯芳	8599, 10760
鸿奇	11756	侯枫	12905
鸿文书局	1506	侯峰民	3086, 3104
鸿禧美术馆	411, 455	侯福梁	8752, 8782, 9440, 9467, 9470, 10597
鸿雪	5601, 5994	侯福禄	491
鸿勋	4369	侯福明	10597
侯宝林	4367, 12962, 12966, 12969	侯刚	8314
侯北人	1962, 1993, 2282	侯冠宾	6159, 6376, 6713
侯碧漪	3537	侯冠滨	6552
侯宾	5826	侯广能	1318
侯斌	8263	侯桂林	12950
侯滨	2822, 3387, 3388, 6238, 6613	侯桂芝	11338
侯兵	2385, 4450, 4732, 4775, 4824	侯国宝	2234
侯兵武	2073, 2088	侯国良	3789, 5264, 5294, 5320, 5384, 5562, 5588,
侯丙英	3786		5757, 5798, 5863, 5943
侯炳炎	4965, 5034, 5083, 5120	侯汉如	478
侯波	8893, 8896, 8995, 8996, 8998, 9262, 9486,	侯瀚如	349
	9732, 9772, 9914	侯昊天	6026
侯长春	2414, 6109	侯贺良	8707, 9888
侯程	5294	侯红志	6331
侯传勋	8234	侯宏	5499
侯春详	5926	侯宏章	5260
侯春阳	5813	侯华甫	081, 086
侯春洋	3867, 5781, 5908, 5953, 6132, 6269	侯及名	706, 8584
侯德	2088	侯吉明	1195
侯德昌	1839, 1845, 1981, 2595, 8195, 8360	侯纪德	1855, 1930, 1950, 1951, 2005, 3803, 3846,
侯德剑	3237, 3790, 3807, 3853, 5283, 5342,		3952, 4073
	5461, 5475, 5867, 5930, 6035, 6057, 6074,	侯继德	1867
	6118, 6356, 6563	侯继明	3813, 3857
侯德健	6070, 6154	侯继尧	2906
侯德勋	10466	侯奇南	12818, 13219
侯德钊	5628	侯佳	4967, 4990, 5044
侯登峰	7446, 7558	侯嘉	6535
侯殿华	2090, 8203	侯交良	6185

作者索引

侯杰	1822, 1830, 1835, 3841		4526, 4541, 4567, 4576, 4608, 4654, 4732,
侯金才	4930, 5084		4747, 4775, 4824
侯金海	7381	侯书名	9820
侯锦虹	10987	侯书明	10045
侯锦郎	798, 2810	侯书森	10839
侯锦琴	4178, 4320	侯淑姿	8947
侯进民	6924	侯树年	5253
侯镜昶	7262, 7287	侯陶珠	4242
侯菊	12135	侯天奇	7673
侯军	106	侯铁铮	5285
侯钧	11755, 11930	侯万硅	178
侯俊华	4337	侯唯动	11556
侯俊美	12930	侯文发	2065, 2092, 2140, 2373, 2375, 2377, 2384,
侯俊侠	10842, 12180		3598, 3643, 3754, 4216, 4251, 4295,
侯开嘉	8292		4362, 4414, 4453, 4454, 4489, 4500, 4504,
侯恺	6617		4511, 4512, 4515, 4519, 4525, 4540, 4550,
侯康为	11264		4577, 4634, 4644, 4681, 4697, 4698, 4717,
侯葵	5258		4728, 5198
侯林甫	2351	侯文正	801
侯令	111, 6762	侯伍杰	12593
侯敏	8319	侯武荣	2021
侯明浩	7561	侯希三	12788
侯明志	2355, 5847, 6036	侯喜瑞	12868
侯钦孟	4617, 5425, 9089	侯相久	11940
侯琴	6721	侯小戈	4061, 4119, 4184, 4492, 5537
侯全宝	5344	侯晓民	6309
侯仁朔	7233	侯孝贤	13248, 13297
侯荣	2073, 2088, 2379, 4393, 4450, 4534, 4541,	侯秀婷	3064
	4567, 4585, 4597, 4608, 4637, 4663	侯学忠	524, 529
侯荣兵	4576, 4747	侯妍妍	2268
侯汝承	8534	侯彦彬	5213
侯少峰	4073	侯烨	7476
侯世武	2027, 2145, 2373, 2375, 2378, 2379, 2385,	侯一民	1233, 1302, 2728,
	4075, 4120, 4149, 4225, 4242, 4258, 4275,		2766, 2773, 2780, 2782, 2795, 2910, 3752,
	4295, 4310, 4319, 4392, 4411, 4441, 4445,		3785, 3948, 3950, 3977

中国历代图书总目·艺术卷

侯一仁	2282	候兵	2145
侯宜人	536, 8612	候春洋	5927
侯以方	2461	候登科	10140
侯弋戈	5920	呼喊歌唱团	11762
侯逸民	2730, 2849, 2924	呼和浩特市"革命委员会"文教局	11842
侯毅副	8892	呼和浩特市郊区文教局	10573
侯印封	8872	呼和浩特市人民政府新闻办公室	9137
侯永信	11744	呼和浩特市文化局	10573
侯友林	3888	呼和浩特市文物事业管理处	8188
侯义白	6401	呼和基夫	11818
侯幼珍	1332	呼立新	2390, 4796, 4808
侯愚	5996	呼伦贝尔对外文化交流协会	8892
侯玉山	12135, 12899	呼伦贝尔盟文联音协	11476
侯玉新	7396	呼盟文联音协	11802
侯钰鑫	5351, 5707	呼喜江	1081, 1129
侯豫立	5771, 6024, 6104	狐玉林	5978
侯媛媛	6493, 6494	胡安仁	13076
侯云汉	6521	胡柏华	4980
侯云鹏	5109, 12120	胡邦	12616
侯泽民	3771, 3783, 3814, 3822	胡邦明	5615
侯铮	12114	胡宝安	5507
侯正云	12130	胡宝怀	8043
侯志刚	8767	胡宝利	6186
侯志光	616	胡宝善	11677
侯中曦	1894, 5669, 5701, 5833, 5836, 5846, 5864,	胡宝玉	8898, 9072
	5957, 6090, 6110, 6324	胡本	10635
侯钟琪	5975, 6078, 6130	胡本常	6929
侯灼华	4256	胡本英	5134
侯作吾	12309	胡本昱	5606
后东生	7387	胡彬	5757
后玮	6393	胡斌	5345, 5502, 5707, 5741, 5743, 6061, 8963
厚薄	8567	胡斌昌	5305, 5317, 5372, 5555, 5815
厚今	11057	胡滨	13191
厚全	13124	胡濒	13193
厚桢	11928	胡冰	1426

作者索引

胡秉俊 12990

胡炳余 11176, 12161

胡炳云 5352

胡波 7588, 11305

胡伯祥 1732, 1885, 1888, 1890, 1894, 1895, 1944, 1951, 1955, 1980, 2490, 2605, 2637, 3608, 4007, 10431, 10432, 10438

胡伯翔 1938, 2282, 2571

胡伯胤 13249, 13250, 13251, 13252, 13253, 13254, 13255, 13256, 13257, 13258, 13260

胡勃 2401, 2589, 2592, 5555, 5623, 5990, 6228, 6278, 6389, 10426

胡博 8634, 8639

胡博琼 5709, 6150

胡博杰 10780

胡博闻 8671

胡博亚 3772, 5258, 5661

胡博宗 5611

胡博综 3343, 5203, 5213, 5230, 5275, 5398, 5399, 5423, 5461, 5466, 5501, 5544, 5602, 5647, 5663, 5794, 5798, 5813, 5914, 5944, 6058, 6143, 6154, 6272, 6312, 6488, 6601

胡昌 11992

胡昌华 7394, 7396, 7400, 7402, 7403, 7404, 7531, 7745, 7771

胡昌平 8757, 8788, 8790

胡长海 7653, 7654, 10223, 10224, 10335, 10336, 10338

胡长江 4941

胡长水 9448, 9888, 10077

胡昶 13185, 13192, 13280

胡朝龙 5349

胡朝阳 1161

胡成斌 4656

胡成美 3083, 3111

胡承斌 2117, 2227, 2441, 2449, 2671, 2949, 4611, 4741, 4840, 9107

胡承柄 4571, 4579

胡承炯 1992, 2438, 2448, 4451, 4592, 4713

胡承坚 5093

胡承伟 13180

胡程悦 7044

胡赤骏 5830, 5907, 6058, 6186, 6216

胡充寒 12666

胡翀 5423, 5494, 5653, 5670, 5674, 5694, 5707, 5741, 5748, 5796, 5830, 5840, 5878, 5942, 6036, 6116, 6233

胡出类 6261

胡传海 7167, 7374, 7379, 7382, 7386, 7387, 7391, 7392, 7576, 7601, 8090, 8091

胡传珏 6557

胡传治 3022

胡锤 417, 421, 2680, 9385

胡春 3352

胡粹中 2937

胡翠娘 500

胡翠荣 6646, 6647

胡存琼 5008, 5009

胡达·舍拉高维 5771

胡达生 1333

胡大德 12571, 12586

胡大鹏 5315

胡大庆 1515

胡大新 5998

胡代勋 2302

胡丹 598

胡丹佛 12812

胡丹苓 10208, 10209

胡胆 12639

胡道生 3853, 3971

中国历代图书总目·艺术卷

胡道言	4068	胡桂林	4437
胡德才	8328	胡国辉	5753
胡德尔	5323, 5519	胡国钧	4815
胡德风	11989, 11991, 12428	胡国良	1089, 1091, 1167, 1168, 3725, 4967, 5017
胡德海	4332, 4365, 4581	胡国梁	11306
胡德彝	10341	胡国年	5256
胡德智	182, 188, 3876, 3893, 5246, 5729, 5730,	胡国钦	8712, 8900, 9993, 10018, 10027, 10532
	5796, 5821, 6801, 6902, 7061	胡国瑞	5434, 5494, 5820, 5865, 8611, 10211
胡登跳	11351, 11894, 12333, 12334, 12336, 12338	胡国寿	12071
胡迪	6931	胡国顺	12211
胡丁文	5024, 5743	胡国伟	12405
胡定鹏	626	胡国义	10699
胡东放	859	胡果刚	12569
胡度	12708, 12918, 12922, 12923, 12931, 12935,	胡海超	580
	12945, 12962	胡海泉	11303, 12272
胡敦志	8630, 9086	胡海荣	10423
胡恩光	8534	胡海润	5280
胡尔查	4909	胡海远	3928
胡尔荣	760	胡憩珠	12861
胡尔岩	12572, 12634	胡翰	8057
胡凡	7304	胡杭生	9470
胡方	8052	胡浩	4951
胡芳	10744	胡鹤龄	8054
胡福建	8578	胡恒	215
胡福巨	8578, 8619	胡宏	6269
胡富根	6244	胡鸿	10228
胡富秋	12096	胡厚生	7523
胡格斯	12454	胡华峰	2501
胡根	5649	胡华令	903, 1914, 2425, 3880, 4397, 4578, 4845
胡公石	8415, 8422	胡骅	5654
胡公寿	8536	胡化祥	2546
胡光凡	459	胡怀生	1833
胡光华	261, 270, 1489	胡准标	8824
胡光武	5090, 5091	胡焕良	3986, 5273
胡广爱	12955	胡焕然	5957, 6215, 6522

作者索引

胡辉	5259	胡结续	11301, 11302, 11303, 12249, 12264,
胡惠英	5245		12265, 12266, 12267
胡慧	7255, 7922, 8008, 8106	胡介文	8171
胡慧明	11587	胡介祉	8495, 12054
胡慧声	11305	胡今日	2758
胡积堂	1463	胡今涛	2349
胡基明	5858, 6199, 6423, 6436, 6684	胡今虚	11546
胡吉人	5277	胡今叶	1800, 1826, 3073, 3105, 3111, 3832, 5114
胡集人民公社剪纸创作组	3537	胡金华	4966
胡集人民公社剪纸创作组	10669, 10670	胡金来	8371
胡纪衡	10589	胡金日	4408, 4595, 4659, 4736
胡忌	12794, 12899	胡金石	4444, 4493
胡季委	11760	胡金叶	3103
胡继先	12960	胡锦	10565
胡寄尘	13000	胡锦雄	2411
胡家辉	5051, 5528, 5605, 5968, 6127, 6158	胡进庆	4904, 5125, 5738, 5905, 5990, 6733, 6742
胡家勋	11819	胡进田	13188
胡嘉梁	1001, 1995, 2016, 2020, 2044	胡劲锋	10700
胡嘉翔	3910	胡经之	065
胡建斌	134	胡景德	3843, 5300, 5387
胡建成	5769	胡景芳	4931, 5303, 5934
胡建江	12611	胡敬	664, 665, 668, 775
胡建军	11128, 13009	胡敬熙	11367, 11759, 11932, 11992, 11993,
胡建蓉	1932		12091, 12900
胡建雄	1340	胡靖	1571
胡建瑜	2670, 2673, 4342, 4683, 4721, 6448,	胡居成	6523
	6494, 8764, 8823, 8826, 8832, 8850, 8943,	胡菊彬	13065, 13301
	8950, 8965, 9021, 9023, 9024, 9064, 9107,	胡菊人	13129
	9125, 9237, 9309, 9387, 9390, 9577, 9642,	胡钜湛	1107, 1171, 1188, 2763, 2940, 2951, 5053,
	10042, 10060, 10144		5251
胡建忠	7524	胡珏文	8316
胡江	8663	胡均	6058, 10832, 11938, 12606, 12607, 12608,
胡江非	10790, 11041, 11307, 11999, 12002,		12629, 12648
	12006, 12327	胡君宣	11238
胡杰	3311, 3313, 3946, 5822, 9709	胡君东	12172

中国历代图书总目·艺术卷

胡君复	10784	胡立贤	5404
胡君里	3498	胡立宪	4926
胡钧	3645, 3788, 6064	胡立义 2055, 3883, 4135, 4233, 4319, 4348, 4499,	
胡俊	11263	4655, 4705	
胡俊成	11485, 12096	胡立琢	4796
胡骏荣	6313	胡丽玲	11053
胡抗	5521, 5952, 6156, 6198	胡丽敏	12524
胡考 2525, 2865, 2871, 3402, 3509, 3515, 4869,		胡连江 1278, 10266, 10270, 10272, 10273, 10276,	
8380		10286, 10291, 10294	
胡可 5116, 5348, 12698, 12721, 12724, 12771		胡莲娟	6473
胡可宏	7606	胡炼龄	5537, 12604
胡克	6572	胡亮	6718, 9917
胡克礼 4934, 4961, 5018, 5022, 5052, 5060, 5070,		胡林	5123
5090, 5091, 5120, 5123, 5129, 5142, 5194,		胡林冰	11926
5343, 5345, 5377, 5490, 5529, 5538, 5571,		胡翎	11135
5573, 5662, 5669, 5767, 5828, 5916, 6095,		胡鲁沙	7328, 7338
6486, 6496		胡蛮	240
胡克敏	2039	胡曼	11045, 11046
胡克文 5005, 5032, 5035, 5038, 5078, 5091, 5092,		胡茂伟	7418, 7598
5100, 5112, 5192, 5266, 5304, 5597, 5624,		胡梅尔	12456
5842, 5886, 5943, 6203, 6234		胡梅生 1069, 1181, 1851, 7751, 7821, 7878, 7933	
胡克札	5515	胡梅星	3854
胡克之	5939, 5989	胡美	9908
胡匡一	2302	胡美才	6303, 6324
胡葵荪	13001	胡萌洁	166
胡兰	5913, 6363	胡孟祥	323
胡兰成	10970	胡孟炎	1684
胡雷	8230	胡梦坡	3675, 4938
胡黎明	8770, 9462, 9465	胡冕	6407
胡里契	006	胡妙胜	12821, 12828, 12831
胡理琛	8957	胡旻	4675, 8190
胡力国	5333	胡敏	13222
胡立滨	3786, 5614	胡敏琪	3389
胡立德	5624, 5919	胡敏之	12669
胡立民	8304	胡明	5456, 6051

作者索引

胡明纲	5054	胡启铖	5232, 5320, 5354
胡明江	6018	胡起中	3951
胡明军	2257, 5652, 5938	胡强	205, 4878, 8913, 8969, 8970
胡明亮	3487, 3521, 6044	胡沁	5127, 12121
胡明录	3850	胡青	10335
胡明鑫	8215	胡清华	6254
胡明哲	1127, 2351	胡庆荣	9368, 9822
胡明之	2412	胡秋原	006, 007, 037
胡铭	8824	胡诠	8545
胡牧	5685	胡然	5745, 11378
胡乃江	5244, 5264, 5271, 5285, 5381, 5585, 5676	胡人	11385
胡乃林	5231	胡仁樾	2846, 3265, 3368
胡乃敏	144, 5663	胡日龙	2961
胡乃耀	12645, 12667	胡戎	1086
胡苊	6488	胡荣卫	9242
胡宁娜	2298, 5970, 6032, 6442, 6473, 6710, 6712	胡蓉	3504, 6497, 10701
胡培烈	8986	胡如虹	6525
胡佩衡	471, 651, 652, 788,	胡汝高	4106
	789, 790, 807, 900, 901, 1434, 1593, 1701,	胡汝慧	9218
	1702, 1706, 1746, 1777, 2130, 2419, 2852	胡汝慧	8808
胡平	5223, 6121	胡汝慧改	4101
胡平开	1837	胡瑞林	5900
胡平利	3485, 3486	胡瑞珍	6572
胡齐	3777	胡润芝	8544
胡圻	8508, 8514	胡若佛	4892, 4927, 4962, 4971, 5025, 5080, 5413,
胡其道	629		5477, 5512, 5567, 5577, 5590, 5606, 5607,
胡其鼎	12513, 12515		5616, 6192
胡其藻	2976	胡若暇	8245
胡奇	3392	胡若佳	10298
胡琦峻	8551, 8583, 8586	胡若军	5428, 5429, 5465, 5538, 5582, 5649, 5716,
胡棋	313, 5401		5734, 12592
胡旗	5605	胡若君	5635
胡启昆	1691	胡若思	1853, 2417, 4101
胡启炎	5013	胡若愚	2417
胡启佑	8725	胡三元	10483

中国历代图书总目·艺术卷

胡沙	11864, 12754, 12813, 12847, 12927, 12937	胡寿荣	1346, 2327, 6313
胡山寅	2227	胡叔炜	8593
胡珊五	12080	胡树芬	4904
胡善余	2782, 2794, 2818, 2842, 3986	胡树国	5761, 8248
胡尚宗	4925	胡澍	8050, 8357
胡少飞	4979, 4999, 5073, 5428	胡霜	5246, 5284, 5351, 5363, 5378, 5383, 5450,
胡劭长	2053, 5833, 6183		5465, 5511, 5675, 5677, 5709, 5779, 5992,
胡绍浚	7381		5993, 6133
胡绍武	12095	胡爽庵	630, 2563, 2566, 2618
胡绍轩	12676, 12839	胡爽盦	1917, 2557, 2558
胡申得	1393	胡舜庆	5254, 5339
胡莘华	6302	胡舜元	7025
胡声平	2910, 5354, 5906	胡思庆	5536
胡石	2541	胡嗣瑗	8027
胡石查	8110	胡松华	11643, 11785
胡石光	12078	胡松涛	11967
胡士厚	2303	胡苏	2829, 13243
胡士华	5866	胡苏明	8365
胡士杰	4992	胡苏萍	7006
胡士昆	1496, 1570	胡坦	10154
胡士平	11160, 11499, 11882, 11883, 11886,	胡涛	6550
	11907, 12776	胡涛壬	5785
胡士莹	8140	胡腾骥	12004
胡世安	7219, 11319, 11323, 11324	胡梯林	1831
胡世德	10246	胡悌林	2867, 3263
胡世浩	1344	胡悌麟	339, 606, 2726, 3077
胡世厚	8317	胡天成	12707, 12726, 12950, 12953, 12955
胡世均	12895	胡天帆	2541
胡世帖	10432, 10437	胡天虹	10977
胡世文	10454	胡天启	5261, 5292, 5433, 5612, 5868
胡世学	3675	胡天泉	12264, 12266
胡世勇	1131	胡天正	5611
胡仕华	5836	胡铁生	8277, 8556, 8563
胡适	8316	胡铁铮	2455
胡杙	8488	胡汀	3549, 3550, 10355

作者索引

胡廷夺	8667, 10714	胡文青	10174
胡廷帽	5384, 5602, 5661, 5854	胡文遂	8220
胡廷源	5841	胡文伟	8635
胡通洲	5308	胡文彦	10619, 10752
胡蘖	789, 790, 807	胡文智	3808
胡万春	5087, 5092, 5100, 5117, 5125, 5131	胡问	2191
胡万卿	3978, 10676	胡问遂	4255, 4763, 7723, 8134, 8234, 8235, 8303,
胡望根	11513		8316, 8348, 8435
胡为孝	12126	胡武功	8689, 8964, 8979, 9358, 9582, 9835
胡惟民	12173, 12474	胡西铭	2251
胡维标	2810, 8744, 8832, 8844,	胡希明	4038
	8847, 8861, 8903, 8948, 9060, 9082, 9086,	胡希文	5250
	9089, 9091, 9093, 9094, 9095, 9101, 9113,	胡锡铨	899, 900
	9114, 9116, 9119, 9130, 9131, 9132, 9133,	胡锡胜	7437, 7481, 7532
	9246, 9258, 9259, 9260, 9300, 9302, 9314,	胡曦雯	8404
	9327, 9381, 9390, 9419, 9470, 9568, 9800,	胡细生	5217, 5401
	9828, 9838, 9842, 9873, 9883, 9886, 9903,	胡细枢	2758
	10003, 10109, 10118, 10120, 10147	胡显信	11142
胡伟民	12804	胡宪国	9545, 9945
胡委伦	2093, 2365, 2457, 2801, 2802, 2803, 4323,	胡献阁	11432
	4337, 4426, 4543, 4559, 4592, 4603, 4691,	胡献雅	1857, 1901
	5328	胡襄麟	8484
胡炜	2546	胡祥庆	7762
胡卫东	6497, 6510	胡祥胜	9437, 9673, 9877
胡卫民	435, 5617, 5757	胡向阳	10887, 10899
胡卫星	8801	胡潇	456
胡慰如	8695	胡小孩	4923
胡文昌	8311	胡小明	5967
胡文诚	4230	胡小石	7674, 8176, 8195, 8234, 8289, 8328, 8377
胡文淳	8484	胡晓	415
胡文甫	2327	胡晓耕	10868
胡文和	463	胡晓海	11207
胡文虎	830	胡晓林	190, 267
胡文焕	214, 379, 380, 7703, 12292	胡晓泉	8979
胡文沛	8421	胡晓申	9410, 9589, 9626

胡晓辛	4235, 4264	胡耀恒	12715
胡晓幸	2966, 3909	胡耀华	5505, 5690, 6156, 11086
胡效琦	12778	胡耀先	2928
胡絜青	2203, 2251, 2489, 2541	胡耀忠	6454
胡辛	13070	胡野檎	5388
胡新民	6227	胡一川	1404, 2728, 2783, 2785
胡新群	7770	胡一达	3918
胡兴模	5436	胡一帆	7565, 7594, 7607
胡兴平	5937	胡一平	8567
胡星	5331	胡依仁	3864
胡星亮	12786, 12854, 13192	胡怡闻	6761, 6768
胡旭宁	9941, 10580	胡贻穀	12434
胡学方	5143	胡贻孙	4135, 4416, 6133
胡雪净	7255, 7741, 7786, 7817, 7818, 7912	胡义赞	8024
胡雪城	11490, 11491	胡艺	853
胡雪法	9924	胡亦	5584, 5770, 6158
胡亚光	1718	胡亦芳	6521
胡亚娟	6562	胡易	10425
胡延巨	6767	胡益仁	5463, 5560
胡延仲	10902, 10903, 11954	胡逸	4892, 4907, 4911, 4942, 4949, 4982, 4993,
胡岩佛	4885		5053, 5099, 5116, 5127, 5139, 5156
胡炎生	12632	胡逸仁	11121
胡琰	7195	胡翊	6295
胡彦昇	11004, 11005	胡毅	6544
胡雁	4950, 4957, 4958, 4959, 4994, 4999, 5000,	胡茵梦	12821
	5041, 5057, 5065, 5079, 5139, 5255, 5269,	胡音恺	6238
	5378, 5388, 5391, 5399, 5469, 5539, 5802,	胡银康	5463
	5834, 5940	胡寅	7662
胡雁溪	413, 422	胡应康	2298
胡燕欣	6244	胡英	5922
胡扬	6116	胡英远	13032
胡杨	2878, 5335, 9727	胡莹	2263, 3996, 4013, 4061, 4260, 4378
胡养元	8455	胡颖	9293
胡尧之	13068	胡颖辉	4771
胡耀	454	胡映西	4905, 4906, 4921, 4922, 4925, 4926, 4927,

作者索引

4928, 4933, 4948, 4949, 4950, 4996, 5034, 5051, 5062, 5080, 5125, 5126, 5127

胡永昌 6977, 12989

胡永福 5294

胡永光 3463, 6630, 7067

胡永槐 6683

胡永凯 1390, 2375, 5408, 5491, 5500, 5586, 5627, 5667, 5718, 5750, 5879, 5889, 6079, 6246, 6253, 6825, 10261

胡永强 5894

胡永生 5324, 5361

胡友琛 13271

胡友葛 1706

胡有全 3017

胡有章 3833, 3868, 3872, 3910, 3940, 3949

胡又笨 2282, 2399

胡佑仁 9339

胡宇辰 10391

胡羽甲 6277

胡雨君 10380

胡雨心 703, 6761, 10739, 10758

胡玉铎 4930

胡玉洁 6436

胡玉缟 8112

胡玉昆 1566

胡玉兰 5876, 5906, 6449

胡玉璞 4134

胡玉娴 1123

胡玉瀛 8522

胡玉豚 2120

胡玉琢 4828, 4831

胡郁青 11066, 11135

胡毓麟 4978, 4982, 4995

胡元常 7233

胡元祥 5279

胡垣坤 7009

胡源 5883, 6081, 6085

胡瑗 10933, 10934, 10943, 10945, 11027

胡曰从 1552, 1553

胡曰龙 1410, 5230

胡月 5360

胡月明 5856

胡月伟 5989

胡越 8750, 9238

胡云子 4921, 4966

胡允恒英 7303

胡运骅 10599

胡运籍 11349

胡运良 5518

胡运枝 5358, 5488, 5844

胡蘊玉 1058

胡蕴琪 12635

胡藻斌 1708, 1713

胡泽 5325

胡增荣 11982

胡增文 13246

胡昭电 4945, 5761

胡昭俊 11502

胡昭作 12012

胡哲 626, 1070, 1073, 1089, 1098, 1099, 1100, 1101, 1251, 8732

胡真来 972

胡振 1704

胡振德 2835, 5949

胡振寰 4244, 4460, 4500

胡振郎 578, 910, 911, 915, 2008, 2348, 2478, 2623, 2638, 2649, 3637, 3699, 3825, 3895, 4000, 4211, 10456

胡振明 2130

胡振祥 4885, 4886, 4888, 4891, 4894, 12594

胡振宇 2775, 2793, 3196, 3225, 3261, 3295, 3296, 3358, 3849, 3850, 3966, 5580, 5602, 5651, 5652, 5826, 5930, 8673, 9091

胡振玉 3082, 3114, 3140, 3154, 3162, 3849, 4920, 5014, 5129

胡振中 6331

胡震 8513, 8525, 8526, 11285, 12445

胡震国 3796, 5324, 5344, 5469, 5499, 5576, 5577, 5580, 5663, 5753, 5857, 5931, 6116

胡震寰 4110

胡蜘 705

胡正 5085

胡正伟 2203, 2595, 3249, 5426, 5686

胡正修 5712, 5749

胡正言 1552, 1553, 1554, 1555, 1556, 1557, 1558, 1559, 5215, 5280, 5350, 5536, 5773, 6286, 7200, 7220, 7227, 8021, 8486, 8494

胡之 4585, 4737, 7772

胡之灿 12301

胡之德 2230

胡之森 8504, 8508

胡之玉 13014

胡芝风 5745, 12726, 12822

胡知凡 181, 597

胡知敏 3011

胡志川 8692, 8853, 8892, 8917

胡志刚 8387

胡志厚 11304

胡志华 435

胡志明 5951, 6171, 6292

胡志强 7528

胡志仁 8498

胡志荣 5490, 5576, 5611, 5904, 6522

胡志祥 6383

胡致薇 475

胡智锋 13080

胡忠甲 5083, 5087, 5109

胡忠甲绘 3145

胡忠恕 8213, 8222, 8234, 8245, 8252, 8264, 8277

胡忠元 3625, 5030, 6747

胡钟才 8688

胡钟刚 11132, 11989

胡仲胤 1104

胡舟山 8849

胡周淑安 11932, 11992, 12355

胡竹虚 10815

胡竹雨 2665, 2673, 4279, 4447, 4473, 4511, 4545

胡祝海 13275

胡子鹤 12307

胡子林 10760

胡子为 2251, 4997, 8385, 8386

胡子雄 6228, 6252, 6288, 6369

胡子渊 3671, 3705

胡自治 7230

胡宗瑞 3762

胡宗姚 8505

胡宗元 4524, 4531, 4532

胡祖清 4903, 4933, 4951, 4996, 5008, 5011, 5021, 5047, 5070, 5082, 5092, 5118, 5121, 5122, 5127, 5128, 5135, 5646

胡作人 10406

壶井繁志 11449

湖北画报社 13089

湖北教育出版社 8172, 10483, 10484

湖北军区文工团 11832

湖北科学技术出版社 10482, 10729

湖北美术出版社 353, 2344, 2687, 2691, 6419, 9491, 9494, 9756, 9768, 9771, 9772, 9907, 9911, 10007, 10168, 10169, 10554

湖北美术学院 1393

作者索引

湖北美术学院教务处 543

湖北美术学院美术学系 133

湖北美术院 5152, 5163, 5166

湖北美术院艺术委员会 345

湖北青年美术研究会 2980

湖北屈原国际文化传播中心 8957

湖北人民出版社 1729, 3073, 3145, 3630, 3640, 3660, 3661, 3674, 3676, 3712, 3714, 3735, 3736, 3743, 3755, 4941, 4961, 4970, 4980, 4994, 4999, 5000, 5063, 5067, 5105, 5110, 5181, 5210, 8870, 8881, 9305, 10014, 10435, 10441, 10484, 11222, 11452, 11606, 11612, 11615, 11623, 11628, 11651, 11785, 11883, 11909, 12024, 13099

湖北人民出版社《夺盐战》创作组 5309

湖北人民出版社美术组 4983, 5181

湖北人民广播电台 8321, 11573

湖北人民广播电台文艺编辑部 11615

湖北人民广播电台文艺部 11457, 11458, 11700, 11705, 11971, 12031

湖北日报社 8720

湖北省"革命委员会"文化局革命歌曲征集办公室 11677

湖北省"革命委员会"文化局革命歌曲征集小组 11669

湖北省地方歌剧团 12103, 12104

湖北省对外文化交流协会 8949, 13282

湖北省恩施行政专员公署文化局 11796

湖北省高等学校音乐教学指导委员会 10836

湖北省歌舞剧团 11793

湖北省歌舞剧团《洪湖赤卫队》创作组 11884, 11886

湖北省革命歌曲编辑创作小组 11669, 11691

湖北省"革命委员会"文化局 8659

湖北省汉剧研究室 12929

湖北省幻灯制片厂 5281, 12827

湖北省黄石市"革委会"征文办公室 1359

湖北省教育学会书法教育专业委员会 7330

湖北省荆江大堤加固工程总指挥部 8902

湖北省荆州地区群众艺术馆 11802

湖北省荆州行署文化局 12936

湖北省军区政治部业余美术创作组 1807

湖北省美术 1359

湖北省美术工作室 10663

湖北省美术摄影艺术展览会 6754

湖北省美术摄影展览办公室 9277

湖北省美学学会 067

湖北省曲艺家协会 12974

湖北省曲艺团 11794

湖北省群众文化处 5152, 5173, 5188, 10248, 11615

湖北省群众文化处美工队 3209

湖北省群众文化处伍陈雷 3200

湖北省群众文化馆 11667, 11677, 11682, 12817

湖北省群众文化馆美工队 3206

湖北省群众艺术馆 093, 1299, 1356, 10197, 11437, 11587, 11596, 11601, 11608, 11798, 11802, 12140

湖北省社会主义歌咏活动指导委员会 11615

湖北省实验歌剧团 11880, 11881, 11882, 11883, 11884, 11904, 12117

湖北省实验歌剧院 5091

湖北省书法家协会《书法报》社 8304

湖北省书学研究会 7292

湖北省水利局 9059

湖北省文化工作团 11764

湖北省文化交流协会 8957

湖北省文化局 276, 11632, 11798, 12117

湖北省文化局歌曲征集小组 11669

湖北省文化局革命歌曲征集小组	11669	湖北应城盐矿业余宣传队	11269
湖北省文化局音乐工作组	11766	湖口县文化站	5361
湖北省文联	11768, 12604	湖口县文艺站	5186
湖北省文联图书编辑部	258, 2396	湖南《小蜜蜂故事画刊》编辑部	6204
湖北省文联音乐部	11766	湖南电影公司	12419
湖北省文史研究馆	8571	湖南革命歌曲征集小组	11661, 12023
湖北省文艺创作室美工队	3258	湖南江华民族歌舞团	11677
湖北省文艺创作室音乐组	11669, 11691	湖南教育出版社	11475
湖北省武昌艺术师范学校	013	湖南教育科学研究所	3368
湖北省武汉市群众歌咏活动指导委员会	11615	湖南科学技术出版社	10755
湖北省舞蹈家协会	12622	湖南美术出版社	307, 349, 988, 992, 1298, 1300,
湖北省戏剧工作室	11146, 12802, 12846, 12847		1891, 1905, 1959, 2363, 2578, 2682, 2809,
湖北省戏剧研究所	12688		3059, 3368, 4531, 7894, 8426, 8818, 8819,
湖北省戏曲工作室	12112		9008, 9009, 9506, 9517, 9520, 9521, 9783,
湖北省咸宁地区行政公署文化局	11802		9920, 10267, 10496, 10676, 12828
湖北省咸宁地区群众艺术馆	11802	湖南民歌整理小组	11790, 11965
湖北省咸宁军分区政治部	5207	湖南青年美术作品展览会	1355
湖北省襄樊市文联	6400	湖南群众艺术馆	8629, 10347, 10348, 10668,
湖北省襄樊市政协	6400		11591, 11592, 11594, 11774, 11779,
湖北省新华书店	3532		12605, 12606, 12607, 12608
湖北省新闻摄影学会	8784	湖南人民出版社	1292, 1356,
湖北省学校艺术教育中心	11990		1362, 2854, 2926, 3141, 3532, 4966, 5125,
湖北省宜昌市音乐家协会	11526		5257, 5279, 5305, 5351, 5363, 5374, 5409,
湖北省音乐创作学习班	11966		7251, 10230, 11472, 11473, 11474, 11480,
湖北省中国画、连环画、版画、摄影艺术作品展			11629, 11632, 11635, 11637, 11638,
览办公室	1831, 3020		11639, 11641, 11699, 11700, 11703,
湖北省中小学教学教材研究室	10799, 10800		11863, 11883, 11962, 11977, 11979,
湖北师范生	10783		12011, 12029, 12030, 12032, 12140,
湖北文联	11569, 11763		12419, 12632, 13100
湖北武汉人民广播电台	11404	湖南人民出版社《红色出版兵》	10415
湖北亚大创想艺术有限公司	8990	湖南人民出版社美术组	3084, 3092
湖北艺术学院短训班	11269	湖南人民广播电台	11480
湖北艺术学院和声学学术报告会办公室	11084	湖南人民广播电台文艺组	11698
湖北艺术学院美术系	3073	湖南人民艺术服务社	3074, 3095, 3097, 3098,
湖北艺术学院作曲系	10903		3107, 3539

作者索引

湖南少年儿童出版社	1257, 8385	湖南省民间歌舞团	11780, 11884
湖南摄影艺术论文集编委会	8708	湖南省民族事务委员会	10243
湖南省"革命委员会"计划生育领导小组办公室		湖南省农业厅	9264
	3220	湖南省轻工业学校	10562
湖南省"革命委员会"文化局	11692	湖南省轻工业学校工艺美术教研组	2493
湖南省 1957 年戏曲汇报演出大厅艺委会	1273	湖南省轻工专业情报中心站陶瓷分站	10248,
湖南省保险公司	3368, 3369		10249
湖南省博物馆	392, 1891, 1905, 8545	湖南省曲艺理论研究会	12936
湖南省长沙电器厂党委办公室	5012, 5039	湖南省群众艺术馆	336, 11580, 11583, 11584,
湖南省常德地区戏曲工作室	12847, 12933		11770, 11772, 11781, 12633, 12922
湖南省常德市戏曲工作室	12933	湖南省人民政府文化事业管理局音乐工作组	
湖南省大众艺术馆	10676		11406, 11766
湖南省第二届戏曲观摩会演大会	13014	湖南省韶山区商业局	10231
湖南省第四届学生音乐节办公室	11723	湖南省少年儿童美术作品展览会	6755
湖南省电影发行放映公司	8704, 11910, 11911	湖南省少年儿童文化艺术委员会	6759
湖南省洞庭湖堤垸修复工程指挥部政治部	8872	湖南省摄影家协会	8960
湖南省歌剧团	12919	湖南省师范教材编写组	474
湖南省歌舞团	11793, 12611, 12650	湖南省首届老年人艺术作品展览办公室	1365
湖南省工艺美术研究所	10562	湖南省首届美术作品展览会	10230
湖南省供销中专中技教材编审委员会组织	7383	湖南省水产科学研究所	5613
湖南省衡阳地区工农兵文艺工作室	11455	湖南省图书进出口公司	6870
湖南省衡阳地区文化局	8925	湖南省土地	8869
湖南省衡阳地区文化局创作组	11696	湖南省卫生厅	3351, 4949, 4990
湖南省花鼓剧团	12124	湖南省文工团歌舞队	11794
湖南省花鼓戏剧团	11146	湖南省文工团花鼓剧队	11858
湖南省花鼓剧团音乐革命小组	12084, 12124	湖南省文工团花鼓戏剧队	11856, 11858, 12123
湖南省花鼓戏剧院音乐组	12123	湖南省文化馆	11697
湖南省交通厅	3368, 3369	湖南省文化局	1363, 11577, 11578
湖南省教材教学研究室	474, 10799	湖南省文化局革命歌曲征集小组	11673
湖南省教材教学研究室组织	10799	湖南省文化局工作组	11578
湖南省教育科学研究所	10799, 10804, 10816,	湖南省文化局民间音乐资料编辑组	11796
	11052	湖南省文化局戏曲工作室	11142, 12111
湖南省教育厅教研室	8342	湖南省文化局艺术处	12828
湖南省军区政治部	3113, 5160, 5163	湖南省文化局音乐工作组	11406, 11577, 12137
湖南省醴陵陶瓷研究所情报资料室	10248, 10249	湖南省文化事业管理局音乐工作组	11405

湖南省文化厅群众文化处 11513
湖南省文化厅社会文化处 336
湖南省文化厅文化志编纂室 12945
湖南省文联 085
湖南省文联音乐组 11405, 11406
湖南省文史研究馆 8280
湖南省文史研究会 2236
湖南省文物事业管理局祁阳县语溪文物管理处 7734
湖南省文学艺术工作室 11465
湖南省文学艺术工作者联合会 12108
湖南省文学艺术工作者联合音乐组 11406
湖南省文学艺术界联合会筹委会 11391, 12100
湖南省文艺工作室音乐组 11692
湖南省文艺馆 11681
湖南省戏剧学校 9149
湖南省戏曲工作室 11144, 11836, 12115, 12116, 12815, 12921, 12922
湖南省戏曲研究会 12927
湖南省戏曲研究所 11150, 11152, 12134, 12688, 12938
湖南省戏曲音乐学会 11152
湖南省湘剧教学演出大会 12927
湖南省湘剧院 12134
湖南省湘剧院研究室 12933
湖南省湘绣厂 10350
湖南省新华书店 3756, 3757
湖南省新闻摄影学会 8957
湖南省业余歌曲创作比赛评委会 11785
湖南省艺术研究所 12945
湖南省益阳地区电影公司 13188
湖南省音乐工作协会 11443
湖南省音乐工作者协会 11583, 11584, 11785
湖南省音协 11591, 11592
湖南省展览馆 3141
湖南省中等师范学校教材编写组 10798
湖南省中等学校教材编写组 10799
湖南省中师教育研究会 612, 7341, 10825
湖南省中小学教材编写组 11047
湖南省总工会宣传部 12094
湖南师范学院艺术系 1100, 5186
湖南师艺学院艺术系 5343
湖南首届美术展览会 1356
湖南书法家协会 8221
湖南书画研究院《湖南画家研究丛书》编委会 808
湖南文艺出版社 11066, 11210, 11499, 11706, 11716, 11719, 11723, 11724, 11729, 11756, 12219
湖南文艺出版社装帧室 10276
湖南湘剧团音乐组 12107
湖艺《歌曲写作问答》编写组 11083
湖涌 9240
湖州市电影发行放映公司 13141
湖州市文化局 1717
瑚玉 5040
蝴蝶秋斋主人 1599
虎虎 6680
虎绍平 9144
虎头痴后 8061
虎秀福 11725
户福根 3833, 5338
户县"革命委员会"政工组 5169
户县红画兵 5169, 6749
户县文化馆 1816, 3237, 3819, 3823, 3832, 3836, 3856, 6749, 6751, 10420
沪东工人文化宫美术创作组 3218
沪光大戏院 13273
沪航 5883
沪仁 7073, 7074

作者索引

沪生	6259, 6265	华北电影研究会	13304
沽曼	245	华北公司同人会励群社	13169
扈宝生	6563, 6565	华北浸信议会	12438
扈庚成	6095	华北军政大学政治部	11558
扈航	5373	华北漫画协会	4873
扈其泽	1235	华北美术协会	3397
扈棻	5569	华北区 1966 年年画	5138
花苞	3152	华北区 1966 年年画、版画展览会	5138
花柏岭	12080	华北区年画版画展览会北京、河北、山西、内蒙	
花城出版社	1300, 6607, 10142, 11481, 11926,	古观摩团	5138
	11979, 12034, 12035	华北区年画版画展览会河北省等观摩团	5138
花城出版社美术编辑室	3428, 3434, 6611	华北人民出版社	10128
花城出版社摄影编辑室	8899	华北人民政府	3067
花村荣子	7007	华北政务委员会情报局	4868
花村征臣	10767	华北政务委员会总务厅情报局	13173, 13304
花逢坤	8263	华表	10772
花花	10305	华伯瀛	4913
花娇	9507, 9776	华策	7065
花军	12804	华昌朝	8497, 8498
花军辉	6417	华超	4921
花老虎	11810	华尘	3259, 3304, 5276, 5446, 5731, 5826, 5851,
花森兴	7408		5987, 6080, 6183, 6200
花山文艺出版社	12048	华辰	2152, 2163, 4811
花艺文教基金会	10599, 10602, 10605	华程	6361
花影楼主人	1603	华传浩	12898
花玉华	9809	华纯	13233
花泽飞	9259	华德荣	520
华·托波尔科夫	12813	华堤	6096
华安	8666, 9027, 9251, 9431, 9456, 9479, 9719,	华地	6308, 6309
	10084	华丁	6336, 6582
华百灵	5933, 6015	华东第一儿童保育院	11995
华北大学第三部	12091	华东电业管理局《搏斗》创作组	5246
华北大学文艺工作团	12901	华东局机关保育院	11997, 11998, 11999
华北大学文艺工作团第一团	12901	华东军区海军政治部	11390
华北大学艺术系	1426	华东军区政治部	11552

中国历代图书总目·艺术卷

华东军政委员会文化部艺术事业管理处	11765	华国章	10174
华东抗日解放战争摄影集编委会	9327	华国璋	2031, 2132, 8932, 9404
华东六省一市民歌会演江苏筹备组	11780	华华	6167, 6353, 6436, 6475, 6957
华东七省市	10813, 12634	华华书报社	12413
华东区戏曲观摩演出大会	12102, 13013	华桦	5485
华东人民出版社	3403	华惠庆	4948
华东人民广播电台广播乐团	11387, 11393	华继善	7431, 7440, 7473
华东人民美术出版社	3531, 4888, 10663	华迦	12927, 12970
华东上海人民广播电台	11404	华建武	6472
华东师范大学古籍整理研究室	7256	华健心	10218, 10395
华东文化部艺术事业管理处	11399, 11400, 11767	华金·罗德里戈	12484
华东戏曲研究院	4897, 4898, 4899, 12918, 12919	华锦洲	9753, 9754, 9860, 9890
华东戏曲研究院编审室	4891, 4895, 4897, 4898, 4899	华进	11065
华东戏曲研究院艺术室	10241	华景德	12073, 12076, 12078
华东戏曲研究院艺术室音乐组	12103	华敬俊	867, 4512, 4567
华东艺术专科学校速写教学小组	1095	华军	2087, 4513, 4654, 4673, 4678, 4698
华东政法学院1958年级同学	12590	华均缓	6150
华顿	6684, 9783, 10098	华君武	333, 1222, 1244, 1248, 3400, 3401, 3402, 3404, 3405, 3406, 3407, 3409, 3412, 3413, 3418, 3420, 3423, 3428, 3431, 3435, 3442, 3480, 3483, 3497, 3527, 5092
华多	6794
华恩	11771
华儿	3631, 10407
华尔法特作	11184	华峻山	4646
华尔嘉	5047	华克齐	5547
华风	10749	华克雄	1864, 2282, 3126, 3131
华佛尘	3282	华孔亦	9499
华夫	2026, 2060, 4675	华奎	2302
华拂尘	5415, 5574	华莱士	367, 6886, 7052
华傅浩	11833, 12898	华雷	8597
华格	7046	华立	6466
华谷平	9042	华立人	7597
华光道人	1493, 1529	华丽丝	11366
华光静	10656	华莉	7022
华光普	433, 434, 8552	华连圃	12675
华广博	5623	华联商厦	2178

作者索引

华林 003, 10756
华琳 676
华玲玲 5535, 6097
华令 3823
华龙 2118, 4802
华伦 143
华梅 263, 631, 5364, 5366, 10204, 10778
华美现代书法研究室 8214
华民 2181, 4777, 4792, 4798, 4809
华民安 5307
华敏 11063, 11255, 11262
华明 591, 593, 5796, 9132, 9134, 10590, 12668
华明玥 10763
华木兰 12420
华纳影片公司 13290
华南电影工作者联合会 13293
华南歌舞团 12597, 12598
华南歌舞团附设广东省音乐工作组11399, 11400
华南文工团 12900
华南文工团音乐部创作研究组 11390
华妮娜 12498, 12509
华年 1249, 8626, 10365, 10712, 10713, 10715, 10722
华宁 8087
华宁县人民政府 8954
华鹏 5666, 6684, 6685, 6695
华平 4602, 4603, 4726, 4820
华萍 11518
华普 474
华其敏 1846, 1847, 2007, 2302, 2599, 2903, 3937, 5375, 5398, 5571, 5618, 5743, 5750, 5856, 6141, 6148, 6172, 6191
华琪敏 5872
华潜 13003
华倩 6492
华青 6332, 6337
华青艺术图片社 9890
华清波 7273, 7416, 7436, 7547, 7566, 7597, 7647
华庆 12834
华人德 7168, 7209, 7356, 7371, 7731, 8349, 8376
华人书画名家精品展作品集编辑委员会 2327
华仁 5040
华锐 6436, 6445, 6500
华三川 1874, 1882, 1888, 1889, 1890, 1894, 1895, 1899, 1904, 1906, 1931, 1946, 1969, 2010, 2011, 2012, 2013, 2016, 2017, 2023, 2029, 2355, 2357, 2358, 2359, 2367, 2374, 2397, 2404, 2409, 2614, 2615, 2618, 2676, 2679, 3670, 3735, 4207, 4219, 4223, 4315, 4328, 4482, 4511, 4523, 4548, 4556, 4616, 4620, 4642, 4667, 4677, 4700, 4748, 4750, 4886, 4905, 4907, 4909, 4917, 4922, 4948, 4951, 4995, 5007, 5010, 5046, 5065, 5076, 5079, 5108, 5371, 5378, 5411, 5535, 5988, 6097, 6380, 6516, 6523
华山 2983, 2984, 2985, 2986, 3056, 5117
华山川 2614
华杉 5258
华少祖 9116, 9314
华绍祖 5864, 8846, 9116, 9255, 9365, 9444, 9536, 9944, 9949, 9950, 10041, 10044, 10066
华申 6077
华深 4707
华生·贺普第文化出版公司 1101
华石 402, 7062
华士明 4693, 5275, 5328, 5337, 5363, 5394, 5398, 5403, 5404, 5435, 5436, 5475, 5501, 5523, 5713, 5731, 5786, 5790, 5798, 5816, 5881, 6078, 6154, 6484, 6497, 6507, 6512, 9009

中国历代图书总目·艺术卷

华士清	2328	华新	9102, 9311, 9312, 9403
华世奎	8115, 8120, 8126, 8127, 8128, 8185	华新公司	9520, 9926
华仕明	5810	华胥	1594
华恕	9261	华胥大夫	12737, 12739
华庶勤	11945, 11947	华旋	6382
华松	9863	华勋	5713, 5909, 5993
华松津	636, 1138, 1143, 1146, 1151, 1152, 4143	华延风	5324
华特生	12987	华严	13163
华天阳	636, 1138, 1143, 1146, 1151, 1152	华嵒	1588, 1613, 1619, 1626, 1643, 1644, 1647,
华天章	5578		1650, 1652, 1655, 1656, 1659, 1662, 1677,
华庭玉	3229		1686, 1690, 2618
华彤	5240	华嵒	1652, 1689, 10460
华托	2806	华砚	13128
华拓	1888, 1940, 1941, 1944, 2427, 2436, 2475,	华彦钧	12166, 12174, 12226, 12259, 12280, 12312
	2482, 3981	华阳	4759, 6016, 6215
华维光	1214, 1215, 1216	华一	6109
华伟	2213, 9702	华依达	13211
华伟恭	4057	华宜玉	1176
华玮	12855	华艺出版社	2038
华文柏	11321, 12297	华艺硬笔习字会	7510, 7511
华文彬	8502, 12304	华逸龙	4383, 4480, 4569, 6387, 6400
华文达	10655	华翼纶	780
华文权	720, 3798	华应申	8185
华文宪	10951	华英	6052, 6065, 6106, 6128, 6154
华文漪	4075	华莺	11994
华文渊	8789	华瑛楠	12821
华西大学博物馆	1061	华萱	5496
华西里柯夫	13256	华永正	5565
华夏	532, 617, 1225, 6017, 8024, 8028, 8610,	华涌骥	5838
	11506, 11514, 11726, 11748	华佑荣	10692
华夏文	12446	华于	6324
华晓	9631, 9642, 9643	华瑜	4203, 4547, 5755, 5786, 9076, 9082, 9107,
华晓林	106		9327, 10066
华晓玫	10583	华雨诗	125, 147, 1105
华欣	11751, 11752	华玉珊	4533, 4617

作者索引

华谕	6285	化均	12250
华喻	8943	化石	6026, 6248
华元钦	8789	化天	2364
华岳文艺出版社	11980	画册编辑委员会	2190, 8928
华云	5729, 9541, 9830	画风	6467
华芸	4982, 4986	画家潘天寿纪念馆	2182
华筠	8916	画室	13000
华正人	7266, 7283	桦林	8753
华之祥	12357	桦生	5820
华志	12785	怀冰	6632
华中大学文艺研究会	11556	怀古山房主人	1622
华中二分区人民画报社	11551	怀褐山人	748
华中工学院电力系三年级宣传鼓动队	4919	怀化地区戏剧工作室	12128
华中师范大学俄语系《苏联歌曲选》编选组		怀利	13313
	12381	怀林	5761, 5807
华中师范学院中文系现代文学教研室	11465	怀梅	10378
华中新华书店	12244	怀明富	1371
华中新华书店编辑部	4878	怀清	6926
华中一分区文化协会	11538	怀仁	1987, 7773, 7778, 7779, 7789, 7791, 7802,
华仲明 9120, 9130, 9371, 9430, 9462, 9463, 9795,			7809, 7810, 7813, 7816
9855, 9974		怀氏兄弟美术社	8866
华仲锡	11295	怀殊	7570
华竹章	1062	怀斯	6801
华子	6307	怀苏	9539
华祖明	7441	怀素	7400, 7673, 7722, 7834, 7838, 7843, 7845,
哗夫	6058		7846, 7847, 7850, 7852, 7860, 7861, 7862,
哗石	9894		7864, 7865, 7867, 7871, 7874, 7876, 7879,
铧芜	7312		7881, 7889, 7890, 7898, 7903, 7907, 7911,
滑国璋	5586, 6262		7914, 7917, 7921, 7927, 7928, 7936, 7937,
滑明达	118		7938, 8416, 8420
滑田友	8635	怀特	11244
化冈	4955, 5047	怀珠	6045
化金莲 2058, 2063, 2093, 2099, 2102, 2106, 2121,		淮安师范学校	5885
2160, 2162, 4595, 4620, 4630, 4651, 4765,		淮安市新安旅行团历史陈列馆	8894
4779, 4801, 4828, 4833		淮安县美术创作组	3018

淮安县文艺创作组	3016, 3017	皇甫积庆	13153
淮北矿区工会	3454	皇甫可人	13075
淮海戏志编辑部	12789	皇甫鲲	7222
淮南大通煤矿万人坑阶级教育展览馆	8665	皇甫修文	069
淮南煤矿机械厂工代会	3763	皇甫重庆	13018
淮庆	6216	黄阿忠	1085
淮阴市公安交通警察支队	3441	黄爱玲	13213
淮阴市书法家协会	8232	黄爱民	11480
淮子	5026	黄安伦	12178, 12207, 12220, 12236
槐山 5530, 5638, 5640, 5645, 5722, 5733, 5751,		黄安琪	6361
5755, 5758, 5775, 5776, 5781, 5820, 5841,		黄安仁	524, 1740, 1917, 1918, 1958, 2251, 2890
5850, 5872, 5903, 5910, 6006		黄跋	4390
欢路	5406	黄柏庄	11060
欢任	6115	黄般若	816, 1647, 1802
桓中权	11438	黄邦杰	2899
宦栋槐	2294	黄邦一	5631
换鹅书会编辑委员会	8264	黄宝光	12085
唤晓	8990	黄宝贵	3454
焕才	6367	黄宝玲	1231
焕俊	4772	黄宝萍	540, 2515
焕宇	10257, 10261, 10298	黄宝山	11363, 11931
焕之	5133, 11961	黄宝善	8898, 13232
黎涵	3031	黄宝荪	1757, 2349, 3635, 3718, 3719, 3726,
荒草	4878, 11554		3734, 3783
荒夫	12626	黄宝柱	5216
荒健	2805	黄保源	3228, 3333
荒木淳	7638	黄葆和	5376
荒木飞吕彦	7115	黄葆谦	1697
荒木英仁	8796	黄葆树	8157
荒田	6405	黄葆钺	1706, 8117, 8121, 8359, 8371
荒溪注	10494	黄贝	8853, 9696, 9718, 9735
荒烟	3007, 3008, 3048	黄焙	4563
荒野	9421, 9667, 9668, 9676	黄本	12630
荒原	10153	黄本贵	3130, 5569
皇甫传铁	1353, 8340	黄本骥	7829

作者索引

黄碧惠	13320	黄长虹	2075
黄碧霞	6464, 6686, 6690	黄长明	4343
黄碧云	6464	黄尝铭	8463
黄宾虹	214, 220, 221, 222, 223, 224, 225, 226,	黄常虹	10896
	235, 236, 237, 238, 333, 683, 704, 706,	黄昶	1407
	712, 715, 781, 799, 812, 1319, 1321, 1430,	黄超成	6379
	1720, 1750, 1779, 1792, 1797, 1798, 1800,	黄超兴	5118
	1852, 1856, 1870, 1900, 1937, 1946, 1987,	黄朝娟	10600
	2021, 2196, 2203, 2219, 2282, 2302, 2419,	黄朝谟	1401
	2425, 2428, 2430, 2433, 2437, 2455, 2461,	黄朝顺	1098
	2475, 2482, 2547, 4298, 8192, 8214, 8292,	黄朝伟	6679
	8304, 8328, 8329, 8365, 8468, 8521, 8526	黄彻吾	4915
黄宾虹书画展览会筹备处	783	黄琛	11523
黄宾虹研究会	803	黄成	385
黄斌	7432	黄成江	8982
黄滨虹	1717	黄成坤	11128, 11739
黄冰	202	黄成泰	3794
黄炳光	8662	黄成贤	3082, 5021, 5102
黄炳琦	10871, 12723	黄成元	11341
黄炳寅	10964	黄成助	1475
黄波	8371, 11289	黄呈岳	7295
黄伯春	11130	黄诚忠	2250
黄伯虹	12659, 12672	黄承伟	8861
黄伯寿	13244	黄澄钦	2209
黄伯思	379, 385, 7676, 7677, 7685	黄橙	8789
黄博施	9299	黄驰	11289
黄布凡	6181	黄崇焜	779
黄步青	1369	黄崇钟	8689
黄才郎	1210, 1401, 3036, 3039, 3042	黄初明	6337
黄粲	13233	黄假成	852, 6017
黄忏华	123, 168	黄传伟	3114
黄昌明	5456, 5744	黄传尧	1843, 1844
黄昌荣	2886	黄纯尧	1988, 2131, 2455, 2594
黄昌中	2328, 2652, 2653	黄次石	8727
黄长安	11135	黄萃	4636, 4637

黄梓峰 1849

黄达 9554, 12363, 12653, 12654, 12656

黄达德 3686

黄达来 5285

黄大德 13151

黄大湖 10365

黄大华 4937, 5078, 5597, 5614, 5618, 5673, 5713, 5785, 5839, 5980, 6166, 6474, 6475, 6641

黄大剑 8274

黄大科 3387

黄大铣 5535

黄大业 7546, 7547

黄大钊 7562, 7573, 7574, 7577, 8395

黄代立 7736

黄丹 6389

黄丹麈 1086

黄道德 12944

黄道亨 12522

黄道鸿 1261, 6307, 6310, 6347, 6380

黄道鸣 6215

黄道周 1561, 7147, 7692, 8014, 8028, 8029, 8033, 8038, 8047, 8052, 8055, 8056, 8057, 8077, 8080, 8083, 8096, 8097

黄德 3741

黄德劂 5900, 5901

黄德海 7630

黄德明 6068, 6084, 13065

黄德山 11173

黄德祥 3253, 4048

黄德旭 5312

黄迪杞 1849, 1853, 1886, 1998, 2000, 2016, 2169, 2328, 2368, 2369, 2875, 3101, 3146, 3633, 3640, 3721, 3750, 3847, 3887, 3999, 4062, 4501, 4507, 5138, 5823

黄迪杞作 1933

黄迪文 11375

黄殿棋 10714, 12835

黄鼎 1619, 1635, 1637, 1642, 1648, 4870

黄鼎钧 3591, 3655, 3697

黄定 11877

黄定初 5948, 6175, 6378, 6408

黄东 9242

黄东成 5019

黄东诚 5712

黄东井 11194

黄东启 11201, 12183

黄独峰 628, 1818, 1877, 1918, 1985, 1988, 2220, 4201, 10433, 10464

黄笃维 1378, 1396, 1880, 1887, 1918, 2926, 2937, 2956, 2991, 2996

黄缎 1226

黄悖 7301, 7324, 7669, 7732, 8464, 8552, 8554, 8577

黄悖总 8554

黄墩严 10532, 10741

黄墩岩 459

黄顿 10151

黄恩涛 1856, 1871, 3762, 3801, 3802, 3837, 3917, 3926, 3980, 5429, 5560, 5879, 10434

黄发榜 2053, 3685

黄发祥 1089

黄范松 9112

黄梵 10098

黄飞珏 6684, 6689, 6695, 7003

黄非 5567, 5658, 5739

黄风 9072, 9362

黄凤 5088

黄凤池 2968, 2969, 2970, 2971, 2974, 3031

黄绂 4246

作者索引

黄福坤	3276, 5121, 5138, 8931, 8940, 8943, 10013	黄冠岳	4972, 5014, 5123, 5124
黄福平	9693, 9695, 9703	黄光军	6348
黄福山	2332	黄光男	106, 530, 545, 589, 828, 1401, 2234
黄抚山	7041, 7076	黄光新	6387, 12948
黄辅民	5228	黄广华	131
黄辅棠	10891, 11189, 11524	黄桂葵	1644
黄复盛	477, 482, 848, 4597, 7319, 7923, 7943	黄桂涛	9532, 10018
黄富能	5818, 6460	黄桂云	10333
黄富旺	8956, 8962	黄国芳	6465
黄干槐	6224	黄国宏	5267
黄甘牛	5348	黄国建	6614
黄冈地区美术教材编写组	486	黄国俊	12132
黄冈县淋山河区"革命委员会"文教小组	1819	黄国强	10992, 11140, 11837, 12103, 12107, 12971
黄冈专区人民出版社	11604	黄国瑞	2822
黄冈专署文教局	7249	黄国松	10176, 10355, 10359
黄刚	140, 10214	黄国武	1412
黄纲	5387	黄国煜	7641, 7647
黄钢	4878, 4949, 6054, 13082, 13088	黄海	8376, 8438
黄高年	8475	黄海澄	043, 044, 049
黄戈	5604	黄海怀	12282
黄歌	12092	黄海鸣	115
黄革胜	5537	黄海涛	10965
黄格胜	339, 2023, 2467, 2503, 2887	黄海武	6978, 6979
黄庚奎	1819	黄海源	5805
黄耕渔	4924, 5085	黄海云	197
黄耿新	2074	黄涵秋	552, 11212, 11214, 11217, 11218, 12186
黄耿卓	2074, 3947, 4044, 4098, 4206, 4237, 4312,	黄涵泉	787
	4374, 4467	黄汉	5630, 5761, 5830, 5964
黄工乐	8324	黄汉凌	5795
黄公	5694	黄汉原	2522
黄公望	665, 673, 897, 1530, 1531, 1534, 1535,	黄翰获	526, 8709, 13124
	1546, 1549, 6813	黄瀚	5783
黄固聪	2051	黄杭晖	9783
黄冠新	059	黄浩庭	1214
黄冠余	3263, 5727, 5779, 5780, 6096, 6128	黄禾	4894

黄河　5175, 5210, 6111, 8329, 11383, 11384, 11548, 11553, 12324, 12362

黄河浪　5343, 7586

黄河清　5330, 5467, 5473, 5546, 5723, 5929, 6104, 6122, 6265, 6629, 6630

黄河水利委员会　9080, 9136, 9262

黄河水利委员会编辑室　11412

黄河涛　456

黄鹤　8561, 11186

黄鹤楼丛书编辑委员会　2251

黄鹤群　3225, 3352

黄鹤逸　5583

黄鹤之　6030

黄恒光　10353

黄红　6222, 9985

黄宏　6336

黄宏贵　8393

黄泓　7381

黄虹　3462, 5268, 10832, 11514, 11784

黄洪　5391, 5853

黄鸿恩　3296

黄鸿仪　3084, 3087, 3100, 3148, 5910

黄侯兴　5406, 5485

黄虎威　11063, 11084, 11088, 11103, 11788, 11955, 12159, 12173, 12178, 12196, 12199, 12227

黄华　6426

黄华榜　3276, 3906, 5553

黄华节　12987

黄华生　7451

黄华裕　691, 1104, 1225, 1226

黄桦　4032

黄怀清　705

黄欢　181, 2883

黄幻吾　624, 1808, 1818,

1859, 1874, 1875, 1895, 1901, 1905, 1910, 1918, 1942, 2022, 2204, 2505, 2590, 2598, 2617, 2619, 2625, 2631, 2633, 2638, 2641, 3564, 3591, 3632, 3950, 3996, 3999, 4090, 4122, 10021, 10455, 10457

黄黄楼　7960

黄辉　873, 874, 877, 1762, 5786, 5888, 8073

黄卉　12787

黄会林　13068, 13153, 13154

黄惠华　11279

黄惠连　3915, 3932

黄惠中　5760

黄慧　6586

黄慧华　11281

黄慧玲　2680, 4078, 5472, 5635

黄慧敏　13302

黄慧琪　1350

黄慧甄　2873, 10267

黄积庆　10999

黄积荣　10179

黄吉国　6278

黄吉人　13123, 13127

黄吉士　12135

黄济元　8207

黄继成　7562, 7565, 7568, 7569, 7589, 7604, 7606, 7609, 7610, 7621

黄继功　10700

黄继红　6302, 6323, 6389

黄继葵　5591

黄继明　3620, 3639, 3680, 3706

黄继树　6126

黄继田　12669

黄继贤　8829, 8991, 9117, 9122, 9394, 9408, 9799, 9801, 9809, 9832, 9844, 9849, 9861, 9871, 9874, 9875, 9889, 9894, 10112, 12930

作者索引

黄继业	5033	黄建新	2023, 2818, 13209
黄寄萍	10405	黄建业	13059, 13117, 13131, 13132, 13134, 13317
黄棣堂	2541	黄建中	5580, 5634
黄加法	9081	黄剑杰	6208
黄加良	5937, 5986	黄剑培	5267
黄家昌	4384, 7941	黄健	11189
黄家德	2102	黄健和	3445
黄家恒	5282, 5596, 6006	黄健民	12109
黄家衡	11142, 11143	黄健中	3883, 5284
黄家良	5834	黄江鸣	6655
黄家宁	10880, 10987, 11275, 11277, 11278	黄杰炯	1165, 1177
黄嘉德	6930	黄捷	6177
黄嘉苓	3818	黄解寄	13246
黄嘉明	2282	黄介和	6992
黄嘉铭	6518	黄今声	562, 1082, 1083, 1084, 1141
黄嘉善	5999	黄金邦	12349
黄嘉音	6930	黄金昌	6419
黄驾宁	3381, 5676, 5766	黄金德	2303
黄坚	11287	黄金华	5131, 12597
黄俭	6699	黄金槐	10784
黄简	10601, 10620	黄金龙	1318
黄建成	6758	黄金声	2351
黄建春	5677	黄金树	9389, 9402, 9410, 9698, 10057
黄建发	10329	黄矜	7639, 8597
黄建法	10274	黄锦培	11307, 11346, 12109, 12321
黄建国	10591, 10593	黄锦思	4968
黄建华	10007	黄锦星	613
黄建辉	3136, 9524	黄锦忠	408, 1585, 7647
黄建军	7115, 11874, 12040	黄进琼	10382
黄建平	1844, 3909	黄进之	11282, 11288
黄建强	12608	黄晋裳	1317, 8263
黄建荣	10608	黄京	7098
黄建伟	12643	黄菁	139, 1133, 6215, 6336, 6349, 6366, 6799
黄建文	6255, 6675	黄庭整	8806, 9001
黄建吾	11176	黄景	3084, 3100, 3105, 4900, 5022

中国历代图书总目·艺术卷

黄景南	1362	黄开儒	4944
黄景涛	1941, 1981, 1991, 1998	黄侃	2000, 8114
黄景星	12299	黄抗美	3837
黄景岳	8557	黄珂	1108, 5264, 6037, 6293
黄璟	8522	黄可	6349, 6655, 10186
黄敬业	6022	黄克	7488
黄靖	12937	黄克保	12700, 12813, 12822
黄靖泽	10377	黄克恒	9502, 9505
黄镜明	12939	黄克剑	425, 593, 7366, 8612
黄炯	3916	黄克勤	3735, 3736, 4062, 4272, 5110, 8745,
黄鞠庵	1768		9146, 9147, 9148, 9218, 9222, 9225, 9240,
黄菊芬	3784, 3797, 5247, 5422, 7069		9249, 9251, 9283, 9305, 9335, 9336, 9345,
黄菊森	639		9375, 9391, 9530, 9536, 9802, 9832, 9942,
黄菊盛	12891		10031, 10623
黄觉	11561, 11564	黄克武	1100
黄觉寺	1092, 1096, 2923, 6773	黄克义	13202
黄珏	5819, 5828, 6026	黄克毅	8163
黄楠树	5928	黄克永	9501
黄军胜	7350	黄岂然	4779
黄均	693, 811, 873, 875, 878, 1445, 1527, 1642,	黄葵	5954
	1880, 1886, 1893, 2022, 2245, 2357, 2608,	黄坤	5368
	2635, 2643, 2703, 4238, 4574, 10448	黄昆仑	6077
黄君	7390, 7404	黄昆山	7989
黄君璧	690, 1317, 1718, 1963, 2022	黄堃源	475, 539, 1149, 1252, 3324, 5864, 6235
黄君度	3141	黄拉堂	5293
黄钧	1745	黄来铎	3113
黄俊基	1084	黄莱	2042, 2071, 2082, 2093, 2669
黄俊武	3384	黄兰	342
黄俊耀	5445	黄兰波	682
黄俊勇	7354	黄朗村	8543
黄峻	6442, 6475, 6677	黄浪华	5815
黄浚	414	黄乐	9378, 9886, 10626, 10628, 10636
黄骏	5516	黄乐洋	12391
黄开雷	1168	黄垒	4089
黄开民	11949	黄磊生	2022

作者索引

黄蕾 7652
黄鹂 2422, 3552, 3603, 3654, 3693, 3963, 4032, 4929, 10446
黄黎明 4103, 4488
黄礼仪 11821
黄里 6946, 6947
黄理彪 8963
黄力 2807
黄力华 12331
黄力生 3789, 3865, 3911, 3998, 4098, 4116, 4160, 4234, 5371
黄立凡 11264
黄立燊 12601
黄立新 12732
黄丽华 7362
黄丽娟 586, 2810
黄丽绢 598, 10764
黄丽雅 058
黄丽玉 10373
黄利 10150, 10153
黄利林 5281
黄莉莉 12996
黄连和 5225
黄亮 8167
黄燎原 10988
黄烈文 13008
黄邻谷 7759, 8054
黄林 5682, 5806, 10575
黄林石 5331, 5919
黄琳华 10893
黄霖泽 8516
黄铃 6666
黄凌 10813
黄凌云 5425
黄岭 5306, 5307, 5602, 5778, 6279

黄龙山 12290
黄卢健 4684, 6223, 6255, 6316, 6656, 6725, 10569
黄吕 1642
黄绿 4869
黄禄奎 9071, 9862
黄玲珊 107
黄毛 6387, 11711
黄茅 012, 485, 501, 1218
黄茂初 5835
黄茂蓉 6806, 6810
黄玫 6434
黄梅县文化局 12943
黄珺莹 11249
黄每裕 5264
黄美芳 10294
黄美贤 533
黄美序 12729
黄昧鲁 5707
黄蒙田 248, 502, 509, 517
黄梦生 555
黄苗子 091, 249, 806, 833, 834, 839, 1391, 3394, 5404, 8195, 8274, 8314
黄森鑫 10651
黄妙发 2090, 2167, 2361, 2800, 2842, 3116, 3125, 3532, 3540, 3556, 3588, 3618, 3650, 3671, 3688, 3775, 3840, 3957, 4008, 4063, 4071, 4087, 4096, 4104, 4120, 4132, 4142, 4156, 4189, 4205, 4208, 4226, 4232, 4239, 4241, 4245, 4269, 4270, 4336, 4342, 4354, 4447, 4496, 4515, 4569, 4579, 4585, 4591, 4620, 4832, 10457, 10460
黄敏如 3434
黄敏珍 6169
黄名芊 3088, 4462
黄明 5584, 9504, 10093, 10094

中国历代图书总目·艺术卷

黄明川	13190, 13282	黄沛	2303
黄明分	11102	黄佩莹	11231
黄明开	6433	黄不漠	2992, 2993, 3010, 3046, 4987
黄明兰	8650	黄平	6442, 11707
黄明勤	12372, 12543	黄平江	10766
黄明延	10409	黄平山	6063
黄明耀	2471	黄平西	7078
黄明元	10134	黄萍	6695, 7142, 10714, 10775, 10780
黄明正	5233, 6020, 6433	黄颇	6432
黄明智	11064	黄朴存	575, 8455
黄鸣奋	027, 044, 045, 053, 056, 087	黄浦区工人文化科技馆群众业余美术小组	3221
黄鸣野 13003, 13004, 13177, 13291, 13306, 13307		黄浦区文化馆《带路人》创作组	5248
黄墨林 1995, 2428, 2455, 2507, 4089, 4149, 10574		黄七五	8342
黄壮	10871	黄其	4116, 6213, 6280, 6300, 6346
黄木村	1240, 1241, 3515, 3516	黄其才	13084
黄牧	10873, 10925, 11275	黄奇士	3789, 4085, 5371
黄牧甫	8540, 8544, 8549, 8551, 8587	黄麒	12660
黄慕超	9885, 9893	黄启迪	5876
黄纳	11724	黄启庚	3291
黄乃源 2594, 2764, 2771, 2780, 2822, 3013, 3744,		黄启光	9999
3749, 3863, 3886, 3891		黄启后	1115, 3224, 6242
黄能馥	300, 7629, 10265, 10271, 10277, 10301,	黄启乐	3244, 5719, 7641
	10318, 10341	黄启龙	628
黄念儒	10280	黄启茂	3845, 5265, 5403, 5950, 5989, 6457
黄念祖	3827, 4291	黄启明	5680, 6039
黄宁	8405	黄启荣	512, 4908
黄宁婴	5604, 12918	黄起山	12119
黄牛	9075, 9097, 9819, 9832, 9995, 10037	黄绮	2251, 7289, 7344, 8167, 8253, 8584
黄女娟	10804	黄愆园	900
黄培芳	1029, 1030	黄谦	927, 1597
黄培杰	721, 4496	黄潜诚	7020
黄培衍 5805, 5817, 6065, 6272, 6341, 6653, 6667		黄强	2328, 9583, 9593, 10227
黄培英	10346, 10347	黄强根 5284, 5544, 5734, 5894, 5905, 5935, 5969	
黄培中	4244, 6232, 6349	黄强华	12981
黄培忠	3806, 3936, 6078	黄乔	6140

作者索引

黄钦阿	1049	黄任重	8464
黄钦康	10208, 10259, 10353, 10365	黄日进	12349
黄芹	3761	黄日照	12157
黄青	3139, 5696	黄荣恩	11520
黄清琪	1828, 4946, 4953, 4982, 5001, 5120, 5133	黄荣勇	3845, 3892
黄庆	9035, 13062	黄荣章	3465, 6611
黄庆芳	1182, 1263, 10697	黄容赞	12199
黄庆和	11035, 11770, 11773, 12093	黄柔昌	2616, 3944, 4223
黄庆华	2529	黄汝广	8991
黄庆援	10386	黄瑞金	4220, 5483
黄庆云	1835	黄瑞生	10317
黄筌	633, 1120, 3370, 6281, 6316, 6358, 6549,	黄瑞瑶	6867
	6655, 6661, 6662, 6726, 10381	黄润	672
黄秋	6213, 6280, 6300, 6332, 6346	黄润华	306, 913, 1806, 1847, 2053, 2112, 2170,
黄秋芳	8829		2438, 2467, 2597, 3592, 3682, 3923
黄秋实	1368	黄若谷	4940, 4998, 5033, 5064, 5397, 5670, 5828,
黄秋园	914, 1321, 1432, 2014, 2022, 2075, 2204,		5937
	2208, 2283, 2303, 2471, 2689, 4590	黄若舟	935, 936, 2234, 2645, 7245, 7246, 7248,
黄渠成	902, 904, 912		7249, 7295, 7335, 7406, 7407, 7408, 7410,
黄权	13001, 13002		7420, 7426, 7436, 7444, 7450, 7460, 7624
黄全昌	5437, 5468, 5648, 5814, 5904, 5969, 6012,	黄三才	3317
	6020, 6042, 6182, 6292, 6387, 6611	黄伞	4898
黄全信	7312, 7326, 7328, 7333, 7343, 7344, 7346,	黄森	13017
	7347, 7350, 7351, 7353, 7533, 7537, 7546,	黄沙	12800
	7591, 7592, 7593, 7735, 7736, 7737, 7738,	黄山	3536, 4111, 5519, 5604, 5681, 5828, 5999,
	7741, 7932, 8009, 8011, 8100, 8103, 8284,		7929, 12387
	8285, 8353, 8372, 8392, 8398, 10317	黄山风景区管理委员会	9140
黄铨	5095	黄山谷	7950
黄群雄	5650, 5799, 5800	黄山鹤	3538
黄绕荣	5825	黄山市交通局	2252
黄人颂	5610	黄山书社	8176
黄仁	8898, 13212	黄山园林局	8940
黄仁夫	1373	黄善来	3071, 3086, 3088
黄任歌	11242, 11259	黄善赉	3093, 3096, 3587, 3659, 3660
黄任玉	11259	黄善明	2433

中国历代图书总目·艺术卷

黄裳	2940, 4893, 12711, 12712, 12721, 12754, 13229, 13230	黄石市"革命委员会"政工组	5152
		黄石市工农兵文化馆	5152
黄赏	8480	黄石市美术学习班	5427
黄尚恒	6130, 7075	黄石市文化局	11755
黄尚厚	8215	黄石市新闻出版局	11755
黄少峰	6515	黄石袁仓煤矿易发生	3200
黄少华	2393, 8695, 8697, 8758	黄时新	1221
黄少林	6462	黄时中	10459
黄少玲	6050	黄始超	7068
黄少龙	12980	黄士超	11509
黄少青	12644	黄士达	12289
黄少荣	6802	黄士陵	8071, 8515, 8530, 8536, 8548, 8549, 8551
黄绍芳	9230	黄士恂	7832
黄绍芬	9223, 9224	黄士珣	1601
黄绍箕	7237	黄士英	4873
黄绍民	3689	黄世芬	12307
黄绍勋	7378, 8372	黄世厚	10138
黄申发	048, 2819	黄世华	10405
黄莘南	2964	黄世辉	10612
黄慎	1444, 1628, 1644, 1656, 1670, 1682, 1689, 1691, 1696, 1890, 2611, 2695, 8093	黄仕忠	12791
		黄式廉	4159
黄升民	5488	黄式宪	13125, 13162, 13318
黄生	4824	黄爽	7696, 10935, 10936, 10937, 10944, 11014
黄胜利	5367	黄守宝	8264
黄晟现	7793	黄守堡	3680
黄盛璋	7080	黄守诚	8729
黄师虞	11187	黄守祥	9994
黄师忠	6183	黄寿昌	4302, 7264
黄诗孝	7291	黄书权	7446, 7451, 7491, 8219
黄诗游	11514	黄淑玲	6830
黄施颖	6564	黄淑绮	3448
黄石	1599, 5752, 5776	黄淑娴	13068
黄石供电公司"革命委员会"	5185	黄淑子	11487, 12045
黄石钧	10801	黄蜀华	4523, 4545, 4596, 4624
黄石老人	7666, 8541	黄树德	1369, 1961, 2028, 2649, 2947, 2962, 2993,

作者索引

3048, 3806, 4459, 4528, 8641

黄树莲 10823

黄树文 2283

黄树炎 12615

黄顺荣 8625

黄朔军 8989

黄思永 7235

黄思源 2316, 3919, 5320, 5776, 8347, 8349

黄松 9402

黄崧华 8943

黄素嘉 11961, 12592, 12902

黄素宁 2363

黄穗 5342, 13246

黄穗中 636, 5293, 5326, 5369, 5602, 5616, 5786, 6038, 6170, 6197, 6360, 10689

黄泰 5790

黄泰华 3065

黄泰来 3091

黄棠 8263

黄滔 11132

黄滔天 12066

黄韬鹏 3144, 9322, 9323, 9324, 10025

黄腾鹏 10985, 10986

黄体培 10962

黄揭恒 10718

黄天 1388, 6791

黄天登 2704

黄天海 8743

黄天虎 3895, 6094

黄天来 7139, 7141

黄天民 13224

黄田 11052, 11966, 12479

黄田英 5585

黄铁驰 11866

黄铁军 9018

黄铁强 5261

黄铁山 1187, 1194, 1976, 2703, 2936, 2944, 2958, 2961, 2962, 3119, 3223, 3238, 3330, 3772, 10557

黄廷栋 8205, 8214, 8385, 8390

黄廷海 904

黄廷惠 8277

黄廷鉴 1019

黄廷荣 8536

黄庭辉 11295

黄庭坚 7366, 7669, 7673, 7682, 7683, 7945, 7946, 7949, 7950, 7952, 7954, 7955, 7958, 7965, 7969, 7970, 7971, 7974, 7977, 7978, 7981, 7984, 7987, 7988, 7990, 7992, 7993, 7997, 7999, 8000, 8002, 8003, 8004, 8006, 8008, 8009, 8010, 8012, 8431, 8437

黄庭松 3796

黄庭相 3056

黄同江 2756

黄同进 13188

黄统荣 5414, 5534, 5549, 6033, 6257

黄万才 5252, 5322, 6755

黄望南 10872, 13146

黄威威 13155

黄微 5989

黄为川 7379, 7387, 8402

黄唯理 1213, 1262, 2328, 6393, 6762

黄惟一 1168, 2938, 2939

黄维 1698

黄维钧 12731, 12805

黄维礼 5391, 5465

黄维中 2789, 3750, 10260, 10749

黄伟 134, 621, 5766, 12834

黄伟光 8597

黄伟鹏 5385

中国历代图书总目·艺术卷

黄伟平	10883	黄文贞	10881
黄伟评	3524	黄文宗	8794
黄伟强	10563	黄午生 4280, 5434, 5453, 5494, 5503, 5775, 5801,	
黄炜	4201, 6058		5820, 5865, 5887, 5890, 5944, 10211
黄未芬	5838	黄务华	5555, 5898
黄渭	8303	黄霭兰	13144, 13149
黄渭渔	1714	黄希舜	2807, 2917, 3242, 5303
黄慰平	11488	黄锡藩	8497
黄温侯	9041	黄锡蕃	756, 757, 1042, 1049
黄文	6174, 9291	黄锡麟	12268
黄文斌	8467	黄锡龄	3070, 3074, 3082, 3091, 3108, 3113
黄文波	1365	黄锡令 3087, 3335, 3595, 3642, 4325, 4491, 4494,	
黄文才	6771		4501, 4553, 4639, 4724, 10406, 10455
黄文城	3383, 3384	黄锡勤	3937, 4329, 4358, 4601, 10447
黄文东	11813	黄羲	878, 2220
黄文凤	2240	黄席珍	5217, 5242, 5254, 5283, 5511, 5762
黄文虎	12936, 12954	黄遐举	1765
黄文华	4888	黄先华	5836
黄文捷	545	黄贤安	5436
黄文宽	8570	黄显隆	4007, 4138
黄文丽	1329, 6531	黄显迂	4903
黄文连	9134	黄显裕	5687
黄文麓	9405	黄县"革委会"政治部宣传科	5137, 5150, 5162
黄文农	3391	黄县《战加信》连环画创作组	5179
黄文清	10661, 11200, 11201, 11265, 11725,	黄县"革委"政治部文化组	5219
	11732, 12481	黄羡	2303
黄文庆 3800, 5258, 5286, 5478, 5562, 5610, 5856,		黄献	12290
	5925, 6078	黄献群	11225
黄文锡	12133	黄芗	1945, 2489
黄文宪	5376, 10336	黄相	5898, 12825
黄文鬘	7210	黄湘娟	10584
黄文兴	9865	黄湘驯	7270, 7374
黄文英	13080	黄祥朋	11610
黄文玉	5258, 12296	黄祥享	6347, 6349
黄文昭	12424	黄翔	8919, 8977, 9040, 9054, 9062, 9304, 9305,

作者索引

	9793, 10017	黄新亚	266
黄翔鹏	10911, 10975, 11029, 11357	黄信勇	11488
黄向坚	1610, 1631, 1648, 2643	黄兴桥	4838
黄小东	6718	黄兴国	619
黄小笃	3817	黄兴华	5429
黄小庚	523, 6862	黄兴桥	2390, 2392, 4786, 4819, 4843, 4853, 4855
黄小金	5493, 5634, 5656, 5840, 5979, 6171, 6225,	黄醒	11364
	6240, 6246, 6368, 6370	黄休复	741, 742
黄小科	2835	黄修纪	6343, 6416
黄小玲	2949	黄秀慧	234
黄小龙	12172	黄秀娴	12961
黄小配	5906, 5984, 6000, 6020	黄秀英	3060
黄小勤	5784	黄秀樱	5599, 5677, 5694
黄小石	10592, 10595	黄秀珍	041
黄小央	5792, 6295	黄旭	1757, 2592, 3539, 3596, 3630, 3709, 4450,
黄晓斌	8703		6748
黄晓飞	11611, 11678, 11786, 11957, 12195	黄旭东	11340
黄晓峰	104	黄宣林	5557
黄晓和	10986	黄宣助	6870
黄晓辉	8798	黄萱	7456, 7540
黄晓慧	6029	黄瑄	7644
黄晓珊	11329	黄学	11041, 12143
黄晓新	3493	黄学君	5825, 5925, 6220, 6239, 6279
黄晓芝	12236, 12469	黄学文	5348, 5526, 5528, 5578, 5581, 6649, 8203,
黄孝康	10018		8208
黄孝仁	3267	黄学圮	8496, 8502, 8503
黄孝子	1610	黄雪蝉	12408
黄笑红	4948	黄雪芝	5479
黄效旦	7521	黄洵瑞	4898, 4909, 4934, 4974, 5002, 5321
黄效武	10314	黄雅	12501
黄啸空	3094	黄亚奇	140, 1180, 10568
黄心颖	12959	黄亚细	8660
黄新波	2990, 3002, 3006, 3025, 3027, 3028	黄亚洲	13248
黄新华	11517, 11535	黄延桐	3829
黄新心	5335	黄砚如	11185, 11483

黄彦 5242, 5430, 5478, 11481
黄艳萍 7643, 7814, 8373
黄燕芳 2336
黄扬略 9033
黄洋 7815, 7816, 7900, 7901, 7910, 7919, 7920, 7935
黄洋波 10822, 11058, 11065
黄养辉 039, 308
黄尧 1218, 3394, 3395, 3396, 3397, 3398, 3524, 4871, 4872
黄耀 5466
黄耀东 10307
黄野 3107, 3653, 5024, 5079, 13241
黄叶村 2252
黄叶绿 10896
黄一德 4878, 4879, 4880, 4885, 4887, 4889, 4897, 4900, 4930, 4960, 4968, 4979, 4981, 4986, 5002, 5004, 5013, 5048, 5151
黄一红 6215, 6229, 6233, 6235, 6322, 6344, 6349, 6442, 6467, 6485, 6488, 6494, 6512, 7077, 7078, 7099
黄一良 12126
黄一鸣 8981, 9034, 9293
黄一萍 3094
黄一星 12107
黄伊娜 12220
黄衣昌 4885
黄炜民 9344
黄仪贞 7653
黄怡 4473, 4580
黄怡嘉 411, 8547
黄贻钧 12330
黄义彤 11266
黄亦波 5222, 5572, 5605, 5623, 5826, 6383
黄亦加 5318, 5319, 5788
黄亦平 855
黄亦生 543
黄异 5072
黄易 1616, 1626, 1632, 1633, 1644, 1651, 7755, 8485, 8486, 8511, 8519, 8531
黄奕 6366
黄奕加 5054, 5058, 5096, 5112, 5120, 5136, 5266, 5278, 5651
黄奕阳 5324
黄益苏 12625
黄逸宾 2204, 2483, 2665, 10503
黄毅民 5963, 5964, 6422
黄翼 1250, 2295
黄翼昌 12332
黄因 12523
黄音 12372
黄应组 1579
黄英 5368, 5668, 5707, 6049
黄英峰 462
黄英浩 3328, 5444, 5574, 5608, 5654, 5760, 5797, 5855, 6078, 6158, 6182, 6266, 6614
黄英培 5810
黄英森 11104, 11503, 11980, 12177
黄莺 5269, 5330, 5648, 5653, 5767, 5805, 6015, 6018, 6161, 6238
黄瑛 3644
黄膺父 5104
黄瀛豹 1354
黄影 5045, 5047
黄瘦瓢 1630, 8069
黄映蒲 8636
黄颢 9434, 10035
黄永 5322, 11998
黄永安 5849
黄永川 267, 411, 8663, 10576, 10708

作者索引

黄永定	5829	黄瑜	6422, 7192
黄永东	5285, 5342, 5542, 5763, 5809, 6089	黄雨金	5772, 5953, 6642, 6647, 6649
黄永发	11520	黄语枭	1704
黄永厚	1880, 10438	黄玉臣	5433, 5493
黄永亮	12141	黄玉芳	12773
黄永生	5246, 5372	黄玉峰	820
黄永通	8701	黄玉坤	5848
黄永勇	3846, 4337	黄玉兰	10379
黄水玉	1324, 1391, 1392, 1404, 1415, 1760, 1859,	黄玉郎	3526, 3527, 6688, 6691, 6692, 6693
	1876, 1940, 2011, 2494, 2601, 2870, 2886,	黄玉珊	626, 13118
	3005, 3008, 3417, 3498, 3499, 3503,	黄玉烨	6718
	6598, 6605, 6615, 8641	黄玉英	1947
黄永玉绘	3420	黄玉忠	1973, 5337, 5814, 6459
黄永照	8803, 9103	黄韦丰	1706
黄永镇	3920, 4009, 4023, 5258, 5522, 5530, 5640,	黄韦雯	10309
	5760, 5775, 6159, 6199, 6582	黄郁生	10186
黄勇	8292, 10829	黄育馥	12894
黄涌泉	790, 792, 1542	黄育娜	6015
黄涌泉	388, 1507, 1653, 1714, 2990	黄育英	12118
黄友	9370	黄裕民	871
黄友棣	10787, 10850, 10851, 10865, 10868,	黄毓	11507
	10871, 10872, 10874, 10878, 10879,	黄毓千	11256, 12512
	10880, 10891, 11378, 11951	黄渊	3127
黄友葵	11122	黄鹂	8507, 8509, 8512, 8534
黄友平	6530	黄元德	5324
黄友贤	6366	黄元庆	323
黄有福	1695	黄元柱	5635
黄有为	8785	黄原	2464, 3897, 7287
黄幼	6166	黄源	12108
黄幼钧	534, 6796, 8607, 10182	黄源芳	11258
黄幼吾	4222	黄源洛	10994, 11994
黄幼渝	5747, 5869	黄源熊	1138, 1150, 1152, 1157
黄佑文	12080	黄远林	1224
黄于玲	1077, 1078, 1079, 1348	黄远瑜	12206
黄渝生	9995	黄拐	7730

黄岳逢　　　　　　　　　7485　　黄贞燕　　　　　　　　　　219

黄钺　　　　750, 751, 775, 776, 8036　　黄珍　5467, 6009, 6047, 6073, 6123, 6132, 6294,

黄悦　　　　　　6643, 6645, 6647　　　　　6630, 6936, 6937, 6938, 7031, 7032, 7033,

黄跃东　　　　　　4779, 10303　　　　　7034, 7035, 7036, 7042, 7043

黄越　　　　　　　　　　6312　　黄振华　　　　　　　　10377

黄云　　587, 1885, 2268, 2455, 5673, 5713, 5779,　　黄振亮　　　　　　4212, 4224

　　　　8172, 8176, 8281　　黄振水　　　　　　　　　2187

黄云松 5367, 5378, 5385, 5465, 5475, 5482, 5485,　　黄振雄　　　　　　　　10093

　　　　5528, 5544, 5551, 5586, 5624, 5665, 5691,　　黄振业　　　　　5652, 5852, 6238

　　　　5709, 5733, 5734, 5825, 5884, 5916, 5977,　　黄振永 2143, 2453, 2793, 2809, 3110, 3952, 3989,

　　　　6068, 6113, 6131, 6236, 6252, 6315　　　　　4400, 4427, 4531, 4570, 4821, 5431

黄韵　　　　　　　　　　7342　　黄振忠　　　　　　　　12095

黄蕴愉 3965, 4007, 5243, 5293, 5494, 5584, 11060　　黄镇　　　　　　1379, 1380, 2075

黄蕴瑜　　　　　　　　　3785　　黄镇方　　　　　　　　10907

黄载　　　　　　　6470, 6471　　黄镇华　　　　　　　　　9031

黄在敏　　　　　　　　12805　　黄镇中　　5202, 5338, 5665, 5736, 5916, 6368

黄灶顺　　　　　　5827, 6525　　黄钲　　　　　　　5265, 6336

黄则根　　　　　　　　　5402　　黄铮　　　　　　　　　11055

黄泽　　　　448, 4953, 4960, 4965　　黄正　　　　　　　　　2686

黄泽德　　　　　　　　　8083　　黄正刚　　　　　　　　10815

黄泽桂　　　　　　　　12624　　黄正伦　　　　　　1220, 10667

黄泽森　　　　4290, 4365, 4458　　黄正襄　　　　　　　　　2268

黄泽煊　　　　　　　　10690　　黄正祥　　　　　　　　　8947

黄增立 2718, 3236, 3248, 3306, 5363, 5377, 5789,　　黄正雄 8562, 9441, 9444, 9446, 9476, 9478, 9491,

　　　　5978, 6129, 6254　　　　　9492, 9493, 9495, 9505, 9515, 9699, 9700,

黄增炎　　　　　　　　　1185　　　　　9708, 9713, 9718, 9747, 9763, 9770, 9772,

黄展鸣　　　　　　　　　3488　　　　　9905, 10061, 10076, 10093, 10359

黄占元　　　　　　　　　2956　　黄正一　　　　　　　　　5121

黄彰任　　　　　　　　　8422　　黄正雨　　　　　　　　　 269

黄兆汉　　　　　104, 684, 12945　　黄正元　　　　　　　　　3193

黄兆荣　　　　　　5374, 5525　　黄正中　　　　5926, 6174, 6216, 6242

黄兆源　　　　　　　　　3193　　黄政　　　　　　　　　11500

黄赵元　　　　　　　　　8317　　黄政武　　　　　　　　　7588

黄肇昌　　　　　　3032, 4880　　黄之隽　　　　　　　　　 771

黄哲　　　　　6381, 6443, 6677　　黄芝冈　　　　　　　　12901

作者索引

黄知秋	2326, 2484, 2685, 10556		6156, 6159, 6170, 8192
黄知秋题	10556	黄钟骏	8318
黄知真	12407	黄种生	2247
黄志	13131	黄仲方	2328
黄志安	10919	黄仲明	8424
黄志超	10275	黄仲新	1959
黄志成	3794	黄仲勋	11867
黄志诚	12641, 12661	黄仲则	8157
黄志华	2916, 11093, 11810	黄周星	5663, 10782
黄志坚	2220	黄胄	314, 544,
黄志凯	6409		1003, 1320, 1321, 1428, 1431, 1730, 1741,
黄志民	13290		1750, 1752, 1757, 1763, 1766, 1774, 1776,
黄志明	5867		1777, 1779, 1847, 1852, 1866, 1871, 1887,
黄志强	827		1895, 1902, 1928, 1937, 1947, 1948, 1979,
黄志清	5298		1985, 1988, 1995, 2039, 2075, 2198, 2328,
黄志深	8546		2348, 2356, 2357, 2395, 2557, 2560, 2561,
黄志伟	13164		2562, 2563, 2565, 2570, 2574, 2592, 2602,
黄治根	4058		2603, 2634, 2640, 2689, 2854, 2862, 2863,
黄治正	5076		2866, 2868, 2871, 2890, 2923, 3076, 3624,
黄致音	11282		3977, 3981, 10434, 10441, 10491, 10492
黄智溶	533	黄竹琴	5694
黄中行	383	黄竹三	12791, 12850, 12950
黄中航	8329	黄柱河	7432, 7441
黄中敬	5063	黄铸新	12487
黄中骏	10891	黄专	809
黄中羊	3918, 5240	黄准	11153, 11476, 11535, 11899, 11922, 12020
黄中知	2769	黄卓娅	5891
黄忠耿	2220	黄子布	13205
黄忠明	8316	黄子高	8454, 8456
黄忠年	2034	黄子和	3040
黄忠山	12205	黄子厚	1985, 8234, 8347
黄忠瀚	7270, 7374	黄子君	4872
黄忠忠	8655	黄子希	1755, 3543, 3568, 3620, 4892, 5005,
黄钟	5381, 5603, 5724, 6029, 6034, 6037, 6048,		5011, 5116, 5472
	6060, 6065, 6092, 6104, 6107, 6111, 6112,	黄子晰	1765, 3687, 5001, 5027

中国历代图书总目·艺术卷

黄子曦	1735, 1744, 1751, 1925, 2657	黄繁兮	12095
黄子哲	3433	黄冠岳	5014
黄梓庠	8537	黄勤娥	10671
黄紫	6075	湛中县文化馆	1303
黄紫轩	12746	璜璜	5024, 5529
黄自	11367, 11388, 11416, 11698, 11931, 11941,	晃德仁	3818
	12224	灰浪	6685
黄自省	5142	挥之	9242
黄自先生遗作整理委员会	11380	辉光	4723
黄自元	7261, 8059, 8063, 8079, 8083, 8088, 8100,	辉辉	6084
	8110, 8124, 8128, 8389, 8390, 8401	辉瑜	12372
黄宗福	8902	徽班进京 200 周年纪念委员会办公室学术评论	
黄宗海	2839, 3865, 5385, 5587, 5878, 5955, 6546,	组	12888
	6570, 6672, 6676	回眈	1757
黄宗湖	5251, 5963, 6459, 10302, 10587	回眈	3584
黄宗江	5388, 5461, 11899, 12733, 13245, 13305	回顾	10199, 10215, 10223, 10224, 10304, 10591,
黄宗林	9380		10770
黄宗瑞	3320, 3322, 3326, 3334, 3349, 3354,	回归颂中华诗词大赛组委会	2303
	3791, 4424	回连涛	10582
黄宗炜	9229, 9420	回声	9955, 10041
黄宗贤	265, 458	回音	11743
黄宗祥	3766, 5228, 5642, 5765, 5865, 5955, 6444	回增荣	4553
黄宗信	5310, 6055	汇波	2429
黄宗义	7389, 7932	会广昌	13264
黄祖国	7621, 7622	会英	2395
黄祖培	12798	海芳	10685
黄祖谦	8110	惠芙生	6977
黄祖文	4473	惠才	4185
黄祖禧	11680	惠采莲	12643
黄祖尧	5669, 5687, 5808, 5913	惠存	10284
黄遵洗	1087	惠芬	6947
黄遵宪	8036	惠国	6391
黄佐	10997	惠汉	5753, 5793
黄佐临	12694, 12907	惠怀杰	9136, 9137, 9918
黄作如	3906, 4088, 4207, 5907	惠静	6037

作者索引

惠军	156	慧源	13088
惠俊南	13299	慧子	6046
惠俊岐	7524, 7563	惠子	11380
惠勒	13266	浑江市文化局	12937
惠丽	5634	豁志	5221, 5477, 5569, 5598, 5688, 5836, 5857,
惠利斯	7135		5994, 6058, 6151, 6154
惠玲	4989	火笛	5310, 5334
惠民地区艺术馆	11469	火华	5399, 10016
惠萍	6679	火力	9344
惠普尔	1176	火线歌咏团	11374
惠青	5844	火星	11480
惠人	5492	火雪	4925, 4926
惠山泥人厂	8659	获嘉县文化局	12774
惠斯勒	513, 6868, 6887	获野真	7136
惠特尼·查德卫克	111	霍安荣	8329
惠文	11943	霍贝玛	6845
惠锡华	5536, 5880, 6032	霍春阳	957, 2598, 3969, 10447
惠孝同	1746, 1772	霍存慧	11173, 11268, 12225, 12336
惠伊深	5252, 5385, 5400, 5465, 5471, 5487	霍存慎	12264
惠元	4905, 4937, 4967, 4969, 4977, 4980, 4981,	霍达	1861, 5403, 5845, 5917, 5997
	4982, 4994, 5036, 5095, 5099, 5105, 5461,	霍德敏	7452
	12409	霍尔	184
惠增厚	12136	霍尔斯特	10818
惠兆王	7709	霍夫曼	11229
惠珍	4643, 4737	霍格思	1115
惠州市西湖风景区管理局	8268	霍根仲	2235, 3915
惠州西湖"刘仑画阁"管委会	2206	霍赫洛夫金娜	13003
惠兹	13261	霍赫洛甫金纳	10981
惠子	9457	霍华	434
慧华	6561	霍华德	1165
慧林	7098	霍华德·克利克斯	8683
慧琳	6650	霍华德·里萨蒂	11059
慧明	5977	霍吉淑	416
慧生	13215	霍季民	3209
慧莹	6668	霍加思	1102

中国历代图书总目·艺术卷

霍建本	2582, 4781, 4796, 4833	霍维国	10576
霍建勃	2582	霍伟	12264, 12270
霍建瀛	12894	霍县矿务局工人业余美术创作组	5289
霍金良	2662	霍祥	7770
霍金斯	6877	霍秀峰	6628
霍靖生	11711	霍旭初	456
霍静轩	4781	霍伊	11257
霍克尼	6805, 6828	霍郁华	7031
霍兰	10757	霍育杰	4944, 4980
霍兰德	6940	霍毓杰	5015, 5098, 5581
霍立	11531, 11989	霍元庆	2108, 4388, 4573
霍丽	186	霍允庆	1921, 1937, 1960, 2063, 2085, 2112, 2124,
霍利	13271		2129, 2142, 2148, 2152, 3031, 3958, 4124,
霍连文	12445		4235, 4278, 4316, 4324, 4362, 4455, 4483,
霍林	5824		4495, 4534, 4594, 4624, 4707
霍林斯沃恩	186	霍志鸿	5891, 6267
霍洛波夫	11092	霍志英	6428
霍洛道夫	12686	霍宗孔	10920
霍麦	514		
霍曼	11178, 11227	**J**	
霍梅	6472	"杰先杯"'99世博会反转片艺术大赛组委会	
霍明天	9503		8972
霍起	2090, 3573, 3580, 3617, 3697, 3739,	"九·一八"画展筹委会	2242
	3750, 3751, 4459, 4489, 4853	《吉他之友》丛书编委会	11198, 11199
霍邱裘氏	7957	《纪念毛泽东诞辰一百周年书画集》编辑委员会	
霍然	7460, 7565		2220
霍桑	5461, 6489, 6574, 7052, 7053	《冀热辽烽火》编委会	9290
霍山中	2057	《家具与生活》杂志社	10620
霍生联	9896	《家庭摄影大全》编写组	8778
霍守坤	12457	《家庭摄影小常识》编写组	8774
霍淑清	4429, 4465, 4510, 4571	《柬埔寨通讯》	5246
霍斯	7049	《建筑画》《建筑师》编辑部	1306
霍斯特	11168, 12454	《江丰美术论集》编辑组	513
霍松林	12720	《江畔朝阳》连环画创作组	5254
霍天达	10139	《江山多娇》编辑部	9057

作者索引

《江苏戏曲志·淮阴卷》编辑委员会	12789	《剧专十四年》编辑小组	13018
《江苏戏曲志·江苏梆子戏志》编辑委员会	12960	机械工业部秦皇岛视听机械研究所	13068
《江苏戏曲志·南京卷》编辑委员会	12788	鸡西革命样板戏学习班	1802
《江苏戏曲志·盐城卷》编辑委员会	12788	鸡西市"革命委员会"政治部	5150, 5195, 5204
《江苏戏曲志·扬州卷》编辑委员会	12788	鸡西市革命样板戏学习班	1803, 9178
《江苏戏曲志·镇江卷》编辑委员会	12788	积昆	6448
《江苏戏曲志》编辑委员会	12788, 12789, 12960	积荣	6229
《江苏消防》杂志社	3495	姬宝瑛	1183, 7078
《江西文艺》编辑部	11145	姬秉明	9395
《将帅墨迹选》编委会	8222	姬朝岚	5381
《胶南年画精品集》编辑委员会	4867	姬晨牧	9550
《焦菊隐文集》编辑委员会	12690	姬德顺	5987, 6302, 6536, 6560, 6616
《焦菊隐文集》编委会	12689	姬佛陀	1059
《解放军歌曲》编辑部	11347, 11450, 11592,	姬国强	882, 5487
	11625, 11642, 11957	姬俊尧	544, 1128, 2040, 2475, 10290, 10567
《解放军歌集》编辑部	11678	姬茅	12623
《解放军歌曲选集》编辑部	11218, 11575, 11576,	姬明	7609
	11577, 11581, 11582, 11770	姬目耕	4511, 8189, 8363
《解放军艺术》编辑部	12688	姬少军	8599
《解放日报》《文汇报》美术通讯员	2933, 2934	姬寿彭	3094, 4965, 4970, 4978
《解放日报》美术通讯员	2858, 2932, 2933	姬学友	7537
《今日阿克苏》编辑委员会	9136	姬振岭	939
《今日宝鸡》画册编辑委员会	8892	姬仲鸣	7740
《今日家居》编辑部	10564	基本笔	7324
《今日韶关》编辑委员会	8952	基哈维丘斯	10140
《今日四川》画刊编辑部	10501	基霍米洛夫	585
《今日先锋》编委会	167	基里洛夫	13264
《金色的雪山献哈达》编辑组	11795	基米亚加罗夫	13261
《近代名家书法大成》编纂委员会	8131	基明	6541
《京华彩虹》画册编委会	8897	基齐	8729
《井冈山》画册编辑组	9325	基石	5684
《九子成龙》创作室	6584	基谢尔	11219
《居室布置装饰新创意》编写组	10595	基愉	10720
《剧艺百家》编辑部	12848	基中	8816, 9007, 9236, 9378, 9623, 13119
《剧影月报》编辑部	12688	稽承威	665, 846

稽鸿　　5395, 5499, 5987, 6006
稽康　　7951, 7960, 12307
稽兰田　　3883
稽若昕　　8586, 8613
稽若昕撰　　10654
稽锡林　　3077, 3101, 3564
稽宇经　　11991
箕裘山房主人　　676
稽宁　　6017
稽茵　　11877
激流　　12092
激流之歌编辑部　　11432, 12007
激扬文　　2740
及俊海　　8218
及天　　5895
吉安　　6549
吉安地区行署文化处　　11473
吉安地区文联　　11473
吉安地区文学艺术界联合会　　340
吉宝　　5536, 5543
吉宝航　　193
吉昌　　6188, 6205, 6243, 6244, 6246, 6253, 6257, 6266
吉畅　　11512
吉成林　　2960
吉川蕉仙　　8350
吉丁　　6396
吉恩·科兰　　7033
吉恩·帕克　　10604
吉尔贝尔斯坦　　13261
吉菲格莱德　　5863
吉甘　　13033, 13206
吉光　　1243, 1248
吉国祥　　5312, 5469, 5728, 5849, 5979
吉厚　　4488
吉化公司团委　　7467
吉辉　　4946, 4967
吉基　　12682
吉吉　　10080, 12282
吉久利　　9133
吉科夫　　11168
吉可　　5477
吉拉德·米勒森　　13223
吉勒摩·莫迪洛　　7014
吉里　　529, 13262
吉联抗　　10844, 10959, 10960, 10962, 10963, 10966, 10969, 11028, 11321
吉林大学古籍研究所　　8167, 8168
吉林大学历史系　　5180
吉林大学历史系文物陈列室　　8542
吉林化工公司　　5205
吉林化工公司创作组　　5367
吉林化学工业公司职工余文艺创作组　　11664
吉林画报社　　4087, 8803, 8888, 8918, 9078, 9345, 9354, 9363, 9529, 9532, 9715, 9717, 9814, 10164, 10449, 10462, 10463, 10474, 10475
吉林鲁艺　　3159
吉林美术出版社　　6610, 7060, 7982, 10530
吉林美术出版社《长白山》画册编辑组　　9078
吉林人民出版社　　444, 3127, 3736, 5155, 5197, 5239, 5350, 10424, 11615, 11790, 11909, 12029, 12034
吉林人民出版社改　　5151
吉林人民出版社蒙文编译室　　5202
吉林日报美术组　　3180, 3198
吉林摄影出版社　　9499, 9770
吉林省"革委会"文化局　　11664
吉林省长白山自然保护区管理局　　9792
吉林省地方戏曲研究室　　11868, 12140, 12926, 12927

作者索引

吉林省地方志编纂委员会	13192	吉林省中等师范学校教材编写委员会	489
吉林省电影发行放映公司	11919	吉林师范大学艺术系工农兵学员	3255
吉林省电影发行放映学会	8704	吉林市工代会	5151
吉林省歌舞团	12639	吉林市戏剧创作室	11146
吉林省革命歌曲征集小组	11669	吉林市宣传画学习班	3269, 3273
吉林省吉剧团	12128	吉林铁路局	3227
吉林省吉剧团编导室	12116	吉林文史出版社	7762, 7781, 8460, 12793
吉林省吉剧团集体	12127	吉林艺专音乐系	12191, 12196
吉林省吉林市歌舞团	12632	吉罗代	6866
吉林省教师进修学院	10793, 11220	吉梅魂	1764, 3621, 10406
吉林省教育厅	10793	吉梅文	872, 875, 4011
吉林省军区政治部	3142, 12963	吉米	201
吉林省科学技术委员会	11477	吉敏	9753
吉林省民兵歌曲征集小组	11703	吉姆·艾米斯	157
吉林省曲艺工作者协会	13015	吉姆·戴维斯	6956, 6957, 7004, 7029
吉林省群众艺术馆	10667, 11639, 11788, 12345,	吉姆·莱文	198
	12608	吉鸟	5849, 5976
吉林省人民政府文化局	278	吉普林	7056
吉林省书画院	2328	吉溥	2686
吉林省四平师范专科学校中文系	7253	吉起	3163
吉林省文化局	12335	吉人	4940, 11523
吉林省文化局美展办公室	1360	吉塞尔	123
吉林省文化局民歌征集小组	11795	吉生	6637
吉林省文化局戏曲研究室	11770	吉时哲	11046, 11053, 11057, 11059
吉林省文化厅	12774	吉淑芝	261, 6631
吉林省文学艺术界联合会	11393	吉提	6043
吉林省戏剧创作评论室评论辅导部	13017	吉田利昌	627
吉林省戏曲研究室	11838, 12922	吉田美幸	10744
吉林省新闻图片社	8882	吉田秋生	7007
吉林省新闻照片发稿站	9266, 9267	吉田胜	6804
吉林省延边朝鲜族自治州歌舞团	12592	吉田忠	7033
吉林省艺术学校美术系	3719, 3722, 3723,	吉伟	4949
	3733, 3744, 3749	吉文春	11746
吉林省艺术研究所	11870, 12559, 12939	吉文军	6124, 6197, 6269, 7086
吉林省艺校美术班	4928	吉西	10628

中国历代图书总目·艺术卷

吉先敏	9696, 9881, 10071	计大为	5488
吉欣章	8460	计红绪	5596
吉星	5109	计鸿生	6173
吉星田	1862	计莲芳	12428
吉秀	8771	计马可	12439
吉学沛	5133	计明康	6383
吉学霈	4931, 5095	计楠	1050
吉雅	8720	计三猛	5596
吉岩	13267	计世棋	8451
吉尧	4472	计树葵	5428
吉伊根	118	计文渊	8098
吉衣	6000	计永佑	066, 2010
吉勇	7537	计兆琪	11747
吉兆丰	10646	计正奇	9703
吉真	10123	纪宝辉	5678, 5976
吉争今	10245	纪参逊	346
吉枝隆邦	7026	纪仓	5810
吉志西 3538, 4878, 4895, 4896, 4936, 4953, 4962,		纪成吴	5718
4978, 4996, 5006, 5008, 5013, 5036, 5070,		纪传勤	5209, 5296, 5335
5078, 5105, 5112, 5115, 5395, 5490, 5524,		纪创	11673
6496, 6580		纪春	5969
吉子	11812	纪大奎	11002, 11003
吉子榕	7069	纪堤	6314
汲成	6295	纪丁	6562
即空观主人	11838	纪东宇	521
疾伏牛	10992	纪放	6327
集电视系列连环	6323	纪非	7079, 7080
集古斋公司	2015, 2017	纪根垠	12758, 12938
集华	4925	纪国章	8906
集慧	5287	纪汉文	11180
集美	10288	纪宏章	1519, 8563
集英社	3443, 3444	纪虹	4898
集智	3074, 3077	纪洪志	6271
辑部	2819, 2860	纪鸿尚	8957
辑组	2860, 8366	纪华	5623, 5954, 5976, 6495

作者索引

纪怀昌	7276, 8292	纪容建	8549
纪金海	1410	纪生	6396
纪京宁	2406, 6192	纪双鼎	6132
纪君祥	6401, 6595	纪思	5404, 6494, 6523
纪钧能	11877	纪太平	10838
纪康	5662	纪侗	7107
纪壁	4409	纪天平	6549
纪兰慧	12580	纪维周	12986, 12997
纪丽	634, 1115, 10212, 10266, 10274, 10277,	纪伟国	13272
	10325, 10377, 10563	纪伟基	2268
纪丽丽	10188	纪文	5348
纪连斌	6127	纪文凤	10371
纪林	4944	纪向	1412
纪令仪	13219, 13220	纪小城	4954
纪流	5619, 5687	纪晓岚	1058
纪鲁	4925, 5051, 5564, 5610, 6292, 6324, 6325,	纪延文	11046
	6381	纪叶	5093, 13241
纪满友	11734, 11736	纪颐	5392
纪梅	8807, 8808, 8811, 9003, 9005, 9220, 9222,	纪映新	5302
	9227, 9343, 9344, 9372, 9732, 9793, 9794,	纪勇	6682
	9801, 9811, 9939, 9942, 9944, 9953, 9956,	纪宇	2047, 2168, 3139, 3538, 3647, 3684, 3737,
	9961, 10013, 10014, 10020, 10034		4196, 4291, 4293, 4373, 4377, 4432, 4450,
纪明	5540, 5733, 6387		4476, 4529, 4533, 4560, 4611, 4622, 4623,
纪明庭	12943		4675, 4783, 4799
纪乃进	3120, 4990, 5528	纪玉生	1314
纪乃近	3144	纪元琪	5559, 6296
纪年	13305	纪元瑶	5511, 5977
纪念"西南剧展"四十周年座谈会办公室	12759	纪云	5935
纪念成兆才诞辰 120 周年暨全国评剧新剧目交		纪昀	233, 234, 1058, 1059
流演出组委会	12952	纪昀总	802
纪念刘少奇同志诞辰 100 周年艺术展组委会		纪泽西	10769
	1492	纪振民	1251, 1260
纪念毛泽东同志诞辰一百周年中国书画作品精		纪震	5601
选征集工作委员会	315	际春	12782
纪清远	2178	季爱群	9819

中国历代图书总目·艺术卷

季悲昙	8524	季乃仓 1961, 2013, 2036, 2038, 2130, 4464, 4490,	
季本	10997, 10998		4764
季承	12234, 12235, 12236	季诺	6944, 6949, 7029
季崇建	432, 459, 460, 462, 8547, 8608, 10655	季平	5883, 5973, 6325, 6528
季从南	2328	季倩	428, 430, 432, 433, 435, 1490, 7744
季刀仓	2124	季倩翻	1490, 10659
季德珍	4072	季青	3427
季蒂	2104, 2107, 2514, 2516	季清泉	12136
季恩寿	5464	季清远	3821
季芳	3472, 3473	季人	6388
季伏昆	039, 1694, 7288, 7296, 8249, 8305	季人衡	7621
季福玉	12158, 12159	季若霄	1450
季格君	3913	季绍然	1254
季观之	2127, 3697, 10432	季深业	10300, 10307, 10308, 10309, 10310,
季冠武	5249		10313, 10336, 10338, 10384, 10566
季桂琴	3575	季世成	3056, 6380
季国刚	5233, 5433	季水河	10568
季国瑞	458	季思聪	13163
季海威	6133	季思亮	13163
季洪	13285, 13317, 13318	季童	131
季华	10345, 10699	季伟	10824, 12386, 13285
季惠斌	030	季温	5065
季霍米罗夫	12670	季锡光	12372
季津业 5373, 5580, 5633, 5693, 5723, 5851, 5861,		季鑫焕 5455, 5504, 5575, 5705, 5982, 5993, 6009,	
	5899, 6071, 6216, 6642		6561, 6578, 10302
季君平	6431, 6565	季兴泉	918
季康	5076, 5096, 11904, 13230	季秀萍	10887
季琳	7402, 7943, 8423	季学今	2133
季龙	10197	季学金	2079
季洛姆	13306	季学文	11306
季麦林	5040	季阳 3166, 3345, 3355, 3356, 3359, 3363, 4201,	
季米特里叶瓦	360		4431, 4509, 4522, 4535, 4550, 4555, 4645,
季米特洛夫	12394		4648, 4650, 5675, 5816, 10376
季懋	12386	季野	10647
季明编	2101	季一德 5224, 5286, 5350, 5354, 5371, 5975, 6126,	

作者索引

6462		济南军区政治部文化部	11724
季一哲	10342	济南人民广播电台文艺部	12402
季英	10638	济南市	12593
季瑛	11065	济南市电影发行公司宣传组	3237
季颖	1243, 6564, 6970, 6971	济南市京剧团创作组改编	12080
季西辰	5746	济南市京剧团音乐组音乐	12080
季愚	6217, 6233	济南市吕剧团创作组	12121
季源业	463, 2390, 4745, 5224, 5294, 5372, 5373,	济南市美术创作学习班	2420
	5406, 5446, 5463, 5483, 5516, 5580, 5633,	济南市美术创作组海河画组	1815
	5684, 5693, 5723, 5754, 5785, 5851, 5861,	济南市群众艺术馆	11586, 11595, 12590
	5884, 5899, 5922, 5932, 6000, 6003, 6071,	济南市人民政府新闻办公室	8964, 8969
	6216, 6580, 6589, 6642, 6659, 6661, 8667,	济南市文化馆	11674
	8668	济南市文学艺术界联合会	288, 12965
季云飞	6476	济南市总工会文艺辅导队	12594
季则夫	3940	济南铁路局毛泽东思想宣传站	3189
季增	8957, 9838, 9844, 9873, 10062	济宁地区出版办公室文化局	5395
季之光	10485, 10744	济宁市人民政府新闻办公室	8966
季志仁	060	济宁市外事办公室	8940
季仲	5748, 5929	济宁专区剧目创作组	12122
季重远	8399	济豫	6842
济空政治部美术创作学习班	5304	济远	1981
济民出版事业公司编辑部	1070	济哲	11083
济南部队军人俱乐部美术组	3160, 3161, 3163	继长	10309
济南部队美术创作学习班	3015, 6600	继法	9925
济南部队美术创作组	1275	继凡	5545
济南部队美术学习班	3201, 6599	继红	6717
济南部队摄影学习班	9269	继兰	5972
济南部队政治部文化部	11674	继良	8524, 9911
济南部队政治部宣传部	1290, 1357, 11601	继明	4996
济南部队装甲兵政治部	3410, 5182	继权	5679
济南机车工厂美术组	3826	继声	5044
济南警备区政治部	3410	继文	5782
济南军区计划生育办公室	6276	继西	9385
济南军区美术学习班	3184	继贤	12877
济南军区政治部文工团	11437	继样	9596

继英	2414, 4826, 5972	冀深	5743, 5775
继志	6287	冀维静	5461, 6258, 6436, 6464, 6560, 6576, 6591
继拙	4948	冀秀娟	5364
寄凡	8043	冀学闻	915, 2018, 3706, 3995, 10295, 10302
寄明	11893, 11947, 11953, 12019, 12023, 12030, 12041, 12099	冀亚平	8130
		冀有泉	2461
寄青霞轩	7954	冀增援	5508
寄松	5885	冀志枫	13265, 13267
寄斋寄生	12750	冀中	6224
寂风	11730, 11731	冀中教育社	11037
绩溪县文艺创作组	5199	冀中文协	11385, 11552
蓟婷	6103	冀洲	11519, 11766, 11812, 11984
继声	4993	冀洲卷	11818
季云	12597	骥才	5311, 6233
冀察热辽联大鲁迅艺术文学院	11552, 11554	加贝	2801, 2805, 6277, 9315, 9718, 9727
冀察热辽文艺工作团第一团	11761, 11936	加波林夫人	060
冀堤	10749	加伯尔·柯瓦茨	12519, 12520
冀东军区文工团	11538	加布利克	040
冀风	6163, 6237	加德纳	11074
冀福海	10295, 10302	加登纳	481
冀福记	11157	加古里子	7047
冀汉	7087	加吉	13307
冀连波	9149	加迦	13307
冀鲁豫书店	12357	加拉茨卡雅	10855
冀鲁豫书店编辑部	12753, 12863, 12900	加拉茨卡娅	10854, 10864
冀鲁豫文联戏委会	11362	加拉米安	11182, 11183, 12464, 12466, 12470, 12546
冀鲁豫文艺工作团	11556, 11559		
冀南书店编辑部	11538, 11539, 11549	加勒里茨基	12178
冀南文艺工作团	11554	加里·珀韦勒	8799
冀平	5832	加里宁	12652
冀秋英	9480	加利	1106, 1121
冀全文	8961	加利莫夫	6908
冀热辽军区政治部尖兵剧社	11383, 13012	加林	9794, 9796, 9939, 9940, 9986
冀仁福	10580	加罗尔	6212
冀申	2572, 10263, 10299, 10327	加罗夫金	13274

作者索引

加洛蒂	024	迦波特	10921
加米涅夫	6874	迦梨陀娑	5825
加姆贝塔	12394	迦丽姆日阿诺娃	13261
加拿大CC公司	9515	迦列	12428
加纳光	10370	迦特纳	11074
加纳黄文	470	家斌	5848, 6028, 6029, 6037, 6094, 6289
加山又造	6901	家滨	12345
加斯东·路易·马萨尔	372	家吉	9404, 9412, 9635
加斯特拉	6843, 6894	家菊	11064, 11208
加斯特劳	6894, 6895	家坤	5849
加塔·法特来尔	13262	家禄	6046
加藤浩康	6990	笳咏	2133
加藤甫二	8794, 8799	茛香	11926
加维安尼	11231	嘉宝	10749
加雅莫夫	12425	嘉贝丽克	523
加义	11205	嘉宾	4863
佳宾	4920, 11203	嘉定县民族民间器乐曲集成编辑组	12348
佳禾	6702	嘉定县桃浦"公社"业余创作组	5247
佳红	2648, 9410, 10046, 10484	嘉定县业余美术创作组	3231
佳蕙	5731	嘉定县业余美术组	3236
佳佳	5926, 6248	嘉定县业余文艺创作组	5268
佳科萨	12450	嘉福	9542
佳隆	10585	嘉吉	10056
佳明	13167	嘉龙	10588
佳木斯市《烈火红桥》连环画创作组	5256	嘉萌	10714
佳木斯市文学艺术界联合会	8157	嘉明	6717, 11515, 11519
佳平	6046, 6079	嘉兴地区浙北报社	5163
佳庆编辑部	084, 095, 176, 515	嘉兴市文学艺术界联合会	272
佳硕	2899	嘉兴桐	2748
佳讯	6340, 7122	嘉迅	6014
佳怡	7646, 10313	嘉水工作室	6729
佳艺	9352, 13112	嘉峪关市旅游局	10555, 10556
佳音	6475	嘉择义	142
佳玉	8599	郑宝雄	162
佳志	2674	甲锐	1757, 1764

甲顺	9147, 9148	贾浩义	2113, 2178, 6257
甲秀	11610	贾虹琳	13285
甲央	8859	贾洪	9882
甲乙	3454, 3477	贾鸿勋	3375, 9075, 9107, 9112, 9309, 9389, 9829,
甲子	6632, 7073		9996, 10000, 10047, 10048
贾宝虎	5677	贾辉丰	545, 547
贾宝珉	700, 948, 952, 955, 956, 961, 978, 996,	贾纪文	10839
	997, 999, 1310	贾继	12993
贾保虎	5479	贾霁	12679, 12707, 13233
贾本乾	6535	贾霁原	4979
贾秉恒	5645, 5659, 5964, 6011, 6087	贾建国	12961
贾勃阳	7587	贾建新	6286
贾昌	5258	贾金豹	5759, 5763, 5766, 5785, 5844, 5862
贾诚隽	7312, 7326	贾京生	1182, 10185, 10313, 10363
贾纯晶	3512	贾景儒	6097
贾纯静	3513	贾菊生	8757
贾大山	5928	贾鹏丽	2835
贾德江	675, 881, 2412, 5213, 5256, 5618, 5632,	贾君武	11378
	5923, 6240, 6615, 8551, 8586, 8587	贾俊菊	191
贾德荣	5582	贾克	13243, 13258
贾涤非	2822, 2885	贾克德	1930, 2294, 2541, 2631
贾东海	371	贾克刚	5529, 5579, 5609, 5808, 5968
贾铎	7360, 7383	贾克里	1870, 1906, 3818, 3873, 4001, 4145
贾峨	8653	贾兰	819
贾方爵	11060	贾磊磊	13065, 13161, 13164, 13301
贾方舟	110, 539, 826	贾黎	5461
贾方洲	3896	贾力夫	11944
贾凤娥	10064	贾林	5132
贾枫	6416	贾梦元	5500
贾古	11122, 11147, 12114, 12115, 12687	贾冕	1262, 2906
贾广慧	867	贾民	5563
贾广建	972	贾明	4455, 5241
贾广健	1341	贾明基	5277
贾海泉	2083, 2447, 2483	贾明珍	6236
贾好礼	5221	贾明祖	8841, 9832

作者索引

贾铭	5005, 6016		8667, 8668
贾培生	6358, 6369, 6471	贾武	3380
贾鹏	8575	贾夏荔	10284, 10299
贾品	4993, 5023, 5553, 5930	贾晓晨	5227, 5523, 5524
贾平凹	1349, 5308	贾晓玲	12620
贾启明	7429, 7574, 8196	贾辛光	2822
贾起家	7162	贾新风	10786
贾青青	3075	贾兴桐	2753, 3931, 5470, 6032, 6458
贾庆虎	8768	贾星	10707
贾秋生	3881	贾修毅	7563
贾全豹	5754	贾秀娟	6141
贾荣建	564, 10654	贾铉	748
贾荣林	129, 7641, 10311	贾延良	10577
贾润海	7814, 8432	贾雁飞	10330
贾若	5555	贾晔	11303
贾少程	6934, 6938, 6940	贾宜群	2591, 3001, 3006, 3599, 3636, 3740,
贾慎斋	10431		10434
贾世海	1788, 2348, 3710	贾应逸	6625
贾世经	3966	贾英	9260
贾世仁	4992	贾永	8501
贾世玉	2550, 2555	贾永盛	5403, 5724, 5898
贾世珍	6683	贾又福	805, 816, 1436, 1988, 2109, 2204, 2330,
贾守吾	5039		2443, 2479, 2485, 10501, 10505
贾书敏 3767, 3891, 4042, 4069, 4091, 4169, 4223,		贾恩	4093, 4215
4226, 4262, 4313, 4403, 4598, 10471		贾雨川	7505
贾树品	3339	贾玉斌	10379
贾树起	6169	贾玉江	4918, 9054
贾双	12224, 12229, 12234	贾玉昆	11808
贾涛	11930	贾玉铭	12439
贾天昶	7479	贾玉平	9518
贾彤福	162	贾玉书	5421, 5668
贾万新	2088, 2451, 4798	贾育平	9007, 9380, 9453, 9456, 9481, 9484, 9486,
贾维诚	4882		9487, 9492, 9493, 9502, 9503, 9597, 9600,
贾文涛	463, 5380, 5566, 5607, 5954, 6112, 6266,		9724, 9768, 9773, 9774, 9778, 9780, 9783,
	6270, 6272, 6296, 6376, 6382, 6449, 6643,		9981, 10075

贾元祥	10410, 10411	菅宏山	5412
贾跃平	9764, 9766	菅明	6339
贾允常	12429	菅原明朗	11164
贾允中	1893, 3778, 3977	茧庐氏	8533
贾占清	13150, 13154	東茸	9244
贾战武	7521	俭歌	12183
贾兆铭	6177	简·S.巴斯蒂安	11256
贾肇曾	6436	简·爱克尔	12536
贾珍	13081	简·奥斯汀	7051
贾振林	6122	简·斯米瑟·巴斯提安	12508, 12509
贾振文	6387	简崇民 1333, 2846, 3316, 3369, 3370, 5248, 6093	
贾震文	10289	简崇志 2627, 2782, 2797, 2938, 2948, 3798, 3819	
贾正端	5842	简丹	10601
贾正兴	8186	简而清	10988, 12412
贾芝	12360	简尔清	10982
贾志刚	12854, 12855	简繁	3908, 5474
贾志明	7275	简福龙	10698
贾忠国	11864	简广易	12266
贾忠合	5942	简汇杰	11207
贾忠景 1875, 2608, 3998, 4078, 4136, 4337, 5248,		简慧	12931
5686, 6038		简君山	10208
贾仲岛	5466	简钧钰	8993
贾作光	12621	简美慧	10399
驾沧	2641	简美英	5821
驾港	2201	简敏男	8905
驾友直	4899	简明	12507, 12514
尖端出版公司编辑部	12668	简明仁	10923
尖锋	3369	简尼·沃德	10839
坚明	7767, 7779	简尼特·威斯	1195
坚铭	5681	简宁斯克让克	1077
间崇民	6189	简平	527
间上绰	7140	简平选	8610
监城专署农业局	4934	简朴	3482, 3484, 3490
菅本顺一	1246	简其华	10872, 12327, 12336
菅谷充	7047	简琴斋	8205

作者索引

简庆福	8991, 10025	建辉	4979, 4997, 5295
简仁吉	7650, 10379, 10381	建进	5941
简荣聪	10653, 10722	建军	6133
简荣泰	10145	建乐	9979
简润	12306	建龙	8820, 9413
简森	587	建敏	5847, 8836, 9439, 9443, 9446, 9457, 9702,
简上仁	10911, 11530, 11797, 11809		9980
简阳县业余文艺创作组	11456	建明	3389, 6572, 6573
简阳县音乐创作学习班	11456	建农	12092
简毅	6710	建瓯县美术创作组	5200
简正	5692	建平	11513
简政珍	13079	建平社教宣传队	5131
简直诚	8373	建平县宣传站创作组	5176
简志忠	7655, 10264	建期	6424, 6425
瓮河沿	12699	建奇	6669
瓮人斌	4891	建人	4959
瓮人毅	051	建荣	4890
见山	10900	建设公司职工文艺创作组	5205
饯小毛	12333	建设武钢四号高炉工人美术创作组	3172, 3178
建庵	2981	建设武钢四号高炉工人美术组	3180
建本	4539, 4647	建水燕子洞公园管理处	10518
建斌	9118	建辛	10321
建昌	12345	建新	2455, 8838, 8841, 9024, 9025, 9425, 9431,
建辰	7021		9702
建淳	7122	建阳地区文化局	1364
建德县"革委会"煤铁指挥部	5209	建阳民间工笔画院	2220
建德县征文办公室	3767	建瑜	10147
建芬	6947	建元	6078
建国	6103, 6162, 8842, 8864, 8865, 9247, 9456,	建忠	5847
	9471, 9479, 9502, 9508, 9650, 9701, 9705,	建筑工程部建筑科学研究院	10616
	9721, 9754, 9762, 9776, 9922, 9923, 10059	建筑工程部设计总局工业及城市建筑设计院	
建国三十周年辽宁省文艺创作选编委会	11467		10242
建湖县文化馆	3761	建筑艺术工作室	10609
建华	3389, 6328, 9259, 9488, 9489, 9913, 9921,	剑斌	5215
	9922, 10147	剑峰	5429

中国历代图书总目·艺术卷

剑歌	10736	江半庭	6946
剑敏	5629	江北	629
剑青	5723	江本凉	6990
剑秋	7991, 8081	江碧波	2998, 3042, 3049, 3132, 3948, 5774
剑生	2654	江边	6091
剑声	6084	江标	778, 782, 783, 1626, 8017
剑书	6429, 6498	江冰	7649, 10216, 10223
剑维	6901	江炳耀	8812
剑文	5772, 5773, 6548	江波	12637
剑武	484	江昌	6280
剑鹰	412, 10588, 10759	江长录	8988
剑影	11827	江晨清	8865
剑影客	12738	江成孝	5631
剑筝	12110	江城	637, 6312
健二	3132	江城县哈尼族彝族自治县音舞集成办公室	
健行	9114, 9128, 9129, 9898		11808
健民	9394	江城子	6448
健全卡通设计制作室	6690	江澄	5949
健生	174	江驰	6460
健文	9106	江崇仁	5394
健鹰	9776	江春枝	1131, 6981, 7641
健中	5677, 9240	江淳	3895, 7077
舰蔚	11928	江聪	406, 9253, 9398, 9412, 9438, 9648, 9651,
涧南	9436, 9873, 9886		9660, 9663, 9677, 9706, 9707, 9709, 9952
浙江	1683, 1697	江从治	8482
践耳	11613, 11614, 11643, 11675, 11677, 11950,	江邨	4872, 4873
	11951, 11952, 11955, 11964, 12170, 12203	江村	5564
鉴湖逸士	12297	江德悦	1936, 3730, 4127
鉴今	10972	江堤	11745
鉴颖	5829	江定仙	11384, 11443, 11482, 11548, 11767,
江爱松	3310		11787, 11993, 12187, 12209, 12234
江安侯	11326	江东	5796, 6010, 6790, 9328, 12570
江安县戏剧界	13011	江东华	6661, 6665
江岸宽	6300	江栋良	3535, 4905, 4915, 5003, 5031, 5032, 5056,
江柏	4990		5078, 5080, 5092, 5563

作者索引

江栋梁 5703
江恩莲 2401, 2707, 3326, 3795, 5582, 5633, 6052, 6177
江帆 3413, 3417, 3442, 3480, 3508, 5863, 5865, 5937, 6273, 6934, 6938, 6942, 11723
江藩 1035, 10943, 10944
江范 6242
江丰 359, 513, 3402, 3403, 4878, 5703, 6464, 6916, 10662, 10675
江风 1796, 3694, 12114
江枫 2436, 4265, 4352, 4637, 4727, 6575, 6757
江绞 11014
江富元 3244
江广传 6218
江广玉 11695
江海 3716, 3755
江海沧 8566
江海霞 4268
江涵 6281, 6282
江寒汀 1441, 1750, 1872, 2192, 2501, 2522, 2533, 2640, 3581, 3611, 3661, 10459
江汉 6903
江汉城 1419, 4442, 4458
江瀚 8120
江行 5491, 5520, 5638, 9706
江浩 5680, 6636, 8329, 13210, 13241
江皓 4241, 5619, 5742, 5869, 9838
江河 946, 2650, 2664, 4287, 4386, 5998, 6072, 9607, 9967, 9970
江宏 594, 705, 712, 802, 820, 10308
江宏伟 718, 976, 980, 1341, 1347, 2298, 2514, 2909, 4560
江宏苇 1905
江宏勋 5329
江洪 4942, 6261, 6379, 7437
江华 9096
江华南 5295, 5304
江桦 9809, 10026
江淮春 1954, 2633, 4046, 4127, 4128, 4134, 4198, 4251, 4268, 4311
江晖 5817, 6497
江加走 8643
江健文 6319, 6384, 6480, 6481, 6493
江金惠 12080
江金龙 7026
江金石 1236, 10767
江晋林 3144, 3743, 3751
江静玲 050
江静蓉 11167, 11246
江静山 1118, 1124, 1125, 1234, 6610, 6612, 10290
江菊梅 10741
江菊松 11349
江巨荣 12786
江涓 5984, 6368, 6677
江娟 6587
江军 10606
江俊峰 6742
江浚 5541, 5650, 5889
江开 8030
江克满 12053
江兰 4933
江澜 1245, 1246
江棱 4884
江犁 7618
江黎 7614
江理平 7380, 7931, 8406, 8439
江立中 7335
江连 5974
江连浩 2883
江良 6681

江林　　　　　　　5470, 9695
江凌　　　　　　　　　11376
江陵　　　　　　　　　 6573
江菱畔　　　　　　　　 2910
江流　　　　　　 6524, 12694
江珑　　　　　　　　　 6124
江梅　　　　　　 4941, 9306
江湄　　　　　　　　　 8489
江美　　　　 9061, 9306, 9993
江美琦　　　　　　　　12981
江门市老龄工作委员会　　1371
江牧　　3001, 3013, 3014, 3038, 3076, 3545, 3600, 3611, 5368, 5871, 11375
江敏　　　　　 9241, 11401, 11572
江明　　　　　 3819, 5297, 10137
江明惇　　　　　　10905, 10912
江明宏　1100, 1127, 8747, 8765, 8771, 8781, 8782, 8785, 8799, 8800, 10726
江明树　　　　　　　　10729
江铭忠　　　　　　　　 581
江南　　2400, 5764, 6025, 8850, 9123, 9126, 11341, 11515, 11752
江南春　　　　　　1777, 1959, 2019, 2050, 2428, 2626, 3072, 3089, 3116, 3125, 3210, 3223, 3227, 3228, 3256, 3302, 3305, 3538, 3540, 3549, 3555, 3566, 3569, 3589, 3590, 3601, 3612, 3620, 3651, 3664, 3675, 3689, 3697, 3726, 3735, 3754, 3794, 3965, 4015, 4057, 4061, 4064, 4092, 4121, 4128, 4147, 4172, 4187, 4222, 4248, 4277, 4332, 4346, 4357, 4358, 4396, 4397, 4477, 4513, 4616, 4740, 5067, 5438, 5809, 5823, 5861, 5875, 5906, 6390, 10407, 10413, 10438, 10454, 12876
江南春作　　　　　　　 4205
江南鹤　　　　　　　　10601
江南青　　　　　　　　12876
江南社　　　　　　　　11376
江南造船厂　　　　　　10249
江南造船厂美术创作组　　3900
江南造船厂业余美术创作组　　2933
江濡　　　　　　　　　 8955
江鸟　　　 6227, 7417, 7437, 7570, 10174
江宁生　　　　　　　　 8726
江沛扬　　　　　　3524, 5423
江佩声　　　　　　　　 3395
江平　　　 1404, 2988, 5705, 6269, 6708
江坪　　　　　　　　　 3527
江苹　　　　　　　　　 2314
江萍　　　 1326, 5649, 5975, 11389
江浦寂园叟　　　　 385, 8457
江启明　　625, 1072, 1098, 1100, 1101, 1102, 2858, 2866, 2883, 2886, 2889
江强　　　　　　　　　 5911
江勤　　　　　 6485, 6490, 6512
江人　　　　　　 6024, 6025
江荣　　　　　　　　　 2810
江荣先　　　　 9144, 9318, 10154
江容安　　　　　　　　12104
江溶　　　　　　　 035, 096
江瑞安　　　 4942, 4960, 4975, 5025
江润秋　　　　　　　　 3497
江森　　　　　　　 174, 175
江森一夫　　　　　　　10890
江山　　2068, 5352, 6150, 6529, 6939, 7016, 7018, 7019, 7020, 7021, 7022, 7023, 7024, 7025, 7026, 9725, 9921
江山多娇编辑部　　8887, 8942, 9056, 9057
江山县征文办公室　　　　3767
江上行　　　 4903, 12068, 12880

作者索引

江上鸥　　　　　　　　13173
江尚　　　　　　　　　4909
江申　　　　　　　　　13124
江深　　　　　5154, 12093, 13246
江声　　　　　　　　　11677
江声海　　　　　5275, 5471, 5944
江圣华　　　　　　　2624, 2637
江胜全　　　　　7633, 7634, 10259
江诗风　　　　　　　　6152
江士宏　　　　　　　　8803
江世雄　　　　　　　　5852
江世靖　　　　　5609, 5686, 5944
江式高　　　　　　　　8983
江水　　　　　　　4722, 6013
江水长　　　　　　　　6269
江水沐　　　　　　　　2220
江水作　　　　　　　　3394
江思莲　　　　　　　　4448
江松　　　　　　　　　428
江苏"五·七"干校创作组　　1811
江苏版画家协会　　　　　3041
江苏电视台　　　　　9247, 13164
江苏对外文化交流协会　　　8954
江苏革命文艺学校　　　　3757
江苏各县筹备义务教育联合办事处　001
江苏工艺美术学会　　　　10356
江苏古籍出版社　3048, 4797, 6625, 9326
江苏广陵古籍刻印社　7892, 7893, 8376
江苏广陵古籍刻印社文化艺术部　8130
江苏辉煌广告摄影公司　　　8964
江苏教育出版社　　　　　9604
江苏教育社　　　　　　12007
江苏科学技术出版社　　　10133
江苏旅游服务社　　　　　9380
江苏美术出版社　132, 314, 873, 1365, 1396, 1514,

2438, 2679, 2794, 2964, 4508, 4550, 4585,
4760, 4767, 4816, 4835, 4837, 4849, 6856,
6926, 8595, 8846, 8848, 8851, 8853, 9030,
9091, 9109, 9125, 9253, 9301, 9302, 9487,
9488, 9491, 9493, 9501, 9506, 9767, 9773,
9913, 9916, 10008, 10088, 10089, 10091,
10121, 10136, 10137, 10139, 10171,
10478, 10484, 10552, 10553, 10554, 13129
江苏美术工作室　　　　　10664
江苏南通人民出版社　　11609, 11781
江苏南通市骑士广告设计公司　　9514
江苏人民出版社　　　　　444,
1290, 1303, 1358, 1360, 2015, 3246, 3662,
3755, 3796, 4466, 5019, 5067, 5121,
5130, 5205, 5228, 5234, 5235, 5238, 5245,
5248, 5249, 5250, 5254, 5255, 5271, 5789,
6746, 6754, 8133, 8379, 8686, 8875, 8898,
8903, 10133, 10368, 10664, 10672, 11041,
11641, 11647, 11689, 11691, 11694,
11696, 11973, 12033, 12137, 12649,
13014, 13088
江苏人民出版社美术编辑室　　4900
江苏少年儿童出版社　　6346, 6518
江苏摄影编辑室　　　　　8918
江苏省"革命委员会"出版发行局　11652, 12871,
12872, 12965
江苏省"革命委员会"文化局革命歌曲征集小组
　　　　　　　　　　11670
江苏省"革委会"文化局　　12026
江苏省"五·七"干校　　　1804
江苏省"五·七"干校创作组　1804, 1811, 2420,
5180, 10248
江苏省版画家协会　　　　3032
江苏省博物馆　　　　1357, 10230
江苏省插花艺术协会　　　10633

中国历代图书总目·艺术卷

江苏省对外文化交流协会　10648
江苏省歌舞队　11402, 11412
江苏省歌舞团　11767, 11768
江苏省革命文艺学校　1274, 2742
江苏省革命文艺学校"革委会"　2747
江苏省国画院　1746, 1755, 1855, 2040, 8295
江苏省洪泽县"革委会"政工组　5179
江苏省花鸟画研究会　960
江苏省话剧团　12756
江苏省淮安县博物馆　1583
江苏省淮阴地区行政公署文化局　11780
江苏省淮阴行政公署文化局　12876
江苏省纪念周恩来百年诞辰领导小组　1344
江苏省建筑工程局组织　10566
江苏省教委职教处　10215
江苏省教育委员会　7401, 7402
江苏省教育委员会师范教育处　314, 337
江苏省金坛县建昌建筑安装公司　8897
江苏省剧目工作委员会镇江市分会　4942
江苏省科普美术创作协会　6076
江苏省科学技术协会　6076
江苏省立第三中学国乐科　12243
江苏省立教育学院研究实验部　8713, 13022
江苏省美术馆　348, 592, 593, 1478, 1527, 2338, 8194, 8636
江苏省美术馆藏品选编委员会　1316
江苏省美学学会　066, 7287
江苏省南京市美术工作者　4911
江苏省农林厅　4995
江苏省农林厅林业特产局　4910
江苏省轻工业局画册编绘组　2862
江苏省轻工业厅汇　10230
江苏省曲艺家协会　12967
江苏省群众艺术馆　6746, 11531, 12647
江苏省人民防空领导小组办公室　5359
江苏省人民广播电视台　11668
江苏省如东县工农兵业余创作组　5167
江苏省摄影家协会　8973
江苏省书法家协会　8292
江苏省书籍装帧研究会　10374
江苏省体育训练队　3186
江苏省卫生防疫站　6396
江苏省文化局　11779, 11780, 12687
江苏省文化局剧目工作室　12928
江苏省文化厅　218, 6767
江苏省文化厅剧目工作室　12848
江苏省文物管理委员会　387, 10207
江苏省锡剧团编导组　5454
江苏省锡剧艺术研究会　12920
江苏省戏剧家协会　12724
江苏省戏剧学校编导科　12802
江苏省新生活运动促进会　13010
江苏省盐城师范学校　11442
江苏省扬剧艺术研究会　11809
江苏省扬州专区扬剧团　5059
江苏省宜兴陶瓷公司　10648
江苏省音乐工作组　12105, 12138
江苏省幼儿园教师学历培训教材编写组　12637
江苏省展览馆　3015, 6749
江苏省政协文史资料委员会　12973
江苏丝绸科学情报中心站　10349
江苏图片社 9507, 9509, 9773, 9925, 10096, 10522
江苏文艺出版社　1250, 1357, 1653, 2345, 4909, 4910, 4911, 4925, 4946, 4947, 4953, 4957, 4972, 4987, 4990, 4993, 4998, 6746
江苏无锡美专第一届毕业同学会　240
江苏吴县东山扇　10638
江苏吴县东山扇厂　10555, 10638
江苏吴县东山紫金庵　395
江苏戏曲学校　10992, 11045

作者索引

江苏戏曲学院　　　　　　11045　　江西人民出版社　　439, 1285, 1665, 3755, 3815,

江苏戏曲音乐集成江苏卷编辑部　12060, 12061　　　　4693, 5082, 5196, 5211, 5219, 8870, 9007,

江苏戏曲志编辑委员会　　12789　　　　9055, 10441, 11443, 11450, 11581, 11586,

江苏扬州人民出版社　　　11435　　　　11601, 11607, 11614, 11629, 11647,

江苏宜兴陶瓷工业公司　　10643　　　　11664, 11908, 11914, 11921, 12002,

江苏音乐编辑部　　11440, 11593, 12007　　　　12006, 12008, 12013, 12402, 12404

江苏幼儿师范学校　　　　477　　江西人民通俗出版社　　　　12561

江苏镇江市文化馆　　　　5204　　江西上饶地区文化局剧目工作室　　11150

江涛　　684, 3956, 4084, 4097, 4189, 4309, 4382,　　江西省《井冈山颂歌》编选小组　　11690

　　　　6759　　　　　　　　　　江西省博物馆　　　　　　3407

江天　　　　　　　　　　13098　　江西省采茶剧团　　　　　12103

江天一　　　　　　　　　12273　　江西省采茶剧团艺术室　　11837

江汀　　　　　　9328, 9887　　江西省第二届民间艺术会演　　11768

江萍　　　　　　　　　　6675　　江西省第二期美工人员毛泽东思想学习班 5147,

江通　　　　　　12407, 12421　　　　5148, 5149, 5150, 5151, 5152, 5156, 5157

江万全　　　　　　　　　8483　　江西省抚州地区民间歌曲编辑委员会　　11808

江为民　　　　　　　　　5146　　江西省赣剧团　　12101, 12112, 12124

江维　　　　　　　　　　10683　　江西省赣剧院　　11871, 12115, 12116, 12129,

江伟　　　　　　10050, 10065　　　　12130, 12131, 12132

江伟光　　　　　　　　　9817　　江西省赣剧院一团　　　　12130

江文　　　618, 2817, 5096, 12608　　江西省赣剧院艺术室　　12921, 12923

江文炳　　　　5525, 5761, 5891　　江西省赣剧院艺术研究室　　12923

江文华　　　　　　　　　8985　　江西省赣南教育学校中文科　　11859

江文双　　　798, 7257, 7258, 7306　　江西省赣州市文化工作站　　280

江文也　　11826, 12177, 12214, 12232, 12236,　　江西省工会联合会宣传部　　12106, 12138

　　　　12439, 12440, 12452, 12558　　江西省工艺美术学会　　　　10178

江文湛　　702, 1988, 2522, 2547, 2663　　江西省工艺美术研究所　　10178

江武昌　　　　　　　　　12979　　江西省公安厅　　　　　　4922

江西钢铁厂宣传科　　　　5235　　江西省吉安专区采茶剧团　　12110

江西画报社　　　　　　　9852　　江西省教委普教处　　　　11521

江西龙虎山道教协会　　　12352　　江西省教委艺术教育委员会办公室　　11497

江西庐山风景名胜区管理局　　8938　　江西省京剧团　　　　　　12963

江西美术出版社　　　　　356　　江西省井冈山地区文艺工作团　　12639

江西美术训练班　　　　　3202　　江西省井冈山管理局纪念井冈山革命根据地创

江西轻工业出版社　　　　10642　　　　建五十周年活动办公室　　9280

江西省军区农建师政治部 5221
江西省庐山"革命委员会" 10418
江西省庐山风景名胜区管理局 9137
江西省旅游局 9139
江西省美工人员第二期毛泽东思想学习班 3176
江西省美术创作组 1807, 1808, 1809, 1810, 2420
江西省美术家协会 314
江西省农林垦殖厅 11440
江西省彭泽县龙宫洞风景区管理处 9797
江西省轻工业厅景德镇陶瓷研究所 10642
江西省群众艺术馆 11579, 11609, 11631, 11632, 11634, 11774, 12003, 12341, 12562, 12801, 12815, 12826, 12833
江西省人民政府文化事业管理局 13014
江西省人民政府文化事业管理局音乐工作组 11397
江西省上饶地区民间歌曲编辑委员会 11808
江西省陶瓷工业公司 10642
江西省陶瓷研究所 10651
江西省推行音乐教育委员会 10786, 10950, 11377
江西省文化工作室 11464, 11465
江西省文化工作室音乐组 11463, 11684
江西省文化工作站 11464
江西省文化局 13014
江西省文化厅 11150
江西省文化艺术学校 12131
江西省文化组 11792
江西省文教办公室文化组 11670
江西省文学艺术工作者联合会 11430
江西省文学艺术界联合会 339, 340
江西省文学艺术界联合音乐工作组 11397
江西省文艺学校上饶分校 11865
江西省文艺研究所 12132
江西省婺源县民间歌曲编选小组 11801
江西省戏曲学校 12754
江西省戏曲研究所 12927
江西省乡村抗战宣传巡回工作团 12751
江西省新华书店"革命委员会"编辑组 5148
江西省新华书店"革委会"编辑组 5147, 5152, 5154, 5155
江西省新华书店"革委会"编辑组通讯员 5152
江西省星子县人民政府办公室 8895, 8948
江西省修水县宁河戏剧团 12934
江西省音乐工作者协会 11568
江西省音乐工作组 11397, 11579, 11768, 12000, 12100, 12101, 12103
江西省音乐家协会 12039
江西省硬笔书法委员会 7601
江西省玉山县旅游服务公司 9835
江西省展览馆 3171, 3176, 3193, 3197, 5164
江西省展览馆美工教育组 3177
江西省中苏友好协会 4900, 10128
江西卫生防疫站 10246
江西文艺学院美术系 5006
江西婺源县委宣传部 2338
江西余江县插队落户上海知识青年 3171, 3177
江溪 5771
江夏 9083
江先渭 12263
江显辉 2106, 3376, 3821, 3970, 4036, 4103, 4107, 4118, 4149, 4187, 4209, 4432, 4752, 4768
江小铨 6641, 9352, 9353, 9358, 9360, 9371, 9383, 9467, 9530, 9535, 9537, 9539, 9582, 9593, 9597, 9598, 9906, 10029, 10037, 10038, 10050, 10065, 10110
江小锋 10049
江小薇 11135
江小芋 3287
江小韵 11531, 11990

作者索引

江筱箴	8241	江育光	5224
江心	12727	江毓棋	4870
江心坦	322	江元祥	734
江心源	6185	江源	5927
江信浩	6641	江月	5655
江星羽	8495	江粤丰	12665
江雄	5804, 5881	江云	2235, 5414, 5447, 5526, 5645, 5666, 5674,
江旭	6674		5804, 5852, 5864, 5879, 5947, 5973, 5974,
江绚秋	5961		5984, 6297, 6489
江学东	12080	江韵辉	12813, 13216
江雪	8149	江泽	10770
江延根	10485	江泽成	2765
江彦虹	5871	江曾培	030, 094
江燕红	6742	江兆申	2682, 2691
江阳	12609	江浙沪评弹工作领导小组办公室	12974
江漾	5281, 5305, 5377, 5478, 5572	江贞	431, 10570, 10660
江一波	2601, 2606	江珍光	1989, 3632
江一丰	6240	江振育	197
江一峰	5725	江之	6042
江一鸣	581	江之兰	1045
江一舟	11148, 12848	江志鸿	9379, 9380
江阴县文化馆	5361	江志凌	10293
江吟	7160, 7372	江志顺	9634, 10102
江英	10319, 11734	江志贤	9717
江鹰	5476, 6162	江仲贤	4979
江永	11006, 11007	江舟	5486, 5499, 13212
江水昌	8729	江洲	2287
江永县文化馆	12348	江柱国	4817
江永远	6530	江子竿	2718
江油李白纪念馆	1888	江紫	5086
江友樵	7417	江尊	8527
江有生	3398, 3401, 3413, 3479, 3522	姜岸	1246
江玉亭	11810	姜邦彦	5636
江玉祥	12980	姜宝港	8586
江郁之	3251, 6148, 6217, 6245, 6614	姜宝林	1812, 1903, 2175, 2466, 4375

中国历代图书总目·艺术卷

姜宝泉	7628, 10723	姜德鹏	10839
姜宝星	2780, 3645, 3719, 5209, 5224	姜德溥	1232
姜边	4770	姜德蓉	10820
姜兵和	9841	姜殿阳	8122
姜炳清	6462, 6473	姜东	13314
姜炳文	2404	姜东舒	8151, 8153, 8162, 8168, 8186, 8234, 8298,
姜炳炘	5405		8383
姜波	8662	姜凡	129, 10179
姜伯勤	458	姜凤山	12085
姜长斌	11227	姜凤翔	8988
姜长根	9432, 9696	姜庚	9386, 9597
姜长庚	3371, 3373, 4307, 4642, 4710, 8632, 8662,	姜耕玉	079
	8805, 8821, 8822, 8824, 8843, 8883, 8979,	姜公泉	2065, 2171, 4780, 4802, 4806, 4810, 4829,
	9005, 9354, 9359, 9369, 9390, 9402, 9421,		4835, 4844, 4856
	9440, 9442, 9554, 9558, 9575, 9597, 9645,	姜公醉	8177, 8294, 8416, 8417
	10063, 10064, 10643	姜广志	7340
姜长英	12984	姜贵恒	2349, 2421, 3684, 3798, 3811, 10420,
姜长祚	5407		10423
姜超岳	8132	姜桂萍	12625
姜宸英	7699, 8038	姜桂英	2059, 2094
姜成安	5367, 5425, 5453, 5514, 5537, 5717, 6079	姜国宪	8725
姜成楠	487, 488, 1839, 2657, 3310	姜行仁	1145
姜承	1233	姜豪	1774, 3619, 5078
姜澄清	047, 157, 700, 7161, 7165	姜恒顺	4921, 4999
姜春鸣	5403, 5476	姜弘植	13257
姜春阳	11639, 11884, 11885, 12095	姜宏轩	11839
姜椿芳	10828, 12401	姜泓	468
姜纯朴	3091, 3286	姜鸿涛	13159
姜存松	3066, 11543	姜华	7278, 7331, 8305
姜达	8726, 8772	姜华庆	3941, 5210, 5329, 5370, 5593, 5610
姜大斧	9486, 9893	姜骅	8784
姜大吉	5732	姜桦	1124, 1139, 1150, 3833
姜岱东	5304	姜惠超	1957, 1975, 4346
姜丹	2512, 11257	姜惠龙	5108
姜丹书	143, 159, 168, 258	姜慧	2827

作者索引

姜慧慧	10180	姜亮夫	387
姜慧音	395	姜林和	2329
姜吉维	3864, 4616, 5479, 5708, 5721, 5975, 5987,	姜凌涛	5227, 5281, 6062, 6261
	6032, 6061, 6136, 6174, 6613, 6637, 10426	姜陆	614, 1175, 5505, 5783, 6358
姜吉雄	6127	姜录	4028, 4183, 4379, 5626
姜家敏	4100	姜梅岩	12826
姜建华	10635, 10733	姜妙香	12073
姜建中	6388	姜敏	13077
姜建忠	2837, 5503	姜明	6195, 6712
姜健	8985	姜明路	5742, 5916
姜健华	5948, 6220	姜明涛	6157
姜节安	5536, 5659, 5672, 5695, 5711, 5764, 5770,	姜明柱	11126, 11130, 11133
	5804, 5873, 5885, 6067, 6129, 6165, 9356,	姜尼·罗大里	5475, 5556, 5788
	9945	姜宁	842
姜杰	10815, 11239, 11260, 12159	姜宁辰	4100, 4107
姜今	685, 6304, 10180, 10191, 10368, 12826,	姜澎生	13050
	13224	姜丕中	8572
姜景全	9365, 10036, 10103	姜平	9142, 9144, 9320
姜静绘	13085	姜平章	8939
姜康甫	6745	姜其煌	098
姜夔	7175, 7176, 7181, 7193, 7200, 7232, 7237,	姜棋	1603
	7680, 7681, 8033, 10967	姜旗	5514
姜坤	630, 1404, 2038, 2598, 3258	姜启	13134
姜堃	1819, 1849, 2010, 2072, 3932, 3959, 3984,	姜启才	3069, 3406, 5698, 5898, 5981, 6132, 6171,
	4022, 4081, 4127, 4306, 4512, 5458, 5701,		6214, 6324, 6360
	5999, 6185, 6247, 6337	姜泉	4796
姜力军	9566	姜泉敏	4107
姜立纲	7196	姜群	211
姜立林	5427	姜茸	1318
姜丽	12820	姜荣根	5505, 5710, 5939, 5991, 6542
姜丽彬	8906	姜荣贵	7361, 7796, 7823, 7908, 7910, 7912, 8003,
姜丽军	11134		8366, 8375
姜丽娜	11755	姜汝阔	12003
姜连明	1839, 1844	姜珊	6162
姜炼熔	7467	姜尚礼	8965, 9133, 12980

中国历代图书总目·艺术卷

姜绍华	2329	姜文	13297
姜绍书	251, 567, 568	姜文豪	10315
姜士录	4352	姜文浩	5242
姜守典	3823	姜文丽	5510, 5521, 5535, 6419
姜守垣	976	姜文品	4940
姜寿强	1182	姜文涛	12173
姜寿田	7374	姜雯	8687, 8690, 8692, 8695, 8797
姜书典	6353, 7083, 7084	姜西	2526
姜书璞	3780, 6749	姜锡祥	8708, 8762
姜树茂	5219, 5270, 5300	姜夏理	6242
姜澍川	6310, 6362	姜贤	10663
姜思复	8484	姜潇潇	6718
姜思经	8484	姜晓春	6360
姜锁根	9312, 9647, 9719, 9734	姜辛年	6244
姜涛	6363, 7419	姜秀晔	4828
姜天	2835	姜学炳	2345, 3555, 3573, 3597, 3606, 3610,
姜天民	6048		3622, 3640, 3669, 3744
姜铁明	6769	姜学琛	7521
姜万奎	2458	姜学亮	3018
姜王合	10029	姜学哲	1932, 1979, 2423
姜威	5879	姜亚洲	2025
姜维常	3132	姜炎	8774, 9310, 9316
姜维静	6653	姜衍波	1979, 4468, 4587, 9020, 9112, 9635, 9661,
姜维朴	332, 1219, 1220,		9665, 9705, 9722, 9876, 9894, 9957, 9996,
	1226, 1228, 1229, 1230, 1242, 3141, 5067,		9999, 10047
	5069, 5071, 5119, 5122, 5125, 5566, 6191,	姜衍忠	5283, 5405, 5428
	6256, 6291, 6355, 6434, 8848, 8868, 9121,	姜艳波	6402
	9123, 9124, 9895, 9907, 9908, 9909, 9912,	姜燕	1380, 5975
	10087, 10088, 10090, 10119, 10120	姜阳	2168
姜维周	8940, 9385	姜尧章	7176
姜伟	4319, 5468, 6080, 6147, 8982, 9063,	姜耀南	5325, 5777, 5778
	9306, 9360, 9563, 9802, 9804, 9938, 9957,	姜一民	6006
	10021, 10025, 10026, 10028, 10104, 13113	姜一鸣	5972, 6297, 6331, 6390, 6465
姜卫	6562	姜一清	6381
姜渭渔	5297, 6704	姜仪生	8459

作者索引

姜艺一	12554	姜忠奎	8528
姜毅	6430	姜忠亚	5562, 5944
姜毅然	937, 1750, 2501, 3626, 3745, 4068	姜舟	2210, 2537, 4283, 4288, 4405, 4563, 7805
姜蕙	13263	姜竹青	8677
姜银锁	9741	姜竹松	6701, 6741
姜英	2122, 2151, 2160	姜祖麟	5869
姜永杰	3499	姜祖禹	8264
姜永泰	12852	疆沙	7088
姜勇	8820, 9327	蒋阿炳	12078
姜友石	13202	蒋霭秉	12078, 12085
姜雨	5859	蒋艾荃	5267, 5390
姜玉玲	6943	蒋柏连	12726
姜玉梅	9236	蒋宝栋	7530
姜玉嵩	10116	蒋宝鸿	5250, 5518, 5655, 5881, 6233, 6335, 6336,
姜元禄	12348		6358
姜元琴	4883	蒋宝龄	807, 1635
姜源	9561	蒋必达	8316
姜月鲁	3953	蒋采萍	4139
姜云川	13242	蒋冰海	069
姜云春	6682	蒋冰杰	12728
姜云龙	11191	蒋炳威	3852
姜云生	6939	蒋才冬	10337
姜赠璜	5519	蒋才如	12282
姜湛山	1907	蒋采凡	5712
姜振力	10387	蒋采苹	874, 1063, 2220, 2338, 3553, 3648, 4060,
姜振民	3078, 3277, 3442, 5017, 5094, 5267, 6198		4097
姜振萍	2252	蒋彩苹	2616, 4077
姜振庆	9143	蒋昌	8237
姜震瀛	4961	蒋昌诗	7298, 7321, 7333, 7374, 8431
姜正豪	4093, 5537, 5656, 5753	蒋昌一	1939, 2755,
姜之中	5061, 5065, 5253		2810, 3158, 3208, 3230, 3265, 3306, 3353,
姜志文	2355		3380, 3951, 3963, 4084, 8671
姜治臣	5301	蒋长庚	5086, 5093, 5383
姜中立	2068, 4770, 4788	蒋超	4900
姜中雄	5516, 10677	蒋超文	12404

蒋陈阽	3223, 3241, 3293, 5548, 5930		7221, 7222, 7224, 7225, 7233, 7234, 7235,
蒋纯尧	3831		7238, 7241, 7293, 7294, 8054
蒋达	128	蒋和璋	11189
蒋道环	9806, 9814	蒋和平	6706, 6707
蒋德生	5385	蒋和森	5929
蒋德舜	700, 858, 2483	蒋和欣	5790
蒋殿春	12483, 12484	蒋恨	12185
蒋鼎巍	10786	蒋衡	7222, 7223, 7237, 8018, 8019, 8033
蒋敦杰	6592	蒋蘅	648
蒋敦明	7145	蒋红梅	8405
蒋铎	8773, 10022	蒋泓	12526
蒋恩有	9386, 9813, 9815	蒋华	795, 5476
蒋芳	8840	蒋华轩	12600
蒋丰	8991	蒋惠莉	13198
蒋风	023, 10664	蒋慧卿	7417, 7422
蒋风白	2533, 2553	蒋骥	662, 868, 869, 7222, 7223, 7224
蒋风之	11311, 12275	蒋加伦	8889
蒋峰	2329	蒋家举	491, 596
蒋锋	9221	蒋见元	5868
蒋逢美	4873	蒋建球	9548, 9668
蒋复璁	8537	蒋剑奎	4735, 4760, 4762, 8833, 8843, 9021, 9247
蒋高仪	6138	蒋健兰	12732, 12889, 12893
蒋高义	3358	蒋健球	9831
蒋谷峰	2896	蒋健文	6557
蒋冠东	1415	蒋洁	8705
蒋冠祥	5414, 5521	蒋金奇	7625
蒋光年	2760, 4483, 10483	蒋金燕	5627
蒋光煦	1455	蒋进	7366, 7376, 8297
蒋广喜	1447	蒋菁	265, 12064
蒋国基	11304, 12272	蒋径三	005
蒋国男	11160	蒋敬生	2231, 2263, 12968
蒋汉洪	7598	蒋娟	2333
蒋汉中	992, 994, 1984, 2444, 4479, 4578, 4649	蒋君超	13229
蒋行僧	1093	蒋君晖	6591
蒋和	468, 648, 663, 933, 934, 939, 1462, 7214,	蒋峻	3211, 5329, 5765, 6138

作者索引

蒋开征	8249	蒋奇平	7471
蒋可文	1227, 7636, 10275, 10372	蒋启宁	1755
蒋克谦	11318	蒋启韶	8584
蒋克余	4665, 5402	蒋启宁	1769
蒋刻训	7745	蒋启元	7376, 7771
蒋孔阳	024, 064, 066, 248, 10845	蒋乾	2617
蒋乐庵	7954	蒋秦峰	4934
蒋乐思	9340	蒋青	11311, 12286
蒋黎明	8859	蒋庆北	632
蒋力	9400	蒋仁	8510, 8518, 8529
蒋力华	8330	蒋荣先	4940, 4972
蒋立芳	12135	蒋瑞	12907, 12908, 12910, 12911
蒋丽丽	10583	蒋瑞英	8792
蒋连砘	2178	蒋三松	1574, 1577
蒋良	493	蒋少武	8739
蒋良琛	5626	蒋社村	13022, 13023
蒋芒	100	蒋石麟	5602, 6021
蒋梦麟	7250	蒋士枚	12568
蒋秒	4897	蒋世承	9142
蒋民民	140	蒋仕	13238
蒋敏学	2269	蒋寿康	6357
蒋明	3297, 4042, 5616	蒋淑均	513, 4998, 5111, 5342, 5690, 5956, 6235,
蒋铭	6719		6900, 6906, 7062
蒋墨光	1220	蒋淑匀	5085
蒋墨先	1220	蒋述卓	456
蒋能德	4758, 8830	蒋树声	8028
蒋频	7313, 7725	蒋朔	8619, 8620
蒋平	6068	蒋思方	8275
蒋平畴	7168, 7318, 8210	蒋思昉	8389
蒋平田	6101, 6210	蒋松涛	6330, 6332, 6482, 6515, 6517, 6533, 6689
蒋萍	4957, 4965, 5005, 5064, 5397, 5425, 11332	蒋颂建	12173
蒋溥	1647, 7658, 7710, 7717, 7724, 7833	蒋苏生	209
蒋齐生	8695, 8697, 8709, 8726, 8730, 8751, 8982,	蒋太禄	3813, 3827, 4039, 5351, 5456, 5560, 5647,
	9291, 9303, 10145		5726, 5830, 5992, 6047, 6058, 6215, 6410,
蒋其华	3143		6444, 6517, 6535

中国历代图书总目·艺术卷

蒋天耕	1340	蒋晓苏	11195, 11280
蒋铁峰	3806, 3916, 3987, 4011, 4029	蒋晓阳	5198
蒋铁骊	10762	蒋孝游	226, 3620, 3740
蒋廷锡	239, 253, 1619, 1620, 1627, 1630, 1632,	蒋啸镝	563, 2392
	1633, 1645, 1647	蒋啸琴	12898
蒋廷瑜	11348	蒋新芎	5921, 6048
蒋宛	12559	蒋兴畴	12294
蒋往	7483, 8581	蒋兴国	7353
蒋维德	2464	蒋星煜	5081, 5627, 6062, 6617, 7275, 12758,
蒋维良	10485		12768, 12774
蒋维民	11060, 11061, 11064, 11065, 11067,	蒋雄	6242
	11094, 12432	蒋雄达	12180, 12476
蒋维崧	8139, 8574	蒋修田	1099
蒋伟	6330, 13239	蒋玄佁	1062, 2496, 2936, 10641
蒋伟民	5678, 5803, 6090	蒋学模	5474, 5475
蒋文兵	2889, 3499, 4011, 6301	蒋勋	097, 098, 252, 258, 259, 805, 1401
蒋文光	7163, 7259, 7282, 7332, 7704, 7810, 7812,	蒋薰	1591
	7813, 7907, 7911, 7925, 7997, 7998, 8000,	蒋亚雄	12620
	8086	蒋延麟	10587
蒋文勋	11014, 12241, 12295, 12296	蒋衍	12592
蒋文忠	1415	蒋耀良	4956
蒋雯	11947	蒋一民	10846, 10847
蒋武祖	8523	蒋夷牧	1372
蒋息岑	11367	蒋宜勋	5202, 5377, 5576, 5968, 6190
蒋锡武	12893, 12894	蒋彝	501, 7275
蒋锡曾	674	蒋义海	1232, 1302, 2252, 3424, 3427, 3433,
蒋霞倩	8523		3503, 6403, 6424, 10320
蒋贤哲	687	蒋银园	9521
蒋显六	5241	蒋英	12370, 12423, 12427, 12450
蒋小风	11957	蒋瑛	10395
蒋小凤	12282	蒋永才	9099
蒋晓东	1257, 5198, 5521, 5767, 5862, 6073, 6395,	蒋永德	12924
	6449, 6656, 7103	蒋永义	8578
蒋晓森	10321	蒋咏荷	11292, 11300, 12070, 12106, 12262
蒋晓松	13208	蒋有	3075

作者索引

蒋有度	4620	蒋正鸿	860, 2999, 3003
蒋有作	2842	蒋正萌	675
蒋渝	070	蒋志栋	6796, 9090
蒋玉锟	7563	蒋志竞	4884
蒋元幅	8822, 9870	蒋志鑫	2006, 4386
蒋原伦	167	蒋志伊	3042, 4056, 10255
蒋远举	11216	蒋中林	3824
蒋月泉	4890, 11871	蒋中崎	12786, 12795, 12944, 12956, 12958
蒋悦	2320, 2332	蒋中正	8116
蒋跃	985, 1183, 1186, 1190, 1191, 1197, 2709,	蒋忠利	9830
	6881, 10558	蒋仲波	3804
蒋云花	2153, 2580, 4790, 4804	蒋仲兴	162, 5309
蒋云泉	8305	蒋柱国	11958
蒋云声	10993	蒋子龙	5247, 5305, 5580, 5663, 5682, 5753, 5897
蒋云威	11599	蒋宗原	5605
蒋芸	2463	蒋祖馨	12191, 12215
蒋载荣	8774, 8787	蒋最峰	934
蒋在谱	3606, 4157, 4195, 10675	蒋遵义	6356, 6358
蒋则君	8647	降大任	068
蒋璋	1638	绛边加错	5491, 5577
蒋钊奎	4757	交通部第三铁路设计院业余美术创作小组	5246
蒋昭芒	5995	胶东文化协会	11387, 11388
蒋昭芝	6410	胶南县文化馆	3240
蒋召和	3702	蛟河煤矿宣传组	3183
蒋兆和	481, 1319, 1386, 1445, 1717, 1733, 1739,	焦贡	5466
	1757, 1941, 2221, 2236, 2352, 2374, 2620,	焦秉贞	137, 1594, 3034
	3702, 6747	焦波	8962, 9329
蒋臻	7398, 7593	焦常松	8373
蒋振帆	3724, 4283	焦成根	6428, 6449, 6450, 6525, 6557
蒋振华	3050, 3052, 5636	焦传生	8217, 8260
蒋振环	10819, 10833	焦春梅	10841
蒋振立	1187, 1194, 1333, 3269, 6077	焦丹	4656
蒋振声	11524, 12530	焦德华	3890
蒋振涛	2252	焦尔吉·巴拉	12520
蒋峥	6533	焦尔焦·洛蒂	10133

中国历代图书总目·艺术卷

焦贵府	5427	焦文彬	12758, 12928, 12937
焦桂荣	2552	焦熙生	5365
焦国辉	3551	焦小健	1136
焦国力	6574, 6584, 6585, 6589, 6592	焦晓橙	7639
焦宏训	4005	焦雄屏	13054, 13076, 13127, 13131, 13132,
焦泷	1060		13133, 13134, 13137, 13138, 13139,
焦洪波	9888		13145, 13159, 13160, 13161, 13189
焦焕之	3227, 3234, 4893	焦亚新	6584
焦键描	5858	焦岩峰	3696, 3946, 4005, 5233, 5275, 5437, 5599,
焦金海	11337, 12312		5715, 5993, 6126
焦菊隐	12680, 12681, 12686, 12688, 12689,	焦彦龙	5372
	12690, 12800	焦永琦	5757
焦俊安	558	焦玉峰	5020, 5022, 5066, 5075, 5232
焦俊华	554, 563, 2870, 2877, 2880, 3922, 7639,	焦育峰	9218
	7640, 7648	焦垣生	12856
焦俊贤	8959	焦知云	7733
焦可强	7262	焦志广	3873, 3990, 4342, 4466, 4491, 4544, 4547
焦可群	4222	焦志延	13272
焦克	10993, 11121	焦灼	5318
焦魁一	11183	焦祖尧	5140
焦力·卡德尔	8860	蕉萍	11613
焦立强	6525, 6567	蕉雨氏	748
焦明晨	7365	礁石	8827
焦乃积	12096, 12650	矫红本	8300
焦平	12118	矫健	5515
焦萍	11614	矫野松	3093
焦琴	4962, 4995	矫毅	8570
焦庆生	4219, 4688	矫玉章	6011
焦尚志	12706	矫玉璋	5189
焦鹦	12173	矫振明	5972
焦水琦	5284	教莉	11062
焦燧东	11521	教育部	10804, 11981, 12051, 13170
焦天民	7381	教育部第二次全国美术展览会管理委员会	1281,
焦桐	12942		1506, 8627
焦卫	9466, 9468, 9658, 9742, 10001	教育部第二巡回戏剧教育队	13012

作者索引

教育部第三巡回戏剧教育队	13012	劫秉	5516
教育部电化教育人员训练班	242	杰．巴里·奥瑞克	8782
教育部国民体育委员会	11381	杰彼尔，E.	6932
教育部考试中心组	10840	杰锋	5428
教育部民众读物编审委员会	2975	杰佛瑞·倪普	548
教育部全国美术展览会	207, 342	杰夫·柯林斯	7018
教育部社会教育司	206, 244, 13286	杰基尔	12394
教育部体育卫生艺术教育司组	11064	杰克·德·弗拉姆	051
教育部体育卫生与艺术教育司组	10852, 10894,	杰克·罕	1104
	11064, 11103, 11133, 11261, 12575	杰克·理查森	6807, 6808
教育部音乐教导员训练班	11377	杰克·伦敦	5548, 5575, 7052, 7053
教育部音乐教育委员会	11934, 12244, 12273,	杰克·威廉森	6587
	12274	杰拉德·格林	6179
教育部中华教育电影制片厂	13172, 13173	杰拉尔德·穆尔	11166
教育生活社	12602	杰拉尔德·亚伯拉罕	10928
教育书店编辑部	11400	杰利小子	3446
教育厅	11362	杰良	6489, 6496
教育图书社	7244	杰罗姆	6866
接待苏联来华展览办公室文艺活动处	12670,	杰罗姆·海因斯	11131
	13013	杰罗姆·汉涅斯	11130
接待苏联来华展览办公室宣传处	360, 6843	杰米·菲利浦斯	10151
接力出版社	6695, 6696	杰尼索夫	12651, 12652
接力动画部	6696, 6697, 6698, 6699	杰瑞米·嘉尔顿	1080
接租华	9746, 9769, 9776, 9895, 10090	杰特尔	12456
揭培礼	5556, 5646	杰伊·弗里曼	12573
揭侯斯	7972	杰伊·斯图尔特	12538
揭湘元	10744	杰依涅柯	144
揭湘沅	10185	洁洁	5950
揭晓	8467, 8572, 8586	洁子	6146
揭阳县文化馆	1356	结城亨	10896
揭阳县文化馆合	10670	结绒	12249
节仪	11722	捷·卡拉维克	13257
劫夫	11373, 11374, 11388, 11509, 11553, 11610,	捷安	5646
	11646, 11650, 11941, 11952, 11953,	捷尔维格	12370
	11954, 11963, 12002, 12018, 12170	捷发印务有限公司	13290

捷克斯洛伐克国家电影局	13306	介凡	2133, 4172, 4216, 6190, 6758
捷克斯洛伐克陆军电影制品厂	13236	介斐然	7594
捷普洛夫	10820	介满盈	8177, 8428
捷人	205, 322, 10775	介明	6388
捷三	3131	戒闻大师	449
捷斯瓦夫·扬奇尔斯基	7035	玠瑜	3150
捷依涅卡	1103	借轩居士	1059
解博学	5384, 5521, 5671	藉耕龙	13123
解放歌声社	11995	今代出版社	3393
解放军报社	3167	今道友信	068
解放军报社文化处	10494	今东	514, 1072
解放军电影制片厂联合摄	13235	今古	7026, 7027
解放军歌曲编辑部	11442, 11486, 11497, 11602, 11608	今井正	13253
		今泉忠明	7007
解放军歌曲选集编辑部	11105, 11111, 11773, 12245	今日革	3512
		今日华侨编辑委员会	8886
解放军画报社	279, 3110, 3112, 3123, 3139, 3176, 3183, 3184, 9785, 10131	今日延安画册编委会	8908
		今日中国出版社	2185, 12777
解放军空军政治部文工团	11612	今山	5774
解放军毛泽东思想宣传队	11650	今水	6640
解放军文艺丛书	12095	今涛	9363
解放军文艺丛书编辑部	12081	今尾景年	6839, 6840
解放军文艺社	11466, 11695	今昔	5026
解放军文艺史料编辑部	252	今新	5277
解逢	9533, 9557, 9633, 9650, 9808	今虞琴社	11332
解际宸	11124	金·帕尔玛	10837
解金福	12318	金彩	7147
解缙	7155, 7178	金安群	2114, 3374, 3988, 4111, 4189, 4507, 4512,
解军	5911, 5912		4588, 4783, 4823
解力	6040	金白羽	4957
解蓬	10060	金宝根	8837, 9254, 9452, 9729
解黔云	10041, 10055	金宝临	4889, 4948, 4962
解婷执	13301	金宝仁	5342, 5558, 6121, 6498
解玺璋	13135, 13139, 13142	金宝山	4978
解永钧	5520, 5988	金宝源	8886, 9059,

作者索引

9064, 9237, 9355, 9357, 9358, 9359, 9361, 9362, 9378, 9389, 9390, 9399, 9439, 9615, 9622, 9804, 9810, 9814, 9824, 9825, 9831, 9846, 10017, 10026, 10029, 10030, 10040, 10047, 10048, 10049, 10061, 10062, 10072, 10103, 10621

金宝珠　　3906

金保书　　1589, 7801, 8582

金本　　12036

金炳华　　8961

金波　2218, 6500, 6517, 6716, 6717, 6767, 10596, 10597, 10599, 10606, 11474, 11601, 11604, 11924, 11946, 11957, 11966, 11972, 12017, 12018, 12019, 12029, 12044

金伯年　　10409, 10411

金伯殷　　5316, 5589, 5613, 5899, 5936

金伯兴　　8316

金步松　　1918, 4241

金采风　　4105

金采石　　9902

金昌杰　　8997, 8998

金昌平　　9872

金常午　　12542

金尘　　3808

金铮　　7761, 8008, 10234

金成钧　　7409, 8150, 8382

金诚　3430, 5842, 5892, 6656, 6669, 11245, 12635

金承煌　　1329

金城　　1698, 2161, 6681, 6682, 8516, 12961

金初高　　13091

金川有色金属公司工人业余美术创作组　3882

金春木　　10872, 11358

金忆　　13113

金琮　　1575

金琮书　　1575

金村田　　11568

金达迈　　5224

金大漠　　6049

金大钟　　7222

金丹元　　032, 7384

金岛　　7591, 7592

金德明　　5289, 8931, 9066, 9338, 9340, 9363, 9525, 9792, 9817, 9820, 9822, 9823, 9960, 10013, 10015, 10016

金德琴　　8308

金登才　　041, 12693

金笛　　11742

金鼎　　6388

金定根　4771, 8835, 9255, 9445, 9446, 9649, 9683, 9708, 9709, 9711, 9716

金东方　　1406

金锋　　3335, 4049, 8669, 8729, 9003, 9138, 9142, 9352, 9367, 9370, 9372, 9373, 9381, 9396, 9410, 9418, 9427, 9456, 9458, 9526, 9556, 9570, 9606, 9669, 9800, 9805, 9820, 9868, 9967, 10018, 10027, 10037, 10039, 10055, 10071, 10103, 10104

金娥　　6935, 6936, 6938

金鄂岩　　1688

金帆　　11520, 11923, 11936, 11941, 11943, 11956

金风　　5399, 5859

金锋　　058

金逢孙　　1347, 2977, 6920

金凤浩　11966, 11972, 11978, 12052, 12205, 12228

金凤清　　1464

金甫　　4982, 5077

金翰廷　　8022, 8037

金冈　　5629

金刚　　6532, 6711

金刚强　　7651

中国历代图书总目·艺术卷

金高	1762, 2729, 3812, 5246, 5743	金海龙	5277
金戈	5036, 5641, 5771, 5846, 5847, 6101, 6119,	金海青	6097
	6207, 6233, 6410, 6433, 6462, 7462, 7635,	金汉	469, 470, 672, 673, 7232, 7233
	9405, 12662	金汉川	12947
金革	5342	金汉俊	3791
金弓	6149, 6278	金行健	5910
金苟	678	金浩	10055, 10057
金禾	9464	金禾	5005, 11513
金古良	2972, 2973, 2974	金河	5805
金谷	1963, 4037, 4140, 4162, 4185, 5680, 5857,	金河渊	13252
	5957	金赫	12371
金观涛	056	金横林	10151
金光	2188	金红定	8838
金光出	11642	金红炜	3792, 3892
金光华	8600	金虹	6704, 6705, 6711
金光清	9521	金洪学	10607
金光日	12161, 12459	金鸿钧	956, 958, 963,
金光盛	9518		1964, 2003, 2040, 2252, 2507, 2509, 2547,
金光先	8443		2616, 2617, 2628, 2633, 2636, 2666, 2676,
金光瑜	3937, 3938		3661, 3662, 3988, 3989, 4022, 4069,
金光远	2452, 2802, 2847, 4615, 9765, 9928,		4116, 4175, 4184, 4279, 4404, 4523, 4529,
	10006, 10079		4566
金光洲	13226	金虎	11082
金广生	6280	金花	7090
金贵	2171, 4857	金华德	12432
金桂泉	3083, 3123	金华地区, 杭州市环卫处《踏着晨光》创作组	
金桂泉摄	3080, 3082		5237
金国斌	6654	金华地区婺剧团音乐创作组	11856
金国华	11625	金华地区征文办公室	11454
金国辉	3715, 3726	金怀英	8550
金国政	6571	金寰	5085
金果临	11666	金皇珠	4033
金海	4894	金辉	183, 6488, 6493, 11715
金海波	4237, 4335, 4397, 4462, 4475, 4649, 4747	金吉泰	5222, 5283, 5297
金海峰	7580	金吉腾	5718

作者索引

金吉云 12859, 12861, 12984, 13001, 13002

金纪发 3210, 3215, 3222, 3242, 3271, 3288, 3297, 3327, 3328, 3331, 3335, 3336, 3337, 3342, 3346, 3353, 3355, 3362, 3363, 3984, 4125, 4155

金家骥 1753, 2268

金家坤 5325

金家森 5355

金家祥 4571

金家翔 965, 998, 2054, 4618, 4643, 11298

金傢仿 6590

金稼仿 5434, 5485, 6015, 6024, 6051, 6077, 6132, 6519

金坚 5245, 5274, 5295, 5429, 5509

金简乃 7694

金建 8748

金建楚 3475, 3498

金建华 2541, 6555, 6568, 6576, 6589, 6592

金建民 11298

金鉴 5803

金鉴才 231, 232, 235, 964, 3763, 7287, 7614, 8386, 9511

金鑑才 232, 964, 8463

金江 9725

金阶 7198

金近 4879, 5077, 5511, 5608, 6582, 12006, 12019

金经言 10818, 10925, 10983, 11217, 11271, 12489, 12524

金景华 9520

金敬迈 5708

金娟 6572, 6573

金珏 3875

金君紫 13251, 13259, 13262

金俊明 1569, 1572, 1631, 1641, 1646

金骏 7663

金开诚 044, 7349, 7352

金楷理 12261

金珂 4611, 4622, 4623

金可琛 8047

金可林 9470

金克浚 5788

金克木 066

金克全 3677, 3715, 4075, 10405

金牵 3919, 4971, 4972, 5001, 5036, 5046, 5057, 5331, 5402, 5522, 5650, 5732, 5840, 6310, 6332, 6337, 6422

金来 9519

金兰 1857, 3579, 3606, 3610, 3704, 3706, 3746, 3765, 3785, 3899, 4096, 4121, 4212, 4311, 4365

金岚 4883, 9920

金浪 5489, 5571, 5581

金乐民 13249

金磊 183

金立德 1196, 2955, 3099, 4943, 4949, 5015, 5048, 5081, 5089, 5090, 5091, 5141, 5143, 5659, 5869, 6799, 6911, 7061, 10613

金立昊 10279

金莉 1144

金莉莉 6145

金连城 4953

金连华 4517

金连凯 12736

金莲兰 6458, 7008

金炼百 12075

金梁 11962

金陵公司 9971

金陵老年大学 915, 916, 7374

金陵老年大学中国画教研组 857, 906

金陵女子文理学院体育系 12651

金陵盆景研究会 10586
金陵书画社 1900, 8064
金陵协和神学院音乐组 12443
金溜昌 5573
金鑐 8500
金龙 2583, 2690, 4836, 8219, 8241
金隆贵 339
金吕夏 7434, 8208, 8215
金缕梅 2719, 5057, 5096
金路得 11109, 12359, 12360, 12401
金马 3460, 3482, 3483, 3484, 3488, 3489, 3490, 3491
金莽 6142
金梅 7369
金梅芬 4959
金梅生 2074, 2087, 2107, 2138, 2144, 2157, 2161, 2162, 2844, 2944, 3548, 3550, 3554, 3555, 3561, 3567, 3577, 3580, 3596, 3599, 3605, 3608, 3616, 3623, 3624, 3682, 3686, 3693, 3695, 3713, 3722, 3729, 3746, 3764, 3772, 3794, 3870, 4006, 4020, 4033, 4038, 4050, 4082, 4113, 4117, 4131, 4142, 4159, 4182, 4189, 4230, 4285, 4301, 4630, 10457
金美华 4450, 4469, 4493, 4601, 4619, 4645, 4662
金孟 10774
金敏之 1600
金名 12970
金明 3458, 3466, 4812, 6084, 6387, 9672, 10706, 12603, 12609, 12612
金明甫 12998
金明集 415
金鸣 5797
金鸣高 4935, 4968
金茗 5940
金铭 2364, 2428, 2500, 3214, 3534, 3565, 3583, 3589, 3627, 3649, 3654, 3656, 3680, 3684, 3704, 3714, 3745, 3755, 3780, 3785, 3788, 3830, 3933, 3981, 4000, 4046, 4056, 4060, 4069, 4082, 4085, 4127, 4136, 4141, 4149, 4165, 4178, 4198, 4199, 4204, 4222, 4236, 4265, 4287, 4296, 4329, 4335, 4341, 4366, 4391, 4392, 4401, 4443, 4450, 4460, 4510, 4989, 8249
金铭子 6375, 6514
金淇梅 6729, 6730, 6733, 6737, 6740
金木 5001, 6398, 6464, 6716
金乃千 5984
金乃学 12978
金年华 2365, 4522, 4535
金农 671, 780, 781, 801, 868, 929, 930, 934, 986, 1032, 1062, 1443, 1610, 1628, 1635, 1653, 1671, 1675, 1682, 1688, 1689, 1690, 1694, 2514, 2696, 7672, 8028, 8044, 8052, 8066, 8068, 8069, 8079, 8093, 8105, 10461
金瓯 3828
金鸥 6569
金培庚 1775, 1821, 3549, 3590, 3693, 3703, 3704, 3710, 3729, 4051, 4116, 4287, 4340
金培奇 5371
金沛霖 3059, 8005, 12886
金佩英 6648
金平 4576, 5874, 7401, 8246, 12408
金平定 2100, 2128, 2129, 2377, 4111, 4145, 4154, 4260, 4310, 4319, 4336, 4355, 4389, 4419, 4604, 4660, 4761, 4799, 4864
金起元 8940
金千秋 12575, 12577, 12578

作者索引

金强	7086, 7087	金盛国	2711
金桥	6071	金石	1090, 2692, 6120, 7651, 10039, 10142,
金茄	12340		10316, 11218, 11250, 11251
金青	5732, 5745, 5752, 5936	金石声	8914
金庆华	4451	金史	1592, 2973
金庆云	10880, 12389	金矢	9963
金丘	8777	金士铭	10804
金秋	12575	金士钦	352, 10366
金泉	6544, 6658	金世惠	11759
金泉生	11533, 12047, 12651	金世荣	1423
金铨	8516	金世腾	5759, 5997
金群	4945	金仕庸	11032
金仁敏	7786, 7920, 7923	金瘦羚	3486
金日革	3505, 3517	金叔介	10615
金荣	9465, 10244	金水河	13253
金荣华	364, 8292	金斯莱	7142
金容	7580	金斯特里尔	625
金容秀	4476	金似云	9692, 9693
金蓉	6404	金松	9225
金蓉秀	4573, 4586, 4688	金松风	4931
金润民	1887	金索	12079
金砂	11949, 11956	金汤	12670
金山	520, 524, 5309, 11899, 12690, 12814, 12909,	金涛	5514, 5950, 6293, 6330, 11939, 12619
	13114, 13245	金天	3443
金山石	2874	金天安	3248
金山县文化馆	6756	金天逸	13067
金善国	12181, 12184	金铁莲	4031
金尚义	523	金铁霖	11131
金少洲	5467	金铁路	9802
金绍坊	1061	金童	4887
金绍健	696	金吐肯	11968
金申	461	金驼	6067
金声	11259	金威	13014
金声民	11962, 12591	金维尔	8744
金绳曾	8594	金维克	8741

金维诺 249, 292, 293, 294, 295, 458, 1526, 6624, 6625, 6628

金伟 3026, 4028

金伟勇 9338

金伟展 5742, 6060, 6193

金卫展 6210

金渭昌 5610, 6244, 6291, 6337, 6517, 6649, 6664

金慰祖 4973

金文彬 7586

金文达 10847, 10854, 10972, 11079, 11081, 11164, 11167, 11177, 11178, 11179, 11181, 11267, 11268

金文和 8572

金文济 8118

金文明 5440, 5618, 5667, 5737, 6234

金文武 1373

金文馨 10747

金雯 12994

金问楥 8772

金芜 5461, 6346

金西厓 8617

金希光 3600

金希明 8204, 8317

金锡湖 7030

金锡良 7030

金锡林 6517, 6645

金熙 1604

金夏吉 5010

金贤 8482, 8483

金县阶级教育展览馆 3129, 5121

金宪源 5817

金湘 10874, 11501

金祥龙 1407, 3830, 3920, 3974, 4172, 4442, 4726

金响 12209

金小胶 4243

金晓枫 10698

金晓海 2547

金晓明 6021

金协中 4896

金心明 923

金鑫 6708, 6877, 10751, 11565

金星 1241, 5565, 5675, 6014, 6051, 6103

金旭 3602

金叙 5278

金勋琪 10020

金学智 7266, 7302, 7342

金雪尘 1762, 1973, 2390, 2611, 3533, 3534, 3537, 3550, 3551, 3555, 3556, 3559, 3560, 3567, 3571, 3576, 3577, 3581, 3582, 3585, 3591, 3597, 3599, 3600, 3604, 3607, 3613, 3614, 3618, 3619, 3631, 3632, 3637, 3650, 3655, 3665, 3667, 3673, 3676, 3687, 3690, 3691, 3695, 3702, 3706, 3715, 3718, 3722, 3728, 3738, 3740, 3741, 3757, 3779, 3958, 3969, 3985, 4011, 4016, 4028, 4037, 4040, 4092, 4093, 4113, 4121, 4129, 4130, 4132, 4139, 4151, 4210, 4213, 4222, 4232, 4243, 4259, 4261, 4270, 4282, 4296, 4327, 4336, 4338, 4345, 4394, 4416, 4445, 4470, 4486, 4556, 4587, 4593, 4649, 5484, 10448, 10465

金雪林 5924, 6331, 6435, 6658, 6695

金雪孙 8120

金亚娜 025, 065

金亚子 6330

金岩 2009, 2143, 3682, 10830

金研 10279

金研整 10284

金彦华 5812, 5885, 6458

作者索引

金彦平	4251, 4428, 4456, 4582, 4644, 4709	金玉	5574, 9374, 12961
金燕平	4645	金玉馥	4019
金燕荣	9083	金玉声	12543
金阳平	1145, 1151, 5733	金玉振	8134, 8151, 8164, 8382
金耀	8524	金育青	6653
金耀玠	632, 8743	金禹	9253, 9393, 9552, 9553, 9554, 9966, 9972,
金耀文	9085, 9808, 10001		9973, 9974, 9975
金耀章	12826, 12891	金欲吟	3766
金冶	146	金域	8502
金一	11361	金裕吟	3777, 3997
金一晴	8496	金裕众	10868
金一德	1105, 1106	金煜	7672, 8352, 8559
金一如	1487	金毓清	6808
金依	2919, 2920	金元宝	9047
金宜	9006, 10018	金元均	12371, 12372, 12539, 12542
金以云	5690, 8841, 9024, 9122, 9423, 9438, 9464,	金元庆	12656
	9724, 9742, 9757, 9758, 9818, 9898	金元钰	8656
金义良	9342, 9343, 9525	金原省吾	571, 782
金忆波	9734	金瑗	1462
金易	12831	金月	5769
金铁强	6010	金月琴	11666, 11709, 12202, 12204
金意庵	2329, 8569	金钺	9087
金懿	6330	金悦	2168, 4783, 4799
金荫湖	1706	金云	5761, 5817, 9458, 12334
金英奎	3508, 3509, 3512, 3513, 3517	金云法	8599
金樱	7579	金匀	4951, 5062, 10404
金膺显	8264	金耘	8821
金鹰	9623, 9967	金允铨	1177, 1184
金甬	3526, 3527, 6485, 6490, 6495, 6500, 6510	金运昌	7163, 7370, 8396
金永辉	2303	金载铨	7030
金水林	400, 5802	金宰民	155
金勇	3861	金在清	12179
金羽	4953	金泽	9573
金雨	4414	金泽荣	8110
金禹民	8559	金曾灿	7241, 7248

金章	987	金仲平	11187
金章才	13058	金仲渔	4938
金钊	6549	金重	5311, 11950, 12803, 12953
金肇芳	3536, 3561, 3573, 3617, 3642, 4764	金重卷	12765
金肇渠	6014	金州	6540
金哲	11434	金祝明	4196
金振家	5343, 5869	金灼	5206, 5234, 5389
金振陆	3773	金滋	7207
金振之	1889	金子成	8306
金震雷	12927	金子筑水	005
金正惠	718, 944, 948, 975, 2552, 2625, 2627, 2636, 2639, 2641, 4147, 4191	金紫光	11358, 13014
		金自立	3245
金正盘	5663	金宗美	5408
金正磬	5492, 5682, 5801, 6035, 6092, 6219	金祖章	3723
金正日	13069	金祖边	9516
金正喜	8152	金祖兵	2709
金支	9729	金祖章	3574, 5416, 5589, 5868
金芝	4970, 12589, 12696, 12708, 12921	金作义	8939
金至纯	11121	津民	7489, 7500
金志浩	7538, 7580	津平	7044
金志健	6381, 6461	锦超	4629
金志军	12995	锦华	5846
金志远	1741, 1743, 1753, 1860, 1938, 3103, 3535, 3563, 3567, 3640, 3938, 3972	锦其	6171
		锦声	2428, 2885
金中	10382, 12411	锦文	5334
金中全	3801	锦文堂书庄	1466
金忠敏	979	锦绣	6122
金忠明	046	锦州市人民委员会文化科	11775
金忠群	979	锦州市文联	11603
金忠元	7003	锦州铁路局业余美术创作组	5183
金钟	5822	锦珠	10317
金钟浩	11172	瑾迟	4973
金钟鸣	5055	进军	5700
金仲	464	进梦	11523
金仲柏	10271	进庆	6666

作者索引

近森出来治	11822	晋县周头公社"革委会"	5199
近藤圭	11225	晋夷	8832
近藤秀实	816, 849	晋冀	8829, 8835
近藤洋子	10373	晋英	11503
近卫秀磨	11164	晋泽	6045
劲波	6037, 6038, 6193, 6205	晋中群众艺术馆	8152
劲草	9863	浸会书局音乐委员会	12440
劲时	3230	靳斌	10379
劲松	5343, 6043	靳参	11141
晋拔	6056	靳从	5257, 5288
晋察冀边区戏剧协会	11386	靳大成	042
晋察冀革命文化史料征集协作组	12791	靳球强	10192, 10194, 10216, 10400, 10401
晋察冀军区政治部	11378, 11552	靳定生	3925, 3963, 4190, 4379, 4382
晋察冀鲁豫烈士陵园	5267	靳东立	9477, 9747, 9906
晋察冀日报史研究会	11753	靳凤兰	11929, 13211
晋察冀文艺研究会	1408, 8701, 8893, 12774	靳福堂	8785, 8986
晋察冀文艺研究会冀热辽分会	267	靳古	1327
晋察冀文艺研究会冀中分会	11710, 12783	靳冠三	3864
晋察冀音乐社	11548	靳冠山	3622, 3699, 3730, 3754, 3799, 4443
晋察热辽军区政治部	11386	靳合德	3304
晋川	2175, 2243, 6051, 6107, 6108	靳及群	2023
晋柯文物保管所	8069	靳杰	12047
晋丁	4970	靳军	2911
晋东南地区美术创作组	3760	靳克勤	3399
晋东南地委摄影组	9273, 9274	靳蕾	11144, 12104, 12113, 12136
晋东南行署文化局	12847	靳立华	4555, 5379, 5545, 6167, 6280
晋东南美术创作组	3768, 3769	靳连臣	4325
晋福臣	7369	靳卯君	10814, 11087
晋江县业余美术学习班	5191	靳梦萍	12958
晋鸥	2204	靳明魁	5762, 6188
晋庆玉	5431	靳鸣	136
晋守贤	9818	靳祈岛	10190
晋松	6549	靳庆	3342
晋绥边区第四届群英大会宣传部	11362	靳庆金	3284, 4412
晋陀	13239	靳庆祥	2432

靳仁令	3210	京棉三厂党委宣传部	11419
靳蓉	5508	京秋	4791
靳瑞	4161	京市文化局《工农兵文艺演唱》编辑组	11455
靳尚宜	3104, 3106	京特	10983
靳尚谊	305, 306, 1073, 1132, 1139, 1345, 1421,	京兹堡	11181
	1910, 2728, 2767, 2768, 2770, 2787, 2795,	京子	5784
	2796, 2798, 2815, 2874, 2896, 3095, 3139,	京字八〇一部队	5162
	3933, 3934	京左	4962
靳士石	7521	经百君	12709
靳守恭	3901	经宝忿	12992, 12994, 12997, 12998
靳栓平	7527	经宝忿编绘	12990
靳涛	2948, 2962, 4558	经亨颐	2235
靳文生	8625	经利彬	8455
靳夕	4931, 13234	经伟	6243
靳向红	7654	经魁	5087
靳小春	5952	经振华	2118
靳小品	4862	荆浩	467, 642, 885, 898, 1528, 6821
靳欣	6550	荆鸿	7298, 7426, 7427, 7429
靳选之	1971	荆桦	12699, 12949
靳学东	12391	荆蓝	338, 12902
靳延平	11189, 11190, 12165, 12179	荆雷	10220
靳一石	8377, 8407, 8438	荆令	11551, 11556
靳依	8809, 8810	荆乃立	12617
靳以	5074	荆平运	3785
靳之林	2714, 2715, 5321, 10683	荆其柱	6475
京耳	9441	荆强	9092
京飞	9775	荆日政	10444
京华	5123, 7060, 7061	荆人	5937
京华出版社	2686	荆三林	8606
京华美术专门学校	342	荆生彦	11836, 12115
京江	5820	荆文礼	12853
京京	7043	荆鹰	7470, 7476, 7482, 7488, 7505, 7541, 7542
京剧史编写组	12877	荆永福	12115
京剧研究社	11828, 12274	荆于	5689, 5915
京隆	5859	荆曰政	2566, 4114

作者索引

荆振初	5295	井迎兆	13271
荆州地区汽车运输管理处创作组	5351	井之	6220
荆州花鼓戏志编纂委员会	12936	井之元浩二	10147
荆州专署文教局	11779	景爱	8545
荆子	6562	景长清	5063
菁慧	10302	景成芳	5132, 5729
惊涛	2917	景充	4835, 4840
晶晶	11737	景春	6230
晶晶画报社	6679	景德镇市赣剧团艺术室	12130
晶君	1447	景德镇市工人文化宫	11442
精纪	2705	景德镇市京剧团音乐组	12077
精良	10559	景德镇市陶瓷考古研究所	410
井ノ元浩二	10145	景德镇市图书馆	10640
井奥一一	12484	景德镇市文化馆	11442
井炳炎	10575	景德镇市文化管理站	5163
井冈山报社	11570	景德镇市文化局剧目工作室校	12130
井冈山博物馆	8927, 9325	景德镇市文学艺术界联合会	10642
井冈山地区《红心铁臂改山河》创作组	1806	景德镇是文化管理站	5164
井冈山地区《英雄弹前人》连环画创作组	5187	景德镇陶瓷馆	10496, 10641, 10643, 10646
井冈山地区革命歌曲创作组	11675	景德镇陶瓷上海艺术中心	10658
井冈山地区革命歌曲征集小组	11562	景德镇陶瓷学院	10655
井冈山地区群艺馆	5232	景德镇陶瓷研究所	8616, 10641
井冈山地区文化教育局	11690	景德镇陶瓷艺术编委会	10642
井口基成	11224	景德镇陶瓷艺术整理委员会	10642
井宽胜	5779, 6160	景耳	8715
井勤荪	029, 10866	景风	4086, 9218, 9275, 9287, 9327
井泉	5745	景孤血	12867, 12876
井上雄彦	6992	景谷傣族彝族自治县文化局	12350
井上有一	8277	景海	9852
井士剑	2811	景浩	4637
井田	5583	景洪县文化馆	3187
井维春 3222, 3244, 3247, 3264, 3285, 3289, 3824,		景华	6336
3906, 3909, 3948		景继生	2589, 10418
井轴	11549	景岚	3809
井岩盾	11551	景濂	3069

中国历代图书总目·艺术卷

景牧	981	净慧	8248
景颀	6279	净天	7353, 7354
景启民 1922, 2058, 4290, 4298, 4415, 4472, 4577,		净于	4905
4653, 4715, 4744, 4896, 5054, 5064, 5083,		净缘社	6617
5085, 5397, 5542, 5752, 5952, 6279		竞波	11956
景青峰	9372, 9576	竞华演唱	12127
景日眕	1046	竞时	3644, 4941
景戎华	435, 13214	竞艳	10042
景山	8433	竞艺	6491
景珊	5952	竞舟	9112
景胜	5200	竞时	3577
景氏	1469	敬国	6512
景世泽	5127	敬客	7827, 7830, 7833, 7834, 7850, 7859, 7883
景舜逸	8249, 8359	敬平	5643, 5801
景维新	8277	敬然	13277, 13280
景文	5446, 5767	敬人	7064
景希珍	5492, 6163	敬少文	4423, 6147, 8808, 13123
景喜	9913	敬廷尧	2111, 2896
景喜献	7539	敬庭尧	2329
景献琛	8699	敬晓星	6726
景祥	4772	敬有权	8862, 9825
景翔	13207	敬源岐	3941
景小	9500	敬箴	6062
景新	5965	敬致	4605
景轩	9997	靖安县毛泽东思想宣传站	3179, 3197
景阳	814, 4722	靖安县文化局	12775
景英豪	6557	靖安县文化站	5215
景玉光	11873, 11876	靖边县林业局	9287
景沅	5691	靖学	8566
景樾	4971	静安	9983
景兆林	11166	静安区"革命委员会"地区组创作组	5243
景芝	5093, 5094, 5096, 5118	静安区工人文化宫	3217
景志龙 3822, 3875, 4058, 4062, 4115, 4118, 4142,		静安区工人文化宫工人业余美术创作组	3229
4276, 4340, 4403, 4404, 4441, 4598, 4657		静安区文化宫	3864
景作人	10871	静庵	4962

作者索引

静波	6002	九台县音乐工作者协会	12558
静菇	4643	几乡风景名胜区管理局	8330
静国	6341	九寨沟管理局	8960
静海县业余文艺创作组《银沙滩》小组	5268,	久保田千太郎配	7043
5332		久保田昭人	10147
静宁县文化馆	11804	久保走一	8729
静如	3674, 4226, 4311, 4426, 4456, 4470, 4479,	久噢	8903
4737		久华	4968
静茹	2370, 4634, 4659	久康	10298
静山	6206	久里洋二	6911
静薇	10888	久伦	5789
静霞	4987	久鸣	11728
静虚子	10572	酒井法子	10145
静轩	3379	酒井高男	10750
静岩	12114	救国公债劝募委员会	3066
静夜	7503	救亡出版社	11545
静远编	6536	救亡歌曲社	11374
静云	11218	救亡歌咏社	11372
静蕴	9486, 9492, 9494	居巢	675, 1658, 1666, 2624, 7147, 8044
瀞睿	1650	居巢作品选集编辑委员会	1658
炯惠	4416	居廉	1657, 1660, 1666, 1673
炯基	5672, 6101	居其宏	10971
鸠摩罗什	7660, 7989, 8038, 8049, 8357	居斯塔夫·库尔贝	6847
九江地区"革委会"《英雄四民兵》连环画创作		居文郁	12349
组	5168	居文钟	1213
九江地区文艺站	5186	居延安	027
九江专区采茶剧团	12119	居伊·拉库尔	12459
九江专区工农兵文艺工作站	5154	居友	007
九江专区群艺馆"革委会""英雄五少年"创作		居月	11317, 12289
组	5147	瑱俊雄	6729
九思斋主	677	瑱清林	11127
九台县美术工作者协会	343	鞠大伟	1333
九台县农民连环画学习班	5271	鞠伏强	2431, 5180, 5198, 5403, 5423, 5587, 5704,
九台县文化馆	6754		5890, 6032, 6069, 6127
九台县戏剧工作者协会	12558	鞠福祥	3685, 3708, 3755

中国历代图书总目·艺术卷

鞠洪深	4838	觉本氏	5508
鞠履厚	8448, 8449, 8451, 8457, 8497, 8499	觉海	6488
鞠录田	5788, 5833, 5834	觉君	6518
鞠萍	10182, 10720	觉生	1700
鞠如凡	5538	军驰	10907, 10928, 11081, 11159
鞠士林	12300, 12314	军锋	8860
鞠孝铭	12984	军官训练团	11385
鞠秀	12138	军区政治部宣传部	12906
鞠宇东	5220, 5271	军事委员会桂林行营政治部	11362
鞠子才	12116	军事委员会政治部	2976, 4870, 11374, 12862
局音乐工作组	11828	军委会政治部	3392, 4868, 4869, 4870, 4872,
菊侪篆	8444		11378
菊池宽	12710	军委会政治部剧宣七队	12752
菊地信义	10757	军委总政文化部文艺训练班	12137
菊言文	5077	军委总政治部文化部	11564
菊子	5660	军械杂志	8572
萱人	7029	军之友社	12671
巨川	1329	均欢	6222, 6223
巨浪	13268	均平	12282
巨鹿	9370, 9548, 9556	均琪	2395
巨目夫	4907	君安	6717
巨然	1526, 1535, 6821	君比	3466
巨松林	6720	君度	4971
巨野县文化馆	3837	君福	9596
句曲山农	1596	君里	6188
句容县文化馆	5268	君沛	6141, 6142
炬容	6043	君平	5102
剧组	11857	君如	7811, 7816, 7913, 7992, 7994, 7995, 7996,
聚文社	7366		8001, 8090, 8361, 8394, 8420, 8432
涓涓	5357	君甸艺术院	8546
娟子	9036	君旺	6334
卷大任菱湖	8025	君文	4615, 4646
倦游逸叟	12740	钧兵	3015
绢子	9771	钧明	6319
觉庵	12299	俊昌	9979

作者索引

俊国	4765	《孔繁森颂歌》编委会	11752
俊杰	9380, 9591, 9608	《孔繁森之歌》创作组织委员会	11519
俊林	2885	《矿工怒火》连环画创作组	5163, 5177
俊美	11737	《昆明》画册编辑委员会	8944
俊青	2656, 2659, 2661	槛外人	12880
俊卿	8207, 8852, 8938, 9026, 9470	喀德曼	12367
俊清	2169, 2657, 2658, 2659, 2663, 2665, 2666,	卡·科洛迪	5997
	9408	卡昂钢琴伴奏	12449
俊然	5464, 5776	卡巴列夫斯基	10824, 12489, 12491, 12505
俊茹	5929, 6267	卡巴奈	6891
俊山	6322	卡巴内	541
俊彦	7627, 9671	卡巴内尔	6860
俊一	5040	卡巴尼尔	6867
俊之	6595	卡波伐利	12370
郡台尔·燕斯	8682	卡茨	12361
峻峰	5919	卡达耶夫	13260
峻极	5560	卡德尔	3834
峻隅	8321	卡蒂埃－布勒松	10140
峻岭	8881, 8999, 9331, 9333	卡恩	10883
岐青	4928, 4977, 5025, 5111, 5352, 5541, 5922,	卡尔	11181, 13186
	5979, 6003, 6059, 6070, 6149, 6154	卡尔·安德逊	7025
峻嵘	5897	卡尔·安徒生	1217
峻之	6064, 6139	卡尔·巴特	10882
浚川	2471	卡尔·伯纳特	8741
骏安	5931	卡尔·勃留洛夫	6885
骏骅	6658	卡尔·车尔尼	12525, 12526, 12531, 12532
骏骑	11954	卡尔·弗莱什	11182, 11189, 12545
骏治	5931	卡尔·汉茨·图瑟	5500
		卡尔·拉松画并	6835
K		卡尔·伽特纳	11074
《抗震救灾宣传画》编绘组	3255	卡尔·舒曼	13009
《柯城画册》编辑委员会	8906	卡尔·斯提劳逊	5691
《科普画刊》编辑部	3415	卡尔费莱什	12468
《可爱的中华》全国摄影比赛组织委员会	8897	卡尔夫	8747
《孔繁森摄影作品选》编委会	8985	卡尔梅科夫	11041, 12442

中国历代图书总目·艺术卷

卡尔塔亚	12370	卡玛	6864
卡尔突诺夫	13253	卡米尔·阿特一达尔马沙尼	13091
卡风	025	卡蜜拉·葛瑞	372
卡璜	12138	卡缅斯基	473, 502
卡可泰	11770	卡涅夫	13256
卡克慎	13090	卡宁坚	6137
卡拉甫肯	13258	卡普杰列娃	103
卡拉甘诺夫	13184	卡普兰	13068
卡拉缅	13262	卡普列尔	13258, 13259
卡拉斯托扬诺夫	12363, 12410	卡普鲁诺夫斯基	13251
卡拉托卓夫	13257	卡瑞·波恩斯汀	8745
卡拉托佐夫	13305	卡萨特	6884, 6887
卡拉瓦乔	6868	卡斯比	13256
卡拉瓦桥	6884	卡斯蒂	13059
卡雷	11167	卡斯顿·海雷斯	068
卡雷尔·赖兹	13266	卡塔耶夫	5579
卡雷谢娃	10849	卡泰耶夫	4898
卡里金	13215	卡托·哈瓦斯	11184
卡里皮基	13264	卡瓦尔坎提	13251
卡里皮吉	13280	卡维尔	13056
卡丽	10847	卡乌茨基	13255
卡利安	1068	卡西利	13254
卡利季娜, H.H	6932	卡希尔	847
卡利克	13223	开封刺绣厂	10353
卡列	7057	开封地区群众艺术馆	12818
卡琳·珲克	157	开封军分区	3016
卡琳娜·伐纳	12584	开封市电影志编辑室	13184
卡留柯夫	13255	开封市商业局服务公司毛泽东思想宣传站	5205
卡卢利	11048, 11049, 11050, 11051	开封市文化馆	11687
卡伦	071	开封市文化馆书法研究组	8146
卡罗尔	7016	开封市业余油画创作组	3908
卡罗莱·卡琴	500	开封市音乐工作者协会	11398
卡罗琳·菲普斯	12526	开封市中等学校音乐教研组	11404
卡萝尔·卡切尔	1201	开封县文化局	12772
卡洛儿·怀塔克	10764	开弓	11503

作者索引

开华	5354, 5373, 5404, 5436	凯斯勒	12500
开慧	8550	凯斯特莱尔·略林茨	11095
开雷	11167	凯绥·珂勒惠支	6913, 6917
开里	5430, 5467	凯特莉	480
开立	6907	凯特曼	11052
开塞	12460, 12462, 12463, 12475	凯文·麦克弗森	1087
开宁	12041	凯翔	1245
开元	11523	凯雄	11889
开折	4946	恺斐	5991
凯·菲德勒	6015	恺君	5604
凯朴	5056	慨言	5449
凯兵	8946	慨志生	12273
凯传	11466	坎贝尔	8703
凯德子	1072	坎德勒	7020
凯尔第什	10981, 11141	坎勒	2958
凯尔什涅尔	10856	看今朝创作组	1274, 1275, 1803
凯帆	9585, 9608, 9613, 9615, 9621, 9626, 9627	阚铎	385
凯伏尔科夫	13262	阚文青	7144
凯光	4775, 4831, 8817, 9348, 9440, 9445, 9714, 9726	阚晓燕	6574
		康艾苓	10720
凯军	3488, 3489, 6548	康爱萍	2283
凯勒蒂	13257	康宝	8828
凯雷	128	康宝堂	12323
凯蕾	10369	康保成	12782, 12960
凯利克	13223	康波夫	2868
凯伦·卢斯特加登	12668	康伯父	647
凯湄	5638	康查洛夫斯基	13101
凯姆林	13258	康成元	2221
凯纳斯·米斯	8681, 8682	康促	4924, 4956
凯涅曼	12411	康大荃	8697, 9351
凯平	3489, 6548	康德拉申	11107
凯萨琳·齐格勒	8622	康德休	5045
凯丝·华纳·史培林	13317	康丁斯基	084, 476, 483
凯思琳·菲德勒	5765	康定斯基	058, 582, 1075
凯斯	10821	康东	7649

中国历代图书总目·艺术卷

康笃熙	11987	康里巎巎	7993, 7997
康杜德	6991	康立	6145
康恩达	453, 9329	康丽	6673
康夫	317	康丽霞	6572
康甫氏	8504	康迈千	5026
康复杂志社	6247	康美凤	11082
康富平	3794, 4007, 4067, 4128, 4204, 6101	康明彬	13278
康海	6403	康明瑶	026, 486
康海飞	10620	康明玉	10574
康浩	10832	康模生	5494
康和	3835	康默如	7261, 8346, 8364, 8550
康洪发	4979, 5000	康宁	2696, 2703, 3843, 5310, 6186
康洪兴	12703, 12805	康迁	10801, 11084, 11087, 11102
康怀宇	5821, 5936, 6076	康迁主	10861
康纪生	3814, 3818	康平	4777, 5573
康济	4925, 4927, 4934, 4937, 4960, 4992, 5002,	康坪	6761
	5020, 5117, 5713, 6133	康却非	12205
康家忠	10641	康冉	10288
康建邦	6865, 7064	康戎	5670
康建东	12238	康荣	257
康建亭	8212	康蕊君	416
康建中	11817	康绍熙	4226
康健民	11273	康生	8143
康金成	2235	康师尧	681, 960, 965, 1435, 1775, 2283, 2511,
康金城	1972, 1992		2591, 2604, 2720, 3093, 3593, 4019
康金涛	5297	康诗伟	1864
康津斯基	10923	康诗纬	2866, 8776, 8900, 9219, 9341, 9528, 10018
康进之	6388	康世华	10687
康军	6326	康淑贞	2519
康恺	1044, 1045	康思斯	6765
康拉德	7053	康斯登基诺夫斯基	12652
康拉克－阿尔捷莫夫斯基	13002	康斯太勃	6796, 6858, 6883, 6888
康乐	2104, 2147, 4831	康斯泰勃尔	6819, 6868
康乐木刻研究社	2979	康斯坦丁诺夫	10846
康里巎	7963, 7979, 8001, 8413	康斯坦基诺夫斯基	12653

作者索引

康斯特博	568, 571	康有为	1475, 7155, 7235, 7236, 7239, 7260, 7276,
康万成	13163		7659, 8110, 8111, 8114, 8116, 8117, 8119,
康万武	1517		8124, 8130, 8131, 8169
康威·洛伊德·摩根	10615	康宁	5552, 5709
康韦·劳埃德·摩根	10398, 10780	康育义	2070, 2464
康卫东	6493	康芸洲	13001
康卫中	2483	康正果	180
康文明	6131	康正南	11053
康文生	3901	康正平	9307
康吾	6535	康志诚	7531
康务学	8317	康志荣	9886
康希圣	11149	康珠	3565
康熙	8019, 8079, 8093, 8100, 11022, 11023,	康祝	4925
	11024, 11025, 11026, 11027	康庄	910, 1311, 2135, 8156, 8158, 8249, 11715
康熙帝	8105	康自强	3209, 5315, 5868, 6066
康熙美术企划室	10212	康祖治	7236
康喜玉	10027	亢宏	11147
康笑宇	3503, 3504, 3516, 3528, 3909, 7013	亢杰	11673
康啸白	426	亢龙	4095
康新民	5667, 5941	亢笙	1388, 6791
康兴德	3863, 4158	亢佐田	3762, 3785, 3829, 4010, 4116, 4128,
康兴龙	5588		5345, 5916, 5978
康学武	4993	抗敌画报社	2977
康延补	2906	抗敌演剧队第一队队史编写组	12915
康移风	5874, 6219, 6293, 6407	抗威	12039, 12040
康移风	6345	抗文生	3829, 13270
康义	3902, 3941	考查兰特	13251
康毅	6550	考诚	4896
康殷	2159, 3545, 4986, 8245, 8368, 8393, 8394,	考尔绘	1107
	8540, 8541, 8548, 8550, 8573	考夫曼	12393, 12394
康瑛绘	6738	考考	6381
康庸	8367	考克斯	11271, 12454
康雍	7871, 8279, 8280, 8285, 8368, 8373, 8393,	考林·艾斯勒	6830, 6869
	8402	考普洛维特茨	13255
康永杰	8468	考兴	10152

中国历代图书总目·艺术卷

珂玢	8782	柯纪实	10617
珂珺	10240	柯家兆	5516
珂勒惠支	6914, 6915, 6916, 6917, 6924, 6925	柯建军	6350
珂田	4872	柯杰倬	8256
柯·阿·布鲁谢总	13257	柯九思	1529, 1530, 7948, 7968, 7998
柯宝鸿	5582, 5797	柯可	13143, 13199
柯毕	6105	柯克	5101, 10803
柯别茨斯	13306	柯克兰	10146, 11090
柯昌泗	8533	柯客	5783, 5854, 5937
柯春海	7481	柯蓝	4890, 9144, 11562, 11760, 13233
柯达伊	10903, 10904, 12411, 12427, 12451	柯勒惠支	1122
柯大先	5340	柯利	8715
柯大谐	11787	柯利根	13063
柯丹丘	5793	柯列	11221
柯德恩	4350, 4654	柯列夫	11140, 11178, 11179
柯蒂斯·加兰	5574, 6007, 7075	柯烈	10217
柯蒂斯原	12498	柯林斯	5731
柯尔帆	6670	柯林伍德	035
柯尔比	12662	柯琳	11298
柯尔宾斯基	124	柯灵	5495, 12810, 13141
柯尔奈尔·柴姆普莱尼	12520	柯玲	3107, 3569, 3653, 5632
柯尔尼留·巴巴	6879	柯鲁尚采夫	13254, 13256
柯尔尼洛夫	6917	柯罗	2639, 2776, 6849, 6865
柯尔涅楚克	13251	柯罗列娃	13275
柯逢	5945	柯罗特·洛宾斯编	7086
柯岗	6379	柯洛斯尼科娃	13215
柯和根	1193, 10280, 10284, 10286, 10301, 10329	柯玛巴妮茨	13254
柯横	1731, 1735, 1736	柯玫瑰	419
柯宏毅	848	柯美	6084
柯鸿图	10235	柯明	1221, 1305, 1913, 3088, 3331, 3611, 5061,
柯华	1377, 6187, 6315, 8642		5240, 5400, 5425
柯焕	5709	柯铭	13149
柯焕德	7454	柯耐尔	370
柯璜	7790, 7852, 7964	柯南·道尔	5829, 7052
柯基良	10236	柯南道尔	5378, 5481, 5503, 5528, 5530, 5542,

作者索引

5550, 5591, 5600, 5653, 5698, 5708, 5709, 6129, 6391, 6449, 6491

柯平	177
柯桥	6237, 10310, 10311, 10312
柯热夫尼阔夫	13261
柯瑞廷	434
柯森	6982
柯劭忞	8113
柯生	3423
柯时	9691
柯斯莫捷米扬斯卡亚	5881
柯斯特里娜	6808
柯特	9704
柯天国	13047
柯桐枝	2541
柯文辉	8130, 10697, 12915
柯鑫城	5300
柯岩	1384, 4925, 4998, 11466, 11973, 11974, 11979
柯央	11215
柯杨	11121
柯伊西巴也夫	12427
柯艺	5855
柯玉生	5540
柯月英	10637
柯轫	5697
柯政和	10783, 10785, 10843, 10948, 11109, 11211, 11212, 11213, 11364, 11368, 12393, 12424, 12459, 12460, 12478, 12485, 12486
柯之安	12803
柯志伟	126, 127
柯钟	7422
柯仲平	004
柯子铭	12732

科巴林	13254
科巴林总	13254
科布里	8730
科恩	6799
科尔宾斯基	175, 8602
科尔杜诺夫	13253
科尔季丘克	13269
科尔尼·楚可夫斯基	504
科尔热夫	6877
科尔托	11229
科会	11956
科柯什卡	6878
科拉保夫	13253
科拉莫夫	13256
科林伍德	023
科鲁尚才夫	13257
科罗	6884
科罗狄	5408, 5489, 7141
科罗狄·罗伦济尼	5489
科罗夫金	13276
科罗温	6871
科洛马	5510
科那尔斯基	13261
科尼	6796
科佩金	1134
科浚斯通	032
科普卡	6804
科普兰	10866
科普勒斯顿	369
科托	12504
科瓦尔斯基	13251, 13259
科万	7022
科学画报编辑部	600, 3406, 3407, 8716, 13299
科学教育电影制片厂	13088, 13255
科学普及局	4884

科卓鲁波夫	11181	克拉玛依市人民政府外事办公室	8699
可宾	5691	克拉玛依文化局	10441
可风	7327	克拉莫	12498, 12499, 12537
可谷	1419	克拉母斯科依	6874
可嘉	3440	克拉姆·斯柯依	10461
可蒙	4925, 5025, 5057, 5090, 5091, 5124, 5593,	克拉姆斯柯依	6798, 6883
	5648, 5897, 5907, 5940, 5961, 5985, 6009,	克拉姆斯科伊	6858
	6040, 6064, 6201, 6232, 6489	克拉姆斯科依	6888
可染	1789	克拉茜娜	13216
可人	2888, 6029, 9469, 9827, 10725, 13244	克拉萨乌斯卡斯	6924
可欣	8716	克莱采尔	12464, 12473, 12478
可扬	3046	克莱德曼	12499, 12506
可一	9610, 9611, 9614, 9628	克莱尔	13177
可茵	6008	克莱夫·贝尔	064
可寓	7372	克莱夫·库斯勒	6145
可亘	12307	克莱门茨	8687
可竹轩主人	1701	克莱门第	12537
可灌轩主	1704	克莱润	6887
克·兰敦	12527	克莱斯勒	12470, 12473
克·斯·特洛德摄影	4918	克莱因	1210
克·托马斯	5655	克劳德·克罗尼	1171
克安	6065	克劳德·帕利斯卡	10986
克昌	9107	克劳迪娅·贝蒂	609
克地	108, 809	克劳福德	7136, 7137
克尔恩	12369	克劳色尔	12513
克尔凯郭尔	12704	克劳斯	8729, 12658
克尔什尼奇	8669	克劳斯·博格斯特	100
克福	4194	克劳斯·霍内夫	048
克俭	9512	克劳斯·依格纳切克	11260
克拉夫奇克	10147	克劳特	12908
克拉夫琴科	13081	克劳佐	13258
克拉考尔	13104	克勒	12489
克拉克	099, 175, 196, 453, 518, 629, 7044, 12513	克累奇	13259
克拉伦斯·格·汉密尔顿	11253	克雷	12829
克拉玛依市地名委员会办公室	8699	克雷比尔	12513

作者索引

克雷恩比尔	12513	克伦·诺奎伊	8741
克雷莫夫	13216	克伦克	12471
克雷斯台夫	10980	克罗泽	11269
克里马申	6909	克洛德·德彪西	10858, 12519
克里姆辽夫	11239	克洛德·克来耶斯编	7035
克里姆特	6852, 6894	克洛德·列维－施特劳斯	113
克里木	2808	克洛浦许	12454
克里木·纳思尔丁	1368	克洛斯	6815, 13249
克里山·钱达尔	6119	克洛特柯夫	13259
克里斯	084	克明	12105
克里斯·约翰逊	8776	克明诺夫, B.	1219
克里斯蒂	6198, 12689	克墨诺夫	195
克里斯蒂安·费·哈尔曼	6858	克尼别尔	12682
克里斯蒂安·海内里希·霍曼	11183	克尼雅捷娃	12652
克里斯蒂安·黑尔曼	13184	克涅别尔	12801, 13217
克里斯蒂娜·金德姆	10763	克诺维茨	11156
克里斯多夫·格里加	12458	克平	8840
克里斯谦·贝莱斯特	10989	克乔	8836
克里斯托夫·芒克	8675	克青	2659, 4616
克里斯托弗·哈特	1244	克仁	5921
克里斯托弗·欣克	615	克柔	10889
克里斯托弗逊	11170	克顺	7481
克理斯·何洛克斯	7017	克文	10668
克利	367, 6804	克纹	11090, 11229
克列曼蒂	12493	克宜善春	6008
克列门蒂	12537	克逊	12916
克列姆辽夫	10843, 10844, 11268	克炎	8436
克列姆列夫	10843	克扬	5206, 5256, 5287, 5357
克烈依企克	13256	克杨	5353
克林	9677, 9680	克已	358
克林兼德	012	克寅	9745
克林凯特	451	克中	7489
克林佐夫	13254	格米思	632
克琳	12802	格牛	5235
克留柯夫	12415	客庚	935, 1473

课蜱蝽	3873	孔凡智	711, 866
肯·福莱特	6016, 6025, 6116	孔繁春	10282
肯拜尔	8607	孔繁根	8748
肯罗曼	10395	孔繁明	11352
肯尼迪	10821, 10880	孔繁强	084
肯尼思·克拉克	451	孔繁森	10710
肯尼斯·克拉克	175	孔繁禹	5880
肯尼特	521	孔繁洲	10873
肯特	6923	孔佛才	2685, 3386
垦晨	6257	孔广陶	7659
垦利县文化馆	3840	孔广禧	8452
空谷	2329	孔国华	6064
空军政治部歌舞团	5399	孔继浩	8470
孔柏基	2782	孔继涞	7658
孔包时	12903	孔继勋	8059, 8075
孔宝	7079, 7080	孔继尧	678
孔宾娣	12119	孔继昭	2345, 3649
孔伯礼	3562	孔建国	3972
孔伯容	4306, 4345, 4513	孔建英	051
孔长安	030	孔捷生	5230, 5518
孔晨	415	孔厥	5513, 5514, 5604, 5720
孔成	6364	孔科内	12441, 12442
孔达	8537, 8540	孔可风	6269
孔达合	8538	孔空	12441, 12442, 12443, 12444
孔德	10853	孔磊	637, 1190
孔德良	5280	孔临川	5478
孔德明	136	孔令成	8988
孔德雪	8195	孔令海	4048
孔德墉	10795	孔令华	11125, 11129, 12389
孔蒂	099, 186	孔令嘉	5980
孔东塘	12602	孔令生	2966, 3778, 4211, 4273, 4346, 4391, 4549,
孔端甫	690, 938, 945, 953, 993, 994, 1076		4661, 5555
孔凡平	530, 8607	孔令仪	12988
孔凡青	11474	孔令贻	12602
孔凡信	5678	孔令召	11712

作者索引

孔六庆	10582, 10586	孔小瑜1775, 1788, 1879, 2079, 3603, 3636, 3739
孔孟建	9563, 13125	孔晓光	13252, 13253, 13254, 13260
孔敏	5626	孔谢绮玲	10584
孔明	5906	孔欣	6131
孔墨丁 7313, 7358, 7359, 7370, 7815, 7817, 7918,		孔新苗	593, 1087, 1191, 8610
8004, 8097, 8098, 8433, 8434		孔兴苗	5204, 5280
孔平凡	614	孔兴诱	11326
孔平孙	8563	孔学军	7547, 7551, 7552, 7563, 7575, 7590
孔千	2910	孔亚兵	7565
孔庆池	3471, 3520, 3919, 4030	孔衍扶	662
孔庆晋	11491	孔衍拭	468, 662
孔庆生	2238	孔燕燕	7537
孔庆宗	11308, 12068, 12101	孔尧其	6087, 6133, 6261, 6276
孔尚任	6270, 6397	孔艺	9082, 9084, 9116, 9622, 9882
孔圣根	6497	孔樱	3581, 3618, 3678, 3730, 3731
孔淑霞	5973	孔云白	8457, 8473, 8474, 8478
孔树林	8844	孔在齐	10885
孔王兴	1269	孔昭孔	7955
孔维克	1333, 2299, 6498, 7565	孔昭平 1832, 2158, 3795, 4464, 4713, 5956, 6131,
孔维三	2552	6177, 6479, 6480, 6483, 6491, 6492, 6499
孔维云	1128	孔照平	4823
孔喜	5999	孔贞瑄	11011
孔宪恩	3566, 3579	孔仲超	2509
孔宪林	10258, 10268, 10273	孔仲起	824, 902, 903, 1909, 2178, 2455, 2637,
孔祥芬	1832, 11745	3712
孔祥和	11866	寇丹	7291, 7405
孔祥莲	13295	寇国荣 4364, 4387, 4414, 4485, 4571, 4692, 4717
孔祥林	1588, 3060, 6255, 6298	寇衡	2406
孔祥民	9063, 9357	寇克·廖纳	13317
孔祥仁	3098, 5170	寇立光	13140, 13147
孔祥文	6437, 9137	寇连文	2100
孔祥珍	5371	寇林	8914
孔祥永	11174	寇谦	7803
孔祥雨	11962	寇士林	8187
孔祥竺	8706	寇添吾	6288

中国历代图书总目·艺术卷

寇欣梅斯特	13262	库兹涅佐娃	6797
寇云峰	5941	夸特	13187
寇云龙	8579	鯤福禄	7546
堀辰雄	13108	宽甸县文化宣传站	3761
堀内敬三	10923	宽宏	4824
吉海余生	12744	宽良	4211, 4337, 4800, 4844
苦僧	10887, 11157, 11161, 11264	匡惠	10818, 10878
苦琢	6108	匡纪龙	6436, 6445, 6488
库巴特	13255	匡况	5965, 5966
库宾斯基	12455	匡佩华	2521
库德	6805	匡荣	3674, 4906, 4928, 5058, 5065, 5078, 5361,
库德里亚夫采夫	11220		5429, 5488, 5589
库德良夫柴娃	13252	匡一	4907
库尔贝	6779, 6848	匡兹	12454
库尔茨	084	邝丹妮	10397
库尔蒂斯	12428	邝东原	6728
库桂香	863	邝璜	2993
库津	487	邝根明	1485, 7737
库克	1072, 11116	邝美球	11226
库克雷尼克塞	6930, 6931, 7058	邝明	6047
库拉夫特二房	10747	邝明因	5250
库拉金娜	13262	邝声	1125, 3540, 3840, 5103
库拉科夫斯基	11111	邝世杰	6734, 6737, 6740, 6742
库劳	12488, 12536	邝夏渝	5918
库里格涅克	13215	邝小燕	13142
库里乌申科	12364	邝耀鼎	1380
库里肖夫	13206	邝宇忠	11340
库列列科娃	029	旷均	12119
库列肖夫	13261	旷昕	8961
库罗契金	11105	况达	1318, 2041, 2475
库珀	8729	况浩文	5517, 5571, 5694, 6024
库什纳辽娃	11268	况瑞峰	7255, 7786, 7817, 7818, 7912, 7928
库图索	528	况兆鸿	7419, 7464, 7511, 7519, 7538
库因芝	6872	岿然	2161
库兹涅佐夫	13306	奎聚五	8526

作者索引

奎俊	8049	髡残	1648, 1666, 1691, 2613
奎勒	1176	阔诺普略夫	13275, 13276
葵光	5263, 5316, 5373	阔天	529
坤宜	6056, 6141, 6145, 6151		
昆虫研究所	13247	**L**	
昆华	7936, 7937	"岭南音乐"编辑部	11430
昆明"一二·一"老同志合唱团	11716	"刘介梅今昔生活对比展览会"	4914
昆明部队业余文艺演出队	13012	"绿星杯"国际少年儿童美术、摄影大赛组委会	
昆明当代书法选集编委会	8330		168
昆明地区革命纪念设施工作小组办公室	8917	《兰亭墨迹汇编》编辑委员会	7819, 7859, 7860,
昆明军区国防文工团歌舞剧队	11436, 11603	7882, 8425	
昆明军区政治部宣传部	11590	《老歌曲》编写组	11533
昆明市标准化协会	7636	《老照片》编辑部	8908, 8909
昆明市公安局五华分局政治部	341	《勒流书法研究会书画作品选》编委会	310
昆明市官渡区人民政府	8855	《李伯安画集》编辑委员会	2414
昆明市官渡区文化馆	12618	《李真书法选集》编委会	8214
昆明市教育委员会	1373	《历代碑帖法书选》	8064
昆明市旅游读物编委会	8186, 10514	《历代碑帖法书选》编辑部	7764
昆明市旅游局	9259	《历代碑帖法书选》编辑组	7193, 7667, 7671,
昆明市毛泽东思想宣传站	8684	7715, 7750, 7751, 7752, 7757, 7758, 7759,	
昆明市盘龙区文化局	12778	7760, 7761, 7762, 7763, 7764, 7766, 7781,	
昆明市文化馆	12031	7784, 7785, 7791, 7792, 7793, 7794, 7795,	
昆明市文化局	6768, 6771, 12134, 12135, 12959	7796, 7797, 7798, 7799, 7806, 7868, 7869,	
昆明市文学艺术界联合会	8330	7870, 7872, 7873, 7874, 7875, 7879, 7880,	
昆明市戏剧研究室	12926	7883, 7884, 7913, 7915, 7924, 7925, 7973,	
昆明铁路局	9055	7976, 7978, 7980, 7981, 7982, 7983, 7994,	
昆明铁路局党委宣传部	8910	8006, 8009, 8013, 8063, 8064, 8066, 8068,	
昆明围湖造田美术展览会	3182	8069, 8070, 8071, 8091, 8101, 8103, 8105,	
昆明文联音协	11764	8361, 8415	
昆明音乐工作者协会	11764	《历代碑帖法书选编辑组》	7764
昆明园林局	8913	《历代名人在楚墨迹》编委会	1485
昆曲曲牌及套数范例集(北套)编写组	11153	《丽江书画选》编辑委员会	2284
昆曲音乐组	11833, 11835	《连环画报》编辑部	6403
昆武	3489, 3529	《辽宁民族民间舞蹈集成》编辑部	12623
髡残	1642, 1660	《辽宁日报》图片组	9264, 9265, 9268, 9269

《岭南画学丛书》编委会	707, 813, 814	拉雷·沃德	13204
《岭南书艺》编辑室	7154	拉鲁吉里埃路	6886
《岭南音乐》编辑部	11592, 11593	拉罗	12467
《刘胡兰》创作小组	2349, 5164, 5179	拉马丁	12416
《刘胡兰》连环画创作组	5179, 5207	拉帕乌里	13277
《柳州》画册编辑办公室	8944	拉普切夫	1107
《庐山》画册编辑委员会	9041	拉塞尔	151, 152, 6887
《旅伴》编辑部	6934	拉斯别	6555, 7017
《鲁迅》图片集编辑组	9001	拉威尔	12452, 12507, 12543, 12546
《鲁迅美术学院中青年教师素描作品集》编委会		拉维利亚	12371
	2918	拉希	8744
《绿满平原》编辑组	8888	拉依内斯	1117
《论尔北中国画》编委会	812	拉札列夫	6776
《洛阳市戏曲志》编辑部	12773	拉竹莫夫斯基	13260
拉·乔万尼奥里	5503, 6501	拉兹柯	12468
拉本	11268	喇培康	13140
拉宾诺维奇	11268	腊月	5920
拉波泊	12796, 12799, 12800	落人	5002
拉波纳	7046	落霞	5549
拉伯雷	7031	来层林	3841, 5234, 5374
拉茨克	13256	来楚生	1440, 1756, 1782, 1783, 1872, 1876, 1885,
拉达	7144		2193, 8162, 8234, 8365, 8561, 8587
拉德克利夫	11230	来珉珊	4621, 4629, 5382, 5483, 6337
拉菲尔	6889	来凤县"革委会"	5181
拉斐尔	517, 1153, 6781, 6888	来凤县人武部	5181
拉夫连捷夫	13257	来澎钧	7483
拉合买提都拉	10831	来启斌	9994, 10031, 10032
拉赫玛尼诺夫	12364, 12428, 12496, 12504,	来青阁主人	12740
	12537, 12547, 12548, 12550	来然良	9664
拉赫曼尼诺夫	12493	来谢钧	7494
拉吉·阿纳伊特	7033, 7034	来诵芬	4918, 4943, 4970, 4991, 5011, 5014, 5051,
拉金	12411		5468, 5493
拉柯娃	12653, 12654	来通	1982
拉库廷	6908	来晚	5746, 5904
拉雷－文卡·马西尼	188	来文	7406

作者索引

来文阳	5768	赖家度	4946
来汶阳	1830, 3963, 3965, 3967, 4011, 5574,	赖嘉年	7153, 8458
	5611, 5641, 5673, 5680, 5702, 5709, 5727,	赖建华	3922
	5732, 5753, 5757, 5764, 5768, 5838, 5864,	赖建仪	10430
	5906, 5925, 5937, 5965, 6004, 6042, 6047,	赖建作	8971
	6050, 6101, 6148	赖俊一	1102
来新夏	12772	赖克里	9559, 13123
来一石	7769, 8091, 8587, 8589	赖来洋	147
来者	2223	赖里克	9842
来振阳	5838	赖丽榕	10278
莱昂·布荣	6847	赖蒙	11480
莱昂·莱尔米特	6847	赖明珠	187, 6944
莱勃尔	6845	赖莫	5828
莱顿	042, 6816, 10483	赖平	5998
莱恩	025	赖庆智	11820
莱尔米特	6848	赖荣祖	8661
莱古涅那	12371	赖瑞龙	2334
莱赫尔·波司	12528	赖尚平	5959
莱卡	11484	赖少其	014, 1392, 1440, 1931, 1939, 1989, 2303,
莱蒙托夫	5747, 12427		2499, 2997, 2999, 3000, 3006, 3010, 3020,
莱斯利·D. 斯特贝尔	8793		3024, 3025, 3026, 3881, 8168
莱斯利·希尔利	12458	赖少麒	8614
莱芜战役胜利 50 周年纪念活动领导小组	2283	赖绍斌	10620
莱辛	5886, 13019	赖深如	1966, 3724, 8641
莱兹	13266	赖水生	322
莱兹曼	13216	赖顺龙	11225
赖昂	11164	赖颂姆纳	081
赖伯疆	12935, 12939, 12948, 13007	赖孙德芳	11886
赖诚	12239	赖特	1114, 12829
赖传鉴	449, 456, 519, 522, 524, 554, 1070	赖恬昌	904, 7153, 8458
赖德全	10656	赖万发	2313, 2821, 2823, 2831, 8298, 8636, 8966
赖非	8467	赖万镇	338
赖海晏	5703, 5775	赖伟峰	10883
赖惠英	2828	赖祥	6104
赖吉钦	8771, 8983	赖小静	10569

中国历代图书总目·艺术卷

赖小娟	10225	兰冷	11572
赖新喜	10380	兰里	3143
赖扬芬	12123	兰林	4403
赖要三	8930	兰尼尔	128
赖耀伟	11341	兰女	6687, 7122
赖永耕	7380	兰佩瑾	8915, 8916, 8967, 9135, 9137, 9139, 9142,
赖玉光	872, 905, 941		9260
赖征海	5301	兰坪白族普米族自治县十周年县庆办公室	8966
赖征云	2808, 5708, 5834, 6045, 6210, 6220	兰巧峰	1006, 2178
赖治恰	10392	兰琴	6438
赖祖铭	8967	兰清	8596, 10743
赖祖武	13254	兰瑞山	4113
瀬口のりわ	7005	兰山印社	8581
兰堡	10773	兰石	7516
兰草	6246	兰守德	11123
兰承恺	6472	兰天	5215, 5431, 5844, 12993
兰倩	6333	兰铁成	2178
兰岛	6460	兰亭墨迹汇编编辑委员会	7859, 7860, 7970,
兰芳	5954		8060, 8425
兰福德	8690, 8700	兰亭主人	11012
兰复心	13259	兰蔚	6140
兰格仑	6939	兰文杰	5291
兰谷	5083, 5096	兰西	707
兰光临	12929	兰曦	7876
兰行	3362	兰先琳	10597
兰河	5654	兰翔	4962
兰宏生	337, 11501	兰雄	11513
兰洪裕	9425, 9670, 9733	兰洋	5926, 5927
兰怀昌	11683	兰颖	2426
兰纪先	6021	兰玉	4812
兰金仁	067, 481	兰征	7017
兰克	11271	兰中辉	10873
兰空某部政治部	5165, 5211	兰州部队政治部歌舞团	12592
兰兰	6713	兰州大学工农兵学员	5277
兰岚	5973	兰州聚文社	7350

作者索引

兰州军区政治部文化部	5153	蓝萍	6910, 10566, 10594
兰州女子师范	12011	蓝浦	381
兰州市计划生育办公室	3237	蓝淇锋	1097
兰州市农工商公司	1370	蓝启渲	6352
兰州市文联	12036	蓝锐祥	4917
兰州新西北社	2978	蓝深	2708
兰州艺术学院	2855	蓝仕璧	2268
兰州艺术学院美术工厂	7630	蓝寿生	12095
兰子	6259	蓝淑贞	6371
岚谷	10051	蓝特	6806
岚岚	10774	蓝天	6641, 11501, 11503, 11504, 11718
岚山	6245	蓝铁	693, 906, 7334
岚颖	2640	蓝为洁	13194, 13267
岚云	6359, 6374	蓝苇	4891
蓝琛	7631	蓝锡麟	9138
蓝承恺	6312	蓝先琳	131
蓝澄	5112, 13181	蓝翔	5021, 5062, 5663, 5840, 5925
蓝春荣	5419	蓝萧子	13101
蓝邸	4902	蓝星	5879
蓝帆	6246	蓝瑛	1559, 1562, 1567, 1573, 1574, 1579, 1580,
蓝凡	12568, 12695, 12943		1581, 1583, 1588, 2619, 2631, 6822
蓝飞	5999, 6224	蓝玉	6802
蓝海	5465	蓝玉崧	8384
蓝火	4966	蓝玉菘	10845
蓝建安	3430, 6940, 6943, 6949, 6958, 7046	蓝云	8580
蓝剑虹	12699	蓝再平	7529, 7588
蓝景科	7568	蓝直荣	8992
蓝空	6466	篮铜颜	7503
蓝兰	6333	篮毅	12647
蓝蓝	2849, 5113	懒悟	2283
蓝立克	2178	懒园居士语录	934
蓝流	5126	郎承文	706
蓝美瑞	11366, 11375	郎冠英	8577
蓝鸟画库编辑部	6455	郎静山	8866, 8867, 8918, 8921, 8980, 8995, 9038
蓝鹏云	1151	郎龙	9109, 10126

郎鲁逊	060	劳保良	2914
郎飘然	3395	劳诚烈	6010, 10214
郎平	9793, 9806	劳崇聘	2870, 2875
郎琦	9041, 9042, 9148, 9334, 9337,	劳丁	9858
	9522, 9621, 9622, 9784, 9785, 9803, 9807,	劳动部培训司组织	10375
	10012, 10031, 10100	劳动出版社编辑部	1354
郎森	2526, 3984, 4014	劳笃文	8457, 8530
郎绍君	023, 099, 112, 113, 133, 219, 321, 324,	劳凡	7459
	328, 521, 534, 808, 815, 816, 1411, 7166	劳飞	9123
郎世宁	6813, 6838, 6839, 6840, 6841, 6842, 6843	劳冠能	5855
郎水龙	10143	劳继雄	1679, 2284
郎遂	8496	劳敬修	1709
郎延芝	12995	劳炯基	5582, 5599, 5713
郎毅	4921	劳礼瑾	10741
郎樱	7087, 10915, 10918, 10982, 11351	劳麟书	5886
郎毓秀	11118, 11120	劳柳彰	9147
郎戈	9449	劳陇	181
郎绍君	708	劳伦·克拉克	10989
琅琊	5480	劳伦斯·C.戈德史密斯	1196
廊坊地区戏曲志编辑部	12771	劳伦斯·高文	166
朗多尔米	10984	劳伦斯·葛雯	6868, 6869
朗多斯基	365	劳伦斯·马斯	6888
朗龙	8827, 8833	劳伦斯·托马斯	6887
朗琦	4759, 9106	劳伦特	6805
朗森	3592, 10410	劳汝聪	10795
朗水龙	9511, 10078	劳汝根	3232, 3311, 3316, 3352, 3378, 3386
朗卓红	1800	劳思	2354, 3012, 3910, 4121, 4187, 4213, 4296,
浪潮王子	3465		5202, 5297, 5875
浪花	5315, 8823, 9109, 9135, 9398, 9457, 9548,	劳泰	6365
	9559, 9646, 9683, 9697, 9716, 9808, 9809,	劳特累克	6784, 6787, 6810
	10067, 10069, 10103	劳天庇	1575
浪琴	9762, 9766, 9905	劳无	2354
浪涛	5728	劳锡安	5841
浪舟	12677	劳峡	5153, 5155, 5210
劳白	7144	劳逊	13307

作者索引

劳有林	6522	乐嘉渝	8597
劳舟	7424, 11548	乐嘉藻	10640
老安	6881	乐建文 2910, 3751, 3783, 4040, 4195, 4212, 4254,	
老付	6873	4255	
老伙	5723	乐金芬	12613
老健	6428, 6429	乐金林	9799
老九	3452	乐近雄	9336
老烈	12889, 12892, 12896	乐敬宇	7945
老马	1151, 6071	乐九波	6438
老莫	3482	乐兰	6034
老朋	10791, 11110	乐乐乐社	12339, 12340
老琼	3432, 3465	乐民	5636
老琼漫画	6976	乐民成	10589
老沙	13179	乐明祥 5643, 5676, 5694, 5741, 5775, 5968, 6114,	
老山	6436	6296, 6360, 6533, 6534, 6540, 6660, 6719	
老舍	244, 5054, 5081, 5099, 5531, 5673, 5751,	乐濮顺	3908
	5804, 5948, 6139, 6562, 11961, 12962	乐木千	7525
老史	4947	乐平	2981, 5372, 8207, 8216
老熊	4978	乐平县毛泽东思想宣传站	3173, 3174
老雪	2397	乐平县文化馆	3069, 11779
老央	6255	乐平县文艺创作办公室	11779
老耀	11258, 11263, 11275, 11278	乐泉	7361, 7917, 7918, 7919, 7920, 8130, 8250,
老永煌	8816, 9074, 9077		8397, 8398, 8399, 8400, 8401
老转	8214	乐群	11543
老战士合唱团	11708	乐人	11305
老志诚 11765, 11998, 12163, 12196, 12626, 12647		乐山市文物管理所	9796
老庄	712	乐善	7931
乐锋	1592	乐申	6536
乐悌玛	6810	乐生	10081, 10115
乐风社	10788	乐石	8820, 9413
乐峰	8205, 8309, 11733, 11736	乐史	12585
乐锋	5658	乐式莱	4889
乐华	545	乐蜀侨	2284, 8305
乐嘉龙 3464, 10591, 10592, 10593, 10594, 10595,		乐唐	8530
10596, 10598, 10613, 10619		乐天	7571

中国历代图书总目·艺术卷

乐图南	8235	雷春	2686, 4045
乐薇	3523	雷达	12017
乐维华	10967	雷丹	6040
乐文林	12859	雷德福	5852
乐小英	3130, 3417, 3503, 3681, 3731, 3746,	雷德侯	7296
	3751, 4905, 5027, 5087, 5466, 5503, 5573,	雷德华	573
	5658, 5836	雷德琼	10325, 10709
乐心龙	8090	雷德泉	9810
乐新	11176	雷德祖	3263, 3747, 5083, 5132, 5191, 5257, 5354,
乐业县《林海哨兵》创作组	5320		5359, 5379, 5401, 5417, 5433, 5449, 5497,
乐一鹏	7525		5526, 5536, 5573, 5608, 5619, 5627, 5628,
乐艺	6220		5690, 5768, 5771, 5809, 5864, 5918, 5941,
乐艺社	11759, 11826		5945, 5960, 6015, 6087, 6126, 6231, 6256,
乐友海	10409		6299, 6322, 6326, 6336, 6352, 6360, 6441,
乐震	4822		6516, 6601, 6605
乐震文	1972, 2010, 2475, 2667, 4592, 4669	雷蒂	11058
勒·拉金	5920	雷东	6886
勒白朗	6237, 6238	雷动春	1394
勒贝朗	7049	雷顿	6882
勒布伦	10504	雷铎	5621
勒塥强	10373, 10374, 10375	雷恩选	7512
勒吉	6241	雷风行	6278, 6279
勒卯君	11094	雷锋	11951
勒穆瓦纳	12515	雷古霍	7127
勒内·迪夏托	6009	雷光	10188, 10218, 10222
勒佐姆奈依	086	雷光顾	12793
雷·史密斯	564, 1084, 1091, 1149, 1189, 1190	雷圭元	10173, 10206, 10208, 10214, 10220,
雷巴柯夫	6109		10247, 10255, 10724, 10731
雷巴科夫	13259	雷圭元图案研究会	10220
雷巴阔娃	13258	雷桂华	12774
雷斌	9850	雷酣	8836
雷冰	5472, 5617	雷河	5456
雷勃尼科娃	11141	雷河清	6400
雷池	9906	雷虹	5987
雷崇善	8385	雷洪	2953

作者索引

雷洪连	2835	雷娜	1090
雷鸿智	1345, 2958	雷奈·格鲁塞	365
雷厚荣	3138	雷诺阿	6784, 6786, 6849, 6850, 6852, 6853, 6884,
雷华德	579		6885, 6889, 6890
雷季雨	3308	雷诺尔兹	6883
雷家骏	206, 485, 12806	雷诺亚	6862
雷家骁	12052	雷诺兹	6887, 6888
雷驾先	10661	雷鹏飞	7508
雷建军	11447	雷切尔·鲁宾·沃尔夫	1196, 1197
雷金池	1806, 3323, 3965, 5291, 5314, 5375, 5531,	雷切尔·沃尔夫	637, 638, 1088, 1158, 1197
	5637, 5746, 5814, 5872, 6031, 6032, 6379	雷群明	5676
雷敬权	10257, 10261, 10263	雷荣厚	1745, 1756, 3633, 3683, 3724, 3935,
雷科夫	12827		4902
雷克强	527	雷锐	5630
雷铿	13242, 13243	雷瑞之	3452
雷磊	5986	雷绍成	4594
雷蕾	5922	雷生	8813
雷连明	7496	雷时康	562, 4978
雷良荃	12361	雷时圣	5837, 6116, 6426, 6448, 6450, 6462
雷林	5699	雷时仲	6268
雷罗夫	6858	雷识律	11372
雷洛夫	6875	雷世纲	7985, 8385
雷马克	5943	雷寿元	2455
雷曼	11076, 12411	雷淑娟	3890, 5376, 5647, 5749
雷蒙·柯尼亚	488	雷双	2831
雷蒙恩	11038, 11048, 11049, 11050, 11051	雷顺	6142
雷萌	6280	雷斯库洛夫	13260
雷梦柳	7631	雷似祖	5287, 5357, 5550, 5628, 5808, 5809, 5864,
雷明	6002, 6003		5981, 6059, 6223, 6454
雷鸣	5192, 6201, 7126, 7127	雷松根	11705, 11979, 11980
雷鸣雏	11757	雷坦	1392, 3104, 3304, 5638, 5687, 5749, 5939,
雷纳	617		6008, 6077
雷纳·布茨	12555	雷体沛	042
雷纳德·根特	8749	雷天	7395, 7400, 7779, 7939, 8405, 8406
雷纳逊	13206	雷霆	4981, 5009, 5013, 5017, 5020, 5053, 5058,

5059, 5062, 5064, 5084, 5085, 5091, 5099, 5105, 5125, 5388, 12601

雷维模　11063, 11529, 11532, 11718, 11758, 11930, 11988, 12390, 12392, 12423

雷文　11212

雷文彬　4238, 4518, 4595, 4646, 4662

雷文兵　4161, 4228, 4233, 4237, 4238, 4337

雷务武　1132, 1181, 1199, 5951, 6268

雷宪祖　6059

雷相成　4949

雷襄　8939

雷小留　6305, 7070

雷孝书　2036, 4361, 4481

雷新　5976

雷璇　5818

雷伊曼　1099

雷宜锌　3925

雷逸民　11988

雷茵平　5850

雷印凯　10213, 10253

雷永锡　1922

雷咏时　1253, 1259

雷宇　8667, 10098, 10099, 10125, 10126

雷雨　1163

雷雨声　11357, 11880, 11881, 11952, 11953, 11978, 12275, 12332

雷育斋　10407

雷毓华　10584

雷元亮　13284

雷垣　3317

雷悦　8527

雷云霄　5781, 5870, 5953, 6261

雷贞恕　3094, 5077, 5734, 6179

雷振邦　11904, 11907, 11914, 11919

雷振刚　3829, 4589

雷振益　5689

雷震霖　13232, 13237, 13239, 13246

雷正凡　2519

雷正民　117

雷志雄　7165, 7402, 7403, 7749, 7817, 7825, 7938, 7939, 8319, 8352, 8366

雷智贵　9381

雷中岫　5339

雷中岫　5642

雷州师专资料室　7258

雷著华　5630, 5813, 5898, 6038, 6109, 6187

雷子君　5446

雷子源　2044, 2813

雷宗友　6566

雷作霖　3257

耒层林　5332, 5333

耒楚生　2661

耒汶阳　5448

耒阳县文化　11597

耒阳县文化馆　11597

磊夫　12421

磊磊　6319

磊然　13305

蕾珍　5481

冷冰川　3060, 3061, 3065, 6126, 6389

冷波　12797

冷宏　6233

冷洁　7142

冷津　11074

冷军　1345, 6823

冷柯　819, 2261

冷林　335, 1079

冷凌　7509

冷茂弘　12592, 12610

冷枚　1594, 2696

作者索引

冷萍	6176, 6177, 6291	黎昌杰	3367, 9845
冷谦	11318, 11322, 11331	黎长荣	10234
冷瑞光	7621	黎长牡	1648
冷杉	10896	黎城县委通讯组	9273, 9274
冷铁铮	13188	黎炽昌	5007, 5021
冷文	5982, 6301, 6369, 9307	黎传绪	7506
冷向洋	2303	黎纯	7031
冷欣	9732	黎达达荣	3519
冷宜君	11955	黎大中	625, 1101
冷宜强	7383	黎丹琳	11743
冷冶夫	13060	黎东明	7396
冷用忠	12783	黎恩	4357, 4385, 4484
冷璋	7041	黎帆	9007
冷治夫	13066	黎凡	8141, 8152, 8164, 8170, 8171, 8422
冷竹	6708	黎方	9225, 11867, 12877, 12941
离离	4914	黎方方	3418
离弦	2728	黎方银	8613
梨树县文化馆	5242	黎服兵	5719, 5789, 5948, 5977, 6176
梨园	12092	黎歌	13249, 13251, 13252, 13253, 13254, 13257,
犁丁	5688, 5757, 5878		13258, 13260, 13262
犁君	9462	黎葛民	1756, 1773, 1788, 1908
犁天	6667	黎光	11392
漓白	10778	黎光华	6632
漓江出版社	1303, 2792, 2804, 2875, 2946, 8940,	黎光明	3354
	8943, 8972, 9818, 10509, 10513, 11471	黎光祖	8250
黎巴嫩	1234	黎国璞	5566, 5573, 6352
黎白	5120	黎国荃	11268, 12152, 12166, 12451
黎邦农	6481	黎国泰	7070, 7071
黎本初	12949	黎杭	9442, 9445, 9710
黎冰鸿	2726, 2762, 4877, 6774	黎浩	6070
黎炳	5094	黎灏	6706, 6707, 6711
黎炳成	12334	黎禾	8423
黎炳昭	1394	黎鸿发	9572
黎炳振	12130	黎厚亘	7260
黎波	12017	黎纪明	2802, 9012

中国历代图书总目·艺术卷

黎继德	7076, 12732	黎明美	11931
黎佳	1226	黎佩霞	10591, 10600, 10604
黎简	1616, 1685	黎平	4903, 5201
黎建明	11152, 11162	黎启祥	9423, 10059
黎建明增补	12134	黎强	5722, 5836, 6153, 6175
黎键	10969	黎青	3522
黎江	8671, 9589	黎青主	10784, 10818, 10843
黎锦光	12101, 12149	黎清	9500
黎锦晖	4892, 11213, 11363, 11367, 11368, 11539,	黎泉	7261, 7267, 8152, 8154, 8165, 8167, 8200,
	11540, 11541, 11542, 11543, 11544,		8368
	11888, 11931, 11992, 11993, 12001,	黎日晃	8654
	12090, 12091, 12143, 12144, 12145,	黎汝清	5135, 5142, 5226, 5280, 5416, 5421, 5526,
	12651, 12900		5727, 5761, 5807, 5843, 5925, 6374
黎锦熙	1741	黎汝相	7451
黎晶	8305	黎汝源	5239
黎静	5098	黎瑞来	5010
黎军	9806	黎山	5740
黎凯	6562	黎善鸣	12588
黎郎	8936	黎少棠	5772
黎朗	100, 528, 2005	黎声	12670
黎黎	10584	黎世蘅	8040
黎力	7479	黎世清	6213
黎莉莉	11363, 11367, 11544	黎叔平	8668
黎林	3299, 4993	黎淑代	1407
黎龙荣	7482, 7554	黎淑仪	2222, 10657
黎鲁	4972	黎庶	7615, 7622
黎陆昕	10877	黎庶昌	1461
黎孟德	7498	黎思	6935, 6938
黎民	6187, 12590	黎松崎	7438, 7453, 7464, 7477, 7496, 7591, 7595
黎民敏	8235	黎松寿	11308, 11309
黎明	2330, 5919, 5929, 6034, 6061, 6146,	黎遂求	12982
	6263, 6433, 8753, 9362, 9397, 9620, 9621,	黎遂球	757, 758
	10593, 10824	黎卫东	5781
黎明晖	11365, 11541, 11544, 11931	黎文	5390
黎明健	11932	黎翁斯坦	10851

作者索引

黎锡	5328, 5354	黎志文	8632
黎显衡	5619	黎置权	7336, 7392
黎小渔	621, 622	黎子流	349
黎晓弟	5299	黎紫	3510
黎晓阳	11279, 11285	礼苑	3448
黎啸	6164	礼忠言	10270, 10303
黎心斋	8418	李哀	4189
黎辛	2229	李爱德	10830, 11060
黎新	12867	李爱峰	6777, 6780
黎信昌	12371	李爱国	881, 2136, 2221, 5776
黎雄才	903, 1441, 1722, 1728, 1755, 1780, 1791,	李爱华	6563, 10889, 11954
	1879, 1919, 1990, 2198, 2205, 2221, 2268,	李爱善	7522
	2417, 2561, 2595, 2596, 8165	李安	13147
黎扬	5081, 5143	李安保	8805, 9335
黎阳	6632, 8837, 13243	李安军	6943
黎耀	6447	李安明	12142
黎耀丙	3436	李安宁	198
黎义	11749	李安泰	10508, 10511
黎意	6086	李放	7374
黎英海	10994, 11044, 11223, 11598, 11672,	李白	7909, 8180, 8181
	11678, 11767, 11771, 11775, 11784,	李白凤	8559
	11787, 11790, 11805, 11886, 11942,	李白玲	968
	11948, 11966, 11980, 12019, 12023,	李白水	12066
	12191, 12216	李白涛	10303
黎鹰	2964	李白英	4888, 4894, 4946, 4952, 4953, 4957, 4960,
黎颖刚	8791		4981, 5003, 5011, 5019, 5021, 5024, 5038,
黎煜明	10814, 10870		5046, 5047, 5052, 5059, 5108, 5114, 5121,
黎元洪	6498		5122, 5125, 5126, 5135, 5447, 5454, 5500,
黎元江	340		5558, 5562, 5592, 5595, 5597, 5599, 5613,
黎耘	5310, 6055		5614, 5666, 5680, 5710, 5733, 5741, 5742,
黎章民	11110, 11111		5768, 6297, 6482, 6542, 11759
黎兆勤	8020	李白额	4050
黎珍	6590, 6594	李白颖	3774, 4061, 4142, 4155, 4170, 4225, 4254,
黎振欧	1992, 2526		4394, 4466
黎正国	1752	李百和	11221

李百钧	132, 1854, 1926, 3736, 3923, 10411,	李宝章	847
	10414	李宝珠	3542
李百忍	7263, 7557, 8139, 8162	李宝柱	5305, 5540, 5759, 5800, 6440, 6482
李百尧	2899	李保孚	2304
李百战	2479	李保嘉	4294
李柏昌	5332	李保菁	10247
李柏青	1115	李保靖	5358
李邦	7743, 10334	李保钧	8317
李邦媛	13053, 13217	李保康	13187
李邦耀	5670	李保林	5687
李邦媛	13216, 13217	李保名	5423
李邦镇	4902	李保彤	10868, 11521, 12389
李榜金	5685	李保文	5116
李宝尔	12996	李保义	5750
李宝峰	1002, 1823, 1866, 2136, 3235, 3250, 3775,	李保英	11128
	3832, 3863, 5746, 6616	李保柱	5859
李宝光	8268	李葆初	3713, 5116
李宝恒	5217	李葆年	8624
李宝鸿	10324	李葆青	5191, 5272, 6094, 6169, 6239, 6474
李宝嘉	2371, 4087, 4195, 4254, 4419	李葆恂	779, 1469, 8456
李宝靖	5053, 5417, 5630, 5768, 5773, 5932, 5976,	李葆竹	3814, 4068, 5203, 10433
	6116, 6218, 6251, 6462, 6463	李抱忱	10787, 11931, 12424
李宝亮	1872, 1913, 1924, 1935, 1972, 3905, 3947,	李北辰	8638
	4061, 4067, 4123, 4171, 4198, 4242, 10429	李北桂	5427
李宝林	1851, 2179, 3998, 5238	李奔	3344, 5217, 5241
李宝琴	1171, 2935, 2938, 4015, 10433	李镔	608, 5625, 6163, 6199
李宝清	6256	李本荣	5991
李宝泉	008, 5126	李本正	368
李宝霞	10653	李必大	5978
李宝祥	1921, 2074, 2106, 2134, 2141, 2162, 4331,	李碧	7003
	4432, 4595, 4665, 4743, 4815, 4817	李碧霞	2529
李宝葳	12357	李碧玉	10563
李宝义	3114, 3115, 3116, 3124, 3134, 3223, 3966,	李汴	12313, 12317
	4042, 9881, 10000	李彬	5830, 8322
李宝云	5471, 5889	李斌	5869, 5961, 6149, 6164, 6215

作者索引

李斌奎	5707, 5840	李伯安	3199, 3279, 3282, 3947
李斌英	12611	李伯杰	13062
李滨	7238, 8412	李伯连	5951
李滨声	1412, 1413, 3404, 3415, 12888, 12893	李伯庆	2537
李滨荪	11120, 11121	李伯实	2406
李冰	2120, 2179, 2392,	李伯元	5606, 5823
	3742, 3753, 3784, 3785, 3801, 3990,	李伯钊	11450, 11879
	4066, 4164, 4171, 4212, 4223, 4324, 4372,	李不言	7642
	4376, 4389, 4415, 4417, 4426, 4437, 4462,	李布白	12826
	4474, 4507, 4620, 4646, 4710, 4806, 4815,	李布尔	12787
	4850, 5120, 5200, 5625, 5964	李步青	6958
李冰之	6014	李步哲	4903
李兵	321, 2161, 6683	李才根	5329
李秉成	7842	李才生	11624
李秉芳	2097, 4099, 4167, 4171, 4190, 4297, 4339,	李才秀	12612
	4393, 4460, 4494, 4532, 4564, 4644, 4712,	李财	1832, 3892
	4747, 4790	李采白	964
李秉刚	2757, 3834, 3862, 3948, 3996, 3997,	李灿	12371
	4049, 4073, 4088, 4130, 4132, 4253, 4280,	李苍松	11204, 11721
	6934, 6935, 6936, 6937, 6938, 7036	李苍彦	8622, 10198, 10282
李秉衡	11776	李茶	10880
李秉玲	6294	李禅	2553
李秉正	2475, 2657	李澶	8206, 8242, 8317, 8330
李炳锋	7644	李蟾桂	12626
李炳然	6240	李昌	9489
李炳荣	8633	李昌柏	5193, 5289
李炳淑	11868	李昌鄂	10354
李炳武	431	李昌国	1153, 1156
李炳炎	3941, 3990, 4095, 4099, 4163, 4213, 4266,	李昌敏	12978, 12979
	4306, 4316, 4344, 4465, 4471, 4541, 4629,	李昌平	1153, 1156
	4700, 4713, 4741	李昌庆	12653
李炳义	8250, 8265	李昌旭	5710
李波	139, 952, 979, 992, 6175, 6261, 6521, 6531,	李长白	939, 964, 966
	6572, 6971, 7426, 7449, 9699, 13142	李长春	5609
李波编	6559	李长海	3374

李长华 5390, 5783, 6002, 6168

李长杰 8945, 9095, 9137, 9260

李长捷 8819, 8847, 8950, 9080, 9081, 9089, 9090, 9097, 9100, 9105, 9106, 9110, 9112, 9113, 9116, 9117, 9118, 9119, 9120, 9121, 9123, 9131, 9254, 9256, 9257, 9260, 9295, 9296, 9298, 9311, 9325, 9332, 9417, 9727, 9808, 9865, 9871, 9927, 9999, 10579

李长俊 018, 093, 173, 507, 508, 511, 513, 575, 577, 578, 8603

李长路 7704, 8318

李长明 11216

李长山 6807, 7049

李长文 2979

李长新 3951

李长兴 5467, 5499

李长有 1311

李长之 680

李昶海 3917

李畅 12791, 12837

李超 1080, 1083, 1826, 1851, 2896, 3863, 12787, 13314

李超然 12610

李超士 2929, 2945

李超雄 1765, 4974

李焯桃 13062, 13185

李朝炯 2461

李朝成 2334, 6766

李朝春 9872

李朝栋 7232, 8024

李朝晖 5288, 6176, 6363, 6699, 6700

李朝威 5569, 5802

李朝祥 3776

李朝信 5329

李晨 6268, 9122

李晨岚 2716

李晨声 5226, 5282, 5386, 9003, 9211, 9935

李成 660, 888, 897, 899, 1532, 1548, 11263

李成葆 5377, 5487, 5637, 5724, 5740, 5828, 5985, 13293

李成春 9111

李成贵 099, 165

李成基 10824, 11502

李成君 565, 6687

李成荣 5334

李成文 5489, 6350

李成勋 1769, 3621, 3735, 4057, 4955, 4969, 4980, 5015, 5457, 5541, 5780

李成璐 1534

李成义 2349, 3854, 3936, 3957

李呈祥 7614

李诚 6193, 9353, 9367, 9425, 9613, 9659, 9670, 9672, 9843, 9979, 10023, 10053

李诚苦 2045

李诚元 12991

李承东 5982, 5983, 6081, 6183, 6477, 6509

李承平 1001, 1004

李承仙 3593

李承祥 12588

李承孝 7447, 7536

李承轩 3891

李承言 10882

李承毅 4160, 4221

李承墉 8062, 9067, 9225, 9345, 9527, 9793, 9796, 9812, 9814, 9963, 10014, 10017, 10020, 10030

李城 9672, 9694

李程远 5891, 6308

李澂曼 886

李澄 12604, 12609

作者索引

李澄晖	5631	李春熹	12821
李澄曼	886	李春霞	974, 2069, 4811
李池兴	3469	李春祥	12775
李赤	13234	李春艳	11061
李炽强	12582	李春阳	8359, 8360
李崇久	11998	李纯	5524, 6243
李崇峻	5581, 5786	李纯博	7434, 7486, 7546, 8264, 8306
李崇魁	12276	李纯恩	8982
李崇成	9004, 9943, 10013, 10014	李纯六	2278
李崇望	12266	李纯一	10956, 10972
李崇戊	9015	李纯智	5736
李楚城	4958	李淳	481, 7198, 7211, 7219, 7225, 8690
李雕苹	2399	李慈铭	12750
李川	6378, 6440, 6456	李聪	11236, 11260
李川英	1370	李从军	2411
李传德	8782	李从陆	11489
李传周	7304	李翠柏	10384, 10385
李春	352, 505, 3089, 3097, 3105, 3110, 3112,	李存葆	5309, 5768, 5769, 5916, 13141
	3114, 3124, 3626, 4970, 5010, 5114, 5445,	李存伟	4082, 4138, 4263, 4276, 4297, 4419, 4494,
	5457, 5948, 6240, 6379, 7063		4624, 10252
李春恩	8278, 8305	李存欣	3920
李春法	5539, 5578, 6172	李存志	6014
李春芳	10278	李存庄	5367, 5389, 5424, 5806, 5822, 6060, 6553
李春福	5497	李寸松	1354, 10717, 10719
李春富	6616	李达滨	5424
李春耕	9804, 10025	李达麟	8105
李春海	2481	李妲娜	10821
李春合	3115	李大成	2541
李春兰	438, 12900	李大发	5030, 5088, 5105, 5129, 5134, 5139, 5359,
李春林	11336		5378, 5437, 5468, 5474, 5544, 5557, 5596,
李春萍	4078, 4675		5656, 5661, 5690, 5703, 5732, 5740, 5793,
李春青	029		5796, 5817, 5833, 5843, 5872, 5935, 5947,
李春秋	7326		5951, 5955, 5996, 6080, 6204, 6205, 6212,
李春生	8898, 9517		6282, 6301, 6307, 6309, 6317, 6470, 6516
李春涛	8964, 8965	李大刚	8950

中国历代图书总目·艺术卷

李大宾	11383		4705, 4745, 4747, 4792, 4804, 6266
李大平	9433, 9447, 9612, 9645, 9702, 9703	李德铭	10110
李大强	320	李德宁	11870
李大庆	12972	李德培	9037
李大山	2179, 3935, 3939, 4001, 4044	李德庆	5569, 5633, 5704, 5846, 6066, 10184
李大树	8618	李德权	1259, 12834, 12835
李大宪	10304, 10312	李德全	11661
李大振	5312, 5604, 5720, 6470	李德仁	130, 3805, 3839, 3894, 3958, 4028, 4408
李大震	2269	李德胜	5191, 5337, 5421
李代富	1195	李德盛	8226
李丹	618	李德书	12952
李丹芬	11064	李德顺	5432
李丹妮	6485	李德文	5624
李旦	801	李德熙	11492
李当岐	10218	李德暄	3016
李道畅	5387, 5657, 5658, 5788	李德炎	6369
李道芬	10334	李德益	8138, 8146
李道极	5672, 5695, 6165	李德运	5724, 5916
李道五	2252	李德钊	3262, 5495, 5555, 5782, 5832, 5898, 6003,
李道武	3193		6018, 6075, 6076, 6124, 6148, 6192
李道增	12794	李德照	3209, 3224, 3272
李得雄	10269	李德真	11297
李德	1605	李登	1579, 7220, 7227, 8021, 8473
李德波	5238	李登峰	7608, 7609
李德才	6585	李登重	8473
李德恩	5769, 5969, 6084	李迪	818, 1533, 2301, 5376, 5407, 5416, 5516,
李德复	5229, 13242		5571, 5796, 5807, 5869, 5971, 6005, 6030,
李德戈	13194		6179
李德华	8632	李迪采	3522
李德君	2330, 2553	李涤尘	511
李德兰	1338	李地用	13262
李德麟	5416	李蒂	1921, 2286
李德镁	9308	李棣生	990
李德明	2057, 2078, 2375, 2376, 2378, 2380, 2385,	李甸秀	13223, 13227
	4454, 4463, 4472, 4556, 4560, 4656, 4686,	李殿阁	12988

作者索引

李殿明	9434	李锌	7296, 7389, 8177, 8330
李殿卿	11523	李恩	3251, 3252, 3265, 4298, 4302, 4385, 4423
李殿忠	3454, 5269, 5435, 5480, 5492, 5573, 5911, 6356	李恩合	3223
		李恩杰	13245
李调元	1465, 7208, 7656	李恩林	3831
李丁	4958	李恩元	3970
李丁陇	8250	李恩源	3221, 3904, 4338, 5315, 6114
李钉	3827	李恩云	3726, 3760
李鼎成	2304	李恩泽	12947
李鼎元	4081, 4122, 4209, 5216, 6049	李恩州	5652
李定峰	1223	李而成	8600
李定兴	5122, 5517, 5751	李尔崴	13213
李定一	8235	李尔重	8248
李东	1140, 1144, 2263, 8677, 11517, 12046	李耳	7945, 7952, 7964, 8115
李东春	4236	李二	12106
李东风	12404	李二虎	6227
李东福	8891	李发林	8652
李东辉	2525	李发模	8701
李东鸣	6823	李发山	2253
李东鹏	4429, 4465, 4510, 4571	李法民	6051
李东升	3280, 4031	李法明	6133, 6146, 10750
李东琬	263, 8550	李帆	7462
李东伟	816	李凡	6810, 10584, 10599
李东旭	860, 1898, 1959, 3962, 4307, 4487	李范基	3509
李冬晗	035	李方	1268, 5831, 6225, 10606
李冬明	6645, 6646	李方方	2915, 10327
李冬妮	7507	李方惠	4150, 4168, 4590
李冬生	1990	李方林	4270, 4290
李栋	5529, 5535, 5689, 5790, 5799, 5830	李方明	2904, 2919, 10329
李斗浩	7049	李方膺	1620, 1654, 1668, 1673, 2269, 2640
李笃才	5284, 5316, 5327, 5411	李方鹰	2623
李敦甫	8377	李方玉	698, 961, 1986, 2131, 2136, 2330
李敦祥	465, 1126	李方元	6455
李敦学	3027	李芳	4847, 4856, 5921, 6137
李多木	2541	李芳芳	6388

李芳惠 4351 5499

李芳岭 5345

李芳园 12308

李防 3476

李放 842, 847, 7360, 8015, 8016, 8456

李放鸣 7365, 7378, 7379, 7387, 7547, 7549, 7579, 7592, 7593, 7604, 7606, 7611, 8406

李飞 7559, 9347

李非庸 5321

李斐岚 11227, 11228, 11232, 11233, 11255

李奋然 6186

李丰平 9082, 10051

李丰田 319, 2885, 5195, 5208, 5707, 5830, 6066, 6179

李丰雄 5198, 5342

李凤白 1389

李凤暴 7316, 7341, 7369

李凤凤 11767

李凤华 4247

李凤君 4505

李枫 4956, 4987, 6568, 6569, 6684

李峰 6449, 6530, 6559, 6718

李峰山 5706, 5802, 5871, 5909, 6016, 6167, 6240, 6398, 6553, 7337

李峰祝 5561

李锋 10317, 10327

李逢春 3638, 3752

李凤华 4434

李凤君 1919, 1958, 1960, 2100, 2126, 2128, 2178, 2361, 2935, 3857, 4046, 4206, 4345, 4509, 4592, 4712, 4713, 4808

李凤兰 3922, 6750, 6753

李凤鸣 1331

李凤萍 6417

李凤琪 5105, 5126, 5227, 5260, 5271, 5272, 5376,

李凤森 3586

李凤山 5851, 6002, 11336

李凤祥 13131

李凤翔 10616

李凤尧 5190

李凤银 11498

李夫晨 6765

李芾 4317

李芙生 11370

李福宝 5399

李福臣 5560

李福成 619, 620

李福金 5878, 6067, 6136, 6191, 6264

李福来 5483

李福亮 1675

李福龙 8914

李福民 10402

李福清 4772

李福全 6487, 12666

李福生 8655

李福顺 261, 265, 266, 520, 596, 692, 798, 1547

李福堂 9368, 9409, 9863, 10027, 10042, 10061, 10104

李福祥 4899

李福星 3764, 3964, 4039, 4095, 4146, 4178, 4337, 5208

李甫 7308, 7369, 7382

李麃 7703

李复 11169

李复堂 1620, 2601

李复兴 1333, 3860, 5653

李傅周 8265

李富 7364, 7372, 8402, 8403, 8405

李富美 10649

作者索引

李富棋	12038	李冠国	3964, 5235, 5246, 5551, 5663, 5712, 5899,
李富一	1829, 2760		6007, 6259
李甘霖	5337, 6339	李冠泉	8957
李淦	11485	李光	6536, 7599, 12757
李刚	433, 2831, 4989, 5832, 5836, 5951,	李光晨	12827
	6099, 6174, 6270, 6279, 6352, 6683, 8638,	李光春	1415
	11158, 11524	李光德	7293
李刚夫	12592	李光地	11002, 11004
李刚田	8317, 8460, 8552, 8582	李光华	12319
李纲	8004	李光魁	3848
李钢	3518, 4973, 6254	李光烈	3119, 3661, 12306
李罡	11124, 11126, 12074	李光全	11143
李岗	716, 717	李光埭	12295
李高	9072	李光天	3565, 3593
李高强	1075	李光伟	5244
李格	1648	李光炜	10883
李根金	13253	李光祥	7348
李根龙	1327, 6723, 6740	李光学	3150, 3717
李根源	8049	李光耀	5574, 6045, 6178, 12804
李更	5114, 5115	李光羽	5273, 5274, 5335, 5437, 5438, 5453, 5525,
李庚辰	3323		5632, 5910, 5993, 6028, 6096, 6602
李庚年	2080, 2658	李光远	1967, 7306, 7332
李梗	4918, 5055, 5704, 10352	李光祖	12314
李公麟	1529, 1532, 1533, 1534, 1535, 1542, 1545	李珖	7384
李公明	262	李广滨	1799
李公朴	11544	李广才	5933, 11563
李功君	1175	李广达	10836
李功熹	7381	李广德	13141
李恭临	8250, 8293	李广汉	11135
李恭泰	6295	李广华	5233
李璁	10938, 11019	李广利	2585
李谷斋	1607	李广林	3825, 5294, 5432
李观泰	7292, 7359	李广禄	10710
李官振	2297	李广宁	426
李冠芳	12436	李广清	3248

李广喜	9233	李国卿	11947
李广祥	8265, 8373	李国庆	3262, 3288, 6079
李广元	560	李国荣	2085
李广之	4830, 5937, 6351, 6437, 6653, 6664, 6693	李国胜	3905
李广忠	9543, 9589	李国盛	9463
李贵	8309	李国绥	12326
李贵宝	11239, 11284	李国涛	5273
李贵甫	3827	李国威	3423, 7035
李贵忠	5372	李国维	3833, 8319
李桂娥	12635	李国伟	6309
李桂芳	6173	李国文	5820, 6393
李桂芬	5927	李国祥	7567
李桂兰	12044	李国欣	9515
李桂茹	10387	李国学	12118
李桂廷	1709	李国英	12264
李桂英	10881	李国运	7357, 7380, 7472, 7566, 7576
李桂迎	7508	李国章	10657
李桂芝	10354	李国桢	11172, 11270
李桂珠	11751	李国藏	11986
李国藏	11522	李国柱	2526
李国昌	13018	李果	5745, 10775
李国成	3086, 10279	李果青	8306
李国方	10106	李果仕	12123
李国光	2146, 4100, 4605	李海朝	5436
李国衡	3542, 3596, 3601, 3618, 3631, 3638,	李海东	10010
	3639, 3643, 3660, 4984	李海观	8154, 8317
李国华	1760, 5924	李海虹	8746
李国魂	7269	李海基	8661
李国钧	7159	李海杰	3333, 3334
李国俊	5401, 5752, 5930, 8124, 10870	李海靖	8703
李国良	11176	李海流	2977, 4871
李国龙	1595	李海陆	675, 916, 976, 2006, 3923
李国路	2256	李海曙	5194
李国平	12672	李海涛	2269
李国强	421, 6547	李海霞	10995

作者索引

李海岩	4817	李皓	4918, 5351, 5558, 5756, 5807, 6170, 6530
李海英	3428, 10220	李合	4960, 5252
李海勇	6559	李和	6681
李海舟	12128	李和生	7551
李涵	2235, 2584, 12980	李荷	7196
李涵础	8054	李贺	10229
李韩标	6148	李贺林	8204
李寒	4282, 4298, 4303, 4454, 4534	李贺忠	8579
李汉飞	12851	李鹤	317
李汉杰	11102, 11250, 11789	李鹤年	7659, 8222, 8230, 8293
李汉秋	7577	李亨	3700, 3708, 3740, 4971, 4987
李汉三	3927, 4079	李恒	10726, 11311, 11313, 11314, 12338
李汉文	8623, 10706	李恒辰	7061
李汉仪	8633	李恒基	13063, 13065
李汉颖	11755	李恒声	3800, 3822, 3878
李汉中	4069	李衡岳	1129, 5957
李翰恭	7742	李弘	2443
李翰祥	13181, 13195	李弘奎	13241
李瀚章	7219	李弘原	7895, 8080, 8081, 8430
李行	11957	李红	6562, 6651, 6676
李行百	2304	李红兵	6239
李行夫	11372, 12355, 12358	李红才	3818, 4411, 4436, 4507, 4512, 4582, 4597,
李行简	2645, 4004		4604, 4607, 4620, 4687, 4735, 4753, 4756,
李行良	1195		4770, 4771, 4856, 4857, 4863
李杭育	10879	李红军	10709, 10722
李杭之	1567	李红满	10775, 10778
李好安	7034, 7035	李红喜	5468
李好古	6164	李红燕	3905
李昊翰	12667, 12998	李红玉	3945
李吴荣	5932	李宏	048, 6269, 11754, 11878, 11930
李浩	6182	李宏宝	3349
李浩川	7438, 7485	李宏才	2394, 4623, 4654, 4714, 4728, 4761, 4799,
李浩泉	8577		4807, 4827, 4847, 4849, 4850, 4859, 4863,
李浩元	10643		4864
李浩章	1713	李宏财	4857

中国历代图书总目·艺术卷

李宏春	6498	李鸿源	12062
李宏非	2350	李鸿远	3243, 5495
李宏林	5636	李鸿藻	8022
李宏仁	2890, 4910	李鸿章	7219, 8017, 8028, 8055
李虹	6552	李厚基	13074
李虹宇	5034	李厚健	9007
李洪	5202	李槲	1382, 1440, 1725, 2007, 2903
李洪波	2060, 2132, 2145, 4675, 4677, 4784, 4795,	李虎	085
	4800, 4801, 4833, 4850	李花	6233
李洪才	2268, 4856, 4863	李花白	2330
李洪川	7419, 7425, 7438, 7455, 7463, 7464, 7469,	李华	2898, 4141, 6040, 6041, 6042, 6708, 10180,
	7484, 7545, 7554, 7557, 7561, 7570, 7575		12639
李洪夫	6805	李华飞	5733
李洪海	7427, 7429, 7481	李华锦	7349, 8152, 8161, 8163, 8176, 8179, 8205,
李洪华	2002		8208, 8222, 8226, 8237, 8253, 8296, 8394,
李洪基	1815, 2505, 2565, 4068, 4210, 4352		8396, 8426, 8430
李洪及	8913	李华君	8214
李洪吉	2076	李华生	9543
李洪锦	2847, 9927, 10559	李华亭	7348
李洪林	10282	李华夏	7020
李洪明	108, 12659	李华萱	12189
李洪涛	4937	李华阳	7392
李洪旺	7319, 7512, 7546, 7547	李华英	2767, 2822, 3856, 3906, 8909
李洪辛	5119, 5120, 13228	李华佑	6536, 6538, 6569, 7091
李洪勋	3771, 3820, 3869, 5260, 5546, 10426	李华章	5322, 5423, 5531, 5844, 5910
李洪泽	5648, 5923	李华铮	8382
李鸿	9485	李华祖	12118
李鸿宾	11162	李化吉	306, 1307, 3093
李鸿伦	8305	李桦	018, 498, 507, 1203, 1205, 1209, 1390, 2975,
李鸿球	1802		2977, 2983, 2991, 3004, 3028, 3038, 3041,
李鸿渠	10593		3048, 6033, 8639
李鸿祥	3105, 3658	李桦笙	12213
李鸿业	6947	李怀恭	2207
李鸿仪	7468	李怀江	4684, 4700
李鸿翥	1046, 1457, 8022	李怀林	10699

作者索引

李怀琳	7838, 8419	李惠乔	7397
李怀苏	12980	李惠文	5412
李怀中	13161	李惠伍	7144
李槐清	138, 153, 619	李惠珍	12610
李唤民	2996, 3008, 3009, 8642	李慧	8293, 11984
李焕伦	2269, 6175	李慧光	5547, 6002
李焕民	2997, 3013, 3024, 3032	李慧娟	10378
李焕之	10798, 10850, 10906, 10974, 11071,	李慧淑	398
	11080, 11083, 11090, 11358, 11405,	李慧媛	158
	11450, 11523, 11593, 11594, 11607,	李慧珠	4270, 4479, 4627, 4749, 9724
	11624, 11948, 11960, 11963, 11971,	李菎	2048, 2107, 2137, 3381, 4119, 4192, 4241,
	12051, 12053, 12226, 12231, 12237,		4256, 4270, 4421, 4475, 4524, 6043
	12248, 12263, 12329, 12335, 12337,	李火林	6510
	12359, 12401, 12415, 12416	李基	9409, 9411, 9451, 9452, 9453, 9457, 9581,
李黄勋	11949		9591, 9719, 9723, 10075
李忱	3757, 5110	李基禄	9058
李挥	8332	李激涛	12360
李晖	5761, 5807, 8196	李吉法	10616
李辉	2284, 6392, 6835, 9232, 9951	李吉华	9569
李辉柄	421, 422, 436	李吉庆	3049
李卉	4878, 4880, 13305	李吉树	12669
李汇泉	4161, 4183, 4231, 4326, 4586, 4611, 4659	李吉提	10978, 10987, 11965
李会	4721	李吉祥	3892
李会文	6225	李楫	7568
李会政	11204	李记培	5283
李惠	1830, 3874, 3963, 4009, 4077, 4117, 4183,	李纪	6088
	4571, 5086, 5133, 8651, 12669	李纪贤	395, 405, 429, 10648
李惠芳	4055, 9801	李纪元	11379
李惠芬	2349, 3822, 5513	李际科	2024, 3940
李惠华	5103, 5851, 5996	李季	4879, 5130, 5710, 5822, 11626, 11881, 11883
李惠锦	12724	李季芳	10860
李惠君	3948	李季桦	12639
李惠康	6801, 12943, 12953	李济琛	11748
李惠明	4204, 4602	李济民	1132
李惠菁	9944	李济勇	6017, 6038

李济远 1813, 1824, 1833, 1841, 3777, 3798, 4995, 5014, 5084, 5110, 5111, 5224

李既鸣 1168

李既甸 793

李继昌 12063

李继锋 6453, 6454

李继港 6032

李继凯 7284

李继烈 8495

李继顺 1343, 11532

李继祥 1111, 1147

李继学 6545

李继尧 3867, 5244

李继友 10683

李继渊 10769

李继璜 938, 1227

李继曾 7278

李继桢 13303

李继忠 10388

李继祖 11867

李寄僧 810

李寄云 7206

李冀 4792

李冀诚 448

李蠹 12093

李加 3465, 5665, 5810

李加充 2759

李佳 1605, 6338, 7033

李佳维昌 1466

李佳凯 9911

李佳倩 1080, 1089, 1178, 1182

李家璧 1220, 6932

李家聪 3809

李家衡 5252, 5278, 5436, 5651, 5919, 6049

李家杰 13165

李家璋 8663

李家骶 2284, 2330, 10224, 10567, 10570

李家禄 9730

李家平 6485, 6497

李家瑞 12917

李家顺 2235

李家通 1153

李家伟 6078

李家旭 162, 563, 565, 10233, 10288, 10293, 10294

李家耀 1834

李家仪 5109

李家元 3816

李家原 7441, 7512, 7603, 8222, 8324

李家载 12072, 12073, 12074, 12077, 12078, 12085

李嘉 11879

李嘉楼 5893

李嘉禄 11245, 11259

李嘉评 11055, 11502, 12037, 12039, 12047, 12637

李嘉球 12706

李嘉熙 508

李甲基 5350

李甲群 11741

李坚 5267, 5827, 12615

李坚冰 8250

李缄三 1355

李建邦 8266

李建琛 5264, 5460

李建辰 7022

李建成 8774

李建东 3373, 9356, 9550, 9624, 9952

李建光 4014, 4096, 5361, 6261

李建国 3282, 3329, 3347, 3362, 3363, 5790, 8306, 10656, 10684

李建华 142, 1257, 2675, 3987, 8277, 10766

李建金 6170

作者索引

李建军	6298	李健石	9706, 9980
李建礼	7381	李健彤	5490
李建丽	6507	李健正	12053
李建林	12219	李鉴清	12096
李建民	9438, 12783	李鉴琛	11986, 11987
李建平	860	李江	4133, 4211, 4345, 5521, 8743, 11058, 12444
李建庆	11942	李江鸿	3684, 3704, 3733, 4058, 4143, 4977, 5030, 5184, 5361, 5546, 5633, 5754, 6139
李建群	6226, 8606
李建琛	5627	李江树	8703, 8800, 9413
李建生	8725	李郊	12303
李建新	2454, 3460, 5485, 5504, 5621, 5637, 5810, 5837, 6248	李姣一	4064, 4081, 4090, 4097, 4269, 4442, 4443
		李劫夫	10954, 11449, 11626, 11955, 11958, 12092
李建业	12452	李杰	2451, 5336, 6109, 8238, 8276, 8847, 8901, 8968, 9118, 9121, 9858, 10087, 11484, 11485, 12445
李建章	1002, 2371, 3884, 4040, 4058, 4114, 4180, 4273, 4363, 4388, 4478, 4557, 4581, 4630, 4664
		李杰明	12571
李建中	7961, 10733	李洁	5524, 8788, 10364, 11163
李荐宏	131, 6849, 6897, 6898, 6899	李洁冰	10174
李荐洪	6899	李洁非	197
李剑晨	324, 329, 1163, 1172, 1407, 1419, 1758, 2041, 2925, 2929, 2931, 2936, 6909	李洁华	5833, 5864
		李捷	3654, 9258, 11166
李剑秋	2284	李界范	8894
李剑霞	8258	李今子	4987
李剑雄	5438, 5543, 5798, 5967	李金锋	4419, 4477, 4522
李剑舟	7892	李金发	357
李健	6550, 7245, 8457, 12635	李金峰	2272
李健保	3921	李金良	12965
李健葆	10841	李金玲	12601
李健锋	818	李金龙	141
李健光	4120, 6015	李金明	1843, 2805, 2835, 3270, 3309, 4027, 4047
李健君	5794	李金泉	11873
李健康	6557, 6560	李金焙	5766, 5905
李健坤	9463	李金声	11624, 11944
李健强	8224	李金亭	2221
李健仁	10410	李金文	10752

李金喜	2386, 4822	李井涛	5471, 6019
李金彝	7277	李井亚	5489
李金印	12625	李景德	7527
李金玉	2041	李景方	2965
李金远	1944, 2080, 2288, 4220	李景芳	3099
李金钊	11152	李景峰	2402
李津	2414	李景宏	5734
李津荣	6870	李景黄	1635
李锦标	10718	李景久	7293
李锦德	5579, 5967, 6174, 6252, 6317	李景凯	154, 160, 161, 162, 557, 10213
李锦锋	621	李景林	2706
李锦华	5310, 12218	李景瑞	10650
李锦坤	2284	李景森	6169
李锦铨	6316, 6668	李景铄	11489
李锦松	8753	李景堂	5626
李锦堂	3000	李景文	12348, 13256
李锦文	10605	李景星	5889
李璟	2638	李景扬	10252, 10270
李进	6116	李景阳	10288
李进才	12875	李景云	7618
李近义	12776	李景忠	11495, 12043, 12239
李近朱	10867, 10926, 10928, 11272, 11275, 11276	李净白	12920
李劲	10574	李竞弱	5539
李晋复	5741	李敬仕	818, 819, 1952, 2057, 2066, 2083, 2140,
李晋生	13060		4394, 4449, 4640, 4660, 4661, 4665, 4708,
李晋瑗	12021		4744, 10033
李京刚	6936	李敬祥	11214
李经邦	12080	李敬泽	3486
李经舍	8520	李靖	9517, 9988
李菁	5276, 5286, 5349, 5401, 5613, 6252	李靖之	13004
李晶	6359, 9139	李静	1145, 7459, 7574, 10024, 11494, 11714,
李晓喆	10703		11715, 11733
李精益	7022	李静波	6117, 6118, 9446, 9449, 9568, 9740, 9885,
李井	11426		9903, 10078
李井然	11940	李静美	10893

作者索引

李静平	3851	李俊梅	11065
李静泉	10830	李俊民	3668
李静森	2990, 2991	李俊明	3848, 8255, 8256
李静仕	1964	李俊琪	2410, 5182, 5215, 5251, 5270, 5311, 5341,
李静霞	6549, 6550		5372, 5413, 5453, 5550, 5783, 6036, 6073,
李炯	8330		6095, 6141, 6296
李九洪	5713	李俊生	2268, 4444, 4549, 4856, 4857, 4859, 5191,
李九如	6540		6052
李九思	4414, 5285	李俊秀	3476
李久芳	8653	李俊岩	13152
李久洪	5506, 5939, 6096	李俊瑛	5001
李久龄	12624	李俊优	5280
李久香	5137	李峻	6438
李居山	13264	李浚之	678
李菊红	11231	李骏	1081, 2791, 3135
李菊庐	7229	李骏琪	5453, 5664
李菊生	10655	李琨	6345
李巨川	11958, 12630	李开邦	5432
李娟	10770	李开聪	9040
李觉	4925, 5483	李开方	12582
李军	456, 3358, 3372, 6417, 13155, 13271	李开麟	2529
李君	2280	李开万	319
李君芳	12087	李开先	742
李君凯	4902, 13240	李开远	9276
李君文	5260	李凯	048, 2844, 6162, 7031, 8915, 12484
李君毅	710	李凯煌	1185
李君岳	2591	李凯描	6132
李钧龙	5131	李凯轩	8186
李俊	5397, 13230	李恺梯	4905
李俊彬	6284	李铠	10704
李俊昌	5453, 5613, 5817	李侃	5310, 5335, 5336, 5352, 5524, 5565, 5661,
李俊琛	11642, 12599		5858, 5919
李俊虎	5075	李衍	925, 926, 927
李俊杰	1836, 1872, 3877, 4005	李康生	5654, 9222
李俊龙	4220	李抗非	11129, 11256

李珂 4878

李科 1251

李可 6481, 6500

李可染 685, 686, 694, 1320, 1396, 1437, 1724, 1725, 1727, 1741, 1749, 1759, 1807, 1808, 1816, 1817, 1849, 1857, 1869, 1877, 1998, 2007, 2179, 2194, 2205, 2284, 2323, 2330, 2417, 2419, 2589, 2590, 2591, 2592, 2597, 2599, 2637, 2642, 2694, 2696, 2697, 3927, 10477

李可染艺术基金会 1344, 2323, 2330

李可述 8316

李克 1103, 6804

李克昌 2427, 4135, 8371

李克非 2748, 2758

李克和 12855

李克灵 5457

李克民 7332

李克能 6010

李克平 12582

李克强 10397, 12171

李克勤 8673

李克弱 4922

李克生 1719

李克世 13207

李克异 5106

李克因 809, 12884

李克瑜 1819, 2855, 2870, 12627, 12638, 12647

李克喻 12627

李孔安 3021, 3384, 4490, 4567

李苦禅 716, 988, 1320, 1321, 1429, 1704, 1741, 1852, 1857, 1860, 1878, 1888, 1903, 1919, 1967, 2007, 2023, 2041, 2080, 2194, 2411, 2522, 2603, 2613, 2657, 2658, 2666, 2689, 2695, 10433, 10435

李苦禅纪念馆 12976

李奎根 2358, 3734, 4199, 4331, 4395, 5799, 6192, 6584, 9723

李魁正 2024, 2252, 2314, 2519, 2611, 2613, 2615, 2621, 4116, 4175, 4290

李坤海 6784

李坤钱 13245

李坤山 8960

李昆 5623

李昆丽 11341

李昆璞 1888, 2419, 3590

李昆生 341

李昆声 267

李昆武 3455, 3471, 3472

李昆武创作室 3523

李堃 13239

李焜培 1164, 1168

李来白 4101

李来春 7551

李兰 3887, 5950, 9574, 11522

李兰颂 8963

李兰英 9058, 9228, 9349, 9550, 9831, 9965, 9977, 10059

李蓝 11260

李澜 7744

李浪涛 2908

李老十 1687, 1688, 2547, 6507

李乐 6167, 11314

李乐毅 7351

李乐玉 1960, 2354, 2364, 3859, 3885, 4092, 4100, 4246, 4334, 5515

李雷 3054, 3434, 5291, 5398, 9466

李磊 6530

李蕾 2831, 3933, 5536, 5564, 5602, 5994, 6221, 6255, 6328, 6630, 9077, 9377, 9831, 9996,

作者索引

10039

李蕾供 8829

李棱 11037

李梨 5389, 5731

李犁 5527, 5561, 5813, 6045, 6140

李黎 13149

李黎阳 377, 533

李里 4916, 4972, 7371, 7376, 7377, 7768, 7821, 7906

李里狄 5792

李理 2064, 2110, 4809

李鑫 5599, 5847

李力 264, 3707, 4806, 4815, 6373, 6976, 9529, 10018, 10024, 10032, 10044, 13139, 13154

李力加 719, 1262, 1265

李力生 8187, 8317

李立 3308, 5837, 5964, 6373, 8557, 8571, 9446, 9447, 9607, 9632, 9697, 9941

李立民 3260, 6271, 6272

李立青 12047

李立群 10286

李立勋 5042

李立章 11169

李丽 11264

李莉 3009, 6075, 6482, 7069, 7070, 8279, 10608

李莉婷 158, 8776

李笠翁 652

李连文 1329

李连信 9527

李连叙 2872

李连一 2953

李连营 10685

李连志 619, 10221

李连仲 3799, 5353, 6091

李莲炬 7663

李联明 1484

李廉 12118

李濂 899

李斑亮 11229, 12171

李良 12409, 12599

李良仁 8620

李良文 5311

李亮 5349, 5350, 5471, 5697, 5746, 5792, 6063, 6103, 6116, 12174

李亮一 8619

李量为 8683

李列邦 6333

李烈帮 6071

李林 813, 1242, 6234

李林川 6594

李林洪 914

李林华 6133

李林祥 1945, 2353, 4037, 4082, 4100, 4164, 4244, 4324, 4326, 4377, 4533, 4554, 4632, 4643, 4702, 4838, 4854, 5344, 5354, 5483, 5529, 5574, 5754, 6099, 6248

李林琢 5987

李临菊 3910

李临潘 3077

李琳 5341, 8596, 9035

李霖灿 095, 253, 518, 520, 588, 624, 794, 805, 903

李麟雨 8137

李玲 5116, 5960, 6179, 6208, 7751, 7923

李玲修 5509, 5807

李玲瑜 6991

李凌 5815, 8308, 10787, 10788, 10789, 10796, 10797, 10806, 10815, 10816, 10821, 10845, 10851, 10859, 10865, 10866, 10873, 10898, 10967, 10980, 11035, 11073, 11079, 11095, 11105, 11110,

中国历代图书总目·艺术卷

11117, 11379, 11384, 11732, 11752, 11760, 11812, 11877, 11927, 11928, 11986, 12043, 12340, 12343, 12348, 12356, 12357, 12359, 12379, 12382, 12386, 12429, 12447, 12658

李凌翰	7049
李凌云	961, 2537
李陵征	6136, 6147
李翎	461, 4840, 10203
李岭安	3099
李刘坤	3453
李留海	2269, 5642
李留奎	12095
李流丹	3031
李流芳	767, 776, 1569, 1570, 1632
李柳	3535
李龙福	2244
李龙公	11991
李龙眠	1544
李龙生	136
李隆华	10372
李隆基	7924
李鲁	5435
李录成	1150
李鹿	12594
李绿永	10979
李路明	113, 315, 325, 330
李露蓉	10699
李伦	1410, 3148, 11874
李罗	714, 2284
李洛漠	5812, 6127
李骆公	4623, 7153
李脉	10964
李曼	12049
李曼峰	1967, 6777

李曼塔·迪卡维茨	10163
李芒	6065
李茂	8902
李茂昌	269
李茂阶	12646
李茂林	5846, 12515, 12521
李茂兴	10838
李玫	10569
李梅	484, 7361, 10598
李梅庵	7785
李梅龄	6808
李梅树	1404
李梅云	11170, 11872
李湄	13295
李棚	8316
李美	3103, 4129, 4186, 4261, 4305, 4427, 4479, 4502, 4524, 4577, 4744
李美安	12584
李美凤	5939
李美画	3712
李美蓉	039, 111, 198, 532
李美珊	2640
李美燕	10976
李美英	3096
李美云	10617
李媚	9127
李门]	344, 5774, 12715, 12900
李萌	1394, 6037, 12317, 12318, 12320
李孟军	620, 1157, 2833, 2834
李孟岩	12682
李梦魁	4339
李梦娜	10355
李梦学	6095
李梦阳	6376, 6377
李密玲	3448, 8621, 10689

作者索引

李绵璐 305, 1226, 10199, 10232, 10233

李冕相 12363, 12371

李森 411, 7728, 8673, 9079, 9298, 9818, 9835, 10736, 10747, 10748

李民 10286, 11247

李民生 4050, 5705

李民兴 5267, 5374, 5375, 5504, 5548

李民雄 11084, 11295, 11297, 11347, 11349, 12155, 12259, 12329, 12333, 12338

李民子 12180

李泯 11052, 12410

李敏 3853, 6395, 6550, 7103, 9144, 11222, 11726, 12279

李敏娜 10822

李敏如 7037

李敏善 8295

李敏媛 5591, 5605, 5629, 5712

李名慈 6301, 6435, 6442, 6444, 6447, 6641, 6653

李名方 7160, 12017, 12037, 12038, 12050

李名强 12203, 12510

李明 3882, 4859, 5106, 6024, 6199, 6206, 6249, 6300, 6329, 6385, 6410, 6650, 6686, 7424, 7533, 9467, 9468, 9742, 10635

李明德 7385

李明光 9364

李明海 6585

李明辉 11393

李明久 2446, 4591, 4656

李明君 7652

李明俊 12986

李明琨 12686

李明亮 7361

李明媚 1813, 2358, 2373, 2393, 2397, 3691, 3881, 3951, 3988, 4093, 4165, 4189, 5375, 10466

李明明 105, 198

李明强 3142, 3295, 3592, 3619, 3676, 3683, 3744, 3810, 4942, 4990, 5011, 5027, 5106, 5200, 5503, 5996

李明泉 267

李明山 1977, 2074, 2149, 4448, 4449, 4663

李明堂 5232, 5433, 5736

李明伟 10569

李明信 5461

李明性 5343

李明友 6028

李明源 11314

李明跃 4541

李明云 981, 6102, 10498

李明珍 12621

李鸣 6201, 6639, 6643

李鸣鸣 2352, 6054, 6060, 6065, 6154, 6175, 6201, 6205

李鸣球 5641, 5768, 5801, 5806, 5811, 5861, 5867, 6059

李铭 13267

李铭盛 454, 8938

李铭训 8952

李漠毅 8895

李墨 1947, 4402, 4854

李墨巢 1272, 1565, 1720, 8054

李墨林 11627

李墨衣 703, 7324, 7330

李默 13281

李默然 12911, 12916

李姆斯基－可萨考夫 11068

李木 5232, 5264, 6566

李木林 5787, 5964, 6074

李木生 8531

李木梓　　　　　　　　5279　　李乃良　　　　　　　6940, 6943
李沐明　　　　　　　　5837　　李乃平　　　　　　　　　5742
李慕白　　　　1973, 2001, 2068,　　李乃强　　　　　　　　　3605
　　2102, 2377, 2390, 2391, 2500, 2633, 3534,　　李乃蘧　1350, 5314, 5476, 5703, 5873, 5885, 6059
　　3542, 3543, 3545, 3549, 3550, 3556,　　李乃宁　　　　　　　　　6176
　　3559, 3560, 3564, 3571, 3572, 3575,　　李乃宙　2269, 3826, 5273, 5694, 6047, 6181, 6361,
　　3576, 3581, 3582, 3591, 3594, 3595,　　　　　　6445
　　3597, 3599, 3600, 3604, 3607, 3609,　　李奈　　　　　　　　　　 680
　　3610, 3612, 3613, 3614, 3618, 3619,　　李耐因　　　　　　　　　5392
　　3628, 3629, 3631, 3632, 3635, 3637,　　李男　　　　　　　　　　7219
　　3642, 3645, 3654, 3655, 3658, 3673,　　李南　　　　　　　　　　6025
　　3676, 3687, 3690, 3691, 3692, 3695,　　李南力　　　　　　　　　4898
　　3696, 3697, 3702, 3706, 3710, 3713,　　李楠　　　　　　6090, 6518, 9293
　　3715, 3718, 3722, 3728, 3732, 3733,　　李尼　　　　　　　　　 11390
　　3738, 3739, 3740, 3741, 3748, 3773,　　李年才　　　　　8842, 9646, 9678
　　3779, 3914, 3952, 3957, 3958, 3960,　　李年喜　　　　　　　　　8916
　　3969, 3971, 3975, 3978, 3985, 3996,　　李念村　　　　　　　　 12360
　　4011, 4016, 4020, 4028, 4037, 4039, 4040,　　李念芦　　　　　　13202, 13204
　　4042, 4049, 4052, 4054, 4059, 4060, 4070,　　李宁　　609, 1119, 5659, 9098, 9106, 9127, 9441,
　　4078, 4080, 4088, 4089, 4092, 4093, 4102,　　　　　　9881, 11944
　　4109, 4113, 4116, 4123, 4129, 4130, 4131,　　李宁远　5143, 5449, 5538, 5601, 5634, 5854, 5862,
　　4132, 4137, 4139, 4147, 4151, 4170, 4199,　　　　　　6004, 6013, 6481
　　4203, 4210, 4213, 4215, 4222, 4234, 4259,　　李凝记　　　　　　　　 11783
　　4261, 4270, 4271, 4280, 4282, 4288, 4307,　　李凝祥　　　　　　　　　6023
　　4323, 4327, 4333, 4338, 4341, 4349, 4360,　　李培成　　　　　　　　　7644
　　4375, 4381, 4394, 4416, 4443, 4445, 4462,　　李培庚　　　　　　　　　2627
　　4470, 4486, 4487, 4514, 4546, 4547, 4551,　　李培焕　　　　　　　　　4982
　　4552, 4556, 4580, 4587, 4593, 4626, 4648,　　李培隽　7433, 7442, 7458, 7472, 7511, 7514, 7520,
　　4649, 4684, 4687, 4689, 10448, 10465　　　　　　7534, 7544
李慕白改　　　　　　　1859　　李培林　　　　　5729, 8783, 8800
李慕良　　　　　　　 12072　　李培淇　　　　　　　　　7479
李纳　　　　　　　　　5794　　李培仁　　　　　　　　 12915
李娜　　　　2693, 6197, 6266　　李培荣　　　　　　　　　6638
李乃洪　　　　　　　　8983　　李培森　　　　　　6005, 13303
李乃华　　　　　　　　2459　　李培艺　　　　　　　　　8991

作者索引

李培禹	13140	李普斯凯洛夫	6808
李培贞	5811, 6086, 6123	李普同	7403, 8196
李培之	6252	李齐	12724, 13220
李沛	902, 917	李其光	8030
李沛芳	6101	李其美	5576
李沛泉	11747, 12095	李其鹏	1143, 1155
李佩甫	5689	李其钦	7269
李佩桦	533	李其人	11281, 11283, 11284, 11709
李佩岚	8238	李其容	1550
李朋林	637, 1192, 1314	李其瑞	3428
李鹏	2822, 3938, 8682, 9975	李其煜	5345
李鹏程	5821	李其震	3486, 10720
李鹏西	5841	李奇	1242
李鹏增	028	李奇茂	995
李品荣	11300	李颀	6457
李品三	5311, 5395, 5575	李淇	11682
李平	4975, 5028, 5759, 6021, 6104, 6230, 6425, 6440, 9286	李骐	10208, 10731
		李琪	372, 10582
李平凡	583, 1213, 3000, 3053, 6779, 6780, 6917, 6918, 6919, 6921, 6922, 6923, 6924, 8616, 8644	李琪树	11391
		李琦	496, 1754, 1763, 1787, 1795, 1801, 1849, 2304, 2346, 2374, 3579, 8893
李平康	10101	李企高	8587
李平农	1123, 1125, 1236, 10376	李起敏	10847
李平秋	2959, 2962	李洽卿	5481
李平升	3842, 3875, 3932, 4043, 4069, 4132, 4274, 4362	李岍山	5988
		李骞	3099, 6432
李平生	4241	李前唤	5336
李平野	3077, 5017, 5024, 5976	李钱彩	6513
李平之	11994	李钱华	5696
李苹菁	11262	李乾朗	249
李萍	1260, 2471, 3565, 3860, 4970, 7263, 8784, 10302, 11130, 11406, 12665	李乾山	8223
		李潜	5652, 5853, 5874
李萍年	10573, 10616	李茜	9549
李璞珉	051	李倩	12217
李朴园	006, 171, 241, 243, 256, 12675	李倩胜	11287

中国历代图书总目·艺术卷

李强	2330, 4847, 4858, 4864, 4866, 5079, 7520,	李庆国	4909
	7640, 7646, 8330, 10821	李庆洪	5710, 5988
李蔷生	1099, 5433, 5508, 5844	李庆奎	5367, 5497
李乔	5942, 5996	李庆森	11837, 11873, 12881
李巧玲	5080, 5356, 5855, 5961, 6021	李庆祥	12696
李钦贤	077, 095, 112, 260, 269, 370, 371, 581,	李庆新	2439, 3843, 4170
	592, 635	李庆选	7491
李秦吉	1238	李庆跃	9787, 13191
李琴芳	10575	李琼	3493, 6682, 6691, 6694, 7379
李勤	965, 966,	李琼华	12271
	980, 1002, 1966, 2152, 2153, 2653, 3823,	李琼久	1990
	3942, 4047, 4062, 4125, 4127, 4170, 4192,	李秋波	2297, 2298
	4302, 4624, 4742, 4848, 5609, 6481, 6487	李秋海	11719
李勤学	5406, 5452, 5621, 7501, 7739	李秋汉	12593
李沁园	12390	李秋君	1646
李青	1406, 5210, 7743, 10742	李秋明	5312
李青华	5413	李秋鸣	3087
李青惠	8291	李秋山	5913, 6188, 6244
李清	6462, 6537, 10898	李秋彦	12445
李清安	8537	李曲斋	8293
李清白	5827, 5887, 6422	李权	5748
李清保	3824	李全	5396, 6495, 6502, 6512, 6514
李清德	7638	李全华	6384, 6446, 6491, 6706
李清婷	6264	李全举	10646
李清业	8356	李全民	1144, 5594, 5908, 8677
李清钥	7660	李佺民	11768, 11776, 11956
李清志	13146, 13158, 13284	李泉	1947, 1980, 2429, 4957
李清洲	5886, 5944, 5952, 5984, 6005, 6006, 6045,	李泉源	5108
	6100, 6126, 6152, 6163	李却·波里士拉夫斯基	12807, 12808
李晴	1419, 5468, 6381	李却特 N·海尔	8683
李晴海	11789	李群	6269, 6363,
李庆	7450, 7465, 7491, 7492, 7494, 7498, 7499,		6638, 11037, 11396, 11682, 11959, 12001,
	7500, 7501, 7504, 7510, 7511, 7512		12019, 12031, 12039, 12046, 12226
李庆成	12695, 12728	李群芳	5479
李庆峰	9958	李群杰	8293

作者索引

李群力	5693	李荣升	536
李然	8331	李荣声	11202, 12316
李冉苒	13221, 13222	李荣树	8156
李人	6686	李荣曾	8496
李人亮	11097	李荣中	10561
李人龙	11001	李荣忠	11204, 11205, 11206, 11207
李人毅	5522, 5626, 5724, 5775, 5904, 5940, 6002, 6054, 6206, 6511	李荣洲	2785, 3235, 3251, 3272, 3976, 4192, 4288, 4709
李仁	5500, 12291	李容	6401, 6434
李仁才	337	李蓉	6181
李仁洪	3234	李蓉生	4490, 4608
李仁惠	12668	李榕	5765, 8073
李仁杰	1843, 2732, 2779, 2783, 3534, 3872, 4047	李榕真	7595
李仁俊	7663	李融	12666
李仁苏	12356	李柔	4817
李仁堂	8303	李柔韧	9916
李仁晓	5650, 5922	李妹	1267, 2186, 6373
李仁智	4152, 5669, 5675	李如	6322
李日华	687, 734, 740, 742, 743	李如滨	10352
李日君	5342, 5368, 5563, 5593, 5986	李如海	8846, 9460, 10074
李日湘	3674, 4421	李如生	5213
李戎	029	李如谢	5582
李荣	5713	李儒光	878, 3960, 4564, 5210, 5305, 5547, 5701, 6194
李荣宝英	8702		
李荣标	5396, 5461, 5482, 5737, 6036	李儒乙	7368
李荣昌	5878	李汝成	4718
李荣潮	8857	李汝春	5003
李荣德	5307	李汝匡	2304
李荣光	723, 984, 1005	李汝松	11522, 11525
李荣国	7413, 8261	李汝珍	5531, 5652, 5662, 5793, 5832, 5853, 6080,
李荣国攥	8313, 8324		6405, 6451, 6491, 6616
李荣海	2141, 2246, 8274	李蕊	7663
李荣琦	6180	李锐	10971
李荣卿	9833	李瑞	3661, 3741, 8449, 10342
李荣山	5484	李瑞尔	5288

李瑞芳　　　　　　　　5130　　李珊　　　　　　　　　　　　5671

李瑞来　　　　　　4896, 5464　　李善　　3358, 3361, 3369, 3370, 3371, 3372,

李瑞林　　　　　　5402, 12612　　　　　　3375, 3383, 4413, 4567, 4585

李瑞麟　　　　　　　　10658　　李善杰　　　　　　　　　　2542

李瑞年　　　　　623, 625, 1378　　李善静　　　　　　　　　10238

李瑞岐　　　　　　　　12940　　李善良　　　　12996, 12997, 12999

李瑞卿　　　　　　　　12294　　李善一　　　　　　　　　　1419

李瑞清　　　1699, 7366, 7757, 8235　　李鳝　　　　　　　　　　1673

李瑞生　　　5362, 5626, 8638, 8647　　李鳣　　1444, 1638, 1656, 1662, 1666, 1667, 1668,

李瑞祥　2765, 2828, 2834, 2841, 3227, 3228, 5019　　　　1669, 1686, 1689, 1691, 2626

李瑞星　　　　12194, 12195, 12204　　李尚才　　　　　　　　　2269

李瑞熊　　　　　　　　2206　　李尚元　　　　　　　　　　5893

李瑞勇　　　　　　　　2238　　李尚志　　　　　　　　　10740

李瑞雨　　8741, 8774, 9407, 9448, 9874　　李梢　　　　　　　　　　8463

李瑞兆　　　　3356, 4297, 4582　　李少白　　6410, 6724, 8978, 9302, 9455,

李瑞之　　　　　　　　　402　　　　　　9457, 9484, 9668, 9714, 9741, 9746, 9774,

李瑞芝　　463, 9342, 9625, 9817, 9941　　　　　　10104, 13136, 13178, 13179

李瑞植　　　　　　5900, 5901　　李少春　　　　　　　　　　9225

李润芳　　　　　　　　8402　　李少光　　　　　　　　　　5791

李润杰　　　　　　　　12975　　李少华　　　　　　　　　　5648

李润山　　　　　　5550, 5575　　李少全　　　　　　　　　　4797

李润生　　　　　　　　　105　　李少首　　　　　　　　　　3013

李润生刻　　　　　　　4871　　李少文　1390, 2032, 3238, 6138, 6393, 8767, 8788,

李润之　　　　　　7630, 12825　　　　　　9440, 9640, 9723

李若昌　　　　　775, 776, 1598　　李少先　　　　　　　　　13184

李若兰　　　　　　　　11992　　李少襄　　　　　　　　　　3270

李若亮　　　　　　　　12139　　李少言　　2989, 3006, 3031, 3060, 8643

李萨　　　　　　10707, 10981　　李少云　　　　　　　　　11733

李森　　　　　9071, 9859, 13149　　李绍刚　　　　　　　　　10256

李森方　　　　　　　　10707　　李绍翰　　　　　　　　　10270

李森林　3220, 3283, 3284, 4071, 4126, 5470, 8164,　　李绍宁　　　　　　　　　2320

　　　　10358　　　　　　　　　李绍平　　　　　　　　　　7028

李山　　1919, 2007, 2330, 4950, 5096, 10444　　李绍谦　　　　　　　　　076

李山甫　　　　　　　　12439　　李绍勤　　　　　　　7083, 7084

李山泉　　　　4852, 8217, 8225　　李绍然　5187, 5228, 5272, 5457, 5688, 5820, 5854,

作者索引

5998, 6047, 6139, 6672, 6681

李绍统	12346

李绍澜	6301

李绍云	5424, 9220

李绍中	6301

李绍周	2253

李绍祖	8775

李社	5015

李莘	6441

李肾	10207

李慎言	7265

李升权	352, 1178, 1182, 9320

李生	6673

李生民	1972

李生琦	6440, 6456

李生权	3241, 5410, 5633

李声远	5051

李昇权	7063

李圣和	311

李圣五	241

李胜洪	7456, 7579

李胜利	7539

李胜英	6401

李盛华	3700

李盛泉	11837, 12079, 12085

李诗唐 3728, 4028, 4057, 4095, 4166, 4224, 4409, 5451

李诗堂	6112

李诗文	7358

李石文 7424, 7459, 7464, 7497, 7504, 7510, 7511, 7514, 7522, 7524, 7526, 7534, 7542, 7543, 8247

李石祥	2849

李时	7310

李时成	7183

李时民	632

李实 5690, 6125, 6177, 6184, 6207, 6225, 6333

李湜	544, 10873

李士海	1975, 4254, 4337

李士伋	4927, 5387, 6424, 6651

李士俊	12381

李士奎	4208

李士侣	3561

李士萍	3753

李士兴	11059

李士英	580

李士元	4041

李士钊 10980, 11387, 12393, 12412, 12561, 12658, 13003, 13013

李士忠	3783

李世斌	11833

李世成	5328

李世丁	13319

李世锋	7084, 7088

李世恩	4643, 4670

李世进	1081

李世民	6404, 7890

李世明	11234

李世南 1860, 2007, 2111, 2277, 2284, 2356, 2877, 2881, 5108, 5171, 5261, 5319, 5352, 5409, 5441, 5442, 5617, 5618, 5851, 5870, 5982, 6301

李世平	4518

李世璞	2502, 2504, 4463

李世朴	4165

李世勤	8467

李世清	7468, 8245, 8351

李世虬	1144

李世蝶	2269, 8579, 8592

李世庭	8827

中国历代图书总目·艺术卷

李世伟	8558	李书香	7281
李世武	5222, 5303, 5304	李书英	5558, 10684
李世雄	8764, 8789	李打非	11256
李世英	11205	李枢魁	7448, 7506
李世勇	12430	李叔同	8126, 8127, 8130, 8205, 8549
李世元 2096, 3908, 3947, 4174, 4340, 4356, 4386,		李淑端	6175
4422, 4426, 4498, 4685, 4697, 4750, 5336		李淑芳	4537, 6991
李世则	11324, 12301	李淑芬	6757
李世璋	12669	李淑华	2396, 3739, 3753, 3800, 4338, 5132,
李世侄	1607, 1610, 1620, 1634		5135, 10413, 10414
李式来	5532	李淑娟	10396
李释堯	12857	李淑美	399
李守才	3140, 5121	李淑青	5080
李守成	5764, 5770	李淑仪	2188
李守纲	11710	李淑英	12613
李守仁	8628	李淑贞	712
李守信	5182, 5255	李淑真	548
李守义	5300	李舒平	10402
李寿根	2152, 2159, 4619, 4737, 4782, 4804	李舒云	1805, 5407, 5522, 5683, 5778, 6127
李寿华	5862, 6516	李蜀光	560, 561
李寿明	1317, 7815	李曙光	6298, 6363, 6464, 10215
李寿平	9103	李曙明	10839
李寿山	5487, 12136	李束丝	12680
李寿万	8317	李述宏	526, 6802
李书邦	3320, 10611	李述宽	5224, 5248, 5329
李书彬	9805, 9946, 10024	李树	4358, 4517
李书成	2005, 2060, 2066, 2074, 4356, 4416	李树臣	5321, 7380
李书贵	2275	李树春	1129, 1130
李书和	8277	李树德	3463
李书良	9290	李树方	4154
李书亮	019	李树芳	1349, 3803, 4021, 4106, 4251, 4344, 4473
李书敏	2324, 6592	李树芬	2944
李书年	11110	李树化	11212, 11365
李书圣	5340	李树槐	5191, 5327
李书文	12066	李树基	1858, 2757, 2764, 3275, 3289, 3298, 3777,

作者索引

3910, 3922, 4039, 4099, 4168, 4383, 6074 | 李舜卿 | 8701
李树杰 | 8331 | 李硕卿 | 1366, 1729, 1786, 3598, 3686
李树楷 | 11481 | 李硕儒 | 5460
李树民 | 2536, 6325 | 李思 | 4552
李树明 | 4488 | 李思贡 | 6315, 6323, 6331
李树平 | 5027, 5636 | 李思德 | 167
李树琪 | 8194, 8243 | 李思潼 | 4257
李树勤 | 3010 | 李思马 | 5872
李树权 | 6070, 6170, 7895 | 李思维 | 13269
李树全 | 6058, 6487 | 李思韦 | 11988, 12408
李树人 | 2006, 2011, 2221, 2330, 2445, 4464, 4633 | 李思宪 | 8196, 8369, 8370, 8386, 8389
李树仁 | 3828, 4363, 6318 | 李思孝 | 579
李树荣 | 5299 | 李思训 | 1523, 6822
李树榕 | 052 | 李思远 | 6525
李树森 | 4341 | 李思照 | 4621
李树缋 | 11370 | 李思洲 | 5379, 5412
李树声 | 271, 272, 1209, 1713 | 李斯 | 7013, 7356, 7748, 7766, 7772
李树涛 | 033 | 李斯平 | 10398
李树庭 | 7290, 8295 | 李斯特 | 10857, 10858, 10859, 12369, 12496,
李树彤 | 3052 | | 12498, 12502, 12541, 12548, 12551
李树文 | 3766, 5243 | 李斯特音乐乐院中国留学生小组 | 12427
李树智 | 1704 | 李巳生 | 297
李树忠 | 9456 | 李四昌 | 8681
李树滋 | 10663 | 李四达 | 7653
李妁 | 8775 | 李嗣真 | 739, 740, 7181, 7188
李妁基 | 5210 | 李松 | 323, 328, 812, 822, 825, 1525, 5623, 5639,
李庶 | 5549 | | 5949, 6649, 7324, 7343, 7373, 7389, 7391,
李双成 | 3822 | | 7822, 8437, 11066
李双建 | 4710 | 李松安 | 5978
李双军 | 5265 | 李松柴 | 967, 998, 2001, 10215, 10234, 10289,
李双木 | 5103 | | 10314
李水 | 2024 | 李松峰 | 8700
李水成 | 1159, 1185 | 李松林 | 12769
李顺利 | 6294 | 李松茂 | 1415
李顺年 | 9353 | 李松梅 | 11254

李松年　　3283, 3284, 4025, 5289
李松石　　1075, 2788, 2790, 2791, 2927, 2932
李松泰　　529
李松涛　　216, 291, 6522, 7166
李松增　　11193
李淞　　463, 1489
李淞　　8652
李嵩　　1536
李送今　　6045
李颂嘉　　3875, 3900
李颂尧　　1250
李苏眉　　12219, 12510, 12526, 12528
李苏民　　11527
李肃铭　　1702
李素华　　12634
李素苹　　5873
李素萍　　5721
李素文学习毛主席著作展览办公室　　9264
李素心　　11229, 11257, 12511
李素珍　　2623
李穗青　　4023
李莎　　3463, 3464, 6374
李台芳　　13068
李太乐　　10764
李太黑　　11931
李太平　　8205
李太山　　5605
李太松　　5133, 5137
李泰仁　　8539
李潭锐　　1351
李坦克　　607, 6226
李唐　　818, 1535, 1548, 1550, 2480, 4274, 6821, 8763
李堂全　　11962
李涛　　454, 5760, 6440, 7574, 12733, 13213
李韬　　6029, 6037, 6048, 6065, 6092, 6107, 6111, 6112, 6156, 6159, 6170
李韬童蔚　　6034, 6060, 6104
李提摩太　　11030
李悌南　　2095, 2445, 2515, 4623, 4638, 4690
李惕乾　　11236, 12508, 12509
李天昌　　12793
李天锋　　13067, 13158, 13160, 13319
李天工　　7048, 7049
李天行　　2495
李天济　　4046
李天来　　10378, 10536, 10551
李天麻　　5561
李天马　　7265, 7703, 8387
李天民　　12585
李天培　　5780
李天鹏　　13166
李天翻　　1088
李天受　　5012
李天顺　　12826
李天松　　1821
李天祥　　555, 562, 2768, 2769, 2778, 3098, 3983
李天心　4890, 4925, 4945, 4949, 5104, 5105, 5534, 5761, 12599
李天庥　　498, 499, 688
李天义　　11746
李天佑　　9570
李天玉　　2493
李田夫　　5201
李田绿　　10808, 11874
李田心　　068, 127
李铁　　452
李铁夫　　1383, 1396
李铁良　　8356, 8359, 8364, 8464
李铁生　4896, 4901, 4911, 4959, 4962, 4999, 5000,

作者索引

5017, 5021, 5034, 5040, 5041, 5054, 5065, 5074, 5079, 5080, 5127, 5131, 5201, 5202, 5378, 5389, 5399, 5444, 5501, 5788

李铁树　1200, 3776, 3843, 3937, 3960

李廷机　8015

李廷松　12308, 12309

李廷元　3849

李廷章　3959

李廷著　12184

李婷婷　10568, 10740

李挺　7044

李同　6152

李同安　2331

李同溪　5286

李同欣　3226

李彤　5531

李桐树　11444

李统仁　5443

李土极　5432

李陀　531

李娃克　10365

李婉芬　12319

李婉茵　10815

李婉贞　146, 10575

李皖　10882, 10887, 10990

李晚　915, 916, 3071

李万才　1513, 1670, 1696

李万春　2371, 3305, 3353, 3818, 3876, 3931, 4046, 4053, 4115, 4122, 4189, 4244, 4277, 4333, 4353, 4380, 4417, 4604, 5403, 5520, 5554, 5725, 5728, 5820, 5971, 6006, 6047, 6077, 6199, 6218

李万海　11162

李万杰　6099

李万钧　12790

李万里　11376

李万荣　5127, 12121

李万生　6406

李万增　3052

李万章　1788, 2348, 3125, 3616, 3710

李旺　6352

李旺才　10106

李望苏　12889

李望之　8510

李威　6547, 7004

李威仓　5880

李微　12941

李薇蔓　10204

李巍　959, 2235, 3305, 7059, 7144, 10134, 10233, 10388, 10389, 10398, 10765, 12181

李为　9696, 9893, 10117

李为民　5919

李唯　5248

李唯青　5698, 6041, 6119

李惟白　10915

李惟宁　11370, 11933

李维　12568

李维安　908

李维渤　11135

李维定　5321, 5367, 5660, 5845, 6004, 6046, 6064

李维东　4538

李维康　1876, 2470, 3983, 5589, 5759, 5925

李维琨　810, 821, 7405

李维良　2647, 8756, 8856, 9031, 9353, 9365, 9615, 9680, 9735, 9736, 9813, 9951, 9954, 9968, 9987

李维林　3811, 4067, 4097, 4387

李维民　9716

李维明　9148

李维品　13051

中国历代图书总目·艺术卷

李维平	11128, 11718	李卫	3027, 11265
李维青	5721	李卫东	7136
李维群	5622	李卫奎	3870
李维山	5436	李卫民	9489
李维深	9823	李卫中	3886
李维世	524	李未明	11227, 11236, 11288, 12209, 12210,
李维杞	2892		12211, 12221, 12236, 12238, 12506,
李维新	5520		12507, 12518, 12556, 12557
李维信	4776, 8238	李蔚	12854
李维义	11720	李蔚波	12976
李维贞	1061	李慰慈	146
李巂	3542, 3591, 3637, 3660, 5076	李魏	10371
李伟	266, 547, 1260, 5702, 6194, 8368, 10604,	李文	6232, 8989, 10085
	11485, 11947, 12428	李文斌	10688, 13145, 13147, 13161
李伟才	12205, 12327	李文波	7515
李伟东	5803	李文采	7412, 7431, 7447, 8288, 8330, 8331
李伟国	10619	李文察	10928, 10996, 10997, 10998
李伟华	3795, 3872, 3994, 4084, 4147, 4185, 4265,	李文超	7547, 11104
	4318, 4325, 4367, 4374, 4395, 4432, 5906	李文初	919
李伟梁	5504	李文迪	417, 418
李伟民	2953	李文斗	5676, 5996, 6264
李伟铭	534, 548, 2227	李文方	5560, 8688
李伟平	9856, 9863, 9871, 9999	李文福	5280, 5549
李伟谱	11534	李文复	5522
李伟钦	10765	李文朊	9874
李伟卿	267, 10681	李文广	7349
李伟人	8492	李文贵	11984
李伟信	3159	李文瀚	768
李苇成	1311, 5261, 5291, 5358, 5576, 5668, 5805,	李文合	8350
	5829, 5880	李文厚	8950
李纬	072, 13234	李文华	8615
李纬华	8730	李文吉	8704, 10153
李纬武	13031, 13200	李文奎	4594, 4623, 4625, 4634, 9219, 9343, 9807,
李玮	129, 1066, 1198, 4988		9819, 9997, 10717
李炜	4936	李文魁	12077

作者索引

李文利	10996, 10999	李汉	6122
李文龙	2628, 3214,	李无庸	8052
	3779, 3789, 3801, 3842, 3869, 3954,	李吾寒	2174
	4005, 4033, 4079, 4105, 4210, 4333, 5273,	李午申	4011, 7438
	5455, 5553, 5961, 10441, 10477	李武	1186, 2844
李文沐	8502	李武华	11187
李文如	11356	李武剑	11509, 11745
李文山	9898, 9906	李武英	3237, 3694, 3736, 3887
李文善	417, 8550	李西安	10907, 11081, 11785, 11949, 11962
李文田	022, 8018, 8024, 8039	李西民	1991
李文侠	6377	李西宁	10337
李文显	5018	李西兴	416
李文庠	1107	李西岩	2284
李文祥	5330	李希凡	107, 259, 12878
李文信	1773, 1903, 1971, 2346, 2718, 3724, 6164,	李希广	3252, 3309, 4125, 5476, 5478, 5809, 5921
	6599	李希金	10387
李文兴	4897	李希霖	6294, 10325
李文秀	2553	李希泌	2530, 7878
李文轩	10741	李希尚	6087
李文彦	3771, 3783	李希膺	8370
李文椅	8535	李希玉	2084, 3621, 3671, 3716, 3728, 3777,
李文义	2854		3869, 4021, 4158, 4294, 4411, 5233, 5756
李文玉	12009, 12012	李希曾	5085
李文越	6125, 6764	李息翁	8118
李文泽	6553	李锡龄	10980
李文斋	4929	李锡勇	1329
李文昭	6789	李溪桥	13206, 13216, 13299
李文振	426	李曦微	12210
李文政	10975	李习勤	033, 1208, 2917, 3010, 3012, 3043, 3051
李文至	6671	李习人	12001
李文中	4618, 4850	李习文	13163
李文忠	8704, 10327	李洗尘	4455, 8167, 8381
李文周	8265	李玺文	7525, 7534
李雯	11098	李喜春	2072, 2099, 2108, 2138, 4204, 4395, 4465,
李问汉	3026, 3867, 4011		4518, 4548, 4566, 4596, 4648, 4684, 4720,

	4734, 4815	李宪章	1089
李喜梅	1067	李献民	11150
李喜生	2479	李献珍	3876
李戏鱼	685	李相范	12225
李霞	1997, 9507	李相时	8280, 8698, 8858, 8940
李霞生	2526	李相心	4908, 12876
李霞英	10195	李湘彬	12118
李下	3496	李湘森	10298
李夏	616, 1452, 7816, 7913, 8001, 8090	李湘树	10358
李仙润	4272	李襄	6550, 8117
李先定	5713, 5769, 6209	李详	8111, 8122
李先娘	7546	李祥	5286
李先宏	5608	李祥春	12916
李先明	9091	李祥芳	12607
李先锐	11079	李祥林	827
李先润	1188, 2098, 2119, 2375, 2383, 2385, 3813,	李祥麟	3770, 3798, 4027, 4058, 4348, 4660
	4018, 4019, 4054, 4092, 4121, 4135, 4140,	李翔	6249, 6250, 6608
	4150, 4192, 4209, 4228, 4245, 4265, 4272,	李翔峰	7485, 7932
	4274, 4283, 4302, 4363, 4372, 4387, 4407,	李响	6572, 6573
	4435, 4474, 4492, 4506, 4531, 4576, 4661,	李想	6478
	4674, 4700, 4717, 4719, 4745, 5733, 10406	李向东	12942
李先淘	4792	李向军	9306, 9947
李先绪	8712	李向民	269, 273
李先志	5361, 5608, 5644, 5885, 6261	李向平	1248
李鲜	10457	李向前	6385
李贤	10207, 10210, 10241	李向荣	10194
李贤祖	4982	李向伟	3800, 3870, 6463, 6474
李弦	12521	李向阳	3241, 3293
李显	2848	李向一	12094, 12902
李显杰	13067	李项东	10482
李显立	13063, 13160	李象寅	7233
李显陵	2426, 6671	李象远	10687
李显智	9335	李肖白	7242
李宪润	3844	李肖冰	10327, 12777, 12945
李宪文	7434, 7464, 7486, 7522	李肖雨	6353

作者索引

李萧锟	148, 157	李晓玲	12530
李小白	1906, 1994, 4046, 4079, 10447	李晓梅	6677, 6679
李小川	6201, 6229, 6395	李晓明	184, 5123, 5124, 5960, 6496, 12431
李小多	13162	李晓宁	5577, 5642
李小凡	7808, 7896, 7897, 8080, 8430	李晓强	2332, 10383
李小非	8645, 10265, 10285	李晓青	8865
李小刚	12322, 13165	李晓锐	4547
李小红	10123	李晓薇	11066
李小幻	6545	李晓伟	2822, 6035
李小镜	9431, 9689, 10140, 10144	李晓英	8862
李小可	2323, 2643, 9082	李晓周	6280
李小明	1326	李晓悦	10313
李小南	7021	李筱峰	5634
李小彭	4908	李孝成	3297
李小平	9417, 11285	李孝诚	3312, 3313, 3316
李小荣	6355	李孝风	12411
李小山	349, 582, 693, 816, 3061, 5590, 6652	李孝龙	3219
李小逸	11304	李孝美	1017, 1018, 1061
李小瑛	6229	李孝贤	8692, 8695, 8704, 8797, 11087
李晓	6002, 6003, 12706, 12795, 12891	李孝萱	1347
李晓庵	2917	李笑锞	7653
李晓斌	9404, 9406, 9539, 9666, 9824, 10031,	李笑梅	11062
	10037, 10058	李笑群	5511
李晓冰	6469	李笑天	12340
李晓春	1951, 1978, 2105, 4497, 4586, 4606, 10709	李效唐	1893, 4230
李晓东	8746	李效伟	434
李晓芬	314	李啸仓	12727
李晓红	6717, 6718	李歙浦	5759
李晓虹	11724	李协德	408
李晓桦	11534	李燮羲	10948
李晓洁	8773	李心	6445, 11878
李晓军	5407, 5731, 7061, 7367	李心斌	13238
李晓君	11205	李心峰	049, 052, 053, 055
李晓兰	12574	李心田	5211, 5235, 5404, 5483, 5896
李晓林	6478	李辛	12443

李辛儒	10689	李星明	526, 542
李昕	7003, 8269, 8349	李星武	1766, 3543, 3561
李欣	8478, 9037, 10151	李醒	12722, 12771, 12812, 12818, 12829, 13053
李欣复	026	李醒华	7467
李欣中	4377	李醒滔	3225, 3260, 3262, 3273, 3278,
李新	583, 3070, 3080, 3658, 4898, 5541, 6201,		3280, 3289, 3314, 3315, 3316, 3325, 3364,
	6811, 6835, 7543, 8914		3365, 3369, 3376, 3377, 3378, 3381,
李新安	3389, 5338		3913, 4001, 4029
李新华	1247, 5314, 5746, 6075, 6229, 7523	李杏	2956
李新建	462	李杏林	7650
李新娟	5375, 5733, 5746, 5811, 5836, 5863, 5867,	李杏南	10346
	6010, 6063, 6067, 6134	李雄编	612
李新民	864, 2406, 4422, 6266, 10323	李雄等	1113
李新明	2331, 8331	李修举	10698
李新社	9144	李修生	12789
李新生	211, 219, 493, 551, 3819	李修易	768
李新轩	6590, 6594	李秀	3058, 3998, 4033, 6123
李新之	8462	李秀春	3892
李鑫华	7345, 7377, 7391, 7406	李秀风	10577
李鑫焕	5743, 5887	李秀记	8949
李信	5049	李秀兰	12440
李信德	2542	李秀莲	8707, 8708
李信明	6066	李秀玲	5657, 6490
李兴邦	4272	李秀民	3493
李兴国	8691, 8709, 10719, 13225, 13226	李秀勤	8678
李兴龙	10589	李秀清	11313
李兴普	6388	李秀实	2787, 2822, 3124, 3136, 3137, 4972
李兴起	5384	李秀忠	1858, 4263, 10679
李兴荣	4347	李峋	4988
李兴武	4862	李胥森	12568
李兴叶	13128	李许频韵	10344
李兴洲	7363	李旭初	8246
李兴作	5197, 5250, 5343	李旭东	12852
李星	7289	李序	12223
李星光	10983	李绪恩	5391, 5465

作者索引

李绪洪	6763, 6765, 6768	李学通	12692
李绪文	10824	李学英	10262, 10274, 10301
李绪萱	532	李学中	5610, 6160
李宣龚	8122	李学忠	4977
李玄	10598	李雪	2040, 2088, 4699, 6483, 6494, 6499, 6502,
李玄晖	7193		6513
李璿	10608	李雪柏	2953
李炫春	11283	李雪红	3526
李薛	8412	李雪季	10154, 10897
李薛伟	6338, 6613	李雪玫	1133, 10366
李学	2587	李雪梅	10584, 10599
李学斌	2440	李雪明	9960
李学才	5999	李洵	6444
李学琼	5286	李迅	13194
李学奋	4809, 4819	李逊	13314
李学峰	5329, 9635, 9674, 9875, 9974	李雅兰	3828
李学锋	8674, 8676	李雅茹	3729
李学淮	1069, 2925	李亚	971, 1826, 2260, 2529, 6510, 10433
李学伦	11492	李亚非	1121
李学敏	7541	李亚军	2956, 11282
李学明	885	李亚丽	11166
李学勤	299, 418, 2070, 2071, 2074, 2084, 2091,	李亚莉	3529
	2123, 2140, 2166, 2167, 2376, 2377, 2378,	李亚伦	7625
	2383, 2384, 2391, 2455, 2456, 3897, 4486,	李亚梅	13198
	4536, 4546, 4551, 4575, 4587, 4591, 4625,	李亚欧	9970
	4634, 4655, 4667, 4668, 4674, 4683, 4692,	李亚平	494, 5864, 6081, 6463
	4712, 4714, 4730, 4744, 4814, 4819, 4826,	李亚如	2024, 4137, 5058, 5085, 8235
	4829, 4831, 4834	李亚生	6437, 6443
李学全	12457	李亚亭	5256
李学荣	4166, 4228, 4260, 4268, 4368, 4402, 4415,	李亚威	11927, 13316
	4419, 4425, 4428, 4435, 4458, 4467, 4475,	李延	4144, 11117, 11968
	4495, 4499, 4500, 4504, 4526, 4544, 4562,	李延存	12611
	4576, 4581, 4781, 4783, 5470, 5532, 10449	李延铎	4714
李学诗	5402	李延风	860
李学庭	4211, 5565, 5577, 9224	李延桂	5653

李延国	5809, 13295	李焱	1888, 2080, 9079, 9298
李延龄	5950	李焱胜	10657
李延闽	1223	李燕	988, 989, 1812, 1933, 2041, 2253, 2584,
李延沛	7718		2823, 2881, 6417
李延配	11466	李燕华	3782, 5630, 6136
李延生	1808, 1822, 12228, 12235, 12543	李燕江	10678
李延声	2136, 2368, 2887	李燕杰	095
李延之	1538	李燕军	8648
李延柱	5471, 5809, 8240	李燕萍	7811
李言敏	5372, 5399, 5432, 5465	李燕生	1145, 2881, 2890, 2899, 6941, 6942, 6943,
李言明	5913, 6224, 6255		6949, 6956, 7062, 7063, 10772
李岩	715, 7461, 7462, 12670	李燕莘	5473
李岩选	7527, 7608, 8388, 8402	李泱	13054, 13055, 13064, 13080
李炎	3077, 3544, 6532	李扬	5962
李颜华	2019	李扬发	5629, 6020
李亮	1872, 4946	李阳	6223, 6543, 8507, 10923
李僴	7846, 7859	李阳冰	7177, 7218, 7219, 7881, 7883, 7893, 7902,
李衍	684, 3500		8444, 8459
李衍平	5414	李杨	11725
李衍柱	6362	李杨改	3450
李砚祖	10183, 10190, 10193, 10566	李洋	702
李彦	10849, 11356	李尧	598
李彦彬	7643	李尧宝	10665
李彦春	13071	李尧臣	7657
李彦宏	7377, 7378	李尧坤	12709
李彦君	5651	李尧天	5285, 5808
李彦平	2184	李瑶	6413
李彦清	5358, 5421	李耀	9690, 12105
李彦士	8506	李耀东	12177
李艳	6346, 6349	李耀华	2014, 5269, 5498, 5749, 5758, 6063
李艳红	10600	李耀伦	10867
李艳霞	8087	李耀善	5326
李晏平	7287, 7298	李耀文	10512
李雁	8163, 8177, 8192, 8429, 11141, 12110	李耀忠	5609
李雁春	7503	李耀宗	5691, 5707, 5873, 6218, 9420, 9667, 9674,

作者索引

	9675, 9678, 13126	李宜远	6013
李野林	706	李颐康	12641
李野青	587	李乙	12311
李野屋	1712	李以恭	5523, 5580, 5672, 8773, 8784, 9220, 9224,
李业道	10865		9226, 9310, 9378, 9524, 9545, 9827, 9940
李业齐	12131	李以洪	053
李叶	6415	李以明	11062
李夜冰	2879, 3814, 3841, 3878, 3952, 3994,	李以慕	9387, 9596
	4045	李以泰	140, 1212, 3024, 5646, 5790, 6486
李夜星	11759	李以庄	13050
李晔	4987	李亿平	3058
李一	590, 1550, 1687, 4581, 4583, 4959, 6866,	李义	6413
	7366, 7671	李义斗	6190
李一忱	7819	李义弘	627
李一丁	12404	李义民	7528
李一凡	9120	李义兴	7674
李一方	9855	李艺林	5940
李一技	4990	李忆含	906
李一珉	1672, 3027, 3032, 8075	李亦中	13126, 13145
李一珉	6640, 6644, 6656	李奕	2381
李一鸣	7639	李益民	2329
李一南	5017, 5050	李益年	1856, 3869, 4074, 5209, 5324
李一平	3993	李逸民	1967
李一萍	12600, 13156	李毅	1128, 1181, 2064, 2088, 2098, 4707
李一唯	1138	李毅波	11100
李一贤	11043	李毅峰	1520, 2295, 8467, 8476, 8478
李一新	2754, 3768, 3785, 3834, 3867, 3914,	李毅刚	1373
	4021, 4145, 6486	李毅士	2712, 2794
李一意	9472	李毅元	1122
李一之	10183, 10200, 10649	李茵	5800, 10894
李仪轩	5291	李茵苍	2041
李怡霞	323	李茵成	5290
李宜华	11509	李银玲	6462
李宜开	8501	李寅	2693
李宜山	12708	李尹桑	8540

李引 6176
李印华 7610
李应 5224, 5259, 6459
李应华 10924, 11273
李应圻 10602
李应奇 5561
李应雄 5367
李应桢 1291
李英 2005, 8331
李英斌 12846
李英豪 410, 412, 528, 5383, 8666, 8667
李英杰 5469, 8709, 11250
李英敏 5466, 5756, 9984, 10087, 10091
李英男 12381
李英群 5625, 6224
李英儒 5104, 5105, 5126, 5130, 5577, 5607, 5862, 5964
李英伟 637
李英学 618, 10191
李英玉 10833
李瑛彬 12386
李膺 8989
李膺昭 8222
李鹰航 11936
李迎涛 4164, 4233, 4256, 4274, 4373, 4407, 4423
李瀛寰 11173, 12236, 12237
李颖 1257, 1851, 2424, 2599, 3024, 3817, 4015, 7136, 10123, 13009
李映庚 11067
李映明 10912
李映铨 912
李邑 7346, 7827, 7831, 7834, 7835, 7837, 7838, 7841, 7842, 7846, 7850, 7861, 7866, 7874, 7875, 7877, 7878, 7881, 7882, 7883, 7886, 7887, 7890, 7892, 7907, 7915, 7921, 7922, 7928, 7931, 7939, 7951, 8053
李永长 491, 5433
李永成 3769
李永铎 4906
李永刚 11084, 11085
李永贵 6163, 8306
李永红 3835
李永鸿 5248, 5264
李永华 12787
李永坚 5393
李永杰 7360
李永金 11530
李永宽 5298
李永明 2104, 2161
李永平 2542
李永奇 1413
李永飈 700, 820
李永清 10771
李永生 3858, 12642
李永悌 8277, 8300
李永文 1522, 4098, 5644, 7083, 10332
李永仙 2640
李永宪 272, 4090
李永兴 420
李永之 13238
李永志 1338, 2041, 3990, 5218, 5248, 5403, 5545, 5945, 6114
李咏森 1164, 2926, 2927, 2930, 2932, 2965
李泳泉 13145, 13164
李泳森 1167
李勇 135, 2299, 5716, 5789, 6180, 8341, 10282
李勇军 3521
李涌 5511, 5602
李用夫 2101, 2124, 2514, 2579, 2581, 2672, 4262, 4263, 4456, 4520, 4635, 4663, 4677, 4680,

作者索引

4772, 4776, 4779, 4816, 4855, 4864

李用瑾	3811
李用世	3829, 3975, 4032, 4071, 4153, 4169
李尤白	12786
李友诚	8889
李友生	8624, 8627
李友石	10992
李有保	5424
李有光	523, 539, 1741, 2621, 4375
李有行	2932, 2938
李有华	5282
李有来	7517, 7591, 7673, 8436
李有源	11793, 12051
李右军	2253
李幼平	12580
李幼岐	8725
李幼容	11708, 11978
李幼新	13118, 13146, 13151, 13208
李幼蒸	13053, 13069, 13074
李祐任	10647
李于昆	370
李渔	5544, 6383, 8486, 8487, 8491, 10173, 10375, 10572, 12102
李渔汇	655
李渔篡	8487
李渝	510, 580, 581, 5332, 5477
李恩	5760
李宇楠	6682, 6691, 6694
李雨苍	10648
李雨辰	11506
李雨生	12459
李雨堂	6520
李玉	5736, 6391, 12054, 12055, 12132, 12133, 12672
李玉昌	542, 1107, 1834
李玉成	10303
李玉葵	801, 1455, 1461, 1463, 1464
李玉福	5200, 5216, 5243, 5294, 5937
李玉刚	11500
李玉光	6357
李玉红	10510
李玉华	6720, 13250, 13252, 13253, 13254, 13258, 13260
李玉杰	5871, 6376
李玉君	9710
李玉凯	3765, 3781, 5324
李玉昆	12771
李玉兰	8672, 12902
李玉良	1212, 1244
李玉玲	1412
李玉禄	3854
李玉民	9129
李玉珉	452
李玉明	6423, 10688
李玉茹	11865, 11868, 12077
李玉生	4239, 4280
李玉文	5234
李玉祥	10005
李玉增	12826
李玉珍	7563, 11506
李玉芝	5519, 13140, 13147
李玉滋	3115
李郁文	12275
李郁周	7322
李育	1648
李育柏	5554, 5747
李育智	7580
李钰	12334
李钰钰	4937
李浴	173, 246, 259

李域铮　　　　7720, 7721, 7737, 8383
李械　8868, 8869, 9224, 9225, 9831, 10017, 10020
李械林　　　　　　　　　　　　10020
李遇秋　　11052, 11102, 11253, 11625, 11626,
　　　　11642, 11966, 12098, 12213, 12216,
　　　　12217, 12265, 12511
李喻军　　　　　　　　　　　　10587
李寓一　　　　　　　　　060, 1092
李裕昌　　　　　　　　　　　　8253
李裕康　　　　　　　　　7286, 8206
李煜　　　　　5543, 6355, 7845, 7987
李煜听　　　　　　　　　　　　8346
李煜瀛　　　　　　　　　　　　1613
李毓遂　　　　　　　　　　　　8277
李毓佩　　　　3497, 6212, 6270, 6279
李毓琦　5290, 5295, 5302, 5320, 5358, 5363, 6601
李豫江　　　　　　　　　　　11983
李豫闽　　　　　　　　　　　　1080
李元　　8703, 8773, 8978, 10662, 10999, 11005,
　　　　13115
李元昌　　　　　　　　　　　　5264
李元春　　　　　　　　　　　　 133
李元丰　　　　　　　　　　　　 449
李元君　　　　　　　　　　　　8972
李元茂　　　　　　　　　8165, 8579
李元奇　8980, 9367, 9370, 9395, 9568, 9569, 9817,
　　　　10042, 10049, 10623
李元庆　　10906, 11071, 11818, 12142, 12425
李元善　　　　　　　　2436, 2466, 4504
李元熹　　　　　　　　　　　12340
李元星　　1882, 3807, 3858, 3894, 4005, 4172,
　　　　4567, 5262, 6216, 10448
李元佑　　　　　　　　　 161, 627
李元玉　　　　　　　　　　　12057
李元志　　306, 316, 2500, 10233, 10263, 10308
李园　　　　　　　　　5032, 11334
李原　　　　　　　　　11261, 12215
李圆净　　　　　　　　　　　　3390
李源　　　　　5743, 5845, 5858, 5952
李远　　　　　　　2173, 2507, 5334
李远荣　　　　　　　　　　　　2041
李远榕　　　　　　　　　　　11340
李远松　　　　　　　　　　　12135
李远志　　　　　　　　　4434, 4528
李月　　　　　　　　　　　　11284
李月斌　　　　　　　　　5699, 9943
李月伯　　　　　　　　　　　　6628
李月芳　　　　　　　　　　　　5759
李月芬　　　　　　　　　　　　5606
李月华　　　　　　5291, 10244, 12316
李月润　　　　　　　　　4902, 9075
李月小　　　　　　　　　1843, 3847
李玥　　　　　　　　　　　　13284
李岳奇　　　　　　　　　　　10885
李钺　　　　　　　　　　　　11527
李跃　　　　　635, 636, 6269, 6522
李跃滨　　　　　　　　　1143, 5526
李跃波　　　　　　　　　9400, 9764
李跃春　　　　　　2390, 4784, 4854
李跃华　2050, 2065, 2085, 2096, 2103, 2141, 2390,
　　　　4433, 4598, 4599, 4706, 4794, 5199, 6667,
　　　　6668, 6671, 6673, 6677
李跃忠　　　　　　4515, 4573, 4651, 4673
李越　　　　　　　　　　　　　5334
李云　　　　5580, 5756, 6004, 6088, 6266
李云川　　　　　　　　　　　　8266
李云德　985, 1004, 5197, 5343, 5451, 5480, 5833
李云发　　　　　　　　　9876, 9903
李云飞　　　　　　　　　5321, 6570
李云光　　　　　　　　　　　　8169

作者索引

李云国	7466		2774, 2775, 3982
李云鹤	12215	李泽厚	248
李云集	923	李泽霖	1146, 2910, 2913, 2914, 3678, 3896, 4012,
李云麟	7235		4411, 4662, 6269, 6530, 10233, 10325,
李云龙	2009, 2572, 2574, 4516, 4562		10408
李云山	2523	李泽民	981, 3860, 4219, 4225, 4267, 4274, 4395,
李云生	4990, 5023		4639, 7291
李云涛	11289	李泽儒	5700, 6225, 9135
李云溪	12371	李泽文	2002
李云章	5248, 5292, 5374, 5396, 5521, 5749	李泽兴	7809
李云柱	11492, 11816, 12388, 12389	李曾超群	1279
李芸玫	10839	李增昌	8972
李芸生	4938	李增华	5302, 6650
李昀	158	李增吉	1959, 2002, 2003, 2040, 2057, 2064, 2076,
李昀蹊	2908		2381, 3902, 4055, 4070, 4144, 4158, 4215,
李允	6079		4260, 4293, 4390, 4451, 4474, 4498, 4520,
李允恭	12107, 12134		4545, 4557, 4596, 4609, 4644, 4699, 4707,
李允辉	13219		4728
李允经	186, 580, 1214, 8556, 8604	李增礼	2694, 2711, 2960
李运辉	1399	李增坡	1489
李韵清	6252	李占华	7334
李韵声	12077	李战	3430, 5254
李咋明	2132	李战云	1881, 1933, 2568, 2607, 4059, 4542
李惠	5095	李章庭	5170, 6049
李再华	3945	李彰	6269
李再钤	8638, 8669	李钊	6229, 6296, 6307, 6315, 6336, 6347, 6349,
李在钰	7832		6523, 6674, 6676
李则纲	181	李昭	8722
李则琴	12570, 12613, 12662	李兆彩	3701, 3741
李则翔	13236	李兆宏	5546, 5687, 5740
李泽川	7438, 7476	李兆军	8977, 8981
李泽淳	121	李兆坤	12518
李泽峰	6718	李兆洛	1033, 1035, 1061, 8039
李泽奉	415, 457	李兆谦	3769, 3777, 3807
李泽浩	140, 157, 355, 544, 1128, 1333, 2768,	李兆虬	1871, 3344, 5628

中国历代图书总目·艺术卷

李兆欣	9881	李振荣	8799
李兆忠	104	李振山	6533, 6652, 6732
李赵璧	12758	李振盛	8772
李赵生	10304	李振廷	9054, 9358, 9814, 9842
李照东	2253	李振潼	13063
李肇福	7427	李振文	12601, 12602, 12637
李肇亨	734, 743	李振亚	2116, 4102, 4436, 4649
李肇宏	5280, 5401, 6397	李振镛	10315
李肇龙	5667	李振玉	12726
李肇隆	5543, 5676	李振中	462, 11406
李哲	12215	李振忠	10360
李哲明	6168	李震	4801, 7449
李哲洋	10861, 10862, 10924, 12563	李震鳌	3806, 3869
李贞	7839	李震川	5943
李贞华	12001, 12005	李震坚	1303, 1758, 2636, 2638
李珍	12689	李争光	11094
李真	6363, 7289, 12973	李征	884, 6105
李真贵	11265	李正	9423, 11714
李真耀	1129, 6213	李正安	10657, 10661, 10778
李真跃	5586, 6173	李正丹	9795
李桢泰	150	李正峰	7382
李桢孝	964	李正刚	8331
李珍	3723	李正光	404, 8369
李振才	554	李正康	3819, 3868, 3877
李振甫	6623, 6627	李正伦	121, 7475, 7551, 13108, 13187
李振国	5596, 5610, 11412	李正明	10269
李振洪	7117	李正模	8945
李振华	5540, 6750, 7447	李正平	2677, 4247, 4273, 5390, 5794, 6086, 6172,
李振久	4105, 4117, 4237		6291, 9318, 9731, 9738, 9740, 9742, 9747,
李振坤	4090, 5547, 5915, 5972		10009
李振森	7514	李正伟	8003
李振鹏	6093	李正兴	3552
李振岐	9252	李正一	12640
李振清	5257	李正应	10597, 10603
李振球	2088, 3870, 6383	李正宇	7543

作者索引

李正元	7634, 7635, 7636, 7637, 7638, 7651, 10315	李志行	6649, 7414, 7528
李正中	407, 414, 584, 8192	李志恒	9341, 9987, 10016, 10018
李净	484	李志宏	8720, 9458, 9740
李政	5973, 6106, 6125	李志华	5250, 7316, 8219, 12209, 12210
李政民	5027, 5039, 5908	李志洄	9254, 12992
李政敏	6458	李志均	8661, 9829, 9839
李政文	058	李志宽	3268
李之聪	8752, 8801	李志民	9874
李之复	3155	李志敏	7320
李之光	8166	李志明	2153, 2172, 2379, 2511, 4351, 4598, 4682,
李之金	11633, 12200		4803
李之久	2956, 5222	李志铭	3870
李之鹏	2261, 8284	李志男	11642, 11865
李之平	5127	李志平	2158, 8331, 10820
李之彦	1013, 1014	李志强	1370, 1404, 2038, 2070, 2177, 2190, 2820,
李之仪	747		4833, 4854, 6241, 10555
李之义	6717, 7137	李志清	6423, 9395
李枝桓	7542	李志深	8916
李知	3863	李志曙	11243, 11785, 11798, 11812, 12411
李知光	5971, 6461	李志涛	9379, 9382
李知宴	406, 409, 422, 10203	李志天	541
李直	698, 871, 3653, 3680, 3700, 3743, 4914	李志伟	11103
李直心	11962	李志贤	7291, 7808, 7812, 8353, 8361, 8397, 8421,
李直新	6465		8427, 8430
李志	4855, 6084	李志雄	031
李志安	2537	李志寅	6066
李志彬	2583, 6268	李志颖	8794
李志超	10691	李志勇	3925
李志成	9455	李志舆	13221
李志刚	962, 4661, 4883, 5374, 6136	李志昭	8749, 8757, 10147
李志高	12445	李质伟	12184
李志光	6110, 6321	李治芳	5257, 5621
李志国	3288, 3318, 3320, 3326, 3330,	李治国	6643
	3351, 3353, 3829, 3903, 4035, 4161,	李治平	9236, 9380
	4169, 4210, 10567	李治齐	11186

中国历代图书总目·艺术卷

李致忠	3066	李忠华	4439
李秩仁	988, 989, 1003	李忠杰	6541
李智	2471, 3716, 5450, 5670	李忠良	5279, 5461, 5877
李智波	6992	李忠霖	6294
李智博	10330	李忠禄	2450, 4806
李智纲	2547	李忠民	5275
李智帝	2256	李忠明	6767
李智廉	8322	李忠品	13264
李智颖	9007, 9794, 10061	李忠奇	12932
李智勇	419, 10655	李忠清	3522, 3523, 3524
李稚田	13222	李忠为	3212, 3234
李鸷	725, 743, 744, 745	李忠文	2373, 4691
李中	6105, 7378, 8526, 9582	李忠翔	2614, 3047, 3054, 3128, 3131, 3687, 5214,
李中贵	1324, 3744		5706
李中华	4541	李忠兴	11980
李中良	3279	李忠勇	11083, 11794, 12231
李中录	6074	李钟	8510
李中奇	9606	李钟录	5553
李中文	2036, 2062, 2082, 2098, 2119, 2123, 2145,	李钟禄	5775
	2373, 2380, 2382, 2386, 3101, 3135, 3155,	李钟庆	11236, 12508, 12509
	3265, 3600, 3655, 3709, 3723, 3774,	李仲	1215, 6180, 6631
	3776, 3810, 3842, 3956, 4012, 4085,	李仲安	8292, 8330
	4155, 4269, 4281, 4358, 4425, 4454, 4456,	李仲林	13244
	4461, 4499, 4514, 4521, 4530, 4532, 4559,	李仲谋	428, 430
	4581, 4600, 4608, 4654, 4656, 4702, 4738,	李仲顺	13253
	4745, 4783, 4801, 4807, 4808, 4833, 4839,	李仲元	1583, 1584, 7813, 8069, 8181
	5314, 10410	李众斌	3967, 4074, 4117
李中信	9006	李重光	10795, 10838, 11047, 11048, 11052,
李中兴	6734, 6735, 6736, 6737		11055, 11057, 11058, 11063, 11065,
李中艺	12247, 12327		12011, 12021, 12022, 12033, 12189, 12208
李中元	4803	李重新	3814, 3818, 3951, 5344, 5472, 5960,
李中岳	268		6077, 6078
李中泽	078	李重者	12436
李忠	6290, 9128, 9431	李株	5453
李忠纯	2483	李梓	6536

作者索引

李柱	9030	李子云	13147
李著豪	8331	李梓盛	1764
李铸晋	595, 804	李梓鑫	5969
李庄藩	13003, 13004, 13032, 13177, 13291, 13307	李紫贵	12822, 12893
李庄穆	149	李紫芸	5784
李壮	6270, 6279	李自华	7568
李壮平	1835	李自健	3981, 6185
李准	5083, 5086, 5094, 5095, 5127, 5472, 5501,	李自立	11188, 12173, 12177, 12181
	5737, 11960, 12126, 13234, 13244	李自强	2003, 2026, 2524, 2536, 2542, 2637, 2650,
李灼	3213, 5451, 5517, 5617, 5751, 10465		2659, 2667, 2669, 3157, 4511, 4595, 4668,
李灼才	5015		4670, 4712, 10458
李卓斌	4123, 4198, 4266	李自由	3636, 5204, 5213, 5245, 5404, 5521, 5963
李卓群	11348	李自有	6209
李卓云	2522, 2533	李宗繁	12730
李子纯	3100, 3103, 4434, 4602, 4951, 4955, 4967,	李宗昉	1460
	4985, 5031, 5088, 5436, 5652, 5875	李宗翰	8017
李子复	3105	李宗瀚	7658, 7659, 7747, 7775, 7830, 7831, 7832,
李子千	5906		7845
李子酥	8114	李宗惠	6958
李子侯	873, 1005, 1326, 2096, 2401, 2587, 3746,	李宗慧	181, 186
	5781	李宗津	2713, 2782
李子候	631, 4284, 4536, 4724	李宗轲	2269
李子金	11011	李宗林	5530, 5888
李子敬	3694	李宗南	12792
李子林	5332	李宗芹	12571
李子龙	4916	李宗勤	5562
李子敏	12960	李宗儒	1167, 1174, 1180
李子明	5619, 6279, 9622, 9658, 9659, 10020	李宗森	2014
李子朴	10589	李宗吾	3453, 3460
李子青	8739, 8986, 9365, 9386, 9786	李宗孝	8646
李子清	9300	李宗尧	5109, 10775
李子秋	12851	李宗禹	10211
李子然	6343, 6665, 6674, 6676	李宗正	12627
李子先	13267	李祖德	11735
李子炎	5904	李祖定	1493, 10287

李祖葵	12307, 12308	里克尔	551
李祖慧	8905, 9250	里克特	368
李祖智	188	里闰	5822
李钻钟	5850	里姆斯基–考萨科夫	11073
李槱	1395	里姆斯基–科萨科夫	11073, 11075, 12544, 12547
李醉	2830	里木	9981
李尊铎	5900	里其	6538
李尊一	5024, 5053, 5078, 5130	里奇蒙	1165
李尊义	5687	里千	3583
李遵进	272	里群	5849
李遵义	3967, 5208, 5233, 5254, 5274, 5305, 5338,	里萨蒂	11058
	5351, 5393, 5418, 5423, 5453, 5467, 5544,	里森	5609
	5549, 5660, 5687, 5732, 5755, 5789, 5811,	里斯加波拉	13021
	5853, 5868, 5916, 6069, 6101, 6133, 6138,	里斯特	8718
	6147, 6265, 6490, 6512, 6513, 6549	里沃夫一阿诺兴	12670
李左泉	1990	里雪	4311
李佐	8251	里雅希柯	4934
李佐丰	13273	里子	12386
李佐廷	11239, 11243, 12518	里玉	3712, 5080
李佐贤	1459	里中满智子	7007
李作华	4918	里竹	12962
里斌	5985	理查德·C.卡沃斯基	1195
里布高斯基	13254	理查德·阿穆尔	521
里查逊	12395	理查德·巴萨姆	13158
里茨柯	13224	理查德·波列斯拉夫斯基	12808
里德	035, 040, 098, 195, 209, 210, 576, 8603, 8606	理查德·康耐尔	5882
里尔	13071, 13318	理查德·桑图奇	8771
里尔克	8605	理成	6365, 6645
里夫·哈姆利	5749	理曼塔斯·吉哈维乔斯	10139
里夫希茨	021	理明	6315, 6329
里果	521, 3021, 3022, 3204, 3661, 6330	理奇	11705
里汗	6470	理勤功	813, 814
里红	6290	理然	12706
里火	6565	理仁	2978
里卡多·卡斯塔那达	7020	理陶	5254

作者索引

理追	10266	历史博物馆展览组	1371
理缨	7165	历苇	12682
理由	5414, 5505, 5507	历文	9404, 9406, 9408, 9646
理中	5762	厉一飞	10108
力琛	6553	厉英	9875
力冈	5500	厉不害	11308, 12090
力行	5837	厉鹗	771, 772
力华	9336, 9523	厉国香	8394
力基蒙	1169	厉建祖	5530, 6380
力凯丰	12650	厉美	9843
力克	4873, 4875	厉南溪	1709
力力	5532	厉胜利	9234, 9531, 9945
力民	5895, 6391	厉夏	13146
力鸣	12901	厉英	8818, 9379, 9388, 9848, 9865
力牧	6431, 11978	厉永斌	6464, 6710
力强	6205	立宾	9370, 9976
力群 504, 516, 790, 1205, 1206, 1283, 2988, 2990,		立德	5594, 10665
2991, 3005, 3038, 3052, 6917, 6920, 8639,		立凡	13306
8642		立岗	6426
力武常次	6979	立功	5716
力扬	10084, 10118	立华	5547, 5561, 5687, 5725, 6095
力瑶民	5140	立江	5752
力植华	12642	立军	3491
力子	5687	立科	6401
历代碑帖法书	8366	立奎	4637
历代碑帖法书技法选编委会	7367, 7384, 7385,	立琳	11044
7795, 7802, 7933		立人	4885
《历代碑帖法书选》编辑组	7671, 7797	立仁	4675
《历代碑帖法书选》编辑组	7780, 7784, 7868	立书	13276
历复元	10423	立夏	5259
历然	4619	立新	6947, 6948
历胜利	9565	立新船厂业余美术组	3254
历史博物馆	446	立学	2092
历史博物馆编辑委员会 114, 212, 339, 405, 416,		立英	9103, 9996, 9997
426, 1414, 1963, 2407, 8330, 10708, 10781		立玉梅	9524

立真	5866	利斌	6637
立正	5558	利波	9768, 9916
立志	5463	利查孙	11040
丽歌社	11888, 12400	利赤门德	12809
丽华	5621	利德	1165
丽晖	12643	利津多	9910, 9914
丽江纳西族自治县县委宣传部	8958	利克利	10144
丽娟	6469	利连斯·爱德华兹	5801
丽君斋	1718	利洛夫	087
丽林	9572	利明	6539
丽隆英	12591	利帕德	082
丽铭	2365, 4253, 4631, 4790	利平	10336
丽娜	6297	利萨尼	13307
丽平	4820	利塞	370
丽泉	4971	利特尔约翰斯	1165, 1169
丽人	6219	利维	180
丽萨	10847	利文斯顿	13207
丽珊	6638	利希特	098
丽水县文化馆	12589	利辛	12662
丽莎	10844, 10861	利辛县文化馆	5266
丽文	6717	利芸	13056
丽岩	607	利智仁	9345
丽云	6328, 6329	利兹.多诺万	1191
丽珍	6389, 6551	荔波县民族事务委员会	8935
励国仪	3340, 5236, 5434, 5682, 5949, 6469	荔红	7117
励丽	6402	荔南	6099
励利道	3832, 3921	荔卿	8508
励敏	9435	荔山	3678
励世良	7066, 10765, 10769	荔翁	5889
励艺夫	5055, 5077, 5104, 5503, 5531, 5548, 5569,	荔玉成	5767
	5615, 5629, 5683, 5709, 5880, 5991, 6203,	郦海英	12635, 12636
	6291, 6309, 10266	郦松臣	943, 946
励志	5683	郦苏元	13051, 13057, 13155, 13301
励忠发	6193, 10210	郦伟农	1176, 1188, 3269
利奥兹诺娃	13250	郦纬农	1184, 2638, 3881, 4015, 4117

作者索引

郦一平	7388	连环画报编辑部	5205
郦勇	6558, 6563	连环画报记者	3266, 5330
郦渊	5999	连环画创作组	5176
郦仲瑜	12901	连环画论丛编辑组	1223, 1224
莉比·安森	205	连家生	8196, 8278
莉莉	2905	连进	6319
莉莲·弗斯特	183	连卡·班台莱耶夫	5451
莉娜	11756	连阔如	12961
莉丝汀·汤普森	13195, 13196	连理	11131
栗爱平	8606	连力	5753, 5754, 5793, 5834, 5844, 5848, 6038,
栗保滨	10720		6051, 6052, 6092, 6170, 6171, 6197, 6255
栗承廉	12647	连丽如	12961
栗夫	10577	连隆珍	9294
栗公魁	5341, 5614, 5892	连生	8853
栗华	6023, 6127, 6151, 6190, 6202	连唯民	5486
栗宪庭	120	连伟	4113
栗臻	12941	连文光	13069, 13155, 13189
栗志毅	9382, 9591	连晓鸣	13319
笠井博	12668, 12669, 12670	连逸卿	2965
笠民	6185	连裕斌	5538, 5786, 6183
笠乾华	6114	连元	4770
笠原邦彦	10681, 10780	连云港港市文化局集成志书办公室	12780
笠原国彦	10727	连云港市教师进修学院	8153
粒子	1076, 1113, 1131	连云港市书法篆刻研究会	8153
连波	10910, 11146, 11154, 11869, 11872, 12140	连云港市文化馆	11780
连昌斋	7297, 7331	连云港市文化局	12134, 12142, 12784
连城	9098, 9099	连子	6558
连春锦	7380, 7384	莲藕	744, 753, 849, 850
连春英	2705, 2710	莲溪	1992
连德诚	104, 111, 543	莲子	6531
连登	4662	联大党委会	12558
连放	10392	联合国粮食及农业组织林业部林业政策与计划	
连广	8660, 8812, 10104	司村社林业处	7136
连环画	5520	联合圣歌委员会	12437, 12439
连环画报	5546	联华影业公司	13171

联连	9659	良杰	5842
联民	5717	良军	6368
联心	9573, 10104	良良	6559
联耀	10069	良凉	10139
联宜	9721	良量	4762, 8204, 8207
联友剧社	12751	良仁	6332
联政宣传部	3067	良士	4886, 4903
联政宣传队	11936	良友	11305
联政宣传队史料征集组	12785	良友歌咏社	11371
廉芬	4039, 4062	良友全国摄影旅行团	8866
廉夫	10149	良友图画杂志社	10127
廉甫	5051	良友图书公司	6773, 10126
廉敬宜	10114	良友图书印刷公司	8866, 8867, 10127
廉俊生	5727, 5785, 5979	良予	6631
廉宽宏	1936, 1964, 2019, 2054, 2116, 2117, 2148,	良玉	2807
	2428, 2431, 2436, 2443, 4269, 4407, 4505,	良园	6741
	4517, 4594, 4604, 5334	良知	2188
廉敏	2588, 10421	良治	10653
廉浦	3609, 3654	凉山彝族自治州博物馆	395
廉泉	1468	凉山彝族自治州美术组	3019
廉人	7456	凉山彝族自治州文工团	1837
廉升和	4202	凉山彝族自治州文化局	12258
廉闻	5256, 5309	凉山彝族自治州资料卷编写组	12614
廉晓春	10679, 10686	凉山州文化局	10185, 11802
廉信	8569	梁安娜	2723
廉鹜	8371	梁白波	3512
廉振华	3695, 5010	梁白泉	409, 2201, 10650
廉志军	9483, 9484, 10083	梁百庚	478, 1253, 10283
镰田幸美	7088, 7089, 7091, 7099	梁邦楚	4724
练文修	5448, 6154	梁邦慧	2489
练向高	5925	梁邦植	7818
练星	10575	梁宝耳	10851, 10869, 12407
恋蝶	10095	梁宝光	5535, 5830, 5989
良才	2807	梁宝罗	10669
良菲	5999	梁葆成	7536

作者索引

梁斌 2284, 2915, 5082, 5088, 5534, 5554, 5651, 5652

梁冰 8251, 12852

梁冰潜 4032, 10253, 10254

梁兵 3238, 3286, 5699, 5921

梁丙卓 3126, 3915, 4750, 5622, 6148

梁秉堃 5701, 5833, 12913

梁秉祥主 6327

梁波 9738

梁伯龙 13222

梁泊 5038, 5140, 5429

梁才 6213

梁粲缨 689

梁策 7369

梁长林 1808, 1817, 1990, 3831, 3862, 5468, 6091

梁长胜 7378, 7380, 7386, 7387

梁超 6531

梁琛 1474

梁辰鱼 3044

梁晨 11204

梁成 5956, 5978

梁传宝 6990

梁春生 101

梁春扬 1196

梁椿圣 8101

梁达明 8988, 9466, 9468

梁丹丰 2859

梁得所 170, 2712, 10785, 12354

梁德曼 5331

梁德铭 10819, 10838, 11235

梁德选 8260

梁德颜 3845

梁德嫒 426, 10270, 10646

梁登庸 8444, 8450, 8487, 8490, 8499

梁地 7476, 7495, 7503

梁鼎芬 7657

梁鼎光 7256, 7266, 7296, 7329, 7415, 7469, 7492, 7493, 7496, 7497, 7519, 7525, 7532, 7535, 7536, 7548, 7552, 7561, 7570, 7580, 8283, 8398

梁鼎英 1328

梁定东 6251

梁定佳 11935

梁东源 10993

梁栋 1166, 1169, 1173, 1187, 1212, 2955, 3032

梁多平 11348

梁恩益 8224

梁二平 8760, 8772, 10049

梁二柱 3292

梁丰 5873

梁风 2462

梁枫 8810, 8979, 9101, 9235, 9338, 9345, 9348, 9365, 9386, 9793, 9802, 9810, 9816, 9817, 9971, 9972, 9986, 10032, 10033, 10114, 13102

梁峰 7071, 7074

梁烽 5843, 6288, 6670, 7036, 7068, 7070, 7072, 7076

梁凤瑞 3839

梁刚 6547, 6614

梁钢 2962, 6299, 6565

梁高望 7849

梁戈 5806

梁根祥 2080, 2440, 4375, 5235

梁固 5609

梁光溥 8795

梁光泽 6798

梁广程 11102, 11120, 11165, 11170, 11280, 11285

梁广道 5878

梁桂元 4502

中国历代图书总目·艺术卷

梁国骥	9830	梁嘉权	3203
梁国元 556, 557, 602, 627, 628, 1074, 1105, 1169		梁建华	7291
梁寒光	11879, 11881, 11883, 12093	梁建军	4218, 4326, 4610
梁航云	5335	梁建君 4336, 4378, 4387, 4396, 4446, 4474, 4481,	
梁浩	3366, 4515		4506, 4625, 4673, 4728
梁浩林	6191	梁建生	5956
梁皓 2041, 3805, 4099, 4178, 4424, 4499, 4532,		梁健	2704
	5544, 6241	梁江	099, 1236, 1586
梁河	4986	梁金保	7926, 7929, 8013
梁衡	6395, 6583	梁锦英 7276, 7411, 7414, 7415, 7424, 7425, 7429,	
梁红	4362		7470, 7473, 7569, 7601
梁泓	11678	梁京武	2306, 4867, 10401, 13166
梁洪才	13270	梁经权	8360
梁洪德	6015	梁景峰	8689
梁洪涛 875, 2030, 2304, 2897, 3075, 3673, 3764,		梁敬润	7632, 10259, 10288
	4953, 5034, 5119	梁静	11261
梁鸿献	5112	梁静哲	5694
梁厚甫	7265	梁镜如	10994
梁厚建	7332	梁九章	7230
梁沪生	6383	梁玖	049
梁骅	4849	梁巨廷	1381, 10209, 10216
梁化群	12771	梁军	7608
梁惠陵	8131, 8231	梁钧	8902
梁惠统 4123, 4428, 4500, 5521, 5767, 6007, 6462		梁俊荣	860
梁惠湘	8704, 8801, 8986, 8993	梁凌	11939
梁基定	3909	梁骏	6430, 12729
梁纪 1903, 1940, 2253, 2719, 3558, 10016, 10439		梁开锦	8275
梁际琛	9419	梁楷	1536, 1538, 1547, 1548
梁季虎	11931	梁柯	6440, 6448, 6466, 6494
梁季兰	10285	梁可	5504
梁济海	1484	梁克虎	6089
梁加坚	2946	梁克祥	11677
梁家军	5281, 5377, 5834	梁孔政	7555, 7577
梁家宜	3050	梁宽	4030
梁嘉琦	13074	梁阔斋	8511

作者索引

梁黎 6587, 6588, 6591, 6593
梁礼清 3865
梁力昌 9449, 9456, 10634
梁力生 12624
梁立华 2704
梁丽荣 6354
梁俐 7047
梁良 7614, 8386, 13116, 13126, 13147, 13158, 13221, 13313
梁量 2005, 2572
梁烈 6659
梁林光 13087
梁琳 7926, 7929, 8013, 10775, 10778
梁伶 5294
梁龙新 9391
梁鎏 599
梁伦 12570, 12605, 12606, 12607, 12648
梁玛莉 10379
梁茂 10860
梁茂春 10898, 10972
梁梅 10203, 10758
梁梦龙 8235
梁民宪 8412
梁明 6222, 6414, 6682, 6687, 6688
梁明城 5176
梁铭光 3366, 3379
梁铭添 1894, 1916, 1943, 1980, 1985, 1994, 2045, 2073, 2077, 2428, 2429, 2437, 2439, 2440, 2441, 2442, 2462, 2471, 2636, 4446, 4539, 10455
梁乃予 8364
梁培浩 2253, 3652, 3676, 3692, 3723, 3768, 5040
梁培龙 1392, 2205, 3764, 3908, 3971, 5920, 6569, 6759
梁沛锦 12945
梁披云 7156
梁平 5854, 5989, 6180
梁平波 3857, 5431, 5463, 5488, 5700, 5831, 5998, 6133, 6216, 6368, 6594
梁平县文化馆 12608
梁平中学 12597, 12638
梁萍 5687, 5732, 5755, 5811, 5868, 6069, 6101, 6138, 6147, 6512, 6513
梁崎 2042, 2235
梁启超 7258, 7259, 8024, 8107, 8109, 8111, 8114, 8115, 8130, 8528
梁启德 1002, 3280, 3831, 5358, 5448, 5551, 5602, 5630, 5770, 5771, 5793, 5836, 5978, 5985, 6020, 6116, 6123, 6145, 6167, 6207, 6218, 6275, 6324, 6347, 6371, 6372, 6651, 6657
梁启金 6105, 7069
梁启镳 3828
梁绮华 12630
梁器奇 1114
梁青山 3088
梁庆 5787
梁秋白 8562
梁秋克 2334
梁渠河 10298
梁荃贵 1932, 4217, 4393
梁铨 9970
梁燃尧 4939, 4996, 5002, 5003, 5059
梁人 6365, 6510
梁仁 8384
梁仁改 5856
梁仁汉 6680
梁仁行 9498
梁任 5539, 5630, 5674, 5702, 5845, 8342
梁任岭 3322, 4148, 4188, 4202, 4302, 4415, 4448,

	4554, 6055	梁素英	11818
梁任生	10183, 10654, 10658	梁穗	432, 1003
梁荣岭	12495, 12499	梁台生	369
梁荣中	1813, 1873, 1989, 2459, 4075, 10465,	梁天俊	5861
	10496, 10511	梁天柱	2081
梁容慕	4230	梁铁柱	9233
梁熔	2497	梁廷锋	5852
梁如洁	5719, 6125, 6190, 6214, 6254	梁廷柚	775
梁锐金	2295	梁挺	6303, 7037, 7038, 7039, 7040
梁瑞林	5733, 6109, 6190	梁同书	381, 1030, 1031, 7231, 7702, 8029, 8039,
梁山初雪	8088, 8394		8047, 8090, 10196, 10644
梁山县文化馆	5220	梁土骥	10312
梁姗	12668	梁晚年	4642
梁上泉	5019, 11610, 11948, 12092	梁万成	3876
梁少明	9830	梁为真	5751
梁邵	2639	梁伟	9420, 9425, 10063, 10064, 10110
梁社乾	13011	梁伟超	2073, 2074
梁深	10126	梁伟家	6738
梁生华	5691	梁伟民	10589
梁胜全	7634	梁伟明	6017
梁诗正	408, 409, 1495, 7710, 7711, 7717, 7718,	梁伟琪	6233, 6322
	7746, 7747, 8016	梁炜彬	1410
梁实秋	3450, 3492, 11826	梁文	5884
梁世侃	11337	梁文兵	6255, 6280
梁世雄	2008, 2205, 2221, 3983	梁文博	1314, 2299
梁世英	7498	梁文达	12137
梁式期	7321	梁文亮	2948
梁守义	4967, 5016, 5074	梁武帝	10946, 11018
梁寿城	6562	梁西平	9390, 9391, 9394
梁书农	1749, 3691	梁锡鸿	2940
梁树成	1675	梁锡龄	10552
梁树年	912, 913, 919, 1323, 1433, 1940, 2446,	梁仙国	6650, 6659
	2697, 2700	梁香	10979, 12811
梁思成	8612	梁祥	5235, 5276, 5405, 5761, 6008, 6105
梁诉	12467	梁肖友	12900

作者索引

梁小窝	12888, 12894	梁一群	10895
梁晓年	4725	梁仪	12663
梁晓声	5648, 5975	梁以倸	1376
梁晓音	10359	梁义勇	2087, 2174, 4289, 4359, 4599, 4618, 4698,
梁晓瑜	6035, 6050, 6095, 6101, 6138		4723
梁晓庄	8574	梁艺	5793
梁心	9743	梁奕川	8259
梁欣基	2831	梁益谦	6075
梁鑫哲	700	梁益强	5299, 5886
梁鑫皓	2304	梁益友	4817
梁信	5088, 5109, 5457, 5570, 5671, 5754, 5755,	梁荫本	684, 1070
	5773	梁银强	5939, 6031, 6055
梁兴汉	5606, 5792	梁英昌	3207
梁兴华	7367	梁英华	5836, 6324, 6347
梁星乔	5591	梁英世	7435, 7445, 7451, 7452, 7473
梁雄伟	5295	梁盈禧	4302, 4687, 5360, 6663, 8267, 8273
梁秀琛	13232	梁莹舫	4989
梁秀伟	8474	梁永诚	7909, 8088
梁旭	5420	梁永贵	3952
梁学诚	5370	梁永泰	1093, 1378, 2978, 2987
梁学濂	6656, 6673	梁勇	4598
梁学政	5357	梁友	4812, 8596
梁学忠	5349, 5505	梁友璋	6395
梁雪冰	12627	梁又铭	3395, 4873
梁延超	5294, 5324, 5376	梁柏成	11240
梁岩	1819, 1828, 2396, 2409, 2593, 3193, 3200,	梁宇	373, 6850, 8674, 8678
	3209, 3251, 3265	梁羽生	6034, 6056, 6105, 6145, 6415
梁剡	13242	梁羽泽	9969
梁巘	7207, 7241, 7265, 8017	梁雨涛	8369
梁彦文	7351	梁玉	4822
梁燕	5761, 10621	梁玉令	7060
梁扬	8428	梁玉龙	2713, 2831, 3136, 3145
梁耀	619, 1414, 6384, 6387	梁玉师	10837
梁耀枢	8022	梁玉莹	5094
梁业鸿	3628, 4030, 5213, 5329	梁育基	1367

中国历代图书总目·艺术卷

梁元	3891, 4188, 5395	梁志远	12666
梁元帝	640, 675	梁治国	7607
梁元楷	6071, 6089, 6124, 9578	梁衷	8482
梁垣光	8454, 8516, 8517	梁中	12615, 12616
梁运清	3274	梁中国	10325, 10758
梁蕴才	1110	梁中铭	3396, 4871
梁蕴儿	10430	梁卓舒	3252, 3263, 3277
梁再宏	11113	梁子冰	4032
梁在平	11353	梁子高	6470
梁在正	271	梁子江	8298
梁泽军	2152	梁紫冰	3882, 3894, 3926, 3927, 10248, 10250,
梁增勇	5343		10253
梁占峰	1924, 1973, 2009, 2026	梁宗岱	8605
梁占山	5754	梁宗鑫	4907
梁占岩	2407, 3462, 6192	梁邹	1949, 1973, 4483, 4489
梁章钜	7696, 7697	梁祖德	9366
梁昭华	10223	梁祖宏	4211, 4307, 5565,
梁照全	3906, 6195		5577, 5705, 5824, 8810, 8811, 8814, 8817,
梁照堂	1300, 2270, 2766, 3225,		8937, 9063, 9224, 9230, 9231, 9236, 9239,
	3260, 3262, 3273, 3278, 3280, 3281, 3302,		9306, 9307, 9343, 9377, 9381, 9384, 9588,
	3311, 3313, 3314, 3315, 3316, 3325, 3364,		10024, 10025, 10056, 13108, 13115
	3365, 3369, 3376, 3377, 3378, 3913	梁祖声	7388
梁振祥	5363	粮食部	3070, 3089
梁振雄	3897, 6194	粮食局三结合美术创作组	5209
梁镇雄	5301, 5369, 5599, 5809, 6302	梁冰	10254
梁正吕	8942	梁工	10254
梁之	5056, 5223, 5939	两峰草堂	1647
梁植	5490	两路同人会京剧部	12710
梁植华	4031	亮采	5481, 5582
梁志斌	7336, 7389, 7391, 7392, 7393	亮凯	5022
梁志超	8579	亮乐月	12434
梁志刚	5773	亮亮	5491, 5514, 6179, 6223, 6957
梁志高	3787	亮仪	1072, 8727, 8733
梁志坚	6293	谅守	9081
梁志伟	1840	辽北文化协会	11551, 11554

作者索引

辽丁 5050

辽尔雁 4991

辽南群众书店 11551

辽宁博物馆 7852, 7860, 7965, 7970

辽宁博物馆王铎书法墨迹编辑组 8281

辽宁儿童歌舞研究会 12633

辽宁华夏影业开发公司 11704

辽宁画报编辑部 8928

辽宁画报出版社 6893, 10170

辽宁画报记者 9283

辽宁画报社 1355, 2115, 2138, 2804, 3531, 4905, 4913, 9447, 9449, 9450, 9461, 9463, 9716, 9717, 9732, 9888, 9890, 10001, 10076, 10165, 10534, 10535

辽宁画册编委会 9041

辽宁画院 10487

辽宁军区政治部美术创作组 3200

辽宁美术出版社 290, 715, 720, 1106, 1108, 1234, 1299, 1368, 2237, 2686, 3129, 3140, 3155, 3156, 3341, 3378, 3407, 3539, 4026, 4034, 4108, 4846, 4936, 5128, 5138, 5145, 5525, 6194, 6622, 6786, 6911, 7865, 8147, 8295, 8368, 8381, 8425, 8459, 8658, 8919, 8936, 9118, 9264, 9289, 13102

辽宁美术出版社美术编辑室 1299

辽宁美术出版社小书画家编辑部 12048

辽宁民族民间舞蹈集成编委会 12621, 12622

辽宁民族民间舞蹈研究会 12617

辽宁农民书画研究会 1372

辽宁青年杂志社 11707, 12601

辽宁人民出版 3409

辽宁人民出版社 1289, 1291, 1840, 2421, 2754, 2759, 2859, 3023, 3213, 3232, 3310, 3410, 3913, 5189, 6754, 6755, 7498, 9532, 10443, 10444, 10859, 11219, 11410, 11411, 11412, 11429, 11433, 11451, 11462, 11464, 11465, 11572, 11579, 11580, 11581, 11648, 11664, 11666, 11668, 11671, 11675, 11689, 11691, 11696, 11773, 11775, 11778, 11831, 11861, 11909, 11944, 12002, 12003, 12004, 12013, 12024, 12123, 12125, 12146, 12399, 13097

辽宁人民美术出版社 5144

辽宁人民艺术剧院 11403, 11940, 11941, 11999, 12002

辽宁日报美术科 5141

辽宁日报社《美报》编辑部 7422

辽宁日报社图片组 3172, 3173, 9266

辽宁少年儿童出版社 11166

辽宁摄影家协会 8914

辽宁省"革命委员会"毛主席著作出版办公室 11649, 11651

辽宁省革命样板戏学习班 11664, 11666

辽宁省"革委会"毛主席著作出版办公室 11651

辽宁省博物馆 390, 1276, 1287, 1549, 1584, 1586, 1677, 1682, 1696, 1759, 2313, 2447, 2514, 7383, 7712, 7725, 7737, 7742, 7759, 7791, 7792, 7806, 7852, 7853, 7857, 7858, 7861, 7962, 7964, 7965, 7966, 7967, 7968, 7969, 8002, 8094, 10353, 10441

辽宁省博物馆编委会 1491

辽宁省博物院 1548

辽宁省地震局 3498

辽宁省电影公司 13190

辽宁省复县文化馆 3235

辽宁省"革命委员会"毛主席著作出版办公室 8630

辽宁省工艺美术工业公司 1362

辽宁省工艺美术公司 10350

辽宁省硅酸盐研究所 10646

辽宁省计划生育办公室　　3242　　辽宁省宣传馆美术创作组　　2746
辽宁省计划生育委员会办公室　　3207　　辽宁省赈灾委员会　　9292
辽宁省教育局　　12025　　辽宁省知识青年上山下乡工作办公室　　11676
辽宁省教育厅　　015　　辽宁省中苏友好协会　　4896, 4916, 4929
辽宁省教育厅教研室　　10791, 10792, 12189　　辽宁省中苏友好协会筹备委员会　　10132
辽宁省阶级教育展览馆　　5135, 9263　　辽宁省中小学教材编写组　　11849
辽宁省金文化馆　　3241　　辽宁省中专语文课程组　　7561
辽宁省金县石河"公社"　　3243　　辽宁省庄河县第一中学　　3238
辽宁省金县文化馆　　3266　　辽宁省庄河县文化馆　　3238
辽宁省毛泽东思想宣传馆　　3172, 3173, 3174,　　辽宁省总工会　　1361
　　3175, 3177　　辽宁图片社　　9263
辽宁省毛泽东思想宣传馆创作组　　2750, 3196　　辽宁文化协会　　11555
辽宁省美术工作室　　3068　　辽宁戏曲志丛书编委会　　12781
辽宁省民委古籍整理办公室　　12142　　辽宁新少年杂志社　　5604
辽宁省民族古籍整理办公室　　11810　　辽宁新闻图片社　　9277
辽宁省农业展览会　4911, 4924, 4925, 4934, 4963,　　辽宁音像出版社　　11526
　　4964　　辽宁展览馆　　3225
辽宁省群众艺术馆　　11351, 11456, 11678, 11688　　辽宁中国画研究会　　2277
辽宁省人民政府新闻办公室　　3384　　辽水　　5012
辽宁省商业厅基层工作处　　10371　　辽莎　　5991
辽宁省书法家协会　　8295　　辽西文工团　　12602
辽宁省书法理论研究会　　7297　　辽西文艺社　　12101
辽宁省卫生防疫站　　10252　　辽阳日报　　4997
辽宁省卫生教育所　　4919　　辽阳市政协书画院　　2304
辽宁省文化局　　1361, 11412, 12246, 13266　　辽友　　9235, 9615
辽宁省文化局创作评论室　　11684, 11689　　辽源煤矿文工团　　12105
辽宁省文联　　5145　　辽中县"革委会"宣传组工农兵美术通讯员 5184
辽宁省文艺创作办公室　　11678, 11684, 11687,　　了庐　　2136, 2541
　　11688　　廖宝生　　11085, 11094, 11101, 12369
辽宁省新华书店　　092, 5169, 11660　　廖宝秀　　428
辽宁省新金县文化馆　　3234　　廖奔　　12699, 12723, 12775, 12781, 12789, 12790,
辽宁省新金县文教局　　3234　　　　12791
辽宁省新金县宣传画学习班　　3266　　廖碧兰　　336
辽宁省新金县总工会　　3236　　廖冰兄　　3420, 3480, 3481, 3496, 3524, 4872,
辽宁省宣传馆　　2746, 3224, 3932　　　　6273

作者索引

廖崇向	10832	廖军	10287
廖春铃	10374	廖开	1128, 1192
廖春梅	6982, 6987	廖开明	1325
廖大操	6649	廖凯	11959
廖大伟	8728, 8729, 8730, 10135	廖可兑	12715, 12757
廖丹	5905	廖乐厚	3875
廖德营	8828, 9342, 9647, 9977	廖丽浦	12870
廖德彰	5638	廖连贵	2205, 3098, 3701, 3797, 3878, 3879,
廖东凡	5324		3943, 4094, 5424
廖辅叔	10791, 10792, 10857, 10923, 10961,	廖鲁	10044
	11381, 12359, 12425	廖纶	8045
廖盖隆	3496	廖罗平	1284, 1288, 2997
廖公弦	5450, 5533	廖漫萱	3493
廖桂雄	12344	廖梅姬	2889
廖国宁	3212	廖美材	11505
廖国瑞	12413	廖美玉	12699
廖国柱	6307	廖敏	12667
廖红雷	5247	廖乃雄	10863, 10864, 10890, 10893, 10903,
廖怀椿	11059		10904, 11052, 12367, 12401
廖槐芳	6638, 6639	廖年赋	11107
廖慧兰	8623	廖频	6628, 8946, 8958, 9887
廖继春	2783	廖平	7356, 8235, 8395, 11019
廖家骅	10839, 10847, 11680	廖其澄	2950
廖家祥	9561	廖琦春	7534
廖建钦	1349	廖琼芳	203
廖洁	5879	廖秋吉	11818
廖洁改	5734	廖荣华	10677
廖捷衡	5281	廖尚果	10844, 11142
廖金凤	13066, 13157, 13195, 13196	廖胜京	12163, 12190, 12209, 12210, 12220
廖金玉	4351, 4489, 4516, 4529, 4559, 4612	廖叔同	11271
廖璟瑷	550	廖淑华	10365
廖经世	2557	廖曙辉	8969
廖静秋	11142	廖树生	5648
廖炯模	1277, 1294, 2716, 2721, 2928, 3113, 3296,	廖伟彪	2685, 6044, 10555
	3733	廖伟强	10727

廖炜　　　　　　6175　　　　　　　8383, 8395, 8401, 8433, 8436
廖蔚乔　　　　　10848　　廖泽怡　　　　　　　　　5621
廖文　　　　5536, 5551　　廖哲　　　　　　　　　　4041
廖文彬　　　　　6710　　廖哲谦　　　　　　6346, 6351
廖雯　　　　　　120　　廖振　　　　　5235, 5403, 5418
廖先吾　　　3785, 5409　　廖振斌　　　　　　　　　6358
廖先悟 3543, 3790, 5783, 6276, 6291, 6346, 6351,　　廖振驺　　　　　　　　　4992
　　　6407, 6410, 6464, 6544, 6571　　廖正芬　　　　　10256, 10351
廖祥雄　　　13128, 13268, 13313　　廖正华 3980, 5389, 5444, 5458, 5559, 5637, 6075,
廖小勉　　　　5420, 5730　　　　　6261, 6275, 6281, 6311, 6537, 6542, 6554,
廖晓帆　　11602, 12366, 12374, 12425　　　　　6608
廖心文　　　　　2344　　廖织云　　　　　　　　　1700
廖心永　　5791, 5866, 5913, 6293　　廖志方　　　　　　8736, 12668
廖新学　　　　　2715　　廖志惠 3312, 3822, 3869, 3982, 4016, 5208, 5610
廖信宏　　　12662, 12668　　廖志坚　　　　　　　　11261
廖雄军　　　　　7554　　廖致楷　　　　　　　　　6553
廖熊　　　　　　5000　　廖仲恺　　　　　　1923, 8118
廖修平　　1209, 1210, 3044　　廖卓勋　　　　　　　　1823
廖衍犹　　　　　10044　　廖自力　　　　　　7439, 7494
廖衍献　　　　　10580　　廖宗蓉　　　　　　　　　6550
廖艳　　　　　　10681　　廖宗怡 2206, 3015, 3020, 3210, 3884, 5122, 5978,
廖燕　　　　　　437　　　　　6018, 6195, 6248, 6317, 10276, 10417
廖一庸　　　　　8939　　列昂节夫　　　　　　　　363
廖以信　　　　　12600　　列昂尼多夫　　　　　　　13255
廖艺群　　　3220, 3228　　列敖尼德·日阿里科夫　　　4925
廖英　　　4908, 4910, 8657　　列别节夫　　　　　　　13260
廖荣　　　　　　3868　　列别杰夫　　　　　　　　13305
廖永生　　3833, 3909, 4013, 4268, 4605　　列别捷夫–库玛奇　　12402, 12416
廖有灿　　　　　10565　　列宾　　1122, 1134, 6831, 6843, 6845, 6848, 6882,
廖玉麟　　　　　10578　　　　　6901
廖玉山　　　　　13008　　列兵　　　　　　　　　　4945
廖月霞　　　　　2828　　列夫·奥瓦洛夫　　　5702, 6512
廖云锦　　　　　1638　　列夫·托尔斯泰 001, 5422, 5767, 5916, 6164, 6436
廖耘　　　　　　6275　　列夫丘克　　　　　　　　024
廖蕴玉 7265, 7272, 7304, 7305, 7353, 8205, 8273,　　列夫秋克　　　　　　　13257

作者索引

列孚	13187	林保尧	460, 1400, 1402, 12980
列格	12551	林葆恒	8112
列火	4916	林倍得	13136
列姆佩利	371	林本	10284, 10285
列那	1089	林碧玲	10599
列尼科夫	12362	林碧清	2910
列宁	007	林碧云	8710
列平	4879	林彬	5928, 8250
列普柯夫卡娅	12803	林斌	2759
列森柯	13254	林斌姬	6574
列斯里	12681	林滨帆	5691, 5996, 6003, 6031, 6113, 6211
列维	184, 211	林冰心	8623
列维－斯特劳斯	032	林秉辉	8933
列维克	10855, 11269	林博君	3792
列维坦	1086, 6858, 6871, 6872, 6875, 6876, 6879,	林博泉	9609, 9625, 13152
	6882	林通	7946, 7958, 7964, 7977, 8010
列阳	2728, 2756, 2929	林蔡冰	11493, 11713, 11722, 11984, 12365,
林阿锦	13061		12367, 12368, 12412
林蔼玲	12203, 12205	林苍郁	8953
林安	10061	林昌德	2828
林安波	8876	林昌骏	3548, 3724
林白	5840	林长民	8118
林白出版社编辑部	10562	林长瑛	12583
林白桦	7632, 10246	林常春	3933
林白宁	10787	林超	129, 857, 2272, 2372, 5775, 6010, 6028,
林百石	127, 1868, 2253, 5189, 5202, 5231, 5244,		6217, 6289, 6335, 6446
	5285, 5338, 5381, 5401, 5460, 5487, 5541,	林超群	8984
	5559, 5676, 5686, 5841, 5974, 6011, 6012,	林辰	4796
	6044, 6143, 6149, 6151, 6156, 6184, 6230,	林辰夫	13013, 13058
	6382	林成翰	2137, 2581, 3338, 3373, 3375, 3828,
林柏仁	1219		4226, 4235, 4304, 4313, 4320, 4322, 4373,
林柏亭	591, 940, 1299, 1400		4404, 4412, 4438, 4442, 4480, 4483, 4484,
林柏重	005		4508, 4514, 4558, 4596, 4619, 4650, 4719,
林宝元	12705, 13064, 13214		4741, 5253
林宝珍	6411, 6416, 6447	林成翰东	4569

林成轮	4554	林德琼	10466
林承弼	8533	林德权	1259
林承璜	5707	林德荣	9645
林承武	8711	林德宗	13107
林承先	8756	林迪全	2361
林程维德	11383	林棣华	11241
林崇成	3879	林东波	12457
林崇宏	132, 134	林东海	3950, 10755
林川	3706	林东水	8892
林传璋	129	林冬	8906
林传宗	6710	林冬冬	6052
林春	9540, 9541	林端声	2479
林春华	5560	林端宜	3490
林纯娟	041	林恩蓓	12174
林淳	11044, 11169, 12643	林恩显	452
林淳钧	12946, 12956	林尔耀	12538
林葱	11380	林二	11198, 11797
林聪	2765, 2777, 3238, 3278, 5943, 7032	林发荣	3312, 3531, 3553, 3565, 3596, 3636,
林聪权	2179		3679, 3726, 4148, 10295
林丛	1169, 1225, 1227, 1231, 7635, 8597, 8743,	林筏	2808
	8744	林凡	1888, 2232, 2304, 2702, 3709, 5070, 5084,
林达川	2815		10412
林达生	7046	林方植	12392
林大维	7007	林芳如	10989, 13062
林大岫	2467	林飞扬	6769
林待茂	12984	林丰俗	1806, 1814, 1820, 1919, 2462
林丹	1766, 4949, 5075, 5089, 5267, 5309, 5310,	林风	3357
	5318, 5340, 5342	林风眠	170, 241, 256, 334, 477, 482, 500, 501,
林道福	274		1319, 1381, 1382, 1432, 1664, 1737, 1738,
林道生	8727, 10133, 10861		1783, 1788, 1846, 1873, 1874, 2193, 2723,
林德宝	12213, 12218		2925, 6778
林德才	634, 8627	林风眠百岁诞辰纪念画册文集编辑委员会	549,
林德宏	3738, 7633, 7734		1381
林德虹	12231	林枫	586, 1085, 7813, 7822
林德曼	375	林峰	3789, 4243, 8830, 8972, 9018, 9246

作者索引

林峰菁	8721, 8730	林海萍	5531
林锋雄	12787	林海文	7564
林蜂	5029, 5086	林海音	6805, 6806
林讽庵	7244	林海钟	724, 920, 921, 922
林风容	12353	林寒	7543, 7544
林风生	6491, 6499	林罕	2183
林夫	3056, 6510, 6511	林汉达	5592, 5754, 5818, 5870, 6498
林洛云	1014	林汉杰	10243, 10346
林福厚	561, 10564, 10612, 10614	林汉涛	8187
林复	10572	林航	3497
林干	8207, 8212, 8220	林昊	6724
林刚	6447, 7575, 9343, 10022	林禾	10734
林纲	9558	林河	4540, 6938, 12784
林岗	2765, 2769, 2778, 2788, 3712, 3953, 3974,	林红	1106, 11123
	5080, 8880	林宏	3909, 12989
林皋	8484	林宏基	5175, 5227
林戈明	6002	林宏元	7148
林格伦	6046, 13032	林虹瑛	6997
林公武	1354	林洪	1020, 1021
林功尊	1343	林洪亮	12786
林谷	5685	林洪桐	13079, 13085, 13220
林谷芳	10916	林洪远	6094
林光铝	4167, 5905	林鸿	6540, 11031
林光旋	11510, 12053	林鸿平	10102, 10423
林光璇	11315, 11728	林湖奎	993
林洗沂	8663	林华	4207, 4218, 5097,
林贵刚	051		6471, 10107, 10191, 10383, 10575, 10881,
林贵祥	5306, 6051		10891, 11099, 12232, 12233
林桂深	6411, 6416	林华东	6357
林国聪	5553	林华强	7595
林国栋	5937	林华尚	9411, 9634
林国光	5430, 5462, 5630, 5825, 5891, 6308	林华轩	8699
林国平	7586	林华忠	5223
林海	2807, 9554, 9870, 10055, 10628	林怀	11501
林海能	8699, 8890	林欢	10666

中国历代图书总目·艺术卷

林黄	4891, 5066	林金铨	9858
林晃达	486	林金秀	1438, 1733, 1749
林辉	8861	林锦	6132
林辉洋	7445	林锦富	6141
林惠珍	2074, 2080, 2115, 2516, 3782, 4098, 4174,	林进	5614
	4297, 4384, 4478, 4496, 4502, 4540, 4557,	林京	408, 2844
	4622, 4634, 4656, 4664, 4779, 4801, 4806,	林经文	7410
	4808, 4835	林晶华	9138
林慧文	11502	林景椿	3583, 3646, 3680
林积令	1235, 3440	林景苏	13076
林季怡	7064	林景星	9312
林济庄	10973	林景云	13203
林加冰	2827, 3305, 3320, 3321, 3359, 5611, 6014,	林亮	11302
	6100	林敬堂	8514
林家长	8628	林静	4841, 9582
林家蜀	5897, 6345	林静墨	5245
林家祥	8735, 8766	林静芸	12823, 12824
林家雄	6841	林镜秋	2179
林家阳	10225, 10773	林九如	6301, 6641
林嘉	8727	林驹	5911
林间	4996	林鹏	1254
林建	7531	林军	205, 2985, 2988, 3039, 7086
林建国	11191	林君复	10640
林建华	12946	林君恒	12798
林建同	625, 626	林钧柏	3252, 3824, 5220, 5260, 5346, 5354, 5532,
林建勋	8190		5920
林建钟	2284	林俊龙	1822, 2396, 4338, 5324
林剑	5314, 9350	林俊卿	11111, 11114, 11119, 11314
林健	8221, 8461, 8557, 8592	林俊寅	2823
林杰人	417, 1487, 7736, 8750, 8769	林凯利	12228, 12502
林洁	11731	林凯新	5051, 5373
林洁莲	4818	林楷	074, 3078, 3089, 4981
林捷	12557	林锴	1919, 2008, 4891, 4915, 4935, 5038, 5065,
林金	5371, 13244		5069, 5084, 5085, 5092, 5111, 5133, 5139,
林金城	7398		5165, 5238, 5315, 5342, 5700, 8177, 8200

作者索引

林抗生	510, 5222, 6604		5881, 5882, 5982, 6064, 6107, 6203, 8839,
林珂	5747, 6216		9149, 11728, 11960, 12517
林可	5046	林琳	2029, 2137, 4160, 4587, 9451, 9723, 11749,
林可松	7592		13218
林克欢	119, 12696, 12909, 12910	林苓	5973
林克辉	11381	林玲	10841, 10842
林克珠	5939	林陵	12677, 12678, 12684
林孔翼	847	林聆	2939
林奎成	7306	林翎	5780
林兰	9545, 9943	林岭	1248
林蓝	2553, 13239, 13240	林令	1787, 1812, 3543, 5059, 5075, 5708, 5799
林澜	12936	林柳	7537
林老抽	12861	林柳源	606, 1140, 1177
林磊	6040, 6114, 6115	林龙华	1172, 2925, 3131, 3742, 3783, 4163
林磊斋	1569	林律雄	7010, 7011, 7012
林力	6683	林绿	1859, 2353, 2422, 12079, 12327, 12630
林丽芬	12583	林路	8706, 8707, 8712, 8764, 8776,
林丽亚	022		8780, 8781, 8782, 8787, 8788, 8790, 8791,
林丽云	8622, 8845, 8949		10140, 10788, 11934
林莉	6493	林曼英	10495
林莉娜	1487	林蔓青	5786, 5941
林连书	7033	林漫	13147
林良	1442, 1580, 1581, 1587	林毛根	10974, 12317
林良丰	2467, 2906	林茂锐	2329, 2338, 2834
林良莲	8636	林美岚	2068, 2382, 3799, 3823, 3840, 4031,
林棵	12668		4048, 4049, 4106, 4130, 4138, 4163, 4165,
林林	400, 2564, 3530, 4141, 4951, 4955, 4957,		4172, 4183, 4229, 4234, 4239, 4244, 4250,
	4965, 4972, 4974, 4986, 4996, 5000, 5005,		4284, 4312, 4313, 4322, 4350, 4373, 4392,
	5008, 5014, 5022, 5023, 5024, 5025, 5034,		4397, 4408, 4431, 4461, 4492, 4501, 4516,
	5035, 5044, 5048, 5050, 5051, 5052, 5055,		4517, 4539, 4543, 4568, 4569, 4599, 4606,
	5064, 5066, 5079, 5080, 5120, 5392, 5397,		4668, 4672, 4699, 4701, 4702, 4706, 4708,
	5448, 5454, 5562, 5563, 5574, 5576, 5591,		4736, 5215, 5521, 5865
	5609, 5611, 5614, 5619, 5713, 5743, 5744,	林美容	10916
	5749, 5752, 5763, 5772, 5780, 5788, 5805,	林梦松	4225, 4306
	5813, 5816, 5836, 5851, 5874, 5875, 5880,	林梦星	1515, 8806, 8865

中国历代图书总目·艺术卷

林苗	11109	林磐耋	149, 1230, 10392, 10402
林森冰	10402	林培	5729, 5749, 5864, 5867
林妙玉	1089	林培松	2467, 2709
林敏	1234, 6416	林珮淳	117
林敏聪	11698	林鹏	7731, 8175, 8211
林敏生	6982, 6983, 6984, 6985, 6986, 6988	林鹏腾	3911
林敏书	8348	林澎	049
林敏怡	12207	林飘凉	6428
林明	2009, 2253, 4440, 4481, 10993	林品章	128, 138, 7639, 10371, 10390
林明琛	152, 2835	林平	147, 6671
林明德	10235	林平良	12053
林明锋	6501	林平文	7451
林明华	6321, 6324	林珀姬	11151, 11821
林明辉	10875, 10876	林齐华	7563
林明敏	13020	林其美	12319
林明深	3294, 5592	林奇	6444, 8735
林明体	8627, 10201, 10233, 10692	林启茵	10579
林明远	5978	林谦三	10956, 11032, 11033, 11332, 11352
林明泽	590	林钱康	3528
林鸣	6289, 11746	林乾良	8462, 8468
林鸣岗	2917	林强	9105, 11290, 13144
林铭泉	130	林琴石	690
林铭述	12158	林禽	3412, 3462, 3463, 4898, 4918
林铭祥	13280	林青	6402, 11217
林茉莉	5279, 5341, 5345, 5715, 5848	林青而	12916
林墨源	2217, 2304	林青青	5784
林默厂	12641, 12661	林青注	11216
林木	518, 586, 6039, 6510	林清财	10975
林乃干	2179	林清和	4402, 4551, 4575, 4618, 4652, 4659
林楠	5784	林清奇	068
林年同	13077	林清卿	8666
林念松	246	林清玄	096, 097
林宁	2076	林庆熙	12758
林农	12811, 13236, 13237, 13238, 13241	林秋	8944
林暖苏	4207	林全铨	9857

作者索引

林泉	5292, 5331, 5332, 5344, 5493, 5806, 5815,	林善忠	3847, 3940
	5878, 5971, 6034, 6039, 6045, 6083, 6112,	林少丹	1912, 2401
	6115, 6138, 6154, 6156, 6169, 6191, 6281,	林少明	7280, 7307, 7338, 8223, 8371
	11523	林少忠	8703, 8978
林铨居	817	林绍明	5568
林群	4331, 9370, 9551, 9575, 9951	林绍先	3561
林让玉	3299	林申清	8543, 8551
林仁风	191	林莘	5982
林日雄	1387, 2734, 2797, 3141, 9371, 9824, 9828,	林升耀	10769, 10770
	9832, 9896, 10072	林生	6986
林荣观	10381	林声	4484, 6122, 9971
林荣贵	10727	林声光	6801, 6862, 7062
林荣森	8606	林声翁	10815, 10859, 10869, 10871
林容	5056	林胜	6583
林容生	923, 2299	林胜仪	10840, 11088, 11161, 11192, 11272,
林榕生	5949		11277, 12454, 12550, 12551, 12554
林如冰	2764	林石	5711
林如稷	5047	林石城	11044, 11333, 11336, 11338, 11341,
林如松	11827		12249, 12314, 12316, 12319
林汝昌	7388	林时熊	2253
林阮美妹	10578	林实馨	1719
林瑞蕉	6897, 6898, 6899	林士启	7314
林若烹	702, 2235, 2305	林氏乐志堂	1643
林三	4935	林世敏	5283, 5336
林三本	5988	林世清	3322
林三祺	9696, 9701	林世治	319
林散之	805, 1920, 1990, 7336, 7337, 7765, 8168,	林书鉴	5833
	8177, 8235, 8275, 8277, 8281, 8289, 8293,	林书尧	125, 126, 146, 148, 516
	8306, 8318, 8376, 8413	林纾	471, 6572, 6723, 6724
林散之研究会	7337	林枢	11093, 11515
林森	037, 4290, 6247	林淑黛	10396
林杉	4944, 5058, 5386, 6514, 13084, 13241	林淑琴	190, 13210
林衫	6169	林淑然	2877, 4110
林珊	5110	林淑慎	7079, 7080
林善水	6630, 6718	林淑心	395, 411, 1402, 2407

林淑芝　　　　　　　10690　　林廷美　　　　　　　　8293
林舒　　　　　　　　1706　　林庭松　　　　　　8737, 8816
林述棻　　　　　　　2479　　林通　　　　　　　　　13222
林述泰　　　　　　　12281　　林同　　　　　　　　　6445
林树　　　　　　1253, 3463　　林同华　　　　　　　　069
林树臣　　　　　　　8546　　林旺　　　　　2054, 4702, 4764
林树春　　　　　3305, 3306　　林微润　　5124, 5446, 5543, 5683, 5955
林树煦　　　　　　　5256　　林薇　　　　　　5726, 5861
林树昭　　5544, 5814, 5936, 5971　　林为民　　　　　　　10611
林树中　033, 296, 577, 1489, 1490, 8631, 8650　　林维东　　　　　4063, 4646
林湞　　　　　　　　11990　　林维新　　　　　　　　9595
林霆　　　　　　8537, 8547　　林维中　　　　　　　11183
林爽爽　　　　　　　213　　林伟成　　　　　　　　6260
林顺国　　　　　　　2284　　林伟光　　2076, 2094, 4559, 4736, 4825, 4834
林顺雄　　　　　　　2947　　林伟解　　　　　　　10573
林思齐　　　　　9131, 9316　　林伟民　　　　　　6216, 6228
林似春　　7410, 7421, 7441, 7619　　林伟鸣　　　　　　　9763
林松　　　　　　　　10149　　林伟欣　　2658, 9682, 9690, 10040, 10041, 10042,
林颂茵　　　　　4999, 5062　　　　　　10044
林颂英　4924, 4939, 4987, 5108, 5118, 5131, 6425　　林伟新　　　2034, 2122, 2657, 2688, 4515,
林素梅　　　　　　　10379　　　　　4618, 4635, 4674, 4698, 4741, 4764, 6758,
林素琴　　　　　　　406　　　　　8818, 8820, 8821, 8823, 8825, 8826, 8830,
林素清　　　　　　　8459　　　　　8833, 8835, 8836, 8838, 8839, 8841, 8843,
林素韵　　　　　　　13222　　　　　8844, 8850, 8945, 9014, 9015, 9019, 9026,
林随喜　　　　　　　12989　　　　　9083, 9307, 9309, 9311, 9315, 9379, 9385,
林遂航　　　　　　　8111　　　　　9387, 9388, 9389, 9396, 9404, 9407, 9409,
林孙杏　8697, 8752, 8758, 8978, 9366, 9373, 9799,　　　　　9410, 9412, 9418, 9419, 9421, 9422, 9424,
　　　　10039, 10040　　　　　9425, 9426, 9432, 9433, 9436, 9440, 9443,
林泰基　　　　　　　8936　　　　　9444, 9445, 9446, 9448, 9451, 9454, 9458,
林涛　　205, 1760, 3085, 3090, 3540, 3541, 3616,　　　　　9459, 9461, 9464, 9465, 9492, 9504, 9505,
　　　　3929, 3970, 4939, 5073, 12172　　　　　9508, 9519, 9597, 9606, 9616, 9618, 9623,
林天德　　　　　　　3880　　　　　9631, 9642, 9643, 9650, 9664, 9669, 9670,
林天使　　　　　　　2658　　　　　9671, 9672, 9675, 9677, 9678, 9679, 9698,
林天佐　　　　　　　5306　　　　　9699, 9700, 9714, 9716, 9717, 9718, 9725,
林添福　　　8729, 8734, 8955　　　　　9727, 9728, 9729, 9730, 9732, 9782, 9857,

作者索引

9860, 9861, 9870, 9873, 9875, 9884, 9885, 9888, 9890, 9910, 9911, 9919, 9923, 9924, 9977, 10042, 10047, 10050, 10051, 10055, 10057, 10064, 10066, 10067, 10068, 10071, 10072, 10074, 10077, 10093, 10096, 10106, 10108, 10115, 10121, 10124, 10577, 10578, 10579, 10580, 10582, 10623, 10624, 10625, 10626, 10628, 10633, 10634, 10635, 10733, 10734, 10739

林曦 10393, 10400

林曦明 1003, 1438, 1815, 1829, 1836, 1967, 2179, 2254, 2305, 2483, 2594, 2595, 3608, 3915, 10434, 10664, 10671, 10673, 10684, 10712

林喜相 3842

林下 069

林夏 5032

林夏介 7007, 7008

林仙健 5342

林伟星 4635

林蔚人 11533

林文 6235, 6280, 7463

林文宝 9099

林文碧 8898

林文昌 149, 270, 1102, 1129

林文豪 8893

林文杰 1479

林文举 8622

林文烈 5728, 5915, 5954

林文淇 13067

林文琪 13064

林文霞 477, 478, 497, 513, 530, 8602, 10214

林文肖 5888, 6640

林文义 3429, 3473, 3474, 3518

林文铮 007

林文智 8783

林纹 2090, 2114, 3343, 4075, 4148, 4206, 4363, 4495, 4503, 4563, 4752

林悟殊 451

林夕 028, 7453

林希 6025

林希恩 10934

林希元 3582

林溪漫 10884, 11533

林贤 10584

林显清 4188

林宪民 7527, 8222, 8428, 8430

林宪正 10374, 13008, 13317

林相周 10858

林襄修 9041

林祥 2378, 2395, 4793, 4812

林祥锋 10621

林祥庚 7451, 7504

林祥庆 5970

林祥雄 377, 1894

林向义 12429

林肖 11426, 11429, 11946, 12589

林小波 8373

林小辰 11482

林小东 9589

林小枫 522

林小君 6241

林小玲 9135

林晓 5962, 6095, 10278, 10564

林晓输 9313

林筱 2979

林校伟 2270

林啸 5530

林心华 2230

中国历代图书总目·艺术卷

林心智	12050	林耀祖	12594
林新建	1231	林野	377, 5045, 5065, 10310
林新穗	3928	林业	3420
林新坦	1256	林业部	9060
林信成	8223, 10569	林业部大兴安岭林业管理局	8931
林兴宅	065	林业部宣传司	9078, 9110
林楗岳	084, 097, 270, 1400	林业强	395, 408, 415, 418
林秀德	10576	林叶青	12579
林秀芳	851	林一	6636, 11426, 12589
林秀平	5626, 6661	林一本	3108, 5534
林秀薇	800, 851	林一璜	1459
林岫	8221, 8314	林治洪	10383
林旭	10225	林宜琛	8592
林旭东	5390, 5406, 5485	林宜筝	12470, 12472, 12475
林萱	5142, 5239	林以友	2723, 3091, 3100, 3120, 5888, 6097
林雪	9800	林义君	5878, 6241, 6267, 6335, 6663
林雪萍	7589	林义平	8938, 9855
林雪严	4893	林艺	5094, 5097, 6280, 6346, 6349, 6404, 6412,
林雪岩	1787, 3092, 5011, 5075		6717, 13245
林勋	10716	林亦秋	5004, 5010
林薰	12307	林亦香	3913, 3924, 5239
林雅杰	8373	林易	7069, 7071
林亚雄	5518, 11299	林苞	6062
林岩	5922, 9711, 10372, 10373, 13168	林益光	2524
林彦	828, 5427, 5546, 5646	林逸聪	10878, 10898
林彦博	782	林逸鹏	2305
林燕	547, 6669, 6670, 7049	林意菲	3495
林扬	1307, 2901, 5092, 13230	林毅	11105
林羊	5078	林因	2024
林阳	5361, 6307, 6315, 6331, 6342, 6456, 6650,	林荫	12411
	6651, 6661, 6665, 6671, 6673, 6676, 6702,	林荫梧	5136, 13242
	7072	林荫煌	10235
林阳发	8578	林荫宇	12805, 12911
林洋	11728	林音	6944
林耀川	7253, 7254	林应根	1256

作者索引

林应荣	11189	林语堂	6566
林应扬	2233	林玉娟	2813
林英	5794	林玉萍	7594
林英珊 1971, 2622, 2631, 4111, 4134, 4263, 4789,		林玉琦	6790
4796, 6362, 9478		林玉如	3477
林英印	2459	林玉山	692, 6208, 6259, 6268
林瑛珊	1264, 1987, 2004, 2038, 2066, 2277,	林玉树	5632
	2388, 2529, 2533, 2534, 2553, 2641, 3782,	林玉宇	5632, 5866
	3964, 4129, 4247, 4304, 4368, 4662, 4750,	林育	10896, 11990
	6418, 6627, 6826, 9459, 9488, 10073	林育淳	109
林墉	721, 1134, 1814, 1825,	林钰源	2911
	1839, 1845, 1850, 1853, 1888, 2409, 2592,	林裕允	350
	2599, 2867, 2873, 2877, 2891, 3197, 3811,	林裕章	4944, 5015
	3897, 5263, 5264, 5512, 6545, 6604	林毓豪	8660
林铺	5482	林元实	2201
林永发	593	林源	10095, 10586, 12997
林永华	9395, 9627	林源祥	10608
林永健	9134	林媛如	6958
林永权	2350, 2351, 3858	林愿	5463
林永为	13263	林月光	2414
林永秦	491, 10211	林云屏	5768, 5937, 6042
林勇	3343	林芸生	5937
林勇逊	2254	林耘	12722
林勇志	6401, 6402	林筠	10708
林用光	10381	林允武	3215
林尤壮	1351	林运华	2305
林献召	6377, 6378	林运征	156
林友安	5842	林韵	12278
林友歌	5342	林韵味	12111
林有麟	1552, 12291	林载鹤	7008
林佑	10654	林载华	4046
林虞生	814	林宰平	340
林予	11945, 11949	林在峨	1014
林予一	5142	林则徐	8027, 8053, 8079, 8087, 8100, 8103, 8105
林雨	4960, 5102, 9831	林泽苍	8713, 8714, 8715

中国历代图书总目·艺术卷

林泽之	172	林之跃	3322
林曾信	11839	林芝	6222
林增	2024	林植峰	5360
林增华	960	林志常	5370
林湛	7643	林志杰	11287
林张	5638	林志伟	129
林章湖	2249	林治宽	11731
林昭	8153, 8382	林智信	3058
林昭胜	10367	林中	11960
林肇富	12479	林中泉	6281
林肇华	11191, 11224	林钟美	5672
林肇荣	11191, 12478	林仲	6283
林哲诚	577	林仲璜	1369
林贞吟	12570	林仲兴	8266
林桢	8420	林舟	5670
林振德	10770	林竹梅	6397
林振声	1923, 3879, 4221, 4305, 4355, 4359, 4481, 4518, 4562, 4637	林准	2224
		林子	4929, 4994, 6057, 6058, 6289, 6651, 6653, 6660, 6661, 6662
林振阳	130		
林振芝	2206	林子风	6545, 6560, 6569
林震	3220, 3321, 3340, 3342, 3344, 3345, 3350, 3355, 4016, 4050, 4083, 4095, 4163, 4497, 4507, 4830, 5905, 5962, 5970, 6046, 6167, 9753	林子龙	9243
		林子萱	10718
		林祖诚	13008
		林祖炎	11832
林震浩	5944	林遵远	6710
林征	5987, 6301	林作坚	13201, 13203, 13224, 13266, 13279
林峥明	5527, 5531, 5680, 5681, 5771, 5792, 5940, 6159, 6257, 7032	林作裹	10669
		临安县电影发行放映公司	13189
林正	7669	临沧地区"革委会"政工组	5193
林正让	5374, 5490, 5518, 5533, 5569, 5633, 5706, 5876, 6114	临沧地区民委	11807
		临沧行政公署文化局	11807
林政	10305	临汾地区汾西县美术创作组	3760
林之	6191, 6193, 6209, 6238	临汾地区美术创作组	3759
林之耀	3975	临汾地区文化局美术组	3791
林之音	11769	临桂县文联	276

作者索引

临沭县文化馆	3411	铃木让二	10768
临潼县文化馆	5286	铃木义司	6958
临潼中学	3192, 3194, 3199	铃木镇一	11185, 12178, 12469
临沂地区"庄户学"美术创作组	3014	凌柏翊	5203, 5230, 5284
临沂地区《厉家寨》连环画创作组	5177	凌必正	2621
临沂地区《新愚公》组画创作组	6599	凌炳炎	9357
临沂地区展览馆	5200, 5268	凌波	11717
琳达·卡特乌拉	1084	凌晨	201
琳达·尼德	536	凌承纬	1212, 6023, 9369, 9552
琳达·诺克林	111, 597	凌崇孟	11112
琳达·普芳德	10777	凌春德	8656
琳恩·格劳丝	13204	凌纯声	12585
琳琅伯基斯著；新形象出版公司编辑部	10604	凌大卫	9036
琳琳	4111, 6109, 9081	凌儿	5636, 5753, 13114
琳琪工作室	6730, 6731, 6733	凌尔	6576, 6577, 6578
蔺宝钢	6198	凌芳	11713, 11714, 11716, 11725, 11727, 11729,
蔺高管	966, 982		11734, 11737
蔺鸿儒	5272, 5336, 5372	凌飞熊	11333
蔺瑾	6191	凌风	6643, 9549, 9564, 9567, 9578, 11997
蔺太	5464	凌泯初	11822
灵璧	8784	凌夫	7428
灵川县"革委会"《赤脚医生李健民》连环画创		凌琦如	5131
作组	5194	凌国伟	3241, 3246
灵大佛	11987	凌瀚芬	6042
灵石	6471	凌寒	12829
灵涛县业余文化艺术创作组	5172	凌鹤	12131, 13023, 13235
灵溪	6277	凌辉	6065, 9583, 9592
灵珠	12356	凌集	13089, 13216, 13263
泠泠	3380, 6259, 6318	凌纪昌	12639
玲玲	6633, 9238	凌继尧	025, 037, 065, 075, 078
铃木	11698	凌健	3576, 3644, 3681, 3736, 3746, 3749,
铃木春信	6927		3751, 4328, 4905, 5116
铃木大拙	450	凌镜清	3219, 3233
铃木吉广	10771, 10774, 10779	凌军	9378, 9385, 9470, 9818, 9819, 9820, 9833,
铃木敬	583		9836, 9896

中国历代图书总目·艺术卷

凌君	178, 196	凌揚安	7237
凌君武	1215	凌廷琪	10940, 10941, 11299
凌柯	6293	凌同光	13154
凌岚	8945, 9103, 9434, 9870, 9874, 10582, 10632	凌晚君	8681, 13223
凌雷	9592	凌伟异	10337
凌力	5680, 5750, 5765, 5816, 5880, 5882, 6000,	凌文虎	2254
	6034, 6089, 6107, 6136	凌秀	10934, 10935
凌立如	4680	凌虚	990, 1005, 1306, 2558, 2572, 2720, 3591,
凌丽茶	12354		3608, 10462
凌利忠	596	凌虚子	3045
凌莉	11741, 11746	凌崖	4193
凌霖	1753	凌烟	033
凌凛	12986	凌彦	1212
OO七五部三支队创作组	11441	凌燕	9311, 12359, 13088
凌濛初	5719, 6315, 6319, 6425, 6428, 11872	凌英	6222
凌楠	11979	凌瑛如	3330
凌其阵	12309, 12351	凌永庆	6324, 6336
凌奇松	7598	凌雨	6524
凌启宁	3250, 3303	凌远	12213, 12216
凌启渝	12989	凌玥	6353
凌强	6176	凌云	1342, 6233, 6277, 6447, 6467, 6740
凌琴如	12661	凌云超	7157
凌青	6120, 6590, 9710	凌云生	2305
凌清	6109, 6723	凌云县"革委会"政工组	5175
凌瑞兰	10976, 10978, 11506	凌云志	7069, 7070, 7071
凌珊	5403	凌再型	1407
凌善清	1092, 12853	凌振样	9237
凌士欣	7309, 7363	凌振元	13060, 13130, 13185
凌受样	633	凌镇浪	5558
凌纤	5638, 5655	凌征伟	8098
凌舒	6447	凌之言	6670, 6671
凌思扬	12513, 12514, 12538	凌志云	6633
凌坛	8512	凌致远	8733
凌涛	4879, 4941, 4963, 5067, 5274, 5378, 5412,	凌卓	7514
	5433, 5443, 5568, 5845	凌子波	707, 6723

作者索引

凌子风	13229, 13232, 13247	刘安姆	1345, 1346
凌祖培	12110	刘安新	9820, 9831, 9951, 9952
凌祖余	6222, 6241, 6450, 6460, 6478	刘安义	13057
陵冬	6744	刘白	2517
陵亮	4456	刘白鸿	5409, 5628
陵庐	6203	刘白羽	11697
陵县文学艺术界联合会	7893	刘百馀节	006
陵县县委	2081	刘柏荣	1825, 1842, 2593, 3334, 3342, 3884, 4224,
聆筠山人	1031		5559, 6021
菱川师	6927	刘柏蔚	3860
羚羊	7646, 8598, 10389	刘扳盛	5977
岭南画派纪念馆	2176	刘半农	8118, 8680
岭南画派研究室	2176	刘榜	8797, 8916, 8956, 9317, 10136, 10153
岭南美术出版社	205,	刘宝成	9344, 9962
	346, 366, 633, 634, 635, 636, 691, 1003,	刘宝纯	1306, 1848, 2421, 3774, 3844, 4151
	2545, 2678, 2682, 2685, 2686, 2688, 2690,	刘宝德	13242
	2691, 2693, 2939, 4476, 4526, 4527, 4585,	刘宝贵	2049, 2074, 2103, 2124, 2135, 2384, 4375,
	4683, 5683, 7711, 9481, 9768, 9771, 9921,		4457, 4521, 4525, 4540, 4550, 4589, 4628,
	10093, 10119, 10169, 10170, 10637		4642, 4674, 4675, 4681, 4786
岭南美术出版社连环画编辑室	5946	刘宝华	8318
岭南文库编辑委员会	7165, 8627, 10692	刘宝环	4414
岭文	7541	刘宝俊	5545, 5609
领祥	6416, 6417, 6470	刘宝利	11259
另类漫	6946	刘宝玲	4813
令狐彪	215, 307, 689, 1512	刘宝铃	2097, 2184, 2517, 2519, 2521, 4862, 4864
令言	11996	刘宝民	7451
令仪	6642	刘宝平	2255, 5650, 5859
刘爱麟	6083	刘宝琦	5248
刘爱民	3803	刘宝泉	3784
刘爱琴	1350	刘宝瑞	5134
刘爱武	5292	刘宝珊	12310
刘安	4655, 4842	刘宝万	4410
刘安古	5980	刘宝祥	3945
刘安鸿	6538	刘宝岳	157, 158, 1189
刘安金	7521	刘宝仲	5351, 5452, 5599, 5818, 5935

中国历代图书总目·艺术卷

刘保龄	4864, 6766	刘秉正	5888
刘保罗	12914	刘炳钧	6570
刘保申	630, 962, 1341	刘炳清	2270
刘保同	5133	刘炳森	2326, 2695, 4121, 6601, 7166, 7343, 7736,
刘北成	024		7737, 7803, 7939, 8139, 8158, 8169, 8214,
刘北茂	12275, 12276, 12279		8223, 8224, 8266, 8278, 8318, 8349, 8367,
刘北汜	2224		8370, 8375, 8376, 8388, 8389, 8398, 8416
刘本夫	5142, 5249, 5336	刘炳午	7366
刘本海	1985	刘炳贤	6127
刘碧玛	5484	刘炳照	8108
刘彪	4729	刘波	235, 10398
刘彪文	10391	刘伯华	8698
刘彬	4861	刘伯奇	12822
刘斌	5484	刘伯生	10571
刘斌昆	3906, 3947, 5551, 5593, 5650, 5668, 5733,	刘伯雄	7291
	5738, 5809, 5835, 5839, 5840, 5873, 5881,	刘伯英	5850, 6085
	5947, 5967, 6064, 6091, 6134, 6140, 6269,	刘伯远	10953
	6356, 6388, 6415, 6464, 6465, 6501	刘勃舒	707, 1776, 2560, 2578, 3647, 3648, 3673,
刘滨生	12446		3704
刘冰	1950	刘博	5476, 5504, 5521, 5613, 5621, 5808
刘冰庵	8592	刘博琴	8565
刘冰宇	1110	刘才瑶	13247
刘丙钧	6546	刘采卿	906
刘秉刚	5183, 5425	刘沧浪作	2850
刘秉江	1418, 2864, 2871, 2892, 3282	刘昌潮	1790, 1990, 2081, 2206
刘秉钧	9821	刘昌华	2800, 5261, 5294, 5396, 5450, 5482, 5794,
刘秉礼	2747, 2766, 3091, 3097, 3114,		5872, 5922, 5970
	3117, 3121, 3133, 3134, 3135, 3137, 3141,	刘昌吉	4234, 4326, 4434, 4447, 4498, 4568, 5332,
	3151, 3191, 3276, 3278, 3286, 3318, 3360,		5853
	3362, 3367, 3369, 3370, 3378, 3379,	刘昌捷	11514
	4968	刘昌苓	1253
刘秉亮	1765, 3107, 4951, 5099	刘昌胜	12632
刘秉谦	13050	刘长	2452, 2809
刘秉贤	322, 2409, 5542, 5752, 5823, 5939, 6069,	刘长春	8908
	6116, 6127, 6169, 6649, 6650	刘长德	4694

作者索引

刘长恩 1756, 1812, 1845, 1962, 1963, 2202, 2212, 2353, 2354, 2359, 2418, 2420, 2433, 3583, 3603, 3646, 3685, 3813, 3861, 3864, 3874, 4002, 4069, 4151, 4162, 4219, 4236, 4256, 4338, 4371, 4482, 4785

刘长凤 8098

刘长福 11313, 12279

刘长庚 7334

刘长贵 3820, 3872

刘长海 3332

刘长久 681, 8650

刘长乐 6506

刘长青 6610

刘长泉 7541

刘长水 12387

刘长顺 3267, 3307, 3857, 3971

刘长新 8747

刘长治 5013

刘长忠 9355

刘敞 7950

刘畅 038, 5952, 6958

刘超 2186, 2206, 3051, 3870, 8318, 8321, 8742, 8900

刘超俊 8209

刘超英 10750

刘朝贵 12599

刘朝晖 5263, 8320

刘潮 7458

刘臣 9326, 9351, 9854, 9902, 10049, 10050, 10052, 10087, 10091

刘臣虹 12987

刘晨光 4172

刘晨煌 1126, 1132

刘晨奇 2009

刘称奇 1333, 1914, 2092,

2096, 2155, 2167, 2439, 2441, 2594, 3771, 3778, 3810, 3837, 3860, 3871, 3919, 3959, 4018, 4034, 4041, 4096, 4105, 4164, 4181, 4200, 4205, 4218, 4232, 4269, 4271, 4281, 4292, 4297, 4308, 4318, 4354, 4355, 4356, 4419, 4466, 4472, 4542, 4543, 4555, 4562, 4563, 4564, 4582, 4589, 4597, 4609, 4610, 4672, 4702, 4746, 4750, 4786, 4788, 4806, 4826

刘成 7138

刘成汉 13059

刘成基 12924

刘成杰 6865

刘成龙 9057, 9337, 9787

刘成荣 3789, 3854, 5370

刘成湘 5245, 5327, 5430, 5480, 5629, 5996

刘呈瑜 8365

刘诚 9132, 11066

刘诚甫 10785, 10949, 11291

刘承干 8108, 8110

刘承纲 6339

刘承华 10917

刘承筠 5425

刘城 9382

刘澄描 6073

刘迟 528,

5665, 13249, 13251, 13252, 13253, 13254, 13255, 13256, 13258, 13259, 13261, 13262

刘炽 11441, 11468, 11551, 11554, 11556, 11606, 11699, 11763, 11771, 11777, 11987, 12017, 12033, 12152, 12263, 12901

刘崇 2887

刘崇德 9960, 12064

刘崇军 6056, 6365

刘崇丽 6149

刘崇林 4116, 4173, 4188, 4190, 4288, 4323, 4331, 4351, 4371, 4395, 4433, 4441, 4450, 4487, 4502, 4524, 4616, 4664, 4716

刘崇寿 8214

刘崇学 12996

刘崇智 11466

刘崇忠 11059

刘楚青 12349

刘川 5084, 5276, 5667, 9353

刘川田 5248

刘传 11205, 11206, 11207, 11208, 11209, 11210, 11529, 11746, 11749, 11752, 11754, 11755, 11756, 11758, 11759, 12182, 12183

刘传芳 5074, 5539

刘传坤 5234

刘传明 5892

刘传新 11207

刘传炎 4776, 4846, 4855, 5112, 8841, 9089, 9098, 9107, 9116, 9909, 10081

刘春风 8199

刘春根 8820, 9075, 9078, 9102, 9240, 9297, 9804, 9830, 9997, 10496, 10497, 10517, 10520

刘春鸿 9359

刘春华 2137, 2725, 2738, 2739, 2773, 3279, 3290

刘春杰 3061

刘春蕾 10701

刘春霖 8073, 8075, 8111, 8114

刘春明 7061, 8596

刘春荣 11102

刘春生 9345

刘春曙 10907, 11576, 12134, 12328

刘春田 10232

刘春毓 9436

刘纯 10375

刘淳 552

刘次庄 7201, 7677, 7678, 7685, 7951, 8005

刘聪 11246, 11261

刘丛星 2295, 2909, 6907, 8337

刘粹白 7630

刘翠 10993

刘翠玉 12624

刘存厚 5019

刘存惠 2206

刘达 11245, 11279, 11480, 12744

刘达江 1846, 1850

刘达鎏 3917, 3951

刘达章 11350

刘大悲 450

刘大春 2096, 2542, 2801, 2945, 4398, 4461, 4490, 4523, 4563, 4604, 4625, 4640, 4695, 4711, 4740, 5225

刘大冬 11107, 11108

刘大洪 967

刘大基 040

刘大建 6185, 6186, 6200

刘大健 4647, 4819, 5994, 6185, 6186, 6200, 6244, 6245, 6246, 6248, 6253, 6255, 6256, 6262, 6263, 6268, 6271, 6272, 6278, 8822, 9237, 9238, 9258, 9259, 13109, 13120, 13127, 13130

刘大军 10705

刘大可 9589

刘大林 2331

刘大明 2331

刘大鸣 12095

刘大平 6293, 6359

刘大奇 7410, 8165

刘大庆 6163

刘大同 8048

刘大为 274,

作者索引

878, 1814, 2335, 2342, 2414, 2961, 3768, 3896, 5428, 5555, 6121, 6278, 10332, 11383

刘大伟 8773

刘大卫 7294, 7396, 7428, 7432, 7433, 7435, 7436, 7438, 7440, 7450, 7454, 7455, 7456, 7457, 7461, 7462, 7465, 7466, 7467, 7473, 7479, 7490, 7491, 7492, 7494, 7498, 7499, 7500, 7501, 7503, 7504, 7510, 7511, 7512, 7519, 7527, 7571

刘大业 4826

刘大庸 5019

刘岱 4906

刘黛琳 4143

刘丹 5297, 5310, 5313, 5416

刘丹枫 8251

刘丹桂 10676

刘旦宅 818, 1519, 1726, 1751, 1795, 1800, 1897, 1937, 1947, 2042, 2198, 2270, 2336, 2347, 2348, 2355, 2370, 2563, 2613, 3555, 3564, 3577, 3596, 3602, 3603, 3614, 3622, 3687, 3692, 3711, 3724, 4066, 4087, 4214, 4493, 4966, 4975, 5072, 5287, 5382, 5392, 5411, 5568, 5617, 5813, 6318, 6392, 6606, 6609, 10434

刘刀勇 2672, 2675

刘奏 5778

刘道醇 771, 835, 840, 1522

刘道冠 5790

刘道广 272, 464, 10200

刘道颖 1114

刘德 11013, 11029

刘德安 10726

刘德保 9916

刘德滨 522

刘德臣 6188

刘德海 12249, 12317, 12318

刘德华 3220

刘德来 5776

刘德六 1620

刘德伦 1924, 4120, 4122, 4182, 4190, 4199, 4222, 4310, 4326, 4516

刘德民 3697

刘德明 6292

刘德铭 12667

刘德能 1936, 2371, 2568, 4222, 4359, 4360, 4397, 4504, 4611, 4637, 4658

刘德潜 8754

刘德强 10704

刘德荣 10611

刘德润 1862, 2823, 3850, 3928, 3950

刘德胜 12644

刘德维 2823

刘德文 2918, 7353

刘德欣 7477, 7577, 7617

刘德新 10267

刘德星 5792

刘德一 12956

刘德义 10872

刘德庸 11189

刘德友 6007

刘德元 5290

刘德源 13234, 13237, 13244, 13246

刘德增 11101, 11188, 11285, 11819, 12218, 12237, 12477

刘德璋 5254, 5346, 5448, 5512, 5727, 6014

刘德忠 2582

刘德舟 2042

刘德祖 8776

刘登贵 4436

刘登龙　　　　7293　　刘恩伯　　　　　12579, 12612
刘涤民　　　　8748　　刘恩甫　　　　　　3935
刘蒂　　　　　3378　　刘恩鸿　　　　　　5391
刘棣　　1848, 2137, 2420, 3771,　　刘恩水　　　　　　6460
　　3779, 3825, 3846, 3869, 3874, 3888,　　刘恩御　　　　　13226
　　4151, 4155, 5262, 5766, 6079　　刘尔福　　　　　　7612
刘殿昭　　　　4393, 4415　　刘二刚 704, 2137, 3250, 3288, 3799, 3831, 3866,
刘丁辰　　5566, 5591, 5596, 5803　　　　3889, 3890, 5358, 5421, 5668, 5778
刘鼎臣　　　　5700　　刘发辉　　　　　　9999
刘定传　　　　9972　　刘发俊　　　　　　5950
刘定寰　　　　10147　　刘发良　　　　　　5309
刘定陵　　10246, 10265, 10286, 10289, 10290　　刘发全　　　373, 1098, 10202
刘东升　　10964, 10972, 11298, 11495, 12899　　刘繁昌　　　　　　8224
刘东野　　　　8724　　刘范国　　　　　　4165
刘东瀛　　　　2533, 4444　　刘方　　411, 601, 697, 6099, 10736, 10747, 10748
刘冬梅　　　　6958, 6959　　刘方亭　　　　　　997
刘冬霞　　　　6525　　刘芳　　　5954, 6228, 7144, 12605
刘冬云　　　　10364　　刘芳芳　　　　　　12592
刘栋伦　　　　10439　　刘芳清　　　　　　4169
刘笃平　　　　5995　　刘芳如　　　109, 535, 1515
刘笃义　　　　808, 9421　　刘放　　　　　　　5726
刘杜　　　　　3234　　刘飞　　　　　　　6322
刘端　　3079, 3590, 3961, 4890, 5011, 5022, 5055,　　刘飞茂　　　　　　103
　　5082, 5088, 5159, 5234, 5259, 5506, 5534,　　刘飞鸣　　　　　　10604
　　5598, 5626, 5656, 5726, 5746, 5799, 5839,　　刘飞雄　　　　　　3752
　　5958, 5995, 6065, 6181, 6459, 6466　　刘芬　　　　　　　6524
刘教南　　　　12209　　刘丰杰　　1241, 5331, 5976, 6024, 6463
刘教义　　　　6271　　刘丰荣　　　　　　176
刘多成　　　　3090, 3599　　刘风　　　　　　　8418
刘铎文　　　　5468　　刘凤虎　　　　　　160
刘朵　　4949, 5060, 5093, 5128　　刘凤山　　　　　　5919
刘鹗　　　　　8511, 12318　　刘凤祥　　　　　　3818
刘恩　　　　　2529　　刘枫　　　　　　　11082
刘恩斌 1933, 3221, 3222, 3238, 3301, 4024, 4230,　　刘枫棣　　　　　　13154
　　4234, 4352, 4375, 6017　　刘峰　　　　　12139, 12644

作者索引

刘峰军	5753	刘福生	5125, 5260
刘锋	6088, 6549, 6550	刘福寿	4051, 8215
刘风	5780	刘福泰	2020, 2042, 2066, 2092, 4269, 4382, 4474,
刘风棣	9556		4482, 4498, 4520, 4535, 4546, 4587, 4611,
刘风锦	12264		4680
刘风君	408	刘福堂	5404
刘风兰	321, 2953	刘福同	9241, 9245
刘风玲	8584	刘福姚	8026
刘风鸣	9304, 9989, 10099	刘福友	5694
刘风岐	8895, 9793	刘福增	6649
刘风琪	1119	刘甫丰	8418
刘风棋	1260	刘甫高	3859
刘风桥	5389, 5590, 5781, 5929, 5932, 6442	刘复	8119, 8866, 11020, 11022
刘风琴	10654	刘复汉	9061, 9530, 10076
刘风山	1259, 5695, 6173, 11304	刘复莘	2137, 2138
刘风桐	12263	刘傅辉	1774
刘风霞	10710	刘富海	5686, 6160
刘风仪	5083	刘富库	13280
刘风喻	10686	刘富强	1237
刘奉英	13141	刘富荣	4558, 12268
刘倷麟	8312	刘富亭	5244
刘夫安	5329, 5733	刘干文	3221
刘夫海	5270, 5302, 5323, 5576	刘刚	3922
刘弗	11086	刘刚编	6572
刘福	5866	刘刚强	1304, 1305
刘福安	372, 11093, 11587, 11939	刘纲纪	025, 530, 683, 792, 7256, 7349
刘福臣	2896, 3973, 7633	刘高和	13163
刘福芳	2206, 2331, 2615, 3811, 4071, 10464,	刘戈	3464, 5637, 5693, 5759, 5907, 5937
	10555	刘歌祥	3556
刘福海	4274	刘葛吴	5780
刘福聚	9855	刘根货	7381
刘福林	950, 2548	刘根群	3809, 4079
刘福民	6283	刘根生	1852, 3789, 5199, 5208, 5225, 5396, 5995
刘福泰	4499	刘根涛	5603, 6109, 6470
刘福全	12338	刘庚吉	5301

中国历代图书总目·艺术卷

刘耿一	2950	刘桂腾	11299, 11349
刘公允	10595	刘桂英	12260
刘功信	5334	刘桂芝	8774
刘巩祥	11676	刘国	913
刘谷	11866, 12791	刘国彬	12780
刘观青	1261	刘国滨	5370
刘观庆	156	刘国典	8729
刘观源	10024	刘国范	12668
刘管乐	12262, 12265, 12270	刘国光	5222
刘光	3621, 3735, 5060, 5066, 5085, 5099, 5103, 5573, 5622, 5643, 5739, 12432	刘国宏	12614
刘光灿	3377, 4198, 4284, 4312, 4655	刘国辉	724, 823, 875, 882, 1305, 1408, 2179, 2342, 2366, 2374, 2404, 2900, 2903, 5029, 5066, 5076, 5086, 5136, 5438, 5439, 5486, 5495, 5507, 5594, 5600, 5617, 5741, 5783, 5855, 5864, 5903, 5941, 6007, 6020, 6065
刘光杰	11683
刘光鲁	3392
刘光明	7369
刘光夏	2008	刘国杰	11154
刘光兴	4787	刘国良	5192
刘光亚	11167	刘国萍	10781
刘光耀	6979	刘国普	7591
刘光远	1560	刘国强	1088
刘光祖	973, 978	刘国庆	5937
刘广滨	6251	刘国权	3895, 13254
刘广海	5761, 6105, 6202	刘国瑞	957, 2138
刘广会	5456	刘国松	820, 1967, 1991
刘广惠	5076, 5682, 5815, 5868, 5893, 5914, 6002, 6004, 6084	刘国亭	5679
		刘国香	130
刘广年	12392	刘国尧	5674
刘广武	2349, 2560	刘国献	8015
刘广云	2285	刘国余	10688
刘贵宾	2800, 2823, 3349, 6545	刘国玉	1408, 5841
刘贵英	10575	刘国展	346
刘贵友	3797, 3981, 4392	刘国臻	11134
刘桂	6190	刘国治	12570, 12613, 12662
刘桂芳	12575	刘哈南	10749
刘桂明	7502	刘海	9559, 9738, 9760

作者索引

刘海成	3882
刘海德	9568
刘海发	402, 6189, 8820, 8823, 8834, 8836, 8855, 8859, 9007, 9009, 9014, 9026, 9232, 9238, 9239, 9240, 9310, 9358, 9395, 9409, 9422, 9440, 9441, 9452, 9454, 9457, 9458, 9459, 9468, 9469, 9471, 9480, 9487, 9503, 9515, 9518, 9522, 9575, 9576, 9611, 9614, 9620, 9621, 9627, 9631, 9634, 9644, 9666, 9670, 9671, 9674, 9681, 9691, 9695, 9699, 9703, 9710, 9713, 9716, 9717, 9721, 9723, 9724, 9726, 9735, 9738, 9740, 9756, 9763, 9776, 9781, 9842, 9910, 9918, 9972, 9976, 9981, 9985, 10050, 10076, 10082, 10094, 10095, 10096, 10125, 10634
刘海虹	6333
刘海亮	4459
刘海林	5294
刘海鹏	10840
刘海平	12698, 13017
刘海屏	1496, 1497
刘海栖	6720, 6721, 10841
刘海茹	12583, 12587, 12603, 12634
刘海生	8681, 8682
刘海粟	095, 239, 334, 357, 358, 475, 477, 479, 482, 571, 599, 678, 803, 854, 1092, 1093, 1199, 1272, 1375, 1380, 1467, 1474, 1506, 1699, 1707, 1719, 1725, 1731, 1847, 1888, 1891, 1893, 1940, 1941, 1952, 1961, 1992, 2008, 2012, 2020, 2023, 2024, 2028, 2425, 2430, 2437, 2494, 2561, 2608, 2616, 2621, 2657, 2668, 2689, 2705, 2712, 2715, 2783, 2841, 4274, 6771, 6772, 6773, 6843, 8177, 8218, 9344, 10036, 10456, 10557
刘海粟美术馆	1375, 2682, 2685
刘海粟撰	6771
刘海岁	9570
刘海燕	610
刘海义	8293
刘海志	1810, 2750, 2798, 2823, 3199, 3216, 3337, 3785, 3861, 3924, 3958, 4119, 4132, 4162, 4184, 5588, 5637, 5835, 5863, 5894
刘含义	7041
刘含贞	5133, 5313, 5495
刘含真	5137, 5205, 5297, 5650, 5879
刘晗	4845
刘汉	2222, 4920, 5030, 5036, 5037, 5062, 5908, 5948
刘汉才	3855
刘汉鼎	5259, 5942
刘汉江	6043
刘汉林	10904
刘汉流	12711, 12838
刘汉民	1159
刘汉屏	7261
刘汉勤	5247, 5268
刘汉盛	10827, 10883
刘汉勋	5277
刘汉宗	2346, 4145, 4220, 4969, 4991, 5004, 5014, 5015, 5051, 5078, 5096, 5119, 5231, 5400, 5493, 5576, 5630, 5680, 5726, 5749, 5791, 5800, 5859, 5866, 5870, 5872, 6355, 6450
刘汉佐	4917, 4947, 5402
刘瀚	1057
刘行之	8206
刘杭生	8749
刘航	9800, 9993
刘浩	2130, 2147, 2158, 2452, 3790, 3898, 4367, 4824, 5465
刘浩然	7386, 7891, 8204, 12950

中国历代图书总目·艺术卷

刘皓	2305	刘洪增	8874
刘禾	6032, 13319	刘洪镇	3102
刘禾生	3911, 5245, 5363, 5392, 8330	刘鸿江	4933
刘合	6096	刘鸿儒	5074, 12724
刘合心	406, 9885	刘鸿毅	11682
刘和璧	2553	刘鸿志	2393, 4242, 4278, 4376, 4497, 4654, 4733,
刘和平	5347		4745, 4751
刘和仁	11872	刘鸿洲	6537
刘和兴	6540	刘厚明	5117, 5539, 5572, 5674, 5923, 5924, 5949
刘贺	1917, 1934, 4061	刘厚生	12729, 12894, 12895
刘鹤鸣	2965	刘沪生	12791
刘亨颐	7623	刘华	6214, 7140
刘恒	7157, 7169, 7670, 7733, 8423, 8580	刘华兰	13003
刘恒德	4525	刘华明	556, 10300
刘恒久	3600, 4138, 4155, 4286, 4316	刘华盛	5229
刘恒之	11346	刘华毅	6469, 6511
刘弘章	8730	刘华云	713, 857, 860, 1334
刘红	5550, 8569, 8574, 10919, 11284	刘怀山	2270
刘红军	9739	刘怀喜	7308
刘红燕	9447, 10077	刘欢	4864
刘红宇	5299	刘还月	8935, 12944, 12979
刘红柱	11166, 11276	刘换荣	3861
刘红鬃	10740	刘焕鲁	2334
刘宏达	3797, 4394, 6169	刘焕章	8592, 8632, 8656
刘宏伟	10779	刘晖	1681, 2138, 2180, 2433, 8330, 8565
刘泓	11737	刘辉	7492, 7552, 7648, 7649, 10312, 10334,
刘虹	1083, 3995, 5912, 11972		10385, 10614
刘竑	10588	刘辉煌	054, 4215, 6146, 6188, 7065, 10292
刘洪	6088, 11724	刘卉	6269
刘洪彪	7452, 8216, 8278	刘会春	2319
刘洪滨	12966, 12975	刘会民	4589
刘洪麟	10373	刘惠波	6159
刘洪仁	7611	刘惠芳	10720
刘洪儒	6146	刘惠汉	5311, 5375, 5751, 5909, 5913, 6050
刘洪山	8746	刘惠华	4466

作者索引

刘惠君	6062	刘继敏	3134, 3204, 4940, 4996, 5304
刘惠林	6039	刘继陶	4058
刘惠民	026, 052, 536, 5390, 5461, 5471	刘继贤	3903
刘惠浦	7422, 7438, 7472, 7474, 7568	刘继瑛	2222
刘惠群	6563	刘继卣	987, 1427, 1430, 1434, 1438, 1447, 1448,
刘惠媛	118		1755, 1760, 1850, 1855, 1856, 1903, 1957,
刘慧	11342		2180, 2254, 2354, 2356, 2366, 2370, 2376,
刘慧芳	4293, 4481, 11754, 11878, 11930		2415, 2558, 2559, 2560, 2561, 2562, 2563,
刘慧华	4491		2564, 2566, 2568, 2570, 2575, 2578, 2584,
刘慧琴	3550, 13218		2600, 2603, 2604, 2605, 2607, 2611, 2621,
刘慧心	13319		2625, 2629, 2646, 2649, 2674, 2687, 2878,
刘瀚公	12744, 12857, 13288		2896, 3567, 4887, 5005, 5028, 5033, 5065,
刘积昆	6425		5071, 5074, 5083, 5117, 5125, 5172, 5196,
刘吉	4524		5225, 5305, 6599
刘吉弟	1334	刘奇踪	1903, 2489, 2558
刘吉典	11143, 11147	刘粲	12980
刘吉厚	1913, 2117, 3771, 3924, 4008, 4040, 4043,	刘粲云	12608, 12902
	4096, 4152, 4186, 4203, 4227, 4229, 4241,	刘冀民	13005
	4463, 4477, 4678, 4687, 4688, 9891	刘冀文	5255
刘吉山	7580	刘骥林	3258, 3867
刘纪舟	5774	刘加合	10462
刘季林	12192	刘佳	6318, 6332, 11497, 11728, 12771
刘济	875	刘佳勤	8972
刘济平	2666	刘佳尚	7477, 7542, 7590, 7593, 7597, 7598, 7599,
刘济荣	982, 1755, 1769, 2081, 2180, 2361, 5033		7602, 7607, 7609, 7610, 7611, 7614, 7615,
刘既明	1991		7621, 7624
刘既新	6756	刘佳声	10814
刘继潮	088, 694	刘家城	2319
刘继成	1869, 1964, 2109, 2148, 2166, 2186, 2445,	刘家峰	6049
	3776, 3813, 3864, 3867, 4070, 4234,	刘家福	3911
	4340, 4447, 4505, 4588, 4691, 4710, 4813,	刘家贵	12309
	8664, 10694	刘家鹤	5389, 5436
刘继承	1923	刘家洪	162, 8619
刘继德	3025	刘家基	11095
刘继卤	1991, 4867	刘家骥	2269

中国历代图书总目·艺术卷

刘家驹	6079, 6165		6351, 6370, 6424, 6554, 6628, 6658, 6831,
刘家齐	1318, 3422, 5749		7916, 8002, 8003, 9318
刘家生	2328	刘建生	218
刘家裕	1368, 3700	刘建威	1329
刘家振	6037	刘建伟	3464, 6413
刘家智	2317	刘建炜	9563
刘嘉奇	4718	刘建新	6264, 6564, 9918, 10009, 10031
刘嘉祥	3734	刘建勋	11311, 12283
刘嘉学	3879	刘建义	10351
刘嘉颖	1642	刘建友	2553, 3802
刘嘉渊	8787	刘建中	6102, 6103
刘稼祥	2746	刘剑	2147, 2381, 2388, 4802, 4824
刘坚	5997	刘剑锋	11511, 13144
刘俭	2163, 4367, 4500	刘剑虹	1124
刘见	4334, 4349, 4428, 4868, 5972	刘剑华	6079
刘建	7277, 8405, 8434, 12574	刘剑菁	7649
刘建庵	2981	刘剑利	1138
刘建苍	2990	刘剑青	147
刘建超	3065, 8075	刘健	1353, 1354, 2285, 5441, 6313, 6386, 7269,
刘建成	3999		7326, 7566, 8215, 8224, 8578
刘建德	11883	刘健魁	13152
刘建峰	3903, 5957	刘健屏	5880
刘建甫	7469	刘鉴	5168
刘建国	1116, 5376, 8286, 8855	刘键	10399
刘建珩	5924	刘江	193, 830, 1158, 2378, 3249, 7344, 7405,
刘建华	5096, 5750, 6234, 6270, 6711, 9003, 9369,		7442, 7732, 8366, 8465, 8467, 8468, 8475,
	9962, 10031, 10054, 10057		8478, 8479, 8549, 8579
刘建辉	11259, 11266, 11289	刘江远	9373
刘建军	6720, 6978, 6979, 11191	刘娇	6034
刘建民	8969	刘杰	3309, 5329, 5352, 5395, 7651,
刘建平	302, 882, 1447, 1590, 2150, 2377, 2838,		8950, 9118, 9334, 9335, 9336, 9337, 9338,
	2846, 3797, 4270, 4393, 4674, 4789, 4797,		9526, 9530, 9787, 9789, 9800, 9905, 9990,
	4859, 5194, 5219, 5265, 5278, 5372, 5412,		10017, 10045, 10101
	5471, 5545, 5557, 5639, 5723, 5745, 5765,	刘杰东	8718
	5864, 5884, 5946, 5954, 6046, 6074, 6122,	刘杰敏	8991

作者索引

刘杰英	6542	刘京德	11348
刘洁	5863, 6471	刘京胜	12994
刘洁彰	5299, 5406	刘经	5839
刘介平	4938	刘经建	5922
刘界彪	6404	刘经树	10984, 10986
刘金	12451	刘荆洪	527
刘金彪	7439, 7462	刘菁慧	10301
刘金成	632, 1121, 1123, 1125, 1132, 1140, 1262,	刘景晨	8536, 8555
	10292, 10302	刘景春	11047, 11053
刘金初	5778, 5898, 5949, 5962	刘景联	10204
刘金贵	6400	刘景亮	12704
刘金汉	3994, 4067	刘景龙	1979, 2024, 2101, 2153, 4258, 4297, 4313,
刘金华	3920		4350, 4379, 4413, 4445, 4448, 4472, 4489,
刘金奎	12835		4521, 4557, 4565, 4619, 4676, 4719
刘金岭	5577, 6070, 6094	刘景隆	7327
刘金茂	5239	刘景民	11706
刘金平	6758	刘景屏	11534
刘金荣	10916, 11102	刘景奇	4081
刘金山	1878	刘景全	5635
刘金堂	12140	刘景泉	6030
刘金吾	12612, 12620, 12623, 12624, 12625	刘景山	4935, 10276
刘金沂	5402	刘景生	10660
刘金铺	13056	刘景苏	1700
刘金珠	3344, 3792, 3919, 4312, 4416, 4444, 4472,	刘景向	7341, 7477, 7482, 7569, 7578
	4490, 4561, 4566, 4591, 4603, 4681	刘景秀	3873, 3955, 4005, 4289
刘锦棠	11175	刘敬民	2091, 4680
刘锦章	11043	刘敬瑞	3679
刘謇	8699, 9097	刘敬贤	12695, 12944
刘瑾	11012	刘靖国	6653
刘进	5574, 5661	刘靖华	8686
刘进安	702, 829, 2396, 5958, 6162	刘靖基	1715
刘进东	12642	刘靖之	10909, 10910, 10916, 10966, 11134
刘进元	5386	刘静	6467
刘晋生	633	刘静望	10692
刘京成	9883	刘静怡	5963

中国历代图书总目·艺术卷

刘静宜	613, 10262, 10293	刘开强	7442
刘静沅	12880	刘开渠	126, 8604, 8628, 8629
刘境奇	6257, 7642, 10375, 10398, 10580	刘开申	1427, 10723
刘九庵	593, 830	刘开云	2331
刘居上	6245	刘凯	6090, 10909
刘菊禅	11826, 12066, 12862	刘凯芳	6137
刘菊清	2614, 3638, 4089, 4149, 4150, 4181, 4391,	刘凯芳翻	6129
	4441	刘凯靖	7481, 7489
刘菊仙	4570	刘康	4673, 6091
刘巨才	12932	刘可	311, 11488
刘巨德	139, 2217, 2305, 2879, 2896, 2906, 3772,	刘可风	3487, 3489
	5877, 6240, 10286, 10429	刘可希	10869, 10988
刘炬	5666, 5710, 5807	刘可兴	12696
刘聚国	4592, 4744	刘克	5112
刘娟	4074, 6161	刘克成	9396, 9616, 9635, 9845, 10039, 10047,
刘军	136, 3496, 6713		10110
刘军次	5222	刘克峰	077
刘军风	5667	刘克贵	11446
刘均平	12128	刘克纪	11223, 11961
刘君	5451	刘克敏	1198, 3317, 3326
刘君成	6323	刘克明	12944
刘君礼	2419	刘克宁	2206, 2884
刘钧	5727, 5905	刘克青	981, 4210, 4211, 4282, 4377, 4468, 4556
刘钧川	7638	刘克清	4556, 4696, 4716, 6055
刘俊改	1263, 1264, 12048	刘克仁	2033, 4735, 4742
刘俊鸿	12789	刘克原	5449
刘俊礼	7499, 7529, 7568, 7589, 7591, 7592, 7619	刘克庄	7686
刘俊贤	2083, 2087, 2091, 2103, 2156, 2384, 2385,	刘格山	8903
	2446, 4547, 4555, 4594, 4612, 4727, 4732,	刘孔喜	1087, 6359
	4736, 4788, 4834, 4838	刘宽策	2703
刘俊彦	7537	刘旷	2995, 2997, 2999, 3009
刘俊元	5493, 5577, 5878	刘奎官	12877
刘俊源	4863	刘奎龄	1435, 1725, 1727, 1729, 1730, 1738, 1747,
刘峻骧	12579, 12580, 12977, 12999		1748, 1790, 1797, 1889, 2081, 2270, 2310,
刘开基	3700, 4979, 4982		2495, 2560, 2580, 2630, 2634, 2689, 3602,

作者索引

4024, 4036, 4082, 4183, 4259

刘奎岭	2303	刘立滨	9228, 9230, 9720, 9948, 13107, 13109
刘奎胜	5694	刘立兵	9348
刘道	3075, 5076, 5099, 5507, 5577, 6018, 6150	刘立行	13065, 13160
刘道作	12984	刘立三	5024
刘魁立	10915	刘立山	5473, 5559
刘坤富	550	刘立中	4166
刘昆	7733	刘丽	5295, 6187
刘昆山	3374	刘丽芳	416, 5829
刘昆峰	10075	刘丽和	10596, 10599
刘兰	4954, 4963, 5099, 10962	刘丽华	10926
刘兰芳	5726	刘丽娟	4818
刘兰华	416, 417	刘丽萍	6246
刘兰生	6942	刘丽英	11528
刘兰汀	6799	刘励中	449, 454, 8726, 8807, 9059, 9306, 9340
刘岚山	11628	刘荔	11720
刘岚云	7075	刘利	6863
刘蓝	10870	刘连生	12471
刘朗	11129	刘连增	13216
刘浪	8920, 8998, 9043, 9338, 9788, 11704	刘莲华	10804
刘烙山	9371	刘莲孙	2850, 2851
刘乐夫	11292, 12245	刘联英	8399
刘乐一	7325	刘濂	10933
刘雷	8897, 8899, 8952	刘良德	4048, 4166
刘黎明	6552	刘良经	2712
刘黎青	6359	刘良模	10951, 12355
刘礼国	8972	刘良佑	403, 409, 411, 10196, 10251, 10257,
刘理	10915		10644, 10647
刘力	9800, 10389	刘良斋	12300, 12301
刘力合	2603	刘亮	10759
刘力上	865, 1445, 1901, 1909, 1917, 1926, 1984,	刘辽西	402
	2515, 2599, 2621, 4035	刘烈恒	11506, 11517, 13075
刘力真	5485, 5801	刘烈武	11085, 11093, 11432
刘立宾	8735, 8774, 8818, 9371, 9384, 9409, 9462,	刘林	7004, 9037
	9642, 9645, 9649, 9977, 10758	刘林生	2060, 2066, 2165, 4047, 4059, 4115, 4313,
			4345, 4482, 4639, 4671, 4702, 4710, 4729

刘林智	6768	刘懋善	718, 1341, 1432, 2331, 2441, 2478, 2705,
刘临	6361		2706, 2708, 3910
刘霖	11955, 11968	刘玫凌	6302
刘麟	11970	刘梅	12220
刘玲	3500, 10825	刘梅生	10870
刘玲双	7704	刘美菁	12959
刘铃	6686	刘美丽	10346
刘凌	7003	刘美钦	7014
刘凌沧	1434, 1524, 1821, 1891, 1991, 2180, 2355,	刘美言	4885, 4886
	2608, 2701, 4869	刘蒙天	1415
刘领	10359	刘萌瑜	5572, 5878, 6477, 6527, 6543
刘流	5095, 5096, 5945, 5946	刘猛	5361
刘龙庭	1296	刘孟	1140
刘隆基	1369	刘孟洪	5921, 6487
刘隆民	13076	刘孟嘉	8215
刘隆琼	5845, 5856, 6239	刘孟泽	11758
刘鲁军	3500	刘梦德	12870
刘鲁民	9289	刘梦羲	11144, 12663
刘鲁生	1937, 1967, 2590, 2601, 3773, 3791,	刘梦华	10043
	10471	刘梦山	5476, 5540, 5971, 5996
刘履芬	1042	刘梦溪	272, 425, 593, 7366, 8612
刘陆久	9844	刘梦霞	4345
刘陆一	3936	刘米娜	8604
刘路得	12581, 12594, 12603	刘勉怡	481, 2108, 2819, 7639, 9253
刘露	12825, 12826	刘淼	5582, 5909, 6074
刘露薇	4019, 4038, 5489, 5674, 6572, 6595	刘民超	5285
刘仑	1389, 2206, 2850	刘民衡	11182, 11191
刘洛平	5892, 6397, 6608, 6609, 6634	刘民怀	2322
刘满驹	3760, 5792, 5928	刘民杰	12113
刘曼华	3453, 3454	刘敏	8402, 8403, 8404, 8405, 10003, 10842,
刘曼玲	3300, 5675		11182, 11224, 11335
刘矛潭	5810	刘名涛	4342
刘茂荣	11283	刘名卫	7503
刘茂盛	10314	刘名扬	13167
刘茂昭	8753	刘名远	5426

作者索引

刘名振	10883	刘牧	2235
刘明	636, 637, 1081, 1082, 1089, 1373, 2823,	刘慕耘	12862
	3511, 6260, 6273, 6293, 6305, 6328, 6329,	刘响鸥	006
	6338, 6343, 6356, 6359, 6360, 6361, 6369,	刘乃崇	12732, 12822, 12889
	6374, 6392, 6442, 6472, 6487, 6495, 6502,	刘乃勇	1939, 2112, 2645, 4172, 4441, 4490, 4558,
	6512, 6514, 6543, 6551, 6740, 6758, 7002,		4600, 4737, 10628
	7014, 7015	刘南	2761, 3281, 3908, 4173, 4350, 13283
刘明波	2059, 2130	刘南生	2727, 2756, 3354, 5193
刘明德	5621	刘南一	562, 633, 635
刘明光	10208	刘楠	1860, 8790
刘明浩	9255	刘念	5290
刘明君	2900, 6333	刘念渠	12711, 12796, 12840
刘明昆	3460	刘念兹	12770
刘明丽	10601	刘宁	1104, 5861, 6993, 6994, 6995, 6996, 7002,
刘明亮	7086, 7087, 11231, 12210, 12505		7003
刘明明	637, 13224	刘牛	6046
刘明奇	6306	刘欧生	5413
刘明仁	10886	刘盘亭	11309
刘明星	8225	刘洋铜	1116, 1141
刘明学	5534, 6041, 6042	刘培	5782, 6971
刘明义	9459	刘培德	9865
刘明毅	183, 511, 518, 581, 587	刘培和	2947
刘明玉	2895	刘培玲	455
刘明沅	12277, 12332	刘培武	9384
刘明璋	11516	刘培远	4975
刘明正	4031, 5921, 6276	刘沛	5914, 6194, 6239, 10986, 11432, 12248,
刘明忠	9775		12263
刘明洲	7427, 7435, 7489, 7572, 8214, 8407	刘沛沛	1197
刘铭	5099	刘沛然	13230
刘铭铨	6949	刘佩玕	1837, 1939, 1949, 1980, 2070, 2105, 2116,
刘铭涛	6145		2117, 2134, 2147, 2156, 2188, 2235, 2356,
刘铭文	5633		2515, 2578, 4066, 4098, 4113, 4212, 4243,
刘铭秀	4596, 4715, 4729, 13303		4330, 4394, 4431, 4462, 4550, 4573, 4614,
刘墨	076, 274, 7641, 8103		4621, 4622, 4636, 4666, 4679, 4694, 4696,
刘木桦	6404		4730, 4780, 4785, 4787, 4814, 4815, 10484

中国历代图书总目·艺术卷

刘佩武	4936, 4948		5574, 5707, 5785, 5847, 5995
刘鹏	9877	刘启光	6379
刘鹏春	5328, 5836	刘启俊	9358
刘丕举	8190, 8212, 8214, 8215, 8220	刘启林	7376, 8278
刘品玲	12515	刘启琳	8112
刘平	5917, 7519, 7520, 8151, 8343, 8623, 9386, 10598	刘启谋	10683
		刘启瑞	6150, 6213
刘平安	12334	刘启棱	9398
刘平衡	411, 1402, 1483	刘启文	1967, 1995, 2012, 2360, 3973, 4023, 4098,
刘坪	5114		4221, 4259, 4486, 4498, 4528, 4582, 4591,
刘苹	5274		4639, 4695, 5432, 11278
刘苹漪	8122	刘启武	11278
刘萍	12538	刘启新	8360
刘萍君	127, 576	刘启忠	4166
刘珀	1067	刘起文	4160
刘璞	10823, 10883	刘起钊	11878
刘朴	1585, 1587, 2081, 6806	刘千	1226, 1231, 2451, 5745
刘普生	6159	刘谦	3510, 5208, 5212, 5558
刘溥	9505, 10649	刘潜	6651, 6677
刘栖梅	9799, 9804	刘茜	2919, 11810
刘齐同	12392	刘倩倩	5670
刘圻	4960	刘强	11142, 12730
刘其敏	2893, 3013	刘桥	6343
刘其伟	092, 172, 369, 474, 475, 1174, 2946, 2950, 6909	刘钦栋	2206
		刘钦明	11097
刘奇	11173, 12157, 12457	刘芹	12578, 12580
刘奇晋	2314	刘秦山	2122
刘奇俊	6788, 6841, 8645	刘青	12111
刘奇英	12122	刘青青	6647
刘琪勤	11347	刘青气	6213, 12641
刘琦	127, 5923, 7122, 12882, 12892	刘清河	5124, 10971
刘棋云	9423, 10044, 10058, 10065	刘清慧	3925
刘旗英	6524	刘清杰	3932, 4054
刘启本	1313, 5201, 6150	刘清祥	11476
刘启端	995, 2236, 3741, 5247, 5428, 5492, 5546,	刘清彦	10764, 10767

作者索引

刘清云	9236, 9238
刘庆昌	5246
刘庆成	6581, 12976
刘庆丰	12979
刘庆福	3973
刘庆刚	11262
刘庆和	2327
刘庆华	819
刘庆民	5411, 5428, 10980
刘庆年	8775
刘庆瑞	9294, 9295
刘庆棠	12639, 12658
刘庆涛	1874, 1920, 1949, 1962, 2067, 2352, 2423, 3275, 3428, 3805, 3897, 4057, 4058, 4111, 4128, 4200, 4248, 4427
刘庆武	8947
刘庆祥	8526
刘庆孝	1859, 1877, 1880, 3317, 3319, 10254, 10322, 10389, 10400, 10563
刘庆云	8726, 10137, 10149
刘琼	13229
刘秋霖	5419, 5493, 10312
刘秋奇	2139
刘全聚	3354, 9353, 9387, 9600, 9814, 9825
刘全三	11838
刘泉	12135
刘泉义	881
刘群	4306
刘群杰	12573
刘然	3529
刘饶民	12005, 12647
刘人岛	463, 548, 551
刘人熙	12305
刘仁刚	8318
刘仁杰	1076, 1083, 1835, 3198, 3226, 3231, 3253, 3259, 3275, 3279, 3283, 3284, 3287, 3296, 3302, 3310
刘仁庆	3887
刘仁泉	1879
刘仁术	3206
刘仁毅	5601, 6049
刘任	9716
刘任年	8428
刘任求	1881
刘任涛	4896
刘日含	4836
刘日宁	13204
刘荣德	11155
刘荣福	4828
刘荣富	2057, 2147, 2366, 2374, 2381, 2388, 2393, 2395, 3969, 4082, 4146, 4162, 4197, 4216, 4222, 4228, 4231, 4257, 4295, 4307, 4314, 4315, 4319, 4352, 4366, 4370, 4383, 4386, 4387, 4400, 4412, 4434, 4465, 4471, 4484, 4487, 4491, 4493, 4500, 4505, 4518, 4525, 4529, 4546, 4548, 4554, 4601, 4653, 4658, 4687, 4770, 4779, 4802, 4824
刘荣虎	8842, 9863
刘荣全	5331
刘荣仁	2755, 3825
刘容天	5968
刘蓉慧	11517
刘如会	12109
刘如璞	7299
刘如森	7516
刘如曾	11829, 11836, 12110
刘如仲	415, 457
刘汝醴	359, 369, 517, 581, 1222, 6840, 8604, 8657
刘汝阳	2079, 2464
刘锐华	5858

中国历代图书总目·艺术卷

刘瑞	6252, 6461	刘绍刚	8260
刘瑞芬	581	刘绍荟	722, 1393
刘瑞峰	5655	刘绍昆	2823, 3989, 4077, 5765, 6183, 6281, 6444,
刘瑞康	5171		6706
刘瑞良	5304	刘绍琨	3251
刘瑞琪	12621	刘绍藜	8504
刘瑞琴	5545	刘绍林	4368, 4387, 4427, 4575, 4613, 4732
刘瑞森	12141	刘绍南	11960
刘瑞轩	7348	刘绍强	2268
刘瑞瀛	12592	刘绍勤	11347
刘瑞源	8522	刘绍球	1278
刘瑞兆	3832	刘绍棠	5468, 5552, 5867, 5919, 5947, 5992, 6036,
刘润	5379, 5627, 5700		6151, 6324
刘润民	3238, 3272, 3279, 3288, 3308, 3927	刘绍霆	1517
刘若端	10883, 10897	刘绍宣	9812, 9956
刘若南	8794	刘绍怡	7520
刘若璠	8341	刘绍勇	964, 965, 974, 7325
刘三多	2755	刘绍虞	8505
刘森	6281, 12263	刘绍忠	7078
刘森林	10620	刘绍宗	1817
刘森民	11642	刘设	9453
刘森尧	13047, 13057, 13115, 13209	刘敕	1716, 10760
刘沙	4959, 5042, 10404, 10406	刘申五	8749, 8755, 8761
刘山户	7451	刘深	9471
刘善洲	3148	刘沈	9745, 9901
刘上	4824	刘慎平	7470, 7594
刘尚文	1466	刘生仁	1804, 5233
刘尚勇	7808, 7995, 10746	刘生生	8910
刘少臣	5304, 5334, 6148	刘生展	1813, 2383, 3739, 3760, 3787, 3834,
刘少恒	10745		3947, 3999, 4024, 4104, 4139, 4238, 4243,
刘少敏	8971		4298, 4328, 4334, 4376, 4398, 4404, 4474,
刘少奇	6346		4475, 4481, 4488, 4500, 4563, 4577, 4585,
刘少文	6314, 7043		4619, 4637, 4703, 4714, 4715, 4745, 5232,
刘少雄	8745, 8963		5255, 5305, 5771, 6482
刘少英	8251, 8423	刘声道	321

作者索引

刘绳	5552, 5577, 6055	刘世杰	4441, 5945
刘胜军	3387, 3388, 3389, 6386, 6390	刘世南	7643, 7653
刘胜平	2529	刘世群	3861, 5274, 5489, 5737, 5789
刘盛夫	150	刘世荣	5343
刘师艾	2576	刘世儒	926, 928, 933
刘师汉	9309	刘世声	564
刘师培	11330	刘世文	6478
刘诗东	2475	刘世一	8716, 13263
刘诗昆	12197	刘世英	8070
刘诗嵘	11156	刘世昭	405, 4617,
刘诗兴	5831		9311, 9371, 9697, 9726, 9816, 9884, 9886,
刘诗召	11677		10037, 10043, 10051, 10056, 10078
刘施任	11582	刘世忠	2147, 2167, 2176, 4652, 4657, 4660, 4745,
刘石庵	8039		4801, 4847, 4859
刘石父	5917, 6008, 6176	刘仕钦	3203, 3589
刘石文	6677	刘仕涛	13237
刘石校	7200	刘式	12483
刘实公	1918	刘式静	4821
刘士铎	5736	刘式南	6807
刘士杰	12788	刘式钊	2107, 2392, 3348, 3365, 3371, 3374,
刘士木	4241, 4293, 4338, 4379, 4514, 9066		4229, 4230, 4257, 4266, 4442, 4729, 4805,
刘士山	2751, 3778		4831
刘士文	189, 266	刘事明	6064
刘士贤	11703	刘守鹤	10853
刘士英	3820, 4858, 4860, 4861, 4865	刘守熙	10293
刘士庸	2667, 4394	刘守义	11432, 12262, 12263
刘士铮	4553	刘寿保	7714, 8861, 8969
刘士忠	056, 4561	刘寿臣	11532
刘氏养晦堂	1563	刘寿绵	12204
刘世安	8024, 8025	刘寿祥	566, 1189, 1197, 1350, 2954, 2962
刘世德	4952, 4984, 5296	刘书臣	6306
刘世铎	5206, 5227, 5414, 5500, 5771, 5867, 5914,	刘书方	12140
	5992, 6086, 6123	刘书军	3289, 3899, 5433, 5693, 5868, 6154, 6155,
刘世珩	8042, 11331		6176, 6177, 6291
刘世江	5033	刘书楷	5243

刘书亮　　8693, 13213
刘书民　　1308, 2593, 2663, 3828, 3830
刘书声　　1148
刘书棠　　5277
刘书亭　　4999, 5098
刘书义　　10596
刘扞　　5610, 5685, 5763, 5816, 5890, 6107, 6256, 6258, 6265, 6311, 6413
刘叔赣　　767
刘叔华　　2547
刘叔洽　　11835, 12086
刘姝羽　　12665
刘淑度　　8560, 8570
刘淑芳　　12371, 12411, 12427, 12443
刘淑坤　　2288, 2335
刘淑玲　　7011
刘淑琴　　6248
刘淑荣　2064, 2070, 2157, 3953, 4117, 4223, 4842, 4865
刘淑英3347, 3348, 3350, 3351, 3990, 4025, 5470
刘舒侠　　7821, 7890
刘曙光　　1133, 1450
刘述杰　　3043
刘述先　　9145
刘述禹　　6522
刘树秉　　11488
刘树春　　2042
刘树德　　5309
刘树纲　　5670
刘树娟　　8581
刘树林　　13051, 13055
刘树岭　　7807, 7812
刘树茂　2043, 2059, 2062, 2092, 2114, 2124, 2131, 2139, 2157, 2168, 2391, 4341, 4468, 4523, 4524, 4596, 4634, 4684, 4738, 4779, 4790, 4805, 4809, 4810, 4815, 4824, 4826, 4830, 4836, 4842, 4843, 4845, 4850, 4852, 4853, 4861
刘树杞　　537, 813
刘树启　　8705
刘树强　5252, 5290, 5557, 5655, 5714, 5744, 5791, 6062, 6459
刘树生　　13060
刘树堂　　8027
刘树仪　　4063, 4088
刘树勇　　7323
刘树章　　3869, 5844
刘树正　　13006
刘树志　　4164
刘谢年　　7670, 8360, 8361
刘双印　　2138
刘霜阳　　097, 110
刘硕良　　6145
刘硕识　　8617
刘司昌　　12972
刘思斌　　4276
刘思昌　　5085
刘思成　　5741
刘思东　　6216
刘思量　　042, 087
刘思敏　　10373
刘思鹏　　6157
刘思平　　13237, 13238, 13239
刘思奇　　5371
刘思训　　003, 244, 245, 569
刘思源　　7080
刘思远　　2666, 4001, 4089, 4404, 4685
刘斯奋　　2403, 2679
刘斯奇　　12704
刘四成　　5634, 5671

作者索引

刘四维 9897
刘嗣 12873
刘松庵 8135
刘松年 1532, 1541, 1545, 1547, 1549, 1550, 1551
刘松涛 10605, 10607
刘松岩 922, 7359, 12877
刘崧生 1649
刘嵩柏 3618, 3632, 3703
刘嵩昆 12791
刘颂燕 015
刘苏 13260
刘肃 3675
刘素丽 120, 6836, 8678
刘素香 7023
刘素英 4134, 4184, 5746
刘素影 9036
刘素珍 6400
刘莎 10684
刘锁祥 8179
刘太平 6291, 6310, 6359, 6361, 6372
刘太伟 4040, 4044
刘泰 5976
刘泰山 2123, 4456, 4517, 4565, 4807, 4814, 4833, 10537
刘汤 4928
刘殷 10771
刘涛 3071, 7390, 7398, 7729, 8776, 11945
刘腾超 3737
刘体仁 7210
刘体志 8866
刘天 9966
刘天呈 1113, 1200, 2731, 6789, 6903, 6904, 6905, 6906, 6907, 6908, 6909
刘天放 3068
刘天华 042, 11031, 11827, 12224, 12225, 12226, 12250, 12260, 12261, 12273, 12276, 12280, 12328
刘天华先生纪念委员会 12244
刘天剑 5437
刘天浪 10787, 12006, 12033, 12326, 12329, 12330, 12337
刘天礼 11193, 11194, 11197, 11198, 11200, 11204, 11209, 12182, 12183, 12184, 12484
刘天民 3994, 4005, 4151, 4161, 4260, 4278, 4367, 4378, 4485, 5275
刘天明 7454
刘天平 5698, 5828, 5973, 6018, 6086, 6119, 6137, 6183, 6297
刘天生 4656, 5325, 6083
刘天炜 5479
刘天祥 12262
刘天鹰 10565
刘天岳 10332
刘田 6214, 6215
刘田军 1955, 2352, 4049
刘铁城 12819
刘铁澈 5252
刘铁峰 8574
刘铁汉 3235
刘铁华 1202, 6914
刘铁军 7360
刘铁良 2030
刘铁平 7283, 8177, 8373
刘铁权 4005, 5376, 5638, 6440
刘铁泉 6014, 6454
刘铁山 12146, 12147
刘铁生 9288, 9810
刘铁英 2288
刘廷相 4974, 5093, 5124, 5270, 5351, 5389, 5462, 5537, 6070, 6107, 6152, 6170, 6442, 6485,

中国历代图书总目·艺术卷

	6511	刘巍	12043, 12405
刘廷向	4979	刘为民	5650, 5726, 5800, 5869, 5872
刘廷玉	7232, 13006	刘为珉	13313
刘亭玉	7529, 7544	刘惟志	7179, 7194, 7662
刘庭耀	3767	刘维坊	8469
刘庭珍	5746	刘维国	5523
刘珽	177	刘维汉	3297
刘同邦	1830	刘维康	12322
刘同升	3490	刘维仁	5255, 5293, 5310, 5353, 5359, 5388, 5395,
刘同兴	6021		5422, 5449, 5527, 5567, 5918, 5920, 5921,
刘彤	6502		5951, 6481, 6494
刘铜成	2475	刘维新	11140
刘托	3061, 3062, 3063	刘维亚	10765, 10769
刘宛	6183	刘维义	4263, 4348
刘晚荣	1559, 7946	刘维之	2900, 3855
刘万福	9625	刘维忠	2069, 2149, 2452, 4723, 4804
刘万恭	9080, 9861	刘伟	2676, 4998, 5320, 5336, 6023, 6219, 9554,
刘万航	403		9836
刘万朗	1279	刘伟昌	12228
刘万里	3811, 3950, 4034	刘伟力	7492
刘万林	2288	刘伟林	077
刘万鸣	981	刘伟唐	10694
刘万年	13225	刘伟新	5818
刘万琪	3867	刘伟雄	5189, 9422, 9505
刘万秋	6947	刘玮	6374
刘万田	9345, 9455, 9530	刘玮武	5047, 5064, 5103, 5431, 5629
刘王斌	2123, 2142, 3001, 3003, 3613, 3616,	刘卫兵	8911
	3635, 3648, 3656, 3692, 3696, 3787,	刘卫国	9232
	4011, 4055, 4075, 4124, 4143, 4147, 4203,	刘卫群	607
	4210, 4213, 4231, 4273, 4301, 4317, 4410,	刘蔚	2423, 3927
	4701	刘蔚华	6764
刘旺波	4818	刘蔚起	10368
刘威	10364	刘文	2766, 5401, 5563, 10754
刘微	4909, 5502	刘文彬	6339
刘薇	1195, 3879, 9053, 11956, 11966, 12626	刘文斌	719, 4195, 4886, 6092, 6177, 7069

作者索引

刘文波	10855	刘文硕	2206
刘文昌	5954, 11131	刘文潭	093, 105
刘文湛	4073, 4162, 4180, 4274, 4371	刘文堂	6202
刘文嫡	6684, 6694	刘文彤	12117
刘文峰	12955	刘文西	871, 1389, 1435, 1794, 1795,
刘文甫 2366, 3298, 3830, 3932, 4048, 4093, 4189,			1845, 1849, 1852, 1854, 1864, 1881, 1920,
4507, 5798			1941, 2024, 2081, 2170, 2180, 2322, 2351,
刘文阁	5911, 6056, 6142		2353, 2354, 2356, 2359, 2367, 2376, 2401,
刘文国	5402		2412, 2598, 2655, 2858, 2861, 2862, 2866,
刘文沪	4295, 4551, 4712		2870, 2885, 2890, 2911, 3094, 3102, 3117,
刘文华	2305, 5292, 7336, 7367, 7393		3237, 3577, 3578, 3604, 3605, 3640,
刘文颜 4904, 4920, 5136, 5446, 5555, 5975, 6081			3666, 3742, 3930, 3953, 3999, 4005,
刘文金	11624, 11626, 11955, 11960, 11970,		4174, 4260, 6748, 10444
12277, 12278		刘文先	5974
刘文进	5712	刘文祥	12262
刘文晋	11766	刘文星	7595
刘文淝	12085	刘文选	2305, 2537, 8153
刘文军	8944	刘文言	10368
刘文俊	6095, 10576	刘文义	7291
刘文来	6591	刘文英	5365, 5400
刘文梁	2254	刘文郁	5425
刘文楼	2081	刘文远	5566
刘文林	11264, 12215	刘文正	2236
刘文泸	4408	刘文质	8278
刘文渤	13239	刘沃森	11330
刘文敏 1279, 2268, 2342, 2532, 2680, 2712, 6880,		刘无奇	551
8904, 9121, 9129, 9918, 9919, 9924, 9983,		刘武明	3847
11159		刘武铮	4729
刘文圃	2956, 5261, 5292	刘西古	1923
刘文淇	8017	刘西梅	10049, 10051
刘文琦	6026	刘希立 5214, 5415, 5474, 5517, 5526, 5727, 5810,	
刘文谦	1118, 5265	5830, 5881, 5908, 5976, 6152	
刘文全	2099	刘希玲	5758
刘文泉	2997, 8575	刘希敏	5070
刘文三	446, 447, 10685	刘希淹	8530

刘晰	7480	刘显	10351
刘锡诚	256, 273	刘显材	7482
刘锡海	538	刘显栋	5326
刘锡宏	5327	刘舰	1415, 2975, 2976, 2990, 3000, 3001, 3003,
刘锡津	11978, 12315, 12335		3007, 3037, 3039, 3045, 6597, 8615, 10268
刘锡林	12820	刘现成	13067, 13319
刘锡玲	1600	刘相臣	354
刘锡朋	407, 5857, 8691, 8692	刘相训	2254, 2688, 4863
刘锡山	7361	刘湘潮	5775, 5801
刘锡铜	8371	刘湘陵	12632
刘锡永	1758, 2418, 3585, 4878, 4882, 4883, 4892,	刘祥	4865
	4894, 4927, 5005, 5384, 5389, 5395, 5434	刘祥波	10203
刘溪	4895, 11532	刘祥成	2918, 5399
刘熙载	7315	刘祥集	1932, 4095, 4107, 4194
刘烹平	4349, 4353, 4443	刘祥群	5288
刘烹奇	1916, 2040, 2057, 2064, 2065,	刘祥至	4903
	2066, 2085, 2114, 2159, 2162, 2390, 2396,	刘翔复	2918
	3374, 3385, 3844, 3900, 4043, 4159,	刘向	11013, 11016
	4181, 4196, 4250, 4311, 4323, 4358, 4395,	刘向东	10758
	4396, 4465, 4493, 4505, 4514, 4516, 4523,	刘向红	5826
	4531, 4532, 4564, 4570, 4574, 4576, 4620,	刘向金	3781
	4622, 4663, 4677, 4696, 4705, 4738, 4799,	刘向平	5980
	10464, 10469, 10477, 12639	刘向伟	6729
刘曦光	8986	刘向阳	9832
刘曦林	227, 323, 324, 328, 337, 481, 818, 822	刘肖晖	3782
刘习良	11532, 13069	刘骁纯	107, 484
刘喜春	2006, 3979, 4095, 4142, 4199, 4208, 4252,	刘小兵	3216
	4439, 4473, 4497, 10449	刘小春	12621
刘喜奇	4039, 4041, 4114	刘小地	6949, 9141, 9398, 9607, 9623
刘遐林	4959	刘小东	2815
刘霞	4779, 4805, 4810, 4853	刘小刚	316
刘先修	9719, 10013	刘小杭	11926
刘贤福	5306	刘小华	4704
刘咸	11300	刘小娟	10705, 10710
刘咸炘	7241, 7307	刘小玲	10573

作者索引

刘小翊	10589	刘晓英	12666
刘小曼	2270, 3804, 3861	刘晓忠	6032
刘小明	2305, 11065, 11066	刘晓钟	6194, 6448, 6609, 10823
刘小鸣	1106	刘筱	5523
刘小平	5653, 5731	刘筱元	5267, 12611
刘小青	4185, 4305, 4426	刘孝龄	13197
刘小晴	7274, 7305, 7309, 7311, 7321, 7329, 7392,	刘孝庆	10564
	7636, 8189, 8204, 8216, 8261, 8329, 8348,	刘孝仁	3239
	8382	刘孝扬	11106
刘小珊	7009	刘孝沅	3452, 3500
刘小石	10855	刘笑	5605, 5713, 5753, 5818, 6108
刘小粟	11122	刘笑男	7649, 10312, 10614
刘小雯	9918	刘效松	11266
刘小玄	5291, 10398	刘效伟	8813, 9237
刘小元	8741, 8743	刘效义	10701
刘小悦	12319	刘啸音	4189, 4197
刘小云	6216	刘啸月	7285
刘小中	13077, 13084	刘心安	2586, 2667
刘小仲	6222	刘心科	5453
刘晓彬	3466	刘心武	5351, 5377, 5379, 5447, 6392
刘晓滨	5401	刘心跃	8595
刘晓东	637, 1195, 2963, 3332	刘芯芯	1156, 1195, 1201, 2914
刘晓梵	8967	刘妡	13058
刘晓刚	3047	刘昕	1301, 3063, 3064, 6261
刘晓晖	5789	刘昕文	2180
刘晓静	11060	刘欣	3199, 5295, 9137, 9440, 9882
刘晓君	7336	刘欣桐	7306, 7408
刘晓莉	2350, 3802, 3803, 10423	刘新	273, 1081, 5979, 8263, 9082, 12109
刘晓路	194, 265, 373, 374, 377, 6797	刘新春	2542
刘晓露	5828	刘新丛	11134
刘晓鸣	3866	刘新德	11491
刘晓宁	1587	刘新锋	11745
刘晓庆	7525	刘新华	857, 1971, 2629, 4304, 4369, 4638, 7044
刘晓霞	10311	刘新力	12429, 12478
刘晓欣	6210	刘新民	4607, 5654

刘新奇	2072, 2076, 2125, 2138, 4687	刘煊棠	5075
刘新生	5323, 5369, 5594, 5694, 13197	刘选亮	12589, 12608
刘新愚	5167, 5248	刘学宠	10945
刘新壮	5349	刘学纯	5344
刘歆	7664, 11014	刘学稼	8754
刘鑫	10652	刘学江	5465
刘兴昌	5534	刘学兰	11066
刘兴隆	8266, 8278	刘学伦	3522, 5885, 6016, 6119, 6705
刘兴明	12935	刘学清	11191
刘兴钦	3431, 3442, 3459, 3460, 3464, 3465,	刘学三	5216
	3492, 6332	刘学书	11264
刘兴诗	5979, 6129, 6336	刘学训	5662, 6160
刘兴元	2394	刘学严	11100, 11236
刘兴珍	822, 8612	刘学玉	8947
刘星	5790	刘学正	3986
刘星灿	7013, 7064	刘学智	12106, 12966
刘星池	1955, 4238, 10456	刘雪庵	12188
刘星亮	5354	刘雪厂	11568, 11759, 11930, 11934, 11937,
刘星源	3089, 3705		11938, 12091
刘醒民	13270	刘雪茜	141
刘性诚	10853	刘雪阳	8127, 8130
刘熊	1427, 3514, 4954	刘训泽	11269
刘修仁	8736, 8760	刘迅	2802, 2817, 3404, 6880, 6930, 6931, 11760
刘秀兰	1851	刘亚	11035
刘秀苍	10742	刘亚彪	6065
刘秀鸣	3891	刘亚川	10267
刘须丰	3851	刘亚东	4418, 5369, 5431, 5454
刘旭	2092, 2124, 2157, 2168, 3910, 4810, 4815,	刘亚非	3827
	4826, 4830, 4860, 4861, 5723	刘亚湖	10147
刘旭沧	8918, 9304	刘亚军	7808, 7895, 7896, 7897, 7991
刘旭东	13164	刘亚君	5608
刘旭光	7457	刘亚兰	1383, 1411, 2717
刘绪曾	1615	刘亚民	2779, 3770, 3989, 4034, 5495
刘絮恺	13211	刘亚平	3302, 6057, 6163, 6905, 10716
刘萱堂	5770, 5973	刘亚扬	11484

作者索引

刘亚中	152, 10184	刘燕萍	6944
刘亚洲	5790, 5797	刘扬	636, 1120, 6193
刘延璧	8649	刘阳	867, 975, 998, 1003, 1194, 1268, 2082, 3493,
刘延江	6233, 6474		3494, 7164, 7168
刘延捷	2236	刘阳生	11990
刘延立	10985	刘杨	6025, 6282
刘延龄	5546, 5599, 5626, 5634, 5643, 5668, 5677,	刘洋	9036, 9639, 9976
	5685, 5702, 5709, 5715, 5736, 5737, 5805,	刘姚	4323
	5823, 5824, 5831, 5840, 5842, 5875, 5913,	刘曜	3526
	5923, 5956, 5972, 5991, 6016, 6044, 6143,	刘耀文	8826
	6149, 6151, 6156, 6184	刘耀祥	5372
刘延令	5701, 6034	刘耀真	2746, 2777, 3380, 3830, 5448, 5863
刘延年	9032	刘耀中	3317, 4261, 5221, 5520, 5635, 5706, 5869,
刘延平	9672, 9679, 10002		5897, 5989, 6069, 6070, 6148, 6197, 6367,
刘延涛	7246, 7247, 7263		13124
刘延相	5807	刘也	5481
刘言	6390	刘业村	1615
刘岩石	5571	刘业宁	4600, 7446, 7472, 7633, 10258
刘炎臣	12839	刘业宇	4523
刘衍	5988	刘业通	612, 1126, 3202, 5244, 5362, 5396, 5658,
刘演良	1062		6062, 6158, 6376, 6464
刘砚秋	10183, 10193	刘夜峰	3649
刘彦	2669	刘畔	6705
刘彦方	6127	刘烨	6327
刘彦湖	8589	刘一兵	5349, 5564
刘彦君	12723, 12789	刘一丁	6417
刘彦平	2370, 3969, 4083, 4159, 4173, 4224, 4269,	刘一光	8236, 11473
	4301, 4304, 4355, 4417, 4427, 4431, 4477,	刘一虎	7624
	4521, 4568, 4573, 4704	刘一江	6530
刘彦萍	4040	刘一仓	8331
刘彦勇	10191, 10215	刘一平	7493
刘彦钊	020	刘一山	6725
刘艳芳	5875	刘一闻	1689, 2547, 7167, 8396, 8463, 8465, 8467,
刘艳琴	4319		8570
刘艳霞	11146, 12118	刘一心	3677, 4924, 4944, 4997, 4999, 5012, 5036

刘一原	909, 2305	刘益	6086, 6119
刘一沽	076	刘益民	5201, 6227
刘依群	11123, 11134	刘益容	10679
刘依闻	2819, 2876, 3714	刘益之	807, 909, 7294
刘仪	6551	刘逸安	11312
刘仪鸿	7634, 10221, 10371, 10389	刘逸风	1739
刘沂	9032	刘逸枫	1761, 1763
刘怡明	13149	刘逸生	8155, 8164
刘怡涛	719, 2306, 2526, 2694	刘溢	2254, 2823, 3434, 3479
刘宜	5791, 5798, 5945, 6048, 6213, 6225, 6238,	刘毅	2191, 3805, 6023
	6255	刘毅雕	8637
刘宜勤	13226	刘翼天	8120
刘宜儒	5801	刘茵柏	12994
刘乙秀	10217, 10218	刘茵茹	10293
刘已明	11098	刘茵祥	697, 2270
刘以鼎	3419	刘茵瑜	5592
刘以方	5705	刘茵运	8350
刘以光	11497	刘憎	1595, 1596
刘以宽	9336, 9337, 9374, 9391, 9436,	刘寅	5691
	9443, 9524, 9573, 9624, 9794, 9804, 9817,	刘寅才	5370, 5410
	10012, 10014, 10015, 10036, 10044, 10068	刘寅曾	5332
刘以通	1863, 3843, 3847	刘应斗	9083
刘以样	145	刘应予	10688
刘以珍	12587, 12646	刘应争	039
刘义	3865, 5522, 7087	刘英	981, 8956, 9978, 12035
刘艺	5972, 7364, 7370, 7667, 8204, 8251, 8293,	刘英海	10257
	8331, 8332, 8350	刘英恒	9358
刘艺青	6024	刘英华	12893
刘艺斯	438, 2784	刘英杰	5336, 9061, 9064, 9070, 9251, 9361, 9817,
刘屹坤	6718		9994
刘亦凡	6213, 6498	刘英凯	8767, 8768
刘亦筏	11824, 11825	刘英奎	2827
刘易斯·卡罗尔	5886	刘英民	1935, 1957, 1962, 2360, 2365, 4437, 5414
刘易晏	4878, 4879, 12626	刘婴	11497
刘易甄	7306, 7332, 8222, 8263, 8371, 8374	刘迎	9036

作者索引

刘迎今	8315	刘永康	12939
刘迎儿	1231	刘永明	1174, 7663, 8318
刘迎朗	481	刘永平	11101
刘荧	7333, 7518	刘永谦	3581, 3671, 3956, 4033, 10409
刘莹	5720, 5873, 5881, 6275	刘永强	625
刘萤	11768	刘永瑞	8381
刘颖	5981, 6285, 6331, 6524, 6542, 6737, 9916	刘永生	1492
刘颖南	217	刘永泗	13272
刘影	5958, 6134	刘永泰	8759
刘影钊	1088	刘永贤	3258
刘映波	5763, 6047, 6211	刘永祥	5866
刘庸	1938, 1941, 1953, 1966, 2605, 2608, 2616, 2639	刘永新	6037, 6038
		刘永勋	10023, 10727
刘墉	342, 692, 865, 2082, 8029, 8030, 8032, 8034, 8039, 8041, 8046, 8048, 8049, 8051, 8052, 8053, 8055, 8056, 8057, 8058	刘永义	2433, 3832, 4009, 4154, 5365, 5777, 5806
		刘永增	2306
		刘咏	5586, 13238
刘墉编	690	刘咏阁	2180
刘永	12224	刘泳	1950, 2364, 2367, 4213, 4349, 4475, 4513, 4658, 4689
刘永才	5697		
刘永昌	5399, 9976	刘勇	1142, 2907, 3815, 3884, 5022, 5286, 5313, 8647
刘永春	3201, 3694		
刘永德	7790, 7852	刘勇果	3448
刘永德选	7964	刘勇立	1117
刘永高	8206	刘勇铭	7033
刘永贵	4355, 4395, 4566, 4615	刘友国	2441, 3921, 4452, 4512, 5369
刘永华	10362	刘友鹏	13226, 13274, 13275
刘永焕	3284, 3819, 4032	刘友仁	1822, 2091, 2102, 2174, 4204, 4513, 4553, 4586, 4598, 4651, 4674, 4678, 4690, 4705, 4808, 4810, 4837, 6186
刘永骥	5881, 5903, 6239		
刘永坚	7579		
刘永杰	862, 2412, 2893, 5485, 5801, 6361	刘友石	8560, 8573
刘永凯	3096, 3097, 3098, 3109, 3565, 4934, 4989, 5117, 5377, 5421, 5516, 5666, 5699, 5710, 5769, 5807, 5940, 5942, 5971, 5972, 5995, 6001, 6021, 6184, 6207, 6225, 6259, 6260, 6377	刘有才	9233
		刘有定	7194
		刘有级	6354
		刘有宽	4942
		刘有林	7585, 7621

中国历代图书总目·艺术卷

刘有迎	10285	刘玉清	5256
刘幼兰	13003	刘玉泉	1314
刘幼陶	3019, 5937	刘玉山	267, 268, 325, 329, 1079, 1213, 1396,
刘佑局	7364		1448, 1449, 1512, 2893, 2950, 2985, 5542,
刘渝生	13244		5698
刘瑜	10364	刘玉生	8941
刘予辉	7623	刘玉书	10819, 11493, 11721, 11820, 12385, 12448
刘宇	2787	刘玉松	5610, 5928
刘宇甲	803, 916, 2475	刘玉霞	857, 949
刘宇廉	3805, 4004	刘玉叶	3901
刘宇一 2726, 2737, 2778, 2828, 3620, 3626, 4076,		刘玉英	10243, 10245
4381, 9357		刘玉增	1237
刘羽	6283, 6452, 6453, 6650	刘玉珍	6275
刘雨	088	刘育和	8635, 12244, 12245, 12251, 12260, 12261,
刘雨昌	3784		12275
刘雨尘	6061	刘育文	825, 9034
刘雨岭	1768	刘域	10755
刘雨眠	10745	刘裕华	5326
刘雨苏	6516	刘煜	9232
刘玉	5942, 6540	刘毓基	7619
刘玉斌	4417, 4474, 4543, 4617, 4751, 4941	刘毓敏	4908
刘玉芬	400	刘毓涛	5730
刘玉峰	5825, 6462	刘毓学	3248
刘玉戈	5974, 5984	刘毓珠	12692
刘玉海	6487	刘元	10750
刘玉宏	8407	刘元风	10362
刘玉华	2025, 2381, 2396, 4080, 4565, 4604, 4626,	刘元基	5326
	4777, 4827, 4852, 9237	刘元尚	5554
刘玉环	4903	刘元祥	8344, 8348, 8403, 8430
刘玉林	1161, 1267, 2920, 3064, 3065	刘元兴	4631, 4810
刘玉琳	4537	刘原	6236
刘玉玲	4353, 4400, 4419	刘源	088, 724, 1450, 1594, 1620, 1677, 1678,
刘玉楼	967, 1000		2995, 3058, 9863
刘玉平	269	刘远	6336, 6649, 12956
刘玉璞	2331, 3146	刘远长	8663

作者索引

刘远致	1517	刘再兴	8399
刘远智	1175, 1183, 2900	刘在杰	10586
刘媛	6309	刘赞爱	7325
刘月芳	2526	刘泽伶	3511, 5509, 5591, 5697, 5762, 5775, 5852,
刘月华	130		5888, 5890, 5891, 5899, 5919, 5923, 5940,
刘月宁	11350		5981, 6022, 6147, 6243, 6283, 6394, 6422,
刘岳琥	6466		6595, 6656, 6657, 6658, 6659, 6723, 6724
刘悦	6376	刘泽峰	5054
刘跃真	1294	刘泽霖	6265
刘跃中	5094	刘泽恰	3910, 5342
刘越	11159	刘泽荣	8587
刘云	273, 5002, 6767, 9854, 9860, 10066, 10072,	刘泽善	367, 517, 6796
	13014	刘泽顺	12392
刘云波	6704	刘泽文	1875, 1930, 1938, 1975, 2360,
刘云鹤	8571		2623, 2948, 3280, 3281, 3283, 3306, 3315,
刘云莱	8770		3809, 3812, 3898, 3937, 4056, 4110,
刘云龙	8318, 12982		4135, 4153, 4164, 4197, 4223, 4226, 4380,
刘云泉	1334, 2526, 8293		5306, 5345, 5555, 5563, 5797, 5896, 6124
刘云山	2138	刘曾复	12883, 12896
刘云生	4070, 4161, 4225, 4236, 4326, 4431	刘曾源	11253
刘云石	2662, 7636, 9344, 9346, 9795, 9870,	刘增国	12134, 12142, 12784, 12789
	10017, 10060, 10068	刘增庆	5099
刘云仪	6531	刘增祥	3966
刘芸生	5250, 5254, 5434, 5467, 5556, 5857, 6160	刘增兴	7669
刘允嘉	5279	刘增元	1195
刘允升	7610	刘展	11265
刘允提	11792	刘展国	6396, 6439
刘运君	2483	刘占峰	6437
刘运良	2805, 3363	刘占军	9364, 9969
刘韵	9421	刘占坤	9984
刘韵若	12140	刘湛恩	12434
刘蕴华	2065, 4721	刘章昆	4421
刘蕴杰	5693	刘章生	5374, 5806
刘再生	10969, 10974	刘钊	983, 6208
刘再苏	7662, 7742, 8050	刘昭	11101, 11188, 11190, 12237, 12477

中国历代图书总目·艺术卷

刘兆江	8916, 11957, 12333	刘振宇	6723
刘兆伦	8936	刘振元	8947, 8953
刘兆平	5586	刘振源	125, 534, 541, 592, 595, 5756, 5874, 6063,
刘兆英	7674, 7745, 8366, 8377, 8423, 8438		6588, 6809, 6810, 6811, 6812, 6838
刘肇均	8043	刘振远	12636
刘肇胜	9454	刘振中	7296
刘贞安	8424	刘震	4224, 4310, 4330, 4334, 4335, 4980, 5108,
刘贞子	5874		8808, 8809, 8810, 8811, 8813, 8814, 8815,
刘真	5466		8816, 8817, 8859, 8863, 9004, 9005, 9006,
刘真相	3668, 5104, 5108		9071, 9095, 9099, 9102, 9118, 9119, 9128,
刘桢	12732		9130, 9132, 9133, 9135, 9139, 9222, 9223,
刘枕青	1217, 1218		9224, 9225, 9226, 9227, 9228, 9229, 9231,
刘振	9006		9232, 9233, 9241, 9244, 9300, 9310, 9314,
刘振东	4083		9328, 9342, 9359, 9360, 9361, 9362, 9365,
刘振铎	2346, 3698, 3726		9387, 9497, 9509, 9527, 9528, 9530, 9542,
刘振芳	2110		9554, 9574, 9776, 9782, 9817, 9864, 9869,
刘振甫	4913		9922, 9923, 9939, 9944, 9948, 9953, 9966,
刘振贵	5134		9967, 10008, 10028, 10037, 10046, 10076,
刘振国	9353, 9551, 9962, 10021, 12143		10080, 10095
刘振华	1326, 5006, 5266	刘震中	11948
刘振恺	9249	刘镇钰	10974, 11341
刘振礼	5396	刘征	2306
刘振林	3305, 3315, 5201, 5403, 5919	刘征泰	5226, 5305, 5421, 5424
刘振南	11864	刘征献	634, 1159, 1160, 1195
刘振清	592, 6868, 9336, 9348, 10103	刘征宇	11132
刘振权	11181	刘峥	5860, 7572
刘振声	11394	刘铮	5030, 8905
刘振亭	3781, 5600	刘正	2092, 2356, 2422, 2643, 2705, 3957, 4022,
刘振武	9875		4049, 4074, 4145, 4224, 4243, 4319, 4381,
刘振夏	2364, 2608, 3968, 3974, 4038, 4079		4423, 4646, 4817, 9794, 10660
刘振祥	9336, 9339	刘正成	327, 332, 7294, 7341, 7393, 7729, 7730,
刘振馨	5040, 5041		7731, 7732, 8224, 8306, 8325
刘振修	11822, 11823	刘正德	8161, 8633
刘振业	4939	刘正东	5217
刘振英	8359, 8475	刘正凡	3536

作者索引

刘正夫	11134	刘志江	8909
刘正辉	11313	刘志进	3833
刘正龙	8281	刘志军	12334, 12611, 12613
刘正南	6694	刘志禄	5249, 5262
刘正强	7340	刘志敏	9288
刘正谈	12180, 12477	刘志明	10923, 11082, 13061
刘正维	10917, 12132, 12139	刘志谋	3231, 3871, 3920, 3988, 4041, 4051,
刘正兴	3513, 6442		4097, 4111, 4158, 4190, 4274, 4351, 4461,
刘净	8901		4463, 4715
刘之	11257, 12221	刘志平	8215, 8720
刘之常	13022	刘志奇	5613
刘之凡	12954	刘志强	697, 1119, 1257, 6401, 7307
刘之芳	10275	刘志群	12961
刘之光	2760, 2761	刘志深	1951, 1980, 4733, 4789
刘之堂	1877, 3915, 4171	刘志盛	7739
刘支喜	5351, 5594	刘志堂	9062, 9544, 9792, 9939, 9992
刘汁子	13222	刘志威	10360, 10377
刘芝明	12863	刘志伟	7278, 7413, 7427, 7460, 7474, 9296
刘知白	2331	刘志文	3848
刘知贵	6751, 6753, 6754, 6755	刘志轩	5930
刘知侠	4942, 5062, 5364, 5365, 5925, 5998, 6124,	刘志义	9351
	13233	刘志茵	10747
刘止庸	2285	刘志勇	10749
刘志斌	4636, 8817, 9075, 9825	刘志渊	11312
刘志昌	5259	刘志远	388, 5473, 8649, 10279, 10284
刘志超	8992	刘志忠	7627
刘志成	6098	刘质平	10785, 11031, 11109, 11932, 12185
刘志德	1816, 3881, 6750, 6751, 6752, 6753, 6754,	刘治	2805
	10423	刘治贵	130, 167, 3954, 5367, 5528, 5560, 5608,
刘志鹗	174		5685, 5698, 5814, 5835, 6363, 6400
刘志刚	1266, 5275, 5349, 5969, 6206, 10895	刘治国	315
刘志岗	417, 421, 434, 1518	刘治林	8150, 8276
刘志光	8306	刘致祥	13229
刘志宏	4052, 4118, 4147, 4308	刘致中	12899
刘志坚	6061	刘智民	6838

刘智强 10818, 11990 刘沫 12283, 12331
刘智荣 5281 刘竹 219
刘智勇 2095, 4739, 11247 刘竹梅 4160, 4175, 4564, 4567
刘中 12963 刘竹铭 8222
刘中本 156 刘筑琴 5960
刘中澄 7756, 7771 刘砖 4957
刘中和 700 刘庄 1143, 11474, 11882, 11924, 11957, 12160,
刘中懋 2455 12192, 12214, 12338, 12543
刘中奇 3753 刘庄曲 12234
刘中校 4413 刘庄涛 4608
刘中信 6454 刘壮 5961
刘中兴 7419 刘壮安 5333, 5444, 6022
刘忠 3663 刘壮丽 614, 1091
刘忠臣 4097, 4151, 4294, 4367, 4382, 4445, 5739, 刘卓 6252
6077 刘卓力 7503, 7608
刘忠福 4517 刘卓良 6472
刘忠举 7633, 7637, 10269 刘卓茹 2236
刘忠礼 2063, 2108, 2135, 2160, 4452, 4453 刘卓贤 5521, 5612, 6128, 6195
刘忠仁 1871, 2116, 3772, 3813, 5815, 5818, 6194 刘资 5574
刘忠政 8755 刘子凡 8821
刘钟 3899 刘子建 807, 2323
刘钟德 11400 刘子久 906, 1272, 1729, 1732, 1748, 1797, 2721
刘钟礼 11184 刘子麟 2562
刘仲光 11213 刘子龙 1397
刘仲杰 3204, 3343, 3921, 4069, 4096, 4155, 4158, 刘子密 2979
4175, 4198, 4360, 4446 刘子文 031
刘仲明 10589 刘子秀 10667
刘仲舒 5462 刘子泽 1826
刘仲文 4962, 4995, 5043, 5077, 12344 刘梓钰 119, 8712, 12972
刘仲武 1944, 1946, 1967, 1970, 1988, 2021, 2362, 刘自读 8187, 8199
2363, 2364, 2365, 2366, 2367, 4145, 4209, 刘自力 12174
4327, 4436, 4466, 4577, 4623, 4657, 4740, 刘自鸣 2622
5583, 6062, 6172, 9220, 9227 刘宗宝 10354
刘仲元 3628, 3705, 3724, 3725, 3733, 10710 刘宗达 13281
刘洲洲 5479 刘宗河 3040

作者索引

刘宗锟	13178, 13186, 13259	流水	6232, 6285, 6406
刘宗鹏	2748	流溪	8239
刘宗其	3150	流域	1241
刘宗奇	3804	柳岸	11730
刘宗琪	3316, 4215, 4308	柳巴尔斯科依	7057
刘宗祺	3924	柳炳元	10351, 10353, 10365
刘宗仁	2404, 8958	柳长发	12668
刘宗文	11727	柳长忠	7418, 7427, 7454, 7457, 7481, 7532, 7569
刘宗武	3218, 3993, 5329	柳成行	8687, 8726, 8803, 8875, 9326, 12362
刘宗禧	2574	柳成荫	10676
刘宗治	13246	柳川茂	7138, 7139, 7140, 7141, 7143
刘宗晗	11836	柳川岳	7138
刘祖洞	13257	柳村	976, 1868, 2658
刘祖法	12969	柳德宝	3463
刘祖梁	7545, 7920	柳笛	6464
刘祖培	5113, 5118, 11279, 12239	柳根林	4947, 4952, 4986, 5030, 5093
刘祖鹏	2270, 2285	柳公和	5503, 5697
刘祖棋	10607	柳公柳	7878
刘祖蒸	4190	柳公权	7297, 7307, 7315, 7327, 7356, 7673, 7827,
刘钻扩	3510, 3512		7828, 7830, 7831, 7835, 7836, 7842, 7843,
刘遵三	7289		7845, 7846, 7847, 7849, 7850, 7851, 7854,
刘左钧	3108, 5701, 6378		7856, 7857, 7859, 7860, 7861, 7862, 7863,
刘佐钧	5372, 5497		7864, 7865, 7868, 7870, 7871, 7874, 7880,
刘作霖	12067		7882, 7883, 7885, 7886, 7887, 7888, 7889,
刘作义	8384		7894, 7895, 7899, 7900, 7903, 7906, 7907,
留春阁小史	12735		7908, 7911, 7912, 7913, 7915, 7917, 7922,
留敏	6270		7924, 7925, 7928, 7929, 7930, 7931, 7933,
留钦铜	11259, 12221		7939, 7940, 7942, 8393, 8398, 8402
留意	7092	柳公衣	1460
留余室主	12660	柳冠中	10762, 10763
留云	979, 980	柳焕兴	1871
流河	6346	柳季	4912
流年	6323	柳济生	2927, 3649
流沙	11146, 11156, 11161	柳家奎	8658
流沙河	3466, 8293	柳家望	6323

中国历代图书总目·艺术卷

柳家新	5242	柳文田	3624, 3720, 3742, 3800, 4050, 4079
柳家展	1262, 6323	柳溪	5178, 5883, 5884
柳金燕	1966, 2566, 4115	柳香兰	3905
柳菊兴	13163	柳晓叶	2533, 2553
柳快	9030	柳辛	6635, 6636, 6643, 6644, 11739
柳兰	5546, 5616, 5671, 5957	柳新生	2941, 3965
柳朗	12279	柳修彰	10982
柳浪	5135	柳绪绪	3819, 6750
柳林东	7770	柳絮	5797
柳伦	7275, 7376, 7384, 7928, 8383, 8384, 8385	柳萱图	4940, 4970, 4974, 4992, 5077, 5120, 5125,
柳蒲庆	7376, 7928		5835
柳溥庆	7275, 7384, 7855, 7856, 7867, 8379, 8380,	柳学健	2331, 2704
	8381, 8383, 8384	柳杨	5026
柳其辉	5084	柳尧章	11824
柳谦	11813	柳叶	6302
柳倩	2533, 8196	柳治征	7663, 8294
柳青	2719, 2733, 2736, 2758, 2762, 2776, 4839,	柳以真	12869
	5003, 5365, 5634	柳毅	1190, 2964
柳如是	1611	柳毅潮	6038
柳汝美	7314	柳阴	7623
柳山	9710	柳吟	5756
柳山朵	5376	柳英虎	8836, 8840, 9715, 9730, 9739, 9742
柳生	2807	柳彰	9035
柳笙	5839	柳永	7031
柳石	4904	柳咏絮	694, 1334, 2091
柳士瑞	2958	柳用能	8863
柳莎	5546	柳友千	9091
柳天依	12709	柳玉	3367
柳汀	6569	柳玉峰	10555
柳维和	10246, 10256, 10279	柳云	2064, 2672
柳伟玲	11706	柳泽民	2803
柳文	6187, 6190, 6207	柳曾符	7268, 7389, 8294
柳文杜	10673	柳增燕	10355
柳文金	7819	柳钊	5909
柳文社	3831, 3905	柳珍	7348

作者索引

柳正昌	2261	龙伯文	2603, 2606, 4022, 10431
柳正明	11809	龙才	4963
柳忠福	1814, 3207, 3795, 3928, 3964, 4023,	龙昌远	4222
	4043, 4091, 4104, 4117, 4135, 4153, 4168,	龙城居士	1610
	4214, 4225, 4233, 4276, 4324, 4331, 4371,	龙从汉	10687
	4410, 4427, 4469, 4476, 4594, 4640, 4657,	龙大渊	383, 384, 7944, 7949
	4698	龙德辉	8632, 8633
柳忠平	1870, 4093, 10409	龙德君	11342
柳钟元	12371	龙尔	4241, 5526, 5731
柳州	5086	龙端	2657
柳州《刘三姐》剧本创作组	11886	龙飞	6186, 11504, 11614, 11973, 12094, 12263
柳州画院	1278	龙凤伟	5657
柳州机车车辆厂"革委会"美术创作组	5167	龙夫	5276
柳州市"革委会"	5167	龙辅民	3548
柳州市文化馆组织	5344	龙哥	9513
柳州市文化局艺术研究所	12773	龙光沛	5462, 5489, 5593, 5629, 5974
柳州铁路分局工人业余美术创作组	5218	龙贵	5785
柳子谷	1967, 2207, 2236, 2270	龙桂凤	2576
柳宗福	3779	龙国平	6276
柳宗明	5740	龙国屏	2285
柳宗元	6050, 7963, 10939	龙国义	5473
柳宗悦	10183, 10186	龙国跃	6040
六安市文化局	12792	龙海顺	6450
六公会联合圣歌委员会	12440	龙和出版公司编辑委员会	366, 367
六九八五工程指挥部	1290	龙吼	8684, 8692, 8727
六里"公社"红犁兵创作组	5201	龙厚仁	10815, 12045
六龄童	5951, 12939	龙湖诗隐	12806
六四〇九厂	3819	龙虎	1185
六莹堂	1619	龙华	2120, 2122, 3688, 6299, 12772
龙·兰森	1078	龙江华	5213
龙阿英	11819	龙劲东	5764, 5968
龙昂	6235	龙开朗	3715
龙宝章	10268, 10306, 10360, 10366, 10726	龙康华	5558, 6017, 6038
龙本裕造	10889	龙乐山	7321
龙髭祖	10135	龙力游	2794, 2879, 2897, 6579, 6825

中国历代图书总目·艺术卷

龙良柱	5698	龙伟行	6656
龙林	2899	龙文	5110
龙隆	7505	龙文伟	5943
龙懋勋	5321, 5453, 5463, 5518, 5903, 6203, 6208	龙西祖	8691
龙梅	6226	龙溪地区文化局	11802
龙门保管所	8658	龙熹祖	8694, 10135
龙门文管所	8652	龙意祖	8691, 8694
龙门文物保管所	7793	龙翔	5671, 5857
龙敏君	4417	龙向军	5146
龙明	4735	龙协涛	021
龙铭深	6010, 6145	龙新民	218
龙念南	054, 563, 1258, 1261, 1265	龙新叔	6932
龙念楠	1260	龙岩	10317
龙平	10585, 12095	龙岩地区群众艺术馆	11677
龙平平	13160	龙岩地区音乐家协会	11523
龙奇	5245	龙岩市文化局, 文化馆	11523
龙起涛	2820	龙岩县山歌剧团	11967
龙黔石	8564	龙燕怡	11965
龙清廉	1827, 3802	龙雨	9349, 9357, 9542, 9965
龙庆	6312	龙远冰	5284
龙泉	5393	龙云绪	3206, 3207, 3211, 3223, 3225, 3240, 3331
龙人	6540	龙照恩	5659
龙荣	7555	龙振海	5382, 6369
龙瑞	1993, 6099, 6243, 6253	龙震海	2372, 5555, 5737
龙瑞等	2139	龙志芳	10879
龙三杰	8242	龙治芳	11276
龙山	10055, 10057	龙子	6419
龙山衣	3810, 3857, 5271, 5335, 5524, 5565, 5825, 6042, 6462	龙宗鑫	10197
		泷平二郎	6916
龙山遗居士	7234	泷平二郎木	6917
龙圣明	613, 3434, 3448, 5477, 5648, 5660, 6258, 6406, 6410, 6411, 6413, 6527	泷谦	6839
		隆昌县文教局	12776
龙盛江	4105, 4118, 4291	隆非	8325
龙书彻	12103, 12107	隆丐使	12856
龙廷坝	1746, 2721, 4947	隆光	8522

作者索引

隆尼	6885		9624, 9634, 9645, 9710, 9712, 9713, 9720,
隆义	5956, 6163, 6359		9855, 9864, 9890
隆荫培	12574, 12575, 12581, 12585	娄薰南	10495
陇兵	3301	娄彦博	5355
娄本鹤	946, 953, 959, 7382	娄以忠	4844, 8224
娄炳麟	4905	娄有辙	11672
娄程	6379, 6491	娄中国	2956
娄德智	3857	楼邦	1718
娄广华	3518	楼东山	6556
娄际成	12814	楼恩章	2581
娄家本	4150	楼飞甫	6689, 7001
娄杰	4569	楼风	7367, 7371
娄君盈	5067	楼阁	4974
娄连广	12172	楼浩白	4990
娄玛	10690	楼鹤白	5082
娄穆	13306	楼家本	3291, 3798, 4107, 5718, 5738
娄溥义 3133, 3314, 3642, 3691, 4103, 5099, 5135,		楼建南	012
5199		楼鉴明	7277
娄齐贵	3381, 6404	楼子尘	10238
娄启衍	11329, 11330	楼林	10721
娄润良	11174	楼青蓝	1094
娄山	3996	楼庆西	301, 8753, 8771, 8778
娄上云	5367	楼秋华	722
娄申义	1194	楼笙华	1152, 1153, 1154
娄生茂	11306	楼湘	7361
娄师白	498, 803, 992, 994, 1904, 2139, 2600,	楼晓勉	7394
	2620, 8457, 8563	楼辛壶	340
娄世棠 1404, 3653, 4917, 4949, 4962, 4984, 5036,		楼耀福	5299
5095		楼毅生	6357
娄述德	2139, 2296	楼茵荣	9543
娄思棠	5085	楼永年 2059, 2066, 2080, 2088, 2106, 2107, 2150,
娄玮	10685		2166, 2448, 2456, 3343, 3381, 4013, 4200,
娄晓希	9448		4356, 4358, 4440, 4441, 4493, 4517, 4519,
娄晓曦 2024, 8834, 8863, 9010, 9094, 9375, 9404,			4520, 4527, 4534, 4584, 4612, 4633, 4635,
	9411, 9412, 9454, 9455, 9616, 9618, 9622,		4639, 4652, 4676, 4680, 4707, 4719, 4723,

4739, 4782, 4795, 4807, 4814

楼禹 340

楼钥 7703, 10995, 11005, 11006

卢白子 8798

卢百强 1317

卢柏森 2858

卢宝童 3886

卢炳戌 1974, 4214, 4339

卢布斯舍斯 143

卢朝栋 12948

卢沉 694, 1298, 1795, 1850, 2180, 2344, 3532

卢承庆 2954

卢炽成 5185, 5288

卢传远 1763

卢村禾 8715

卢德春 5325

卢德辉 995, 1192, 2085, 3534, 3675, 3727, 4338, 4399, 4552, 4628, 4729, 4850, 10270

卢德林 4661

卢德铭 270

卢德平 2462, 5563, 5644, 5686, 5694, 5782, 5800, 5955, 5992, 6153, 6321

卢德璐 10985

卢登焯 7701, 8501

卢定山 7250, 7325, 7326, 7327, 7525, 7582, 7600, 7620, 8285

卢定兴 10737

卢东 6882

卢东序 3066

卢敦良 5441, 5442

卢方顺 10927

卢飞 11746

卢凤歧 5294

卢福根 3885

卢辅声 5642

卢辅圣 333, 334, 335, 479, 695, 696, 701, 702, 797, 2299, 4342, 5306, 5597, 5920, 6387, 6400, 6485, 7150, 7318

卢根锁 2567, 4139

卢冠华 11241

卢冠六 11993

卢光 11282

卢光明 6871

卢光照 1904, 2491, 2533, 2601, 2602, 4942, 4958, 4971, 4977, 5029, 5034, 5038, 5465, 5478, 5577, 5645, 5692, 5800, 5832, 6192, 6194

卢桂兰 402, 417, 713, 8650

卢国沽 11092, 11093

卢海 7078

卢汉华 2621, 3653

卢翰明 452

卢浩 3259, 3291, 5357, 6948, 6949, 10677, 10678

卢合艺 10822

卢洪刚 2299

卢鸿 1523

卢鸿基 8657

卢鸿沐 12957

卢火 8695

卢吉安 8910

卢济恩 4904

卢济珍 626, 936, 2282, 10256

卢冀野 12747

卢嘉 859

卢建华 7292, 7304, 7321, 8374, 8435

卢健英 12824

卢杰 10188

卢捷 10826

卢金德 818

卢金林 5302

卢金泉 3794

作者索引

卢锦华	8912	卢鸣鸢	12056
卢京春	2139	卢那卡尔斯基	004, 005
卢靖	8111	卢乃千	4911
卢静	3500	卢派	7232
卢静安	8575	卢鹏	6759
卢久新	10060, 10065	卢平	2396, 6139, 9849
卢巨川	1097	卢萍	3936, 5581, 5826, 5998
卢俊才	4803, 4826, 4858, 4865, 9317	卢谱	5587, 5816
卢俊良	4826, 4858	卢前	7417, 7441, 7484, 7512, 7528, 7618, 7733,
卢卡斯	5721		7815, 11879, 11934, 12746
卢开祥	4922	卢前临	8368, 8386
卢恺	3361, 3363, 3371, 6294, 6307, 6344, 6448,	卢前赏	7448
	6675, 7077, 7099	卢钦文	856
卢柯夫	13254, 13258	卢清	6616, 10219
卢柯夫斯基	13257	卢清远	852
卢柯夫总	13255	卢庆生	2307
卢坤	7528	卢庆文	11352
卢坤峰	635, 941, 944, 945, 952, 959, 972, 975,	卢权	5578
	1437, 1814, 1873, 1897, 1916, 1920, 1944,	卢铨美	6649, 6650
	1968, 1971, 2492, 2507, 2625, 2628, 2664,	卢群	5875
	2667	卢人	7099
卢坤海	4534, 4597	卢仁浩	5937
卢昆海	4808	卢荣泽	6054, 6226, 6397
卢乐群	8215	卢蓉	13080
卢丽丽	3491	卢熔	8940
卢良涛	8795	卢汝能	5244
卢亮辉	11642	卢瑞祥	7894
卢林	7824, 7825, 7826, 8012, 9307, 9555	卢润祥	3500
卢林桐	8788	卢山	5267, 6669
卢玲	3469, 3486, 6807	卢善庆	069, 074
卢芒	11962, 13242	卢少夫	139, 10390, 10772, 10773, 10778, 10780
卢蒙	6360	卢申	9035
卢梦殊	13021	卢深	11975
卢米斯	1100	卢施福	8867, 8928, 9038
卢民举	5208	卢石臣	8557, 8563

卢石华　　12095　　卢汶　3443, 4899, 4981, 4993, 5458, 5544, 5650,

卢时俊　　12951, 12957　　5668, 5732, 5738, 5826, 5835, 5873, 6028,

卢士林　　3281　　6194, 6325, 6368

卢士耀　　6000　　卢五臣　　12292

卢世澄　　5867, 9218　　卢西–史密斯　　529, 584, 10201

卢世汉　　10369　　卢西安诺·文特罗恩　　6879

卢世曙　　2545, 2547　　卢西林　　2537, 3050, 8643

卢书超　　5805　　卢西岭　　2432

卢抒　　5780　　卢锡炯　　911

卢双　　12405　　卢锡林　　2108

卢苏　　8266　　卢锡龄　　4690

卢肃　　12970　　卢锡岭　　4532

卢棱　　1086, 6865, 12822　　卢锡铭　　5348

卢泰宏　　10397　　卢显常　　3250

卢天苏　　6152　　卢相荣　　5483

卢延光　　6602　　卢象升　　8040

卢桐　　7337, 7347, 7354, 7355, 7421, 7434, 7439,　　卢小杰　　11875

　　7450, 7457, 7493, 7496, 7506, 7531, 7547,　　卢小蓉　　8102

　　7548, 7560, 7570, 7581, 7596, 8362, 8435　　卢晓晨　　030

卢湾区少年宫　　6766　　卢晓峰　　6670

卢万元　　5243, 5279, 5428, 5686, 6227　　卢晓华　　028, 031

卢望明 1819, 2354, 3582, 3723, 4067, 4141, 5473,　　卢晓熙　　6289, 6324

　　5540　　卢孝忠　　9797

卢威　　6162　　卢新东　　5785, 5836

卢维诚　　2921　　卢新华　　5360, 5361, 5414

卢伟　　5274, 10660　　卢新民　　6471

卢苇　　4931　　卢炘　　522, 714, 810, 816

卢玮鑫　　12951　　卢星堂　　1961, 2434

卢炜　　6759　　卢学志　　8740

卢卫　　1244, 6720, 7069, 10613　　卢雪宁　　6210

卢卫东　　8961　　卢亚来　　8179

卢文勤　　11155, 11868, 11869, 12072, 12077,　　卢延光　457, 1990, 2372, 5440, 5498, 5513, 5550,

　　12078, 12878　　5636, 5644, 5711, 5735, 5763, 5764, 5793,

卢文新　　10038　　5802, 5964, 5981, 6227, 6286, 6397, 6606,

卢稳子　　10717　　6615

作者索引

卢彦光	13020	卢子贵	13084, 13136
卢野	2271, 8294, 13276	卢子枢	1773, 2484
卢业强	8670	卢子英	9026, 13143
卢叶子	3203	芦笛	6160
卢叶梓	3140, 3728	芦金	3492
卢葛史	11865	芦进川	5819
卢莹	10715	芦昆海	4408
卢永康	9142	芦林	6208
卢永璐	7280	芦芒	1387, 1844, 3263, 11621, 11893, 11950,
卢永庆	3964		11962
卢永祯	3880	芦世耀	5533
卢永智	449	芦苇	6083, 6164
卢咏椿	11726	芦小鸥	12556
卢勇	972	芦叶梓	5123
卢有光 2484, 7302, 7497, 8215, 8251, 8332, 10556		芦永祯	3776
卢又棋	4826	芦原英了	12563
卢渝	6361	庐山编辑委员会	8871
卢禹舜	219, 2180, 2439	庐山博物馆	459
卢玉瑾	13075	庐山风景名胜管理局	10510
卢玉莹	13051	庐为霖	1627
卢禹光	2112, 2113, 2400, 2902, 6612	庐星堂	2456
卢援朝	9872	泸航	5850
卢韵霖	5955	泸州专区文艺卫星办公室	3407, 11775
卢兆祥	2271, 8332, 10277, 10292	闾树田	5099
卢兆荫	8653	吕安维	3082
卢振寰	1753	吕安未	1115, 3243
卢正体	7499	吕白克	11112, 11125
卢智	11748	吕班	13235
卢中南 7335, 7341, 7392, 7395, 7444, 7449, 7453,		吕宝华	810, 10722
7461, 7475, 7498, 7514, 7522, 7526, 7528,		吕冰	12607
7541, 7542, 7551, 7555, 7558, 7561, 7570,		吕炳川	11351
7587, 7616, 7617, 7654, 8234, 8257, 8264,		吕长河	7580
8265, 8266, 8338, 8350, 8388, 8390, 8393,		吕长乐	6285, 6328
8395		吕长天	3345
卢仲坚	3358, 6463	吕常伦	7458

吕辰　　　　　　　9520　　　吕浮生　　　　　　　　6763
吕成　　　　　　 13163　　　吕福俊　　　　　　　　8939
吕成龙　　　　435, 11733　　吕复慧　　　　　　1404, 3105
吕澂　　　145, 168, 169, 206, 600　　吕馥慧　　　　　2641, 2791
吕痴　　　　　　 12286　　　吕更荣　　　　　　　　7157
吕冲　　　　13283, 13284　　吕冠杰　　　　　　　　8823
吕楚　　　　　　　5976　　　吕光群　　　　8965, 12943, 12958
吕锤宽　　10915, 11162, 11352　　吕光远　　　　　　　8278
吕春华　　　　　　4996　　　吕国恩　　　　　　9534, 9647
吕春蓉　　　　6318, 6384　　吕国庆　　　　5615, 9533, 9821
吕大安　　　　4954, 4968　　吕行　　　　　　　　　5553
吕大铭　　7922, 7923, 7926, 8008, 8403　　吕鹤民　　　　　10606
吕大千　8864, 8962, 8969, 9421, 9666, 9773, 9880,　　吕恒全　　　　　11804
　　9983, 10006, 10108, 10120, 10679　　吕宏久　　　　11048, 11872
吕丹丹　　　　　 12448　　　吕洪波　　　　　　　 13282
吕道嫱　　　　　　7198　　　吕洪年　　　　　　　　6301
吕道义　　　　　 12447　　　吕洪仁　　　　1097, 1105, 1125
吕德康　　　　　　4982　　　吕鸿勋　　　　　　　　8988
吕德隆　　　　　　4369　　　吕厚军　　　　　　　　8882
吕德胜　　2101, 4398, 4481, 4554, 4620, 4667　　吕厚民　8877, 8977, 9053, 9054, 9140, 9141, 9291,
吕德玉　　11216, 12220, 12523　　　　9303, 9544, 9768, 9791, 9867, 9988
吕殿生　　　　　 12311　　　吕华昌　　　　　　8956, 9144
吕调阳　　　　　 11018　　　吕化成　　　　　　　　3312
吕丁　　2027, 2222, 2577, 4685　　吕怀　　　　　10997, 10999
吕东　　　　　　 12406　　　吕慧　　　　　　　　 10713
吕冬　　　　　　　7654　　　吕基　　　　3866, 5821, 5829, 6187
吕洞宾　　　　　　7946　　　吕吉华　　　　　　　　3933
吕墩墩　　　　　　4517　　　吕吉人　　　　　　2237, 5314
吕恩谊　　2759, 2762, 2776, 3130, 3272　　吕纪　1443, 1579, 1586, 1587, 2618, 2630, 2663,
吕尔勤　　　　　　6950　　　　　6819
吕方　　　　　　　8985　　　吕济深　　　　　　　　5915
吕非　　　　　6086, 6119　　吕骥　10815, 10953, 11028, 11440, 11485, 11553,
吕凤显　　　　　 10190　　　　　11816, 11818, 11985, 12022, 12223, 12402
吕凤子　123, 683, 814, 1719, 1758, 2196, 2852　　吕嘉惠　　　　　7376
吕佛庭　　　　　　 584　　　吕建军　　　　　　2830, 2836

作者索引

吕建陶	5202, 5569	吕林	8662
吕健民	10374	吕琳	160, 2850, 2984, 2985, 2986, 3039, 6597,
吕捷	7654, 10328		8705
吕金烈	5222	吕琳木	2986
吕金藻	12404	吕霖	5585, 5679
吕金柱	7386, 7928, 7934, 7937	吕玲珑	9928
吕锦璇	13266	吕留良	8045
吕锦文	1058	吕律	12182
吕进	5947	吕伦	12590, 12598
吕晋	4987, 6475	吕蒙	2254, 3000, 3006
吕景富	3763, 3770, 3821, 5221, 5226, 5294,	吕孟祥	10252
	5322, 5355, 5366, 5394, 5743, 10248	吕梦周	11823, 11824
吕景云	058	吕沐风	3102
吕敬人	5314, 5316, 5384, 10388	吕慕惠	3079
吕静波	8983	吕聂	11789
吕九霞	8022	吕宁	4992
吕举同	8956	吕培明	5326
吕军	8364	吕佩芬	12599
吕俊华	087	吕澎	024, 038, 101, 105, 177, 261, 349, 527, 583,
吕潜	899		584, 629, 1075, 6798
吕珂	5860	吕匹	12959
吕奎文	2244	吕品	2941, 4879, 4882, 4971, 5103
吕魁渠	2471	吕品昌	8678
吕兰亭	050	吕品晶	10291
吕雷	5931	吕品田	549, 10186, 10202, 10235, 10696, 10736
吕蕾	3453, 3497, 6398	吕平	1408
吕立春	8863	吕平贵	8394
吕连甫	719, 721, 1260, 6464	吕其明	11898, 11909, 11957, 12229, 12230, 12237
吕连升	4989	吕其若	8709, 8739
吕连生	4956, 4980, 5001, 5020, 5023, 5052, 5084,	吕奇	4905
	5143, 5239, 5310, 5374	吕歧亮	10485
吕莲玉	4382	吕潜	1611, 1638
吕良谦	10599, 10600, 10603	吕巧霞	10621
吕梁	8224	吕青林	5103, 5851, 5996
吕烈	11833	吕清夫	115, 208, 209, 632, 2782, 10210, 10211

吕清华	2657, 2665, 4435, 5897	吕诉上	13308
吕晴飞	6491	吕绥之	11372
吕庆伟	3862	吕莎	6470, 6486, 6676
吕庆余	5728	吕棠	379, 382
吕去病	814	吕天明	017
吕人俊	5702	吕铁峰	8744, 8757
吕如达	981, 1513, 2637	吕铁力	12647
吕瑞明	5394, 5487, 11864, 11865, 12079, 12115	吕延和	210
吕山	9128	吕同举	8933, 8956, 8960, 9070, 9071, 9077, 9996
吕少郎	8947	吕万	1701
吕绍鄂	7655, 10264	吕薇	5907, 6023
吕绍恩	11978, 12311	吕唯唯	6269
吕绍福	2254	吕惟诚	8285
吕绍联	5172	吕维梅	11164, 11267
吕绍堂	2240	吕伟	9924
吕生祥	4516	吕文	5771
吕圣尧	362, 623	吕文霖	5502
吕胜中	1397, 2181, 2215, 2237, 2241, 3047, 4661,	吕文强	3156, 6979
	6285, 6398, 10680, 10693, 10705, 10711	吕文新	8950
吕十锁	3843, 3893	吕西安·马尔松	10989
吕石明	447	吕希棠	1094
吕士雄	11011	吕锡春	13264
吕世荣	5273, 5599, 5615, 5643, 5647, 5879	吕锡炎	5249
吕守祥	4456, 8161	吕锡贞	5219, 5794
吕寿昆	855	吕曦	10399
吕寿琨	1873	吕习明	5272
吕叔东	014, 363	吕霞光	6801
吕术	5431	吕仙吕	12858
吕树明	4372, 7805	吕先奇	5453
吕树中	2882, 2907, 3084	吕咸发	13056
吕双明	1074, 3894	吕现争	12123
吕水深	11123	吕相友	8983, 8998, 9217, 9560, 9806, 10105
吕舜祥	8656	吕香云	066
吕思	10853	吕湘	11054
吕斯百	1340, 2715, 2726, 2729, 2730, 2732	吕享文	5474, 5559

作者索引

吕小鹏 2794, 3080, 3117, 3121, 3124, 3127, 3128, 3129, 3682

吕晓明 13145

吕昕 10876

吕欣荣 11061

吕新亚 13204, 13279

吕秀 9333, 9340

吕秀文 11507, 12044, 12387

吕学峰 055

吕学惠 5708

吕学勤 1285, 1821, 3302, 3537, 3626, 3689, 3701, 3729, 3732, 3739, 4001, 4023, 4148, 4220, 4682, 5375, 10406, 10410

吕学文 3856

吕亚人 13054, 13128

吕延志 3903

吕燕 1857, 3693, 3705, 3889, 4062, 4180

吕一 9372

吕一飞 6553

吕义 9808, 9813, 10029

吕艺 5325, 11533

吕艺生 12572

吕屹 1197

吕亦非 11158

吕荫懋 4963, 5066, 5077, 5120, 5143, 5625

吕英 1398

吕荧 061, 065

吕永杰 8279

吕涌 10722

吕优 10482

吕由 6037

吕幼安 3536, 3554, 3558, 3596, 3612, 3630, 3756, 4996

吕渝生 9351, 9369, 9372, 9379, 9384, 9386, 9391, 9392, 9393, 9397, 9399, 9534, 9542, 9571, 9582, 9584, 9588, 9591, 9592, 9598, 9602, 9607, 9614, 9616, 9647, 9800

吕雨 9390

吕玉玲 1836

吕原民 9338

吕远 4944, 5141, 11469, 11486, 11688, 11949, 11952

吕月玉 148, 149

吕悦 9906

吕云所 5722

吕再生 9603

吕兆康 12730

吕肇基 5231, 6488

吕振光 5991, 6468

吕振敏 3301, 3867, 5714, 5948

吕振模 4076, 5590, 9221, 9344, 9346, 9524, 9525, 9535, 9795, 9940, 9943, 9961, 9962

吕震 380, 381

吕征 172

吕铮 5522

吕正惠 10895

吕正之 10873

吕之望 11390

吕智凯 155, 2952

吕中 11828, 12069

吕忠甫 13224

吕忠海 10993

吕钟宽 12960

吕仲 4899, 12868

吕庄祥 4621

吕孜 6287

吕子房 12769

吕子明 7413

吕子扬 861

吕自强	11159	鲁昌麟	8742
吕宗杰	7214	鲁忱	6051
吕宗尹	9892	鲁成文	10896
吕祖光	10680, 10681	鲁迟	12758
吕祖谦	8051	鲁赤水	1791
吕作雄	12457	鲁春	5070, 5087, 5140
佉明	11886	鲁丹	13085
旅大工人业余美术编辑组	3024	鲁荡平	11369, 11933
旅大人民出版社	11392	鲁道夫·阿恩海姆	021, 054
旅大师范学校美术教研组	5333	鲁道夫·爱因汉姆	13034
旅大市纺织工业局	5174	鲁迪·德·雷纳	610
旅大市工农兵宣传画创作学习班	3274, 3286	鲁迪阿德·基普林	6346
旅大市工业局试验所	4935	鲁丁	5614, 5753, 12264
旅大市金县十区兴台邮业余剧团	13238	鲁东	6192
旅大市旅顺口区毛泽东思想宣传站	5176	鲁冬	5777
旅大市旅顺口区水师营"人民公社"创作组	5176	鲁冬青	5279, 5307, 5345, 5415, 5429, 5450, 5571,
旅大市沙河口区宣传站	3241		5585, 5608, 5986, 9538
旅大市少年宫	2934	鲁钝	4894
旅大市文学艺术馆	1360, 3022, 11686	鲁菲诺·塔马约	6809
旅大文艺工作团	11387, 11556, 11562	鲁风	2511, 2526, 5665, 10120
旅大文艺工作者协会	11388	鲁枫	5756, 5989, 6093
旅大运输公司"革委会"	5180	鲁夫	9455, 9467, 9476, 9726, 9729, 9740
鲁·阿恩海姆	043	鲁福荣	12100
鲁安澍	11876, 11877	鲁盖克	7642
鲁拔	6248	鲁戈夫斯基	12428
鲁宝元	5582	鲁耕	2990
鲁本斯 6854, 6857, 6883, 6886, 6888, 6892, 6906,		鲁光	938, 2318, 2665, 2679, 5242, 5542, 12092
6908		鲁广洲	7633
鲁滨	12111	鲁海	7077, 7078
鲁滨逊	1073	鲁荷	6077
鲁兵	6560, 6743, 12019	鲁衡	5763, 5915
鲁炳奇	4211	鲁虹	483, 1236, 6718
鲁博	5263	鲁鸿恩	1962, 3996, 10489
鲁不敏	11548	鲁华	3662, 3663, 3677, 11155
鲁布廖夫	12361	鲁辉	8574

作者索引

鲁江	5973, 6436	鲁甜	11326, 12303
鲁杰	8574	鲁男	10981, 11220
鲁津	6029, 6160	鲁南	5533, 5632
鲁进	9862	鲁妮	6102, 6103, 6334
鲁敬奇	5691, 6268	鲁平	4976
鲁君	1767	鲁朴	697, 1261, 10355
鲁骏	845	鲁齐	5397
鲁卡舍维奇	13260	鲁青	5917, 12883, 12885
鲁开疆	10387	鲁琼	1142
鲁柯夫	13250	鲁泉	11681
鲁科夫斯基	13261	鲁群	9790
鲁克	4987, 5477, 5502, 5921, 6170, 6171, 6392,	鲁然	3370, 3371, 3372, 3373, 4521, 4571
	6447, 8755	鲁人	5076, 5969, 6595
鲁坤峰	2491, 2589	鲁仁	6958
鲁勒	13209	鲁韧	13229
鲁里	4863, 8596	鲁若曾	2752
鲁力	820, 1490	鲁飒	5897, 5941, 6021, 6098, 6099, 6174
鲁俪	6087	鲁山县文化局	12778
鲁连文	5695	鲁善源	13282
鲁林	6056, 6201	鲁少飞	363, 2348, 3391, 4884, 6778, 6928, 6931,
鲁鲁山	1647		8628
鲁莽	8868	鲁石	1647
鲁矛	4885	鲁思	12680, 13024, 13178
鲁梅	4896, 4933	鲁斯·萧曼	7143
鲁湄	6658	鲁四朋	7632
鲁美	9834, 9837	鲁颂	10829, 11498, 12049
鲁美尔	11111	鲁梭	6867
鲁民	6590, 6684, 6700	鲁塔特	12211
鲁民改	7001	鲁特	11124, 11467
鲁闽	5052, 6156	鲁天宝	5940
鲁明	8219	鲁田	12819
鲁牧	7553, 7556, 7879, 8198, 8226, 8227, 8240	鲁廷有	7586
鲁慕迅	3603	鲁娃	6586
鲁呐	10790, 11044	鲁伟	12361
鲁娜	10651	鲁炜	8916

鲁汶　　　　　　　　　6270　　　鲁岩　　　　　　　　　　2243
鲁武　　　　　　　　　5931　　　鲁彦周　　　　5907, 11893, 13233
鲁西　　049, 5785, 5929, 5961, 6002, 6097　　　鲁燕　　　　　　　6059, 6113
鲁熙　　　　　　　　　8110　　　鲁扬　　　　　　　　　　4944
鲁向祖　　　　　　6013, 6107　　　鲁也　　　　　　　　　　2346
鲁小明　　　　　　　　9063　　　鲁业廉　　　　　　5446, 5500
鲁晓洁　　　　　　　　3909　　　鲁一贞　　　　　　　　　7239
鲁晓明　　　　　　9361, 10026　　　鲁伊·维依拉·裴里　　　　10986
鲁迅　　004, 005, 014, 357, 511, 2976, 2986,　　　鲁依　　　　　　　　　　4947
　　3420, 3449, 3492, 3494, 3518, 5053,　　　鲁艺　　　　　5369, 5620, 5985
　　5244, 5393, 5429, 5444, 5446, 5448, 5466,　　　鲁艺编译部　　　　　　　11377
　　5481, 5528, 5546, 5565, 5585, 5608, 5620,　　　鲁艺美术部　　　　　　　　485
　　5664, 5695, 6575, 6597, 6617, 6912, 6913,　　　鲁艺文工团　　　　　　　11995
　　6914, 6915, 6917, 6927, 8123, 8124, 8131,　　　鲁英　　　　　　　　　　5829
　　8294　　　　　　　　　　　　鲁愚力　　　　　　　　　1135
鲁迅博物馆　　　　　　3066　　　鲁玉崴　　　　　　　　　2332
鲁迅美术学院　485, 611, 2717, 2749, 3070, 3140,　　　鲁筠　　　　　　　　　　9400
　　3187, 3193, 3197, 3238, 3245, 3246, 3407,　　　鲁兆荣　　　　　　5260, 5359
　　4936, 5138, 6619, 10187　　　鲁兆璋　　　　11092, 11093, 11102
鲁迅美术学院第二教学队　　　5286　　　鲁争　　　　　8730, 8732, 8733
鲁迅美术学院附中学生　　　1285　　　鲁铮　　　　　　　　　　6099
鲁迅美术学院干训班　　　3752　　　鲁之洛　　　　　　　　　5418
鲁迅美术学院国画系　　　1764　　　鲁之裕　　　　　　　　　7211
鲁迅美术学院国画系二年级　　3542　　　鲁志仁　　　　　　　　　7321
鲁迅美术学院函授部　　　1111　　　鲁志友　　　　　　　　　6662
鲁迅美术学院教育系二年级　　1745　　　鲁稚　　　　　　　　　　3521
鲁迅美术学院教育系二年级　　3535, 3538　　　鲁中　　　　　　　　　　6184
鲁迅美术学院美术75队　　3254, 3264　　　鲁中游　　　　　　5781, 5927
鲁迅美术学院染织美术设计系　　140, 10220　　　鲁周　　　　　　6056, 6214
鲁迅美术学院师生　　　6599, 8658　　　履平　　　　　　　　　　5715
鲁迅美术学院油画系二年级　　2719　　　陆翱　　　　　　　　　　5743
鲁迅美术学院中国画系　　611, 1750, 1760　　　陆宝忠　　　　　　　　　8034
鲁迅文艺工作团　　11538, 11547, 12900　　　陆保　　　　　　6026, 6355
鲁迅文学院　　　　11761, 11762　　　陆本瑞　　　　2886, 2894, 2912
鲁雅宜　　　　　　　12261　　　陆彬　　　　　　　　　10739

作者索引

陆炳兰	12095	陆关荣	3080
陆炳荣	9360, 9965	陆光	13132
陆长根	3350	陆光正	5819
陆潮洪	5941	陆广雄	10215
陆成法	5274, 5603, 5637, 5701, 5710, 5928, 5988, 6129, 6241	陆广训	12852
		陆龟蒙	10343
陆城	6201	陆贵山	021
陆驰	4504	陆贵友	3860
陆初	12569	陆国良	9413
陆初学	7408	陆国荣	12825
陆传纹	017, 8604	陆海林	3305, 3859, 3912, 3956, 4003, 4049,
陆春龄	12263, 12265, 12267, 12269		4087, 4091, 4122, 4131, 4136, 4147, 4285,
陆春涛	2207		4436, 4618, 9901
陆春艳	1259	陆海燕	10336
陆从运	5686	陆汉生	5242
陆达人	5472	陆和九	8355, 8456
陆丹	12854	陆和孙	5328, 5368, 5398, 5449, 5532, 5580, 5628,
陆漪安	12844		5747, 5930, 5941, 5998, 6003
陆登发	7613	陆鹤龄	2180, 5655
陆地	583, 5771, 6201	陆衡	7336, 7337, 7352
陆弟	6241	陆弘	6236, 6557
陆丁	6416	陆弘石	13197
陆鼎	8482	陆弘文	6236
陆萼庭	12898	陆红阳	140, 10218, 10336, 10569, 10570
陆方	6289, 13138	陆洪非	12932
陆方德	3803	陆洪元	12670
陆放	3048, 3061, 3306, 12898	陆鸿道	5272, 5280, 5292, 5391
陆风	6669, 6700	陆鸿年	1756, 2924, 3672, 3686, 3740, 3835,
陆锋生	5256		10438
陆夫	4786	陆华	5440, 5805, 5813, 5826, 5899, 5918, 5987,
陆符钧	218		5990, 6042, 6087, 6121, 6132, 6220, 6269,
陆福喜	4240, 4373, 4522, 4540, 4589, 4615, 4622, 4630, 4636, 4667, 4736		6391, 6401, 6456, 6465, 6468, 6650, 6653, 6701
陆根法	6409, 6569	陆华柏	11075, 11091, 11219, 11485, 11763,
陆谷孙	6352, 6360		11773, 12146, 12149, 12152, 12187,

	12188, 12275, 12327	陆居仁	7979
陆怀珍	7253	陆巨一	5950, 6457
陆环	13151	陆军	5282, 5382, 5593
陆恢	1639, 1651	陆均	4929
陆徽彰	8294	陆君平	4884, 4934
陆惠	1471	陆钧	528
陆机	7789, 7790	陆俊超	4924, 5093, 5099, 5118, 13229
陆继良	3244	陆侃如	6580
陆霁	10751, 10754	陆康	8377, 8577
陆加陵	5126	陆柯	9085, 10286
陆佳	5925, 6483, 6609, 6614, 6632	陆克勤	13218
陆家	8840	陆宽	4777
陆家衡	1311, 8236	陆雷	6530
陆家齐	168, 6864	陆廉夫	1673
陆嘉禾	3779	陆良	5442
陆嘉陵	1132, 1136, 5494	陆良祖	12482
陆嘉生	13156	陆林	6461, 7541
陆兼之	12898, 12899	陆凛	9536
陆東之	7845, 7846, 7857, 7864, 7900, 7923	陆陵	12138
陆建德	5250	陆络	12294
陆建华	6665, 6676, 12024, 12136	陆鹿	6313, 6390, 6478, 6516, 6533
陆建民	10751, 10754	陆璐	7546
陆建荣	12818, 12889	陆露音	1073, 1077
陆剑秋	7307, 7808, 7895, 7897, 8081	陆矛德	3279, 3916
陆健夫	5281	陆懋修	1464
陆健真	5536, 5606	陆玫珍	10609
陆杰夫	7062	陆梅林	055
陆金山	11302, 12271	陆美珍	6250, 10147
陆金祥	9575, 9576	陆梦萍	11379
陆京川	6374	陆梦羊	6238
陆菁	8595	陆秒坤	3412, 3428
陆静山	3067, 11367, 11994, 11998, 12442	陆旻	6409, 6430
陆九皋	402	陆敏	10912
陆久	6644	陆敏芬	7628
陆久泽	6656	陆明 5236, 5550, 6306, 7340, 11882, 12407, 12408

作者索引

陆明德	9119	陆深	378, 402, 7197, 8035
陆明华	422, 428, 429, 9246, 9471, 9477, 9746, 9752, 10589	陆胜华	9517, 9521, 10010
		陆时化	089, 765, 766, 768, 772, 1465
陆明睿	10936, 10937	陆士	11732
陆明珍	10054, 10625, 10734	陆士兵	3019
陆鸣敏	5324	陆士达	4911, 4924, 4938, 4946, 4969, 4987, 5005,
陆牧滔	2279		5017, 5031, 5040, 5046, 5080, 5389, 5439,
陆乃超	6669		5614, 5703, 5844, 6587
陆品山	5118	陆世斌	5523, 5608, 5764
陆平	3343, 4589, 4630	陆树基	8509
陆萍	5370	陆树声	7684
陆浦东	10654	陆水	7078
陆启明	7157	陆水林	460, 6186, 6254, 6331
陆荣	11590	陆顺英	5341
陆橘	12050	陆松茂	6225
陆青	4909, 5905, 5990	陆太极	6690
陆青源	6530	陆韬	138, 626, 1076, 1104, 10369, 10370, 10371
陆全根	2071	陆天福	9410
陆人豪	190	陆田	2978, 8644
陆仁	13215	陆廷	1963, 2157, 2447, 2791, 4045, 4077, 4092,
陆荣官	10265, 10279		4146, 4174, 4195, 4222, 4260, 4273, 4301,
陆蓉之	197		4331, 4378, 4442, 4464, 4489, 4495, 4590,
陆榕	6528		4611, 4730
陆如信	7477	陆廷栋	5324, 5419, 5476, 5549
陆汝浩	5241, 5328, 5451, 5867, 5899, 5943, 6136,	陆廷槐	8491
	6251, 6273, 6274, 6301, 6325, 6343, 6435,	陆廷基	8390
	6654, 6659, 6660, 6664, 6671	陆廷荃	11173
陆润棠	12692, 12698, 13050	陆庭	4468, 4637
陆润庠	8059, 8107, 8111, 8119	陆推宁	3807
陆山	318	陆维宁	5668
陆山主	2244	陆维钊	1920, 2196, 2207, 7247, 7274, 8158, 8288,
陆尚宾	7891		8294, 8405
陆绍权	3093, 3096, 3097, 3100, 3109, 4968	陆维中	7498, 7528, 7545, 7605
陆绍曾	1456, 7226, 10615	陆伟	8420
陆申	4896	陆伟然	3690, 7809

中国历代图书总目·艺术卷

陆伟忠	1239	陆旋	1092, 2004
陆苇	5517, 5567, 5651	陆垣	743
陆炜	12696	陆学杰	12446
陆文夫	5424	陆学宣	8358
陆文杰	13135	陆亚鸿	7357
陆文骏	9040	陆延	4227, 5343
陆锡兴	8417	陆严浩	5265
陆锡熊	1039, 8043	陆严少	11942
陆禧遂	4972	陆岩	5183, 5185, 5187, 5271
陆霞	11715, 11717, 12408	陆岩石	5237
陆贤能	10439	陆俨少	715, 902, 905, 906, 907, 917, 923, 1391,
陆箫	4120, 4131		1430, 1882, 1889, 1928, 1941, 2017, 2196,
陆小北	6444		2236, 2254, 2426, 2458, 2467, 2494, 8306
陆小弟	5536, 5603, 5928, 5940, 5988, 6323, 6352,	陆燕飞	5812, 5843
	6430, 6533, 6722	陆燕生	1419
陆小玲	10840	陆扬烈	5129, 5244, 5339, 5423, 5434, 5508, 5550,
陆小芽	6122		5619
陆晓禾	032	陆阳	1140
陆心源	1023, 1055, 1459, 1464	陆洋	3636, 5096, 12094
陆欣	4036, 4177, 4227	陆仰非	3959
陆新	10761	陆仰豪	553, 554, 557, 560, 10388
陆新和	10989	陆养眸	1501, 1567
陆新康	4940	陆冶	1570
陆新森	1766, 3285, 3301, 3867, 4977, 5510, 5614,	陆曄	11201
	5714, 5948, 5958, 6026	陆一飞	916, 1820, 2446, 2464, 2471, 2475, 2479,
陆新生	5014		2599, 3857, 3906, 3937, 3938, 3974
陆新源	8484	陆宜才	4916, 4947
陆兴渭	4010, 9285	陆宜杰	6096
陆星辰	3073, 3086, 3559, 4887, 8594, 9389,	陆亦祥	7629
	10252, 10260	陆抑非	699, 1439, 1742, 1751, 1777, 1786,
陆星晨	10207, 10245		1872, 1916, 1922, 1993, 2037, 2198, 2497,
陆修伯	7338, 7401, 7402, 8278		2510, 2526, 2615, 2633, 2647, 2703, 3591,
陆修棠	11292, 11309, 12250, 12275, 12276,		3635, 4018, 4214, 4288, 4359, 4366, 8159,
	12278, 12310		8210, 8236, 10446, 10461
陆秀竞	828, 924, 1339, 1346	陆奕	1279, 9509, 9514, 9777, 9779, 10124

作者索引

陆毅	3529	陆之光	9787
陆懿	7664	陆之招	3586, 3658
陆应江	10273, 10284, 10285, 10299, 10326	陆志成	11249
陆应阳	8065	陆志富	9822, 12610
陆颖秋	11400	陆志青	2490
陆永昌	13129	陆志文	2285
陆咏笑	10605, 10607	陆志庠	3394, 3517
陆涌	10274, 10302, 10304	陆治	1565, 1571, 1584, 6814, 10461
陆游	7685, 7966, 7978, 7998	陆忠德	2176, 3865, 3932, 5320, 5398
陆友	1041, 1042	陆忠中	8205
陆有珠	7284, 7567, 7819, 7822	陆仲坚	4963, 4992, 5004, 5094
陆宇飞	3539	陆仲任	12605
陆元鼎	1720	陆舟	5118, 5139, 5156
陆元国	8895	陆柱国	5107, 5506, 5596, 5918, 6014, 8763, 13230
陆元林	3347, 5897, 6345, 6372	陆子馨	3635
陆原	11958, 12648	陆籽叙	818, 1141, 7351
陆远	5977	陆宗铎	1207, 1208, 3408, 4903, 6925
陆越子	961, 963, 970, 971, 974, 975, 981, 982,	陆祖成	10657
	1005, 2322	律己	5466
陆云	11476	律平	5999, 6026
陆运高	5924	律向银	3894
陆韵卿	5414	律云	12451
陆在易	11989, 11990, 12237	律云音乐	12136
陆泽之	3155, 3542, 3553, 3589, 3711, 3777,	陆如蓝	1168
	3788, 4012, 4084, 5484	鹿镭	1085
陆肇基	8594	鹿明	6633
陆振华	2623, 2649, 4122	鹿鸣	5131, 6633
陆振隆	9947, 9969	鹿泉	6296, 6948
陆振卿	5285	鹿山	4890
陆震华	9850	鹿遂礼	4333
陆震纶	155	鹿遂理	1859, 1877, 2437, 2641, 3196, 3317, 3319,
陆镇康	5372, 6301		4090, 4248, 10254
陆峥	10385	鹿耀世	7451, 7476, 7614, 7621, 7622, 7652,
陆正华	3463, 3497		7653, 10325, 10326, 10334, 10337, 10338,
陆正祥	12109		10399, 10713

鹿原学人	12857, 12897	路巨鼎	6199, 6379
逮朝生	6425	路况	052
逮国胜	8479	路遥震	12632
绿春县民政局	11819	路兰	5097
绿春县文艺宣传队	11793, 12125	路路	6365, 6633, 6642
绿蒂	8765	路米斯	1098
绿克	11219, 12191	路密士	1127
绿坡	4985	路明	1582, 2917, 5116
绿藤	1250	路鸣	5437
绿野	3524, 12642	路南	5530, 5811
绿荫	9510, 9513, 10097	路南彝族自治县文化馆	1371
禄劝彝族苗族自治县民委	12260	路鹏	7813, 7907, 7909, 7910, 7997, 7998, 8000
禄劝彝族苗族自治县文化局	12260	路平	5456, 5472, 5517, 6157, 12777
路长龄	3113, 6747	路茜玉	4899
路灯	8376	路荣启	10769
路登	3072, 3075	路如恒	2001, 2040, 2441, 2660, 4447, 4612, 4625,
路棣	7349, 7382, 7383, 7388		4652
路放	7518	路堃	6663
路凤仙	144	路石	7562, 8774, 9298, 10738
路哥	5602, 6204	路坦	3043, 6897, 6900
路工	8058	路亭	4789
路海波	13005, 13019	路婷	4308
路海燕	6763	路同	7315, 7327, 7813, 7898, 7900, 7901, 7904,
路红	327, 331, 7081, 7083, 7084		7905, 7909, 7910, 7911, 7992, 7995, 7996,
路华	3129		7997, 8000, 8086, 8088
路华章	7494	路彤	5580
路桦	4915	路希－史密斯	511
路怀中	10000	路曦	579
路唤华	3214	路小媛	2390
路焕华	5186, 5207, 6749	路辛	4904
路基	489	路阳	6129
路继贤	5571, 5822, 5917, 5949, 6229, 12102,	路遥	5821, 6296
	12104	路黄	3004, 3005
路菁	435	路易－埃克托·普隆	6849
路景达	12977	路易·艾黎	10646

作者索引

路易·爱黎	1575	栾昌大	045
路易·卡巴	6847	栾传大	6466
路易斯·埃尔森	6892	栾传益	7572, 7603
路易斯·巴瑞特·勒曼	1190	栾栋	035, 036
路易斯·布努艾尔	13142	栾凤桐	13238
路易斯·费兰西斯库·雷贝洛	12791	栾福祥	4970
路易斯·贾内梯	13068	栾富生	12774
路毅	9395	栾桂娟	11160
路应昆	12704, 12793	栾国藩	7383
路莹	10868	栾惠民	6198, 7524
路由	10991	栾俊	12069
路雨年 2512, 2566, 2567, 2568, 2569, 2571, 2572,		栾俊林	13078
2573, 2574, 2576, 2577		栾良才	2065, 2108, 2155, 2382, 4836, 6683
路玉章	8625	栾良玉	4782, 4784
路毓贤	7737	栾录章	4120
路元太	5342	栾录璋	5510
路原	6069, 6079, 6136, 6164, 6165	栾禄璋 864, 1002, 1264, 2232, 2532, 10253, 10265	
路远	9392	栾麓	11246
路展	4926	栾鹏	6728
路章	3219	栾青	10928
路璋	2830, 6367	栾仁杰	12158
路振隆	4261, 5852, 13124	栾仁良	5349
路振平 7305, 7334, 7384, 7385, 7394, 7396, 7807,		栾仁梅	5781, 10305
7808, 7812, 7813, 7935, 7993, 8408, 8420,		栾润田	10253
8431, 8432, 8434		栾胜利	12126
路振荣	219	栾士贤	5336
路正	5481	栾淑平	5855, 5856
路志纯	5868, 5979, 6108, 6369	栾万珠	1805
路治国	3677	栾学国	5856
璐璐编绘集团	6632, 6633	栾艳华	984, 1006
璐生	10331	栾业礼	3732
露丝·魏斯太摩	532	栾永让	817, 1156, 1161, 5191
栾乘奇	11246	栾玉篪	10353
栾博	4782, 4784	栾云桂	5114
栾布	1195	栾振国	5771

栾正錫	2332	罗伯良	098
滦南县文化馆	3863	罗伯特	13194
滦平县"跃进"与写作指导委员会	11594	罗伯特.R.马隆	6927
伦勃朗 6776, 6843, 6844, 6845, 6851, 6854, 6884,		罗伯特·阿瑟	5864
6896, 6904, 7144		罗伯特·奥尼尔	5504, 5593, 5594, 5687, 5706
伦敦中国艺术国际展览会筹备委员会	347	罗伯特·贝佛莱·海尔	1101
伦贡瓦拉	13182	罗伯特·贝弗利·黑尔	615
伦伟	10676	罗伯特·法伯	8765
伦秀伟	7461	罗伯特·梵·古利克	6249, 6277
论石艺术编辑小组	10718	罗伯特·梵·吉利克	6184
论文	8324	罗伯特·盖尔莱	11188
罗·达尔	6645	罗伯特·考派利斯	1145
罗奥姆	13256	罗伯特·拉普斯利	13160
罗巴切娃	10981	罗伯特·米德尔顿	11089
罗柏特·舒曼	10857	罗伯特·舒曼	12533
罗邦泰	3855	罗伯特·斯塔姆	13067
罗邦武	5381, 5392, 6087, 6123, 6165, 6197	罗伯特·晓斯	187
罗葆棋	8525	罗伯特·休斯	127
罗贝塔·高兹曼	10985	罗伯约翰斯	11184
罗贝塔·葛莱莉	7014	罗勃肖伍特	5786
罗宾·科克	5976	罗博宏	8647
罗宾·乔治·科林伍德	023, 031	罗步臻	2271, 5201
罗宾斯	8764	罗灿煊	11288, 11734
罗宾逊	628, 12402	罗苍诗	5679, 5890
罗彬	6459	罗查诺夫	11168
罗斌	6527	罗长山	10311
罗秉芬	460	罗超群	4974, 5000
罗秉康	11092, 11267	罗朝中	5142
罗炳良	11530, 11531, 11990	罗辰生	5783, 6042
罗炳阳	5887	罗成	6740
罗波	6161	罗承力	3560, 3603, 3637, 3805, 3981, 4104,
罗伯·雷尔	042		5240, 5377, 5946
罗伯·罗森布伦	6811, 6869	罗赤忠	8955
罗伯古德沙尔	8680	罗传开	10863, 10866, 10868, 10869, 10877,
罗伯健	8466		10892, 10894, 11164, 11165, 11271,

作者索引

12374, 12379, 12451, 12452, 12481, 12526, 12539, 12540

罗春政 8396

罗次冰 2958, 3086, 3535, 3573, 4063, 4219, 4271, 10256, 10351

罗赐中 6175

罗从周 5646, 5942

罗存洁 2077, 3534, 4281, 4430, 4703

罗大里 6171, 6243, 6571

罗大伟 10016

罗大张 8424

罗代奎 8666

罗丹 123, 4891, 5504, 5705, 6271, 6910, 8177, 8603, 8609, 8668, 8671

罗道夫·章柏 8683

罗德 12465

罗德安 5285

罗德怀 2372

罗德灵 8384

罗德寿 13267

罗德泰 3148

罗德维德 6929, 6930

罗德元 6293

罗德祯 5403

罗登选 11007, 11012

罗鼎华 4013

罗东剑 1230

罗端巴莱 7121

罗恩菲德 488

罗恩华 3619, 4024, 4909

罗尔 6848

罗尔纯 2322, 2788, 2808

罗尔德·达尔 6148

罗尔纲 457, 4900

罗藩 919

罗方俊 6125

罗方涛 6125

罗芳 902

罗放 11949

罗枫 6090, 6251, 6274, 6329, 6378, 6650, 7002

罗凤山 3384

罗凤仙 3825

罗夫 6216

罗夫汀 7022, 7142

罗福颐 395, 405, 8457, 8458, 8539, 8540, 8542, 8563

罗复琪 8318

罗傅开 12352

罗富才 1196

罗干 6371

罗干才 5274, 5320, 5357, 5558

罗刚 9395

罗工柳 484, 624, 1387, 1748, 2725, 2726, 2730, 2732, 2767, 2777, 2788, 2823, 3932

罗工柳工作室 1760

罗功华 5725

罗巩 11051

罗古拉 7022

罗冠群 8580

罗贯中 3473, 4899, 4911, 4917, 4941, 4945, 5378, 5395, 5399, 5406, 5419, 5443, 5497, 5502, 5563, 5570, 5616, 5631, 5633, 5636, 5700, 5735, 5778, 5798, 5800, 5813, 5832, 5860, 5865, 5873, 5889, 5891, 5896, 5910, 5917, 5919, 5931, 5935, 5938, 5942, 5944, 5960, 5961, 5969, 5970, 5976, 5980, 5989, 5993, 6005, 6018, 6263, 6297, 6391, 6405, 6430, 6460, 6461, 6498, 6501, 6588

罗光达 8855, 8894, 8986

罗广斌 5089, 5090, 5091, 5092, 5099, 5132, 5133,

5140, 5350, 5365, 5480, 6147		罗吉	6336
罗贵沅	9411	罗吉兰	10794
罗桂荣	5716	罗级庵	11366
罗桂英	6866	罗戬	6172, 10585
罗国强	3273	罗济平	10956
罗国士	2043, 2679	罗既	3703
罗国威	6553	罗既望	8342
罗国贤 1894, 2376, 3817, 3908, 4229, 4994, 5625,		罗既张	3543, 3654, 4897, 4903
5711		罗继长	1813, 1833, 3815, 3827, 5224
罗国祥	1084, 1143, 1148, 1191	罗继光	5048
罗果夫	2984	罗继五	8938
罗海沙	11370	罗加林	1819
罗海燕	11239	罗佳	6657, 6948
罗汉桥	5894	罗迦	5741, 5783
罗好生	5413	罗家宽	2271
罗浩	11281	罗家伦	8122, 11362, 11383
罗合如	12813, 12906	罗简	10139
罗和庆	7047	罗剑	6281
罗河胜	10742	罗剑华	6466
罗鹤鸣	1991	罗剑平	11203
罗恒 4767, 4768, 8838, 8840, 8841, 8842, 9023,		罗剑钊	1210, 1397
9115		罗健	527
罗恒报	12928	罗江	2251, 2890
罗宏	2306	罗杰·希克斯	8785, 8788, 8790, 8791
罗宏曾	5142	罗杰锋	5351, 5387, 5450
罗虹	2831, 4014	罗洁	6074
罗洪	4938, 6364	罗捷	12994
罗鸿	10311, 10340	罗解东	5791, 5913, 6030
罗华俊	5659	罗金	13255
罗焕光	411	罗金燕	10894
罗焕灵	8973	罗锦辉	8860
罗惠南	12164	罗锦铨	6805, 6902, 6903
罗惠卿	3770, 5283, 5408, 5876, 6162	罗京京	12214
罗慧生	12707, 13034, 13074, 13076, 13082	罗敬箴	5988
罗基敏	10836, 10839	罗静宜	6377, 6378

作者索引

罗静予	13299	罗梅罗	12371
罗镜泉	698, 866, 982, 1116, 1126, 3843, 5300,	罗美群	10555
	5387, 5497, 5697	罗门]	131
罗九香	12315	罗萌	12709
罗俊华	5934	罗泯	6575
罗俊林	12987	罗明	6258
罗俊生	12639	罗明常	12928
罗卡	12792, 13068, 13122	罗明深	2236, 4153, 5765, 6174
罗开富	4076	罗明遥	10404
罗康祥	2409	罗铭	1725, 1765, 2433, 2855, 3969
罗克波特出版公司	10772, 10780	罗姆	13031, 13205, 13251
罗克威尔	7060, 7064	罗姆尼	6883
罗克志	5290	罗木椿	5841
罗克中	1110, 2895, 2910	罗纳德·罗依克拉夫特	1189
罗奎元	13313	罗纳之	5787
罗兰	126, 6209	罗楠	2157
罗兰·希尔德	1169	罗念一	11429, 11476, 11642, 11643, 11909, 12599
罗兰德·罗伊克拉夫特	6911	罗宁	6375
罗兰斯·阿尔玛－塔德玛	6867	罗潘	5265
罗兰特	11187	罗盘	4940, 4941, 5004, 5015, 5023, 5051, 5068,
罗朗	636		5224, 5240, 5373, 5499, 5585, 5657, 5677,
罗浪	12222, 12223		5741, 5750, 5758, 6074, 6086, 6147, 6148,
罗力	1185, 7144		6311, 6523, 12986
罗立群	6310	罗培源	6502
罗立人	5939	罗芃	11220
罗丽丽	12592	罗丕恒	8855
罗联元	12357	罗品超	12958
罗两峰	1611	罗聘	1611, 1620, 1637, 1644, 1647, 1658, 1673,
罗列	8583		1689, 8492, 8526, 10485
罗林	3370	罗平	5866, 6485, 7073, 7074
罗伦张	5623	罗平安	5335
罗马	5450	罗屏	5739, 5903, 6146
罗马多夫	12653	罗萍	12955
罗曼	12662	罗颜诚	13190
罗曼·罗兰	10860, 10896	罗璞	4242

罗奇松	8237	罗世平	458, 593, 977, 1075
罗琪	2723, 3523	罗仕艺	11277
罗祺	1796, 5114, 5135	罗守愚	2975
罗启芳	11237	罗枢运	10483
罗启蒙	5087	罗叔子	387
罗启锐	13297	罗淑桢	13022
罗茜	10270	罗尔子	1222
罗强烈	261	罗树南	13185, 13190, 13191, 13317
罗青	478, 827, 1550, 1589, 12995, 13156	罗思	11188
罗青松	11819	罗斯	6946, 11184
罗青田	12345	罗斯庚	500
罗清	9394, 9996	罗斯林	6884
罗清山	6524	罗斯托茨基	13305
罗清桢	2975, 2991	罗斯托夫采夫	174
罗庆忠	3421, 3425	罗松	6102
罗秋	3489, 5316, 5400	罗苏民	8956
罗日杰斯特温斯卡娅	12659	罗素	152
罗日明	3366, 3367, 3377, 5542	罗随祖	7166
罗荣钜	11119, 11128	罗莎琳·克劳丝	111
罗荣渠	8319	罗泰	13232
罗荣寿	12965	罗特	12462
罗荣心	3886	罗梯伦	082, 1239, 13070
罗锐韧	431	罗汀	6724
罗萨·博纳尔	6847	罗廷华	10909, 12042
罗塞娃	176	罗挺球	3840
罗赛蒂	6796	罗通秀	184, 371
罗森	1124, 7692	罗婉华	12686
罗森堡	192, 542	罗围贤	5321
罗森布莱特	7025	罗维明	13100
罗森菲尔德	8687	罗伟国	6574
罗少华	4985	罗伟农	4673
罗申	6636	罗蔚青	3928
罗时叙	5926	罗文	5335, 6102
罗士平	585	罗文斌	5360, 5368, 5520, 5979
罗世国	4228	罗文发	9292, 9356, 9969, 9972

作者索引

罗文华	1977	罗星	6642
罗文质	8494	罗雄岩	12581, 12619, 12623
罗文中	804	罗修善	12601
罗务恒	029	罗秀岳	3775, 3795
罗西尼	12449	罗秀芝	590
罗希贤	3852, 5217, 5224, 5242, 5256, 5260, 5289,	罗旋	5489, 5744, 5779, 5859, 5888
	5322, 5353, 5354, 5374, 5392, 5415, 5426,	罗选斌	9146
	5482, 5485, 5499, 5503, 5506, 5581, 5614,	罗学濂	13047, 13048
	5620, 5631, 5656, 5672, 5709, 5737, 5813,	罗学澜	6176, 6177
	5827, 5893, 5905, 5926, 6012, 6044, 6062,	罗迅	6134, 6147
	6071, 6081, 6130, 6133, 6150, 6151, 6195,	罗迅青	5050
	6240, 6262, 6317, 6345, 6469, 6522	罗逊	13150
罗锡铎	8236	罗亚庄	8717
罗先登	1020, 1021	罗延芳	7520
罗先贵	6553	罗衍平	6233
罗宪成	8423	罗扬	7473, 7477, 7574, 11153, 12974, 12976
罗宪君	11120, 11121	罗阳	2236
罗祥音	5085	罗杨	8327
罗祥止	8535	罗耀国	11993
罗小平	10831, 10832, 10849, 10892, 11273	罗叶	7494
罗小幸	7738	罗一德	10753
罗小韵	8891, 8892, 8978, 8984, 9806, 9810, 10137	罗一鸣	8284
罗晓春	10330	罗伊·阿姆斯	13066
罗晓帆	1743, 3551, 12788	罗伊德	11094
罗晓风	8702, 13226, 13271	罗依·多蒂	6940
罗晓京	12219, 12517, 12518	罗怡芳	5706, 6173
罗晓宁	11162	罗贻	606, 2727, 5651
罗辛	12515	罗义蕴	12447
罗兴	3596, 3746, 4885, 4929, 4976, 4977, 4982,	罗艺峰	10912
	5004, 5010, 5023, 5079, 5080, 5089, 5103,	罗艺刚	11259, 12537
	5111, 5120, 5124, 5129, 5134, 5143, 5197,	罗艺军	13050, 13060
	5263, 5340, 5350, 5357, 5360, 5361, 5374,	罗忆	8971
	5424, 5452, 5565, 5678, 5697, 5698, 5939,	罗易	6077, 6216, 7571
	5958, 6014, 6106, 6138, 6494, 6638, 7067,	罗毅夫	13087
	7068	罗茵	855

罗英	8766, 8780	罗兆荣	2228
罗影	12984, 13002	罗赵林	6196
罗懋公	12749, 12857	罗哲文	9132
罗映辉	11156	罗珍	3603
罗永臣	5299	罗真如	10390, 10728, 10768
罗永进	1121	罗振镛	8516
罗永平	6100	罗振玉	779, 781, 6617, 7661, 7662, 7755, 7780,
罗永嵩	8212		7844, 7951, 8111, 8167, 8168, 8307, 8527,
罗永文	5508		8532, 8543
罗咏心	10801	罗拯生	5892
罗勇	8307	罗正	11551
罗勇来	1311	罗止园	900
罗幼纶	8681	罗芷生	2236
罗幼新	5871, 6290	罗志洪	6482
罗宇	10837	罗志文	830
罗玉红	4646	罗智成	10134
罗玉江 3790, 4117, 4233, 4261, 4293, 4311, 4355,		罗智慧	2332
4420, 4480, 4494, 4497, 4518, 4675, 6066		罗中立	5389, 5453, 5502, 5616, 6018
罗玉民	4080	罗忠爱	12597
罗玉祥	5595	罗忠民	402, 8650, 10103
罗渊	2222, 8310	罗忠烜	11071, 11089, 11944, 11945, 11948,
罗元翰	847		11966, 12194, 12337, 12609
罗元培	5110	罗忠镕	10887, 11071, 11085, 11088, 11628,
罗源	4744		11772, 11942, 12160, 12192, 12198,
罗远安3294, 3859, 3883, 3926, 4042, 4043, 4166			12225, 12231, 12232
罗远潜 2399, 4374, 5242, 5468, 5552, 5641, 5860,		罗忠贤	6044, 6071, 6081, 6133, 6150, 6195
5888, 6080, 6254		罗周旦	748
罗月琳	1483	罗竹茜	593
罗越	10615	罗竺峰	3776
罗云莲	6355	罗助民	4988
罗筠筠	10360	罗兹勒	104
罗在光	4987	罗宗海	2965, 3544, 5101
罗泽珣	4884	罗宗霈	8318
罗增华	8946	罗宗贤	11469, 11595, 11601, 11881, 11882,
罗展恒	3151, 3877		11883, 11950, 11954, 11959, 11960,

作者索引

	12311, 12331	洛阳博物馆	393, 406
罗祖德	3463, 3510	洛阳东方红拖拉机厂"革委会"	3233
萝北县文化馆	3916	洛阳矿山机器厂业余文艺创作组	5283
萝摩庵老人	12739	洛阳牡丹花会办公室	8178
茕茕	5822, 6036, 6052, 6071, 6074, 6087, 6096,	洛阳市博物馆	393
	6101, 6112, 6136, 6146, 6170, 6211	洛阳市文化馆	5283
洛比达	6896	洛阳市文联美术研究会	2986
洛宾	11808	洛阳市豫剧团	9219
洛宾·柯克台	12427	洛伊丝·格里费尔	1083
洛彬	7583	骆炳霖	9747
洛滨	11809	骆大可	5579
洛川县文化馆	8415, 10677	骆飞	8694, 8706
洛德	371	骆风田	7318
洛地	11157, 12733, 12772, 12779	骆福庆	2095, 3998, 4013, 4018, 4057, 4156, 4186,
洛厄	125, 126		4226, 4276, 4354, 4370, 4372, 4409, 4457,
洛菲	4995, 6100, 6101		4524, 4629, 4698, 4848, 4849
洛斐	6211	骆富文	10263
洛夫	4367	骆公	464
洛夫廷	6558	骆行沙	5509
洛晋	10150	骆恒光	7296, 7347, 7419, 7421,
洛军	5637, 5738, 5764		7423, 7425, 7429, 7442, 7450, 7466, 7473,
洛康	5988		7475, 7478, 7481, 7487, 7512, 7546, 7547,
洛克捷夫	12442, 12443		7577, 7578, 7595, 7604, 7614, 7815, 7894,
洛克切夫	12442		7896, 7916, 8208, 8390, 8425, 8427, 8428,
洛克申	10981		10294, 10330, 10337
洛宁县文化局	12782	骆红	052
洛齐	6330	骆华民	3803
洛秦	9516	骆季超	11806, 11967, 11990, 12049, 12050, 12287
洛三	169, 170	骆健	10007, 10008
洛桑	10531	骆介礼	11342
洛桑格勒	4842, 4846	骆君	9517, 10098, 10125
洛水	11621	骆可	5676
洛松向秋	2028, 4606, 4700, 4764, 10559	骆朋朋	8568
洛汶	6156	骆明	9261
洛辛	10787, 11037, 11105	骆明仁	12245

骆墨樵	4752, 8155	《迈向二十一世纪的河南城市》编委会	8911
骆佩林	11680	《毛泽东思想胜利万岁》馆	3169
骆芃芃	8101, 8102, 8104, 8568	《毛泽东像章精品荟萃》编委会	10651
骆青敏	9505, 9507, 9920, 9924, 9984	《毛泽东像章收藏图鉴》编辑委员会	10651
骆清敏	9504, 9917, 9984	《毛主席的好学生焦裕禄》连环画创作组	5164,
骆清霞	10336	5179	
骆生明	9513	《煤乡之歌》编辑组	11702
骆石华	8581	《美报》编辑部	7430, 7433
骆水	12384	《美家》编辑部	10607
骆硕仁	12116, 12129, 12130	《美术》编辑部	3252
骆松澈	12407	《美术教育学》编写组	493
骆万钦	4009, 4247	《美术文献》编辑部	219, 490, 491, 1345
骆文	11936, 11937	《美术向导》编辑部	602, 603, 604, 605
骆文冠	337, 1374, 2332	《美术之友》编辑委员会	486
骆阳能	1448	《绵阳市戏曲志》编辑部	12771
骆耀堂	1857	《民族风貌》编辑小组	8889
骆耀棠	3212, 3252, 5969, 5975, 6167	《民族艺术》编辑部	081
骆一清	10126	《闽东》画册编辑小组	8895
骆幼玲	7610	《明清安徽画家作品选》编辑委员会	1583
骆玉其	5127	《明清名家书法大成》编纂委员会	8090
骆远敏	12183	《明清名人书法选》编辑组	8077
骆振龙	303, 304, 1990, 2201, 4352, 4524, 4633	《明星》编辑部	13218
骆正	12891	《木兰花》连环画创作组	5678
骆正荣	215	《木兰花》连环画制作组	5678, 5679
骆中琦	9943	麻り原绘里依	7003
骆仲奇	5850, 9241, 13125	麻扶摇	11628
骆仲琪	8817	麻国钧	12698, 12960
骆仲琦	5394, 5596, 5713, 5828, 5917, 6059, 8809,	麻贺进	8794
	8813, 8816, 8828, 9006, 9232, 9235	麻明进	10275
雒富贵	5346	麻三衡	1043
漯河市磷肥厂	3243	麻生玲子	10775
		麻文琦	12785, 12792
M		马·阿·聂斯皆罗夫	13257
《马克思主义文艺理论研究》编辑部	065	马·布莱梅尼尔	4921
《迈向二十一世纪——甘肃》编委会	8909	马安东	2127, 2201

作者索引

马安骏	6397	马常利	1074, 1076, 2726, 2732, 2735, 2775, 2823,
马安宁	10722		3295, 10414
马安泉	8417	马常忠	5522, 6054
马白纳	12983	马超	5394, 5528, 5579, 5700, 6096, 6225, 6296
马宝	6632	马超骏叙	8577
马宝康	482	马超培	039
马宝明	11031	马朝开	12790
马宝山	7167	马成	12041
马保超	1964, 5520, 5529, 5548, 5557, 5576, 5597,	马成冬	7475
	5613, 5617, 5643, 5663, 5924, 5979, 6108,	马成连	5291
	6278, 6367	马成信	9144
马保杰	8290	马诚	12639
马保林	2530	马承光	3792
马葆炼	10786	马承祥	2566, 10274, 10289, 10323
马奔	7495, 9372, 9373, 9421, 9674, 9958, 9969	马承元	4979
马碧野	7640	马承源	422
马表	5435	马承梓	3362
马斌	5620	马程	5271, 5402, 5449, 5570, 5596, 5621, 5622,
马滨	9536		5656, 5788, 5848, 5910, 5938, 5948, 6113,
马兵	1217, 11789		6177, 6185, 6225, 6226, 6333, 6334, 6378
马炳洁	3874, 5222, 5262, 5296	马驰	2237, 8700
马炳荣	5749	马崇仁	12883
马波	7080	马传亮	12136
马波生	2116, 2918	马闯	9077, 9078
马伯乐	2332, 3791	马春琛	10669
马博敏	213	马春华	8788
马布嘛	5304	马春莲	11276
马采	053, 730, 787	马椿年	8749, 8793
马查	170	马慈航	3568
马长春	3880, 3945, 4134, 4362	马从文	5417
马长江	2815, 5242, 5325, 5339, 5384	马翠萝	6337
马长山	4975	马达	1384, 5337, 6559, 6717, 10834, 10870, 11278
马长友	3834	马大林	8318
马场睦夫	5953	马大谋	10314
马常礼	6413, 6651	马岱	6043

马岱宗	8233, 8320	马尔丁	526
马得	809, 3471, 5100, 5340, 5370, 5756, 6028	马尔高里斯	12652
马德波	13054, 13211	马尔戈里斯	12652, 12654
马德程	12882	马尔科夫	12722, 13014
马德俊	8769	马尔可夫	12711
马德莱·理查生	11040	马尔库兰	13137
马德林	5586, 5697, 5751, 6217	马尔兹	5518
马德琳·梅因斯通	371	马方路	5813, 5874, 5899, 5982, 5987, 6063, 6121,
马德生	6009		6220, 6221, 6370
马德新	7641, 7649	马方洛	5638
马德馨	11030	马芳华	3693
马德兴	9260	马放南	10590
马德元	5640	马芬妹	10366
马德云	12643	马丰春	9442
马德昭	1675	马丰田	13267
马涤尘	11949	马风超	5578
马蒂斯	582, 6797, 6865, 6901, 6904	马烽	4879, 4930, 4962, 5045, 5078, 5406, 5486,
马棣麟	8700, 8741		13230
马殿普	2462	马凤超	5443
马丁	7032, 8570, 8577, 8596, 8651, 11715, 12383,	马凤兰	12119
	12406, 12430, 12722	马凤林	186, 188, 199, 586, 626, 1085, 1230, 6784,
马丁·M·佩格勒	10762		6850, 6859
马丁·达姆斯	133	马奉信	3705
马丁·弗瑞	12529	马夫	8911
马丁 L. 泰勒	8742	马夫罗金诺夫	362
马丁内兹	129	马福兴	6428
马鼎盛	6266	马负	8178
马定忠	5670, 5745, 6016	马负书	1411, 3694, 4089, 5261, 7885, 8171, 8200
马东	9768	马复旦	3817
马东风	10815, 10820, 11062, 11494, 11495	马复苏	11137
马东生	8580	马改户	8629, 8645
马东源	3511, 6255	马盖德	5763
马斗飞	5364	马刚	2905, 3839, 6030, 6175, 8651
马恩生	6684	马高骧	352, 10223, 10776
马尔丹	13048, 13075	马戈	1249

作者索引

马歌今	5511, 5770	马国强	2140, 3817, 3918, 4734, 5465, 5692, 5998
马革顺	11042, 11115, 11939	马国权	7191, 7260, 7262, 7270
马格里特	6805	马果	5930
马格丽特·热拉	6884	马海	10656
马格南特	11230	马海滨	8666
马公显	1530	马海东	1114
马公愚	1777, 10238	马海方	1342, 5893, 6054
马光	7669	马寒冰	11958
马光复	3494, 6325	马寒松	2306, 5516, 5528, 5545, 5588, 5709, 5805,
马光剑	6016		5830, 5973, 6156, 6236, 6282, 6350, 6637,
马光军	2025		10511
马光陆	12330, 12919	马罕茂德·萨里姆	5883, 6032, 6176, 6193, 6209
马光帽	755, 8456	马汉光	3249, 4463
马光瑶	5676	马翰章	2207
马光兆	7481, 8474, 8479	马行乾	11060, 11235, 11286, 11289
马广丽	1151	马浩	9400
马广全	5308	马和之	1530
马广文	8235	马恒福	9751
马贵民	12619	马衡	7246, 8119, 8569
马贵云	9360, 9533, 9538, 9555, 9563, 9564, 9581,	马衡麟	3802, 5504
	9661, 9663, 9671	马红霞	564
马桂花	12621	马宏道	1849, 3209, 3378, 3387, 4050
马桂琪	189	马宏藻	8721
马桂仙	12221	马虹	1158
马桂永	5610	马洪道	3766
马桂赞	847	马洪力	10733
马桂赞资	1463	马洪林	5023, 5046, 5637
马国光	11949	马洪琪	3270, 3292
马国翰	7232, 10936, 10937, 10946, 10947, 11013,	马洪业	12158, 12229
	11016, 11017, 11018, 11316, 11317,	马鸿	11207, 11208, 11209, 11210
	11329, 12242	马鸿麟	5018
马国竣	5278	马鸿增	348, 539, 805, 1374
马国立	5654	马华	10634, 12682, 12683
马国亮	500, 1375, 5710, 10237	马华林	8219
马国霖	11109	马怀金	5664

马焕民 2064, 2152, 3752, 4153, 4326, 4438, 4610, 4710, 5407

马建初 1334

马建刚 6431

马煌兴 3804, 4729

马建国 8838, 9700, 9708, 9725, 9745, 10081, 13134

马辉 11100

马惠田 12820

马建华 6041, 7737

马惠文 11609, 12094

马建钧 8332

马慧 5968

马建设 10204

马慧玲 10866

马建亚 6753

马慧先 2255

马建义 10030

马基光 1387, 4915

马剑华 11038, 11040, 11105, 11110, 11353, 11579, 11768, 12100, 12104, 12146

马吉 4246

马吉特·马姆斯特拉姆 8626

马健 6041

马吉星 5109, 5668, 13242

马健国 8840

马计斌 10107

马健君 13077, 13146

马际 2832, 5963, 5964, 6100, 6101

马健翔 5099, 5445, 12090

马季 12965

马健培 2295

马季戈 822, 8087

马健文 2873

马济民 6528

马健鹰 12886

马继森 10886, 10898

马江 2412, 3826, 4119, 4195, 4357

马继武 8204

马杰 4537

马继忠 3844, 3848

马杰生 3726, 3812

马骥 615, 1413, 2238, 5446, 9537, 9544, 12115

马捷 5063, 5071, 5075, 5086, 5097, 5100, 5124, 5135, 5142, 5577

马骥名 2252

马加糠 5252

马介麟 10719

马加尔沙克 12681

马金东 3256, 3280, 3331

马佳音 4163

马金生 10334, 10342

马家吉 8826, 8828, 8830, 8834, 8835, 8840, 8843, 8845, 8851, 9018, 9022, 9025, 9312, 9313, 9318, 9328, 9418, 9423, 9425, 9727, 10062, 10064

马金星 7453

马锦良 12079, 12087

马瑾凤 12111

马进孝 8863

马家骏 12752

马晋 987, 1698, 1761, 1780, 2569, 4895, 4901

马坚 6113, 6541

马晋封 517

马建邦 5002, 5003, 5045, 5050, 5059, 5076, 5263, 5409, 5428, 5533, 5858, 5906, 5984

马旌 2878, 10298

马璟舒 11267

马建彬 5229

马敬稳 3856

作者索引

马静	6514	马克·罗科福	10927
马静芬	10636	马克·罗克福	10987
马静卿	10886	马克·史密斯	607
马静岩	4991	马克·吐温	3514, 5430, 5597, 5626, 5649, 5981,
马久喜	419		5982, 5988, 5989, 6006, 6138, 6271, 6567,
马菊英	5727		6730, 7052, 7053, 7055
马军	6237, 6625, 8742	马克利斯	10869
马军瓤	13316	马克明	674
马俊	2333	马克思	007, 010, 021
马俊英	11667, 11964	马克斯·多奈尔	1078
马骏	1841, 2679, 6314, 6341, 6342, 6670	马克斯·罗斯塔尔	12475, 12476
马骏英	11667, 11973, 12601	马克西莫夫	11218, 13262
马卡罗夫	12363	马克西莫夫，K.	6895
马开达	3768, 5239	马克宣	5693, 5879, 5941, 10487
马开琪	3829, 4057, 4171	马克政	5852, 5942, 5987, 6095, 6299, 6323
马开印	2311	马客谈	206
马琪倬	5664	马逵斯	11095
马柯昔明柯	13253	马兰	1254
马科夫	12751	马兰改	7032
马可	5851, 8996, 10794, 10902, 11138, 11139,	马乐群	2448, 2720,
	11551, 11626, 11688, 11879, 11880,		2811, 2927, 3096, 3098, 3122, 3214, 3533,
	11881, 11882, 11894, 11937, 11954,		3540, 3593, 3614, 3615, 3616, 3618,
	11957, 11960, 12091, 12224, 12230, 12329		3645, 3657, 3676, 3681, 3689, 3704,
马可夫	6490		3725, 3743, 3749, 3786, 3957, 3982,
马可强	8819		4016, 4044, 4055, 4056, 4064, 4068, 4094,
马可原	12328		4102, 4104, 4105, 4108, 4113, 4124, 4134,
马克	707, 1209, 1390, 3032, 3045,		4136, 4137, 4140, 4178, 4179, 4181, 4184,
	3421, 6920, 6923, 6924, 6925, 6934, 6938,		4212, 4235, 4278, 4295, 4314, 4329, 4376,
	10821, 11063		4398, 4420, 4433, 4436, 4469, 4492, 4551,
马克·爱德华·史密斯	10154		4552, 4565, 4570, 4600, 4607, 4621, 4704,
马克·费侯	13069		4829
马克·格多斯多	13285	马乐天	11191, 11231, 11273
马克·杰木乃兹	035	马里	10830, 11753
马克·卡尔尼斯	13196	马里奥·布萨格里	455
马克·勒伯	079, 635	马力	5132, 12613

马力学　　　　　　　　12619　　马龙　　3429, 3443, 3481, 3510, 3514, 10285,

马立　4027, 5239, 5251, 5383, 5474, 5707, 6593,　　　　10592

　　　　10927　　　　　　　　　马龙滨　　　　　　　　6135, 6136

马立娣　　　　　　　　 2802　　马龙青　　　　　　　　　　1941

马立华　　　　 1077, 1419, 2918　　马龙文　　　　11144, 11151, 12927

马立祥　　　　　　　　 2526　　马鲁生　　　　　　11229, 11312

马丽华　　　7555, 7560, 7577, 7596　　马路　　1083, 1122, 1135, 1162, 2823

马丽华辑　　　　　　　 7571　　马路正　　　　　　　　　4839

马丽娜　　　　　　　　 6550　　马洛　　　　　　　　　 12669

马利阿什·菲里克斯　　　13261　　马曼纯　　　　　　　　　4261

马利阿什·尤吉特　　　　13261　　马梅　　　　　　　　　　5544

马利国　　　　　　4169, 9224　　马泌　　　　　　　 8454, 8456

马利华　　　　　　　　 6247　　马密　　　　　　　　　 13210

马连芬　　　　　　　　 5408　　马敏　　　　　　　 1962, 4453

马连良　　　　　 11877, 12072　　马敏然　　　　　　　　　5474

马莲　　　　　　 3768, 12618　　马名俊　　　　　　 9077, 9227

马良　　3524, 6650, 6668, 7068, 7098, 8116　　马名骏　2617, 9220, 9222, 9579, 9589, 9795, 9796,

马列维奇　　　　　　　 6810　　　　9797, 9798, 9799, 9808, 9810, 9814, 9822,

马烈　　　　　　　　　11545　　　　9848, 9864, 9866, 9941, 9946, 9954, 9994,

马烈克　　　　　　　　13256　　　　10013, 10015, 10028, 10031, 10036, 10041

马林　5416, 5499, 5786, 6267, 6879, 12489　　马明　　　　7432, 7453, 7475, 7544

马林春　　　　　 975, 984, 985　　马明俊　　　　　　 8810, 9948

马林发　　　　　　5624, 5774　　马鸣　　　　　　　　　　 961

马林楠　　　　　　　　12448　　马铭　　5607, 5862, 5945, 5971, 9413

马林重　　　　　　　　 5225　　马铭初　　　　　　　　　8651

马琳佳　　　　　　　　 1268　　马木真　　　　　　　　　6802

马麟　　　　　　　　　 1546　　马牧　　　　　　　　　 12098

马蔺　　　　　　　　　 5298　　马纳尔　　　　　　　　 13210

马玲玲　5386, 5575, 5727, 5841, 6109, 8702, 8750,　　马奈　　　　　　6797, 6883, 6885

　　　　8773, 9741, 9891　　　　　　马南　　　　9059, 9342, 9425, 11117

马凌威　　　　　　　　 7567　　马南坡　　　　　　　　　2255

马凌元　　　　　 12115, 12135　　马尼泽尔　　　　　　 137, 8602

马凌云　　　8939, 9096, 9395, 9980　　马涅维奇　　　　　　　 13032

马岭　　　　　　　 881, 4583　　马培宁　　　　　　　　　9595

马流洲　　　　　　2456, 3849　　马鹏　　　　　　　 3077, 5112

作者索引

马鹏飞	2686	马任	12303
马丕绪	1060	马荣	1128, 7121
马平发	7434, 7566, 7594, 7598	马荣成	6502, 6503, 6504, 6505, 6506
马其宽	976, 1311, 2545	马荣华	3879, 5248, 5424, 5805, 5911, 5974
马奇	023, 2718, 4229, 5807, 5810, 8765	马荣升	11531
马琦	12707	马融	5397
马启莱	5715, 5848, 10858	马如基	5397
马契列特	13217	马如璋	5033, 6501
马千里	8906	马如兰	4263, 4297
马倩	12303	马瑞	6493
马强	3830, 10297, 10303, 10309, 10562, 10573,	马瑞森	1233
	10609, 12829, 12835	马瑞增	1113
马槟	5978	马若龙	2912
马钦	8015	马萨	13200, 13223, 13275, 13276, 13299
马钦忠	206, 341, 722, 7383	马塞尔·哈尔东	8676
马清	10989, 11262	马赛	4768, 4769, 6189, 10768
马清潮	3281	马三和	3077, 3078, 3580, 3677, 3687, 3710
马清福	12767	马森	12724, 12727, 13122
马清和	2255	马森亮	6449
马清涛	3819, 3907, 3929, 3955, 3972, 4045,	马尚斌	9525
	4048, 4094, 4113, 4125, 4133, 4198, 4202,	马尚龙	519
	4203, 4247, 4265, 4350, 4360, 4434, 4439,	马少波	5735, 12720, 12723, 12789, 12889, 12897
	4476	马少华	9972, 10050
马清宇	3862, 5300, 5384	马少童	12892
马庆廉	3011, 3013	马绍德	8165
马庆云	1186, 2955	马绍先	2753
马秋岩	1955, 2575, 2673, 4280, 4342, 4664	马慎毅	1148, 10697
马曲超	5249	马生采	12114
马权安	12184	马生民	13216, 13291
马荃	1621, 2631	马生旺	2312
马泉义	3813	马圣龙	12310, 12329, 12331
马泉艺	5815, 5914	马胜	5687
马泉涌	2218	马胜凯	1151, 1201
马璟	1840, 2113, 2176, 2607, 3589, 3733, 3901,	马识途	5134, 5740, 5760, 5813, 5824, 5844, 5966
	4037, 4070, 4073, 4169, 4203, 4439, 10460	马士达	8464

马士科乌柴夫	1069	马斯特	13182
马士图	8115	马驷骥	8620, 8621, 8624, 8646, 13296
马世长	12586	马穗来	10660
马世华	7327	马骀	679, 1422, 1423, 1424, 1425, 1452, 1701,
马世金	3809		1702, 1706, 1711, 1715
马世荣	12139	马泰英	12623
马世云	10256, 10261, 10272	马涛	1603
马世治	2542	马陶	6637
马守良	6368, 6396	马特奥乌洛斯	13008
马守谦	12830	马特兰	456
马守清	13204	马特曼一年	13262
马寿华	307	马特维耶夫	6315, 6323, 6331
马寿石	8517	马腾斯	6866
马书斌	8314	马腾骧	4991, 5010, 5049, 8885
马曙	5030	马蹄疾	580, 8604
马树德	177	马天白	5500, 5655
马树河	10269, 10324	马天宝	5821, 6422, 6723
马树茂	6026	马天戈	2471
马树青	3325	马天乐	11239
马树学	6210	马天牧	6926, 6927
马双喜	8307	马天骐	1002, 1334, 3228, 4041, 4319, 4425, 4449,
马丝白	11042, 11371		4506, 4721
马思聪	11040, 11394, 11408, 11520, 11763,	马天琪	2579, 4220, 4545, 4691
	11765, 11766, 11774, 11935, 11936,	马天清	4042
	11938, 11941, 11943, 11952, 11953,	马田	11951
	11960, 12021, 12057, 12098, 12153,	马田宽	3384
	12162, 12163, 12164, 12169, 12179,	马铁	4976
	12186, 12188, 12193, 12199, 12222,	马铁飞	11034
	12223, 12225, 12228, 12248, 12326, 12451	马铁汉	11310, 12896
马思聪研究会	12179, 12180	马铁军	5762
马思琚	11106, 12190	马廷海	7636
马思芸	12157	马廷奎	5210, 5312, 5416, 5506, 5509, 5607, 5818,
马斯科尔文	003		5862, 5945, 5971, 6169, 6460, 6466
马斯涅	12428	马廷勋	5503
马斯赛里	13047	马庭奎	5271

作者索引

马彤文	7333	马西宁	3445, 3446
马淡清	8107	马西园	317
马万高	10192	马希光	5026
马万里	2255	马希桂	413, 425, 435
马万泉	8240	马晞	1910, 1920, 3964
马万贞	1091	马熙福	11168, 11169
马威	12819	马显龙	3143, 5539, 5681
马薇	12618	马献春	9575
马唯池	6376	马骧	11612, 11820
马唯驰	1198, 6376	马向院	4316
马维新	11811	马肖	11705
马维勇	8354	马骁	6808
马维岳	1327	马萧萧	7549
马维正	5791	马小红	6689
马伟	11244	马小娟	2183, 2299, 6057, 6163
马伟民	11211, 11748	马小军	5223
马卫东	12407	马小骐	1260
马卫路	5289	马晓	6102
马卫星	10779	马晓峰	3787, 5368
马魏华	7167	马晓歌	11290
马文	11087, 12238	马晓光	5790
马文锋	1307, 11492	马晓翱	12752
马文浩	12591	马晓林	10296
马文惠	5293	马晓琳	526, 6812
马文慧	6938	马晓宁	8673, 10139, 10763
马文萱	4369	马晓涛	7501, 7505, 7556, 7597
马文敏	6651	马晓旋	408, 1486
马文启	180, 186, 473, 1103, 1123, 1147, 1165,	马效龙	11486
	6897, 6900, 8602, 10724	马啸弓	9261
马文茜	6318	马歇儿	451
马文忠	5183	马歇尔	8767, 8768
马武	5760	马燮文	2181, 2472
马西光	873, 1363, 1773, 2083, 2401, 3731, 4954,	马欣来	5735, 8811
	5123	马欣然	4898
马西平	10840, 11291	马新民	6260

马新宇	563	马一辛	10387
马鑫	7356, 8399	马宜刚	9135
马兴	7069, 7070, 7071, 7074	马以錱	4882
马星华	3928	马义兴	5892
马雄	6656	马忆湘	5536
马修	10839	马亦钊	8279
马秀改	7618, 7620	马易	3078
马秀华	11280	马奕	12783
马秀香	10440	马毅工作室	6722
马秀英	1211	马翼健	11492
马秀云	12407, 12409	马英	5051, 5520
马秀珍	2074, 4231, 4277, 4352, 4495, 4525	马映晖	2976
马虚若	10788	马永春	3078
马叙伦	8114, 8169, 8206	马永进	6061
马学超	12758	马永强	7160, 7192
马学礼	3822, 3832	马永欣	6464, 6517, 6588
马学鹏	2451, 3707	马永梓	9577
马学琼	7269	马咏春	4027
马雪梅	6679	马泳春	3301
马寻文	2358	马勇	5358, 8861
马雅利	10302	马友道	12157
马亚东	9820	马有基	8746
马亚俊	2389	马有容	5678
马亚利	3917, 6750	马宇微	6383
马延岳	268	马玉峰	033
马燕	6662	马玉浩	8236
马阳	5741	马玉科	5654
马瑶	1191	马玉麟	12891
马耀华	3844	马玉如	1098
马也	4411, 4489, 4630, 4645, 12692, 12696	马玉生	6208
马野	4812, 4827, 10117	马玉田	019
马一丹	1084	马玉玺	12085
马一浮	8224, 8252, 8289, 8570	马玉岩	2777, 3185, 3191, 3197, 3778, 4008, 4095,
马一平	131, 1083, 2786, 2913, 3919		4133, 4360, 4485
马一亭	6447	马玉印	13195

作者索引

马玉珠 3500
马育麟 10661
马育文 8989
马煜 5687
马豫 933
马元 3363
马元浩 460, 8818, 8830, 8833, 8857, 8904, 8962, 9022, 9117, 9243, 9312, 9316, 9317, 9341, 9347, 9352, 9377, 9383, 9384, 9386, 9389, 9390, 9391, 9397, 9398, 9405, 9408, 9412, 9417, 9420, 9423, 9431, 9437, 9456, 9530, 9532, 9533, 9549, 9558, 9562, 9565, 9567, 9568, 9573, 9575, 9578, 9585, 9590, 9591, 9594, 9602, 9603, 9607, 9614, 9617, 9620, 9621, 9622, 9624, 9625, 9626, 9628, 9639, 9640, 9646, 9658, 9666, 9669, 9696, 9704, 9710, 9715, 9722, 9729, 9811, 9812, 9815, 9819, 9823, 9825, 9830, 9834, 9837, 9841, 9844, 9847, 9855, 9860, 9881, 9890, 9939, 9955, 9957, 9971, 9978, 9993, 10000, 10002, 10025, 10039, 10047
马元洪 9399
马元洁 9570
马元威 5329, 6258
马元熙 12300
马元驭 1620, 1645, 1646
马援 1334
马远 818, 1540, 1548, 1550, 2300, 2310, 4057, 6637, 6820
马远良 6829, 10396
马约尔 6901
马岳 1752, 4982
马越 11751
马云 1367, 1838, 3856, 3858, 3916, 3946, 8891, 9013, 9347, 9538, 9539, 9584, 9585, 9588, 9618, 9798, 9841
马云浩 9620
马云亮 510
马云鹏 13243
马云平 2377, 2388, 4812
马云桥 2053, 2059, 2073, 3277, 3298, 4312, 4330, 4357, 4365, 4455, 4459, 4472, 4478, 4540, 4543, 4579, 4617, 4626, 4648, 4676, 4705, 4750, 4784
马昀 4152, 4214, 10447
马允伦 5436
马运增 8692, 8724
马扎斯 12461, 12476
马泽斌 12140
马增千 5613, 5842, 6055, 6584
马增善 819
马昭运 9147
马兆辰 11326, 12302
马珍媛 10920
马振江 6350, 6380, 6582
马振麟 471
马振龙 6751, 10420
马振铨 12923
马振声 1833, 1968, 2017, 2113, 2152, 3294, 3825, 3930, 4000, 5508, 6085
马振祥 2421, 3760, 3805
马正建 6433
马正泉 5231, 5354, 5435, 5607
马正荣 10351, 10354
马正容 10365
马正太 3746, 5715
马正元 11808
马志昌 6201
马志丰 997, 1002, 2030
马志高 6766

马志和	2255	玛察	357
马志江	6210, 7069	玛格丽特·杜鲁门	6280
马志良	11509	玛格丽特·拉热尔	6884
马志敏	11211, 12482	玛格丽特·朗	11226
马志强	4615, 4867	玛格丽特·米切尔	6429
马志勇	6426	玛克	11231
马志宇	6651	玛克西米里安·斯坦贝尔格	11073
马志忠	4066, 4138	玛克西莫夫	11218
马治堂	5046	玛拉	1212
马致远	6384	玛拉沁夫	5109, 11784, 11785
马稚甫	11180, 12426	玛丽	5749, 5751, 13065
马中华	7451	玛丽–洛尔贝尔纳达克	543
马中义	395	玛丽·安·考斯	590
马中原	9141	玛丽·比尔德	191
马忠国	11045	玛丽·道奇	6007, 6008
马忠群	2824, 5341, 5615, 5784, 5910, 6193	玛丽·戈拉德	192
马忠义	2158, 2186, 2202, 2251, 8299, 9786	玛丽·赫·温奈斯特朗	10871
马钟琇	12741	玛丽·卡萨特	6851
马钟元	040, 064	玛丽·马里安	186
马仲秀	5080	玛丽·马修斯·吉多	528
马重慧	6670	玛丽·麦克斯威根	6345
马壮业	9553	玛丽·维克多·雷芒	6860
马子民	7411	玛丽·雪莱	7054
马子群	4620	玛丽莲·希曼德	1190
马子跃	12672	玛丽琳·丽艾	461
马子云	7667, 7704	玛丽亚·奥古斯塔·特拉普	13112
马紫晨	10993, 11828, 12918, 12959, 12975	玛利亚·克里斯蒂娜·高佐莉	181
马自强	971	玛利亚·米兰达	374
马宗霍	7243, 7266	玛斯拉尔斯基	12363
马祖熙	3763, 3779	玛斯刘阔夫	13261
马佐兰尼奇	5940	玛西亚·塔克	199
玛·克尼别尔	12683	玛耶夫斯卡亚	13261
玛·克涅别尔	12801	蚂毅工作室	6726
玛·斯特罗耶娃基	12754	买德颐	12508
玛采尔	11079	买鸿昌	5278

作者索引

买买提·阿尤甫	6456	麦国雄	1820, 1834, 1852
买买提·艾衣提	5226	麦华三	2428, 3951, 7249, 8146, 8206, 8381
买买提·艾依提	2750, 2815, 9338	麦华之	7248
买买提塔提力克	11677	麦家碧	6687, 6695
迈尔	10791, 10845, 10846	麦考迪	499
迈尔斯	029	麦科诺基	12412
迈高·巴塞尔	8793, 8794, 8795	麦可·米德维	13155
迈浩	5777	麦克·雷期	10828, 10829
迈克	12951	麦克·欧	12823
迈克尔·E. 菲利浦斯	13284	麦克阿托	12513
迈克尔·杰·兰福德	8758	麦克迪	177
迈克尔·莱格福	8785	麦克菲逊	11099
迈克尔·赖特	639, 1200	麦克莱兰	136
迈克尔·兰福德	8710, 8801	麦克林	004
迈克尔·兰福特	8763	麦肯	13050
迈克尔·林奇	10927	麦荔红	116, 5694
迈克尔·韦斯特	5803	麦粒	4772, 8825, 8836, 8837, 8840, 8842, 8843,
迈克尔·韦斯特莱克	13160		8897, 9308, 9313, 9314, 9326, 9328, 9342,
迈克尔·沃尔夫森	11206		10051, 10112
迈拉·戴维森	10761	麦玲	10989
迈斯纳尔	13251	麦尼埃	8670
迈耶	128, 129	麦启深	9524, 9992
迈耶尔	032	麦倩宜	7017, 7018, 7022, 7023
麦城	039	麦青	5671
麦翠丝	10192	麦仁杰	3445, 3446, 3483
麦迪森	6678	麦荣邦	3443, 3474
麦丁	11233, 11234, 11238, 11284, 11434, 11984	麦三华	8179
麦恩齐	10194	麦什特洛维奇	8673
麦尔考柯	12447	麦绥莱勒	6912, 6913, 6918, 6920, 6923, 6926,
麦尔克姆·科利奇	181		6927
麦放明	3104	麦穗	3550, 8197
麦非	2981	麦啸霞	12752
麦烽	8688, 8730, 9058, 9106	麦新	11656, 11695, 12400
麦高文	13120	麦幸安	5369
麦国明	8942	麦扬	6656

中国历代图书总目·艺术卷

麦英能	9865	漫画技法研究会	1248
麦展穗	11707	漫画选刊编辑委员会	3416
麦兆暄	8187	漫画月刊编辑室	6931
麦振夏	8682	漫溪	4995
麦正	2181	漫湘	4246, 4414, 4947
麦紫	6216	芒登	10498
麦紫婴	11286	芒萨·卡尔沃·安格里	636
满达	3634	忙草	6108
满谦子	11837	莽苍	2031
满瑞	12092, 12121	莽苍社编辑部	275
满生	4452	莽珉	13281
满天澄	110	莽双英	12643
满天飞	3476	莽野	6842
满天星	10755	毛岸青	6418
满懿	141, 1267, 10398	毛保铨	367
满永振	5686	毛秉乾	4115, 8156
满玉华	11986	毛秉乾等	3333
曼德	8689	毛秉权	3605, 5041
曼德尔	454	毛炳全	7492
曼迪	12376	毛长富	12823
曼华	6959, 6960, 6961, 6962, 6963, 6973, 6974,	毛长水	1343, 8338
	6975, 6976, 7048	毛成贵	3792
曼立	7033, 7034	毛承澜	8534
曼玲	5218, 5251, 5636	毛崇杰	197
曼宁	11227	毛骧	2831
曼生	5520, 5846	毛达志	12927
曼世才	3918	毛大纶	836
曼硕	160	毛岱宗	1184, 2830
曼特尼亚	6900	毛丹	11573
曼威尔	13113	毛丹峰	2801
曼西	11772	毛澹然	9090, 9840
曼珠	3433	毛德宝	10217, 10218, 10229, 10336, 10393
曼英	12036	毛德慧	3002
蔓月	6688, 6694	毛德玲	7059
漫画编辑部	3405, 3407	毛迪	3526

作者索引

毛发祥	8294	毛毛	6568
毛峰	7485	毛民生	6281
毛烽	13230	毛明杰	3865
毛谷风	8212	毛明祥	2343
毛广淞	8318	毛铭三	3455, 3491
毛桂英	4394, 4485	毛姆	5590
毛国保	3921, 6065, 6179, 6472, 6498, 6723	毛宁训	9945
毛国富	2146, 2669, 2811, 2951, 3384, 4179, 4293,	毛佩琦	10774, 10781
	4328, 4365, 4526, 4608, 4662, 4666, 4989,	毛奇龄	8614, 11003, 11010, 11011, 11012, 12304
	5623, 10445, 10448, 10450	毛启俊	7352
毛国伦	2399, 2407, 2412, 3872, 6140, 6173	毛乾乾	11006
毛国荣	5681, 5989, 6061, 6185	毛摈	11975
毛国信	5257	毛青兰	7012
毛汉城	10279	毛青南	11257
毛亨	7635	毛蓉辉	8751
毛宏军	11983, 11987	毛蓉蓉	5845, 6061
毛宏立	8467	毛瑞村	7384
毛慧碧	2961	毛生	11029
毛继良	8688	毛水仙	1334, 2357, 4158, 4228
毛继增	11338, 12148, 12639	毛松友	8714, 8716, 8717, 8732, 9044
毛加农	6390	毛颂恩	3074
毛家华	12891	毛颂赞	5340
毛建雄	050, 053, 187, 8710	毛田坤	6662
毛剑	8846, 10636	毛廷佐	1421
毛健全	2237	毛万宝	7398
毛金华	8783	毛葳	1329
毛晋	731, 746, 747, 836, 7708	毛魏云	7584
毛君炎	183, 185, 188, 8674	毛维会	6483
毛君焱	410	毛伟志	11876
毛亮英	5224, 5300, 5315, 5329, 5334, 5338, 5351,	毛文彪	2778, 3288, 3292, 3341, 3342, 3365, 3885,
	5395, 5457, 5488, 5502, 5509, 5588, 5641,		3916, 3981, 4298, 4506, 5280, 5401, 5883
	5650, 5659, 5663, 5686, 5705, 5717, 5733,	毛文佐	1339, 3885
	5783, 5807, 5826, 5838, 5845, 5941, 5998,	毛祥麟	12731
	6106, 6122, 6179, 6255, 6287	毛翔飞	4270
毛履鄂	5084, 5118, 5756, 6074, 6172, 6443	毛翔先	3875, 4384, 4464, 4491

毛小龙 6401
毛小琪 4070, 4179, 4414, 4492
毛小榆 1114, 1258, 3513, 5835, 6425, 6470
毛小雨 8613, 13211
毛孝弢 7441, 7477, 7492, 7554, 7560, 7580, 8353, 8433
毛雄定 2766
毛选选 8252, 8397
毛学铺 446
毛雪峰 2237
毛迅 11625
毛延亨 10190
毛燕 201, 202
毛燕夏 6572
毛阳荣 4690
毛一昌 5838, 5839, 5984
毛宜信 1457
毛逸伟 2903, 3331
毛翼 633, 10651, 10656
毛英 5263
毛鹰 12766
毛永煌 5444, 5461, 5520, 5531, 5768, 5930, 5958, 6151, 6326, 6378, 6390
毛永谦 10699
毛用坤 3415, 4892, 4910, 4933, 4969, 5054, 5325, 5468, 5511, 5557, 5558, 5603, 5719, 5744, 5815, 5835, 5975, 6021, 6043, 6343, 6461, 6469, 6473, 12605, 12627, 12902
毛宇宽 10854, 10856, 10863, 11140, 11180, 11267, 11268, 12361, 12363, 12370, 12414
毛羽 13232, 13244
毛雨 202
毛玉龙 5290
毛元灿 10760
毛云之 1956
毛允真 4897
毛再生 3532
毛泽东 5141, 7567, 8133, 8134, 8136, 8137, 8139, 8140, 8158, 8163, 8169, 8237, 8253, 8254, 8295, 8303, 8307, 8319, 8332, 8389, 10560, 11463, 11464, 11686, 11953, 11974
毛泽东故居图书管理组 291
毛泽东思想胜利万岁馆 3171
毛泽东同志主办农民运动讲习所旧址 2740, 3185
毛泽东同志主办农民运动讲习所旧址纪念馆 2740, 3178
毛泽东选 3280
毛增南 2575
毛增印 10742
毛振业 3325
毛震耀 4949, 5038, 5080, 5087, 5140, 5176, 5197, 5268, 5318, 5399, 5462, 5572, 5648, 5948, 6093
毛拯民 11201
毛枝庭 10678
毛志毅 5310, 5496, 5513, 5514, 5537, 5720, 5745, 5979, 6046, 6219, 6263, 6280, 6291, 6319, 6338
毛主席 8142
毛主席纪念堂雕塑创作组 8630
毛主席在江西革命活动纪念馆美术组 3757
毛主席在延安领导中国革命纪念馆 9050, 10100
茆川茂 7140, 7142
茆耕茹 12934, 12953, 12956
茅达 6310
茅大容 8577
茅地 11973
茅盾 5899, 6574
茅芙影 5926, 6065, 6242
茅红梅 6524

作者索引

茅捷	6294	貌阵昂	12780
茅瑾	9008, 9020, 9360, 9369, 9370, 9409, 9424,	懋勤	5443
	9824, 10069	眉水	5784
茅菁	6205	眉溪	6546
茅九荣	9058	眉县文化馆	3842, 3865
茅鸣九	7502	梅安才	5172, 5195, 5240, 5338
茅苹	5980	梅葆玖	12072
茅塞	5005	梅边	5336
茅小浪	117, 10138	梅边石	3188
茅晓峰	2935, 6294, 11971	梅滨	11552
茅亚平	10035	梅长庚	13282
茅一相	643, 661	梅长龄	13058
茅以春	3607	梅翀	1611
茅永	5921	梅崇源	5042, 5053, 5094, 5097, 5127, 5130
茅永宽	9132	梅初	5927, 6002, 6012, 6013, 6465, 6740
茅于润	10803, 10870, 10924, 11079, 12227	梅创基	1209, 2908, 3029, 3048
茅沅	11449, 11672, 11883, 11955, 12093, 12146,	梅村	10442
	12147, 12153, 12166	梅德契克	13254
茅原	10849, 10894, 10906, 10993	梅德生	5580, 5650, 5929
茅源	12147, 12335	梅迪仁	12129
茅织云	3729, 3740	梅丁衍	550
茅志云	3689, 4940, 5044, 5100, 5136, 5140, 5383,	梅鼎	6206
	5540, 5964	梅定开	4093, 4370, 4390, 4483, 4614, 5769, 5917
茅子良	8554, 8555	梅朵	8963, 13115
茅子音	268	梅尔·贝	12479
卯洛	12589	梅尔库罗夫	8602
茂九中文艺创作组	11390	梅尔清	1515
茂名石油化工公司安全处	3386	梅尔维尔	7052
茂名石油化工公司美术协会	3386	梅尔西戈	13307
茂名市文化馆	5261	梅斐	6467
茂秋	7087	梅斐尔德	6915
冒澄	5854, 6099, 6148	梅格斯	10198
冒广生	12744	梅国民	3840
冒鹤亭	12750	梅哈根	11231
冒怀苏	5276, 6923	梅汉珍	5535, 5576, 5693, 5708, 5748, 5834, 5910,

6112, 6230, 6233, 6256, 6263

梅红　　9901

梅洪　　3830

梅花馆主人　　1708

梅华　　4884

梅慧敏　　10601

梅加强　　4535, 4679

梅建文　　10160, 10161

梅建业　　5830

梅剑龙　　3586, 3628

梅健鹰　　1904, 2498, 2978

梅杰　　8586

梅景周　　12862

梅毅成　　11326

梅军　　3919

梅凯　　5409, 5831

梅兰芳　　1769, 4890, 11830, 12866, 12868, 12875, 12876, 13178

梅兰芳纪念馆　　12883

梅兰菊　　6222

梅兰珍　　12954

梅勒　　8521

梅里　　5691

梅里美　　5564, 5755, 6522, 7007

梅林　　6324, 8734, 8754, 9069, 9254, 9297, 9482, 9483, 9769, 9816, 9909, 9922, 9984, 10004, 10005, 10090, 10119, 13121

梅林卡　　12450

梅岭　　6228

梅伦　　8839, 8841

梅珞　　1231, 5337, 5351, 5371

梅墨生　　544, 2285, 7370, 7401, 7731, 8290, 8307

梅萍　　6571

梅崎浩志　　7056

梅阡　　5459, 5716

梅乾正　　9233

梅清　　1611, 1615, 1639, 1648, 1649, 1650, 1651, 1652, 1667, 1691

梅琼　　6648

梅翟山　　1654

梅山工程指挥部工人业余创作组　　5205

梅少山　　5091, 11908

梅绍武　　5541

梅生　　4885, 5294, 9474, 9486, 9758, 9764, 9765, 10003, 10005, 10078

梅声　　5264

梅述　　5259, 5262, 5286, 5303

梅述竹　　5189, 5202

梅树石　　5058, 5194

梅斯特罗维奇　　8669

梅甚善　　11992

梅塔斯塔肖　　12427

梅特洛夫　　12443

梅廷林　　9344, 9530

梅突斯　　13251

梅文　　2009, 4595, 5264, 5294, 5355, 5916, 6091, 13205, 13206, 13263, 13275

梅文鼎　　8661

梅文南　　10725

梅县地区"革委会"文化局《高山哨所》创作组　　5198

梅县专区"革委会"政工组　　5151

梅肖青　　1384, 1799, 2276, 2618, 3716, 5083

梅小卉　　191

梅心　　4982

梅雪　　11735

梅雅尔　　10923

梅延林　　9348, 9371, 9375, 9390, 9409, 9432, 9526, 9575, 9850, 9890, 10000, 10015, 10067, 10069

作者索引

梅耶	128	美国消费者指南编辑部	8731
梅耶尔	11142	美国新闻处	12412
梅耶荷德	12820	美好	9927, 10098
梅仪	4903	美好景象	9519, 9923, 9926
梅樱	9344, 9346, 9363, 9578, 9665, 9819, 9822, 10021	美好景象图片公司	2845, 6893, 9511, 9512, 9514, 9516, 9518, 9778, 9780, 9781, 9782, 10126
梅瀛	6674, 6680, 6681, 6690	美华浸会书局	12435
梅影草堂主人	8501	美景余	9674
梅与天	2922	美丽柯罗板印刷公司	1698
梅禹	4918	美丽其格	11953
梅玉阁	6289, 6293, 6307	美良	6244
梅云	4967, 4987, 4995, 5042, 5053, 5594, 6466	美美	11926, 12421
梅正国	7369	美群	2854, 3535, 3566, 3579, 3600, 3620, 3639, 3709
梅正云	12130		
梅忠智	621, 1449, 1450, 2181	美社	8866
梅重	9141	美术编辑部	291, 1283
梅州客家联谊会合	8860	美术读物出版社	3531
梅主	5426	美术工作室	485
梅子	1325	美术家出版社	1909
蝤石	5262, 5280, 5298	美术家协会湖南分会创作组	3698
蝤怡	6425	美术家协会天津分会美术组	3140
湄潭县《一把七星刀》创作组	5332	美术教育研究会	6629
煤炭工业出版社	11419	美术研究会	1498, 1499, 1500, 1501, 1531, 1564, 1618, 1619, 1620, 1623, 1624, 1627
美工社	10561		
美工图书社	154, 1099, 1121, 1178, 1237, 6679, 7060, 8775, 10297, 10360, 10370, 10376, 10377, 10378, 10379, 10380, 10383, 10387, 10536, 10551, 10582, 10612, 10719, 10725, 10746, 10748, 10751, 10752	美术资料组	625, 2496
		美树本晴彦	6997, 7066, 7091
		美协贵州分会	3407
		美协贵州分会筹委会	601, 2993
		美协湖南分会创作组	3732
美国道布尔戴公司	8743, 8745, 8746, 8747, 8751	美宣	6540
美国儿童电视公司	5905	美洋	5741
美国柯达公司	8738, 8759	美艺	5047
美国柯达公司业余图书室	8757	美玉	5674
美国米诺尔塔公司	8743, 8745, 8746, 8747, 8751	美院附中三年级	4989
美国摄影书籍出版公司	8759	美院附中三年级学生	4973

门采尔	6783, 6895, 6896, 6901	蒙山	6149
门仓诀	12371	蒙特英	4518
门德尔松	12465, 12522, 12533, 12538, 12544	蒙西	6265, 6268, 6274
门德尔松–巴托尔第	12551	蒙显刚	5587, 5778, 6003, 6018, 6265
门德尔逊–巴尔托迪	12491	蒙萱	8781
门德来	10756	蒙妍	2306
门槛创作室	11163	蒙艺	6673
门马直卫	10852	蒙原	5829
门斯	1107	蒙造华	7494
门头沟美术创作组	2748	蒙子军	2025, 2043, 3330, 8171
门头沟区委宣传部	2333	蒙紫	8864, 8930, 8969, 9256, 9257,
门头沟区文化文物局	12347		9375, 9524, 9792, 9823, 9827, 9828, 9831,
门头沟文化馆	11593		10040, 10068, 10108, 10679
蒙德里安	6804	萌思	6073
蒙发祥	1352	孟白	3061, 3062, 3063
蒙复旦 2703, 5764, 5959, 5981, 6044, 6615, 9519,		孟秉坤	3149
10560		孟波	11621, 11950, 11962, 12400
蒙哥利	6355, 6364, 6366, 6372	孟超	2367, 12898
蒙光朝	12095	孟超美	10842
蒙国锋	4059	孟朝霞	3510
蒙国荣	12622	孟朝阳	10759
蒙海旦	6186, 6254, 7069	孟称舜	6386
蒙惠	10605	孟春	8739
蒙家敏	4134, 4203	孟春燕	8792, 12645, 12798, 12999
蒙嘉	7080	孟达	7800
蒙锦治	6002	孟大鹏	11132
蒙军	8307	孟德安	1175
蒙克·达丽编	7077	孟德富	5495
蒙来	4960	孟德格查	7102
蒙力亚	4043	孟德荣	7356
蒙纳汉	1078	孟德斯	6917
蒙南生	5809	孟发国	8966
蒙佩强	6519	孟凡聪	6228
蒙秋萍	705, 5865	孟凡刚	8432
蒙仁周	8307	孟凡明	6720

作者索引

孟凡武	9127	孟晋	11371, 12364
孟凡西	8408	孟晋元	3286, 3837, 3875, 3961
孟凡玉	2332	孟宽让	10508
孟凡洲	5100	孟堃	7346
孟繁聪	6459	孟浪	13276
孟繁锦	8250, 8332, 11515	孟犁野	13148
孟繁树	12692, 13298	孟立慧	12408
孟繁禧	7290, 7296, 7326, 7380, 7501, 7516, 8248	孟良	5637, 5814, 5872
孟繁榛	11195	孟林	7635
孟方倩	8536	孟令颐	2183, 2450, 2689
孟逢贤	257	孟刘翔	11258
孟福印	13201	孟禄新	549
孟庚	10884, 11274, 11276, 11277, 12554	孟牟	13216
孟固	804	孟漫	5287
孟光涛	1968, 2043, 2603	孟敏	5015, 5045
孟广涵	2318	孟明	1832
孟广钧	12414, 13250, 13253, 13257	孟鸣	1411
孟广征	11711	孟慕颐	2719, 3588, 3654, 3685, 3687, 4253,
孟广治	8267		4340
孟贵彬	11035, 11450, 11953, 11957, 11959	孟平	6286, 6295
孟桂	9133	孟庆彪	3127, 8996, 8998
孟国华	2906	孟庆彬	7481
孟国治	8303	孟庆道	5788
孟海	1259	孟庆复	12332
孟海鹏	5642	孟庆谷	1254, 2181, 2826, 10302
孟华	8988	孟庆和	9449, 9450
孟华甫	5838	孟庆甲	8149, 8150
孟化风	7629	孟庆江	1449, 1999, 3722, 4038, 4144, 4155, 4344,
孟辉	11494		5011, 5039, 5251, 5382, 5399, 5452, 5499,
孟会祥	7348		5506, 5530, 5627, 5631, 5687, 5698, 5725,
孟慧娅	7036		5738, 5775, 5925, 5962, 5969, 6010, 6167,
孟继舜	2684		6348, 6362, 6382, 6403, 6555, 6616
孟俭红	6462	孟庆林	4208
孟介臣	8505	孟庆龙	6058
孟津	12279	孟庆年	4970

孟庆荣 591
孟庆文 168
孟庆祥 3915, 7455
孟庆远 6391, 6395, 6398
孟庆云 11534
孟森 385
孟森耀 5188, 5193, 5275
孟升荣 12199, 12497, 12502
孟十还 6913
孟石初 3512, 5603, 6665
孟书清 5407
孟思 6252
孟涛 13050, 13196
孟天宇 7523, 7548
孟庭丽 9032
孟维 5697
孟维平 10974
孟伟哉 1405, 5401, 5728, 5808
孟文涛 10901, 11076, 11088, 11164, 11167, 11383
孟锡麟 8503
孟隙生 8737
孟喜元 3747, 4276, 5306, 5342, 5366, 5513, 5540, 5759, 5868, 5934, 6055, 6440, 6496
孟咸昌 3211, 3227, 3228, 3232, 3249, 3287, 3291, 3981, 4016, 4152, 4198, 4267
孟宪宝 2388, 4471, 4619, 4642, 4705, 4743, 4791, 4806
孟宪斌 1923, 11978
孟宪滨 1942
孟宪成 2938
孟宪福 10802
孟宪国 3964, 4105, 4111, 4133, 4186, 4259
孟宪励 13063
孟宪鹏 10924
孟宪维 8296
孟宪云 5312
孟宪志 11503
孟祥春 5740
孟祥林 10926
孟祥顺 2587
孟筱敏 11166, 11167, 13067, 13197
孟昕 6670, 6671
孟昕伯 5591
孟新民 2060, 2125, 4515
孟新明 2125, 4316, 4371, 4484, 4718, 10292
孟醒 12067
孟岫岩 6881
孟薛光 4344
孟阳 3886, 5329, 5340, 6000, 7122
孟养玉 3589, 3727, 3809, 3850, 3859, 3938, 3970, 4032, 4152, 4318, 4322, 4390, 4969, 4974, 4985, 5010, 5013, 5033
孟瑶 12755, 12756
孟一心 12814
孟寅 6350, 6351, 6355, 6359, 6360, 6369, 6374, 6379
孟英 4965, 4991
孟英声 3349, 4142, 4143, 4967, 5025, 5036, 5068, 5101, 5436
孟瑛 4517, 4548, 4705
孟莹 8089, 8401
孟庸 3657
孟有珍 3948
孟玉瓒 9241
孟煜佳 10793
孟章 6190
孟昭鸿 8535
孟昭江 6669
孟昭连 10721
孟昭瑞 8977, 9603

作者索引

孟昭升	12065	弥勒县"革委会"政工组宣传组	5180
孟昭胜	5773, 6007, 6016	弥羿	5842
孟昭勋	12821	弥松颐	4111, 4169
孟昭毅	12706	迷歌	11738
孟昭禹	6419	迷走	13063
孟兆刚	10869	糜耕云	1899, 1979, 2651
孟兆辉	7899	糜鹿萍	11032
孟照瑞	9074	糜月楼主	12737, 12739, 12741
孟振基	5946	米·尼·鲁米安采夫	13003
孟振林	1091, 10219	米·武雅契奇	5998
孟咨初	5954	米春茂	996, 1966, 1970, 1994,
孟左恭	5055		1995, 2012, 2043, 2148, 2366, 2430, 2565,
梦蝉	6907		2569, 2571, 2572, 2630, 2631, 2656, 3836,
梦晨	9854		3984, 4078, 4126, 4183, 4200, 4203, 4241,
梦道	4999		4272, 4289, 4320, 4422, 4430, 4464, 4483,
梦富	9125		4552, 4594, 4614, 4619, 4623, 4650, 4657,
梦歌	11510		4673, 4739
梦海	5410, 5771	米大中	5750
梦觉非	9083	米蒂	7977
梦林	6528	米丁	463, 6516
梦露	9769, 9770	米尔恩	6569, 13011
梦山	6568	米尔库李耶夫	13256
梦亭	6247	米尔恰·辛金勃梁努	5700
梦晚生	12738	米蒂	575, 731, 732, 733, 734, 839, 1012, 1014,
梦翔	6372		1015, 1048, 1058, 7170, 7171, 7172, 7173,
梦玄	5571		7174, 7219, 7233, 7264, 7608, 7665, 7673,
梦学	5899		7674, 7675, 7676, 7686, 7790, 7791, 7944,
梦一	1721		7945, 7946, 7947, 7948, 7949, 7950, 7953,
梦吟	6707		7954, 7955, 7956, 7958, 7959, 7960, 7961,
梦瑛	7952, 7959		7962, 7971, 7973, 7974, 7977, 7978, 7980,
梦宇	6372, 9454, 9891		7983, 7985, 7987, 7988, 7990, 7993, 7994,
梦月	6708		7998, 7999, 8000, 8002, 8004, 8006, 8009,
弥渡县花灯剧团弥渡县文化馆云南省花灯剧团			8010, 8012, 8013, 8420, 8427, 8429, 8430,
	11869		8431, 8435, 8436, 8437, 8439
弥勒	513	米谷	276, 1889, 3401, 3405, 3408, 3418, 3480,

4877

米国明 4958
米哈尔科夫 12361
米哈伊尔·罗姆 13203
米哈依尔·顾依达 6881
米哈依洛夫 124, 493
米哈依诺夫 6837, 6908
米海妹 10188
米禾 6332
米赫叶娃 10820
米家庆 10135
米俊峰 3699, 3745, 4098
米开朗基罗 364, 519, 1122, 1154
米开朗基罗·波纳罗蒂 364
米拉尼 7034
米莱 6783
米莱司 6850
米兰 6051
米老 6680
米勒 1123, 10840
米勒·亚格尼斯原 12659
米勒得 10558
米勒森 13225
米里 7031
米立 4910
米立权 2893, 2905, 2953, 3116, 3117, 3724, 3737
米利威·马托赛茨 5850
米林 6294
米柳汀 12416
米罗 526, 6805
米妮 6515, 6521, 6532, 6539
米普 6375
米强 10585
米森 521
米山文明 11135

米文杰 2255
米希 12103
米晰 12118
米襄阳 8424, 8427
米雪布维 10190
米羊 6685
米耶洛夫斯基 13199
米瑛 2930, 3595
米永亮 032, 129
弭菊田 907, 1968, 2484
泌滋兰芷 10601
宓风光 2905, 8645
宓玲 1833
宓胜 3851
宓晓明 7121
秘金通 5334, 5427, 5641, 5941, 6227
秘景超 614
秘修斌 1313
秘自义 5184
密勒 13006
密司邦司基 13262
密县文化广播电视局《密县戏曲志》编辑组 12778
密云水库管理处 9797
密云水库修建总指挥部政治部 11444
蜜蜂画社 1705
蜜蜂画社征集并 1705
蜜兰德·菲萝斯 1183, 1200
绵阳"地革委"文艺创作学习班 5176
绵阳"地革委"连环画创作组 5243
绵阳地区《大寨精神放红光》连环画创作组 5194
绵阳市文化局 12771, 12944
绵阳市中区文化馆 12973
绵阳县文联 6746
沔阳县"革命委员会"政工组 5184

作者索引

勉行 11770, 11772

苗壁 10304

苗波 4979

苗德生 10867

苗地 3413, 3421, 3422, 3480, 3512, 4941, 5502, 6306

苗棣 13066, 13067, 13198

苗东 5346

苗刚 5426

苗里 3023

苗歌 4910

苗佳硕 3784, 3797, 3987, 4282, 4383, 10351

苗佳硕设计绘 10355

苗家硕 4243

苗建华 6114

苗杰 5475, 5596, 5838

苗晶 10900, 10908, 10917, 11401, 11804

苗坤 12667

苗蕾 12121

苗连侠 3817

苗林 4908

苗岭歌声编委会 11771

苗岭之声编辑部 11984

苗苗 6420, 6421

苗培红 8332

苗培时 5102

苗青 3470

苗如茵 5385

苗善政 13302

苗实 12557

苗蔚 6534

苗秀 6382

苗延秀 4914

苗英涛 12118

苗永恒 4848, 4849

苗永华 2056, 2060, 2093, 2094, 2110, 2131, 2132, 2160, 2161, 2172, 2372, 2376, 2379, 2380, 2394, 4649, 4700, 4710, 4738, 4777, 4787, 4800, 4803, 4819, 4848, 4849

苗再新 4004, 5632, 6005, 6015

苗泽芬 12911

苗占钧 4638

苗振华 2154

苗中一 12120

苗重安 826, 907, 2237, 2484

森智 5723

天先切夫 13254

天炎 11704

民富 6142

民歌收集小组 11804

民国女子工艺学校 10173

民辉 6179

民井 5797

民乐系理论小组 11335

民鸣社编辑部 12902

民鸣社书记室 12836

民俗艺术基金会 10235

民新影片公司编辑部 13288

民一 6431

民众俱乐部 12400

民族出版社 344, 2691, 4925, 4934, 5006, 8870, 8872, 8875, 9044, 9150, 9262, 9504, 10707, 12607

民族画报社 8885, 8896, 9080, 9138, 9263, 9264

民族美术研究所 1356

民族团结编辑部 11703

民族文化宫 3411, 8879, 10716

民族戏剧观摩演出大会秘书处 12923

民族音乐研究所 10903, 10918, 10954, 10955, 11355, 11574, 12111, 12248

民族音乐研究所古代音乐研究室	10954	闵宗润	5827, 5928
旻歌	11052	闽南大会诗歌委办	12441
岷山	10112	闽南圣教书局	12436
岷沱出版社	8283	闽涛	2285
闵斌	9238	敏斌	5518
闵才彬	3919	敏博	5506, 6466
闵承龙	12614	敏华	6316
闵飞	9297	敏慧	5512
闵福全	9263	敏力	11499
闵广生	3849, 5519	敏生	6363
闵惠芬	12279	敏艺	6686
闵惠泉	6613	名川	10611
闵季骞	11307, 11334, 11340	名古书画会	1472, 7663
闵木庆	7648	名古屋市	1279
闵齐鹤	8462	名章	11747
闵齐伋	8365, 8410, 8458	名作系列丛书编辑组	8085
闵琪	5729	明安季	6613
闵筌	9805	明成祖	11295
闵仁铭	5374	明川	5735
闵叔骞	366	明传亮	5506
闵舒诚	12662	明达	6416
闵唯	5663, 5742, 5836	明德	8406
闵文	10483	明德璋	7355
闵文杉	4861	明方成	2884
闵希文	528, 10609	明国	9101
闵祥德	7268, 7271, 7292, 7293, 7416, 7535, 7548,	明昊	3465
	7552, 8155, 8225	明华	9477
闵小艺	7408	明辉	12580
闵学林	823, 977, 2523, 2664, 8311	明健飞	10296
闵姚恩	1964, 2666	明均	2192
闵谊	5586	明君	6530
闵元提	11204, 12184	明敏	8965, 11761
闵月	7603	明明	6559, 6638, 7044, 7067, 9723
闵志平	8597, 8598	明目	10711
闵中王	13146	明强	11725

作者索引

明清名家书法大成编纂委员会	8090	么树森	5690, 6452, 6453, 6721
明如	11949	么文茹	5284
明锐	3358, 3372, 3775, 5574	么文茹选	5383
明山	7513, 7532	么喜龙	7480, 8168, 8196, 8224, 8319, 8415
明太	12608	么玉明	3200, 5143, 5332
明太祖	8025	摩德维	8751
明天创意设计工作室	158	摩尔	12412
明廷秀	10852	摩根斯坦	10924
明星	7071	摩洽	13258
明星社	11888	摩提华特	7017, 7024
明学	6165	摩威	8731
明扬	5244, 5246, 5314, 5333, 5379, 5388, 5427,	摩希娜	8672
	5549, 5574, 5597, 5737, 5777	磨墨	5631
明遥	4744	磨铁闲人	8514
明谊	12325, 12327	末广恭雄	7012
明源	522	末吉	11266
明远	6350	末末	136
明月	3443, 6381	沫欣	5424
明章	11744	陌福	9372
明振江	13156	陌生	4101, 8808
明之	1277	陌堂	10028
明志	6046	陌竹	9954
明智	11498	莫·布拉托夫	4894
鸣迟	12882	莫·卡纳	11088
鸣达	10295	莫·依·尔集亚宁	171
鸣戈	12092	莫邦才	2889
鸣皓楼主人	12750	莫邦富	367
鸣亚	11628	莫北权	9841, 9907
鸣耀	3231	莫炳春	9917
鸣至	9528, 9536	莫伯华	1196, 1929, 2107, 3738, 4065, 4080, 4184,
茗华	5959		4209, 4253, 4408, 4496
铭骏	9824	莫泊桑	5488, 5508, 5557, 5644, 5725, 5727, 5994,
铭松	6319		5996
铭阳	6319	莫测	1232, 1770, 2999, 3002, 3003, 3027, 3029,
渠均	6129		3031, 3052, 6232, 6924

莫愁	4938, 5804, 6332	莫里茨·盖格尔	079
莫大林	8908, 9407, 9438	莫里尔	12395
莫丹	3692, 3698	莫里斯	6906
莫德格玛	12620	莫里斯·德·索斯马兹	127
莫德烈	10368	莫里索	6885
莫德威	12752	莫里兹·莫什科夫斯基	12538
莫迪里阿尼	6815	莫理斯	7047
莫迪利亚尼	6858	莫立唐	2213, 2222
莫迪洛	6976	莫利斯·威斯特	6058
莫迪诺	6943	莫连凯	4908
莫尔迪略	6948	莫蔗云	3966
莫尔根	8718	莫伦通	13019
莫尔吉夫	12009	莫罗左夫	12670
莫尔吉胡	12149, 12169	莫罗佐夫	13002
莫高翔	963, 6607	莫明明	7081
莫各伯	960, 4463, 4533	莫默	6039
莫更	3700	莫拿利	127
莫更原	1758, 1798, 2720, 3678, 4891	莫纳科	13057
莫光华	12960	莫乃群	2504, 4342, 8161
莫光文	12183	莫奈	510, 6786, 6884
莫贵阳	5945	莫南	6072
莫鸿勋	6256	莫难	12044
莫纪纲	11130	莫逆	6112, 6229
莫家良	415	莫宁	6668, 6672, 6673, 6677, 9351
莫嘉平	12504	莫纽什科	13005
莫建	6349	莫品莉	9304
莫建成	1907, 1927, 1957, 2679, 3828, 4026	莫平	9311
莫建文	2271	莫朴	2805, 2813, 3037
莫静坡	989, 1311	莫绮华	8202
莫凯	4928	莫清华	5363
莫可东	7376	莫燃	3009
莫可可	6349	莫染高	6415
莫蕾	6448, 6511	莫日格吉勒图	12170
莫厘山人	677, 934, 1472	莫日根	3047
莫里哀	5711, 5801, 5921, 5989, 6139	莫如志	8161

作者索引

莫若伟	11680	莫燕霞	10617
莫若莹	2781, 3772	莫一点	2171, 2459, 3411
莫赛文	6806	莫伊塞耶夫	12656, 12671
莫善贤	7576, 7596	莫伊谢延科	6880
莫少明	6122	莫依榭也夫	12655
莫少仙	12991	莫夷	6711
莫少云	5708, 5985, 6045	莫义同	5460, 8956
莫少之	5234	莫应丰	5935
莫伸	5385, 5412	莫英	5037, 10698
莫什科夫斯基	12500, 12538	莫英泉	8478
莫绳孙	8492	莫迎武	4606, 10188
莫土光	4920	莫永云	7313
莫是龙	744, 747, 8065	莫友芝	1457, 1459, 8017, 8040
莫舒雄	5670	莫玉莲	12109
莫树滋	1965, 2066, 2509, 2570, 3207, 3209, 3218,	莫扎特	12363, 12364, 12415, 12449, 12455,
	3228, 3239, 3279, 3306, 3976, 4040, 4090,		12456, 12465, 12466, 12492, 12498,
	4094, 4116, 4128, 4183, 4189, 4262, 4263,		12499, 12503, 12520, 12533, 12539,
	4278, 4306, 4472, 4652		12545, 12550, 12551, 12552, 12553
莫斯科苏里科夫美术专科学校	1096	莫宰清	10751
莫斯特拉斯	11180, 11183	莫札特	12363, 12427, 12468, 12545
莫索	11480, 11482, 11704, 11978, 12403, 12409,	莫昭如	12705
	12429	莫真	6472
莫天伟	127	莫振宁	7494
莫卫宁	8763	莫治康	4103
莫文兴	8825, 8855, 8956, 9078, 9103, 9108, 9111,	莫仲變	12143
	9421, 9859, 9884	莫梓江	5856
莫闻	6312, 6388	漠及	828
莫熙	6516	漠雁	5836
莫湘怡	5253, 5379, 5620, 5673, 5772, 6139, 6211,	墨丹	4702, 8203
	6409	墨犊	6525
莫晓松	2679	墨谷子	319, 352
莫谢莱斯	12494	墨寒	2694, 2697
莫雄	1413, 2836, 10189	墨翰生	7738
莫言	144	墨行	2533, 2694
莫研	10552	墨绘斋	1269, 1463

墨井道人 1606
墨浪 3549, 4882, 4885, 4976, 5027, 5043, 5487
墨林 5385, 5738, 6045, 6085, 6089, 6106, 6116, 6168
墨绿 6632
墨卿 2407
墨人 7571
墨香 11740
墨瑶 489
墨移 8405
墨遗萍 12843, 12924
墨筏 7650, 10311, 10321
墨雨 5880
墨缘 7650, 10311, 10321
默柴勒 11187
默风道人 387
默耕 6796
默公 3081
默里 13116
默里·莱恩斯特 7057
默如 2625, 9356
谋田文化 6724
缪爱莉 629, 2039, 3840, 4232, 4320, 4385, 4573
缪波 5111, 5308
缪道真 11710
缪德彰 5204, 5287, 5352, 5384, 5400, 5432, 5469, 5478, 5491, 5515, 5520, 5521, 5526, 5679, 5732, 5743, 5856, 6148, 6158, 6190
缪德璋 6023
缪法宝 1311, 2222, 5416
缪咕 5743
缪克瀛 13279
缪勒 12366, 12374, 12533
缪力 12045
缪丽娟 2521, 2528, 10359
缪丽平 10359
缪良云 10258, 10294, 10358
缪林 9755
缪裒言 10839, 11123
缪荃孙 940, 1702
缪朴 2935
缪青民 8989
缪群飞 5719, 5852, 5892, 5978, 9342
缪士 5493
缪树惠 9603
缪天瑞 10837, 10950, 11027, 11031, 11035, 11036, 11037, 11048, 11068, 11069, 11070, 11071, 11088, 11212, 11225, 11357, 11759, 12186, 12355, 12436, 12486
缪阗 11015, 11016
缪惟 3453, 5665, 6398, 6489, 6565, 6714
缪维 6350
缪文心 4958, 4984, 5023
缪文远 6552
缪新亚 13086
缪迅 8675, 8678
缪宜民 6471, 6529
缪印堂 1233, 1238, 1249, 3413, 3420, 3429, 3438, 3440, 3465, 3482, 3506, 3518, 4053, 5665, 5759, 6305, 6939, 6942, 6943, 6945, 6946, 6949, 6950, 6976, 7009, 7010, 7014, 12998
缪永清 7500
缪咏禾 5125
缪日藻 1461, 1463, 1464
缪喆 6023
缪志恒 9504, 9506
缪子云 10562
母成玉 5306
母国政 6392

作者索引

母连甫	5070	木柳	5757, 5762, 5793, 5859, 5875, 5882
牡丹江地区教育局《写字基础》编写组	7260	木茨	11737
牡丹江纺织厂	3173	木木	4971, 6244, 7049
牡丹江农垦局政治部北大荒文艺编辑室	11442	木荞步	7003
牡丹江日报社	11561	木青	5324
牡丹江市摄影家协会	8963	木森	4454, 4519, 4600
牡丹江市音乐工作者协会	11485	木杉	6488
牡丹江市总工会	11485	木神莫山	8594
牡丹江树脂厂工人美术通讯员	3173	木索尔斯基	12502
姆·格尔辛宗	10174	木同治	11233
姆·米尔扬诺夫	4920	木土	5537, 5826, 5950
姆·齐阿乌烈里	13254	木土制	5966
木春茂	4572	木下子	11281
木村秀治	1105, 1112, 1118	木香	5723
木村研	7012	木辛	5867, 6030, 6657
木村知生	6997	木星	9036
木村庄八	169, 170	木扬	7034
木德高	7806	木也	1931
木丁	6382	木叶	5754, 5841
木东	9514	木移	10305
木戈	4949	木艺	13125
木根	11812	木易	6028, 6059, 6078, 6094, 6134, 6164, 6174,
木公	5383, 6531		6181, 6195, 6196, 6651, 9103, 10093
木谷健一	12365	木雨	10143
木华	6204, 6228	木之	6567
木桦	6103	木之华	5445
木佳广	5635	木子	2409, 5932, 6176, 6177, 6191, 6210, 6253,
木菌	13034		6262, 6316, 6466, 6495, 6653, 9869, 10149
木可	6929, 7020, 7021, 7025, 12986	目尔	9516
木刻研究室	2986	目组	6918
木拉提·苏里堂	7004	牟安德	3042
木兰	6481, 6707	牟百冶	1197, 8626
木犁	7540	牟北京	5392
木力	6466	牟诚	7449, 7470, 7489, 7554, 7589, 7590, 7597,
木林	4978		7603

中国历代图书总目·艺术卷

牟传俊	13050	牧村	12361, 12363
牟达器	564	牧夫	5278, 7552
牟登岗	12608	牧歌	2307, 5037
牟教春	1841	牧惠	3471
牟刚	314, 10718	牧江	11489
牟钢	8992	牧美也子	7009
牟固	13264, 13275	牧鸥	4943, 5004, 5012, 5039
牟航远	9136, 9887	牧坪	5873, 6223
牟洪	11103, 11643, 11662, 11663, 11677	牧田康雄	10993
牟怀珂	5573	牧羊	2354
牟怀柯	5301, 5410, 5429, 5451	牧阳	4267
牟建闽	7402	牧之	9458
牟健兵	5865, 5985	睦关荣	3333
牟健为	8899	慕家璧	12115
牟军学	6200	慕玲	5580
牟勒	12455	慕凌飞	1979, 2560, 2563, 2564, 10485
牟平县文化馆	5198	慕龄	6334
牟仁钧	12102	慕容丽丽	11708
牟桑	321, 1918, 2428, 2431, 2604, 2648, 2896,	慕容婉儿	13259, 13260
	4060, 4067, 4076, 4227, 4246, 4450, 5270,	慕世旺	8224
	5371, 5652, 10459	慕贤	6455
牟森	13236	慕湘	5661, 5793, 5951
牟善平	11303	慕星	9420, 9672
牟文正	6492, 6561	慕淹	5049
牟小东	8193	慕昀	4903
牟晓明	11999	慕寅	11307, 11350, 12019, 12650
牟心海	9311	慕优生	12739
牟秀清	3195	暮宁	6676
牟巘	7954	穆·甫·伊藤可夫斯基	12414
牟益	1534	穆·依凌阿	6159
牟英	11558, 11561	穆棣	7704
牟永抗	8653	穆多杰	5845
牟宗玮	10552, 10558	穆恩龄	1130, 1149
沐目	6715	穆凡中	12730
沐正戈	10690, 10703	穆格奈尼	1115

作者索引

穆罕默德·高特卜	452	穆妲	5254
穆罕默德·瓦利乌拉·汗	460	穆一衡	6365, 6369
穆红	9828	穆一龙	8680
穆宏	5093	穆益林	2285
穆纪光	044	穆益勤	581
穆家宏	3344, 9223, 9230, 9348, 9349, 9351, 9353, 9373, 9387, 9529, 9535, 9537, 9539, 9542, 9548, 9559, 9570, 9596, 9640, 9678, 9697, 9947, 9987, 10025	穆永瑞	6058
		穆云栋	656
		穆之	6261
		穆子	5795, 5827, 6185
穆家琪	1070	穆子荆	8149
穆家麒	582	穆紫	6497, 6501, 6511, 6565
穆家善	1311		
穆晋国	4303	**N**	
穆静	10791	"南昌画册"编辑委员会	9039
穆牟信	8592	《纳税人》杂志编辑部	2673
穆拉杰里	12361, 12367	《南方日报》美术组	3173, 5154
穆兰	5628, 6234, 10616	《南京》编辑委员会	8856
穆澜	5715, 5716	《南京新貌》画册编委会	8915
穆里洛	6888	《内蒙古》画集编辑组	8927
穆菱	6243, 6272	《宁夏歌声》编辑部	11089
穆米诺奇	7031	《宁夏画报》	9972
穆棉	12447	《农村文化室》编辑委员会	444, 445, 446
穆明	5650, 5689, 6365	《女英雄刘胡兰》连环画创作组	5289
穆青	433, 5138, 5422, 8991, 10097	《诺贝尔文学奖得主代表作全集连环画》编辑委	
穆清遹斋主人	1272	员会	6362
穆庆东	2479	那炳晨	11146, 11770, 11870, 12117, 12121,
穆萨托夫	4898		12126, 12611
穆氏	7830	那查连科	11117
穆舜君	6213, 6238	那达密德	12972
穆舜英	429, 8941	那木都鲁荣叙	8518
穆索尔斯基	12370, 12428, 12450, 12502, 12546	那木斯来	3719
穆涛山	3954	那木斯贵	3626, 3694
穆天	5766	那启明	3083, 3132,
穆希娜	8601		3543, 3560, 3582, 3656, 3685, 3705,
穆孝天	795, 7157, 7305, 7731, 8067, 8069, 8080		3709, 3765, 3778, 3841, 3960, 3963,

4017, 4026, 4031, 4093, 4096, 4111, 4156, 4214, 4230, 4311, 4313, 4325, 4353, 4360, 4362, 4402, 4413, 4414, 4422, 4462, 4528, 4634, 4980, 5426, 9496, 10558

那仁格勒牧业生产合作社业余舞蹈队　12605
那任格勒牧业生产合作社业余舞蹈队　12605
那日松　11804
那舍尔斯基　13276
那逊　4923
那永华　7045, 7046, 7089, 7099
那泽民　10386
那志良　401, 8608, 8651
纳伯格　8732
纳达西　13249
纳兰成德　8058
纳穆吉勒　8997
纳日松　1326
纳撒尼尔·霍索恩　7043
纳舍尔斯基　13275
纳塔利·德高尔德　11167
纳西斯·维吉尔　6846
纳谢弗　7031
纳栩　4772
纳忠　364
娜拉·摩根　13020
娜仁　6187, 6190, 6207
娜塔利·德蔻　11166
乃澄　9677
乃德　6046, 6509
乃杰　6083
乃黎　12767
乃庆　7515
奈寒　4899
奈良和夫　1209
奈斯提叶夫　10791

奈绪子　11739
耐勒图　3653, 3710
男孩　11729
南北　6067
南昌八一起义纪念馆　9325
南昌齿轮厂工人美术组　5233
南昌警备区战士业余美术组　5303
南昌市"革命委员会"万火生事迹调查组　5152
南昌市《戏曲志》编辑部　12926
南昌市电影公司　5244
南昌市工农兵文艺工作站　1446, 11668
南昌市群众艺术馆　11467, 12600
南昌市少年宫　12600
南昌市湾里区文化站美术组　5253
南昌市文化局　11594, 11804
南昌市文化局《杜鹃山》连环画创作组　5249
南昌市文联　11467, 11804
南昌市文学艺术界联合会　12600
南昌市文艺工作站　10247
南昌县塘南"公社"业余创作组　5185
南朝明　8329
南城县文化馆　5199
南充地区《太阳底下花儿红》连环画创作组 5213
南充地区美术创作组　2746, 2747, 2749, 3201
南充地区美术组　3199
南充地区文化局　12769
南充市文联　11603
南充一中校　11438
南春　4245
南岱　6715
南德豪　8993
南丁　4897
南方　6611, 7503
南方日报美术组　3758
南方日报体育采编室　3447

作者索引

南飞	1520	南京歌声编委会	11394
南风	4949, 5097, 8678	南京工人大联委美术兵团	10672
南峰	7348, 7367, 8397	南京工学院东方红战斗"公社"	11646
南戈	5367	南京工学院建筑系美术教研组	1096
南海	9974, 10635	南京工学院建筑研究	2938
南海出版公司	6634, 10324	南京工学院建筑研究所	2869, 2938
南海摄影美术出版社	10315	南京工学院美术教研组	1164
南海岩	1335	南京军区工程兵政治部	5223
南行	4537, 4647	南京军区政治部	1349
南衡	6544	南京军区政治部宣传部	1282
南湖渔者	12674	南京空军某部战勤分队	12096
南华	4739, 10274	南京美术学院美术系	314
南辉	6352, 6358, 6367, 6370	南京人民广播电台编辑部文艺组	11561
南汇县农业技术推广站	5127	南京日报社	8929
南汇县业余创业组	5172	南京师范大学美术系	1713
南汇县业余创作组	5206	南京师范学院美术系	486
南汇县业余美术学习班	3792	南京师范学院学前教研室	5853
南汇县业余美术组创作组	1843	南京师范学院中文系	12842
南涧彝族自治县民间音乐集成办公室	11812	南京市"革委会"文化局创作组	11680
南涧彝族自治县舞蹈集成办公室	12618	南京市朝阳区"革委会"读物创作组	5184
南洁	6335	南京市第一幼儿园	12447
南洁池	4938, 5056, 5067, 5081	南京市东方红美术工作团	3164
南京博物馆	394, 1508, 9805	南京市工人白局实验曲剧团	11781
南京博物院	394, 402, 1273, 1357, 1483, 1508,	南京市工人歌咏大会筹备组	11683
	1509, 1544, 1574, 1575, 1578, 1587, 2037,	南京市工人文化宫	8929
	7725, 8993, 9367, 10450	南京市工人业余艺术学校	11779
南京部队	3782, 3822, 3823, 3825, 3829, 3832,	南京市公安交通警察支队	3432
	3855, 3857, 3860, 3863, 3865	南京市广告公司9344, 9527, 10442, 13102, 13103
南京部队美术创作学习班3195, 3196, 3198, 3766		南京市化工系统工人美术创作学习班	3172
南京部队前线话剧团	5097	南京市教育局教研室	11486, 12038
南京部队宣传队	11665	南京市旅游局	8962
南京部队政治部文化部	1287, 13303	南京市美术创作学习班	2750
南京部队政治部宣传部	10250	南京市美术家协会	1413, 2284, 2285, 2293, 2295,
南京大学出版社	3046		2408, 2475, 2476, 2541, 2829
南京雕塑家建筑家协会	8635	南京市青年音乐研究会	11538

南京市实验幼儿园	5853	南明	6461
南京市文化处美术组	4900	南男	706
南京市文化局	6767, 11691, 11694	南宁市文化馆	11465, 11795
南京市文化局创作组	11689	南宁市文化局戏曲志编辑委员会	12771
南京市文化局云锦研究组	10347	南宁市文联	7461
南京市文联	1357, 5415, 11781	南宁铁路分局业余美术创作组	2839
南京市一轻局美术设计室	10226	南宁宣	9523
南京市云锦研究所	10245	南平市建设委员会	8950
南京市政协文史和学习委员会	13020	南平市宣传站《深山打虎》创作组	5211
南京太平天国纪念馆	438	南山	6580, 7439, 10639
南京图书馆	4887, 10142	南师	12116, 12129, 12130, 12131
南京王朝文化艺术公司	2274	南师院化学系	11778
南京文联电影部	13305	南斯拉夫波斯纳电影制片厂	5366
南京文联音乐部	11394	南台	3509
南京文联音乐工作委员会	11996	南通地区"革委会"文化局	11688
南京文联音乐社	11560	南通地区文化局	11780
南京文艺青年工作团	11562	南通费氏	1706
南京文艺青年工作协会	11562	南通工艺美术研究所	10680
南京无线电厂工会俱乐部	11419	南通市创作办公室	5212, 5236
南京艺术学院工艺美术系	3340	南通市工农兵美术创作组	5182, 5199
南京艺术学院红画笔	5144, 9330	南通市工农兵美术学习班	5163
南京艺术学院美术系	3165, 10208	南通市工艺美术研究所	10356
南京艺术学院美术系《组织委员》创作组	5302	南通市美术创作组	3219, 3231
南京艺术学院设计艺术系	132	南通市民歌搜集整理小组	11798
南京艺术学院校史编写组	352	南通市骑士广告设计公司	9522
南京艺术学院音乐理论教研室	10906	南通市人民政府血防办公室	8394
南京艺术学院音乐系	11780	南通市文联戏剧资料整理组	12845
南京银光编译所	13168	南通书法国画研究院	805
南京友谊商店书画部	1902	南通县美术创作学习班	5329
南京云锦研究所	1097	南通县文化馆创作组	5260
南君	2318	南投县立文化中心	10655
南开大学南星合唱团	11556	南投县文化基金会	10701
南开歌咏团	11935	南薇	4891
南岭梅	2709	南韦	6663
南蛮子	6307	南维德	12160

作者索引

南乡子　　　　　　　5689　　楠田清　　　　　　　　　13256

南翔镇党委　　　　　3233　　楠艺工作室　　6520, 6527, 6528, 6535

南雄县"革委会"政工组　　5189　　脑筋急救站　　　　　3444, 3445

南寻　　　　　　　　6313　　讷维　　　　　　　　3032, 3037

南崖人　　　　　　　12307　　内黄县文艺创作组　　　　5292

南雁　　　　　　　　6518　　内江地区文工团　　　　　11456

南燕　　　　　6029, 6536　　内江市文化局《内江地区戏曲志》编写组　12778

南阳地区文化局　　　12974　　内江市文化局《中国民族民间器乐曲集成·内江

南洋美术专科学校第三届毕业刊编辑委员会　　　　市卷》编辑部　　　　　12346

　　　　　　　　　　359　　内蒙古博物馆　　　　　　5072

南艺美术系国画专业工农兵学员　　5250　　内蒙古大学蒙语专业72级翻译组　　5230

南咏　　　　　　　　11721　　内蒙古大学艺术学院艺术研究室　　107

南勇哲　　　　　　　3024　　内蒙古呼和浩特土默特旗文庙街小学　12262

南虞　　　　　　　　13161　　内蒙古画报社　　8941, 8952, 10479, 10484

南羽　　　　　　　　715　　内蒙古教育出版社　　　　12026

南玉春　　　　　　　1266　　内蒙古教育学会秘书处　　11929

南原　　　　5378, 5484, 6523　　内蒙古军区政治部文工团　　11437

南源永芳集团有限公司　　311　　内蒙古蒙文专科学校翻译组　　5195

南辕　　5446, 5967, 9944, 9945, 9946　　内蒙古民间艺术研究室　　12610

南岳道教协会　　　　10919　　内蒙古民族师院中文系　　11807

南运生　　1964, 1987, 2362, 2492,　　内蒙古群众艺术馆　11444, 11593, 11603, 11608

　　3799, 3803, 3844, 3870, 3931, 3976,　　内蒙古人民出版社　　1364, 1366, 2686,

　　4068, 4069, 4109, 4138, 4176, 4177, 4179,　　　　2864, 2866, 3039, 3755, 5207, 5211, 7411,

　　4192, 4194, 4257, 4288, 4293, 4390, 4413,　　　　7414, 7417, 8926, 8927, 9053, 9505, 9773,

　　4472, 4499, 4564, 4596, 4705　　　　9775, 10094, 10122, 10424, 11456, 11465,

南韵畜主人　　　　　8015　　　　11479, 11623, 11635, 11647, 11807, 12344

南兆旭　　1490, 7674, 7740, 8327　　内蒙古人民出版社40年画册编辑组　　8699

南篪　　4976, 5007, 5020, 5025, 5028, 5072, 5263　　内蒙古人民出版社根据《内蒙古日报》同名通讯

南卓　　11342, 11343, 11344, 11345, 11346　　　　　　　　　　5206

难卡泰耶夫　　　　　4899　　内蒙古人民广播电台　　　11623

楠刚　　　　　　　　5600　　内蒙古人民广播电台文艺组　　12155

楠高洁　　　　　　　7007　　内蒙古师范学院艺术系　　10798

楠林　　　　　　　　5542　　内蒙古师范学院艺术系美术专业学员　　5243

楠明　　　　　　5946, 5973　　内蒙古文史研究馆　　　　2184

楠楠　　　　　　5905, 5914　　内蒙古伊克昭盟文教局文化队　　11789

内蒙古哲里木盟文学艺术研究所　　12972　　尼尔斯－艾力克·林波姆　　10858

内蒙古自治区"革命委员会"文化局　　281　　尼尔逊　　475

内蒙古自治区"革命委员会"政治部　　11843　　尼古拉·鲍格达诺夫　　4908

内蒙古自治区"革委会"文化局　　11456，11462　　尼古拉·费迅　　6876

内蒙古自治区百万民歌展览歌唱运动月委员会　　尼古拉·托尼查　　6848

　　11603　　尼古拉斯·特罗斯勒　　10768

内蒙古自治区成立十周年纪念文艺作品选集编　　尼古拉耶夫　　11218

　　辑委员会　　11771　　尼基弗罗夫　　361

内蒙古自治区党委宣传部　　8965　　尼基塔·普洛戈菲耶夫　　7031

内蒙古自治区"革命委员会"基本建设委员会　9296　　尼柯尔　　12689

内蒙古自治区观摩团　　5138　　尼柯莱德斯　　608

内蒙古自治区群众文化馆　　11647　　尼柯诺夫　　6919

内蒙古自治区人民出版社　279，280，5174，5175，　　尼科拉耶夫　　11241

　　11661，11854　　尼科拉耶娃　　11180

内蒙古自治区水利厅　　8878　　尼玛泽仁　　1324，6099，10483

内蒙古自治区文化局　1357，10245，10670，11444，　　尼姆　　13259

　　11689，12114，12581，12921　　尼齐斯　　1175

内蒙古自治区文化厅　　8888　　尼姝丽　　6744

内蒙古自治区畜牧厅　　9264　　尼树人　　10992

内蒙古自治区哲里木盟农牧场管理处　　8898　　尼树仁　　10918，11149

内蒙古自治区总工会　　1362　　尼塔·利兰　　614

内山安二漫画　　7008　　尼维德　　11626

内山嘉吉　　1209　　尼亚古　　13260

内特尔　　12412　　尼子骚兵卫　　7004

内藤久幹　　10779　　倪宝诚　　1249，3613，3662，3671，3675，4062，

内藤英治　　10766　　　　4915，5089，8626，8664，10412，10700，

内田广由纪　　10181　　　　10705

内廷　　1596　　倪保铨　　5286

扃英　　4996　　倪昌国　　7625

内政部电影检查委员会　　13170　　倪常明　　7630，12594，12653，12661

妮古拉·霍奇　　205　　倪朝龙　　1401

尼·奥斯特洛夫斯基　　5173　　倪辰生　1934，1957，2644，4049，4098，4172，4425，

尼·戈尔恰科夫　　12802　　　　9355，10460

尼·诺索夫　　4910，5853　　倪承为　　11523

尼·斯洛尼姆斯基　　10982　　倪传诗　　7630

作者索引

倪椿	1035	倪露	8526
倪旦华	3345, 4201	倪梅林	5227
倪芳华 2066, 2068, 3193, 3206, 3209, 3380, 3779,		倪铭	11052
4050, 4681, 4734		倪墨耕	1677
倪凤	4971	倪乃林	4110, 4178
倪复	11010	倪南山	1277, 10239, 10240
倪铬	8626	倪宽	6245
倪海曙	7248	倪培	7220
倪汉才	7348	倪品之	8564
倪洪进	12206, 12209	倪启勋	5846
倪洪泉	030, 035, 1109, 1225, 6092, 6193, 7062,	倪秋平 11140, 11141, 11154, 11308, 11832, 12079	
10566		倪荣泉	12830
倪后瞻	7209, 7210	倪瑞霖	11582
倪华	10368	倪姗	4808
倪焕之	123, 196, 359, 360, 473, 495, 502, 6776	倪绍勇 5208, 5316, 5368, 5619, 5843, 6131, 6495	
倪基民	3218, 3918, 5703, 6064, 6065	倪树根	4910, 5239
倪嘉德 2234, 2667, 3344, 9237, 9348, 9349, 9353,		倪泰山	11215
9373, 9436, 9539, 9542, 9620, 9644, 9987,		倪涛	1044, 7146
10025, 10644		倪田	1705
倪建林	10306, 10307	倪维德 3900, 11623, 11624, 11924, 11951, 11963,	
倪建明	1195, 2832, 2912	12010, 12019	
倪建勇	8709	倪伟	7641
倪金虎	6093	倪伟林	7436
倪金奎	5514	倪文东 7300, 7329, 7366, 7367, 7378, 7447, 7502,	
倪进祥	7536	7601, 7611, 7753, 8364, 10396	
倪靖	6555, 6556	倪文杰	7497
倪久玲	4499	倪曦红	5995, 6233
倪久令	2515, 4695	倪霞	13063
倪俊声	12109	倪祥保	13165
倪匡	3488	倪新民	7405
倪乐山	4886, 4887	倪秀玲	8756, 10768
倪连元	10728, 10781	倪亚云	2537, 9902
倪林	12518	倪延志 2167, 2577, 4746, 4784, 4785, 4813, 4820	
倪路	12064	倪炎	9690, 9897, 10089, 10112, 10117
倪璐	8526	倪衍诚	2285

倪耀池 12161
倪耀福 12599
倪贻德 089, 169, 170, 471, 472, 530, 570, 571, 599, 600, 1068, 1093, 1162, 1163, 1384, 1397, 2733, 2922
倪永清 8696
倪元璐 1566, 8080, 8092, 8103
倪元坦 10942, 11013
倪再沁 049, 111, 543, 550, 805, 806, 8863
倪瓒 647, 1530, 1534, 1550, 6820, 8012
倪振良 5316
倪振忠 7291
倪震 13317
倪志刚 7625
倪志琪 3916
倪志英 4963, 4992, 5009, 5011
倪钟之 12696, 12972
倪洲 8776
倪宗豪 6591
倪左言 4959
年丰 4242, 4251, 4284, 4318, 4331
年羹尧 8025
年华 4217, 4340, 9445
年华祖 2680, 3386, 8864, 9034, 9291, 9485, 9487, 9489, 9497, 9498, 9764, 9765, 9766, 9767, 9769, 9770, 10086, 10087, 10090, 10120
年青山 5569, 5664, 5869, 5888, 5891, 6037, 6049, 6163
年庆 4418
年嵩林 10006
年希尧 552
年欣 1225, 8837, 9447, 9450, 9727
年新 8837, 8844, 8845
年忻 9948
年兆元 7538
年祖华 9498
念春慈 6528
念慈 3723
念繁 13033
念菲 9060
念禾 12920
念培 4714
念圣楼主人 1272
念云 4874
鸟居清长 6927
鸟山乱 7010
鸟山明 6680, 6997, 6998, 7084, 7095, 7096, 7097, 7098, 7099, 7100, 7101, 7102, 7113, 7114, 7117, 7118, 7119, 7120, 7129
聂斌 8784
聂昌硕 3255, 5176, 5410, 5860, 5976, 6085
聂成文 323
聂崇良 2965
聂崇瑞 5557, 5741, 5887
聂崇正 539, 822, 825, 1696, 6840
聂传学 12992, 12995
聂春吾 11534, 11696
聂聪 5974
聂大年 8057
聂多西文 081
聂耳 10965, 11352, 11353, 11536, 11537, 11538, 11539, 11577, 11639, 11653, 11656, 11658, 11659, 11660, 11681, 11942, 11948, 11962, 11966, 12247, 12333, 12335
聂耳全集编辑委员会 11353
聂凤鸣 5243
聂夫 10922, 10924
聂干因 2181, 2237, 2876
聂根升 1327, 8211, 8216
聂光地 9321

作者索引

聂光炎 12827 聂文华 10421

聂国桢 7919 聂文杞 12708

聂红英 10690 聂文生 3217, 3859, 4038, 5265, 5507

聂鸿立 1335 聂鑫 1084

聂际茂 8492, 8500, 8538 聂秀公 2366, 5318, 5838, 6151, 6255

聂建新 4464 聂秀功 4006, 4151, 4556, 4710, 4761, 5278, 5295,

聂皎 3279 5296, 5309, 5581, 5711

聂金妹 3428, 3431, 3461 聂义峰 10152

聂靖和 6201 聂雨 2642, 8824, 8825, 9364, 9366, 9426, 9578,

聂可愚 7753, 7917, 7918, 7927, 8435, 8436 10110

聂磊 5645, 5782, 5796, 5837, 5897, 5921, 5974, 聂元龙 10876, 10898

6151 聂跃华 10221, 10361

聂立珂 5469 聂曾纪芬 8118

聂立柱 1978, 4018, 4076, 4147, 4167, 4179, 4181, 聂中东 7478

4253, 4422, 4465 聂中明 12433

聂米洛维契－丹钦柯 12680 聂作平 7066

聂明贵 4219, 4271 涅·康·怀斯 6868

聂南溪 1325, 2307, 2402, 3619, 5050, 5615 涅夫 13252

聂宁 8772 涅高兹 11224

聂鸥 827, 2207, 5695, 6296 涅克拉索娃 517, 6796

聂乾先 12617 涅米罗维奇－丹琴科 12681

聂草 11754, 11930, 12390 涅斯齐耶夫 11142

聂荣瑞 6231 涅斯特洛夫 6810

聂守仁 7830 涅陀希文 013, 495

聂斯齐耶夫 10843 涅陀修文 1069

聂斯契耶夫 10853 涅兹道夫斯基 6925

聂斯契也夫 11074 宁保生 12268, 12272

聂危谷 814, 1490 宁斌 5357

聂薇 7761, 7778, 7926, 8012 宁波地区《应四官》连环画创作组 5165

聂维民 3776, 3779, 3801, 3815, 4156, 4234, 宁波地区文化局 6755

4286, 4444, 4474 宁波地区征文办公室 3193

聂文豪 7255, 7369, 7751, 7753, 7761, 7778, 7817, 宁波曲艺志编纂委员会 12976

7917, 7918, 7922, 7923, 7926, 7927, 8006, 宁波市教育委员会 11522, 11535

8008, 8012, 8104, 8106, 8408, 8414, 8435, 宁波市文学艺术界联合会 340

8436 宁波市甬剧团 12122

宁波市政协书画院	2333	宁敏凡	2101
宁波征文办公室	3764	宁楠	6670
宁伯安	6265	宁宁	5408, 6556, 6653
宁采臣	3435, 3477	宁秋	9954
宁大明	1126, 1931, 1957, 2366, 3790, 5653, 6370	宁泉骋	6609, 6632, 7069
宁德地区文化局	1364	宁人	7600
宁德辉	148	宁森	11554
宁德市一枝春诗书画社	2339	宁生	10302
宁弟	8407	宁世忠	3850
宁殿弼	12696, 12729, 12732, 12884	宁书纶	7342
宁斧成	8163, 8183, 8564	宁莎	7554
宁傅青	6366	宁田	10214
宁冈"人民公社"党委宣传部	11441	宁廷明	099
宁冈县"革委会"宣传组	5150	宁韦	7565
宁钢	158, 10656	宁夏固原博物馆	6623
宁光	5978	宁夏画报编辑部	9063
宁桂	6327	宁夏画报社	9408
宁国仕	10484	宁夏画册编辑组	9058
宁海	10749	宁夏回族自治区测绘局	9503
宁和平	12053	宁夏回族自治区代表团秦腔演出队	12123
宁河	1237	宁夏回族自治区电影公司	11916, 11917
宁华	11869	宁夏回族自治区立体摄影部	9048
宁积贤	3801, 3820, 3897, 3919, 3960, 4026,	宁夏回族自治区美术摄影工作办公室	1294,
	4060, 4069		1363, 8928
宁佳录	707, 715, 966	宁夏回族自治区美术摄影展览办公室	8882
宁建新	12390	宁夏回族自治区群众艺术馆	11652
宁江	6675	宁夏回族自治区人民出版社	3668, 4997, 11622,
宁江文	6675		11623, 11641, 11642
宁渠	7655	宁夏回族自治区文化局创作研究室	12818
宁军	5150, 5162	宁夏回族自治区文教局	11465, 11671
宁黎	6205	宁夏回族自治区文教厅	11603, 11604
宁里	5055	宁夏回族自治区文联筹委会	11445, 11603, 11784
宁立志	6718	宁夏回族自治区文学艺术工作者联合会	3010,
宁丽	3443		10670, 11786
宁玲	12573	宁夏美术书法作品集编辑委员会	1345

作者索引

宁夏人民出版社	070, 1957, 3033, 11356, 11465,	牛东	6438
	11806	牛东"公社"业余美术组	6752
宁夏日报美术组	10248	牛顿	572, 11068
宁夏文明办组	11990	牛恩福	5046
宁夏文史研究馆	2223	牛耕	2986
宁香仁	5594	牛观	4915
宁宵	3833	牛光甫	7323
宁霄	3882	牛桂生	1215, 3061
宁新生	5271	牛国玲	12705
宁绪庚	10678	牛洪涛	9241
宁宣成	5894	牛技慧	072
宁一	12345	牛济普	8541
宁荫棠	8102	牛继升	6665
宁勇	11337	牛鉴	8015
宁宇	10681	牛尽	1335
宁日曾	917, 950, 1003	牛京章	3516
宁竹	6670	牛均富	13280
宁佐良	10894	牛俊国	9886
牛宝林	3949	牛林森	4468
牛宝源	11611, 11961	牛龙菲	10963, 10970
牛葆宁	8383	牛珉	11183, 12175
牛奔东	9711, 9887	牛茗桂	3042
牛犇	5622, 5715	牛牛	6026
牛犇东	9142, 9407,	牛群	9247
	9422, 9617, 9665, 9670, 9676, 9883, 9898,	牛山	3662
	10052, 10066, 10068, 10632, 10634	牛山公男	368
牛彬	3795	牛尚清	8702
牛畅	11414, 11480, 11600, 12339, 12630	牛施政	9409, 10053
牛崇林	9909	牛石慧	1668
牛崇荣	7568	牛双印	5536, 5632, 5635
牛初	6173	牛嵩林	403, 4588,
牛春晓	1880, 3767, 5641		4693, 8812, 8815, 8850, 8942, 9029, 9065,
牛得草	5493		9067, 9068, 9069, 9070, 9071, 9072, 9073,
牛德光	627, 988, 1001, 2029, 2575, 5057		9074, 9075, 9076, 9077, 9078, 9080, 9081,
牛德林	9558, 9574		9082, 9083, 9084, 9085, 9086, 9087, 9088,

9090, 9091, 9092, 9094, 9095, 9096, 9097, 9099, 9100, 9101, 9102, 9103, 9104, 9105, 9107, 9108, 9109, 9110, 9114, 9115, 9117, 9120, 9121, 9123, 9125, 9126, 9134, 9256, 9257, 9297, 9298, 9299, 9301, 9307, 9308, 9328, 9384, 9448, 9465, 9483, 9812, 9818, 9819, 9820, 9823, 9829, 9832, 9834, 9838, 9839, 9850, 9856, 9860, 9861, 9862, 9866, 9874, 9876, 9877, 9882, 9885, 9887, 9892, 9894, 9911, 9912, 9913, 9914, 9915, 9921, 9922, 9928, 9983, 9988, 9994, 9996, 9998, 9999, 10072, 10104, 10106, 10108, 10109, 10110, 10118, 10125

牛索琴　　　　　　6008

牛彤　　7479, 7497, 7501, 7506, 7513, 7583, 7614, 7734, 8399

牛注梧十　　　　　8360, 8468

牛畏予　　　　　　8803, 8806

牛文　　2996, 3007, 3044, 6617, 6781, 8641

牛文宝　　　　　　7307

牛犀　　　　　　　10053

牛晓林　　　　　　3989, 5741, 6141

牛晓琳　　　　　　6195

牛星雨　　　　　　7029

牛星恒　　　　　　4893, 4940

牛秀英　　　　　　10769

牛印川　　　　　　8984

牛玉然　　　　　　5141

牛远久　　　　　　3601, 3648, 3718

牛泽甫　　　　　　8584

牛折桂　　　　　　2142, 2333

牛振生　　　　　　7166

牛正武　　　　　　8859

牛枝惠　　　　　　041

牛志晖　　　　　　2708

牛治　　　　　　　086

牛中直　　　　　　1317

牛忠满　　　　　　3788, 4423

牛忠于　　　　　　4638

牛忠元　1969, 1994, 2009, 2509, 2701, 4404, 4405, 4406, 4548, 4561, 4562, 4571, 4639, 4724, 4786

牛子祥　　　　　　8986

牛宗明　　　　　　6087

纽恩堡　　　　　　11043

纽曼　　　　　　　11182, 11183

纽约大都会博物馆　　203

钮敏　　　　　　　1114, 10316

钮明　　　　　　　7348

钮骠　　12088, 12089, 12876, 12884, 12899

钮少雅　　　　　　12054

钮胜利　4998, 5373, 5382, 5594, 5833, 6032, 6081, 6115, 6198

钮树玉　　　　　　7205

钮希文　　　　　　1812

农场美术创作组　　　3879

农村读物出版社　　443, 444, 445, 11726

农建坡　　　　　　5878, 6477

农景奇　　　　　　5269

农良　　　　　　　5873

农林部林业局　　　8885

农寿　　　　　　　6675

农涛　　　　　　　6675

农业部　3133, 3136, 3141, 3142, 3143, 3144, 3147, 3149, 3150, 3151, 3152, 9263

农业部农业电影社　　8873, 8874, 8875, 8876

农业部农业宣传局　　13291

农业部农业宣传总局　　8873, 8875

农业部乡镇企业司　　8896

农业出版社　　8921, 8924, 8925, 8927, 9277

作者索引

农友宏	5874	欧豪年	1969, 2255, 2286
农雨	8814, 9362, 9366, 9372, 9550, 9556, 9969	欧激文	3236
农耘	6292	欧建平	12572, 12573, 12574, 12577, 12579, 12660
奴尔买买	11677	欧江	5897
奴隶们创造历史创作组	3016	欧锦生	5610
努尔穆罕麦提江·米曼	10362	欧拉	11738
努斯勒提·瓦吉丁	12233	欧劳斋	096
怒江僳僳族自治州泸水县旅游局	8973	欧里根·雅克宁	7145
暖流	12991	欧立文	7053
诺埃尔·伯奇	13067	欧琳	5127
《诺贝尔文学奖得主代表作全集连环画》编辑委		欧美清华同学会	1376
员会	6310, 6363	欧美同学会留苏分会	12392
诺德	11203	欧美图片公司	9517, 10098, 10559, 10560
诺蒂	13257	欧米加参	10916
诺顿	1251	欧仁·鲍狄埃	12395, 12396, 12397, 12398
诺利斯·霍顿	12675	欧萨可夫	12486
诺玛·布罗德	192	欧绍华	2004
诺曼·布列逊	593	欧寿廷	12134
诺维茨基	13002	欧文	3461, 3462
诺维科夫	11078, 12362, 12425	欧文·斯通	511
诺亚	11753	欧祥政	4879
诺依曼	053	欧新潮	5751
		欧秀明	147, 153
O		欧燕生	8949, 9389, 9499, 9764
《欧仁·鲍狄埃》创作组	5180	欧阳	10620
《欧阳询正楷描红本》编写组	7357	欧阳彬	5060, 5096, 6580
欧·亨利	5573, 7054	欧阳常贵	5796
欧·汤·西顿	5800, 5941	欧阳常林	5914
欧伯达	8294	欧阳诚	11721, 11729, 11740
欧初	8549	欧阳淳	10404
欧道文	2286, 7310, 7434	欧阳翠	5127
欧迪高	3148	欧阳奋强	13121
欧尔特·毕格斯	6315	欧阳枫	11273, 11573
欧凡	13234	欧阳刚	5462
欧广勇	7497, 7716, 8238	欧阳广	8647

欧阳海燕 10973
7900, 7903, 7908, 7918, 7927, 7937
欧阳鹤 9928
欧阳维德 12639
欧阳恒忠 7297, 7357
欧阳文彬 5978, 6014
欧阳桦 5410, 5462
欧阳文健 12934, 12937
欧阳辉 5342, 5431, 5602
欧阳文炎 7376, 7771
欧阳嘉 6550
欧阳西 5587, 8902
欧阳杰 8592
欧阳小林 3821
欧阳锦 2237
欧阳笑笑 3502, 6716
欧阳荆山 3362, 6343, 6661
欧阳兴易 5351, 5376
欧阳克 9978
欧阳修 7195, 7200, 7687, 7950, 7956, 7962
欧阳觉文 12084, 12124, 12126
欧阳询 7185, 7186, 7288, 7365, 7656, 7736, 7827,
欧阳劳汗 12828
7828, 7829, 7830, 7831, 7832, 7833, 7835,
欧阳立新 6495
7836, 7837, 7838, 7840, 7841, 7842, 7843,
欧阳利宝 11413, 12247
7844, 7845, 7846, 7850, 7851, 7853, 7854,
欧阳林 5928
7855, 7856, 7861, 7863, 7866, 7867, 7868,
欧阳林声 10692
7869, 7870, 7872, 7873, 7874, 7875, 7877,
欧阳琳 10270, 10314
7879, 7880, 7881, 7882, 7883, 7885, 7886,
欧阳柳 12377, 12380
7887, 7889, 7892, 7894, 7895, 7897, 7898,
欧阳龙 1004, 1879, 1894, 2142, 7314
7899, 7900, 7901, 7902, 7903, 7906, 7908,
欧阳乃霈 2919, 2920
7909, 7912, 7915, 7918, 7921, 7923, 7924,
欧阳启名 830, 1491
7928, 7930, 7931, 7933, 7938, 7940, 8033,
欧阳谦 11908
8403, 8419, 8433
欧阳谦叔 11880, 11881, 11882, 11883, 11884,
欧阳尧佳 5748, 5802, 5991, 6208, 6217, 6234,
11886, 11904, 11908, 12169, 12172,
6238, 6254
12200, 12231
欧阳应霁 3514
欧阳桥生 6881
欧阳英 051, 191, 370, 536, 596, 6904, 8672
欧阳琼琛 2959
欧阳友徽 5952
欧阳纫 2946
欧阳友权 079
欧阳如萍 11127
欧阳予倩 12576, 12577, 12578, 12685, 12710,
欧阳山 5693
12721, 12842, 12867, 12906, 13177
欧阳山尊 12802
欧阳宇平 5792
欧阳深 3909
欧阳媛媛 596
欧阳世俊 2533
欧阳允文 7634, 7648
欧阳思明 1255
欧阳智 5245, 5284, 5330, 5413
欧阳通 7720, 7846, 7859, 7866, 7877, 7879, 7884,
欧阳中石 052, 7163, 7165, 7286, 7294, 7299,

7303, 7310, 7311, 7317, 7334, 7339, 7397, 7744, 7816, 7820, 8186, 8210, 8273, 8301, 8395, 8396, 8408, 8419

欧阳周　　043, 189

欧阳蕖　　12926

欧洋　1825, 2351, 3189, 3328, 3340, 3977, 4235

欧英钦　　7515

欧载欣　　12830

欧泽兵　　5721

欧泽纯　　13222

欧之行　　9240, 13121

欧志恒　　10599

欧志培　　9297

欧治渝　　3204, 3289, 5442, 5860, 5871, 6145

鸥波渔　　934

鸥洋　479, 480, 1166, 1390, 1825, 1838, 1842, 1844, 2558, 2559, 2595, 2831, 3232, 3856, 3883, 3942

鸥子漫　　3523

偶树琼　　12896

区础坚　　1081, 1447

区达文　　1707

区焕礼　　2950, 2957

区焕章　　3026

区辉　　3328

区惠民　　3289

区锦生　　1815

区丽庄　　1747, 1872

P

《排行榜金曲》编选组　　11721, 11722

《普及革命样板戏小丛书》编选组　11853, 11854, 11855, 11856, 12685, 12873

辟斯顿　　11072, 11076, 11089

番禺"人民公社"出版社　　11419

番禺县文化馆　　11597

邑杰　　5845

帕·依·贝奇科夫　　8717

帕德雷夫斯基　　12511, 12516, 12520

帕尔　　7034, 7035

帕尔·辛耶·默尔塞　　6883

帕尔特维　　13252

帕夫柳钦科　　11076

帕格尼尼　　12464, 12465, 12470, 12546

帕郭列尔基茨　　5777

帕加尼尼　　12467

帕拉蒙　　557, 602, 627, 628, 1074, 1105, 1169

帕拉莫登　　1105

帕雷特　　10192

帕里希克　　13293

帕森　　7046

帕森蒂诺　　1076

帕森斯　　078

帕斯哈洛夫　　10903

帕斯卡·博尼泽　　13161

帕他尔江阿不都拉　　11293

帕塔尔江　　12313

帕塔尔江·阿布都拉　　11293

帕坦　　8706

帕特里克·李奇菲尔德　　10741

帕特里夏·考尔菲尔德　　8781

帕特丽霞·伯林　　1197

帕特森　　8690, 8692, 8693, 8695

帕西乌斯　　12394

派柏　　084, 095, 176, 515

派拉蒙编写组　　1159

潘阿虎　　5246, 5268

潘爱清　4630, 6229, 6296, 6307, 6315, 6336, 6347, 6349, 6674, 6676

潘安芳　　5253

潘敖齐 5329, 9251 潘代双 12635
潘宝 3227 潘岱予 10266, 10270
潘宝兴 3218, 3295, 6054 潘丹宁 11131
潘宝珠 5486, 5823 潘淡明 10174
潘保安 5797 潘澹明 010, 10853
潘必新 10822 潘德彬 1156
潘斌 2158, 2381, 2388 潘德广 3975
潘乘超 5242 潘德润 9021, 9366, 10032
潘乘衡 10226 潘德熙 8462, 8479, 8480
潘炳元 8942, 9387 潘丁丁 1935, 1986, 2882, 3628, 3803, 5584, 6622
潘伯英 11992, 11993 潘多玲 12672
潘伯鹰 7249, 7251, 8133, 8134, 8147, 8158, 8267, 潘恩春 2091, 2159, 4101, 4114, 4131, 4163, 4186,
8333 4190, 4200, 4261, 4565, 4580, 4794
潘伯羽 5039, 5069 潘恩霖 11361
潘博山 1572 潘恩泰 4606
潘彩 4982 潘蕃 190, 595
潘彩英 4989, 5061, 5084, 5143, 5328, 5386, 5511, 潘方圣 11157
5523, 5581, 5702, 5710, 5866, 5905, 5962, 潘放 3366
6010, 6031, 6075, 6125, 6165, 6419, 6513, 潘飞声 8412
6536 潘非 863
潘昌仁 5272 潘锋 8797
潘昌银 5271 潘公凯 482, 713, 720, 800, 812, 1717, 3788
潘长臻 305, 1165, 1183, 1191, 2946, 3306, 6838 潘公昭 362
潘朝曦 7274, 7336 潘谷西 301
潘朝阳 8986 潘观生 5306
潘臣青 1327 潘光旦 12779
潘晨 6262 潘光华 10687
潘承厚 8040, 8056, 8057 潘光女 12755
潘承莹 11440 潘桂生 7032
潘传发 1114 潘桂松 7032
潘传贤 8253 潘国煌 7881
潘春芳 429, 431, 10658 潘国钧 5574
潘春华 637, 638, 1247 潘国强 6639, 7068
潘存 7234, 8387, 8398 潘国祥 5242
潘大为 5535 潘海 3843, 4090

作者索引

潘汉明	11836	潘金玲	966, 1200
潘行健	499, 2897, 5283	潘金声	11212
潘浩泉	5816	潘锦	1602
潘荷生	3219, 4770	潘晋拔	1830, 2300, 2769, 3262, 3812, 5113, 5321,
潘鹤	1413, 2936, 8633		5355, 5492, 5574, 5681, 5727, 6159, 6248
潘衡生	3277, 3278, 3304, 3311, 3340, 3341, 3773,	潘晋发	7032
	3987, 4034, 4154, 4161, 4181, 6019, 6215	潘晋华	4947, 5035, 5087, 5088, 5093, 5129, 5198
潘蘅生	3363	潘晋悦	6276
潘红	5071, 5072	潘巍缤	987, 1912
潘虹海	2846	潘景年	7324, 7894, 7895, 7896, 7990
潘鸿海	1085, 1308, 2286, 2793, 2831,	潘景友	911, 1340
	2845, 3211, 3213, 3307, 3312, 3313, 3340,	潘竞万	9139, 9141
	3352, 3353, 3356, 3769, 3943, 4009,	潘静淑	1699, 1708, 1720, 8111
	4027, 5191, 5406, 5416, 5431, 5438, 5439,	潘君诺	694, 1943
	5461, 5550, 5588, 5593, 5647, 5653, 5865,	潘俊	5640, 5641
	5967, 6086, 6131, 6151, 6215, 10418	潘凌	7225
潘厚	8056	潘佇	900, 934
潘华	10295	潘康泉	11871, 12130, 12131, 12132
潘华莎	6675	潘克定	6379
潘画堂	1679	潘篱兹	1434
潘桦	13167	潘坤柔	10178
潘怀素	11332, 12558	潘琨	5181
潘欢怀	10793, 12443	潘雷	5770, 5845, 5907, 6060, 6094, 10141
潘皇龙	10851, 10865, 11099	潘末	1046
潘吉星	5425	潘琍	11258
潘加豹	8739	潘礼训	6260
潘家美	12588	潘力田	11324
潘嘉俊	1236, 3318, 5427, 6264	潘立纲	538
潘嘉峻	2745, 2761, 3213, 3872, 3928	潘丽水	1409
潘嘉来	8710	潘丽珠	12791
潘坚	999	潘励	5142
潘建源	2394	潘笠翁	5722
潘江帆	12627	潘莲巢	1647
潘杰	9440, 9471	潘琳	10593, 11778
潘捷	7531	潘麟瑞	12297

潘龄皋 8019, 8034, 8055, 8084, 8108, 8111, 8112, 8113, 8119, 8125, 8128, 8402

潘龙骧 3085

潘龙正 4806

潘隆正 2083, 2158, 2376, 2381, 2388, 3324, 4269, 4317, 4355, 4373, 4390, 4394, 4425, 4484, 4496, 4545

潘鲁生 1242, 7639, 10185, 10192, 10287, 10307, 10341, 10685, 10691, 10693, 10694, 10695, 10700, 10715

潘履孚 7461

潘履洁 1068

潘密 11352

潘罗因 1093

潘漫怡 6273

潘茂 796

潘懋勋 2271, 8580

潘美娟 10333

潘梦石 8333

潘名挥 10992, 11864

潘明 6058

潘乃宪 11128, 11134

潘年 5202, 5297, 5322, 5369

潘诺夫斯基 126, 132

潘培德 2111, 2169, 2375, 2392, 3707, 3708, 3982, 4024, 4026, 4034, 4040, 4041, 4044, 4059, 4077, 4078, 4086, 4088, 4123, 4150, 4162, 4214, 4227, 4236, 4266, 4274, 4284, 4303, 4332, 4353, 4550, 4574, 4646, 4778

潘培元 4995, 5021, 5024, 5371, 5743, 5747, 13090

潘平元 5821

潘奇 11034

潘琦 5642, 8332

潘汽 5133

潘勤孟 4905, 4908, 4941, 4945, 4968, 4988, 4999,

5001, 5004, 5009, 5010, 5021, 5024, 5062, 5071, 5077, 5130, 5340, 5350, 5384, 5398, 5411, 5412, 5415, 5433, 5434, 5503, 5523, 5534, 5538, 5556, 5573, 5575, 5578, 5584, 5599, 5606, 5649, 5661, 5687, 5726, 5755, 5814, 6263, 6584

潘勤梦 5004, 5556

潘勤阵 5388

潘沁 10771

潘清波 9018

潘庆龄 668

潘仁林 6455

潘仁勇 1837, 5352, 5790, 5866

潘日波 8684, 8923

潘荣才 5608

潘荣光 4140, 4322

潘荣健 422

潘嵘光 4343

潘如艾 3803, 3977, 4051

潘如一 9534

潘瑞林 3322

潘若琼 6047

潘善助 7345, 7346, 7350, 7365, 7583, 7600

潘尚文 11205

潘绍棠 8658, 8673, 8674, 8676

潘绍源 5891

潘深亮 1486, 1518, 1519, 1684, 1686

潘深泉 5235

潘胜奎 5279, 5351, 5537, 5622, 5864, 5947

潘胜魁 6522

潘胜前 3216, 3229

潘师旦 7661

潘士权 11326

潘世聪 5612, 8736, 8765

潘世璜 1462

作者索引

潘世勋	588, 592, 1083, 2770, 2779, 2789, 3206, 3744, 3778, 3941, 5007	潘渭滨	2182, 2286
		潘蔚	1602, 7231
潘仕成	7146, 7658, 7659, 8023	潘文德	8824
潘仕勋	3138, 3573, 3656, 3705, 3827	潘文甫	8631
潘守永	459	潘文辉	3474, 3498
潘受	8206, 8307	潘文经	2640
潘书佳	10274	潘文龙	8758, 10076
潘树	5621	潘文展	13240
潘树范	6191, 6554, 6556, 6558	潘文昭	5688
潘树生	3985, 5870	潘芜	11411, 11940
潘顺福	12972	潘吾华	10262, 10579, 10597, 10608, 10735
潘顺康	5611	潘伍德	10194
潘顺棋	3423, 3433, 3447, 3449, 3478, 3496, 3504	潘锡恩	8020
		潘锡柔	5077, 5110
潘思春	2395, 4499	潘溪浔	10198
潘思明	4758	潘喜良	5389, 5593, 6461
潘思同	1164, 2721, 2847, 2929, 2931, 2932	潘侠风	11826, 12087, 12088, 12866, 12881, 12888
潘素	1998	潘先纲	10228
潘泰泉	6135, 6136, 13296	潘小明	6358, 9466, 9479, 9753
潘涛	10581	潘小庆	3333, 3342, 3379, 3381, 4020, 4031, 4123,
潘天寿	333, 334, 477, 482, 497, 514, 519, 568, 569, 571, 572, 579, 584, 713, 716, 787, 791, 799, 800, 1320, 1321, 1439, 1667, 1734, 1738, 1749, 1756, 1757, 1781, 1783, 1785, 1860, 1863, 1864, 1870, 1872, 1875, 1881, 1882, 1890, 1921, 1969, 2149, 2151, 2182, 2196, 2271, 2286, 2307, 2333, 2422, 2479, 2491, 2492, 2494, 2603, 2604, 2644, 2690, 2697, 3975, 3996, 8225, 8294, 10408		5231, 5435, 5469, 5620, 5672, 5699, 5745, 5843, 5977, 5988, 10387, 10455
		潘小松	7019
		潘晓晨	7363
		潘晓东	1088, 6825
		潘晓冬	2794
		潘晓玲	1406
		潘絜兹	578, 784, 785, 786, 794, 870, 871, 1721, 1727, 1793, 1903, 2118, 2278, 2410, 8602, 10347
潘天寿纪念馆	1716, 2307, 2697, 2700	潘新明	8301
潘天涛	3657	潘新宁	5393
潘天祥	10495	潘兴业	1176
潘万才	9144	潘秀宏	3933
潘万提	6229	潘秀璞	9220

潘秀通	13058	潘友根	7397, 8797
潘旭澜	018	潘雨辰	3612, 3663, 3664, 3711
潘旭龙	341	潘玉厚	8945
潘煊	079	潘玉华	7298
潘学聪	8294	潘玉君	5106
潘学古	12900	潘玉崑	3573
潘学固	8238	潘玉琨	2912
潘雪鸿	1163	潘玉良	1392, 2712
潘芽	12645	潘玉书	10785
潘曜三	668	潘裕礼	12044
潘耀斌	5845	潘裕钰	2333, 4289
潘耀昌	056, 083, 087, 122, 191, 194, 370	潘元石	1211
潘耀珠	084	潘岳	7320
潘一尘	12905	潘跃昌	179
潘一杭	3904	潘云鹤	126, 131
潘一鸣	12502	潘允冲	12335
潘一平	9004	潘运告	713, 7365, 7373, 7374, 7708
潘一如	9365	潘运云	12632
潘仪增	8521	潘韵	902, 2925
潘义	11928, 12408	潘再青	2272
潘亦孚	820	潘曾莹	753, 759, 776, 777, 1642
潘奕隽	659, 1591, 1593, 12261	潘兆坤	6005
潘益大	6682	潘兆年	11751
潘益坤	10046	潘肇明	6265, 6279
潘毅华	13287, 13289	潘真	1902, 1922, 2092, 2484, 4048, 4086, 4242,
潘应棒	1455		5137, 5327, 5520, 5529, 5557, 5576, 5597,
潘应诏	10998		5643, 5663, 5762, 6367
潘英乔	5463	潘振声	11445, 12005, 12006, 12009, 12013,
潘缨	2403		12017, 12018, 12029, 12033, 12035,
潘膺祉	1026		12048, 12098
潘颖生	4548	潘振元	7274
潘永顺	8700	潘正炜	1463, 8021, 8486
潘永璋	11084, 11165, 12344	潘正沂	5342, 5991, 6208
潘永暐	11082	潘政沂	5725
潘勇	4930	潘之	7200

作者索引

潘之淙	7200, 7222	庞邦本	5789, 5885, 6007, 6054, 6362, 6461, 6490
潘之恒	12773	庞宝金	10310, 10329, 10330
潘之淇	7200, 7201	庞冰履	1272
潘直亮	3814, 3823, 3824, 3948, 5197, 5230,	庞裁	8488, 8537
	5274, 5277, 5376, 5427, 5515, 5534, 5595,	庞大衡	5766
	5656, 5711, 5780, 5896, 5994, 6130, 6277,	庞凤芹	2123
	6660	庞芙蓉	6864, 10267
潘志鸿	4280, 4344, 4439, 4605, 4637	庞光健	5755, 6173
潘志辉	6705, 6706, 6712, 6715, 6716	庞国权	11730
潘志亮	2919	庞国钟	8295
潘志万	783, 7693	庞海	4853, 4854
潘志伟	7105	庞欢	7552
潘志新	3767	庞晖	7084
潘志正	4106, 4131, 4240, 4259, 4351, 4429	庞加兴	5495, 5587, 5629
潘治富	5389, 5773	庞建国	3817, 3875
潘智彪	073, 074, 12693	庞金虎	9316
潘中亮	5599	庞静平	6802, 6838, 6869
潘中淑	8748	庞均	1076, 1153, 10427
潘仲甫	11829, 11832, 11873, 12069, 12078	庞卡	2001, 2633,
潘重威	8979		2957, 3074, 3084, 3122, 3131, 3205, 3207,
潘主兰	2272		3327, 3560, 3581, 3598, 3627, 3634,
潘滋培	3264, 3299, 4061		3641, 3647, 3657, 3676, 3680, 3684,
潘宗和	1818, 1827		3703, 3706, 3707, 3708, 3721, 3735,
潘祖华	7596		3753, 3755, 3860, 3960, 4015, 4022,
潘祖荫	12244		4024, 4054, 4060, 4078, 4080, 4088, 4089,
潘遵祁	672, 1462, 1463		4109, 4113, 4120, 4131, 4160, 4199, 4203,
潘佐先	10582		4215, 4217, 4234, 4236, 4245, 4271, 4278,
攀东杰	6293		4280, 4288, 4307, 4323, 4327, 4333, 4341,
盘日	5125, 5142		4360, 4370, 4381, 4487, 4499, 10407
盘石	11051	庞开立	6801
盘天生	8269	庞黎明	1180, 1185, 3321, 6354
泮长臻	6799	庞鲁闽	6694
泮隆生	4580	庞茂琨	158, 1089, 2846, 3369, 6825
盼飞	9848	庞茂宗	6217
盼均	4778	庞蝠	9326

庞绍元 12952 逢国成 9889
庞士龙 8488, 8537 逢国园 145
庞世勤 7331 泡特 11187
庞守义 6298, 8992, 9534, 9566, 9576, 9803 培·海勒 6776
庞泰嵩 2447, 2484, 2704, 3267, 3317, 3817, 5274, 培安 11492
5788 培础 5842
庞涛 2769, 2778, 2788, 3268, 3926 培丹 5780
庞无比 12937 培德·布尔格 054
庞希泉 997, 2114, 3634, 4192, 4257, 5607, 6165 培尔那尔特斯基 6913, 6915
庞先健 5304, 5349, 5368, 5379, 5506, 5523, 5540, 培根 6805
5634, 5646, 5654, 5726, 5789, 5791, 5857, 培利耶夫 13209
5884, 5914, 5926, 5933, 5959, 6032, 6056, 培良 6050, 8840, 9009, 9241, 9242, 9392, 9843,
6070, 6080, 6172, 6310, 6563 13120
庞先强 5480, 6056 培林革 12752
庞薰琹 527, 1382, 1415, 2182, 10179, 10207, 培轮斯 11215
10211, 10236, 10257, 10563 培琪 11593
庞薰琹美术馆 533 培新汽车修配厂业余美术创作组 5253
庞亦鹏 3627, 3634, 3647, 3703, 3706, 3735, 培绪 5411
3753 培英中学校 1281
庞永芬 5289 裴爱群 8267
庞有荣 7559 裴长菊 9999
庞渔艇 10240 裴常青 3884, 4058, 4100, 10741
庞渝江 9381, 9837, 9970 裴晨 5562
庞元济 1466 裴春艳 11739, 11751
庞媛 1420 裴大元 5027, 5535
庞月光 7928 裴东官 3667
庞曾瀛 016 裴奉俭 12304
庞镇 6036, 6052, 6055, 6076, 6090, 6108 裴福昌 8988
庞中华 7409, 7410, 7411, 7412, 7413, 7414, 7416, 裴高 6522
7422, 7428, 7448, 7471, 7522, 7523, 7524, 裴广铎 3474, 3722, 5924
7525, 7526, 7528, 7529, 7534, 7538, 7553, 裴继尧 8699
7560, 7581, 7586, 7587, 7588, 7589, 7590, 裴家克 4997
7593, 7596, 7600, 7602, 7603, 7613, 7614, 裴家乐 2286
7625, 8307 裴家同 2430, 2588, 3701, 3720
庞埙 1076 裴建华 2759, 2831

作者索引

裴建中	13019	沛华	7042
裴景福	1530	佩德罗·菲加里	6809
裴爵三	12662, 12665	佩尔西凯蒂	11085
裴开新	3824, 3862, 5485, 5825	佩璜	7004
裴立	2896	佩君	5292
裴丽萍	6718	佩鲁霍特	12394
裴茗	5515	佩之	11660
裴慎勤	5519	芃林	11232
裴慎之	2502	朋弟	12867
裴石	5740, 6119	朋林	11737
裴氏	1640, 7955	朋朋	6252
裴氏壮陶阁	1569, 1620	彭安之	12077
裴树生	2479	彭百川	13304
裴铁侠	11332	彭拜	5680
裴文潞	2381, 4103, 4297	彭本人 2085, 2223, 5602, 5685, 5789, 5964, 6280,	
裴文璐 2068, 2149, 2165, 4012, 4170, 4177, 4262,		6608	
4285, 4383, 4439, 4444, 4463, 4471, 4512,		彭彬 2719, 2737, 2767, 2768, 2776, 2925, 3151,	
4554, 4751, 4788, 4798, 4803, 5477, 5571		3375, 3747, 3912, 3913, 3933, 3934,	
裴文中	193	3954, 5113	
裴向春 5840, 5919, 5947, 6064, 6091, 6096, 6132,		彭伯初	7351
6134, 6269, 6276		彭博望	3112
裴孝源	566, 567	彭才年	2836
裴纲	5663, 5794	彭册之	1072
裴休 7843, 7849, 7850, 7857, 7869, 7875, 7883,		彭昌东	9570
7901		彭长登	12616
裴学度	3116	彭超真	2003
裴雅青	7652	彭成	3356, 3362
裴亚莉	13068, 13070	彭程久	2387, 10449
裴宪	7891	彭出林	4795
裴玉林	967, 2533, 3986, 4041	彭春生	8619
裴玉荣	7474	彭醇士	8295
裴振江	3218, 3221	彭措朗杰	6628
裴政潮	5558	彭大刚	4972, 5008
裴庄欣	3365	彭德	128, 219, 258, 272, 490, 824
裴佐德	13266	彭德溥	3351

彭苒 6017 彭鸿远 124, 504, 8602

彭尔清 5376 彭厚荣 11392

彭放 1822 彭辉 7068

彭飞 054, 056, 7290, 8212, 8226, 8253, 8307, 彭慧 11728

12770 彭蕙清 2238

彭飞书 8407 彭吉 6269

彭凤高 11005 彭吉象 047, 271, 13057, 13164

彭阜民 2158 彭加浩 10455

彭富春 036 彭加瑾 13203

彭刚 8860 彭家槐 12166, 12167, 12332

彭戈 6690 彭江 2152

彭根发 11104 彭江浩 3739

彭公林 2056, 2060, 2075, 2094, 2128, 2131, 2132, 彭金林 10259

2141, 2142, 2144, 2152, 2156, 2157, 2160, 彭锦阳 3444

2166, 2169, 4425, 4496, 4511, 4529, 4538, 彭荆风 5571, 5572, 13231

4573, 4685, 4753, 4764, 4776, 4777, 4778, 彭觉民 10592

4784, 4798, 4801, 4804, 4807, 4808, 4809, 彭俊 6565

4811, 4814, 4821, 4823, 4829, 4835, 4839, 彭开天 3827, 4379, 6318

4846, 4857 彭开运 5295

彭广林 10896 彭凯 6608

彭国利 13298 彭科锐 4542

彭国良 5426, 5954, 6285, 6646, 6661, 6713, 6760 彭科税 4520

彭国平 8735, 8781 彭克 6829

彭海清 1978, 2006, 2022, 2040, 2041, 2042, 2059, 彭匡 9088, 9094, 9107, 9564, 9794, 9871

2075, 2076, 2094, 2109, 2123, 2134, 2135, 彭浪 5762

2150, 2151, 2171, 2172, 4339, 4467, 4479, 彭李玲 10894

4485, 4557, 4612, 4645, 4719, 4721, 4738, 彭蓝 3914, 4019, 4102

4792, 4801, 4810, 4819, 4828 彭立文 6181

彭海涛 2028 彭莉佳 11134

彭红 2144, 2166, 2169, 4764, 4776, 4784, 4795, 彭连熙 1690, 2405, 2407, 4218, 4261, 4282, 4366,

4808, 4809, 4814, 4821, 4823 4373, 4386

彭宏 9750 彭良栋 10381

彭虹 2160 彭琳 11510, 11515, 11746

彭鸿 8216 彭伶 8839

彭鸿年 1605, 1606 彭玲 4891

作者索引

彭玲娴	7026	彭适凡	417
彭隆辉	6582	彭淑芝	11065
彭隆兴	12769	彭树栋	555
彭吕	3266, 3731	彭松	12577, 12578, 12654
彭明	2049, 2681, 3871, 4253, 4364, 4423, 4461,	彭松林	4830
	4549, 4574, 10533	彭莎莉	6541
彭明川	13169	彭涛	3148
彭明道	5118	彭天开	4519, 4523
彭么林	4845	彭万洲	6238
彭年生	8819, 8982, 8988, 9009, 9077, 9298, 9403,	彭维国	10281
	9441, 9446, 9635, 9647, 9681, 9863, 10107	彭维佳	5682
彭鸥嘉	10521	彭文元	11140
彭朋	7043	彭先诚	1341, 2086, 2403, 2903, 4155, 5569
彭鹏	6146	彭先进	6261
彭其晚	11124	彭香林	5136
彭启华	047	彭香忠	10361
彭启宇	2307	彭小剑	453
彭倩文	10989	彭小帆	9799, 9810
彭强华	2768, 5744, 6176, 6235, 6295	彭小樾	181
彭擎政	6767	彭晓	4291, 4350, 4351, 4387, 4508, 4572, 4655
彭庆祥	3591, 3645, 3708, 3754	彭晓林	13144
彭庆元	5765, 6410	彭新民	5075
彭秋荣	4313, 4318, 4430	彭新争	5282
彭饶	8280	彭信理	5436, 5451, 5586
彭瑞高	5534, 5659, 6255	彭修文	12146, 12147, 12227, 12277, 12280,
彭润生	3757, 3889		12284, 12330, 12331, 12332, 12334,
彭三平	6583		12335, 12336, 12337
彭善喜	2666	彭修银	591, 12705
彭绍民	3144	彭秀峰	4700
彭圣锦	11224, 11226	彭秀繁	11351
彭石根	4756, 5805, 5985, 6301, 9872	彭训厚	6441
彭士杰	5592	彭亚	191
彭世耕	5900	彭亚娜	10824, 10888
彭世强	2297, 2333, 2337	彭雁飞	6330
彭仕强	867	彭洋	7298, 7524, 7559, 7560

彭一叶	11079, 12007	彭自人	2370, 5710
彭怡平	13298	彭祖龙	3129
彭益群	6571	彭祖荣	4493
彭逸林	6415, 6865, 10589	彭作明	8940, 10513
彭鹜	6272, 6579	蓬蒿	5846
彭应渠	4901	蓬静如	3096
彭永辉	5119, 5120	蓬静茹	3780
彭友善	992, 4688	蓬蓬	8668
彭西滨	7609	蓬桑	10432
彭幼卿	11130, 11173, 12632	鹏飞	9315, 9738
彭玉麟	8025, 8026	澎飞	6233
彭玉璋	8806	邳县农民	6619, 6746
彭裕汉	10276	邳县文化局	1369
彭约智	11533	皮阿威	12415
彭云程	2280	皮埃尔	197
彭耘	4259, 4480, 4564	皮埃尔·库蒂翁	532
彭蕴璨	844	皮埃尔·罗德	12476
彭蕴章	8021	皮埃尔·米尼亚尔	6890
彭泽芳	5763	皮朝晖	6724
彭泽润	7507	皮道坚	116, 266, 825, 826
彭昭俊	958, 2044	皮德	6948
彭召民	3077, 3114, 3119, 3127, 3132, 3133,	皮德斯特鲁普	6939, 7043
	3134, 3139, 3140, 3157, 3204, 3227, 3356,	皮尔布罗	12828
	3358, 3743, 3751, 3755	皮尔克	10722, 10723
彭兆良	500	皮国骏	4002
彭兆荣	10914	皮建良	1521
彭振梁	5450	皮克	209, 5374
彭正清	577, 1248, 10739	皮莱	13252
彭志敏	10835	皮琴	1246
彭志雄	3606, 3620, 3711, 3735, 3746	皮萨烈夫斯基	8619
彭致达	11376	皮斯顿	11072, 11082, 11084, 11086
彭中岳	5280	皮特斯脱鲁普	6931, 6940
彭忠定	8642	皮崴	2208
彭忠民	5592	皮细庚	6990
彭子诚	10144	皮耶特罗·迪罗	12500

作者索引

皮远乡	5815	平龙	1190, 1191, 2960, 2965
皮远香	4032, 4164	平面设计在中国'96展执行委员会	10218
皮约	7068, 7069, 7070, 7071, 7072, 7074	平男	8833
皮震寰	5828	平平	5887, 5909, 5931, 6017, 6156, 7091
皮之先	2208, 2399, 2409, 2425, 2427, 2428, 2431,	平泉书屋	1271, 1624
	2626, 3949, 4118, 5247	平山观月	7154
皮执凯	10652, 10653	平山郁夫	6802
皮作玖	11596, 11944, 11946	平生	2272, 6991
匹卫	6373	平田兼三	13253
匹兹	626, 1125	平田友二	10148
翩子	5893	平田昭和	7045, 7046
品川三郎	11123	平田昭吾	7137, 7138
聘如	12391, 12448	平献明	6402
平安	6146	平鑫涛	13166
平保兴	6991	平砚	368
平常	6497, 6521, 6575, 6579, 6582, 6584, 6586,	平阳	4766, 4771
	6589, 6591, 6592, 6594	平遥双林寺彩塑艺术馆	462
平川	4817	平野	091, 125, 186, 368, 515,
平措多布杰平	11821		520, 521, 573, 577, 579, 1073, 1171, 6619,
平德威	3726, 3774, 3792, 3861		6783, 6787, 6789, 6793, 6794, 6797, 6844,
平等阁	1502, 1562		6845, 6853, 6856, 6857
平顶山市毛泽东思想宣传站	280	平野隆久	8794
平帆	3869	平义	2415
平凡	3435, 4588, 6245	平宇	10137
平果	12644	平原	8660, 8803, 10573
平海南	12703, 12705	平原省文联	11391, 11394
平珩	12573	平沢茂太郎	7057
平衡	5577, 5644, 6039, 6129, 7262	平之	4936, 4967
平建友	7704	平治	1369
平津战役展览馆创	3178	坪田修三	6981
平剧出版社	12863	萍乡地方剧团	5225
平剧旬刊社	12099	萍乡地方戏剧团	12106
平剧研究社	12067	萍乡市民间舞蹈集成编辑部	12615
平卡斯	13202	萍乡市群众艺术馆	11807
平黎明	10898	萍乡市文化局	11807, 12615

萍乡市文联音协 11807
萍乡市志书集成领导小组 12615
萍心 11401
坡焦利 041
珀米克 6879
珀塞 1117
破山老人 8113
婒述 2659
莆田县"革命委员会"宣教组 5183
莆田县文化馆 5201
蒲爱德 11992
蒲锋 13193
蒲公英 7004
蒲国昌 540, 1392, 2006, 2182, 2594, 3020
蒲国珍 13148
蒲河校 7480
蒲亨建 10894
蒲亨强 10894, 10918
蒲华 1675, 1676, 1683, 1684, 1685, 1686, 1691, 1694, 2519, 8080
蒲慧华 3928, 5251, 5278, 5332, 5358, 5368, 5694, 5838, 6133, 6260, 6434, 6514, 6539, 6578
蒲家驹 6388
蒲嘉龄 1045
蒲力汗诺夫 005
蒲莉 13211
蒲列哈诺夫 005
蒲潜 4712
蒲青 4897
蒲石居士 1709
蒲实 11274, 11277
蒲书雅 152
蒲松龄 5078, 5379, 5427, 5470, 5472, 5473, 5477, 5481, 5495, 5500, 5509, 5510, 5512, 5515, 5530, 5532, 5538, 5543, 5546, 5547, 5549, 5556, 5561, 5563, 5566, 5569, 5570, 5571, 5575, 5576, 5581, 5594, 5600, 5601, 5602, 5603, 5604, 5609, 5612, 5619, 5620, 5623, 5632, 5635, 5642, 5646, 5647, 5650, 5658, 5672, 5673, 5674, 5681, 5684, 5689, 5692, 5699, 5700, 5703, 5710, 5715, 5717, 5724, 5742, 5766, 5779, 5781, 5803, 5857, 5870, 5880, 5888, 5915, 5927, 5928, 5929, 5933, 5941, 5944, 5947, 5948, 5952, 5955, 5957, 5965, 5972, 5980, 5988, 5994, 5996, 5999, 6004, 6013, 6038, 6257, 6281, 6290, 6292, 6294, 6296, 6302, 6307, 6380, 6385, 6388, 6389, 6396, 6401, 6405, 6456, 6497, 6562, 6606
蒲涛 9312, 9348, 10012, 10079
蒲小雨 6764
蒲歌 6859
蒲新成 559
蒲以穆 12509
蒲以庄 1449, 5744
蒲水昇 2381
蒲泳 6304
蒲元华 5909, 6389
蒲增元 5384, 5443
蒲震元 112
蒲子 10587
蒲作英 4579
濮安国 10268, 10277, 10280, 10292, 10619
濮思温 12594
濮天健 6150
濮望云 11387
濮阳市老年书画研究会 311
濮水顺 5886
濮又栩 8517
濮志英 7408

作者索引

朴长天	11173, 12458	浦旭	6023
朴承浩	1329	浦永清	8048
朴东奎	9128	浦蕴秋	2142
朴东生	10916, 11107, 11109, 12147, 12263,	浦增华	5059, 5113, 5247
	12327, 12328, 12558	浦增元	5349, 5438, 5929
朴红仙	6731	普东南地区美术创作组	3759
朴龙宽	7793, 7863	普多夫金	13034, 13047, 13200
朴青山	7655	普弗劳姆	13062
朴容媛	12611	普虹	12143
朴世荣	12363, 12364	普及样板戏小丛书编写组	11309
朴世永	12371, 12372	普凯元	10816
朴天长	11172	普拉斯托夫	6837
朴先圭	558	普赖特	8697
朴晓卉	10286, 10322	普劳特	11068, 11071, 11074, 11076, 11164
朴雄斗	9351	普里斯·泰伦	6892
朴英秀	155	普列奥布拉仁斯基	13275, 13291
朴永光	12624	普列汉诺夫	080
朴佑	11968	普列因	13215
朴月	6340	普烈	11530, 11880
圃阳	2355	普吕东	6890
浦冬	3738	普鲁特	13251
浦家祥	4931, 5471	普罗霍娃	10854, 11140
浦江	10079, 10532	普罗科菲耶夫	10886, 12428, 12490, 12542, 12549
浦江工艺美术公司	4774	普罗普	12706
浦江县工艺美术公司	8833	普罗斯佩·格雷西	2776
浦炯	5381	普罗斯塔科夫	12516
浦劳特	11087	普罗伊斯拉	6352
浦连青	13015	普洛吉	11177
浦漫湘	4426, 6117	普尼·西撒	12670
浦梦古	11306, 12243	普宁县"革委会"政工组文艺办公室	5214
浦琦璋	11282, 11287, 12238	普宁县文艺宣传队	5182
浦山秀彦	11205	普平	2162
浦深	7463	普契尼	12450
浦石	6337	普伽琴科娃	371
浦松窗	911	普庆	3120

普塔克　　　　　　12659　　溥儒　　　　　　　　　　　2136

普特符金　　　　　13205　　溥松窗　　　　　　　　　　4251

普陀符金　　　13214, 13305　　溥心畬　1319, 1322, 1438, 1720, 1905, 2208, 2286,

普希金　5518, 5585, 5609, 5624, 5777, 5903, 5924,　　　　2614, 2683

　　　6007, 6258, 6307, 12364, 12414, 12426　　溥雪斋　　　　　　7964, 8135

普兆宾　　　　　　4439　　溥佐　　1889, 2009, 2495, 2631, 4251, 4640, 10465

溥忻　　　　　　　1709　　谱萱　　　　　　　　　　　012